Impressum

Herausgeber, Verleger und Vertrieb:
Komitee für Grundrechte und Demokratie e. V.
An der Gasse 1, 6121 Sensbachtal
Telefon (0 60 68) 2608, Telefax (0 60 68) 3698
in Zusammenarbeit mit der
Heinrich-Böll-Stiftung e.V.

Korrektur, Umbruch, Gestaltung:
Wolf-Dieter Narr, Daniela Schüle, Hanne + Sonja + Klaus Vack

Preis: DM 30,--;
Bei Abnahme von mindestens 10 Exemplaren 40% Rabatt;
Weiterverkäufer – Buchhandel, Buchläden – generell 40% Rabatt;
Jeweils zuzüglich Versandkosten.

Bankverbindung:
Komitee für Grundrechte und Demokratie e.V., 6121 Sensbachtal
Postgiro Frankfurt, Nr. 391 881-600, BLZ 500 100 60
Volksbank Odenwald eG, Nr. 8 024 618, BLZ 508 635 13

Erste Auflage, Oktober 1991, 4000 Exemplare

Für die Vorlagen zur Illustration danken wir
dem Prestel-Verlag und Dr. Hermann Kern
(siehe Vorwort S. 12 ff. und Besprechungstext S. 495)

Presserechtlich verantwortlich: Klaus Vack Sensbachtal

Satz, Druck, Herstellung: hbo-druck Einhausen

ISBN: 3-88906-044-7

Hrsg. Wolf-Dieter Narr / Klaus Vack

Verfassung

61 Texte: Ein Lesebuch für die Bürgerin und den Bürger

Inhaltsverzeichnis

Knoten mit sieben Geflechten (Albrecht Dürer)

Vorwort

Das Lesebuch zur Verfassung besteht aus Textausschnitten vieler Autorinnen und Autoren. Jeder Textausschnitt beginnt mit einem Stichwort, das seine Bedeutung für eine breit verstandene Verfassungsdiskussion markieren soll. Am Ende des Buches befinden sich – zum Nachschlagen –, jeweils in alphabetischer Reihenfolge 1) die Liste der Stichwörter und zugeordnet die Autorinnen und Autoren (Seite 479) und 2) die Namen der Autorinnen und Autoren und nunmehr die Stichwörter zugeordnet (Seite 483). Jeder aus zugänglichen Publikationen entnommene Text wurde mit einem Kommentar versehen, um den Text zu orten und bald direkter, bald indirekter auf die heutige Situation zu beziehen. Dort, wo dies nicht eigens vermerkt worden ist, haben sich die Herausgeber als Kommentatoren betätigt.

Unser Ruf nach Mittun verhallte oft ohne Echo. Um so mehr bedanken wir uns bei Barbara Beck (BB), Marianne Braig (MB), Norbert Pütter (NP) und Bernd Wunder (BW) dafür, daß sie haben auswählen und kommentieren helfen. Jerry Zaslove hat viele nützliche Anregungen beigesteuert.

Zu danken haben wir Jutta Kahlke dafür, daß sie viele mühsame Bibliotheksgänge kundig und findig unternahm und die nötigen Kopien 'gezogen' hat. Besonders hervorheben wollen wir die Mitarbeit von Daniela Schüle, Hanne und Sonja Vack, die die mühsame und sorgfältige Arbeit des Korrekturlesens übernommen haben. Schließlich gebührt der Heinrich-Böll-Stiftung Dank für einen großzügigen Zuschuß zur Bearbeitung der Manuskripte und zu den Druckkosten.

Einige Bemerkungen zu den Texten. Abgesehen von zwei Texten über primitive Gesellschaften und einem Text über die mexikanische Revolution und ihr Erbe ist unsere Auswahl europazentrisch und anglophil gewählt. Ebensowenig sind die aktuellen Diskussionen und Verfassungsvorschläge fast nicht berücksichtigt worden.

Diese regionale und zeitliche Beschränkung hat mehrere sich meist kumulierende Gründe.

An erster Stelle ist lediglich der Platzmangel zu nennen. Wir hätten mehrere Bände – vor allem finanziell – nicht verkraften können. Mehr noch aber: Indem wir uns die erwähnten Einschränkungen auferlegten, konnten wir zum einen dafür sorgen, daß den Leserinnen und Lesern in der Regel jeweils längere Textpassagen angeboten werden und ein allzu kurzsinniges Potpourri vermieden wurde.

Zum anderen wollten wir vermeiden, daß die Fülle der Texte eher zerstreuend wirkt, als zum Nachdenken und zur Auseinandersetzung anregt. Dies hätte aber dann leicht der Fall sein können, wenn wir Texte von überall aus der Welt präsentiert hätten, ohne die jeweiligen Kontexte zureichend darstellen zu können.

An zweiter Stelle wurde die regional-zeitliche Begrenzung dadurch bewirkt, daß wir von unserem eigenen (normativen) Ansatz her – aber auch ausgehend von den Einschätzungen nötiger Entwicklungen – annehmen, menschenrechtlich-demokratische Organisationsformen, wie sie in der Moderne vor allem im europäischen Kontext aufgekommen sind, seien prinzipiell am meisten zu bedenken. In ihren Chancen, in ihren Grenzen, in ihren notwendigen, heute anstehenden Veränderungen.

Der dritte Grund, der uns zur sparsamen Präsentation von Texten anhielt, bestand in unserer Kompetenz, deren kulturelle Begrenztheit zu leugnen eine europäisch übliche Hybris bedeutete, nämlich die Universalität ihrer Borniertheit zu behaupten.

Selbst im europäisch-angelsächsischen Rahmen mußten wir noch immer sehr wählerisch vorgehen. Wir haben eine Fülle bereits ausgewählter und kommentierter Texte letztendlich herausnehmen müssen. Diese Endauswahl, subjektiv bestimmt, ist nur als „informierte Willkür" zu kennzeichnen.

Zur aktuellen Diskussion und zu Verfassungsvorschlägen siehe u. a. die Kleine Literaturliste (Seite 489).

Sparsam, aber betont, haben wir einige labyrinthische Illustrationen in das Buch aufgenommen. Diese sollen vor dem Hintergrund der Texte unsere Phantasie anregen. Denn die Probleme der Menschen, die sie dazu anhalten, sich zu organisieren, sind labyrinthisch. Verfassungen könn(t)en so etwas darstellen wie der Faden der Ariadne, der immer erneut zu entwickeln ist, um Wege ins Freie zu finden (und zu erhalten). Gefahr aber droht dauernd. Nicht nur, sich im Labyrinth jämmerlich zu verirren. Vielmehr von Menschen gegen Menschen, indem sie gewaltsame „Auswege" suchen. Suchprozesse mit tödlichem Ausgang. Auch dieses Element ist in der Theseus-Sage enthalten (siehe Labyrinth-Abbildung auf der hinteren Umschlagseite). Die bunte Blumengirlande aber, die das Titelblatt umrahmt, mit Vögeln, die sie zusätzlich beleben, symbolisiert die Menschen gegebene Hoffnung auf eine wohlgeordnete Gesellschaft bunter Vielfalt ineins mit der Freiheit des Vogelflugs, seiner kühnen Perspektive und der Lust nach geselligem Leben.

Die Lektüre der Texte (und mutmaßlich der Kommentare) bedarf zuweilen eines guten Gebisses. Aber wie härteres, gediegenes Brot – es lohnt sich, die Zähne zu erproben.

Also laden wir ein zu einer reich versammelten, aus ungemein unterschiedlichen Zutaten und Würzen zusammengestellten Verfassungstafel mit anregendem Sektfrühstückscharakter. Wohl bekomm's den Nach-Denklichen.

Berlin/Sensbachtal, September/Oktober 1991
(Redaktionelle Auswahl und Bearbeitung
August 1990 - September 1991)

Wolf-Dieter Narr / Klaus Vack

Der Schild des Achilleus

Anstelle eines Prologs

Max Frisch

Würde und Teilnahme

Verändern wollen wir alle – darin sind wir uns einig, und es geht jedesmal nur darum, wie die Veränderung möglich sein soll; es ist nicht die erste Nacht, die wir dieser Frage opfern. Die einen glauben, es bleibe uns nur noch die Entdeckung der menschlichen Seele, das Abenteuer der Wahrhaftigkeit, und sie sehen keine anderen Räume der Hoffnung. Die anderen dagegen sind überzeugt, daß sich der Mensch in dieser Welt, so wie sie ist, nicht verändern kann; also müssen wir vor allem die Welt verändern, die äußere, damit der Mensch, der ihnen als Erzeugnis dieser äußeren Welt erscheint, sich seinerseits erneuern kann. Ihnen geht es um die Entdeckung einer neuen Wirtschaft; der neue Geist, sagen sie, folgt in dem Augenblick, wo er möglich wird, und sie glauben so gänzlich daran, so zweifellos, daß sie bereit sind, die Veränderung der äußeren Ordnung, die den Menschen befreien soll, allenfalls mit Gewalt herzustellen. Damit kommen wir dann jedesmal auf die andere Grundfrage. Gibt es einen Zweck, der unsere Mittel heiligen kann? Darf ich die anderen fesseln und allenfalls töten, die verhindern wollen, was mir als das Heil erscheint? Errichte ich damit das Heil, das ich sonst nicht errichten kann? Ich kam in der Meinung, daß man darüber nicht mehr nachdenken müßte, und sehe, daß ich auch darüber zu wenig denken kann; sonst könnte ich sie überzeugen, zumal wir auch über das Ziel, das wir unsrer Veränderung setzen, durchaus einig sind. Wir wollen die Würde aller Menschen. Daran müssen wir uns immer wieder erinnern, damit unser Gespräch sich nicht verliert. Die Würde des Menschen, scheint mir, besteht in der Wahl. Das ist es, was den Menschen auch vom Tier unterscheidet, das Tier ist stets nur ein Ergebnis; das Tier kann nicht schuldig werden, so wenig wie es frei werden kann; das Tier tut stets, was es muß; und es weiß nicht, was es tut. Der Mensch kann es wissen, und sogar Gott, der Allmächtige, läßt ihm die Wahl, ob er seinen guten oder seinen bösen Engeln folgen will; weil Gott uns nicht als Tiere will. Erst aus der möglichen Wahl ergibt sich die Verantwortung; die Schuld oder die Freiheit; die menschliche Würde, die man manchmal gerne für das leichtere Dasein einer Möwe gäbe. Meine Freunde sagen: Es geht um die Freiheit. Und damit meinen sie wohl das gleiche; die Freiheit als einen Teil der Würde. Warum verneinen wir gemeinsam die wirtschaftliche Ordnung, die herrschende? Weil sie einem Menschen oder einer Gruppe von Menschen oder der Mehrzahl aller Menschen schlechterdings keine Wahl läßt; weil sie gegen die Würde des Menschen verstößt. Das Tierische liegt nicht allein in der Not, wo sie sich als Armut darstellt und sichtbar wird, indem einer in schlechten Schuhen gehen muß oder sogar barfuß; das ist bitter. Aber das Bittere ist nicht der leibliche Schmerz. Niemand wird im Ernst annehmen, daß diese äußeren Dinge nicht wichtig sind für den Geist; sie sind ein Zwang, eine Verhinderung. Der Hungernde hat keine Wahl. Sein Geist kommt nicht, woher er will, sondern er kommt aus dem Hunger. Aber es braucht nicht einmal den Hunger, um die herrschende Ordnung anzuklagen. Wenn der Vater ein gerechter Arbeiter ist und der Sohn wieder ein Arbeiter werden muß, weil man sich andere Versuche einfach nicht leisen kann, so liegt das Unwürdige nicht in der Arbeit, nicht an der Art, sondern darin, daß der Sohn überhaupt keine Wahl hat. Woher soll er die Verantwortung nehmen gegenüber einer Gesellschaft, deren wirtschaftliche Ordnung ihn vergewaltigt? Er ist ein Opfer, auch wenn er keinen Hunger leidet. Er wird nicht, was er werden kann, und niemals wird er wissen, was er kann; vielleicht kann er wirklich nichts anderes. Wie kann man es entscheiden, bevor man ihn prüft? Andere können werden, was sie sind, manchmal sogar mehr: weil das Können so selten ist, weil Millionen von Geburten vergeudet werden. Darum möchten wir eine Ordnung, die niemanden der Wahl beraubt, und meine Freunde glauben allerdings, daß sie den Entwurf einer solchen Ordnung haben; vieles an ihrem Entwurf ist begeisternd, und wenn wir vom Ziel sprechen, sind wir immer wieder einig. Wenn aber dieses Streben, daß alle in ganzen Schuhen gehen und daß keiner durch die wirtschaftliche Ordnung gezwungen und somit um die Wahl und somit um die Würde betrogen wird; wenn dieses große und unerläßliche Streben dazu führen sollte, daß man es mit einem Staat versucht, der meinem Denken fortan keine Wahl mehr läßt, was haben wir erreicht? Wir hätten das Mittel verwirklicht, nicht das Ziel. Die Würde des Menschen, wie wir dieses Ziel nennen, ist die Wahl; nicht die Badewanne, die der Staat ihm liefert, wenn er nicht am Staate zweifelt. Wie soll ich glauben können, wenn man mir keine Wahl läßt? Allein die Gewalt, die mir den Zweifel verbietet, nimmt mir den Glauben noch da, wo ich ihn schon hatte.

Robert Musil

Wirklichkeits- und Möglichkeitsgesinnung

Wenn man gut durch geöffnete Türen kommen will, muß man die Tatsache achten, daß sie einen festen Rahmen haben: dieser Grundsatz, nach dem der alte Professor immer gelebt hatte, ist einfach eine Forderung des Wirklichkeitssinns. Wenn es aber Wirklichkeitssinn gibt, und niemand wird bezweifeln, daß er seine Daseinsberechtigung hat, dann muß es auch etwas geben, das man Möglichkeitssinn nennen kann.

Wer ihn besitzt, sagt beispielsweise nicht: Hier ist dies oder das geschehen, wird geschehen, muß geschehen; sondern er erfindet: Hier könnte, sollte oder müßte geschehn; und wenn man ihm von irgend etwas erklärt, daß es so sei, wie es sei, dann denkt er: Nun, es könnte wahrscheinlich auch anders sein. So ließe sich der Möglichkeitssinn geradezu als die Fähigkeit definieren, alles, was ebensogut sein könnte, zu denken und das, was ist, nicht wichtiger zu nehmen als das, was nicht ist. Man sieht, daß die Folgen solcher schöpferischen Anlage bemerkenswert sein können, und bedauerlicherweise lassen sie nicht selten das, was die Menschen bewundern, falsch erscheinen und das, was sie verbieten, als erlaubt oder wohl auch beides als gleichgültig. Solche Möglichkeitsmenschen leben, wie man sagt, in einem feineren Gespinst, in einem Gespinst von Dunst, Einbildung, Träumerei und Konjunktiven; Kindern, die diesen Hang haben, treibt man ihn nachdrücklich aus und nennt solche Menschen vor ihnen Phantasten, Träumer, Schwächlinge und Besserwisser oder Krittler.

Wenn man sie loben will, nennt man diese Narren auch Idealisten, aber offenbar ist mit alledem nur ihre schwache Spielart erfaßt, welche die Wirklichkeit nicht begreifen kann oder ihr wehleidig ausweicht, wo also das Fehlen des Wirklichkeitssinns wirklich einen Mangel bedeutet. Das Mögliche umfaßt jedoch nicht nur die Träume nervenschwacher Personen, sondern auch die noch nicht erwachten Absichten Gottes. Ein mögliches Erlebnis oder eine mögliche Wahrheit sind nicht gleich wirklichem Erlebnis und wirklicher Wahrheit weniger dem Werte des Wirklichseins, sondern sie haben, wenigstens nach Ansicht ihrer Anhänger, etwas sehr Göttliches in sich, ein Feuer, einen Flug, einen Bauwillen und bewußten Utopismus, der die Wirklichkeit nicht scheut, wohl aber als Aufgabe und Erfindung behandelt. Schließlich ist die Erde gar nicht alt und war scheinbar noch nie so recht in gesegneten Umständen. Wenn man nun in bequemer Weise die Menschen des Wirklichkeits- und des Möglichkeitssinns voneinander unterscheiden will, so braucht man bloß an einen bestimmten Geldbetrag zu denken. Alles, was zum Beispiel tausend Mark an Möglichkeiten überhaupt enthalten, enthalten sie doch ohne Zweifel, ob man sie besitzt oder nicht; die Tatsache, daß Herr Ich oder Herr Du sie besitzen, fügt ihnen so wenig etwas hinzu wie einer Rose oder einer Frau. Aber ein Narr steckt sie in den Strumpf, sagen die Wirklichkeitsmenschen, und ein Tüchtiger schafft etwas mit ihnen; sogar der Schönheit einer Frau wird unleugbar von dem, der sie besitzt, etwas hinzugefügt oder genommen. Es ist die Wirklichkeit, welche die Möglichkeiten weckt, und nichts wäre so verkehrt, wie das zu leugnen. Trotzdem werden es in der Summe oder im Durchschnitt immer die gleichen Möglichkeiten bleiben, die sich wiederholen, so lange bis ein Mensch kommt, dem eine wirkliche Sache nicht mehr bedeutet als eine gedachte. Er ist es, der den neuen Möglichkeiten erst ihren Sinn und ihre Bestimmung gibt, und er erweckt sie.

Ägyptisches Labyrinth
(Rekonstruktion um das 17. Jahrhundert)

Wolf-Dieter Narr

„Verfassung?!" – was hat das mit mir zu tun? Der Sinn dieses Lesebuchs

„Doch der Aufgabe, Schmutz bei uns und anderen aufzuspüren und über die sauber gekratzten Zeichen der Vergangenheit nachzudenken, bleiben wir treu."
(Cordelia Edvardson: Die Welt zusammenfügen, München 1989, S. 129)

Menschenrechte und Demokratie sind nie endgültig gegeben

Menschenrechte und Demokratie machen Karriere. Wäre nicht der Golfkrieg „dazwischengekommen", hätte in Europa und in der Mehrheit der Länder des nördlichen Teils der Erdkugel der Eindruck entstehen können, wir gingen „herrlichen Zeiten" entgegen. Selbst der Golfkrieg wurde mit der Ankündigung einer „neuen Weltordnung" versüßt. Allüberall ist von Freiheit, von Marktwirtschaft als einem Demokratie- und Wohlfahrtsdynamo und von der „Civil Society", der „Zivilen Gesellschaft" die Rede. Dieselbe habe sich westeuropäisch schon ereignet und werde nun osteuropäisch Ereignis. Wenige stimmten heute des englischen Aufklärers Alexander Popes sarkastisch nüchterner Bemerkung zu: „Laß Toren über die Form des Staates sich zanken, die beste ist die bestverwaltete."

Freilich, auch wer frohgemut die liberaldemokratischen Verfassungen und ihr förderliches Pendant, die freie Marktwirtschaft, blühen sieht und riecht, wird Jean Jacques Rousseaus Hoffnung nicht mehr teilen und „untersuchen, ob es in der bürgerlichen Ordnung irgendeine Regel rechtmäßiger und sicherer Verwaltung geben kann, wenn ich die Menschen so nehme, wie sie sind, und die Gesetze so, wie sie sein können" (Erstes Buch des „Gesellschaftsvertrags", begonnen 1743). Zu Recht nimmt Rousseau als seine Kompetenz in Anspruch, was für alle Bürgerinnen und Bürger gilt: „Wie schwach der Anteil auch sei, den meine Stimme an den öffentlichen Angelegenheiten haben kann, so gibt mir doch mein Stimmrecht ein Recht darauf, mich über sie zu unterrichten." Und Rousseau ist es auch, der die Herzfrage aller menschenrechtlich gegründeten Demokratie stellt: „Es ist eine Form der Vergesellschaftung zu finden, die mit der gesamten gemeinsamen Kraft die Person und die Habe jedes Teilhabers verteidigt und beschützt. In ihr soll sich jeder mit allen vereinigen und dennoch nur sich selbst gehorchen und ebenso frei bleiben wie zuvor." Wie verhält sich also der/die einzelne zum Allgemeinen, zur Gesamtheit, zur Gesellschaft und umgekehrt? Das *ist* das Gesellschaftsproblem. Ist der/die einzelne dem/der anderen gleichgeordnet und von ihm/ihr abhängig? Das *ist* das mit aller Gesellschaft gegebene Herrschaftsproblem. Kurzum: die Organisation einer Gesellschaft ist den Individuen nicht äußerlich. Sie konstituiert entscheidend mit, was sie sind und werden.

Die Lösung dieses Individuums-, Gesellschafts- und Herrschaftsproblems ist alles andere als einfach. Es gibt keine dauernde. Menschen ändern sich. Die Probleme, das also, was ihnen an Schwierigkeiten vor die Füße, Hände und Sinne geworfen ist, ändern sich mit ihnen. Keiner der Versuche, mit diesen Problemen menschennützlich umzugehen, kann kostenfrei unternommen werden. An den Enden der Lösung werden neue Probleme erzeugt. Das ist noch der günstigste Fall. Keine der möglichen Lösungen geht auf. Die Utopie einer perfekten Lösung in eitler Harmonie ist nur als (verwirklichter) Alptraum denkbar.

Die Erfahrungen aus den osteuropäischen Ländern

Genaueres Wahrnehmen der gegenwärtigen Ausbreitung demokratisch-menschenrechtlicher Verfassungen läßt kund werden, daß das beste Muster bestimmter Vorbedingungen bedarf und seine Tücken in der Anwendung besitzt. Auf der einen Seite belegt die osteuropäische Entwicklung, welche Prägewirkung unterschiedliche Organisationsweisen von Politik und Ökonomie zeitigen. Das Beispiel der DDR macht's am deutlichsten. Eine gemeinsame Vergangenheit und eine durchschnittlich gewiß ähnliche „Genstruktur", also dieselbe „biologische Erbausstattung", haben nicht verhindert, daß vierzig Jahre verschiedener Gesellschaftsorganisation in Ost- und Westdeutschland eine Differenz ums Ganze ausmachen. Hier geht es nicht um Äußerlichkeiten. Gleichfalls zählt die wirtschaftliche Effektivität als solche nicht am meisten. Eine im Prinzip gleiche Sprache verhindert nicht, daß die Sprache Verschiedenes erzählt. Die Grammatik der Gefühle, des Denkens und des Verhaltens ändert sich so sehr, daß Menschen mit derselben Sprache sprachlos voreinander stehen. Organisationsformen, Verfassungen in einem allgemeineren Sinne, drücken also Menschen ihren Stempel auf bis in den Text ihrer dem Anscheine nach ureigenen Empfindungen und Bedürfnisse. Welches stärkeren Beweises hätte es bedurft, als eben die habituelle Fremdheit, die Westdeutsche und Ostdeutsche daran hindert, sich wie gute Bekannte zu vereinigen. Sie wissen nicht einmal, wie sie sich helfen könnten und sollten.

Auf der anderen Seite wird dieser nachhaltige Beweis des höchst persönlichen Gewichts, das die Antwort auf Verfassungsfragen bedeutet, dadurch verstärkt, daß die liberale Demokratie und die ihr (angeblich) gemäße Marktwirtschaft nicht mühelos eingeführt oder übertragen werden können. Selbst dann nicht, wenn die aus anderer Verfassung entsprungenen Menschen dies wollen. Menschen, verfassungsgeprägt, sind keine „Drehbühnen". Gesellschaftliche Organisationsweisen haben sich in das Verhalten (Habitus) eingebrannt. Deswegen kann man und darf man (so demokratisch verfahren werden soll) auch menschenrechtlich-demokratisch bessere Verfassungen nicht einfach aufstülpen. Sie müssen mit den Menschen entwikkelt werden. Dieser Mangel an einer geduldigen Kunst der Langsamheit schafft die meisten der Leiden, die in diesen Jahren in Osteuropa, der ehemaligen Deutschen Demokratischen Republik zumal, zu beobachten sind. Und diese Leiden werden noch wirken, wenn ihre Ursachen längst vergessen und verdrängt worden sind.

Liberale Demokratie
in liberalen Demokratien selbst gefährdet

Man könnte es bei diesen Übertragungs- und Übergangsschwierigkeiten sein Bewenden haben lassen. Das aber hieße, wenigstens ein Auge zuzuhalten. Denn die Form liberaler Demokratie und ihr menschenrechtlicher Inhalt sind, nüchtern genau betrachtet, massiven, wenn zum Teil auch eher untergründigen Problemen ausgesetzt. „Großen" und wie es scheint eher äußerlichen, „kleinen" und eher innerlichen. Die Großen reichen von den Umweltgefahren bis zur internationalen Ungleichheit; die kleinen sind nicht zuletzt in gegen andere oder reflexiv gerichteter (z.B. im Drogenkonsum und Alkoholismus faßbarer) Gewalt erkennbar. Weil sie so „äußerlich" oder so subjektiv „innerlich" erscheinen, geschieht es allerdings regelmäßig, daß diese Gegebenheiten so dargestellt werden, als hätten sie nichts mit den Verfassungen der wohlständig-marktwirtschaftlichen und liberalen Demokratien zu tun. Als erwüchsen sie etwa aus der „Faulheit" von Angehörigen der Dritten Welt oder entstünden aus rätselhaften Motivationsschwierigkeiten überforderter Bürger und Bürgerinnen, die nicht merkten, wie gut es ihnen „an sich" gehen müsse.

Gründe genug, verfassungspolitische Phantasie allwärts walten zu lassen. Wie sollen die Ende des 18. Jahrhunderts erstmals als Teil der Gesamtverfassung proklamierten Menschen- und Bürgerrechte so formuliert und so institutionell übersetzt werden, daß ihrem allen geltenden Anspruch Genüge getan werden kann? Allein die neuen Technologien heben sie teilweise wie altertümlich gewordene Gewohnheiten auf. Mit Hilfe der Informationstechnologie kann die Integrität von Menschen durchdrungen und kann über Menschen geherrscht werden, ohne daß sie direkt etwas davon spüren müßten. Der Eckpfeiler moderner Menschenrechte, die habeas-corpus-Bestimmung, daß Mann und Frau körperlich nicht versehrt, über sie nicht verfügt, sie nicht gegen ihren Willen berührt werden dürfen, wird teilweise hinfällig, wenn in den Körper (Geist, Seele) und in die Wohnung als dem ersten Außenring der Person („meine Wohnung ist meine Schutzburg") sublim, aber mit durchaus nicht immer sublimen Folgen, eingedrungen werden kann. Die Biotechnologie, schon in modernen Diagnose- und Operationsmethoden anfänglich faßbar, bietet eine andere technologische Gewähr, tief in die Person einzugreifen. Überkommene Schutzvorkehrungen werden spielend umgangen.

Die Vergrößerung der ökonomischen und im Gefolge davon der politischen Räume stellt ein weiteres Gestaltungsproblem dar. Das zunächst als Markt, nachfolgend, wie beabsichtigt, sich als „politisches Gemeinwesen" etablierende Europa bietet sich als Beispiel an. Wie ist es um die (Teil-)Autonomie lokaler und regionaler Selbstverwaltung bestellt, wie um die Selbstbestimmung einzelner Staaten und die Teilnahme ihrer Bürgerinnen und Bürger, wenn mehr und mehr Definitionsmacht nach Brüssel und/oder Straßburg abwandert? Lassen sich die Räume der Willens- und Entscheidungsbildung beliebig vergrößern und ausweiten, ohne erheblichen Verlust bürgerlicher Einflußnahme?

Diese und andere Fragen haben neuerdings selbst in Großbritannien eine kleine und eher ungewöhnliche Verfassungsdiskussion in Gang gesetzt. In Österreich und der Schweiz wird verständlicherweise hitzig über Kosten und Nutzen des EG-Anschlusses debattiert. Hierbei ist es letztlich nicht entscheidend, ob es eine geschriebene Verfassungsurkunde für den staatsbezogenen Willens- und Entscheidungsprozeß gibt. Mir scheinen die Argumente für eine geschriebene Verfassung allen bedenkenswerten Einwänden zum Trotz zu überwiegen. Denn als besonders hervorgehobene und änderungsgeschützte Norm, eine die allgemeinen Bedingungen politischen Umgangs festzurrende Richtschnur, vermag eine geschriebene Verfassung Orientierungssicherheit zu bieten und als ausdrücklich markiertes kollektives Gedächtnis an gesellschaftlich vereinbarte Zielvorstellungen zu fungieren. Darauf können sich gerade auch Minderheiten berufen. Allerdings kann ein Verfassungstext, sei er ansonsten auch bis zur Bedeutungslosigkeit ausgezehrt, die Kluft zwischen Verfassungsrecht und Verfassungswirklichkeit symbolisch überbrücken lassen. Als ob die geschriebene Verfassung schon ihre Verwirklichung garantierte. Ihre viel gerühmte integrative Wirkung ist deswegen durchaus zwiespältig zu beurteilen. Denn ein angeblich vorhandener oder notwendiger Konsens kann kräftig repressiv benutzt werden. Die Art und Weise des altbundesdeutschen „Verfassungsschutzes" mit Hilfe der Formel von der „freiheitlich-demokratischen Grundordnung" („fdGO") gibt darüber bittere Auskunft.

Deutsche Sondererfordernisse

In Deutschland gesellen sich zwei habhafte Motive hinzu, eine einigermaßen umfassende Verfassungsdebatte für nötig zu erachten. Zum einen die Einigung von DDR und BRD. In einem bürokratischen Hauruckverfahren ist diese Einigung in wenigen Monaten nahezu prozeß- und diskussionslos erfolgt. Wenigstens im Sinne einer nachholenden demokratischen Legitimation wäre eine Verfassungsdebatte mit anschließender Entscheidung durch die gesamte Bevölkerung geboten. Notwendige Voraussetzung hierfür wäre eine über mehrere Jahre hinweg geführte Debatte, die sich nicht ausschließlich auf das endlich herauskommende Verfassungsdokument bezöge, sondern die Verfassung aller bedeutsamen Institutionen im Rahmen der politischen Verfassung im engeren Sinne mitbedächte.

Zum anderen erfordert die nationalsozialistische Vorgeschichte beider deutscher Teilstaaten, die nun die ausgeweitete Bundesrepublik Deutschland bilden, endlich die Versäumnisse von 1945 bzw. 1949 und den folgenden Jahrzehnten zu überwinden. Diese Versäumnisse sind in DDR- und BRD-Geschichte unterschiedlich zu gewichten. Dennoch bestehen sie im Sinne einer „kalten Amnestie" beiderseits (Jörg Friedrich). Die Nachkriegszeit kann erst dann zu Ende erklärt werden, Normalität kann in Deutschland erst dann einkehren, wenn die A-Normalität dieses geschichtlichen Vorgangs, deutsch verschuldeter Verbrechen auch und gerade im Mitlaufen, veralltäglicht worden ist, sprich, wenn entsprechende Konsequenzen im Verfassungsrecht und seiner Praktizierung gezogen worden sind. Der Umgang mit Flüchtlingen, die in beiden, nun vereinten Deutschlands verbreitete, in der Alt-BRD nur mühsam wohlständisch überdeckte Fremdenangst, der Mangel, der eigenen Verfassung in der Asylnorm des Art. 16 Abs. 2 Satz 2 GG zu genügen – „Politisch Verfolgte genießen Asyl" –, das sind strukturell und habituell demokratische Mängel anzeigende Symptome, die schrecken, die lehren, die langfristige Konsequenzen fordern. Selbst mit den gedankenreichsten Aufrufen und Gedenkreden ist es nicht getan. In diese Richtung weist das Motto der Einleitung, von Cordelia Edvardson formuliert, halbjüdische Tochter der Dichterin Elisabeth Langgässer, als Kind nach Auschwitz verschleppt. Gleicherweise gilt solchen Konsequenzen die Schlußbemerkung von Primo Levis letztem Buch „Die Untergegangenen und die Geretteten": „... Je weiter jene Zeit sich entfernt, um so häufiger und mit um so größerer Eindringlichkeit werden wir von den Jungen befragt, wer unsere 'Folterknechte' waren, aus welchem Stoff sie gemacht waren. Der Begriff bezieht sich auf unsere ehemaligen Bewacher, auf die SS, und meines Erachtens ist er ungeeignet: man denkt dabei an verkorkste Typen mit Geburtsfehlern, Sadisten, solche, die ein angeborenes Laster haben. Statt dessen waren sie aus dem gleichen Stoff gemacht wie wir, mittelmäßige Menschen, mittelmäßig intelligent, mittelmäßig böse: abgesehen natürlich von einigen Ausnahmen, waren sie keine Bestien, sie hatten ein Gesicht wie wir, aber sie waren zum Schlechten erzogen. Sie waren zum größten Teil ungebildete, eifrige Mitläufer und Funktionäre. Einige von ihnen waren fanatisch überzeugt vom nationalsozialistischen Glaubensbekenntnis, viele verhielten sich indifferent, befürchteten Strafen, wollten Karriere machen oder waren allzu gehorsam. Alle haben sie die schreckliche Umerziehung durchgemacht, die die Schule, die Hitler und seine Konsorten wollten, vermittelte und durchsetzte und die dann vom SS-Drill vervollständigt wurde. Dieser Kampftruppe haben sich viele wegen des Prestiges, das sie verlieh, angeschlossen, wegen ihrer Allmächtigkeit oder auch nur, um familiären Schwierigkeiten zu entgehen. Einige, allerdings sehr wenige, wurden anderen Sinnes und ließen sich an die Front versetzen, leisteten den Häftlingen vorsichtig Hilfe oder wählten den Freitod. Es muß deutlich gesagt werden, daß sie alle, in größerem oder geringerem Maß, verantwortlich waren. Aber es muß ebenso deutlich gesagt werden, daß hinter ihrer Verantwortlichkeit die der großen Mehrheit der Deutschen steht, die anfangs aus geistiger Trägheit, aus kurzsichtigem Kalkül, aus Dummheit oder Nationalstolz die 'schönen Worte' des Gefreiten Hitler akzeptiert haben, die ihm gefolgt sind, solange das Glück und seine Skrupellosigkeit ihn begünstigten, die, von seinem Sturz hinweggerissen, heimgesucht wurden von Trauer, Elend und Gewissensbissen und wenige Jahre darauf, aufgrund eines skrupellosen politischen Spiels, rehabilitiert wurden."

„Verfassung" – was heißt das?

Was aber heißt „Verfassung"? Diverse Verfassungsbegriffe sind im Umlauf (vgl. zur eher juristischen Klärung u.v.a. Hermann Heller: Staatslehre, Leiden 1961, S. 270 ff. und begrifflich umfassend Dieter Grimm: Verfassung, in: Geschichtliche Grundbegriffe, hg. von Otto Brunner, Werner Conze, Reinhard Kosselek, Bd. 6, Stuttgart 1990, S. 831-899). Wir verwenden hier im wesentlichen zwei aufeinander bezogene Begriffe (das, was beide als Wirklichkeit erfassen, ist voneinander im Wechselbezug abhängig). Zum einen einen sehr weiten Begriff. Er bezieht sich auf die Muster, denen gemäß die hauptsächlichen Institutionen einer Gesellschaft organisiert sind. Die Leitfragen lauten: In welcher Weise werden Menschen im Durchschnitt wahrscheinlich von diesen Institutionen in Bewußtsein und Verhalten geprägt? Formuliert mit Hilfe eines Ausdrucks des großen Sozialwissenschaftlers Max Weber: Welcher „Menschentypus" wird von den organisatorischen Bedingungen bevorzugt, welcher benachteiligt? Der innere Aufbau einer Organisation, das Ob und das Wie der Befehls- und Gehorsamsverhältnisse, die Chancen der Mitbestimmung, ihre Grade und Grenzen, die beruflichen Einstiegs- und Aufstiegsmuster in sie und in ihr, die Lockspeisen für bestimmte Leistungen, die Strafen für andere, die Leichtigkeit oder Schwierigkeit entlassen zu werden und die Leichtigkeit oder die Schwierigkeit wegzugehen und entsprechende Berufschancen o.ä. zu finden – diese und andere Kriterien sind wichtig, um das Formierungsmuster einer Organisation herauszufinden, kurzum, um ihre Verfassung zu qualifizieren.

Betrachtet man eine Gesellschaft insgesamt – und das ist vonnöten, denn Gesellschaft besteht bekanntlich durch ihren Zusammenhang –, dann ist zusätzlich herauszufinden: Welche Institutionen prägen die Mehrzahl der Menschen am meisten; sind diese Institutionen im wesentlichen ähnlich aufgebaut oder verlangen sie von ihren Mitgliedern unterschiedliche Verhaltensmuster; wenn Verhaltensanforderungen einander widersprechen, welche Folgen entstehen hieraus mutmaßlich für die Individuen und für die zusammen- bzw. gegeneinanderspielenden Einrichtungen; läßt sich die autoritäre Struktur in einem bürokratischen Betrieb (sei er nun formell öffentlicher oder privater Natur) beispielsweise vereinbaren mit dem Postulat liberaler Demokratie, daß sich die Individuen als ein Teil des Volkssouveräns verhalten und ihre eigenen Menschenrechte genießen; wie verhält es sich mit der institutionellen „Gesamtkultur"; welcher überwiegende Bewußtseins- und Verhaltenstypus wird wahrscheinlich ange-(aner-)zogen?

Der enge Verfassungsbegriff gilt dem Muster, nach dem das „politische System", der Staat, eingerichtet ist. Mit der berühmten Ausnahme England sind Teile dieses Musters in der geschriebenen Verfassung zu finden, während andere, möglicherweise wichtigere Teile der Gestalt der politischen Wirklichkeit zu entnehmen sind. Da das politische System liberaler Demokratie von der Unterscheidung in den (formell) öffentlichen (=politischen, =staatsbezogenen) und den formell privaten Bereich 'lebt', ist selbstverständlich jeweils danach zu fragen, welche nicht in die Verfassung (Text und/oder Wirklichkeit) aufgenommenen, meist unausgesprochenen Voraussetzungen die besondere Verfassung des politischen Systems mit welchen Konsequenzen tragen. Carole Pateman macht darauf aufmerksam, wie vorbehaltsvoll der (konstruierte) Verfassungsvertrag Ende des 18. Jahrhunderts in Frankreich und den USA (implizit zuvor in England) gewesen ist, in dessen Tradition die heutigen liberaldemokratischen Verfassungen stehen: „Die Männer, die angeblich den ursprünglichen Vertrag geschlossen haben, sind weiße Männer; ihr brüderlicher Vertrag schließt drei Verträge ein (dieselben sind in ihm nicht unmittelbar erkenntlich, d. Hrsg.): den sozialen Vertrag (da der ursprüngliche Vertrag zunächst nur den Bürgern galt und die Arbeiter ausschloß), den sexuellen Vertrag (da die Übermacht des männlichen Geschlechts unausgesprochen installiert wurde) und den Sklavenvertrag, der die Herrschaft des weißen Mannes über die Schwarzen sichert" (die beiden Klammererläuterungen wurden von mir hinzugefügt; vgl. Carole Pateman, The Sexual Contract, S. 221). Weil die politische Verfassung, besonders in ihrer Form als geschriebenes, vor kürzerer oder längerer Zeit von einer seinerzeit bestehenden Mehrheit verabschiedetes Dokument, folgenschwere, nicht ausgesprochene Voraussetzungen in sich birgt, kann sie erst zureichend verstanden werden, wenn man sich über die gesellschaftliche Gesamtverfassung sich Rechenschaft ablegt. Von dieser Gesamtverfassung aus ist die staatlich besondere mit ihrem eigenartigen, staatsbezogenen Politikbegriff in ihren Bedingungen und Möglichkeiten zu untersuchen. Umgekehrt ist zu fragen, welche Auswirkungen die politisch-staatliche Verfassung auf die Gesellschaft allgemein und jede Bürgerin und jeden Bürger hat. Wenn Leiden und andere negative Wirkungen des gegenwärtigen Zustands auf Verfassungsänderungen drängen lassen, mag es sein, daß es zunächst wichtiger ist, sich auf die Unternehmensverfassung oder die Schulverfassung oder die Organisation von Altenpflegeheimen zu konzentrieren, deren Änderung „unterhalb" der staatlichen Verfassung stattfinden kann. Wenn jedoch die staatliche Verfassung aus guten Gründen korrigiert oder ergänzt oder gar grundsätzlich neu formuliert werden soll, dann ist immer zu fragen: Wie passen die vorgesehenen Regelungen zur gesellschaftlichen Verfassung insgesamt; wie wirken sie sich aus; werden sie von den nicht eigens verfaßten Vorbedingungen blockiert oder begünstigt u.ä.m. Diese Fragen und der Zusammenhang der allgemeinen Verfassung mit der staatlich besonderen verdeutlichen zusätzlich, warum Verfassungsfragen Fragen von Bürgerinnen und Bürgern sein müßten. Sind sie es nicht, dann wird durch diese Nicht-Betroffenheit, diese Nicht-Kümmernis oder Apathie die schärfste Kritik an der geltenden Verfassung geleistet.

Der Sinn dieses Lesebuchs

Die Idee, ein Lesebuch zu Verfassungsfragen zusammenzustellen, erwuchs aus dem Eindruck, daß die meisten Menschen solche Probleme kalt lassen. Was haben dieselben schon mit ihrem täglichen Leben, seinen Freuden und seinen Nöten zu tun? Selbst die osteuropäisch-ddr-lichen Ereignisse haben die Erfahrung nicht heimgebracht, daß die Organisation von Gesellschaft und Staat die Qualität des Lebens rundum definieren, wenn sie nicht das Leben selbst nehmen oder geben. Das Henne-Ei-Problem aller Reform. Wie sollen Bürgerinnen und Bürger sich mehr als selbstzentriert um Verfassungsfragen kümmern, wenn die bestehende Verfassung darauf setzt, daß sie sich prinzipiell unpolitisch verhalten, der Bedeutung organisatorischer Formen nicht gewahr? Die Verfassung der Ex-DDR war gekennzeichnet durch eine repressiv garantierte Struktur der Apathie. Die liberaldemokratisch-kapitalistische der Bundesrepublik installiert das St. Florians-Prinzip. Die Brille der garantierten Kurz- und interessierten Engsichtigkeit wird in Massenproduktion gefertigt. Jedoch: Es bleibt nicht zuletzt aus demokratischen Gründen kein anderer Weg als der, mit Worten und, wenn möglich, mit Taten aufklärend, überzeugend zu wirken. Verfassungsfragen in diesem doppelten Sinne, sehr geehrte Bürgerin und sehr geehrter Bürger, dem allgemein gesellschaftlichen und dem staatlich besonderen, sind *ihre* Fragen. Dies mit guten Gründen zu erkennen – dazu will dieses Lesebuch beitragen.

Die Idee wurde von Bertolt Brechts Gedicht „Fragen eines lesenden Arbeiters" angeregt:

Wer baute das siebentorige Theben?
In den Büchern stehen die Namen von Königen.
Haben die Könige die Felsbrocken herbeigeschleppt?
Und das mehrmals zerstörte Babylon –
Wer baute es so viele Male auf? In welchen Häusern
Des goldstrahlenden Lima wohnten die Bauleute?
Wohin gingen am Abend, wo die Chinesische Mauer fertig war
Die Maurer? Das große Rom
Ist voll von Triumphbögen. Wer errichtete sie? Über wen
Triumphierten die Cäsaren? Hatte das vielbesungene Byzanz
Nur Paläste für seine Bewohner? Selbst in dem sagenhaften Atlantis
Brüllten in der Nacht, wo das Meer es verschlang
Die Ersaufenden nach ihren Sklaven.

Der junge Alexander eroberte Indien.
Er allein?
Cäsar schlug die Gallier.
Hatte er nicht wenigstens einen Koch bei sich?
Philipp von Spanien weinte, als seine Flotte
Untergegangen war. Weinte sonst niemand?
Friedrich der Zweite siegte im Siebenjährigen Krieg. Wer
Siegte außer ihm?

Jede Seite ein Sieg.
Wer kochte den Siegesschmaus?

Alle zehn Jahre ein großer Mann.
Wer bezahlte die Spesen?

So viele Berichte.
So viele Fragen.

Bertolt Brechts „Fragen eines lesenden Arbeiters", ergänzt und zeitgemäß zugespitzt, gelten für alle, die in herrschaftsvollen und von Ungleichheiten unterschiedlicher Art durchzogenen Gesellschaften leben. Und das tun wir alle. Bewußt oder unbewußt, ob uns nun Herrschaft und Ungleichheit sichtlich drücken mögen oder nicht. So Selbstbewußtsein und Handlungsvermögen zum Menschen gehören, um ihn frei und tätig werden zu lassen, müssen Bürgerinnen und Bürger imstande sein, zu „lesen", das heißt, die richtigen kritischen Fragen zu stellen. Der nicht nach den rechtfertigenden Gründen und den Kosten täglich fragende Analphabetismus ist weit verbreitet. Er wird von der allgemeinen Verfassung erzeugt und von den etablierten Interessen entschuldend betrieben.

Darum also überpurzeln sich die Fragen lesender Bürgerinnen und Bürger:

Wie kommt es, daß „wir Bundesdeutschen" in einer liberalen Verfassung leben
Und doch das, was Politik heißt, nur
Wie einen Vorgang erfahren, an dem wir nichts ändern können?
Wie läßt sich erklären, daß alte Leute in Heimen a-sozial
Verkommen, obgleich der Überfluß vielen von uns
Aus den Auto-Augen glotzt?

Kriege werden geführt,
Als dienten sie einer neuen Weltordnung, die nur
Von einseitigen Interessen geprägt ist.
Im Westen lebt es sich,
als wolle wohlständiges Wachstum nicht aufhören;
Als ginge die Sonne nie unter.
Und doch nehmen Drogen zu und Gewalt.
Vor allem Vorurteile massenweise.
Schaut: „Die Ausländer! Weg mit ihnen!"
Flüchtlingsströme schrecken ferngeschaut
Und aufgedunsene Bäuche von Kindern
Die Hungers starben irgendwo, überall in der Welt.
Laßt nur unsere eigenen Kinder in Ruhe.

Einheit der Welt heißt die Parole.
Von Weltgesellschaft, Weltinnenpolitik
Von allen umfassenden Zusammenhängen, allen geltenden
Menschenrechten ist üppig die Rede.
Was treiben Weltbank und Internationaler Währungsfonds
Und andere machtvoll globale Instanzen,
Die privilegierten Staaten, kräftig mitmischend

Die Bundesrepublik und die USA, Japan, die Schweiz oder Frankreich
Und all die nördlich weltmarktmächtig
Konkurrierenden Konzerne und ihre Staaten?
Könnte es sein, daß die „Einheit" der Welt dazu diente,
Die Ungleichheit zu erhalten,
Die Konkurrenz zu verschleiern, die nur den Mächtigen nützt,
Den Großen?
(Und als seltsamen Komplizen denjenigen,
Die unter den Fittichen der großen Staaten und Konzerne leben).
Sie verfügen über das, was über Menschen-Maß
Hinausgeht und alle auf die immer neuen
Immer geschwinderen,
Immer perfekteren Technologien setzen läßt –
Die globale Kragenweite –
Menschen und ihren Gesellungen angemessen?

Was aber, wenn ob lauter umfassender „Menschheitsfragen"
Die Menschen,
Von denen angeblich jede und jeder
Als unverwechselbare Person zählt,
Draufgingen und
Nur die Fragen blieben ...

„Lesen" zu können, ist die erste Voraussetzung dafür, den Charakter der menschengemachten, von einseitigen Interessen verzerrten, mit allerlei Make-up übersalbten Zeit zu erkennen. Lesen meint mehr, als Geschriebenes zu entziffern zu vermögen. Es zielt auf die Fähigkeit, gesellschaftliche Verhältnisse, die wie ein Schicksal erscheinen, in ihrer gewordenen Struktur und in ihren Funktionen, die einseitigen Interessen dienen, zu durchschauen. Einen Durchblick haben. Das gesellige Wesen Mensch, das erst durch solches Lesen zur Bürgerin und zum Bürger wird, muß die eigene Gesellschaft und das, was sie umtreibt, verstehen, um sich überhaupt verhalten zu können. So erst kann es hoffen, sich handelnd zu beteiligen, anders denn nur zu reagieren, nur sich zu beugen, nur Zumutungen zu schlucken. Das zoon politikon, das gesellig-politische Wesen Mensch ist darauf angewiesen, seine „Wirklichkeit", den Kontext, in dem es lebt, zu begreifen. Er muß einen Sinn ergeben. Orientierung ist vonnöten. Damit die einzelnen überhaupt zu sich kommen und verständig agieren können. Dort, wo alte Unübersichtlichkeiten neuen unablässig die Hand reichen, bleiben nur noch Apathie und Vorurteile. Vorurteile sind letztlich nichts anderes als der verhinderte Versuch, sich „die" Welt und das, was andere

Menschen betreiben, sinnvoll zurechtzulegen und zugleich das Unvermögen, solches zu tun. Darum fixiert man sich; darum überträgt man irgendwelche Ängste und Eigenschaften auf andere; darum reduziert man komplizierte Sachverhalte auf einfache Faktoren; Verschwörungstheorien werden zu trügerischen Wahrheiten, herausragende Personen zum Wirklichkeitsersatz. Und handele es sich „nur" um TennisspielerInnen. Viele stöhnen und werden krank im Kokon ihrer A-Sozialität. Gesellschaft mangelt ihnen.

Menschen haben sich immer erneut gegen die Verhältnisse gewehrt, in denen sie steckten und verkamen. Sie wollten die irgendwann einmal nicht mehr erträgliche Last abwerfen. Der tragsame Eimer war übergelaufen. Ein Glück in allem historisch berichteten und gegenwärtig erfahrenen Unglück ist es, daß eine herrschaftlich perfekte und auf Dauer wirksame Unterordnung bis heute nicht gelungen ist. Immer erneut werden Menschen geboren, deren Scheitel mit dem Herrschaftslineal nicht zu ziehen ist. Sie sperren sich. Und dann kommt es zu Verhalten, das vom Normalweg abweicht, zu Akten des zivilen Ungehorsams, zu Widerstandshandlungen. Erkenntnis ist dafür keine unbedingte Voraussetzung. Wenigstens ein dumpfes Gefühl muß allerdings da sein, daß es so nicht weitergehen könne, daß die gegebenen Verhältnisse veränderlich seien. Mehr noch: Kenntnis und Verstehen können beträchtliche Triebkräfte darstellen. Das Versprechen und die Hoffnung aller Aufklärung. Begreifen als befreiender Vorgang, eine Person zu werden, ist an Kindern in seiner Notwendigkeit zu beobachten. Verstehen kann dann zur materiell verändernden, Handeln in Gang setzenden Kraft werden. Handeln selbst aber entflieht erst, wenn es von Kenntnissen angeleitet wird, wenn ihm ein Sinn verliehen werden kann, reaktiv oder herrschaftlich aufgenötigtem Tun. Darum ist Sprache so wichtig, leiten Formeln und Begriffe und verändern „die" Welt. „Perestroika" und „Glasnost", was immer daraus noch entsteht, sind dafür prägnante Beispiele.

Verfassungsdiskussion anregen

Die inselhafte Verfassungsdiskussion der Gegenwart bietet den Anlaß. Wir wollen versuchen, ihr etwas mehr „Stoff" zu geben, um sie zu erweitern und um sie zu verlängern. Die Folgen der Änderungen in der Sowjetunion und in Osteuropa, die u.a. im Ende des seit 1917 bestehenden, seit 1945 zum Kalten Krieg verdichteten Ost-West-Gegensatzes zu fassen sind, heischen qualitative Änderungen in der Art, „Sicherheit" zu begreifen (nämlich militärisch) und zu gewährleisten (nämlich aufrüstend), nicht zuletzt im „Westen".

Jetzt endlich könnte sich die Chance eröffnen, gerade auch für die Bundesrepublik, sich eine Verfassung des Friedens zu geben. Eine Konsequenz des beendeten Ost-West-Gegensatzes infolge der inneren Auflösung des „realen Sozialismus" könnte darin bestehen, die fortdauernd erneuerten Ungleichheiten zwischen den kapitalistisch entwickelten Ländern des Westens und Nordens und den in dieser Hinsicht unterentwickelten Ländern des Weltsüdens in Angriff zu nehmen, um diese not-, tod- und kriegsträchtige Ungleichheit abzubauen. Die „Dritte Welt" ist jetzt als „zweite" ohnehin näher gerückt. Erneut ist die Verfassung(swirklichkeit) auch der Bundesrepublik gefordert.

Der Golfkrieg könnte angesichts seiner sechswöchigen Dauer bald wie eine Episode erscheinen, über die hinweg man zur Tagesordnung übergehen mag. Eine solche, von den Modewellen der Massenmedien unterstützte Ansicht tröge. Der Golfkrieg und sein Nicht-, bzw. nur negativ-kostenreiches Ergebnis markieren eine Wegegabel: Wird die „Realpolitik", die zum Krieg führte, fortgesetzt in Richtung „Neuer", das heißt alter „Weltordnung"? Eine solche Richtung schlagen diejenigen ein, die nun in der Bundesrepublik fordern, deutsche Soldaten müßten eine weltsichernde Rolle unter dem brüchigen Dach der UNO, der WEU oder anderen Dächern spielen. Oder wird es möglich sein, endlich die zentralen Konflikte zu begreifen und Formen der Konfliktregelung zu finden, die Menschen achten und an die Wurzel der Konflikte herangehen?

Es ist nicht sehr wahrscheinlich, daß die Regierungen und die Spitzen der etablierten Parteien diese Botschaften hören, die eine andere Verfassung fordern. In Norm und Wirklichkeit. In Staat und Gesellschaft. Gerade darum wäre es falsch, ja verhängnisvoll, sich um Verfassungsfragen nicht zu kümmern. Sie müssen „von unten" aufgeworfen werden, wie es sich in einer Demokratie ohnehin gebührt. Entwicklungen, Änderungen finden dauernd statt, selbst wenn der Text einer Verfassung bestehen bleibt. Die interpretierende Praxis und die Praxis der Interpretation sind unter die Lupe zu nehmen. Auf sie ist verfassungspolitisch Einfluß zu nehmen. Indem Bürgerinnen und Bürger, über Lesevermögen verfügend, die Verfassungsregelung in die eigenen Hände nehmen. Das Bundesverfassungsgericht – das ist die demokratiefähige Bevölkerung.

Die allgemeine organisatorische Konsequenz der Menschenrechte: Demokratie, läßt sich leicht einsichtig machen. Sich an seinem eigenen Schicksal, soweit es menschengemacht wird, beteiligen zu können, ist selbst ein zentrales Menschenrecht. Nur: Was heißt jeweils Demokratie? Wenn eine Gesellschaft ca. 80 Millionen Menschen zählt, wie die der Bundesrepublik, können kaum alle an allem teilnehmen, mitbestimmen und mitentscheiden. Wie weit darf Repräsentation gehen, um noch demokratisch genannt werden zu können; wo wird die Notwendigkeit der Arbeitsteilung und unterschiedlicher Kompetenzen zur Plage und unterhöhlt die Menschenrechte, die beschriebene Fähigkeit „zu lesen" zu allererst? Soll die Mitwirkungsforderung überall gelten oder nur in einem ausgesonderten Bereich, den man sich angewöhnt hat, allein „Politik" zu nennen? Wird die ökonomische Produktion, die unser Leben bestimmt, und die Struktur eines Landes insgesamt, aus der demokratischen Verfahrensforderung herausgenommen? Gelten dort die Menschenrechte nicht gleichermaßen?

Keine der erst angefangenen Reihe von Fragen, die nicht dringlich zu beantworten wäre. Von der Art der Antwort hängt das Schicksal der jeweiligen Gesellschaft ab, ja, angesichts des Zusammenhangs der Gesellschaften untereinander auch das Schicksal anderer Menschen. In dieser Hinsicht stimmt das Pathos, die Leidenschaft und der naturrechtlich begründete universelle Anspruch der nordamerikanischen Verfassungsväter heute noch mehr als seinerzeit. Auf die anderen Länder ist, wenn die Forderung der Menschenrechte stimmt, gleicherweise Rücksicht zu nehmen. Keine dieser Fragen kann leicht, eindeutig und für alle Zeiten beantwortet werden. Sie stellen sich immer neu. Sie verlangen prekär riskante und letztlich eher experimenthafte Antworten. Im geschichtlichen Experiment des Menschen und seiner Art der Gesellung. Darum ist die Verfassungsgebung, geschriebenes und in goldenen Lettern gedrucktes Dokument hin oder her, eine unablässige Aufgabe.

Zum Aufbau des Lesebuchs

Das Lesebuch soll den Fragen und Antworten Futter und Gesichtspunkte bereitstellen. Wir lernen am meisten über uns selbst, wenn wir unsere eigene Geschichte, die unserer Gesellschaft, aber vor allem, wenn wir die Geschichte anderer Zeiten und anderer gesellschaftlicher Organisationsformen betrachten und erinnernd vergegenwärtigen. Gerade weil Menschen geschichtliche Wesen sind, die sich gemäß ihrer gesellschaftlichen Umbauten verändern. Zuweilen so, daß sie als Menschen fast nicht wiederzuerkennen sind. Hierbei können wir jeweils nur von unserer Zeit, unseren Problemen, unseren Interessen und Wertmaßstäben ausgehen. Zugleich müssen wir, gerade indem wir uns und unsere Interessen nicht verstecken, feinfühlig hinhören und behutsam mit den Nachrichten früherer Zeiten verfahren. Sonst sehen wir uns in ihrem Spiegel immer nur selbst und lernen nichts. Sonst ziehen wir solche oberflächlichen und in die Irre führenden Schlüsse, wie dies vielfach während des Golfkriegs geschehen ist. Geschichtliche Parallelen wurden aus kurzsichtigem Interesse ersehen, statt geschichtlich zu lernen.

Die zuletzt geäußerten Warnungen stellen eine Schwäche dieses Lesebuchs dar. Indem wir Quellen aus früheren Zeiten neben gegenwärtigen zu unserer lesenden Anregung, zu unsere soziale Phantasie beflügelnden Informationen murmeln lassen wollen, können wir den Kontext der Quellen, die Quellgründe jeweils nicht zureichend berücksichtigen. Sonst dickleibte sich das Buch zur Bibliothek. Wir versuchen, durch kurze Stichworte wenigstens den Ort zu markieren, an dem wir die Quelle gefunden haben und geben stichwortartig ihren Kontext an. Einige Buchangaben am Ende mögen zusätzlich weiterhelfen. Das Lesebuch ist deswegen nicht als eine Auswahl gedacht, die genauere Nachforschungen ersetzt. Anregung, Horizont-Erweiterung, Beitrag zur eigenen Urteilsbildung – das allein sind seine Absichten.

Die Textauswahl konzentriert sich auf europäisch-angelsächsische Erfahrungen und dort auf die Neuzeit (ab dem 15. Jahrhundert), insbesondere seit Ende des 18. Jahrhunderts. Damit aber der Horizont nicht zu eng werde, haben wir sowohl einige ethnologische Texte, d.h. Berichte über Primitive Gesellschaften berücksichtigt, haben die europäische Antike nicht ganz ausgelassen, wie wir auch einige Texte aus außereuropäischen Gesellschaften über die primitiven hinaus hinzugezogen haben.

„Informierte Willkür" (s. Vorwort) ist fast ein zu schönes Wort für die Auswahl der Texte aus der europäisch-angelsächsischen Tradition. Wir sind hochgradig auswählerisch (eklektizistisch) verfahren. Fast eine Unzahl anderer Quellen hätte aufgefunden werden können. Aus ihnen hätte es sich gleicherweise gelohnt, erfahrend zu schöpfen. Denn sobald ein angemessen weiter Verfassungsbegriff als Lese- und Suchbrille aufgesetzt wird, sobald nach gesellschaftlichen Diskussionen ausgeschaut wird, die den Mustern bestehender Organisationen gelten, sobald kann man sich vor Funden fast nicht retten. Bezeichnenderweise hat es Überlegungen, wie immer ausdrücklich dieselben angestellt worden sind, über die Verfassung der Gesellschaft (der Gruppe) von allem uns bekannten Anfang an gegeben. In Streit und in Übereinstimmung. Das geschichtliche Wesen Mensch, das immer nur in der Mehrzahl aufgetreten ist, gesellschaftlich von Anbeginn aus äußerer und innerer Notwendigkeit, hat allemal die Spielräume seiner Möglichkeiten sich selbst verfassend genutzt. Zum Guten oder Bösen, meist zum Schattigen, das lichtgesprenkelt ist. Blochs erster Satz aus seinem „Prinzip Hoffnung" gilt hier: „Ich bin, aber ich habe mich nicht, darum werden wir erst." „Wir", man beachte die Wandlung von der Einzahl in die Mehrzahl, „werden", uns verfassend, uns so oder so gestaltend, erst. Immer erneut. Und von all dieser unendlichen Verfassungsgeschichte des Menschen können wir Heutigen lernen, fremdvertraut, wie Hölderlin sagte, wie uns die einzelnen Zeugnisse anmuten.

Die Quellen fließen nicht nur überall, wo Menschen gelebt haben und wo wir noch Spuren lesen können. Diese Spuren weisen auch, ob groß oder klein, erhaben oder flach, ob fern dahin schwindend oder nah auf uns zu führend, erstaunlich ähnliche Themen, erstaunlich ähnliche Strebungen auf. So sehr sich die historischen Kontexte unterscheiden und demgemäß die gefundenen vorläufigen „Lösungen". Darum gibt es allen unverkennbaren Brüchen, allen Katarakten und Richtungsänderungen zum Trotz eine nutzbare Kontinuität. Zugleich fällt auf, wie eng die jeweiligen, von uns zum Teil erst auszugrabenden Menschen- und Weltbilder mit den gefunden-geschaffenen Verfassungsmustern zusammenhängen. Wie früh ein Bewußtsein von Gewalt und Herrschaft vorhanden gewesen ist. Eine aufsteigende Entwicklungslinie läßt sich nur erkennen, wenn der Fortschrittsglaube die Sicht erfüllt. Selbst dort, wo am eindeutigsten Änderungen festgemacht werden können, in der Größenordnung von Gesellschaften, der dadurch bedingten veränderten ökonomischen Produktion (wie umgekehrt) und der dadurch bewirkten arbeitsteilig-technischen Komplexität, selbst dort muß man sich vor vorschnellen Urteilen schützen. Etwa dem, als seien primitive Gesellschaften „einfach" gewesen. Der bei diesen zu beobachtende, fast nicht aufdröselbar enge Zusammenhang zwischen Mythen, Riten, ökonomischer Reproduktion und politischer Organisation und ... und ... und ..., läßt sie im qualitativen Sinne oft komplexer erscheinen, als heutige, kapitalistisch staatlich nivellierte Gesellschaften. Gerade in der Distanz bieten uns solche anderen Gesellschaften Erkenntnismöglichkeiten. Sie können die organisatorische Phantasie, auf die es am meisten ankommt, beflügeln.

Was die literarische Gattung der Texte anlangt, so sind wir hier möglichst bunt verfahren, um auch in der Ausdrucksweise mehrdimensionale Wirklichkeit einfangen zu können, wenngleich philosophische und wissenschaftliche Texte den größten Umfang einnehmen.

Folgende Gesichtspunkte wirkten an der Auswahl mit:

- wir suchten nach Texten, die grundsätzliche politische Positionen und Probleme wiedergeben. Dieselben sind vor allem im I. Teil dieses kommentierten Lesebuchs abgedruckt;
- wir wollten auf Probleme aufmerksam machen, die alle Überlegungen zur Verfassung berücksichtigen müssen, selbst wenn sie nicht notwendig in einer geschriebenen Verfassung Niederschlag finden (diese Textstücke finden sich vor allem im II. Teil);
- wir dokumentieren eine große Palette von Äußerungen zu Problemen politischer Verfassung im engeren Sinne, von der Gewaltenteilung bis hin zu Schwierigkeiten heutiger Verfassungsgebung insgesamt. Diese Dokumente finden sich vor allem im III. Teil;
- wir wollten einige zu Recht klassisch genannte Dokumente nicht gänzlich missen, obwohl wir gerade hier mit extrem spitzen Fingern ausgewählt haben;
- vor allem sind wir darauf ausgegangen, das Denk- und Phantasiegeschäft schwieriger zu gestalten und darum lohnender. Wir haben eher untereinander kontroverse Positionen repräsentiert, als eine „Linie" bevorzugt. Allerdings haben wir unserer Sympathie zur allzu unterdrückten und heute noch mehr verkannten Tradition eines fundamental demokratischen Sozialismus und Anarchismus, ja auch eines konservativen Lokalismus oder Kommunalismus des öfteren dokumentarisch Ausdruck gegeben. Dieser Nebenschwerpunkt hat nicht in nostalgischer Stimmung seinen Grund. Er erklärt sich aus der uns unabweislich erscheinenden Erkenntnis der beiden größten und schwierigsten Verfassungsprobleme der Gegenwart: Dem unaufhörlichen Wachstum einerseits, das Menschen wohlständig beglückt und Menschen frißt, indem es sie innerlich aushöhlt, ungesellig werden läßt und harte Ungleichheit erneuert; dem damit verbundenen Raumverlust von Politik und Gesellschaft andererseits, indem die Globalität der Erde überall tägliche Wirklichkeit wird, Geschwindigkeiten aller Art überhand nehmen und raumbedürftige Formen von Politik und Gesellschaft, zum Beispiel Demokratie und sprachliche Kommunikation verschwinden, die nicht nur durch Medien ersetzt werden können. Damit hängt das Problem der qualitativen Konsequenzen „explodierender" Quantitäten zu-

sammen. Man muß kein später Anhänger von Malthus sein, um auch im Bevölkerungswachstum wenigstens ein zentrales Organisationsproblem und menschenrechtliches Wertproblem zu sehen, unbeschadet aller zusätzlichen ökonomischen Erfordernisse und ökologischen Folgen (vgl. etwas ausgeführter W.-D. Narr: in: Blätter für deutsche und internationale Politik 4/1991, S. 462-482).

Trotz unseres Bestrebens, problemnah zu dokumentieren, haben wir eine Fülle von einschlägigen Verfassungsproblemen nicht einmal angeritzt. Nichts ist zur Frage zu finden, wie Ausländer im Vergleich zu Inländern behandelt werden sollen, das gesamte Problem der Staatsbürgerrechte also, das in z.T. ausschließender Spannung zu den allgemeinen Menschenrechten steht (vgl. A. Funk in: Jahrbuch '90 des Komitees, S. 129ff.). Auch zu einfacheren, aber gleichfalls lösungsarmen Problemverhalten ist nichts zu finden: Zum Funktionsverlust (s. etwa das Fernsehen und seine Rolle) und dem Funktionswandel der Parteien. Sie sind einmal als Transmissionsriemen bürgerlicher Interessen von unten nach oben entstanden; oder zum massiven Bedeutungsverlust der Legislative, dem Kern repräsentativer Demokratie. Usw.; usf. Dennoch hoffen wir, daß die über Jahrhunderte hinwegreichenden Diskussionen, die wir in einigen Momenten wiedergeben, so anregend sind, so viel Material, aber auch im eigenen Nachdenken so viel Kriterien an die Hand geben, daß Leserinnen und Leser sich selbst einen Reim machen können. Daß sie in jedem Fall besser wissen, wie solche verwickelten Fragen prinzipiell und an Hand welcher Kriterien angegangen werden sollten.

Kein Labyrinth; polychrome Minotauromachie
aus einer römischen Villa um 250 n. Chr.

Erster Abschnitt

Politik als Kampf um die Wirklichkeit der Menschen

Motto:
„Politik ist die Verständigung über das Wirkliche"
(Hugo von Hofmannsthal)

Wir präsentieren einen kleinen Strauß. Jede Blume ist besonders gewachsen und duftet eigenartig intensiv. Die Blumen sind an vielerlei und verschiedenerlei gesellschaftlichen Orten zu unterschiedlichen Zeiten zu finden. Und dennoch: Vermag man, sie zeichenhaft zu deuten und ihren Geschmack zu entschlüsseln, betäuben sie nicht, sondern weisen auf ähnliche Zusammenhänge politischer Existenz:

– Daß es seit Menschengedenken den Streit ums Recht gibt, um das, was Recht ist, um den Gegensatz von Gerechtigkeit und staatsgesatztem Recht;

– Daß Menschen sich um ihre eigene Vorstellung streiten: Was ist der Mensch, worin bestehen seine Bedingungen (die condition humaine). Dieser Streit scheint abstrakt, von bestenfalls verhaltener Bedeutung. Er zeitigt jedoch habhafte Folgen für die Ziele, die der menschlichen Gemeinschaft gegeben werden und die Formen, die erforderlich erscheinen, um sie zu organisieren. Schlagwortartig verkürzt: Menschen-, Gesellschaftsbild, Politikbegriff und verfassungsgegebene Praxis hängen eng miteinander zusammen. Der Einfluß geht in beide Richtungen;

– Daß die wirksamsten Unterschiede daraus erwachsen, ob man den Menschen als borniertes, egoistisches Einzelwesen oder immer schon als Einzelwesen in der und durch die Gemeinschaft sieht. Worin erfüllen sich menschliche Freiheit und menschliches Glück; welche Vorbedingungen sind anzunehmen und anzustreben?

– Daß damit Trennungsdenken oder Zusammenhängesehen eng verknüpft ist: Trennung oder Zusammensicht von einzelnen und/oder Gesellschaft; von öffentlicher Sphäre und/oder privater; von politischer und/oder ökonomischer; von Frau und/oder Mann, von Herr/Herrin und/oder Knecht und Magd;

– Daß unbeschadet aller nicht endender Konflikte, ja in denselben eine wiederkehrende Suche nach gelungener Menschlichkeit, gelungener Gesellschaft sich Geltung verschafft, nach einem „hundertjährigen Frühling", selbst wenn oder gerade weil Panthea in Hölderlins Empedokles ins Schwarze zu treffen scheint: „O ewiges Geheimnis, was wir sind und suchen, können wir nicht finden; was wir finden, sind wir nicht";

– Daß gerade der nie in endgültiger Harmonie menschlich abschließbare Konflikt, u.a. die Fähigkeiten zu gewinnen und zu erneuern verlangt, von denen die Rituale der primitiven Gesellschaften, die griechische Tragödie, von denen neuerdings Friedrich Nietzsche und Max Weber wußten: Spannungen sind auszuhalten; Konflikte sind nicht einseitig oder nur mit hohen humanen Kosten zu lösen; es gilt, statt dessen Prozeduren und Formen einzurichten, die Konflikte darstellen und so lösen lassen, daß Pluralität nicht unterdrückt wird; Vieldeutigkeiten dürfen weder in (also herrschaftsvoller) Theorie noch in herrschaftsvoller Praxis auf einen Punkt gebracht, sprich identifiziert und ausgesäubert werden. Solchem Verständnis müssen alle irdischen Verfassungen Rechnung tragen, wenn ihre selbst eröffneten Rechnungen nicht blutig unterzeichnet werden sollen.

Recht und Gerechtigkeit. *Sophokles' Antigone (442 Jahre vor unserer Zeitrechnung in Athen uraufgeführt), eine Tragödie, die das Äußerste an Kunst und Menschlichkeit darstellt, kann noch weniger, als dies für prosaisch philosophische und wissenschaftliche Bücher gilt, durch Zitate-Brosamen repräsentiert werden. Die Tragödie läßt sich nicht auf den Konflikt zwischen zwei Rechtsauffassungen, der unvermeidlich tödlich und damit tragisch ausgeht, verkürzen. Dennoch: Dieser Konflikt bildet den Stab, an dem sich die Tragödie mit all ihren vielfältigen Dimensionen auskristallisiert. Kreon, der neue Herrscher Thebens, verbietet es, Polineikes, seinen Neffen, den Bruder Antigones (und Ismenes), zu bestatten. Der Leichnam liegt außerhalb der Mauern der Stadt im Staub. Dort ist Polineikes im Kampf mit seinem Bruder Eteokles, der in der Stadt geblieben war, im Kampf um die Herrschaft derselben, gefallen. Gleich seinem Bruder. Der äußere Aggressor, so entscheidet der STAATS-mann Kreon im MANN-Staat Theben, also Polineikes, darf im Unterschied zu seinem Bruder nicht herkommensgemäß begraben werden. Antigone nun, damit hebt das Stück an, Ödipus' Tochter, entschließt sich, dieses Verbot zu durchbrechen und der althergebrachten Sitte zu entsprechen. Sie begräbt den Bruder. Nach dieser Tat treffen Kreon, der das Staatsrecht vertritt, und Antigone, die das gesellschaftlich lebendige Totenrecht verkörpert, aufeinander. – Verfassungen heute gestalten Recht; sie satzen Recht und regeln, wie weiteres gesatzt wird; sie sind, wie es heute gängig heißt, Ausdruck des „nachmetaphysischen" Zeitalters, einer Zeit also, die keine historische Gesellschaften übersteigende Bezüge mehr kennt. Das andere Wort dafür heißt Säkularisierung. Doch so richtig diese Ansicht ist, so unzureichend, wenn nicht falsch ist sie zugleich. Absolute Begründungen aufzugeben bedeutet nicht, auf die humane Notwendigkeit zu verzichten, sich über die je aktuelle Gesellschaft und ihre Umstände im Suchen und Finden zu orientieren. Eine Ahnung davon muß jede Verfassungsdiskussion haben: Im Wertbezug und darin sich ausdrückend, was Regelungen ausdrücklich vorbehalten ist. Simone Weil (1909 - 1943; vgl. S. 473), aus Paris von den anrückenden Deutschen vertrieben, hat davon gewußt: „Es gibt nichts anderes, das uns zu einer allgemeinen Ehrfurcht vor allen menschlichen Wesen veranlassen könnte. Welche Formel des Glaubens oder Unglaubens ein Mensch auch gewählt haben mag, der, dessen Herz bereit ist, diese Ehrfurcht zu bekunden, anerkennt tatsächlich eine andere Wirklichkeit als die dieser Welt. Der, dem diese Ehrfurcht tatsächlich fremd ist, dem ist auch die andere Wirklichkeit fremd." Und wenig später fährt Simone Weil fort: „Inmitten der tatsächlichen Ungleichheiten kann die Ehrfurcht nur dann eine gleiche gegen alle sein, wenn sie auf etwas in allen Gleiches gerichtet ist. Die Menschen sind verschieden in ausnahmslos allen Verhältnissen, die sie mit Dingen verknüpfen, die dieser Welt gehören. Identisch ist ihnen allen einzig das Vorhandensein einer Verbindung mit der anderen Wirklichkeit."*

(Sophokles: Antigone, hg. von Wolfgang Schadewaldt, Frankfurt/Main 1982, S. 25 und 29. Simone Weil: Zeugnis für das Gute. Traktate, Briefe, Aufzeichnungen, hg. von Friedhelm Kemp, München 1990, S. 64 und 65, Auszüge aus der „Studie für eine Erklärung der Pflichten gegen das menschliche Wesen")

Sophokles

Antigone

Wachtmann: Die hier! die ist es, die die Tat getan!
Die griffen wir, wie sie begrub! – Doch wo ist Kreon?
Ältester: Dort kommt er wieder aus dem Hause,
eben recht.
Kreon: Was ist? zu welchem Vorfall komme ich gelegen?
Wachtmann: O Herr! Sterbliche sollen nichts verschwören,
Denn spätre Einsicht straft den Vorsatz Lügen.
Da hab ich groß gelobt, ich käme nicht so eilig
Hierher zurück nach deinen Drohungen,
Von denen ich noch eben ward umstürmt.
Indessen, einer Freude *gegen*
Und *über* alles Hoffen gleicht an Größe
Doch keine andre Lust. Da bin ich,
Und hab ich's auch mit Eiden abgeschworen,
Und bringe diese Jungfrau, die ergriffen wurde,
Wie sie das Grab bestellte. Diesmal ward kein Los
Geworfen: mein ist dieser Fund und keines andern! –
Und nun, Herr, nimm sie selber, wie du willst,
Befrage, überführe sie! Ich aber
Darf als freier Mann von Rechtes wegen
Nun dieser bösen Dinge ledig sein.
Kreon: Die du da bringst – wie und wo griffst du sie?
Wachtmann: Die ist es, die den Mann begrub!
So weißt du alles.
Kreon: Ist dir bewußt und sprichst du recht, was du da sagst?
Wachtmann: Die sah ich, wie sie ihn begrub, den Toten,
Den du verboten. – Sprech ich deutlich und genau?
Kreon: Und wie ward sie gesehn und auf der Tat ergriffen?
Wachtmann: So war die Sache. Als wir hingekommen,
Nachdem du uns so fürchterlich bedroht,
Und allen Staub hinweggewischt, der auf
Dem Toten lag, und den verwesenden
Leib sorgsam freigelegt, so setzten wir
Uns oben auf dem Hügel in den Wind,
Geschützt, daß der Geruch von ihm uns nicht erreiche.
Und es hielt wach der Mann den Mann und schalt und drohte,

Wenn einer lässig wollte sein im Dienst.
Das ging die ganze Zeit, bis in die Mitte
Des Äthers trat der Sonne leuchtend Rund und brennend
Die Hitze wurde. Da, auf einmal, läßt vom Boden
Ein heißer Wind sich einen Wirbel Staubs erheben,
Ein himmelhohes Ungemach, und er erfüllt
Die Ebene, zerfetzt die ganze Mähne
Des Walds im Tal, und es ward voll davon
Der große Himmelsraum. Wir, mit geschloßnen Augen,
Hielten das gottgesandte Leiden aus.
Und als es sich gelegt nach langer Zeit,
Steht da dies Mädchen und weint jämmerlich
Mit eines Vogels scharfem Laut, der bitter trauert,
Wenn er im leeren Neste von den Jungen
Verwaist das Lager sieht. Und so auch sie,
Da sie entblößt den Toten sieht, schrie laut heraus
Ein Wehgeschrei und fluchte böse Flüche
Auf die herab, die diese Tat getan,
Und bringt schnell mit den Händen trockenen Staub
Und aus dem hoch erhobenen erzgetriebenen Krug
Kränzt sie mit dreifach dargebrachten Güssen
Den Toten. Wir, da wir's gesehen, liefen
Hinzu und fingen schnell sie ein, die gar nicht
Erschrocken war, und hielten ihr das früher
Und jetzt Getane vor. Sie leugnete nichts ab –
Zur Freude mir wie auch zum Schmerz zugleich.
Denn selbst dem Ungemach entronnen sein,
Ist größte Freude. Doch ins Unglück
Die Freunde bringen, schmerzliche. Aber alles dieses,
Ich nehme es, so wie ich einmal bin,
Doch für geringer als mein eigen Heil.
Kreon zu Antigone:
Du nun, du, die zu Boden neigt das Haupt:
Sagst oder leugnest du, daß du's getan?
Antigone: Ich sag es, ja! ich hab's getan und leugn es nicht.
Kreon zu dem Wachtmann:
Du pack dich fort von hier, wohin du willst,
Entlastet von dem schweren Vorwurf, frei!
Zu Antigone:
Du aber sage mir, nicht lange, sondern kurz gefaßt:
Hast du gewußt, daß ausgerufen war,
Dies nicht zu tun?

Antigone: Ich wußte es!
Wie sollt ich nicht? war es doch offenkundig.
Kreon: Und hast gewagt, dieses Gesetz zu übertreten?
Antigone sehr schlicht:
Es war nicht Zeus, der mir dies ausgerufen,
Noch sie, die mitwohnt bei den unteren Göttern, Dike,
Die beide dies Gesetz den Menschen aufgestellt.
Auch meint ich nicht, daß deine Ausgebote
So mächtig seien, daß die ungeschriebenen
Und wankenlosen Satzungen der Götter
Einer, der sterblich wäre, überholen könnte.
Denn nicht seit heut und gestern sind sie: diese leben
Von je her, und weiß niemand, woher sie gekommen.
Indem ich diese bräche, mocht ich nicht, aus Furcht
Vor irgendeines Mannes Dünkel, vor den Göttern
Strafe erleiden. – Daß ich sterben würde:
Ich wußt es wohl – wie nicht? –, auch wenn du nicht
Es öffentlich verkündigt hättest. Aber sterbe
Ich vor der Zeit: ich acht es als Gewinn.
Denn wer, wie ich, in vielen Übeln lebt,
Wie fände der im Tode nicht Gewinn?
So ist für mich, daß ich dies Schicksal leide,
In nichts ein Schmerz. Doch meiner Mutter Sohn
Im Tode dulden ohne Grab, den Toten,
Das schmerzte mich. Dies aber schmerzt mich nicht. –
Schein ich dir aber töricht jetzt in meinem Tun,
Mag mich ein wenig wohl ein Tor der Torheit zeihen.
Ältester: Es zeigt des harten Vaters harte Art
Sich an dem Kind. Kein Nachgeben kennt sie im Üblen.
Kreon: Doch merke wohl, daß allzu starrer Sinn
Am ehesten zusammenbricht, und stärkstes Eisen,
Kommt es gekocht zu spröde aus dem Feuer,
Siehst du am meisten bersten und zerspringen.
Mit kurzem Zügel, weiß ich, bringt man störrische
Pferde zurecht. Da ist kein Raum für hochfliegendes Denken,
Wenn einer seiner Nächsten Sklave ist. –
Doch die da hat genau gewußt: Auflehnung war es
Zuerst, als sie die offen ausgestellten
Gesetze übertrat, und Auflehnung,
Nachdem sie es getan, ist dies die zweite,
Daß sie sich rühmt, daß sie's getan, und lacht!
Wahrhaftig! da bin ich kein Mann, nein, sie der Mann,

Wenn man ihr straflos hier die Oberhand beließe.
Nein, sei sie meiner Schwester Kind, sei gleichen Bluts
Sie mehr mit uns als alle, die der Zeus des Hauses schirmt:
Sie wie die Schwester sollen beide nicht entgehn
Dem schlimmsten Tod. Denn auch die andre klag ich an,
Daß sie in gleicher Weise dieses Grab geplant. –
Ruft her auch sie! Denn eben sah ich drinnen
Sie rasen, nicht der Sinne mächtig. Pflegt die Seele
Im voraus doch, die diebische, ertappt zu werden,
Wenn man im Finsteren nichts Gutes spinnt!
Doch haß ich auch, wenn einer, über schlimmen Dingen
Gefaßt, dann daraus noch ein Schönes machen will.

Antigone: Wünschst du noch mehr als mich zu nehmen und zu töten?

Kreon: Ich weiter nichts! Denn hab ich dies, so hab ich alles!

Antigone: Was also zögerst du? Wie mir an *deinen* Reden
Gefällig nichts ist – und niemals gefallen möge! –,
So muß auch dir das Meinige mißfällig sein.
Und doch, wie hätt ich rühmlicheren Ruhm
Erlangt als dadurch, daß ich meinen Bruder
Im Grabe beigesetzt. Bei allen diesen
Würde es heißen, daß es ihnen so gefiele,
Wenn ihnen Furcht die Zunge nicht versperrte!
Allein, Gewaltherrschaft hat vielen Segen
Und – sie darf tun und sagen, was sie will!

Kreon: Das siehst nur du so unter Kadmos' Volk.

Antigone: Auch *diese* sehen's, doch es duckt vor dir ihr Mund.

Kreon: Und schämst du dich nicht, daß du anders denkst als sie?

Antigone: Es ist kein Schimpf, sein eigen Blut zu ehren.

Kreon: War deines Blutes nicht auch er, der für uns fiel?

Antigone: Des gleichen Blutes: von einer Mutter und dem gleichen Vater.

Kreon: Was schenkst du *dem* dann eine Gunst, die *ihn* beleidigt?

Antigone: Das wird der Tote dir im Hades nicht bezeugen!

Kreon: Wenn du ihn gleich dem Gottverächter ehrst?

Antigone: Kein Sklave war's, der Bruder war's, der umgekommen!

Kreon: Dies Land verheerend! aber *der* trat für es ein.

Antigone: Gleichwohl! Hades erfordert einmal diese

Bräuche.

Kreon: Der Rechte aber nicht die gleichen wie der Schlechte!

Antigone: Wer weiß, ob dies dort unten heilige Regel ist?

Kreon: Der Feind wird nie, auch nicht im Tod, zum Freund!

Antigone einfach:
Aber nicht mithassen, mitlieben muß ich!

Kreon: So geh hinunter, wenn du lieben mußt, und liebe
Die unten! – Mir, in meinem Leben, herrscht kein Weib!

Politikbegriff. *Aristoteles' (383–322 vor unserer Zeitrechnung) berühmte Bestimmung der Politik, die auf eine gute Verfassung ausgerichtet sein müsse und des Menschen als eines „politischen Wesens", wird hier aus den eröffnenden Abschnitten seiner „Politik" wiedergegeben. Keine Darstellung von Überlegungen zur politischen Verfassung menschlicher Gesellschaften ist wohl einflußreicher gewesen als die aristotelische, die in vielerlei Hinsicht durch seine in sich politische Ethik („Nikomachische Ethik") ergänzt worden ist. Die Vorliebe zu „gemischten" Verfassungen, Ansätze einer Gewaltenteilung u.ä.m. – dieses und vieles andere läßt sich auf den Griechen Aristoteles zurückführen. Freilich: der vielzitierte Ausdruck vom Menschen als einem „politischen Wesen" (im Lateinischen animal sociale, also soziales Wesen übersetzt) ist nicht nur von Aristoteles selbst, in dieser Hinsicht ganz Kind seiner Zeit, nur teilweise ernstgenommen worden, indem er, Mitglied einer sklavenhaltenden Männer-Gesellschaft, Sklaven als Nicht-Menschen im Vollsinne und die Frauen als Nicht-Vollbürgerinnen ausschloß. Vielmehr ist in der Moderne, von wenigen anderen Spuren abgesehen, die politisch-soziale Bestimmung des Menschen radikal in Frage gestellt oder nur als ein Merkmal unter anderen begriffen worden. Das private Besitz- und Erwerbsinteresse drängte in den Vordergrund. Der Bürger oder später die Bürgerin wurden politisch auf WahlbürgerInnen reduziert. Auch die Forderung, daß Politik als Bestimmung einer Gesellschaft darauf ausgerichtet sein müsse, das „gute Leben" einer Gesellschaft zu organisieren, wurde als Ziel verwässert, weithin aufgegeben und auf Verfahrensweisen herabgesenkt. Stecken aber nicht im aristotelischen Begriff des Menschen als einem politischen Wesen, das dann entsprechende gesellschaftliche Konsequenzen nötig machte, und in seiner Zielvorgabe für alle Politik, die Politik und Moral nicht willkürlich und fiktiv trennen läßt, Einsichten und Anregungen, die gerade heute erneut gehoben und verfolgt werden müßten?*
(Aristoteles: Politik, Reinbek 1965, S. 9–11; auszugsweise)

Aristoteles

Gemeinschaft und Staat

1. (a) Alles, was Staat (polis) heißt, ist ersichtlich eine Art von Gemeinschaft (koinonía), und jede Gemeinschaft bildet sich und besteht zu dem Zweck, irgendein Gut (agathón) zu erlangen. Denn um dessentwillen, was ihnen ein Gut zu sein scheint, tun überhaupt alle alles, was sie tun. (b) Wenn nun aber sonach eine jede Gemeinschaft irgendein Gut zu erreichen strebt, so tut dies offenbar ganz vorzugsweise und trachtet nach dem vornehmsten aller Güter dieje-

nige Gemeinschaft, welche die vornehmste von allen ist und alle anderen in sich schließt. Dies ist aber der sogenannte Staat und die staatliche Gemeinschaft (politiké koinonía). (...)

4. (a) Die aus mehreren Dörfern sich bildende vollendete Gemeinschaft nun aber ist bereits der Staat, welcher, wie man wohl sagen darf, das Endziel völliger Selbstgenügsamkeit (autárkeia) erreicht hat, indem er zwar entsteht um des bloßen Lebens, aber besteht um des vollendeten Lebens willen. (b) Drum, wenn schon jene ersten Gemeinschaften naturgemäße Bildungen sind, so gilt dies erst recht von jedem Staat, denn dieser ist Endziel (telos) von jenen; die Natur (physis) ist eben Endziel, denn diejenige Beschaffenheit, welche ein jeder Gegenstand erreicht hat, wenn seine Entwicklung vollendet ist, eben diese nennen wir die Natur desselben, wie z.B. die des Menschen, des Rosses, des Hauses. Auch ist das Ziel und der Endzweck das Beste, die Selbstgenügsamkeit ist aber der Endzweck und das Beste.

5. (a) Hiernach ist denn klar, daß der Staat zu den naturgemäßen Gebilden gehört und daß der Mensch von Natur ein nach der staatlichen Gemeinschaft strebendes Wesen (zóon politikón) ist; und derjenige, der von Natur und nicht durch zufällige Umstände außer aller staatlichen Gemeinschaft lebt, ist entweder mehr oder weniger als ein Mensch, wie etwa der von Homer Beschimpfte: „Ohne Geschlecht und Gesetz, ohn' eigenen Herd". Denn dieser ist von Natur ein solcher und gleichzeitig gierig nach Krieg, da er isoliert dasteht, wie man im Brettspiel sagt. (b) Daß ferner der Mensch in weit höherem Maße als die Bienen und alle anderen herdenweise lebenden Tiere ein nach staatlicher Gemeinschaft strebendes Wesen ist, liegt klar zutage. Denn nichts tut, wie wir behaupten, die Natur zwecklos. (c) Der Mensch ist aber das einzige Lebewesen, das Sprache (logos) besitzt. Die bloße Stimme (phoné) nämlich zeigt nur das Angenehme und Unangenehme an, darum kommt sie auch den anderen Lebewesen zu (denn so weit reicht ihre Natur, Angenehmes und Unangenehmes wahrzunehmen und von dieser Wahrnehmung einander Zeichen zu geben); die Sprache dagegen ist dazu bestimmt, das Nützliche und Schädliche deutlich kundzutun und also auch das Gerechte (díkaion) und Ungerechte (ádikon). Denn das ist eben dem Menschen eigentümlich im Gegensatz zu den Tieren, daß er allein fähig ist, sich vom Guten (agathón) und Schlechten (kakón), von Recht und Unrecht Vorstellungen zu machen. Die Gemeinschaftlichkeit dieser Vorstellungen ruft aber eben das Haus und den Staat ins Leben.

6. (a) Auch von Natur ursprünglicher aber ist der Staat als das Haus und jeder einzelne von uns. (b) Denn das Ganze ist notwendig ursprünglicher als der Teil, weil ja, wenn der ganze Leib dahin ist, auch nicht mehr Fuß noch Hand existiert, außer dem Namen nach, gerade wie man auch eine steinerne Hand noch eine Hand nennt. Jedes Ding wird nämlich durch seine besonderen Fähigkeiten (ergon) und Möglichkeiten (dýnamis) bestimmt; und wenn es diese nicht mehr besitzt, so ist es nicht mehr dasselbe Ding, und es sollte nicht mehr als dasselbe Ding bezeichnet werden, es sei denn im Sinne bloßer Namensgleichheit. (c) Daß also der Staat von Natur besteht und ursprünglicher als der einzelne ist, ist klar. Denn wenn eben jeder einzelne für sich nicht sich selber genügend ist, so verhält er sich zum Staat geradeso wie die Teile eines anderen Ganzen zu diesem letzteren; wenn er aber andererseits überhaupt nicht an einer Gemeinschaft sich zu beteiligen vermag oder dessen durchaus nicht bedarf wegen seiner Selbstgenügsamkeit, so ist er freilich kein Teil des Staates, aber eben damit entweder ein Tier oder aber ein Gott.

7. (a) Diesem allen gemäß lebt nun zwar auch von Natur in allen Menschen der Trieb, in diese Art von Gemeinschaft einzutreten; aber derjenige, welcher den Staat zuerst wirklich ins Leben rief, war damit der Urheber der höchsten Güter. Denn wie der Mensch in seiner Vollendung das edelste aller Lebewesen ist, so wiederum losgerissen von Gesetz (nomos) und Recht (dike) das schlimmste von allen. Denn nie ist die Ungerechtigkeit (adikía) fürchterlicher, als wenn sie Waffen hat; der Mensch aber hat die natürlichen Waffen in Händen durch seine angeborene Klugheit und Tüchtigkeit, Waffen, die am allermeisten dazu geeignet sind, zu den entgegengesetzten Zwecken sich ihrer zu bedienen. Und daher ist er denn ohne Tugend (areté) das ruchloseste und wildeste Lebewesen und in bezug auf Geschlechts- und Gaumenlust das schlimmste von allen. (b) Die Gerechtigkeit (dikaiosyne) aber stammt erst vom Staate her, denn das Recht ist die Ordnung der staatlichen Gemeinschaft; das Recht (dike) aber ist die Entscheidung darüber, was gerecht ist. (...)

Herrschaftsfreiheit. Von den historisch meist früheren, andersartigen, „ursprünglicheren" Gesellschaften können wir lernen. Nicht, indem wir mechanisch übertragen oder uns nach ihrem „einfachen Leben" zurücksehnen. Einfach war dasselbe gewiß nicht; es war beziehungsreicher, ja es war in vielerlei Hinsicht komplexer als das heutige, da die Arbeitsteilung das Leben bestimmt und bürokratisch-technische Vorkehrungen uns Lasten abnehmen, aber dadurch auch unsere Wirklichkeit bestimmen. Lernen kann man von diesen primitiven Gesellschaften, indem sie unsere Phantasie für andere Organisationsweisen von Gesellschaft beflügeln; indem sie uns kritisch darauf aufmerksam machen, wie prekär das ist, was so gegenwartsglaubensstark und trotz allen Einwänden „Fortschritt" genannt wird; indem sie die Gefahren einer geschwindigkeits- und wachstumsfixierten Gesellschaft erkennen lassen. Wie überaus macht- und herrschaftssensibel sind diese Gesellschaften gewesen. Gesellschaften „gegen den Staat", hat sie der Ethnologe Pierre Clastre deswegen genannt. Beteiligung am gesellschaftlichen Geschehen war nicht auf isolierte und punktuell abstrakte Akte wie z.B. die Wahlen beschränkt. Alle waren in der Gesellschaft und verkörperten die Gesellschaft. Was müßte, so wäre u.a. zu fragen, unter den Bedingungen heutiger weltweit verzahnter Riesengesellschaft und dauernder Mobilität unternommen werden, um fortentwickelte Aspekte solcher Gesellschaft erneuernd zu gewinnen? Die Suche nach der eigenen „Identität" ist auf die Verfassung einer Gesellschaft verwiesen.
(Entnommen wurde die Beschreibung einiger Merkmale primitiver Gesellschaften Stanley Diamond (1923 - 1991): „Kritik der Zivilisation. Anthropologie und die Wiederentdeckung des Primitiven", Frankfurt 1976, S. 93 - 104; der Text wurde leicht gekürzt, die Übersetzung etwas korrigiert)

Stanley Diamond

Kritik der Zivilisation

Die Rolle der Führer

In primitiven Gesellschaften sind die Hauptfunktionen und Rollen der Führung gemeinschaftlich und traditional, und nicht politisch oder profan. Der Häuptling einer Sippe oder der Patriarch einer Familie werden als Verkörperung von Sippe, Familie oder Stammeserbe verehrt. In vielen Gesellschaften ist der Sippenhäuptling einfach das älteste Mitglied der Gruppe. Der Gehorsam gegenüber diesen Gestalten ist symbolisch, ein Zeichen der Achtung gegenüber der eigenen Tradition und daher der Selbstachtung. Er beruht nicht auf Zwang oder auf einem institutionalisierten und manipulativen sozialen Akt.

Die Führung kann auch situationsbezogen sein und auf besonderen Kenntnissen und Fähigkeiten beruhen. In primitiven Gesellschaften wimmelt es von „Häuptlingen". In ein und demselben Stamm kann es einen Jagdhäuptling, einen Arbeitshäuptling, einen Tanzhäuptling, einen Frauenhäuptling, einen Altershäuptling und einen Fischfanghäuptling geben. Diese Führer haben nur in spezifischen Zusammenhängen und in begrenzten Zeitabschnitten Funktionen; gewöhnlich beruht ihr Vorrang auf Fähigkeiten bei der jeweiligen Tätigkeit. Er ist nicht auf das Alltagsleben übertragbar, und fast jeder in der Gesellschaft befindet sich zu irgendeinem Zeitpunkt in einer Häuptlingsposition. W.H. Rivers unterstreicht diesen Punkt wie folgt:

„Als ich untersuchte, wie die Bevölkerung der westlichen Salomon-Inseln Krieg führt, war ich nicht in der Lage, irgendwelche Indizien für eine bestimmte Führungsrolle zu entdecken. Wenn ein Boot den Ort erreichte, an dem eine Kopfjagd durchgeführt werden sollte, gab es keine Bestimmung darüber, wer der Anführer sein sollte. Es hatte den Anschein, als ob man dem ersten, der aus dem Boot stieg oder die Führung übernahm, ohne Frage folgte. Auch gibt es bei den Beratungen dieser Leute weder Abstimmungen noch irgendwelche anderen Mittel, die Meinung der Gesamtheit festzuhalten. Reisende, die unter wilden Völkern in verschiedenen Teilen der Welt gelebt haben, haben berichtet, wie sie Versammlungen der Eingeborenen beiwohnten, in denen Angelegenheiten diskutiert wurden, die sie selbst angingen. Wenn der englische Beobachter nach einer bestimmten Zeit feststellte, daß die Teilnehmer ein völlig anderes Thema diskutierten und nachfragte, wann sie über die Frage entscheiden würden, an der er interessiert war, wurde ihm gesagt, daß sie bereits entschieden sei, und daß sie zu anderen Angelegenheiten übergegangen seien ... Den Mitgliedern der Beratung war es an einem bestimmten Punkt klar geworden, daß sie sich einig waren, und es war nicht erforderlich, diese Einigung ausdrücklich kenntlich zu machen." (Rivers 1924, 95 ff.)

Die Führung kann auch eine Funktion eines allgemeinen Rangs und Status sein, die jedem normalen Mitglied der Gruppe automatisch dadurch zufällt, daß es ein bestimmtes Alter erreicht hat oder bestimmte Erfahrungen durchlaufen hat. Im letzteren Fall ist eine Prüfung erforderlich. Jeder normale Mann wird die Gelegenheit haben, über bestimmte Erfahrungen eine Statusposition zu erwerben, doch werden nicht alle dabei den gleichen Erfolg haben. In einer primitiven Gesellschaft können Positionen hierarchisch angeordnet sein, sie sind jedoch nicht knapp, und ihre formale Verteilung und Funktion sind Teil eines historisch selektiven, wenn auch „ungeplanten" rationalen Paradigmas.

Die Verbindung von grundsätzlich traditionaler Führung mit übertragbaren, situationsspezifischen und „automatischen" Typen statusbezogener Führung reduziert außerdem die Anlässe dafür, was man als breite Palette sozialer Feindseligkeit bezeichnen kann, und verringert gleichzeitig die Entfremdung, die sich als Reaktion auf willkürliche, aus der Ferne ausgeübte und unpersönliche Autorität entwickelt. In dieser Hinsicht und in anderen verschleudern primitive Systeme nicht ihre Substanz durch Ungleichheiten im sozialen Gewebe. In einem zutiefst psychologischen Sinne sind primitive Gesellschaften demokratisch, obwohl sie nicht im negativen Sinne „gleichmacherisch" sind. Im primitiven Leben wird die Gleichheit nicht als Identität konstruiert. Die Führung wird sinnvoll verteilt und ausgeübt.

Die Legalität des Brauchs

Es ist eine logische Binsenweisheit und eine historische Wahrheit, daß es in primitiven Gesellschaften Gesetze, so wie wir sie kennen, nicht gibt. Die Gesellschaft funktioniert nach Brauch und Sitte und nach wohlverstandenen informellen Sanktionen und nicht vermittels eines juristischen Apparats, der von oben im Interesse dieser oder jener Gruppe eingesetzt wird, d.h. nicht durch kodifiziertes Recht.

Es gibt keine spezialisierten juristischen Funktionsträger, und es gibt keinen spezifischen und ausschließlich juristischen Apparat. Die zahlreichen Rechtsstreitigkeiten, mit denen wir in der Zivilisation vertraut sind, aus handelsrechtlichen Auseinandersetzungen, Steuererhebungen durch die Regierung und bürokratischer Verwaltung, sind in der primitiven Gesellschaft einfach nicht gegeben. Tylor sagte dazu: „Eines der wesentlichsten Dinge, die wir von einfachen Stämmen lernen können, ist, wie eine Gesellschaft funktionieren kann, ohne daß Polizisten die Ordnung aufrechterhalten müssen." (1946, 134) Gegenüber dieser Verallgemeinerung gibt es einige Ausnahmen, z.B. die Büffeljagdpolizei bei den Plains-Indianern, doch sind dies Ausnahmen, die die Regel bestätigen, da sie aus besonderen Umständen zu erklären sind; sie stellen weder ständig vorhandene formale Gruppen noch Anzeichen für eine alles bestimmende juristische Ordnung dar (Lowie 1956, 5 ff.).

In den staatlichen Vorformen hat selbstverständlich die Entwicklung von Recht, Gerichten und Richtern eingesetzt, doch funktionierte an der primitiven Basis dieser archaischen Gesellschaften der traditionelle Apparat von Brauch und Sitte unbeeinträchtigt weiter (Nadel 1942, 68).

Unter den Primitiven gibt es also kein kodifiziertes Recht und keinen ständigen bewaffneten Apparat zu dessen Durchsetzung, der von der Bevölkerung insgesamt abgesondert ist und über ihr steht. Daher kann sich jener merkwürdige Aspekt der Entfremdung, der in allen politischen Gesellschaften entsteht, die Spaltung zwischen dem „wir" und dem „die da oben", zwischen dem Bürger und der verfaßten öffentlichen Macht gar nicht erst entwickeln (Moore 1960, 642 - 62). Das Volk und die bewaffnete Macht, das Volk und die Tradition sind praktisch untrennbar miteinander verschmolzen. Unter den Primitiven ist die öffentliche Macht tatsächlich repräsentativ; es gibt auch keine Verfassungstheorie. In der Zivilisation steht die Theorie der öffentlichen Macht, die mit der einen oder anderen Regierungsform assoziiert ist, an erster Stelle, doch wird die Repräsentation zum Problem.

Konservatismus und Konfliktlösung

Primitive Gesellschaften sind eher konservativ. Im Vergleich zu von der Technik beherrschten Kulturen verändern sie sich relativ langsam, und infolgedessen sind ihnen die inneren Wirren fremd, die untrennbar zu Zivilisationen des Altertums oder der Neuzeit gehören. Daß Sanktionen üblich sind, ist nicht der einzige Grund, daß das primitive Leben relativ konservativ ist. Ein bedeutsamer Faktor besteht darin, daß primitive Gesellschaften im allgemeinen Gleichgewichtssysteme darstellen. Institutionelle Konflikte führen bei ihnen nicht zum Bruch, obwohl sie klar strukturierte und häufig zyklische Konflikte zwischen Institutionen kennen und es auch persönliche Konflikte gibt. Die zuerst genannten werden beispielsweise durch begrenzte Kämpfe in kleinen Gemeinschaften ausgedrückt oder durch bestimmte Typen institutionalisierter Abweichung; die an zweiter Stelle erwähnten Konflikte zeigen sich im gewöhnlichen Spiel der Personen. Sie mögen sich bis zu Zauberakten steigern. In der Tat ist es so, daß die eingebauten sozialen Mechanismen für die Bekundung von Feindseligkeit, die diese strukturierten Konflikte zum Teil darstellen, dazu beitragen, die sozialen Bindungen zu stärken; die Gesellschaft erkennt sozusagen einen breiten Fächer menschlicher Ausdrucksformen an und stellt ihnen den nötigen

Spielraum zur Verfügung.

Trotzdem oder vielmehr genau deswegen erfaßt der Primitive die Gesellschaft als einen Teil der natürlichen Ordnung, als die Kulisse, vor der das Drama des individuellen Lebens abrollt. Die Gesellschaft wird durch den Mythos geheiligt, im Ritual enthüllt und von der Tradition untermauert. Das soziale Gefüge wird als mehr oder minder stabile Anordnung von Personen zueinander wahrgenommen. Da die Grundbedürfnisse nach Nahrung, Bekleidung, Obdach und, wie wir noch sehen werden, persönlicher Mitbestimmung in allen primitiven Kulturen auf eine Art und Weise befriedigt werden, der die Ausbeutung fremd ist, sind revolutionäre Aktivitäten meines Wissens nach unbekannt. Man kann sogar die Behauptung wagen, daß es in der primitiven Gesellschaft nie eine Revolution gegeben hat. Tatsächlich sind die messianischen und nativistischen Bewegungen, die periodisch primitive Kulturen erfaßten, die unter einer Bedrohung von außen standen, ein Hinweis auf den relativen Zustand institutioneller Unschuld, indem sie gewöhnlich funktionieren.

Der Primitive ist also konservativ. Seine Gesellschaft verändert ihre Wesensform nur unter der Einwirkung von außen oder als Reaktion auf tiefgreifende Veränderungen der natürlichen Umgebung. Institutionelle Disharmonien spitzen sich nie bis zur sozialen Destruktion oder entsprechend bis zur unheilbaren und weitverbreiteten individuellen Zerrüttung zu.

Die kulturelle Integration

Hieraus ergibt sich, daß die verschiedenen Ausdrucksformen der Kultur in primitiven Gesellschaften in hohem Maße integriert sind. Zwischen Religion und Gesellschaftsstruktur und ökonomischer Organisation, ökonomischer Organisation und Technik, zwischen dem Magischen und dem Pragmatischen gibt es komplizierte und harmonische Wechselbeziehungen. Diese Wechselbeziehungen haben zwei hauptsächliche Auswirkungen: (1) sie wirken sich in Richtung auf eine optimale praktische Effizienz des Systems aus; und (2) sie integrieren eine ganze Reihe von Emotionen und Einstellungen in eine bestimmte Tätigkeit, anstatt diese Tätigkeit zu isolieren oder sie von ihrem menschlichen Kontext zu abstrahieren. Ein einleuchtendes Beispiel für den ersten Effekt ist die maximale Nutzung der Technik durch primitive ökonomische Systeme. Meines Wissens ist kein primitives ökonomisches System dysfunktional in bezug auf die zur Verfügung stehende Technik. Auch wird die

Technik nicht auf verschwenderische oder ineffiziente Art und Weise benutzt, ungeachtet dessen, welche ausgefallenen Methoden angewandt werden, um den über die Deckung der Subsistenzbedürfnisse der Gruppen hinaus anfallenden Überschuß zu beseitigen oder den Tausch zu intensivieren. Ein Beispiel für den zweiten Effekt ist die Bestätigung praktischer Tätigkeiten durch magisch-religiöse Mittel, wie im klassischen Fall des Spezialisten für die Herstellung von Kanus bei den Trobriandern, der jeden Schritt der Konstruktion des Bootes mit magischen Beschwörungen absichert.

Dieser typische primitive Brauch muß von der Magie in der zivilisierten Gesellschaft unterschieden werden. Letztere ist meist von einer pragmatischen Tätigkeit abgelöst und in der Tat ein Surrogat für ein Handeln in der Welt. Die primitive Magie integriert trotz ihres mechanischen Charakters die Tätigkeit in ein traditionelles Weltbild, während die zivilisierte Magie die Möglichkeit einer Leistung ohne Anstrengung darstellt – den Geist aus der Lampe – und dies aus Verzweiflung über die Unmöglichkeit, in der Welt selbst zu handeln. Dieser „Abrakadabra"-Effekt, ob er sich nun in neurotischen Zwangshandlungen, in den blühenden Kulten im südlichen Kalifornien, in den Weissagungen von Astrologen und Handlesern oder in der Verdinglichung beispielsweise des „Geldes" als dem Schlüssel zum „Glück" ausdrückt, steht stets für die Praxis der reinen Magie, die sich, wie *Redfield* in seinen Untersuchungen über Yucatan feststellte, mit der Zivilisation entwickelt, und – wie noch hinzuzufügen wäre – auf Kosten des religiösen Bewußtseins. Die Magie der Neuzeit entwickelte sich nämlich logisch aus unserer Auffassung der Natur als einer Maschine.

Ein grobes und vereinfachtes Modell der funktionalen Integration in die primitiven Gesellschaft stellt ein Typ der Großfamilienstruktur dar, der in Afrika weit verbreitet ist, wenn auch in anderen ethnographischen Gebieten Parallelen dazu zu finden sind. Der Kern einer solchen (vorwiegend) unilateralen und an einem Ort ansässigen Familie besteht aus dem Patriarchen, einem oder mehreren jüngeren Brüdern, bzw. seinen und deren Söhnen und unverheirateten Töchtern; um diesen Kern herum bewegen sich die Frauen der männlichen Mitglieder. Die Kultur, innerhalb deren diese seßhafte Einheit die entscheidende soziale Gruppe ist, funktioniert auf drei primären und miteinander verbundenen Ebenen:

vorherrschende ideologische Betätigung	=	Ahnenverehrung
vorherrschende soziale Einheit	=	Großfamilie
vorherrschende ökonomische Tätigkeit	=	wandernder Ackerbau.

Diese drei sich wechselseitig ergänzenden Ebenen der Gesellschaft stellen den Kern der Kultur dar. Sie können sozusagen als Querschnitt der wichtigsten Bereiche der Kultur betrachtet werden. In ihnen ist natürlich nicht die gesamte Kultur eingeschlossen, doch ist jede Ebene von entscheidender Bedeutung und steht in funktionaler Beziehung zu den entscheidenden Formen und Bräuchen auf den anderen Ebenen. Wenn wir sagen, daß sich eine derartige Kultur verändert, meinen wir damit in Wirklichkeit, daß sich die Kernprozesse verändert haben, und diese verändern sich stets in nachweisbarer Beziehung zueinander.

In diesem System müssen umfangreiche Anbauflächen regelmäßig gerodet, unter Verwendung von Hacken bebaut und wieder aufgegeben werden. Dies erfordert eine kooperative Arbeitseinheit, die von einer Gruppe von Kernfamilien effizient gewährleistet ist, die zusammen wohnen und in generationsmäßiger Beziehung zueinander stehen, wie in diesem Beispiel durch die männliche Linie – also in einer Großfamilie innerhalb einer Struktur, die durch Ahnenverehrung geheiligt ist.

Ich behaupte keineswegs, daß wandernder Gartenbau Großfamilienstruktur und Ahnenverehrung zwangsläufig miteinander verbundene Merkmale seien. Ahnenverehrung gibt es auch in Systemen, die nicht auf wanderndem Gartenbau beruhen. Großfamilien gibt es auch bei Fehlen jeder Art von Gartenbau. Und der wandernde Gartenbau ist auch zusammen mit ideologischen und sozialen Komplexen zu finden, die sich eben nicht genau als Ahnenverehrung oder Großfamilien-Organisation definieren lassen. Die Verbindung der Formen in dem oben dargestellten Modell ist historisch und funktional determiniert, jedoch nicht unvermeidlich. Außerdem unterstelle ich nicht, daß die Religion ein bloßes Randphänomen einer bestimmten sozio-ökonomischen Grundlage darstellt – wenn sich auch z.B. die Ahnenverehrung so lange hält, wie das System von Großfamilie und Gartenbau seinen Zusammenhalt wahren kann. Die Eingeborenen-Religion kann unter der Einwirkung von Missionaren christliche Elemente annehmen, wenn die Wirtschaftsform relativ unangetastet bleibt, sie löst sich jedoch rasch auf, wenn die Gesellschaft zusammenbricht, für die sie unmittelbar relevant war. In diesem Sinne darf die sozio-ökonomische Grundlage als unabhängige Größe und die Religion als abhängige Variable betrachtet werden. Dies gilt jedoch nur für eine besondere *Form* der Religion und nicht für die Religion überhaupt. Sogar die spezifischen Formen der Religion müssen als gesellschaftliche Erfindungen betrachtet werden und nicht als automatische Projektionen einer bestimmten gesellschaftlichen Ökonomie, genauso wie die in bezug auf eine bestimmte Technik lebensfähige Gesellschaftsform ebenfalls eine Erfindung und keine logisch unausweichliche Entwicklung darstellt. Dies kann man auch auf andere Weise ausdrükken: in primitiven Gesellschaften läßt sich der Überbau nicht auf die ökonomische Basis zurückführen. Dieser Reduktionsprozeß setzt erst mit den ökonomischen Ausbeutungsverhältnissen der Zivilisation ein. „All unser Erfinden und unser ganzer Fortschritt", schreibt Marx, „scheinen darauf hinauszulaufen, daß sie materielle Kräfte mit geistigem Leben ausstatten und das menschliche Leben zu einer materiellen Kraft verdummen." (MEW 12,4)

Dies heißt, daß die Religion qua Religion eine grundlegende Form des Kulturverhaltens ist, die mit anderen Formen in Wechselbeziehung steht, jedoch von ihnen nicht verursacht wird. Die Annahme, daß die Religion ihren Ursprung in ökonomischen und gesellschaftlichen Faktoren hat, ist meiner Ansicht nach genauso absurd wie die Behauptung des Gegenteils – daß die Wurzeln der ökonomischen (oder gesellschaftlichen) Tätigkeit in der Religion liegen. Es handelt sich dabei um gleiche und gleich alte Bedürfnisse, um Fähigkeiten und Neigungen der menschlichen Natur, die in ihrer Allgemeingültigkeit auf unglaublich komplexe und alles andere als einsichtige Art und Weise miteinander verbunden sind. Wenn eine religiöse Form wie etwa die Ahnenverehrung zusammenbricht, schwinden ihre Einsichten und Forderungen nicht aus dem Gedächtnis der Menschen; sie werden Teil des universellen Erbes.

Kehren wir zur Großfamilienstruktur zurück; das Land kann dort nicht veräußert oder verkauft werden, weil der innerhalb des Systems lebende Primitive den Grund und Boden als den Wohnort seiner Vorfahren ansieht; dieser ist *terra sancta.* Auf diese Weise können wir eine funktionale Verbindung zwischen der Religion und dem ökonomischen Faktor Landbesitz herstellen.

Der Patriarch ist das religiöse Oberhaupt der Familie, die lebende Verbindung zu den Vorfahren und daher die Verkörperung der Familientradition. Dennoch dient er auch als Koordinator – wenn auch nicht zwangsläufig als Ackerbauhäuptling – der kooperativen Arbeitseinheit und als Verteilerkanal für die produzierten gesellschaftlichen Güter. Die Familie selbst ist nicht nur eine Arbeitskraft, sondern auch eine religiöse Gruppe; sie ist sozusagen ihre eigene Gemeinde. Auf diese Weise lassen sich die Verbindungen zwischen sozio-ökonomischen und ideologischen Faktoren leicht erkennen.

Der Patriarch erfüllt außerdem die Funktion eines Schiedsrichters bei Streitigkeiten innerhalb der Familie und in vielen Fällen auch bei Streitigkeiten zwischen verschiedenen Familien. Er erfüllt daher eine soziale Aufgabe, die sowohl politische als auch rechtliche Aspekte hat.

Wenn die Familie über die Größenordnung hinaus anwächst, die bezogen auf die Umweltbedingungen ökonomisch sinnvoll ist, spaltet sich eine neue Großfamilie ab und läßt sich in unbebautem Land der Sippe oder des Dorfes nieder. Der neue Patriarch, der ein jüngerer Bruder oder ein älterer Sohn gewesen sein mag, baut eine neue Siedlung auf. Dies wird kulturell als heroischer Akt gesehen. Er kann innerhalb seiner Kultur als Held betrachtet werden, und auf diese Weise vermischen sich die von der Umwelt ausgeübten Zwänge mit einem moralischen Ziel, welches für den Primitiven, der sich innerhalb des Systems bewegt, von anderen Zielen nicht zu trennen ist, und sogar als primär angesehen werden kann.

Kurz gesagt: Innerhalb der typischen Großfamilienstruktur entwickeln sich komplexe Wechselbeziehungen zwischen ökonomischen, gesellschaftlichen (einschließlich politischer und juristischer) und ideologischen Faktoren; bestimmte Personen erfüllen eine Vielzahl von Funktionen, und bestimmte Tätigkeiten schließen einen großen Fächer von Reaktionsmöglichkeiten ein. Diese Wechselbeziehungen umfassen nicht *alle* ökonomischen, gesellschaftlichen und ideologischen Tätigkeiten; es sind jeweils nur die hauptsächlichen auf jeder Ebene einbezogen, die in ihrer Summe für das Überleben der Gruppe von entscheidender Bedeutung sind. Die anderen Tätigkeiten, ob sie nun ökonomisch, gesellschaftlich oder ideologisch sind, sind untergeordnet, wie z.B. das Fischen bei Ackerbauern.

Für den Primitiven, der innerhalb der Gesellschaft handelt, durchdringen sich die Hauptelemente seiner Kultur in einer kreisförmigen Art und Weise unter wechselseitiger Verstärkung: alle Aspekte des Verhaltens konvergieren in einem System, das auf ein maximales Gleichgewicht zuläuft. Wir können die Einzelteile des Systems analysieren und tun dies auch. Als Außenseiter können wir nachweisen, daß von Europäern eingeführte Veränderungen in der Technik oder in der Art und Weise, wie der Lebensunterhalt verdient wird, die Struktur der Großfamilie zerbrechen und damit schließlich auch die Ahnenverehrung. Die Zivilisation steht unter dem Zwang, die Leichen zu sezieren, die sie produziert. Der Primitive jedoch bewegt sich innerhalb seines Systems als einbezogene Person. Seine Gesellschaft ist weder in Abteilungen unterteilt, noch setzt sie sich aus Bruchstücken zusammen, und keiner ihrer Bestandteile befindet sich in einem tödlichen Konflikt mit den anderen. Daher nimmt er sich selbst nicht als unterteilt in einen *homo economicus*, in einen *homo religiosus* und einen *homo politicus* usw. wahr. So kennen z.B. die Yir-Yiront, ein Volk Australiens, keine sprachliche Unterscheidung zwischen Arbeit und Spiel. Der Primitive steht im Zentrum eines synthetischen, ganzheitlichen Universums von konkreten Tätigkeiten, und zeigt kein Interesse für den Kausalzusammenhang zwischen diesen, da das Interesse an der Kausalanalyse der Gesellschaft nur durch ständige Krisen geweckt wird. Genau die pathologische Disharmonie der Bestandteile der Gesellschaft zwingt uns, einen vom anderen akribisch zu trennen und nach ihren wechselseitigen Auswirkungen aufeinander zu fragen. Wie Sapir bemerkte, steht diese primitive Gesamtsicht in einem überraschenden und bezeichnenden Gegensatz dazu, wie konfliktgeladen, vereinzelnd und abstrakt – bzw. zunehmend zivilisiert – wir unsere eigene Gesellschaft erfahren (Sapir 1951, 308-31).

Die Teilnahme an der Gesellschaft

Das Durchschnittsmitglied einer primitiven Gesellschaft nimmt an einem viel größeren Ausschnitt seiner sozialen Ökonomie teil als Individuen in Zivilisationen des Altertums und in den technisch komplizierten Zivilisationen der Neuzeit. So ist z.B. der durchschnittliche Mann bei den Nama ein hervorragender Jäger, ein genauer Beobachter der Natur, ein Handwerker, der sich seine Werkzeuge und Waffen selbst verfertigen kann, ein unmittelbarer Teilnehmer an einer Vielzahl von Stammesriten und Zeremonien und es ist wahrscheinlich, daß er in bezug auf die Legenden, Erzählungen und Sprichwörter seines Volkes gut beschlagen ist (für die Frau bei den Nama ließe sich eine ähnliche Liste aufstellen). Der durchschnittliche Primitive ist im Verhältnis zu seiner sozialen Umwelt und dem erreichten Niveau von Wissenschaft und Technik im Wortsinne viel umfassender gebildet als die meisten zivilisierten Individuen. Er nimmt seine kulturellen Chancen umfassender und unmittelbarer wahr, und dies nicht als Konsument oder stellvertretend, sondern als aktiv engagierte, vollwertige Person. Ganz gleich, wie wir uns die Zukunft der Zivilisation vorstellen mögen, die primitive Gesellschaft bildete zweifellos die Quelle dieses Aspekts der

Marxschen Definition des Kommunismus: Für den Menschen wird es möglich werden, „heute dies, morgen jenes zu tun, morgens zu jagen, nachmittags zu fischen, abends Viehzucht zu treiben, nach dem Essen zu kritisieren, (...) ohne je Jäger, Fischer, Hirt oder Kritiker zu werden." (Marx, MEW 3,33)

Einer der Hauptgründe für diese funktionale Integriertheit liegt darin, daß der Primitive die Produktionsprozesse beherrscht; d.h. daß er bei der Erzeugung eines Werkzeugs dieses von Anfang bis Ende schafft, es mit Geschick gebraucht und vollständig beherrscht. Er hat nicht das schizoide Gefühl, daß das Werkzeug ihn beherrscht. Die Früchte seiner Arbeit, die auch den Ansprüchen auf Gegenseitigkeit seiner Stammesverwandten unterworfen sind, sind ihm unmittelbar zugänglich. Diese subtilen Ansprüche auf Gegenseitigkeit sollen hier nicht tiefschürfend und im einzelnen untersucht werden, doch spiegeln sie sich in Kenyattas Worten wider:

„Vor der Ankunft des weißen Mannes waren die Institutionen der Leibeigenschaft und des Lohnarbeiters den Gikuyu unbekannt. Nach dem überkommenen Stammesrecht war die Freiheit und Unabhängigkeit jedes Stammesmitglieds anerkannt. Gleichzeitig waren alle sozial, politisch-ökonomisch und religiös durch ein System gegenseitiger Hilfe miteinander verbunden, das sich von der Familiengruppe auf den Stamm erstreckte." (Kenyatta 1962, 168)

Werfen wir im Gegensatz dazu wieder einen Blick auf das häufig gezeichnete Bild des gespaltenen Arbeiters, der sich in den Zivilisationen der Neuzeit entwickelt (ganz zu schweigen vom Leibeigenen oder Sklaven vor ihm), der dazu gezwungen ist, seine Arbeitskraft als Ware zu verkaufen. Tatsächlich begann der Arbeiter, der nach der Industriellen Revolution in Erscheinung trat, sich selber als Ware, als Werkzeug oder als Verlängerung eines Werkzeugs zu betrachten – das genaue Gegenstück zur Haltung der Primitiven, sich des Werkzeugs als einer Verlängerung der Persönlichkeit zu bedienen. Der Arbeiter der Neuzeit, und in unterschiedlichem Ausmaß sein Vorläufer in Zivilisationen des Altertums, wurde im Produktionsprozeß spezialisiert und moralisch entfremdet. In der Geschichte der industriellen Entwicklung tritt dies klar zutage; wenn der Arbeiter darauf reduziert wird, einen Handgriff auszuführen, kann er von einer Maschine ersetzt werden. Die in der Zivilisation jedoch durchgängig vorhandene Wertschätzung handgefertigter Gegenstände im Gegensatz zu maschinell gefertigten spiegelt historisch und existentiell den Widerstand gegenüber diesem Prozeß wider. Entsprechend dazu wurde die Verfügungsgewalt der „Eigentümer” oder leitenden Angestellten zu einer inhumanen Macht. Ihre Freiheit jedoch ist eine Pseudofreiheit, denn sie beruht auf der Ausübung von Zwang über untergeordnete Gruppen; sie sind an diejenigen gefesselt, die sie ausbeuten. Ihre sozialen Bindungen werden manipulativ und ihre Privilegien unverantwortlich. Auch die Manager, Techniker, Bürokraten und Angestellten können diesem Schicksal nicht entgehen. Es ist die gegenwärtige Agonie und Gefahr, in der alle Schichten und Abstufungen der zivilisierten Gesellschaft stehen. Wie die industrielle Produktion dazu beigetragen hat, den modernen Menschen aufzulösen und ihm sein moralisches Zentrum zu nehmen, trug die primitive Produktion dazu bei, den primitiven Menschen in die Gesellschaft zu integrieren.

Die moralische Ordnung und die Stammesorganisation

Eine Hauptursache für den ganzheitlichen und moralischen, jedoch nicht moralisierenden Charakter der primitiven Gesellschaft besteht darin, daß sie auf einer Sippen- oder Stammesbasis und nicht auf einer politischen organisiert ist. Alle bedeutenden ökonomischen, sozialen und ideologischen Funktionen werden innerhalb von Sippen oder sippenähnlichen Gruppierungen erfüllt. Die Gesellschaft funktioniert daher auf einer persönlichen, gemeinschaftlichen und traditionalen Grundlage, und nicht auf einer unpersönlichen, staatlichen und individualisierten. Bezeichnend hierfür sind die Worte eines Pomo-Indianers:

„So, wie die Weißen leben, ist die Familie nicht so wichtig. Die Polizei und die Soldaten schützen euch, die Gerichte verschaffen euch euer Recht, die Post befördert eure Botschaften, die Schule unterrichtet euch. Bei euch wird alles geregelt und versorgt, sogar die Kinder, wenn ihr sterben solltet, bei uns aber muß die Familie all' das erledigen. Ohne die Familie sind wir nichts, und in der alten Zeit, bevor die Weißen zu uns kamen, war die Rücksicht auf die Familie die erste Überlegung eines jeden, bevor er überhaupt etwas tat. Deshalb kamen wir auch zurecht. Bei uns war die Familie alles. Heute ist sie nichts. Wir werden immer mehr wie die Weißen, und das ist schlecht für die Alten. Wir hatten keine Altersheime wie ihr. Die alten Leute waren wichtig. Sie waren weise. Eure alten Leute müssen Narren sein.” (Hoebel 1958, 355 f.)

Die primitive Gesellschaft setzt sich also aus Sippeneinheiten zusammen und außerdem aus Einheiten, die rein sachlich gesehen keine Sippen sind, jedoch nach ihrem Bild strukturiert sind (Altersgruppen, besondere Freundschaften, kooperative Arbeitsgruppen, Cliquen von Frauen oder Männern usw.). Die unmittelbare biologische Familie tritt überall in Erscheinung, geht jedoch gewöhnlich innerhalb einer größeren Einheit auf. Entscheidend ist, daß alle sozialen, ökonomischen und ideologischen Beziehungen Sippencharakter oder übertragenen Sippencharakter haben. Selbst bei den umfangreichsten Clan-Organisationen, in denen angeblich Hunderte von Personen von einem gemeinsamen Vorfahren abstammen und die tatsächlichen Blutsverwandten entweder außerordentlich entfernt oder vollständig fiktiv sind, verhalten sich die Menschen immer noch zueinander, als seien sie miteinander verwandt.

Dieser Personalismus ist das historisch bedeutsame Merkmal des primitiven Lebens und erstreckt sich von der Familie bis auf die Gesamtgesellschaft und letztlich sogar auf die Natur selbst (Hallowell 1960, 19 - 52). Er scheint allen anderen Unterscheidungsmerkmalen des primitiven Denkens und Verhaltens zugrundezuliegen. Primitive Menschen leben in einer persönlichen, körperlichen Welt, einer Welt, die gegenüber dem subjektiven „Ich" mehr ein „Du" als ein „Es" ist.

Negative Merkmale der primitiven Gesellschaft wie der Hexenkult sind die Kehrseite dieses Personalismus. Doch scheint sich der primitive Hexenkult auf signifikante Weise von der zivilisierten Abart zu unterscheiden, die offensichtlich das Ergebnis streng unterdrückter Triebe und projizierter Schuldgefühle ist. Bei den Primitiven scheint sich die Zauberei eher aus der Intensität des persönlichen Lebens zu ergeben, das ein ungewöhnliches Einfühlungsvermögen gegenüber anderen Personen und in gewissen Gebieten eine gefährliche Empfindlichkeit bewirkt. Der Glaube allerdings, daß Menschen andere Menschen krank machen können, enthält eine offensichtliche Wahrheit; er braucht nicht auf einer chronischen Unsicherheit in zwischenmenschlichen Beziehungen zu beruhen und ist nicht das Ergebnis wissenschaftlicher Ignoranz. In der Tat dürften weitere Untersuchungen der Personentypen, die in einer bestimmten primitiven Gesellschaft und auf kulturvergleichender Ebene als Hexen betrachtet werden, äußerst aufschlußreich sein, z.B. hinsichtlich der Wahrnehmung der Hexe als einer außergewöhnlich narzißtischen Person, einer schlechten Mutter oder einer unbefriedigten Frau. Die Gikuyu sagen dazu: „Mit anderen leben heißt teilen und Barmherzigkeit gegeneinander üben," und: „Die Medizinmänner wohnen und essen allein." (Kenyatta 1962). (. . .)

Das Monopol legitimer physischer Gewaltsamkeit des Staates. Diese Formulierung stammt von Max Weber (vgl. Seite 372). Durch dieses Monopol, also das heute normalerweise in Militär und Polizei ausgedrückte Zwangsmittel, zeichnet sich der moderne Staat vor allen anderen gesellschaftlichen Institutionen aus. Dem Engländer Thomas Hobbes (1588-1679) verdanken wir die erste, die Neuzeit geradezu eröffnende Staats-Begründung, die Hobbes im Sinne einer Naturwissenschaft von Mensch und Gesellschaft unternimmt. Insbesondere sein Hauptwerk „Leviathan", das in seinem Titel auf einen alttestamentarischen Mythos zurückgriff und in seinem Titelbild die in einer Gesellschaft lebenden Menschen in der Riesenfigur des herrschaftsstarken Riesenmenschen aufgehen ließ, ist für diese Staatsrechtfertigung aus der „Natur" des Menschen bekannt und einzigartig einflußreich bis in unsere Zeit geworden. Hobbes arbeitete u. a. mit folgenden Denkfiguren:

— alle Menschen, von Natur gleich, strebten als vereinzelte Individuen danach, ihre höchst privaten Bedürfnisse zu erfüllen. Hierbei befänden sie sich in dauernder, geradezu tödlicher Konkurrenz mit den jeweils anderen. Der andere ist immer der Konkurrent, ja sogar „die Hölle" (Sartre);

— diese isoliert ungesellige Interessenfixiertheit, „die nicht zu befriedigende Begierde zum Haben und auch zum Herrschen" (Kant: Idee einer allgemeinen Geschichte in weltbürgerlicher Absicht), führt zum berühmt-berüchtigten Kampf aller gegen alle, dem bellum omnium contra omnes;

— weil aber das größte aller Interessen des Menschen darin besteht, am Leben zu bleiben, tun sich die Menschen schließlich zusammen und schließen einen ihren „Naturzustand" beendenden Vertrag. Sie verzichten auf ihr Recht, sich selbst gewaltsam zu verteidigen, und übertragen dieses natürliche Recht eigener Gewaltausübung auf den damit konstituierten Staat als die durch ihre Gewaltkonzentration überlegene, künstlich von ihnen geschaffene Instanz. Dieser Instanz unterwerfen sie sich, um ansonsten untereinander friedlich in ihren Interessen miteinander konkurrieren zu können;

— entscheidend sind drei Konstruktionen: die Konstruktion eines Naturzustandes vorgesellschaftlicher Art zum ersten. Diese Art der Konstruktion oder Fiktion bestimmt die gesamte politische Theorie der Moderne mit habhaften Folgen. Die jeweils angenommenen „Naturen" des Menschen wechseln. Die Annahme eines Vertrages zum zweiten. Die Vertragsannahme regiert seither die Moderne. Deswegen ist jeweils genau darauf zu achten, welche Vertragsvoraussetzungen bestehen, was in einen Vertrag eingeht und aus ihm ausgelassen wird und worin seine Folgen bestehen (vgl. Carole Pateman, Seite 111). Bei Hobbes besteht dieser Vertrag in der Abgabe des urtümlichen individuellen Gewaltrechts um der Gegengabe der physischen Sicherheit willen. Dieser Vertrag schafft Herrschaft. Denn der Sicherheitsgarant Staat, das ist die dritte, Hobbes' Argumente kennzeichnende Annahme, wird nun aus einem Instrument, das Frieden schaffen lassen soll, zu einem Definitionsorgan: Der Staat bestimmt, solange er Sicherheit irgend garantieren kann, seine eigenen Zwecke und die Art, wie dieselben verfolgt werden sollen. Die Institution Staat verselbständigt sich also und wird unversehens zum primären Zweck. Die Menschen küren den

Staat; der Staat aber organisiert und dressiert die Menschen so, daß sie seiner Erhaltung dienen, bis zum Einsatz ihres eigenen Lebens im Krieg.
Hobbes lohnt nicht allein deswegen zu erinnern, weil er der erste große moderne Staatstheoretiker gewesen ist, mit seither verwandt und abgewandelt auftauchenden Denkfiguren. Hobbes verdient auch deshalb immer erneuter Beschäftigung, weil er überaus nüchtern und klar die Herrschaftsqualität des modernen Staates profiliert hat, die im Wirbel liberaldemokratischer Symbole und Prozeduren nicht selten vergessen (gemacht) wird.
(Thomas Hobbes: Leviathan oder Stoff, Form und Gewalt eines bürgerlichen und kirchlichen Staates, hg. und eingeleitet von Iring Fetscher, Frankfurt/Main 1976, S. 96-97, 110-111, 134-135; auszugsweise)

Thomas Hobbes

Leviathan oder Stoff, Form und Gewalt des Staates

(...) Daraus ergibt sich klar, daß die Menschen während der Zeit, in der sie ohne eine allgemeine, sie alle im Zaum haltende Macht leben, sich in einem Zustand befinden, der Krieg genannt wird, und zwar in einem Krieg eines jeden gegen jeden. Denn *Krieg* besteht nicht nur in Schlachten oder Kampfhandlungen, sondern in einem Zeitraum, in dem der Wille zum Kampf genügend bekannt ist. Und deshalb gehört zum Wesen des Krieges der Begriff *Zeit* wie zum Wesen des Wetters. Denn wie das Wesen des schlechten Wetters nicht in ein oder zwei Regenschauern liegt, sondern in einer Neigung hierzu während mehrerer Tage, so besteht das Wesen des Kriegs nicht in tatsächlichen Kampfhandlungen, sondern in der bekannten Bereitschaft dazu während der ganzen Zeit, in der man sich des Gegenteils nicht sicher sein kann. Jede andere Zeit ist *Frieden.*

Deshalb trifft alles, was Kriegszeiten mit sich bringen, in denen jeder eines jeden Feind ist, auch für die Zeit zu, während der die Menschen keine andere Sicherheit als diejenige haben, die ihnen ihre eigene Stärke und Erfindungskraft bieten. In einer solchen Lage ist für Fleiß kein Raum, da man sich seiner Früchte nicht sicher sein kann; und folglich gibt es keinen Ackerbau, keine Schiffahrt, keine Waren, die auf dem Seeweg eingeführt werden können, keine bequemen Gebäude, keine Geräte, um Dinge, deren Fortbewegung viel Kraft erfordert, hin- und herzubewegen, keine Kenntnis von der Erdoberfläche, keine Zeitrechnung, keine Künste, keine Literatur, keine gesellschaftlichen Beziehungen, und es herrscht, was das Schlimmste von allem ist, beständige Furcht und Gefahr eines gewaltsamen Todes – das menschliche Leben ist einsam, armselig, ekelhaft, tierisch und kurz.

Manchem, der sich diese Dinge nicht gründlich überlegt hat, mag es seltsam vorkommen, daß die Natur die Menschen so sehr entzweien und zu gegenseitigem Angriff und gegenseitiger Vernichtung treiben sollte, und vielleicht wünscht er deshalb, da er dieser Schlußfolgerung aus den Leidenschaften nicht traut, dies durch die Erfahrung bestätigt zu haben. Er möge deshalb bedenken, daß er sich bei Antritt einer Reise bewaffnet und bedacht ist, in guter Begleitung zu reisen, daß er beim Schlafengehen seine Türen und sogar in seinem Hause seine Kästen verschließt – und dies in Kenntnis dessen, daß es Gesetze und bewaffnete Beamte gibt, um alles Unrecht zu verfolgen, das ihm angetan wird. Welche Meinung hat er also von seinen Mit-Untertanen, wenn er bewaffnet reist, welche von seinen Mitbürgern, wenn er seine Türen verschließt, und welche von seinen Kindern und Bediensteten, wenn er seine Kästen verschließt? Klagt er da die Menschen durch seine Handlungen nicht ebensosehr an wie ich durch meine Worte? Aber keiner von uns klagt damit die menschliche Natur an. Die Begierden und anderen menschlichen Leidenschaften sind an sich keine Sünde. Die aus diesen Leidenschaften entspringenden Handlungen sind es ebenfalls so lange nicht, bis die Menschen ein Gesetz kennen, das sie verbietet: solange keine Gesetze erlassen werden, können sie dieses Gesetz nicht kennen, und es kann kein Gesetz erlassen werden, solange sie sich nicht auf die Person geeinigt haben, die es erlassen soll.

Vielleicht kann man die Ansicht vertreten, daß es eine solche Zeit und einen Kriegszustand wie den beschriebenen niemals gab, und ich glaube, daß er so niemals auf der ganzen Welt bestand. Aber es gibt viele Gebiete, wo man jetzt noch so lebt. Denn die wilden Völker verschiedener Gebiete Amerikas besitzen überhaupt keine Regierung, ausgenommen die Regierung über kleine Familien, deren Eintracht von der natürlichen Lust abhängt und die bis zum heutigen Tag auf jene tierische Weise leben, die ich oben beschrieben habe. Wie dem auch sei – man kann die Lebensweise, die dort, wo allgemeine Gewalt zu fürchten ist, herrschen würde, aus der Lebensweise ersehen, in die solche Menschen, die früher unter einer friedlichen Regierung gelebt hatten, in einem Bürgerkrieg abzusinken pflegen.

Aber obwohl es niemals eine Zeit gegeben hat, in der sich einzelne Menschen im Zustand des gegenseitigen Krieges befanden, so befinden sich doch zu allen Zeiten Könige und souveräne Machthaber auf Grund ihrer Unabhängigkeit in ständigen Eifersüchteleien und verhalten sich wie Gladiatoren: sie richten ihre Waffen gegeneinander und lassen sich nicht aus den Augen – das heißt sie haben ihre Festungen, Garnisonen und Geschütze. (...)

Aus dem Gesetz der Natur, das uns verpflichtet, auf einen anderen solche Rechte zu übertragen, deren Beibehaltung den Frieden der Menschheit verhindert, folgt ein drittes, nämlich: *Abgeschlossene Verträge sind zu halten.* Ohne dieses Gesetz sind Verträge unwirksam und nur leere Worte, und wenn das Recht aller auf alles bleibt, befinden wir uns immer noch im Kriegszustand.

Und in diesem natürlichen Gesetz liegen Quelle und Ursprung der *Gerechtigkeit.* Denn wo kein Vertrag vorausging, wurde auch kein Recht übertragen, und jedermann hat ein Recht auf alles; folglich kann keine Handlung ungerecht sein. Wurde aber ein Vertrag abgeschlossen, so ist es *ungerecht,* ihn zu brechen, und die Definition der *Ungerechtigkeit* lautet nicht anders als „die Nichterfüllung eines Vertrages". Und alles, was nicht ungerecht ist, ist gerecht.

Weil aber auf gegenseitigem Vertrauen beruhende Verträge ungültig sind, wenn, wie im letzten Kapitel ausgeführt, eine der beiden Parteien die Nichterfüllung befürchtet, so kann es tatsächlich – obwohl der Ursprung der Gerechtigkeit im Abschluß von Verträgen liegt – solange keine Ungerechtigkeit geben, bis die Ursachen dieser Furcht beseitigt sind. Solange die Menschen im natürlichen Kriegszustand leben, kann dies nicht geschehen. Bevor man deshalb von „gerecht" und „ungerecht" reden kann, muß es eine Zwangsgewalt geben, um die Menschen gleichermaßen durch die Angst vor einer Bestrafung zur Erfüllung ihrer Verträge zu zwingen, die gewichtiger ist als der Vorteil, den sie sich vom Bruch ihres Vertrags erhoffen, und um das Eigentum zu sichern, das die Menschen durch gegenseitigen Vertrag als Entschädigung für das aufgegebene universale Recht erwerben. Eine solche Macht gibt es aber vor Errichtung eines Staates nicht. Dies kann man auch der üblichen scholastischen Definition der Gerechtigkeit entnehmen, denn sie lautet: *Gerechtigkeit ist der ständige Wille, einem jeden das Seine zu geben.* Und deshalb gibt es dort, wo es kein „Mein", das heißt kein Eigentum gibt, keine Gerechtigkeit, und wo keine Zwangsgewalt errichtet wurde, das heißt wo es keinen Staat gibt, gibt es kein Eigentum, da alle ein Recht auf alles haben: deshalb ist nichts ungerecht, wo es keinen Staat gibt. So liegt also das Wesen der Gerechtigkeit im Einhalten gültiger Verträge. Aber die Gültigkeit von Verträgen beginnt erst mit der Errichtung einer bürgerlichen Gewalt, die dazu ausreicht, die Menschen zu ihrer Einhaltung zu zwingen, und mit diesem Zeitpunkt beginnt auch das Eigentum.

Narren sagen sich insgeheim, so etwas wie Gerechtigkeit gebe es nicht, und bisweilen sagen sie dies auch offen. Dabei führen sie allen Ernstes an, da jedermann für seine Erhaltung und Befriedigung selbst zu sorgen habe, könne es keinen Grund geben, weshalb nicht jedermann das tun könne, was seiner Ansicht nach dazu führe, und deshalb sei auch das Abschließen oder Nichtabschließen, Halten oder Nichthalten von Verträgen nicht wider die Vernunft, wenn es einem Vorteile einbringe. Sie leugnen dabei nicht, daß es Verträge gibt, und daß sie bisweilen gebrochen, bisweilen gehalten werden, und daß ihr Bruch Ungerechtigkeit und ihre Beachtung Gerechtigkeit genannt werden kann, aber sie fragen sich, ob Ungerechtigkeit, die die Furcht vor Gott beseitigt – denn dieselben Narren sagen sich insgeheim, es gebe keinen Gott – , sich nicht bisweilen mit jener Vernunft vereinigen lasse, die jedem Menschen das eigene Wohl befiehlt, insbesondere wenn sie zu einem Vorteil führt, der uns in die Lage versetzt, nicht nur Tadel und Schmähungen, sondern auch die Macht anderer Menschen zu mißachten. Das Reich Gottes wird durch Gewalt erlangt – was aber, wenn es durch unrechtmäßige Gewalt erlangt werden könnte? Wäre es wider die Vernunft, es so zu erlangen, wenn es unmöglich ist, von ihm geschädigt zu werden? Und ist es nicht wider die Vernunft, so ist es nicht wider die Gerechtigkeit – oder aber die Gerechtigkeit kann nicht als Gut anerkannt werden. Auf Grund solcher Erwägungen hat erfolgreiche Verschlagenheit den Namen „Tugend" erhalten, und einige, die in allen anderen Dingen die Verletzung von Treu und Glauben verbieten, haben sie doch zugelassen, wenn es geschieht, um ein Königreich zu erlangen. Und die Heiden, die glaubten, *Saturn* sei von seinem Sohn *Jupiter* entthront worden, hielten trotzdem denselben *Jupiter* für einen Rächer von Ungerechtigkeit. In gewisser Beziehung gleicht dies einer Rechtsauffassung von *Cokes Kommentaren zu Littleton.* Dieser sagt dort, falls der rechtmäßige Erbe der Krone wegen Verrats verurteilt worden sei, so falle ihm doch die Krone zu, und die Ächtung sei *eo instante* nichtig. (...)

Letztlich. Die Übereinstimmung dieser Lebewesen ist natürlich, die der Menschen beruht nur auf Vertrag, der künstlich ist. Und deshalb ist es kein Wunder, daß außer dem Vertrag noch etwas erforderlich ist, um ihre Übereinstimmung beständig und dauerhaft zu machen, nämlich eine allgemeine Gewalt, die sie im Zaum halten und ihre Handlungen auf das Gemeinwohl hinlenken soll.

Der alleinige Weg zur Errichtung einer solchen allgemeinen Gewalt, die in der Lage ist, die Menschen vor dem Angriff Fremder und vor gegenseitigen Übergriffen zu schützen und ihnen dadurch eine solche Sicherheit zu verschaffen, daß sie sich durch eigenen Fleiß und von den Früchten der Erde ernähren und zufrieden leben können, liegt in der Übertragung ihrer gesamten Macht und Stärke auf einen Menschen oder eine Versammlung von Menschen, die ihre Einzelwillen durch Stimmenmehrheit auf einen Willen reduzieren können. Das heißt soviel wie einen Menschen oder eine Versammlung von Menschen bestimmen, die deren Person verkörpern sollen, und bedeutet, daß jedermann alles als eigen anerkennt, was derjenige, der auf diese Weise seine Person verkörpert, in Dingen des allgemeinen Friedens und der allgemeinen Sicherheit tun oder veranlassen wird, und sich selbst als Autor alles dessen bekennt und dabei den eigenen Willen und das eigene Urteil seinem Willen und Urteil unterwirft. Dies ist mehr als Zustimmung oder Übereinstimmung: Es ist eine wirkliche Einheit aller in ein und derselben Person, die durch Vertrag eines jeden mit jedem zustande kam, als hätte jeder zu jedem gesagt: *Ich autorisiere diesen Menschen oder diese Versammlung von Menschen und übertrage ihnen mein Recht, mich zu regieren, unter der Bedingung, daß du ihnen ebenso dein Recht überträgst und alle ihre Handlungen autorisierst.* Ist dies geschehen, so nennt man diese zu einer Person vereinigte Menge *Staat,* auf lateinisch *civitas.* Dies ist die Erzeugung jenes großen *Leviathan* oder besser, um es ehrerbietiger auszudrücken, jenes *sterblichen Gottes,* dem wir unter dem *unsterblichen Gott* unseren Frieden und Schutz verdanken. Denn durch diese ihm von jedem einzelnen im Staate verliehene Autorität steht ihm so viel Macht und Stärke zur Verfügung, die auf ihn übertragen worden sind, daß er durch den dadurch erzeugten Schrecken in die Lage versetzt wird, den Willen aller auf den innerstaatlichen Frieden und auf gegenseitige Hilfe gegen auswärtige Feinde hinzulenken. Hierin liegt das Wesen des Staates, der, um eine Definition zu geben, *eine Person* ist, *bei der sich jeder einzelne einer großen Menge durch gegenseitigen Vertrag eines jeden mit jedem zum Autor ihrer Handlungen gemacht hat, zu dem Zweck, daß sie die Stärke und Hilfsmittel aller so, wie sie es für zweckmäßig hält, für den Frieden und die gemeinsame Verteidigung einsetzt.*

Wer diese Person verkörpert, wird *Souverän* genannt und besitzt, wie man sagt, *höchste Gewalt*, und jeder andere daneben ist sein *Untertan.*

Diese höchste Gewalt wird auf zwei Wegen erlangt: Der eine besteht in der natürlichen Kraft, wenn z. B. jemand seine Kinder dazu bringt, sich zusammen mit ihren Kindern seiner Regierung zu unterwerfen, da er sie vernichten kann, wenn sie es ablehnen, oder wenn jemand seine Feinde seinem Willen dadurch unterwirft, daß er ihnen unter dieser Bedingung das Leben schenkt. Der andere ist gegeben, wenn Menschen miteinander übereinkommen, sich willentlich einem Menschen oder einer Versammlung von Menschen zu unterwerfen, im Vertrauen darauf, von ihnen gegen alle anderen geschützt zu werden. Der letzte Fall kann „politischer Staat" oder „Staat durch *Einsetzung*" genannt werden, und der erste „Staat durch *Aneignung*". Zuerst möchte ich auf den Staat durch Einsetzung zu sprechen kommen.

Eigentum oder Gemeineigentum. *Welches sind die sozialen Eigenarten, die eine Verfassung der Freiheit und Demokratie gewährleisten? Die vorherrschende Tradition der Moderne, die heute allein obsiegt zu haben scheint, antwortete klipp und klar mit einem Wort: Eigentum (vgl. Hobbes, S. 71; Locke, S. 252). Gerrard Winstanleys (1609-1676) Antwort fällt radikal anders aus. Darum wurde er, jedenfalls über die englische Revolutionsgeschichte hinaus, fast vollständig vergessen, dieser leidenschaftliche Prophet der unterdrückten Bauern. Freiheit lautet sein Kampfruf. Im Unterschied aber zu Locke und der endlosen Kette von Vertretern bis heute, die Eigentum als Voraussetzung von Freiheit und Freiheit zum Zwecke des Eigentumserwerbs und der Verfügung über Eigentum verkünden, besteht Winstanley darauf: Die Aufspaltung der sozialen Welt (seinerzeit primär des Bodens und damit verbundener Nutzungsrechte) in privat nutzbares Eigentum schafft Ungleichheit und bedeutet das Ende von Freiheit. Denn Freiheit kann nur gemeinschaftlich gewahrt und gelebt werden. Die gemeinschaftliche Organisation stellt Winstanley deswegen aller Herrschaft entgegen. Eigentums- und Herrschaftskritik sind ihm prinzipiell eins. Der Privatisierende raubt etwas vom öffentlichen Gut, nimmt sich selbst aus der Gemeinschaft heraus, die ihn doch letztlich trägt, und kehrt sich gar, überall wo's sein Eigentum erlaubt, gegen dieselbe.*

Christopher Hill, einer der Historiker des revolutionären 17. Jahrhunderts in England, dessen Folgen die Welt veränderten, hebt zu Recht die geradezu musterhafte Bedeutung von Winstanley hervor. An ihm wird wie anders an Hobbes kund, welche geradezu Wirklichkeit konstituierende Bedeutung das seinerseits von bestimmten historischen Kontexten bedingte Menschenbild besitzt (das dann auch alle Verfassungsvorstellungen und Vorschläge im einzelnen durchdringt). „Wir können Hobbes und Winstanley an den beiden entgegengesetzten Polen sehen. Hobbes' Philosophie läuft auf die säkularisierte Version der protestantischen Ethik hinaus: Hobbes Mensch im Naturzustand ist Calvins natürlicher Mensch – egoistisch, beherrscht von schlimmen Leidenschaften, ein einsames Individuum. (...)

Winstanley versuchte ähnliches auf der Basis kollektiver Annahmen. Er ist weniger systematisch als Hobbes; er strebte jedoch gleicherweise ein rationales politisches System an, das allen Menschen einleuchten sollte, die von Vernunft geleitet sind. Jedoch: Winstanley hob an, indem er die Sündenannahme der Theologen ebenso verwarf, wie die Annahme des kompetitiven Individualismus von Hobbes. (...) Winstanley widersprach Hobbes und der Zeitstimmung, wenn er verneinte, daß alle Menschen von Natur kompetitiv angelegt seien. Aber er mag Hobbes Naturzustand im Sinn gehabt haben, wenn er schrieb: 'Einbildung läßt fürchten, wo es keinen Anlaß zur Furcht gibt; der Mensch geht darauf aus, andere zu vernichten, weil er fürchtet, selbst vernichtet zu werden; er unterdrückt andere, damit andere ihn nicht unterdrücken; und weil er fürchtet, mittellos dazustehen, raubt er gewaltsam das, was andere erarbeitet haben'. Einbildung 'erfüllt dich mit Furcht, Zweifeln, Unruhe, üblen Annahmen und Vermutungen, sie regt zu Kriegen an und zu Spaltungen, sie macht dich abhängig von allem, was du siehst oder wovon du hörst'. Solange solche Einbildung regiert, bedarf es des

souveränen Staates . . . ; das aber ist ein zusätzlicher Grund, Eigentum und Wettbewerb abzuschaffen und Vernunft regieren zu lassen."
Hill faßt wenig später noch einmal zusammen: „Hobbes baute seine Psychologie des Menschen auf den Annahmen des Individualismus und des Wettbewerbs auf. Daraus schloß er, daß die absolute Unterwerfung unter den Souverän im Interesse jedes Individuums geschehe. Seine rigorose Logik ist in sich so überzeugend, daß es schwer ist, sie zu durchbrechen. Sie kann nur in Frage gestellt werden, wenn man die Annahmen seiner Psychologie in Zweifel zieht. Das ist es, was Winstanley tat ... Der Mensch, so stellte er fest, ist von Natur ein soziales Wesen. 'Sieh das Kind an, das neu geboren ist oder während der ersten Jahre; es ist unschuldig, ohne Harm, entgegenkommend, geduldig, zart, leicht zu behandeln, nicht neidisch.' Menschen verändern sich qualitativ, wenn sie in einer kompetitiven Gesellschaft sozialisiert werden, dann übergeben sie sich Gier und Geiz. Aber diese Entwicklung ist weder unvermeidlich, noch notwendig auf Dauer bestimmt. Vernunft ist in jedem von uns, und diese Vernunft widerspricht solchem Geiz und solcher Gier, die dem Privateigentum unterliegt. Kooperation und gegenseitige Hilfe werden von der Vernunft verlangt, um der Erhaltung des Menschengeschlechts willen ..." (vgl. auch Kropotkin, S. 84).
(Gerrard Winstanley: Gleichheit im Reiche der Freiheit. Sozialphilosophische Pamphlete und Traktate, hg. Hermann Klenner, Leipzig 1986, S. 19 - 20, 22, 27, 176 - 178, auszugweise; Christopher Hill: The World Turned Upside Down. Radical Ideas During The English Revolution, Middlessex England 1985, S. 388 - 391)

Gerrard Winstanley

Das Gesetz der Freiheit

(. . .) Die große Sehnsucht des Herzens in diesen Tagen gilt der Ergründung der Frage, wo die wahre Freiheit liegt, damit die Republik von England in Frieden errichtet werden könne. Die einen sagen: „Sie liegt im freien Gebrauch des Handels und der Aufhebung aller Patente, Lizenzen und Beschränkungen beschlossen." Aber dies ist eine Freiheit, die dem Willen eines Eroberers untersteht.

Andere sagen: „Wahre Freiheit ist, wenn die Geistlichen predigen und die Menschen zuhören können, wem sie wollen, ohne daß ihnen irgendeine Form der Andacht vorgegeben oder aufgezwungen wird." Aber dies ist nur eine unbestimmte Freiheit.

Andere sagen: „Wahre Freiheit ist, Gemeinschaft mit allen Frauen zu haben und ihre Lüste und fleischlichen Begierden befriedigen zu können." Aber dies ist die Freiheit ungezügelter vernunftloser Tiere und zielt auf Zerstörung.

Wieder andere sagen: „Wahre Freiheit ist, wenn der ältere Bruder Herr über die Erde ist und der jüngere Knecht." Aber dies ist bloß eine halbe Freiheit und führt zu Aufsässigkeiten, Kriegen und Streitereien.

All diese und ähnliche mehr sind Freiheiten – aber sie münden in Knechtschaft und sind nicht die wahre Grundfreiheit, die eines Gemeinwesens Frieden gewährleistet.

Wahre Freiheit liegt dort, wo der Mensch seine Nahrung und die Mittel zu seiner Erhaltung empfängt, das heißt in der Nutzung der Erde. Denn wie der Mensch selbst aus den vier Elementen der Schöpfung – Feuer, Wasser, Erde und Luft – besteht, so ist er zu seiner Erhaltung auch auf die zusammengesetzten Verbindungen dieser vier angewiesen, nämlich auf die Früchte der Erde, ohne die er nicht leben kann. Nimmt man ihm den freien Gebrauch derselben, so verfällt der Leib, der Lebensgeist wird unterjocht, bis er schließlich dahinschwindet und seine bewegende Kraft im Körper einstellt. Alles, wofür der Mensch sich abmüht, sagt Salomo (Pr 2,24), ist, daß er von der Erde mitsamt ihren Früchten frei Gebrauch machen könne.

Predigen die Geistlichen nicht dafür, daß das Eigentum an der Erde unangetastet bleiben solle? Führen die Advokaten nicht Prozesse, um in den Besitz der Güter der Erde zu gelangen? Kämpft nicht der Krieger um die Erde? Und verlangt der Grundherr nicht Pacht, damit er auf Kosten der Arbeit seiner Pächter im Überfluß der Erde leben könne?

Und strebt nicht also vom Strauchdieb auf der Landstraße bis zum König auf dem Thron ein jeglicher danach, ob mit Waffengewalt oder durch heimliche Betrügereien, anderen die Güter der Erde streitig zu machen und sie sich selber anzueignen, da er sieht, daß seine Freiheit im Reichtum und seine Knechtschaft in der Armut liegt?

Wahrlich könnten die unterdrückerischen Großgrundbesitzer, die zinsgierigen Grundherren und Zehnteinnehmer, wenn sie ihren Brüdern die Bearbeitung der Erde und den Verzehr ihrer Früchte nur unter der Bedingung gestatten, daß sie sich die Erlaubnis hierzu von ihnen erkaufen, diesen ebensogut sagen, sie dürften die Luft nicht atmen, sich der Wärme ihres Leibes nicht erfreuen oder die Nässe des Regens nicht auf ihrer Haut spüren ohne ihnen dafür Pacht zu zahlen! Denn wer sich unterfängt, seines Bruders Freiheit in dem einen Punkte zu beschneiden, mag dies mit demselben Grunde auch auf alle vier erweitern, nämlich auf Feuer, Wasser, Erde und Luft.

Ein Mensch hätte besser keinen Leib als keine Nahrung für diesen. Deshalb ist es Unterdrückung und Knechtschaft, wenn Brüder ihren Mitbrüdern die Erde vorenthalten, und es gibt wahre Freiheit nur dort, wo sie allen gleichermaßen zu freier Verfügung steht.

Ich spreche hier von dem Verhältnis des Unterdrückers zu den Unterdrückten, das ich an dieser Stelle mit den Fesseln innerer Unfreiheit nicht vermengt wissen möchte, obwohl ich sicher bin, daß bei sorgfältiger Untersuchung die inwendige Knebelung der Seele zum Beispiel durch Habgier, Hochmut, Heuchelei, Neid, Sorge, Furcht, Verzweiflung und Tollheit insgesamt auf jene äußere Knechtschaft zurückgeht, die eine Art von Menschen einer anderen auferlegt.

Und insoweit lehrt die natürliche Erfahrung, daß wahre Freiheit auf der freien Verfügung über die Erde beruht. (...)

Am Anfang der Zeit machte die Vernunft als der große Schöpfer aller Dinge die Erde zu einer gemeinsamen Schatzkammer, auf daß sie den Tieren, den Vögeln, den Fischen und dem Menschen, der als Herr über diese Schöpfung gebieten sollte, zum Lebensunterhalt diene. Dem Menschen fiel also die Herrschaft über die Tiere, die Vögel und Fische zu, doch war am Anfang mit keinem einzigen Wort davon die Rede, daß ein Teil der Menschheit über den anderen zu bestimmen hätte.

Und der Grund dessen ist, daß jeder einzelne Mensch, ob Mann oder Frau, für sich betrachtet ein vollkommenes Geschöpf ist, und derselbe Geist, der die Erde schuf, waltet auch im Menschen, damit er sich die Erde untertan mache. Da also des Menschen Fleisch der Stimme der Vernunft gehorcht, hat sein Schöpfer ihn dazu befähigt, sein eigener Lehrer und Herrscher zu sein, ohne sich nach einem fremden Lehrmeister oder Herrscher umtun zu müssen, denn er bedarf keiner Bevormundung von außen, weil derselbe erleuchtete Geist, der des Menschen Sohn geleitet, in allem auch sein Lehrer ist. Als jedoch der fleischliche Mensch, jener König des Tierischen, die Dinge der Schöpfung höher zu stellen begann als den Geist der Vernunft und der Gerechtigkeit, der den fünf Sinnen des Hörens, Sehens, Schmeckens, Riechens und Fühlens offenkundig innewohnt, da ward sein Verstand blind und sein Herz verzagt, und er hielt nach einem fremden Lehrmeister und Herrscher Ausschau, und so bemächtigte eine selbstsüchtige Einbildungskraft, gepaart mit Begehrlichkeit, sich der fünf Sinne, um in dem dort der Vernunft zugewiesenen Reich als König zu gebieten, und setzte den einen Menschen als Lehrmeister und Herrscher über den anderen, und dadurch wurde der Geist abgetötet, und der Mensch geriet in Knechtschaft und in schlimmere Sklaverei gegenüber seinen eigenen Artgenossen, als die Tiere auf dem Felde sie je durch ihn selbst erfahren hatten.

Und alsbald ward die Erde (die doch als gemeinsame Schatzkammer zur Linderung der Notdurft aller, also der Tiere wie der Menschen, gedacht gewesen) von den Lehrmeistern und Herrschern umfriedet und eingehegt, derweil die anderen zu Dienern und Sklaven herabgewürdigt wurden. Und jene Erde der Schöpfung, die allen gemeinsam zur Vorratskammer hatte dienen sollen, wird nun gekauft und verkauft und befindet sich in den Händen einiger weniger, wodurch dem großen Schöpfer gewaltiger Schimpf angetan wird, als ließe dieser Unterschiede der Person gelten und fände gar Gefallen daran, daß einige ein behagliches Dasein genießen und andere in elender Not und Armut leben müssen. Am Anfang war das keineswegs so.

Das Aufkommen dieser Knechtschaft aber wird mit dem Namen A-dam verbunden, weil die Macht dieser fremden Lehrmeister und Herrscher einen DAMM wider den Geist des Friedens und der Freiheit aufrichtet: nämlich, erstens, von innen heraus, indem sie des Menschen Herz mit einer sklavischen Furcht vor anderen erfüllt, und zweitens, von außen, indem sie den einen Menschen in die äußere Gewalt des anderen gibt, der ihn nun einsperren, bestrafen und unterdrücken kann. Und dieses Übel verdanken wir seiner eigenen Habgier, die ihn blind und schwach gemacht hat und ihn das Gesetz der Gerechtigkeit in seinem Herzensinnern nicht mehr wahrnehmen läßt, welches das reine Licht der Vernunft ist, so daß er woanders danach Ausschau hält, und so ist die Schöpfung in Knechtschaft geraten und dem Fluch verfallen, und der Schöpfer wird zweifach herabgesetzt: erstens, durch die Lehrmeister und Herrscher, die sich auf jenem Platz des Geistes niederlassen, wo nur er selbst König ist, um zu lehren und zu herrschen, und, zweitens, durch den, der dem Geist widerstrebt, um sich statt dessen den Lehren und der Herrschaft gleichgearteter Geschöpfe zuzuwenden. (...)

Wenn aber die Erde einst wieder zur gemeinsamen Schatzkammer wird – und sie *muß* es werden, denn alle Weissagungen der

Schrift und der Vernunft kreisen um diese Gemeinschaft, und das Gesetz der Gerechtigkeit muß der Menschheit von neuem in den Sinn geschrieben werden, und alle müssen sein ein Herz und eine Seele –, dann wird diese Feindschaft in allen Ländern aufhören. (...).

Denn uns ward offenbart, daß wir so lange dem Fluch anhängen und die Schöpfung in Knechtschaft halten werden, wie wir selbst oder andere uns einverstanden geben, daß den großen Herren und Gutsbesitzern ein besonderes Recht auf die Erde eingeräumt wird und sie den übrigen nicht ganz genauso gehören soll; solange also wir selbst oder andere es hinnehmen, daß es einerseits Grundherren und andererseits Pächter gibt – wobei die einen das Land zu ihrem Eigentum erklären und die anderen es von ihnen abpachten, die einen Lohn geben und die anderen sich gegen einen solchen verdingen müssen –, solange bringen wir auch dem Schöpfungswerk Schmach und Schande, als ließe der gerechte Schöpfer Unterschiede gegenüber einzelnen Personen gelten und hätte er die Erde deshalb nur für einige statt für alle Menschen geschaffen. Und solange wir selbst oder andere dieses private Eigentum zulassen, willigen wir auch in den Fortbestand jener drückenden Knechtschaft ein, unter der die Schöpfung stöhnt, halten wir das Werk der Befreiung zur Freiheit auf, versündigen wir uns gegen das Licht in uns und geben so aus Furcht vor dem Fleischesmenschen unseren Frieden preis.

Und daß dieses private Eigentum der Fluch ist, wird daraus ersichtlich, daß diejenigen, die das Land kaufen und verkaufen und Grundherren sind, dieses Land entweder durch Unterdrückung, durch Mord oder durch Diebstahl an sich gebracht haben, und so leben denn alle Grundherren in Mißachtung des siebenten und achten Gebots: *Du sollst nicht stehlen und nicht töten.* (...)

Politische Ethik. *Ein Anti-Hobbes. Peter Kropotkin (1842-1921) unterscheidet sich in zwei prinzipiellen Annahmen von Thomas Hobbes und seiner einflußreichen Tradition. Er nimmt an, daß Menschen allein dadurch leben können, daß sie sich gegenseitig solidarisch verhalten. Sein Passwort lautet: Gegenseitige Hilfe. Zugleich sieht er in der Einrichtung des Staates keinen menschlichen Fortschritt im „Prozeß der Zivilisation" (Norbert Elias). Der Staat, der mit seinen Einrichtungen und Maßnahmen an die Stelle sozialen Handelns zwischen Menschen tritt, der Stellvertreter schlechthin, wird Kropotkin vielmehr zur Ursache der Übel, die er angeblich hilfreich überwindet. Zwischen der Expansion des Staates und einem sich ausdehnenden, allein privatäugigen Individualismus erkennt Kropotkin einen engen Zusammenhang (vgl. auch Tocqueville Seiten 315, 320 und 325). Nur wenn die sozialen Muskeln der Menschen gebraucht und benutzt werden, wenn nicht an ihre Stelle, entlastend und verarmend in einem, staatliche Vorkehrungen treten, vermögen die Menschen in einer Gesellschaft ihre Probleme im Nehmen und Geben zu lösen, indem sie eine ungefähre Balance zwischen Gabe und Gegengabe über die Zeit hinweg beachten.*
Kropotkins Werbung für die „gegenseitige Hilfe", einen qualitativ anderen Umgang der Menschen untereinander also, entspringt nicht sozialromantischer Träumerei. Gewiß: Ihr liegt ein anderes Menschenbild zugrunde als beispielsweise der Hobbesschen Konzeption, die sich in Form privater Interessenmotivation als das siegreiche erwiesen hat. Doch Kropotkin kann neben einer Fülle trefflicher Belege quer durch die Geschichte nachweisen, daß selbst durchstaatete und durchkapitalisierte Gesellschaften heute keinen Tag bestehen könnten ohne eine Fülle kleinerer und größerer Handlungen, die nicht unmittelbar von privaten Einzelinteressen getrieben werden. Alle Quellen dieser auf andere gerichteten, sich um sie kümmernden, solidarisch motivierten Handlungen werden von staatlicher Stellvertreterpolitik und kapitalistischer Zertrennung aller sozialen Beziehungen in konkurrenzhaft mobile geradezu systematisch verstellt. Daraus erwachsen die „Legitimationsprobleme" (Habermas) solcher Gesellschaften. Denn sie leben von Einstellungen und Verhaltensweisen, die sie im Prinzip ausschließen. Kropotkin erinnert deshalb zeitgemäß daran, unzeitgemäß verlangt er, daß bestimmte Umgangsformen und Umgangsmängel nicht einfach gegeben sind oder mit Hilfe abstrakt-falscher moralischer Postulate gefordert werden können. Ausschlaggebend ist es statt dessen, soziale Umstände zu schaffen, die andere Verhaltensweisen bedingen. Kurzum, die Verfassung einer Gesellschaft ist gefragt, wenn moralisch diskutiert wird, wie umgekehrt keine Verfassung zu bestehen vermag, ohne prägende Effekte auf die Einstellungen, Vorurteile oder Urteile und Verhaltensweisen der Menschen.
(Peter Kropotkin: Gegenseitige Hilfe in der Tier- und Menschenwelt, Berlin 1977, S. VIII-IX, X-XII, 209-210, 259-261, 267-268; auszugsweise)

Peter Kropotkin

Gegenseitige Hilfe

(...) Wer die Tierpsychologie oder die menschliche Ethik studiert hat, wird bereitwillig die Wichtigkeit dieser Unterscheidung anerkennen. Liebe, Sympathie und Selbstaufopferung haben sicherlich einen großen Anteil an der fortschreitenden Entwicklung unserer Moralgefühle. Doch ist es nicht Liebe und auch nicht Sympathie, worauf die menschliche Gesellschaft beruht. Es ist das Bewußtsein – und sei es nur in dem Entwicklungsstadium eines Instinkts – von der menschlichen Solidarität. Mat hat erkennen gelernt – mag es auch nicht über die Schwelle des Bewußtseins getreten sein –, welche Stärke jedes Glied der Gesellschaft der Betätigung gegenseitiger Hilfe verdankt, welche enge Abhängigkeit zwischen dem Glück des einen und dem aller besteht und welche Achtung vor den Rechten anderer sich bei den Individuen infolge eines Sinnes für Gerechtigkeit oder Gleichheit entwickelt hat. Auf dieser breiten und unerläßlichen Grundlage haben sich die höheren Moralgefühle entwickelt. Aber dieser Gegenstand liegt nicht im Bereich des vorliegenden Werkes, und ich begnüge mich damit, hier auf eine Vorlesung über „Gerechtigkeit und Moral" hinzuweisen, die ich als Erwiderung auf Huxleys „Ethik" gehalten habe und worin der Gegenstand einigermaßen ausführlich behandelt ist. (...)

Man mag gegen diese Auffassung den Vorwurf erheben, daß darin Tiere wie Menschen in einem zu günstigen Lichte dargestellt werden, daß ihre sozialen Fähigkeiten hervorgehoben, während ihre antisozialen Instinkte und der Instinkt individueller Selbstbehauptung kaum berührt werden. Dies war indessen unvermeidlich. Wir haben in den letzten Jahren so viel von dem „harten erbarmungslosen Kampf ums Dasein" gehört, der von jedem Tier gegen alle anderen Tiere, von jedem „Wilden" gegen alle anderen „Wilden" und von jedem zivilisierten Menschen gegen alle seine Mitbürger geführt wird, und diese Behauptungen sind in einem Grade Glaubensartikel geworden, daß es erst einmal notwendig war, ihnen eine lange Reihe von Tatsachen gegenüberzustellen, die Tier- und Menschenleben in einem anderen Lichte zeigen. Es war notwendig, auf die überwältigende Bedeutung hinzuweisen, die soziale Gewohnheiten für die Natur, sowie für die fortschreitende Entwicklung der Tierarten und der menschlichen Wesen haben, um zu beweisen, daß sie den Tieren einen wirksameren Schutz vor ihren Feinden, sehr häufig eine Erleichterung für die Beschaffung der Nahrung (Winterproviant, Wanderungen usw.), Langlebigkeit und damit eine größere Möglichkeit für die Entwicklung geistiger Fähigkeiten gesichert haben, und daß sie den Menschen neben solchen Vorteilen die Möglichkeit gewährt haben, jene Institutionen auszuarbeiten, auf Grund deren sie in dem harten Kampfe wider die Natur überleben und trotz aller Wechselfälle ihrer Geschichte fortschreiten konnten. Es ist ein Buch über das Gesetz der gegenseitigen Hilfe als eines der hauptsächlichsten Entwicklungsfaktoren und nicht ein Buch über alle Entwicklungsfaktoren und deren Wert. Dieses Buch mußte erst geschrieben werden, bevor das andere möglich sein wird.

Ich bin sicherlich der letzte, der die Rolle unterschätzte, die die Selbstbehauptung des Individuums in der Entwicklung der Menschheit gespielt hat. Dieser Gegenstand erfordert indessen, wie ich glaube, eine tiefer dringende Behandlung, als ihm bisher zuteil geworden ist. In der Geschichte der Menschheit war häufig und ist jetzt noch die individuelle Selbstbehauptung etwas ganz anderes und etwas viel Weiteres und Tieferes als jene kleinliche, törichte Kurzsichtigkeit, welche für eine große Klasse von Schriftstellern als „Individualismus" oder „Selbstbehauptung" gilt. Auch gehörten die Individuen, die die Geschichte gemacht haben, nicht allein zu der Klasse von Menschen, die die Historiker als Heroen hingestellt haben. Aus diesen Gründen ist es meine Absicht, falls die Umstände es erlauben, den Anteil, den die Selbstbehauptung des Individuums in der fortschreitenden Entwicklung der Menschheit gehabt hat, in einem besonderen Buche zu erörtern. Ich kann an dieser Stelle nur die folgende allgemeine Bemerkung machen. Als die Institutionen der gegenseitigen Hilfe – der Stamm, die Dorfgemeinde, die Gilden, die mittelalterliche Stadt – im Laufe der Geschichte ihren ursprünglichen Charakter verloren und sich infolge parasitischen Wachstums zersetzten und auf diese Weise ein Hindernis des Fortschritts wurden, nahm die Rebellion der Individuen gegen diese Institutionen zwei verschiedene Formen an. Die einen erhoben sich, um die alten Institutionen zu reinigen oder eine höhere Form der Gemeinschaft auf Grund eben der Prinzipien gegenseitiger Hilfe auszuarbeiten. Sie versuchten beispielsweise, das Prinzip der „Entschädigung" an Stelle der *Lex talionis,* oder später die Verzeihung für Vergehungen, oder ein noch höheres Ideal der Gleichheit vor dem menschlichen Gewissen an Stelle der „Entschädigung" nach

Maßgabe des Klassenwertes einzuführen. Zur gleichen Zeit bemühte sich aber stets ein anderer Teil individueller Rebellen, die schützenden Institutionen der gegenseitigen Hilfe niederzureißen in der Absicht, ihren eigenen Reichtum und ihre eigene Macht zu vermehren. In dem Streit zwischen diesen drei Komponenten, zwischen den beiden Klassen revoltierender Individuen und den Verteidigern des Bestehenden, liegt die Wirklichkeitstragödie der Geschichte. Aber die Aufgabe, diesen Streit zu schildern und die Rolle festzustellen, die jede der drei Kräfte in der Entwicklung der Menschheit spielte, würde mindestens ebenso viele Jahre erfordern, als ich zum Schreiben dieses Buches gebraucht habe. (...)

Die Usurpation aller sozialen Funktionen durch den Staat mußte die Entwicklung eines ungezügelten, geistig beschränkten Individualismus begünstigen. Je mehr die Verpflichtungen gegen den Staat sich häuften, um so mehr wurden offenbar die Bürger ihrer Verpflichtungen gegeneinander entledigt. In der Gilde – und im Mittelalter gehörte jedermann zu einer Gilde oder Brüderschaft – waren zwei „Brüder" verpflichtet, abwechselnd bei einem Bruder zu wachen, der krank geworden war; jetzt war es genügend, seinem Nächsten die Adresse des nächsten Armenspitales anzugeben. Wenn jemand in barbarischen Zeiten einem aus einem Zank hervorgegangenen Kampf zwischen zwei Männern beiwohnte und einen ernsthaften Ausgang nicht verhütete, so wurde er selbst als Mörder behandelt; aber nach der Theorie vom alles beschützenden Staat durfte der Unbeteiligte sich nicht einmischen; dazwischenzutreten oder nicht, ist das Amt des Polizisten. Und während es in einem wilden Land, bei den Hottentotten, eine Schande wäre, zu essen, ohne dreimal laut gerufen zu haben, ob nicht jemand da sei, der das Mahl zu teilen wünsche, besteht jetzt alles, was der achtbare Bürger zu tun hat, darin, seine Armensteuer zu zahlen und den Verhungernden verhungern zu lassen. Das Resultat ist, daß die Theorie, die behauptet, die Menschen könnten und müßten ihr eigenes Glück suchen, ohne sich um die Bedürfnisse anderer zu kümmern, jetzt allenthalben triumphiert – im Recht, in der Wissenschaft, in der Religion. Es ist die Religion des Tages, und an ihrer Geltung zu zweifeln, heißt ein gefährlicher Utopist sein. Die Wissenschaft verkündet laut, daß der Kampf aller gegen alle das Grundprinzip der Natur und ebenso jeder menschlichen Gesellschaft sei. Diesem Kampf schreibt die Biologie die fortschreitende Entwicklung des Tierreiches zu. Die Geschichte argumentiert ebenso; und die Nationalökonomen führen in ihrer naiven Ignoranz allen Fortschritt der modernen Industrie und des modernen Maschinenwesens auf die „wundervollen" Wirkungen eben dieses Prinzips zurück. Die eigentliche Religion der Kanzel ist eine Religion des Individualismus, der durch mehr oder weniger mitleidige Beziehungen zum Nächsten, besonders am Sonntag, gemildert wird. „Praktische" Männer und Theoretiker, Männer der Wissenschaft und religiöse Prediger, Juristen und Politiker, alle stimmen in einem Punkt überein – daß der Individualismus in seinen schneidendsten Wirkungen durch Wohltätigkeit mehr oder weniger gemildert werden kann, aber daß er die einzige Grundlage für die Erhaltung der Gesellschaft und ihren weiteren Fortschritt ist.

Es scheint daher hoffnungslos, nach Institutionen und Bräuchen der Gegenseitigkeit in der modernen Gesellschaft Umschau zu halten. Was soll von ihnen übrig geblieben sein? Und doch, sowie wir uns vergewissern wollen, wie die Massen leben, und sowie wir ihre Alltagsbeziehungen zu erforschen beginnen, muß es uns auffallen, welch ungeheure Rolle die Gegenseitigkeit und die Hilfeleistung selbst heutzutage im Menschenleben spielen. Obwohl die Zerstörung der Gegenseitigkeitsinstitutionen in Praxis und Theorie volle dreihundert Jahre gewährt hat, fahren Hunderte Millionen von Menschen fort, unter solchen Einrichtungen zu leben; sie bewahren sie pietätvoll und bemühen sich, sie wiederaufzubauen, wo sie verschwunden sind. In unseren gegenseitigen Beziehungen hat jeder unter uns seine Momente der Empörung gegen das modische individualistische Glaubensbekenntnis des Tages, und Handlungen, bei denen die Menschen durch ihre Neigungen zur Gegenseitigkeit bestimmt werden, bilden einen so großen Teil unseres täglichen Verkehrs, daß in dem Augenblick, wo diese Handlungen gehemmt werden könnten, damit auch jeder weitere ethische Fortschritt gehemmt wäre. Die menschliche Gesellschaft könnte noch nicht einmal für die Dauer einer einzigen Generation bestehen bleiben. Diese Tatsachen, die meistens von den Soziologen vernachlässigt werden und die doch für das Leben und die Weiterentwicklung des Menschengeschlechtes von der größten Bedeutung sind, sollen jetzt untersucht werden. (. . .)

All diese Tatsachen zeigen, daß eine rücksichtslose Verfolgung persönlicher Interessen, ohne sich um die Bedürfnisse anderer Menschen zu kümmern, nicht das einzige Kennzeichen des modernen Lebens ist. Neben dieser Strömung, die stolz die Führung der menschlichen Angelegenheiten beansprucht, gewahren wir einen harten Kampf der ländlichen und der Industriebevölkerung, um wieder stehende Einrichtungen zu gegenseitiger Hilfe und Unterstützung einzuführen; und wir finden in allen Klassen der Gesellschaft eine weitverbreitete Bewegung, die auf die Errichtung unendlich verschiedenartiger, mehr oder weniger dauernder Institutionen zum selben Zweck abzielt. Aber wenn wir von dem öffentlichen Leben zum Privatleben des Individuums unserer Zeit übergehen, finden wir außerdem noch eine äußerst weite Welt der gegenseitigen Hilfe und Unterstützung, die nur darum der Beachtung der meisten Soziologen entgeht, weil sie auf den engen Kreis der Familie und persönlichen Freundschaft beschränkt ist.

Unter der Herrschaft des gegenwärtigen sozialen Systems sind alle einigenden Bande zwischen den Einwohnern derselben Straße oder Gegend zerrissen worden. In den reicheren Vierteln der großen Städte leben die Menschen, ohne zu wissen, wer ihre nächsten Nachbarn sind. Aber in den Gassen, wo die Massen wohnen, kennen die Leute einander sehr gut und kommen fortwährend in gegenseitige Berührung. Natürlich – kleine Streitigkeiten kommen vor, in den Gassen wie anderswo; aber es entstehen persönliche Zuneigungen und im Anschluß daran Gruppierungen, und innerhalb dieser Kreise wird die gegenseitige Hilfe in einem Umfang geübt, von dem die reicheren Klassen keine Ahnung haben. Wenn wir z.B. die Kinder einer armen Gegend nehmen, die auf der Straße oder dem Kirchhof oder einem Rasen spielen, so bemerken wir sofort, daß trotz den manchmal vorkommenden Kämpfen eine enge Verbindung zwischen ihnen besteht, und daß diese Verbindung sie vor allerlei Unglücksfällen beschützt. Sowie eines von den Kindern sich neugierig über eine Öffnung der Kanalisation biegt, ruft etwa ein Spielkamerad: „Geh da fort! Die Luft in dem Loch ist ungesund!" „Nicht auf die Mauer dort klettern! Wenn du hinunterfällst, kannst du vom Zug überfahren werden! Geh nicht so nah an den Graben! Iß diese Beeren nicht – sie sind giftig! Du mußt sterben!" Das sind die ersten Lehren, die dem Knirps eingeprägt werden, wenn er zu anderen Kindern ins Freie kommt. Wie viele Kinder, deren Spielplatz das Straßenpflaster bei den „Musterarbeiterhäusern" ist oder die Quais und Brücken der Kanäle, würden totgefahren werden oder ertränken in dem schmutzigen Wasser, wenn diese Art Beistand nicht wäre! Und wenn Karlchen im Hof in eine offene Grube oder Lieschen schließlich doch in den Kanal gefallen ist, dann erheben die Kinder ein solches Geschrei, daß die Nachbarn herbeistürzen und zu Hilfe kommen.

Nun kommen wir an den Bund der Mütter. „Sie können sich keinen Begriff machen," so erzählte mir jüngst eine Ärztin, die sich in einem Armenviertel niedergelassen hat, „wie sehr sie einander helfen. Wenn eine Frau für das Kind, das sie erwartet, nichts in Bereitschaft hat oder nicht haben kann – und wie oft kommt das vor! –, dann bringen alle Nachbarinnen etwas für das Neugeborene. Eine Nachbarin sorgt immer für die Kinder, und andere sehen immer schnell nach der Wirtschaft, solange die Mutter zu Bett liegt." Das ist ein allgemeiner Brauch. Er wird von all denen berichtet, die unter den Armen gelebt haben. Mit tausenderlei Kleinigkeiten unterstützen die Mütter einander und sorgen für Kinder, die nicht ihre eigenen sind. (...)

Kurz, weder die zermalmende Macht des zentralisierten Staates noch die Lehren von gegenseitigem Haß und erbarmungslosem Kampf, die, mit den Abzeichen der Wissenschaft, angetan von dienstfertigen Philosophen und Soziologen kamen, konnten das Gefühl für die Solidarität der Menschen ausrotten, das im Geist und im Herzen der Menschen tiefe Wurzeln geschlagen hat, weil es von unserer ganzen bisherigen Entwicklung großgezogen worden ist. Was das Ergebnis der Entwicklung von ihren ersten Stufen an ist, kann nicht von einer Erscheinung eben dieser Entwicklung überwältigt werden. Und das Bedürfnis nach gegenseitiger Hilfe und Unterstützung, das sich zuletzt in den engen Kreis der Familie oder der Nachbarn in den Mietskasernen, in das Dorf oder den Geheimbund der Arbeiter geflüchtet hatte, richtet sich nun auch in unserer modernen Gesellschaft wieder auf und beansprucht sein Recht, zu sein, was es immer gewesen ist: der Hauptführer zum weiteren Fortschritt. Das sind die Anschauungen, zu denen wir mit Notwendigkeit gelangen, wenn wir über all die Gruppen von Tatsachen gründlich nachdenken, die in den letzten beiden Kapiteln kurz aufgezählt worden sind. (...)

Es wird wahrscheinlich eingewandt werden, die gegenseitige Hilfe, auch wenn sie einen Faktor der Entwicklung darstellen möge, decke sich trotzdem nur mit einer einzigen Erscheinungsform der menschlichen Beziehungen; neben dieser Strömung, so mächtig sie auch sein möge, gebe es, und habe es immer gegeben, eine andere Strömung – die Selbstbehauptung des Individuums, nicht nur in seinen Anstrengungen, für seine Person oder Kaste ökonomische, politische und geistige Oberherrschaft zu gewinnen, sondern auch in seiner viel wichtigeren, wennschon weniger deutlichen Aufgabe, die Bande zu durchbrechen, mit denen der Stamm, die Dorfgemeinde, die Stadt und der Staat das Individuum umspannen, und die immer in Gefahr sind, zu verknöchern. Mit anderen Worten, die Selbstbehauptung des Individuums sei auch ein Element des Fortschritts.

Es ist klar, daß keine Übersicht über die Entwicklung vollständig sein kann, wenn nicht diese beiden beherrschenden Strömungen untersucht werden. Indessen sind die Selbstbehauptung des Individuums oder von Gruppen von Individuen, ihre Kämpfe um die Herrschaft, und die Konflikte, die sich daraus ergeben, schon seit unvordenklichen Zeiten untersucht, beschrieben und verherrlicht worden. In der Tat hat bis in die Gegenwart diese Strömung allein die Aufmerksamkeit des epischen Dichters, des Chronisten, des Historikers und des Soziologen gefunden. Die Geschichte, so wie sie bisher geschrieben worden ist, ist fast gänzlich eine Schilderung der Mittel und Wege, auf denen die Theokratie, die Militärgewalt, die Autokratie und späterhin die Herrschaft der reicheren Klassen angebahnt, errichtet und behauptet worden ist. Die Kämpfe zwischen diesen Mächten bilden in der Tat den Inhalt der Geschichte. Wir können also die Kenntnis des individuellen Faktors in der Menschengeschichte als gegeben ansehen – obwohl für eine neue Untersuchung des Gegenstandes in dem oben angedeuteten Sinne noch Raum genug ist; andererseits aber ist der Faktor gegenseitige Hilfe bisher gänzlich übersehen worden; er wurde von den Schriftstellern unserer und der vorhergehenden Generationen einfach geleugnet oder gar verhöhnt. Es war daher vor allem notwendig zu zeigen, welche ungeheure Rolle dieser Faktor in der Entwicklung des Tierreiches und der menschlichen Gesellschaften spielt. Erst nachdem dies völlig erkannt und anerkannt worden ist, kann es möglich sein, zu einer Vergleichung der beiden Faktoren vorzuschreiten.

Frauen, Männer, Politikbegriff und institutioneller Wandel. *Diese Einblikke in Erfahrungen und Reflexionen der neueren Frauenbewegung, von den Gesprächen Rossana Rossandas mit Frauen und mit einem Mann eröffnet, ziehen mitten in den Strudel einer nicht auf ein geschriebenes Dokument beschränkten Verfassungsdiskussion. Und selbst für letztere sind sie bedeutsam. Rossana Rossanda, einst Mitglied der Kommunistischen Partei Italiens, später Mitbegründerin der unorthodoxen Gruppe Il Manifesto, hat die Gespräche 1978/79 geführt.*

- *Reicht die verbesserte Repräsentation von Frauen in der Politik über die freilich überfällige Banalität hinaus, daß mehr Frauen neben der immer noch bei weitem größeren Zahl von Männern mittel- und höherrangige politische Positionen einnehmen? Haben sich die politischen Institutionen irgend gewandelt oder sind statt dessen die Frauen den Institutionen angeglichen worden?*
- *Was meint der andere Politikbegriff mitsamt der berühmten Formulierung, Politik sei in erster Person zu betreiben, Person und „Sache" seien also nicht „rollengerecht" zu trennen; was heißt es, sich gegen die etablierte Arbeitsteiligkeit zu wehren und eine neue politische Qualität in der „Totalität" des Lebens einzufordern?*
- *Wieweit kann und muß sich frau (oder müssen sich alle diejenigen, die über die eigene Karriere hinaus an habhaften Änderungen in einer herrschenden Institution interessiert sind) auf die etablierten Formen einlassen, ohne sich zu verlieren und den möglicherweise positionellen Erfolg mit dem substantiellen Mißerfolg zu bezahlen? Wann tauscht frau/mann ein Linsengericht ein für das Erstgeburtsrecht auf die eigenen Menschenrechte, und das schließt diejenigen aller anderen ein? Kann aber Änderung inszeniert werden, wenn frau/mann sich nicht einläßt? Wo wären die experimentellen Spielräume, außer im engen Geviert herrschender Institutionen?*

Rossana Rossanda bringt das allgemeinere und höchst konkrete Verfassungsproblem auf den Punkt: „So jedenfalls erkläre ich, die ich keine Feministin bin, mir, was mir Wert und Grenze des Feminismus („nur" des Feminismus?, die Hrsg.) zu sein scheinen: daß er eine andere, nicht-abstrakte, nicht formal gleiche Möglichkeit der individuellen und kollektiven Interaktionen erahnt und fordert, und daß es ihm gleichzeitig nicht gelingt, einen Verhaltens- und Kommunikationsstil zu entwickeln, der auch außerhalb der kleinen Gruppe oder der Zirkel miteinander vertrauter Personen gelten könnte, also eine Form der Beziehungen zwischen Menschen (Männern und Frauen), die verallgemeinerbar wäre und zugleich die Besonderheit wahrte, kurz: ein anderes 'politisches Modell'." (Rossana Rossanda: Einmischung. Gespräche mit Frauen über ihr Verhältnis zu Politik, Freiheit, Gleichheit, Brüderlichkeit, Demokratie, Faschismus, Widerstand, Staat, Partei, Revolution, Feminismus, Frankfurt/Main 1983, S. 65-67, 80-83, 107, 111-113, 240-241, 251-253; auszugsweise)

Rossana Rossanda

Frauen, Männer, Politikbegriff ...

Pietro Ingrao: Mit deiner Frage deutest du schon eine Einschränkung an. Ich möchte aber zuerst die positiven Aspekte hervorheben und dann die negativen betrachten. Wir sollten nämlich nicht vergessen, daß, um ein relativ feierliches Adjektiv zu gebrauchen, ein *historisches* Ereignis stattgefunden hat, daß es seit dem Widerstand einen ersten Bruch im Monopol der Politik, der Führung und der Repräsentanz gegeben hat. Es hat ihn unstreitig gegeben. Und in den lokalen Gremien war er vielleicht sogar noch gründlicher als im Parlament. Dieser Bruch des Monopols hat mit dem Einzug der Frauen in die Institutionen eine Reihe von Problemstellungen, die vorher ausgegrenzt waren, institutionell brisant gemacht. Unterschätzen wir nicht die Schwierigkeit, diesen ersten Bruch zu vollziehen. – Ein anderes positives Element ist, daß sich in den letzten Jahren die Entwicklung beschleunigt hat. Es besteht ein beträchtlicher Unterschied zwischen bestimmten früheren Legislaturperioden und der Zeit ab 1974, die, wenn ich mich recht erinnere, das Familienrecht, die Scheidung, die Abtreibung, die Gesetze über die Gleichberechtigung, die Beratungsstellen auf die Tagesordnung gesetzt hat – die Ausbeute ist in der Tat beachtlich. Und dabei hat sich, wenn auch unter Mühen, eine Beziehung zur Bewegung, zum Land hergestellt; es hat eine Berührung gegeben, einen Konnex. Ich bin mir sicher, daß es in der Bearbeitung dieser Probleme sehr viel größere Verzögerungen gegeben hätte, wenn in den Institutionen nicht auch Frauen vertreten gewesen wären. Und selbstverständlich wäre in diesem Fall das Verhältnis der Institutionen zu der Masse der Frauen deutlich schwieriger gewesen.

Nachdem das klargestellt ist, will ich die Negativposten der Bilanz anschauen. Was fällt auf? Zuallererst, daß das alles sehr spät geschehen ist, daß es auf tausend Widerstände und massives Unverständnis gestoßen ist. Und – das empfinde ich als besonders unbefriedigend – trotz des schnelleren Wandels in den letzten Jahren scheint mir, daß die historische Dimension des Problems, die Transformation, die in der Gesellschaft stattgefunden hat, in den Institutionen nicht hinreichend registriert worden ist. Es ist offenkundig, daß sich in der seit Jahrhunderten festgeschriebenen Stellung der Frau in der

Gesellschaft eine tiefgreifende Veränderung vollzieht. Leider hat sich diese Veränderung in den Institutionen bislang nicht abgebildet.

Rossana: Nun gut, die Frauen sind in die Kammer eingezogen. Aber sprechen sie dort nicht vor allem über Themen, die traditionell als die ihren gelten: Kinder, Familie, soziale Versorgung, selten über allgemeine Politik? (...)

Und wenn die Frauen Probleme aufgreifen, die als die ihren definiert sind, wodurch unterscheidet sich dann ihre Einmischung von der, beispielsweise, eines demokratischen oder linken männlichen Abgeordneten?

Pietro Ingrao: In einigen Punkten sehr wohl. Allein, wie sie bestimmte Probleme aufgedeckt und in Fluß gebracht haben, darf nicht unterschätzt werden. Du mußt bedenken, daß die Widerstände, die verhärteten Interessen, an die sie rühren, sehr tief sitzen. Vielleicht trifft es zu, daß es ihnen nicht gelungen ist – ihnen oder uns allen? –, die versteinerten Zusammenhänge aufzusprengen. Doch warum nicht? Weil dies eine fundamentale Korrektur der Art und Weise, Politik zu machen, voraussetzt. Und auch der Art, Gesetze zu erarbeiten.

Rossana: Handelt es sich wirklich nur um eine Verzögerung? Ist es nicht vielmehr so, daß die historischen Formen der Politik und insbesondere der Repräsentanz gar nicht dazu taugen, eine politische Besonderheit, wie sie für die Frauen charakteristisch sein soll, zu integrieren?

Pietro Ingrao: Sich mit den Beweggründen der Frauenemanzipation auseinanderzusetzen bedeutet zugleich, sich grundlegend mit einigen zentralen Strukturen der Gesellschaftsorganisation auseinanderzusetzen. Nehmen wir das Beispiel Frau und Arbeit. Dieses Problem ist verknüpft mit Merkmalen und Graden der wirtschaftlichen Entwicklung, mit der Beschäftigungslage, der Qualität und Organisation der Arbeit, ja, mit der Frage nach dem Sinn der Arbeit selbst. Gleichzeitig – und genau hier erscheint eine neue Dimension – rüttelt, wer es zu lösen versucht, an den Reproduktionsformen der Gesellschaft, an der überlieferten Auffassung von Sexualität, an den Zweierbeziehungen, an den Beziehungen zwischen Vätern und Kindern, an den Erziehungsstilen, an dem Wechselspiel zwischen Vergangenheit und Gegenwart, an Form und Natur der sozialen Einrichtungen usw., d.h. an einer jahrhundertealten Deutung des Privaten, am Staats-Begriff, am ganzen Verhältnis von Staatlichkeit und Privatheit. Kurz, die Auseinandersetzung mit einigen Veränderungen der – sagen wir einmal – Männerwelt führt nicht ähnlich drastisch und direkt auf die Produktionsweise noch auf die allgemeinen Reproduktionsformen der Gesellschaft. (...)

Rossana: Das Verhalten zur politischen Gruppe grundlegend ändern. „Verhalten" in welchem Sinn? „Ändern" wie und wodurch? Durch eine andere Sprache, vielleicht mit Hilfe eines anderen Entwurfs von Politik, der den Interaktionen zwischen konkreten Personen Vorrang einräumte sowohl vor den Inhalten (jeder Inhalt würde an der konkreten Beziehung gemessen, durch die er, um es in der gewohnten Sprache auszudrücken, „entfaltet" würde, bzw. die sich durch ihn unter den Gruppenmitgliedern herstellte) als auch gegenüber dem Verhältnis, das zwischen „abstrakten" politischen Subjekten besteht, abstrakt nicht zuletzt deswegen, weil in und von ihm einzig das erfaßt wird, worin sich alle gleichen: Arbeiter sein, ausgebeutet sein, Bürger sein, wobei in der Klassifizierung als „Arbeiter" oder „Ausgebeuteter" oder „Bürger" die Besonderheit der einzelnen Personen und der unwiederholbaren Beziehungen, die reale Personen miteinander eingehen, verflacht. Merkwürdigerweise erkennen sich die Frauen, anders als andere Unterdrückte, in einer Gemeinschaft wieder („das ermöglichte uns, unser Frausein gemeinsam zu begreifen"); doch diese Gemeinsamkeit gründet in der Wahrnehmung der *Verschiedenheit*, zunächst in bezug auf den Mann und seine Geschichte (die ja *die* Geschichte ist), sodann der eigenen Individualität.

Durch die „andere Art, zusammen zu sein", artikuliert der neue Feminismus den Wunsch nach einer Politik, die die Authentizität der Person erkennt und respektiert und die die Individuen aufgrund ihres gemeinsamen Interesses, „verschieden" zu sein – es sein können zu wollen –, miteinander kommunizieren läßt.

Dies ist offenbar die einzige Form von Politik, die die Feministinnen zu akzeptieren bereit sind. Sie impliziert eine schwierige Suchbewegung, die erst noch ihren Ausdruck finden muß. Hören wir, was eine junge Feministin aus Mailand, Paola Redaelli, dazu meint.

Lidia: Worauf beruht die Barriere zwischen Frauen und Politik? Warum ist es so schwierig für sie, sich einzugliedern? Worin besteht deiner Meinung nach das Hindernis?

Paola Redaelli: Das Hindernis besteht, glaube ich, in der Art von Beziehungen, auf denen die Politik, jedenfalls so wie sie stets praktiziert wurde, aufgebaut ist und die sich von jenen Beziehungen unterscheiden, die die Frauen als sinnvoll und unabdingbar empfinden, nicht nur um bestimmten Vorstellungen zum Zuge zu verhelfen, sondern auch, um *gemeinschaftlich* handeln zu können. Ich meine damit, daß der Staat, die Institutionen, die Parteien (zum Teil sogar die Familie) die persönliche Beziehung vernachlässigen, sie nicht als lebenswichtigen, fundamentalen Faktor gelten lassen. Sie ist aber der Schlüssel zur inneren Qualität jeder Gesellschaft. Die politischen Verfahrensweisen hingegen bedingen die Formalisierung der menschlichen Beziehungen in Rollen, Funktionen, Hierarchien usw. Für mich ist klar, daß die Frauen, um sich auszudrücken, sich verändern zu können, auf die Person setzen, so wie sie ist, unverhüllt.

Rossana: „Unverhüllt", dieses Wort ist entscheidend. Die Feministinnen wollen nicht nur, daß die Person „partizipiere", sondern daß sie sich aussetze, nicht länger gedeckt, verhüllt, zu einem Abstraktum gemacht durch ihre Zugehörigkeit zu einer Schicht oder einer sozialen Rolle (Bürger, Stimmberechtigter, Wähler, Parteimitglied), eine Zugehörigkeit, die zwar Übereinstimmung, Konsens, Geschlossenheit stiftet, aber auch, so sagen sie, Auslöschung bedeutet. Warum nehmen gerade Frauen so deutlich diesen Doppelaspekt der Politik als Vereinheitlichung und Verschleierung, Verallgemeinerung und Entstellung wahr? (...)

Das Leben der Frauen ist zwar durchaus bestimmt von Regeln und Normen; aber diese nehmen Gestalt an in einem Gesicht, in einem Alltagszusammenhalt, in Gelebtem, in symbolischen Verdichtungen, die zuweilen tief ins Unbewußte reichen, Verdichtungen, die sich, sobald man zur politischen Beziehung übergeht, aufzulösen scheinen in der abstrakten Figur des abstrakten Bürgers – ein Name im Register des Standesamtes, ein Wahlschein, ein mit Rechten und Pflichten ausgestattetes Objekt/Subjekt.

Ich vermute, daß das Verhältnis der Frauen zur Politik – wir können auch sagen: der Politik zu den Frauen – deshalb schwierig ist, weil es an dieser Klippe zerbricht: Hier liegt die Ursache für die prekäre Fremdheit, die so lange erlitten wurde (man erleidet keine Versklavung, ohne die Gründe dafür in gewisser Weise zu verinnerlichen oder den damit verknüpften Zustand der Nichtverantwortlichkeit zu akzeptieren) und die heute, da die Gleichberechtigung scheinbar erreicht ist oder ihr zumindest juristisch nichts mehr im Wege steht, *gewollt* ist.

So jedenfalls erkläre ich, die ich keine Feministin bin, mir, was mir Wert und Grenze des Feminismus zu sein scheinen: daß er eine andere, nicht-abstrakte, nicht *formal* gleiche Möglichkeit der individuellen und kollektiven Interaktionen erahnt und fordert, und daß es ihm gleichzeitig nicht gelingt, einen Verhaltens- und Kommunikationsstil zu entwickeln, der auch außerhalb der kleinen Gruppe oder des Zirkels miteinander vertrauter Personen gelten könnte, also eine Form der Beziehungen zwischen Menschen (Männern und Frauen), die verallgemeinerbar wäre und zugleich die Besonderheit wahrte, kurz: ein anderes „politisches Modell". Deshalb, so scheint mir, spaltet sich die Frauenbewegung heute, kommt sie nur tastend voran und schafft sie es nicht, den ganzen radikalen und, so glaube ich, erheblichen Reichtum ihrer Intuition in einen Versuch umzusetzen, das, was aufgegeben, und das, was rekonstruiert und gerettet werden soll, neu zu definieren. (...)

Clara Gallini: Wir wollen die Welt ändern. Nicht aus einer Solidarität zu zweit, die im Grunde noch ganz als Verteidigung fungiert, sondern indem wir einander als Frauen anerkennen, uns durchsetzen. Auch indem wir als Frauen eine totale Erfahrung leben wollen. Denn, schau, auch dies ist neu: eine Lebensweise zu versuchen, die die Menschen nicht länger voneinander isoliert, sie nicht mehr atomisiert – die Rationalität auf der einen Seite, die Emotionalität auf der anderen – und die nicht länger verschiedene Sprachen spricht, eine für die Arbeit, eine für die Familie, eine für die Schule, eine für das Paar. Eine gewisse Einheit wiedererlangen, eine Totalität des Menschen durch eine Totalität der Sprache wiedererlangen. Und durch eine solidarische Erfahrung, aus der Identität sich speist: Ich bin desto mehr ich selbst, je mehr ich erkenne, daß mein Schicksal mit dem Schicksal der anderen verwoben ist. Diese Erfüllung des Prinzips der Identität als Prinzip der Individualität und diese Wiederentdeckung des Selbst in der Beziehung zu den anderen, Männern und Frauen, scheinen mir gänzlich neu zu sein.

Lidia: Bezeichnet der von der Frauenbewegung erhobene totalisierende Anspruch, den wir freilich auch von anderen Bewegungen kennen, nicht eine – so könnte eingewendet werden – zwar notwendige, aber infantile Aufbruchs-Phase?

Clara Gallini: Es kann sein, daß vollkommene Brüderlichkeit nur ein Anfangs- und Initialmoment sozialer Bewegungen ist. Doch mir scheint, daß sie heute etwas anderes ist. Sie verbindet sich nämlich mit dem Versuch, den „ganzen Menschen" wiederzugewinnen, oder die „ganze Frau". (...)

Rossana: Uns alle befreien, sagt Lidia, jede, als Person, nur mit den anderen zusammen: „Entweder alle oder keine." Aber dann, Clara, ist Brüderlichkeit doch ein politisches Wort? Oder hat sie in der Politik keinen Platz, kommt sie vor ihr oder nach ihr?

Clara Gallini: Vielleicht ging sie der Politik voraus – wir haben vom Christentum gesprochen – und hat sich später mit ihr verwoben – wir finden sie in der Französischen Revolution. Vielleicht ist sie heute nachpolitisch. Brüderlichkeit ist jedenfalls ein Begriff, der eine Krise anzeigt: in der Art und Weise, sich politisch zu verhalten, beispielsweise in einer Partei. Offensichtlich verweist er auf ein Verständnis von Politik und politischer Praxis, das mit überlieferten Konventionen und Rollen bricht ... Vielleicht ist es ein wenig romantisch, aber ich finde diese Werte der Brüderlichkeit so neu, so beispiellos, so umstürzlerisch in ihren Implikationen, daß ich in ihnen den Anfang einer historischen Wandlung in den sozialen Beziehungen vermute, deren Ausmaß wir noch gar nicht ermessen können. Wie denkst du darüber? (...) Wie soll nicht nur dieser Wert, sondern die Bewegung, die sich in ihm ausdrückt, Dauerhaftigkeit gewinnen? Wird sich die Bewegung eine Form geben? Wird sie eine „Sekte" bleiben, eine geschlossene Gruppe (in der im Grunde der alte Freundschaftskult wiederbelebt wird), ein Klub, der zwar in sich differenziert ist, aber insgesamt unfähig, wirklich Einfluß zu nehmen, oder werden die Feministinnen oder andere Gruppen imstande sein, den Anspruch auf und den Wunsch nach brüderlichen Verhaltens- und Verkehrsformen zu vergesellschaften? Wir stehen am Anfang eines Weges, der sehr wohl auch zurück führen kann. Er könnte allerdings auch in eine neuartige, verallgemeinerungsfähige Deutung der menschlichen Verhältnisse führen.

Rossana: Ich glaube, daß die Botschaft, die die Feministinnen vermitteln – auch jemandem wie mir, der eine andere Geschichte hinter sich hat –, ein Indikator ist für den, wie ich es gelegentlich unzulänglich und provisorisch formuliert habe, Grenzpunkt der Dialektik von Lebenswelt und Politik, Individuum und Gruppe und sozialer Bewegung heute. In gewisser Weise ist das feministische Konzept durchaus embryonal, also „sektenhaft"; vielleicht bleibt es, so wie es nun einmal ist, im Partikularen und in der Einigelung stecken. Es signalisiert jedenfalls ein allgemein gewordenes Bedürfnis. Die Feministinnen machen eine generelle Krise im Beziehungsgeflecht unserer Gesellschaft sichtbar – und, vielleicht, die Chance eines Auswegs aus dieser Krise. (...)

Es ist eine andere Art der Vermittlung notwendig. Wenn es zutrifft, daß die Frauen sich mit dem Problem des Staates auseinandersetzen müssen, es nicht länger ignorieren können, daß sie es nicht wieder einmal den Parteien und Institutionen überlassen dürfen, ihre Wünsche und Interessen ernst zu nehmen oder nicht, ihre Forderungen zu beherzigen oder nicht; wenn es richtig ist, daß sie sich Gedanken darüber machen sollten, wie die Organisation oder das System der öffentlichen Beziehungen zwischen Mitgliedern einer modernen Gesellschaft heute aussehen könnte, und daß sie dafür ihre eigene Lösung entwickeln müssen – wenn all das stimmt, dann stimmt auch, daß die politische Sphäre, die sich ja über Jahrtausende hin ohne Teilnahme und Beteiligung der Frauen herausgebildet hat (ich erinnere nur an die mediterrane Kultur), sowohl in ihren Strukturen als auch in ihrem Wesen umgewälzt werden muß. Die Form der Politik ist nicht abstrakt. Die Frauen sagen, sie ist nicht geschlechtslos. Ich sage, sie ist ein Geschichtsprodukt. Bist du mit dieser These einverstanden?

Pietro Ingrao: Wenn es so ist, dann muß man sich um so dringlicher mit ihr beschäftigen. Es bedeutet vielleicht (um zum Thema Staatlichkeit zurückzukehren), zu einer komplexeren Vermittlung überzugehen, zu Formen, die weder dem Prinzip staatlicher Zentralisierung noch dem des liberalen Privatismus gehorchen, also zu einer Kombination von privat-gesellschaftlichen und öffentlich-staatlichen Formen, die allerdings ein komplizierteres Konzept der Politik erfordern. Mir ist klar, daß das eine immense Anstrengung voraussetzt.

Rossana: Und politische Phantasie.

Pietro Ingrao: Aber darum geht es: um die Entwicklung komplexerer Konzepte.

Rossana: Komplexerer und minder formaler.

Pietro Ingrao: Ja. Doch soll niemand glauben, daß man durch Vereinfachung, durch die bloße Artikulation von Forderungen und Bedürfnissen diese Schwierigkeit überspringen könnte.

Rossana: Ich stimme dir zu. Der Ausdruck eines Problems ist noch nicht dessen Lösung. Wer in Belangen der Politik – jedenfalls in den modernen Gesellschaften, und mit den Strukturen dieser Gesellschaften hat es Politik heute zu tun – sich damit begnügt – oder sich darauf versteift –, Ansprüche, Hoffnungen, Interessen lediglich *auszudrücken*, verhält sich artistisch, nicht politisch. Er handelt im schlechten Sinne symbolisch; er delegiert die Wahrnehmung seiner Rechte und seiner Verantwortung. Das ist die Wasserscheide. Jetzt noch eine einfachere Frage. Hast du im Laufe deiner Tätigkeit als Präsident der Kammer und vorher als Abgeordneter jemals, während du einer Abgeordneten zuhörtest, gedacht: Also das hätte ein Mann nicht gesagt?

Pietro Ingrao: Meinst du im Parlament?

Rossana: Im Parlament.

Pietro Ingrao: Hm, im Privatbereich passiert mir das häufig.

Rossana: Das bezweifle ich nicht. Erkennst du den Unterschied?

Pietro Ingrao: In der Familie ist es so, daß ich über bestimmte Dinge nicht gesprochen habe. Ich hätte es nicht fertiggebracht, über sie zu sprechen, sie beim Namen zu nennen. Laß mich hier aufhören, ich denke, es ist bezeichnend genug. (...)

Lidia: Also, die Organisation, die politische, die des Staates usw. ruht auf bestimmten Kriterien. Die Individuen werden zum Beispiel durch Unterdrückung zusammengehalten. Sie sind unterdrückt, denn sie sind ausgebeutet, bei der Arbeit entfremdet, in Waren verwandelt. Es gibt die Organisation des bürgerlichen Lebens durch den Staat, durch die Gesetze. Doch was, zum Teufel, kann dann Organisation für uns heißen? Denn diese Organisationsformen, die der Stellung in der Produktion oder in der Hierarchie oder dem Grundsatz rechtlicher Gleichheit folgen, negieren ausdrücklich, was wir über die Notwendigkeit der individuellen Veränderung denken. Da gibt es überhaupt keinen Zweifel. Wir haben den Bruch mit den Parteien erlebt, manche noch vor ihrem Beitritt, manche danach, und wir sind allesamt antiinstitutionell eingestellt. Warum? Weil wir die beschriebenen Erfahrungen gemacht haben.

Patrizia: Oh, ich bin mir dessen nicht so sicher. Die Ablehnung der traditionellen Politik, da bin ich einverstanden, hat einen revolutionären Gehalt, aber nur bis zu einem gewissen Grad. Und ich frage mich, ob sie inzwischen nicht zu Regression geworden ist. Wir sind von uns selbst ausgegangen, vom Subjekt. Es ist uns klar geworden, daß die Politik nichts mit uns zu tun hat. Wir haben unsere Kritik durchgesetzt. Aber einen Vorschlag für ein anderes Politikverständnis, für eine andere Politik hat es nicht gegeben. Die Vorstellung jedenfalls, das Private sei an sich politisch, stimmt nicht.

Luciana: Zum Teil akzeptiere ich, was du gesagt hast. Von der Erkenntnis zu ihrer Umsetzung ist es ein weiter Weg. Vielleicht um nicht zu verzweifeln, habe ich mir angewöhnt, geschichtlich zu denken: in Kategorien der Zeit. Ich glaube nicht, daß Bündnisse die Lösung sind, denn der Geschlechterwiderspruch ist so stark, daß ich mir als Frau von niemandem Hilfe erwarte. Also muß ich mich fragen, was wir sind. Wir sind gerade zur Welt gekommmen. Um Macht zu erlangen, um deine Erkenntnisse durchzusetzen, brauchst du sehr, sehr viele Mittel. Kulturell sind wir, glaube ich, beim ersten Schritt oder beim zweiten. Mir kommt da Virginia Woolf in den Sinn. Sie hat einmal gesagt, daß die Frauen in der Literatur gerade erst zu existieren begonnen haben. Ich fühle, daß wir nicht sehr viel weiter sind. Die Erkenntnis, daß das Subjektive politisch ist, daß der Geschlechterwiderspruch in allen Ritzen der Gesellschaft steckt, braucht Frauen, Frauen und nochmals Frauen, die ihr Verhältnis zum Leben, zur Kultur, zur Sexualität, zur Arbeit in diesem Licht, unter diesem Aspekt wahrnehmen und definieren.

Lidia: Ich möchte nicht zu pessimistisch erscheinen, aber im Grunde haben wir jahrelang darauf vertraut, daß die politischen Organisationen, die politischen Entwürfe der anderen den Geschlechterwiderspruch zwar nicht beseitigen, aber daß sie wenigstens nicht mit Gewalt auf seine Aufdeckung durch uns reagieren würden. Ist es nicht so?

Noch ein Wort zu der alten Diskussion: Die organisatorische Logik der Männerwelt paßt uns nicht, und wir haben kein anderes Organisationsmodell. Ich glaube nicht, daß die Entwicklung eines anderen Modells das Problem ist, in der Politik organisiert man sich nach Interessen. Wir können das nicht tun, weil wir ein fundamentales Interesse haben, dem wir verschiedene Namen geben: Verschiedenheit, Sexualität, Beziehung zur Natur, zum Körper, zur Phantasie, lauter Dinge, die *nicht organisierbar sind*: für sie braucht man Raum, Freiheit, Leben, eine andere Welt, eine Welt, in der die Gesetze der Organisierung nach Interessen nicht gelten. Wenn wir also ein neues Organisationsmodell ins Auge fassen, verfallen wir wieder auf das männliche Modell, nämlich praktisch *alles* zu organisieren. Der Staat läßt heute nichts und niemanden ungeschoren. Er erpreßt. Da wird ein Mietgesetz verabschiedet, und ich bin gezwungen, zur Mieterversammlung zu gehen oder eine zu organisieren usw. Aber ich habe keine Lust, mein ganzes Leben an diese organisatorischen Formen zu binden.

Es gibt auch noch ein Problem – das der Konfrontation und der Macht. Du organisierst dich, weil du dich einer anderen Organisation entgegenstellen willst. So bist du gezwungen, dir eine kollektive Identität zu suchen, die freilich die individuelle Identität abschleift oder sie gar annulliert.

Patrizia: Vielleicht geben wir den Wörtern unterschiedliche Bedeutungen. Ich stimme mit Luciana überein, wenn sie sagt, daß die Krise, die äußere Situation Einfluß auf uns nehmen. Aber Luciana setzt in allzu treuherziger Weise auf die Frauenbewegung. Emotional verstehe ich das, aber ich verbinde damit auch Ängste. Wenn ich überzeugt wäre, daß wir nicht zurückfallen, daß es uns gelingen wird, die organisierte Welt zu besiegen ... Aber ich bin da nicht sicher. Und außerdem lebe ich heute und nicht im nächsten Jahrhundert. Reden wir also nicht von Organisation, reden wir lieber von Kommunikation unter uns. Ich fühle mich allein und alleingelassen, nicht nur dann, wenn auf Frauen geschossen wird, es gibt subtilere, alltäglichere Versionen der Vernichtung. Früher hätte ich es nicht geglaubt, wenn ich in der Zeitung gelesen hätte, daß nach der Schießerei im Rundfunk ein nationaler Frauenstreik stattfinden würde. Siehst du, Luciana, das Gefühl, daß es gleichsam automatisch und unaufhaltsam zum Besseren weitergeht, teile ich nicht.

Lidia: Ich bin davon überzeugt, daß eine erweiterte Kommunikation unter uns eine noch gründlichere Veränderung unserer selbst voraussetzt, denn die Abhängigkeit vom Mann zu durchbrechen, ist überaus schwierig. Andererseits wird diese Kommunikation von der Macht erschwert, die dich ausgrenzt, sobald du dich als anders zu erkennen gibst. Das Problem ist, daß du kämpfen mußt um die Macht, gegen die Ausschließung der Frauen, daß aber eine Gesellschaft, die ganz auf Machtspielen beruht, uns nicht paßt. Auf dem Feld der Macht sind wir schwach, auch deshalb, weil wir nicht an die Macht glauben. Was nützt dir Macht? Was kann sie uns nützen?

Luciana (mit leiser Stimme): Es stimmt nicht, daß ich die Macht ablehne, sofern die Macht die Möglichkeit bedeutet, etwas zu verändern, worunter ich leide ...

Lidia: Aber die Macht ist Macht über die anderen.

Luciana: Wir Frauen haben nicht die andere Macht, die Macht, etwas machen zu können. Wir haben sie nicht aufgebaut, nicht entwickelt.

Rosaria: Der Feminismus hat den Begriff der Macht negativ besetzt. Darin steckt nicht nur Wahrheit, sondern auch ein Stück Exorzismus. Fähigkeiten zu entfalten, über Mittel zu verfügen, bedeutet nicht notwendigerweise, Macht über andere auszuüben, bedeutet nicht zwangsläufig Herrschaft. (...)

Lidia: In dieser Gesellschaft wohl, Rosaria. Ja, doch.

Rosaria: Weißt du, was du da sagst? Du sprichst von der Selbstzerstörung der Frauen. Das ist die Alternative, verstehst du? Entweder du wirst so, wie die Gesellschaft dich will – und ich akzeptiere das nicht mehr –, oder du zerstörst dich selbst.

Rosalba: Ja, genau das ist die Unbeweglichkeit, die sich hergestellt hat: unsere Unlust, *so* zu sein, und unsere Chancenlosigkeit, *anders* zu sein.

__Angst und Verfassung.__ Freiheit von Angst – so lautete eine der großen Forderungen und Versprechungen der Atlantic-Charta, wie sie während des 2. Weltkrieges von Franklin D. Roosevelt und Winston Churchill proklamiert worden ist. Der Freiheit von Angst sollen gerade liberal-demokratische Verfassungen dienen. Durch ihre Form als solche, indem sie Berechenbarkeit und dementsprechend Sicherheit erlaubt. Durch ihre organisatorischen Formen und normativen Inhalte, indem sie bürgerliches Verhalten bedingen, das unter der Voraussetzung angstfreien Daseins geschieht.
Werden diese Versprechen in liberal-demokratisch verfaßten Massendemokratien, die von der Vereinzelung, der Arbeitsteilung und der politischen, vor allem ökonomischen Dauerkonkurrenz und der Angst vor positionellem Verlust und Verlust des Eigentums leben, irgend erfüllt? Sind sie überhaupt auf der Grundlage einer liberalen Demokratie als dem politischen Bereich einer kapitalistischen Gesellschaft erfüllbar? Welche Bedingungen müss(t)en gegeben sein, damit sozial begründete Angst möglichst klein gehalten wird?
Franz L. Neumann (1900–1954), zur Emigration gezwungener deutscher Jurist und Sozialwissenschaftler, vermittelt in seinem bahnbrechenden Aufsatz von 1954 einige wichtige Aspekte. Es läßt sich leicht von Konkurrenzdemokratie und Leistungsdemokratie reden, wenn man primär auf die Gewinner achtet und die Mehrzahl der Verlierer aus dem Blick läßt. Jede Verfassung (in Text und Wirklichkeit) ist in geschulter politisch-psychologischer Phantasie daraufhin zu durchleuchten, welche angstfreien oder angstvollen Reaktionen, Bewußtseins- und Verhaltensweisen sie im Durchschnitt hervorrufen dürfte.
(Franz Neumann: Angst und Politik, Tübingen 1954, S. 34–38)

Franz L. Neumann

Angst und Politik

(...) Um diesem Problem beizukommen, müssen wir die beiden anderen Schichten der Entfremdung berücksichtigen: die soziale und die politische. 1. Die Entfremdung von der Arbeit, d.h. die Trennung der Arbeit vom Arbeitsprodukt durch hierarchische Arbeitsteilung, ist das, was die moderne Industriegesellschaft charakterisiert. Daß sowohl die Arbeitsteilung wie die hierarchische Organisation der Arbeit sich seit der industriellen Revolution des 18. Jahrhunderts in einem ständigen Aufstieg befinden, wird wohl von niemandem bezweifelt. Die deutsche romantische Arbeitspsychologie nennt das „die Entseelung der Arbeit". Sowohl dieser Begriff wie die verschiedenen Heilmittel dagegen sind gefährlich; denn sie verdecken die Unvermeidlichkeit dieses Entfremdungsprozesses, der zugegeben, verstanden und akzeptiert werden muß. Wenn das nicht geschieht, wenn man die Unabwendbarkeit von Arbeitsteilung und hierarchischer Ordnung des Arbeitsprozesses nicht zur Kenntnis nehmen will und versucht, die Arbeit zu „beseelen", statt sie auf ein Minimum zu beschränken, dann vertieft sich die Sozialangst. Die Haltung des sogenannten „Neuen Mittelstandes" (der Angestellten) ist genau daraus zu verstehen.

Während der „Neue Mittelstand" Arbeit verrichtet, die – um in der Sprache der deutschen Arbeitspsychologie zu bleiben – „entseelter" ist als die des Industriearbeiters, und obwohl sein Durchschnittseinkommen wohl unter dem des Industriearbeiters liegt, hält er doch an seiner Mittelstandsideologie und den dazu gehörenden Gebräuchen fest. Damit weigert er sich, von der Unabwendbarkeit jenes Prozesses Kenntnis zu nehmen, und wird – wie in Deutschland vor 1933 – die für den Caesarismus anfälligste gesellschaftliche Schicht.

In einer Gesellschaft, die durch den Wettbewerb konstituiert wird, soll der Wettbewerber für seine Anstrengung dann belohnt werden, wenn er tüchtig ist, d.h. wenn er sich anstrengt, intelligent ist und Risiken eingeht. Es besteht wenig Zweifel, daß das Konkurrenzprinzip nicht nur die Ökonomie, sondern alle gesellschaftlichen Beziehungen beherrscht. *Karen Horney*, eine Vertreterin des *Freudschen* Revisionismus, behauptet, daß der destruktive Charakter des Wettbewerbs große Angst erzeuge. Nun ist das dann nicht einzusehen, wenn es sich wirklich um echten Wettbewerb handelt, d.h. um einen, in dem ungefähr gleich starke Personen mit fairen Mitteln kämpfen (was man in der deutschen juristischen Literatur „Leistungswettbewerb" nennt), d.h. die Art von Wettbewerb, die *Adam Smith* in seiner Theorie der moralischen Gefühle so definiert: „One individual must never prefer himself so much even to any other individual as to hurt or injure that other in order to benefit himself, though the benefit of the one should be much greater than the hurt of injury to the other." Und nochmals: „In the race for wealth and honours and preferments, each may run as hard as he can and strain nerve and every muscle in order to outstrip all his competitors. But if he jostle or throw down any of them, the indulgence of the spectator is entirely at an end. It is in violation of fair play, which they cannot admit of."

Nun kann ich hier keine gesellschaftliche Analyse vornehmen, um zu zeigen, daß dieser ethisch beschränkte Wettbewerb nicht besteht und vielleicht nie bestanden hat, daß sich hinter ihm in Wahrheit Monopolkampf verbirgt, daß also die Anstrengung des einzelnen, seine Intelligenz, seine Vision, seine Risikobereitschaft an den Machtkonstellationen leicht zerschellen.

Hinter der Maske des Wettbewerbs, der dann keine destruktive Wirkung haben muß, wenn er eine Gesellschaft rational organisiert, verbergen sich in Wahrheit Abhängigkeitsverhältnisse, die die Realität ausmachen. Für den Erfolg in der heutigen Gesellschaft ist es viel wichtiger, mit den Mächtigen gut zu stehen, als sich durch eigene Kraft zu bewähren. Das weiß der heutige Mensch. Das Destruktive, Angsterzeugende ist gerade die Machtlosigkeit des einzelnen, der sich der technologischen Apparatur einzufügen hat.

Aber auch da, wo der Leistungswettbewerb effektiv ist, nützt dann keine Anstrengung, wenn Krisen den Kaufmann ruinieren. Die Unfähigkeit, die Gesetzmäßigkeit der Krisen zu verstehen, und das häufige Bedürfnis, die Schuld daran finsteren Mächten zuzuschieben, ist ein zusätzlicher Faktor in der Destruktion des Ichs. Dieser psychologische Prozeß operierte im sogenannten „Alten Mittelstand" des Deutschland vor 1933. Aber es ist – um es zu wiederholen – schwer einzusehen, daß fairer Wettbewerb destruktive Funktionen haben muß.

In jeder aus antagonistischen Gruppen zusammengesetzten Gesellschaft gibt es Aufstieg und Abstieg von Gruppen. Ich behaupte, daß Verfolgungsangst – die aber, wie oben gesagt, eine reale Basis hat – produziert wird, wenn eine Gruppe in ihrem Prestige, ihrem Einkommen oder gar in ihrer Existenz bedroht ist, d.h. absinkt, und den historischen Prozeß nicht versteht oder daran gehindert wird, ihn zu verstehen. Die Beispiele sind zu zahlreich, als daß man alle erwähnen könnte. Der deutsche Nationalsozialismus und der italienische Faschismus sind klassische Beispiele.

Aber nicht nur soziale Klassen wehren sich gegen ihre Degradation mit Hilfe solcher Massenbewegungen, auch religiöse und Rassenkonflikte produzieren häufig gleiche Phänomene. Der Konflikt zwischen Negern und Weißen in den Südstaaten der USA, der gegenwärtige Kampf der südafrikanischen Regierung gegen die Eingeborenen – beide vollziehen sich nach dem folgenden Schema: die Angst einer weißen Minderheit, die die Herrschaft ausübt, vor einer Degradation durch ökonomischen und politischen Aufstieg der Neger wird propagandistisch zur Schaffung affektiver Massenbewegungen benützt, die häufig faschistischen Charakter annehmen.

Die soziale Entfremdung, d.h. die Furcht vor sozialer Degradation, ist allein nicht zureichend. Das Moment der politischen Entfremdung muß hinzutreten. Da ich diesem Phänomen eine besondere Arbeit widme, will ich hier nur kurz darauf hinweisen, was ich im Auge habe. In der Regel begnügt man sich, vor allem in der amerikanischen Literatur, damit, die Stimmenthaltung bei Wahlen zu untersuchen, also das, was man politische Apathie nennt. Aber ich habe an anderer Stelle darauf hingewiesen, daß das Wort Apathie drei verschiedene politische Reaktionen beschreibt: einmal das Desinteresse an der Politik, etwa die Meinung, daß Politik den Bürger deshalb nichts angehe, weil es sich ja doch nur um einen Kampf zwischen kleinen Cliquen handle und sich so im Grunde nie etwas ändere; sodann die epikuräische Haltung gegenüber der Politik, die Auffassung also, daß Politik und Staat nur das Ordnungselement zu schaffen hätten, innerhalb dessen der Mensch sich seiner Vervollkommnung widmen sollte, so daß die Staats- und Regierungsformen als nebensächlich erscheinen; und schließlich – als dritte Reaktion – die bewußte Verwerfung des gesamten politischen Systems, die sich in Apathie äußert, weil der einzelne nicht die Möglichkeit sieht, durch seine Anstrengung etwas am System zu ändern. Das politische Leben kann zum Beispiel in der Konkurrenz von politischen Parteien erschöpft sein, die reine Apparate ohne Massenbeteiligung sind, die aber doch die Politik so monopolisieren, daß eine neue Partei innerhalb der geltenden Spielregeln sich nicht durchsetzen kann. Diese dritte Form der Apathie bildet den Kern dessen, was ich als politische Entfremdung bezeichne. In aller Regel führt diese Apathie, wenn sie innerhalb der sozialen Entfremdung operiert, zur partiellen Paralysierung des Staates und öffnet den Weg zu einer caesaristischen Bewegung, die, die Spielregeln verachtend, sich die Unfähigkeit des Bürgers zur individuellen Entscheidung zunutze macht und den Ich-Verlust durch die Identifizierung mit einem Caesar kompensiert. (...)

Antipolitik. Wir müssen immer erneut zum Politikbegriff zurückkehren. Dieser prägt in hohem Maße das, was für wirklich und möglich gehalten wird. Weil der ungarische Schriftsteller György Konrad sich gegen die herrschende „Realpolitik" kehrt (die schon im Ausdruck ihre Realitätsdeckung behauptet und damit zum machtbesessenen Opportunismus wird), eine „Realpolitik", die weitere Hochrüstung und Krieg für politisch hält, also wirklichkeitsgerecht, also unvermeidlich, hat er seinen Gegenentwurf „Antipolitik" genannt. Eine nachdrückliche zivile Politik gegen eine Politik, die auf ihre militärische Grundlage und potentielle militärische Ausdrucksform nicht verzichten kann. Recht verstanden dankt solche Realpolitik als Politik ab, die sprachliche Verständigung und eine daraus hervorgehende Problemlösung meint.
(György Konrad: Letztes immanentes Argument der politischen Macht ist die Atomrüstung. Prinzipielle Ablehnung des Atomkriegs heißt Antipolitik. Antipolitik heißt geistige Macht, in: Antipolitik. Mitteleuropäische Meditationen, Frankfurt/Main 1985, S. 89-92; auszugsweise)

György Konrad

Antipolitik heißt geistige Macht

Die politischen Führungsschichten unserer Welt teilen die Philosophie der nuklearen Ultima ratio nicht gleichermaßen, besitzen jedoch keine konzeptionelle Alternative. Und zwar deshalb nicht, weil sie Machtexperten sind. Warum sollten sie einen der physischen Macht diametral entgegengesetzten Wert wählen?

Gibt es eine politische Philosophie, ist eine politische Philosophie vorstellbar – Vorschlagsbündel für Erwerb und Erhaltung der Macht –, die a priori auf physische Machtgarantien verzichtet? In radikaler Konfrontation zur nuklearen Ultima ratio steht nur die Antwort der Antipolitik.

Die Antipolitik will die Politik, diese Sprache, auf ihren Platz verweisen und wacht darüber, daß sie selbst sich nicht über ihren Zuständigkeitsbereich hinaus ausdehnt, nämlich nicht über die Verteidigung und Läuterung der Spielregeln in der zivilen Gesellschaft. Die zivile Gesellschaft ist der Gegensatz der Militärgesellschaft.

Die zivile Gesellschaft ist Utopie, die Militärgesellschaft Realität. Es gibt mehr oder weniger militarisierte Gesellschaften, das heißt unter der Souveränität jener Nationalstaaten befindliche Gesellschaften, deren politische Repräsentanten den totalen Krieg für einen möglichen Schritt in der Partie halten.

Antipolitik heißt, mit dem Atomkrieg auf gar keinen Fall als einer adäquaten Antwort rechnen. Antipolitik heißt, für unmöglich halten, daß es ein historisches Unglück geben könne, das schlimmer wäre als der Tod von ein bis zwei Milliarden Menschen. Die Antipolitik gründet die Politik auf die bewußtgemachte Todesangst. Sie nimmt zur Kenntnis, daß wir eine Art Mörder und Selbstmörder sind und ungeheuer viele moralische Erklärungen zur Rechtfertigung unserer mörderischen und selbstmörderischen Neigungen ersinnen können.

Die Generäle denken nicht nur mit Grauen an den Krieg, vor dieser Ahnung dürfen wir uns nicht verschließen. Warum sollte dem russischen Staatspräsidenten oder dem amerikanischen Präsidenten der Gedanke nicht gefallen, der mächtigste Mann auf der Welt zu sein? Vielleicht stört ihn daran nur die gewisse Unsicherheit, weil auch sein Kollege, der amerikanische beziehungsweise der sowjetische Präsident, das gleiche denkt.

Die zwei stärksten Nationalmannschaften wollen im Weltmeisterschaftsfinale ihre Kräfte messen. Sie wollen auf dem Siegerpodest stehen, sie wollen ihre Nationalhymne hören und wollen im allgemeinen Jubel zu Tränen gerührt werden. Sie wollen von der Siegertribüne aus betrachten, wie sich die Fahnen des geschlagenen Rivalen im Staub wälzen. Wovon sollte ein Kämpfer träumen, wenn nicht vom Sieg?

Die Qualität der Politiker wird an der Größe ihrer Macht gemessen. Ein Politiker, der an der Macht nicht oder nicht ausreichend interessiert ist, ist nicht gerade charakteristisch. Für sein Dilettantentum bestraft ihn das Schicksal damit, daß es ihm nicht für lange Zeit viel Macht anvertraut.

Stellen wir uns Stalins und Breschnews, MaoTse-tungs und Teng Hsiao-Pings, Titos und Francos, Adenauers und de Gaulles Gesicht vor: auf jedem dieser Gesichter findet sich das schlaue und gewalttätige Sensorium des Ich, mit dem es sich seiner Umgebung aufzwingt. Ihre psychologische oder mathematische Intelligenz ist vermutlich überdurchschnittlich. Diese Machtintelligenz läßt sich nicht daran messen, was diese Politiker sagen, sondern daran, wie lange sie sich in ihrer von anderen beneideten Führungsrolle behaupten können. (. . .)

Die Politik läßt sich durch nichts anderes erklären als durch ihr Medium, durch die Macht, durch dieses reiche Beziehungssystem. Auch wenn die Strategie mit Wirtschaftsinteressen, kulturellen

Konventionen und religiösen Leidenschaften rechnen muß, die Politik läßt sich weder aus der Wirtschaft, noch aus der Kultur, noch aus der Religion ableiten.

Gegenüber der Politik versagt jede Annäherung, die von Machiavellis Standpunkt, vom Standpunkt des Genies der Politologie, abweicht, der die Macht damit erklärte, daß sie sich selbst will, daß der Fürst die Macht nicht nur erringen, sondern auch behaupten und ausdehnen will. Jede Geschichtsphilosophie, die versucht, die Lösung für das Rätsel der politischen Macht in etwas anderem zu erblicken als in der politischen Macht selbst, nämlich im Wirtschaftsinteresse der Klassen, in biologischen Instinkten oder in religiöser Schwärmerei, muß zwangsläufig versagen. (...)

Für uns andere, die wir keine Politiker sind, ist ein Politiker um so besser, je weniger Macht er besitzt. Desto weniger müssen wir Angst vor ihm haben. Prinzipiell halte ich beispielsweise die ungarischen und die österreichischen Politiker für beruhigender, weil sie für weniger Menschen gefährlich sind als die russischen oder die amerikanischen Politiker. Nehmen wir an, Ungarn und Österreich würden gegeneinander Krieg führen – was Ende des zwanzigsten Jahrhunderts schon an sich lächerlich und absurd wäre –, so müßte die Menschheit keine Angst haben. Doch wenn etwa die russischen und die amerikanischen Führer gegeneinander Krieg führen wollen – was an sich keineswegs lächerlich und absurd wäre –, so müßte die ganze Welt, müßte die ganze Menschheit sogar sehr große Angst haben.

Ich kann mir nicht vorstellen, daß es einfach wäre, den russischen oder den amerikanischen Politikern die technische Fähigkeit zu nehmen, mit deren Hilfe sie ein bis zwei Milliarden Menschen vernichten können. Es kann sein, daß sie von dieser Möglichkeit keinen Gebrauch machen werden, doch sie halten an der abstrakten Idee fest, gegebenenfalls, wenn sie es für erforderlich erachten, davon Gebrauch zu machen. Es handelt sich hierbei um Menschen, die über ein bis zwei Milliarden Menschen eine absolute Macht besitzen, weil es in ihrer Macht steht, sie zu töten. Es handelt sich um Menschen, die sich eine Lage vorstellen können, in der nichts anderes übrigbleibt, als den Einsatz der Nuklearwaffen anzufordern, wobei die Tötung von ein bis zwei Milliarden Menschen richtig und begründet wäre. (...) Diese Mentalität ist eine funktionelle Eigenart der Führer der Atommächte. (...)

Vertragsfreiheit/Sexueller Vertrag. *Immer gehen wir von Voraussetzungen aus. Ohne solche kann nicht gedacht und gehandelt werden. Viele dieser Annahmen werden nicht mehr diskutiert, weil alle einigermaßen vernünftig Denkenden ganz „selbstverständlich" davon ausgehen, daß sie zutreffen. Gerade solche „selbstverständlichen" Annahmen, oft mit dem Beiwort „natürlich" geschmückt, sind aber immer wieder kritisch zu beäugen und daraufhin zu untersuchen, welche Interessen und Perspektiven in ihnen aufgegangen sind und welche Konsequenzen sie bewirken. Diese Re-Flexionsforderung gilt insbesondere dann, wenn über Verfassungsfragen nachgedacht wird, darüber, allgemein gesprochen, wie Menschen in einer Gesellschaft sich am besten einrichten könnten.*

Drei Annahmen sind allen modernen, insbesondere allen liberalen Verfassungen eigen: Die Annahme, daß die Form des Vertrags Freiheit und Gleichheit begründe; die Annahme, daß individuelle Freiheit prinzipiell darin bestehe, restlos über sich selbst wie über einen Besitz verfügen zu können; die Annahme, daß Entbindungen Freiheit erst ermöglichten: die Trennung von öffentlich und privat, von Politik und Ökonomie, von natürlich und bürgerlich/künstlich usw. Hierbei spielen die Begriffe „Vertrag" (und „Vertragsfreiheit"), „Individuum" und „Freiheit" einen sich händehaltendes Ringelreigen. Gerade sie werden benutzt, als seien sie interessenfrei, eindeutig und selbstverständlich, als könnte man, sich an ihnen orientierend, kein menschenrechtliches Wässerchen herrschaftlich trüben.

Weit gefehlt. In einer radikalen, in der Tat an die Wurzel der Leitformeln der Moderne gehenden Kritik legt die amerikanische Politikwissenschaftlerin Carole Pateman dar, welche versteckte und offene Herrschaft mit Sichtweisen und Forme(l)n betrieben werden kann, die sich von selbst verstehen, weil sie in jahrhundertelanger Arbeit selbstverständlich bis in die Denkgewohnheiten und die Sprache hinein gemacht worden sind.

- *Daß mit einem Verfassungsvertrag alles in Ordnung sei, wenn alle Individuen prinzipiell an der Abstimmung darüber sich beteiligen können, wer wollte dies in Frage stellen? Dem Vertrag aber voraus geht die Unterscheidung zwischen öffentlich und privat; im Vertrag enthalten ist eine bestimmte Konzeption von Individuum, Freiheit und Eigentum/Besitz. So wirkt der Vertrag als Prozedur, die im Rahmen der von ihm abgesteckten Grenzen und Regularien funktioniert, im Sinne eines patriarchalen Prinzips, einer kapitalistischen Ökonomie und einer stark eingeschränkten repräsentativen Demokratie, ohne daß diese erheblichen inhaltlichen Entscheidungen noch offen ausgedrückt werden müßten.*
- *Wer wollte sich gegen das Individuum als die Bezugsgröße aller Verfassung wenden? Dieses Individuum indes ist nicht nur, wie Carole Pateman zu zeigen vermag, nach dem männlichen Modell geschnitzt; es sieht darüber hinaus so sehr von allen Besonderheiten ab, daß seine Konzeption das menschliche Wesen mit Fleisch und Blut und Geschlecht nicht zureichend berücksichtigt. Demgemäß stellt das Individuum eine höchst voraussetzungs- und folgenreiche Konstruktion dar, die erneut Ungleichheiten massiver Art zuläßt.*

● *Freiheit, ja, gewiß, aber welche Freiheit meinen wir denn? Der heute gängige Begriff, repräsentativ-demokratischem Verfassungsvertrag auf kapitalistischer Grundlage entsprechend, versteht unter Freiheit vor allem Verfügungsfreiheit. Eigentum wird alles, und alles, was eine(r) zu eigen hat, kann „frei" verfügt werden. Wie sehr ein solches Freiheitsverständnis die Voraussetzung diverser Unterwerfungen darstellt, ja moderne Herrschaft geradezu konstituiert, wie sehr eine so praktizierte Freiheit ihre eigenen Voraussetzungen „frißt", macht Carole Pateman schlaglichtartig deutlich.*
Gleichheit und Geschwisterlichkeit lassen sich nicht mit Hilfe einiger abstrakt-allgemeiner Verfahrensprinzipien gewinnen. Solche Verfahrensprinzipien diskriminieren außerdem noch sozial und geschlechtlich und müssen, solange sie nicht anders in den sozialen Bedingungen begründet werden, diskriminieren.
(Carole Pateman: The Sexual Contract, Stanford, California, 1988, S. 1-4, 6-7, 11-13, 219, 222-224, 225-231 und 232-233; auszugsweise)

Carole Pateman

Der Geschlechtervertrag

Geschichten erzählen gehört zu einer der hauptsächlichen Arten, mit deren Hilfe Menschen sich und ihrer sozialen Welt Sinn geben. Die berühmteste und einflußreichste politische Geschichte der Moderne kann in den Schriften der Theoretiker des Sozialvertrags gefunden werden. Die Geschichte oder die hypothetische Geschichtsschreibung erzählt, wie eine neue zivile Gesellschaft und eine neue Form des politischen Rechts durch den ursprünglichen Vertrag geschaffen worden sind. Die bindende Autorität des Staates und des bürgerlichen Gesetzes und die Legitimität der modernen bürgerlichen Regierung werden erklärt, indem sie so behandelt werden, als seien sie einem Vertrag entsprungen. Die Attraktivität der Ideen eines originären Vertrags und der Vertragstheorie in einem allgemeinen Sinne, eine Theorie, die annimmt, daß freie soziale Beziehungen Vertragsbeziehungen seien, ist heute wahrscheinlich noch größer als während des 17. und 18. Jahrhunderts, da die Klassiker ihre Geschichten erzählten. Heute wird jedoch durchgehend nur die Hälfte der Geschichte erzählt. Wir hören mehr als genug über den *sozialen* Vertrag; tiefes Stillschweigen aber wird bewahrt über den *sexuellen* Vertrag.

Der ursprüngliche Vertrag ist ein sexuell-sozialer Pakt; die Geschichte des sexuellen Vertrags indes wurde unterdrückt. Standarddarstellungen der sozialen Vertragstheorie diskutieren nicht die ganze Geschichte; gegenwärtige Vertragstheoretiker geben keinen Hinweis darauf, daß eine Hälfte der Übereinstimmung fehlt. Die Geschichte des sexuellen Vertrags geht auch über die Entstehung politischen Rechts und erklärt, warum dessen Ausübung legitim ist – diese Geschichte jedoch ist eine, die das politische Recht als *patriarchales Recht* oder Sex-Recht zum Gegenstand hat, die Macht, die Männer über Frauen ausüben. Die fehlende Hälfte berichtet spezifisch darüber, wie die moderne Form des Patriarchats etabliert worden ist. Die neue zivile Gesellschaft, die aufgrund des originären Vertrags geschaffen worden ist, ist eine solche patriarchalische sozialer Ordnung. Die soziale Vertragstheorie wird gewöhnlich als eine Geschichte der Freiheit präsentiert. Eine Version derselben läßt die Menschen des Naturzustands die Unsicherheiten ihrer natürlichen Freiheiten gegen die gleiche zivile Freiheit eintauschen, die durch den Staat geschützt wird. In der zivilen Gesellschaft gilt Freiheit überall; alle Erwachsenen erfreuen sich des gleichen Status und können ihre Freiheit ausüben, als würden sie den originären Vertrag erneuern, indem sie beispielsweise einen Arbeits- oder einen Ehevertrag schließen. Eine andere Version, die sich auf Mutmaßungen über den Naturzustand in klassischen Texten bezieht, nimmt an, daß Freiheit von den Söhnen dadurch gewonnen worden sei, daß sie ihre natürliche Unterwerfung unter den Vater gesprengt haben und entsprechend paternalistische Herrschaftsformen durch die der zivilen Regierung ersetzten. Politisches Recht als paternalistisches Recht stimmt mit der modernen zivilen Gesellschaft nicht überein. In dieser Version wird die zivile Gesellschaft durch den Ursprungsvertrag nach dem Ende der paternalistischen geschaffen – oder das Patriarchat ist gestürzt worden. Die neue zivile Ordnung erscheint deshalb als antipatriarchalisch oder postpatriarchalisch. Die zivile Gesellschaft ist durch Vertrag geschaffen, so daß Vertrag und Patriarchat sich unwiderruflich widersprechen.

Die vertrauten Lesarten der klassischen Geschichte versäumen zu erwähnen, daß mehr als Freiheit auf dem Spiel steht. Die männliche Herrschaft über Frauen und das Recht der Männer, sich gleichen Zugangs zu Frauen zu erfreuen, werden im ursprünglichen Vertrag angestrebt. Der soziale Vertrag erzählt eine Geschichte der Freiheit; der sexuelle eine der Unterwerfung. Der originäre Vertrag konstituiert deswegen Freiheit und Herrschaft zugleich. Die Freiheit des Mannes und die Unterwerfung der Frau werden durch den Ursprungsvertrag geschaffen; der Charakter bürgerlicher Freiheit kann deswegen nicht verstanden werden ohne die andere Seite der Geschichte, die erzählt, wie das patriarchalische Recht über die Frauen vom Vertrag mitgeschaffen worden ist. Bürgerliche Freiheit ist nicht universal. Bürgerliche Freiheit ist männlich und hängt vom patriarchalischen Recht ab. Die Söhne stürzen die väterliche Herrschaft nicht nur, um ihre Freiheit zu erringen, sondern um sich die Frauen zu sichern. Ihr Erfolg in diesem Vorhaben wird in der Erzählung über den sexuellen Vertrag berichtet. Der ursprüngliche Vertrag ist also ebensowohl ein sexueller wie ein sozialer: Er ist sexuell im Sinne von patriarchalisch, das heißt: der Vertrag legt das Recht der Männer über die Frauen fest; er ist außerdem sexuell in dem Sinne, daß er den ordnungsgemäßen Zugang der Männer zu den Körpern der Frauen garantiert. Der ursprüngliche Vertrag produziert, was ich, Adrienne Rich folgend, 'das Gesetz des männlichen Sex-Rechts' nennen will. Der Vertrag steht also durchaus nicht im Widerspruch zum Patriarchat; der Vertrag ist die Form, mit deren Hilfe das moderne Patriarchat verfaßt worden ist.

Ein Grund, warum politische Theoretiker so selten bemerken, daß die Hälfte der Geschichte des Ursprungsvertrags fehlt oder daß die bürgerliche Gesellschaft eine patriarchalische ist, besteht darin, daß das Patriarchat in der Regel patriarchalisch verstanden wird: als väterliche Herrschaft (die wörtliche Bedeutung des Begriffs). So wird beispielsweise im Hinblick auf den Streit der Theoretiker während des 17. Jahrhunderts zwischen den Anhängern des Patriarchats und den Vertretern der sozialen Vertragstheorie Patriarchat nur im Sinne väterlichen Rechts verstanden. Sir Robert Filmer behauptete, daß politische Macht väterliche Macht sei, und daß die Zeugungskraft des Vaters die Wurzel des politischen Rechts bilde. Locke und seine Anhänger dagegen wehrten sich gegen die Vermischung väterlicher und politischer Macht und beharrten darauf, daß der Vertrag den Ausgang politischen Rechts bilde. Die Vertragstheoretiker blieben in dieser Hinsicht siegreich; in diesem Sinne steht die übliche Interpretation auf festem Grund. Jedoch erneut: es fehlt ein wichtiger Teil der Geschichte. Der wahre Ursprung politischen Rechts wird in dieser Interpretation ausgeblendet; über seine Entstehung werden keine Geschichten erzählt. (...) Das politische Recht entspringt aus dem Sex-Recht oder dem Eherecht. Die väterliche Gewalt stellt nur eine und nicht die ursprüngliche Dimension patriarchalischer Macht dar. Die Macht eines Mannes als Vater kommt erst ins Spiel, wenn er sein patriarchales Recht als Mann (Ehemann) über die Frau (Eheweib) ausgeübt hat. Die Vertragstheoretiker wollten in ihrer Attacke des väterlichen Rechts das ursprüngliche patriarchalische Recht nicht in Frage stellen. Statt dessen nahmen sie Gattenrechte in ihre Theorie auf und transformierten das Gesetz männlichen Sex-Rechtes in die moderne Vertragsform. Das Patriarchat hat vor langer Zeit aufgehört, Ausdruck väterlicher Macht zu sein. Die moderne bürgerliche Gesellschaft gehorcht nicht dem Prinzip der Verwandtschaft und der väterlichen Gewalt; in der modernen Welt sind Frauen den Männern als *Männern* untergeordnet, den Männern als einer Brüderschaft. Der ursprüngliche Vertrag wird geschlossen, nachdem der Vater besiegt worden ist, und begründet das moderne *brüderliche Patriarchat.*

Ein anderer Grund, warum ein wesentlicher Teil der Geschichte nicht beachtet wird, besteht darin, daß die üblichen Interpretationen der klassischen Texte, sei es von den einschlägigen politischen Theoretikern, sei es von den gesellschaftlichen Kritikern, ein verzerrtes Bild der bürgerlichen Gesellschaft zeichnen, wie sie durch den Vertrag entstanden ist. Die patriarchalische bürgerliche Gesellschaft wird in zwei Sphären aufgeteilt, nur einer Sphäre aber wird Aufmerksamkeit gewidmet. Die Geschichte des Gesellschaftsvertrags wird als ein Bericht über die Entstehung der öffentlichen Sphäre behandelt. Die andere, die private Sphäre, wird als politisch nicht bedeutsam angesehen. Ehe und Ehevertrag erscheinen als politisch irrelevant. Wird indes der Ehevertrag ignoriert, wird die Hälfte des ursprünglichen Vertrages übersehen. In den klassischen Texten (...) wird der sexuelle Vertrag in den Ehevertrag verschoben. Diese Verschiebung macht es schwer, den nicht erzählten Teil der Geschichte wieder aufzudecken. Allzu leicht ist es möglich, den Eindruck zu vermitteln, als handele es sich beim sexuellen und beim sozialen Vertrag um zwei getrennte, aber aufeinander bezogene Formen des Vertrags, wobei der sexuelle der Privatsphäre gilt. Das Patriarchat scheint dann in der öffentlichen Welt keine Rolle zu spielen. Das Gegenteil ist der Fall. Patriarchale Rechte durchdringen die gesamte bürgerliche Gesellschaft. Der Arbeitsvertrag und der, wie ich ihn nennen werde, Prostitutionsvertrag, die beide Teil des öffentlichen, kapitalistischen Marktes geworden sind, begründen das männliche Recht so nachhaltig wie der Ehevertrag. Die zwei Sphären der bürgerlichen Gesellschaft sind getrennt und untrennbar zugleich. Der öffentliche Sektor kann ohne den privaten nicht zureichend verstanden werden und umgekehrt; der Sinn des ursprünglichen Vertrags wird verfehlt, ohne beide, voneinander abhängigen, Teile der Geschichte wahrzunehmen. Bürgerliche Freiheit hängt ab vom patriarchalen Recht. (...)

Die Konstruktion der Differenz zwischen den Geschlechtern als einer Differenz zwischen Freiheit und Unterwerfung ist nicht nur zentral für eine berühmte politische Geschichte. Die Struktur unserer Gesellschaft und unseres täglichen Lebens enthält die patriarchale Konzeption der Geschlechterdifferenz. Ich werde zeigen, wie der Ausschluß der Frauen vom zentralen Begriff des 'Individuums' soziale und rechtliche Folgen gezeitigt hat und wie dieser Ausschluß die Verträge prägte, mit denen ich mich befasse. Trotz mancher Rechtsreformen in jüngerer Zeit und trotz allgemeiner Veränderungen in der sozialen Position von Frauen haben wir immer noch nicht dieselbe bürgerliche Position wie die Männer; dennoch wird diese zentrale politische Tatsache unserer Gesellschaften in gegenwärtigen Diskussionen der Vertragstheorie und der Vertragspraxis selten beachtet. Ehemänner erfreuen sich nicht mehr des ausgedehnten Rechts über ihre Frauen, das sie Mitte des 19. Jahrhunderts genossen, als ihre Frauen rechtlich wie Besitz behandelt worden sind. In den 80er Jahren dieses Jahrhunderts zeigt dieser Aspekt der ehelichen Unterwerfung immer noch Spuren in der Rechtsprechung; dort wird nach wie vor verweigert einzuräumen, daß der Zugang des Mannes zum Körper seiner Frau begrenzt ist, und wird geleugnet, daß Vergewaltigung in der Ehe möglich ist. Eine übliche Reaktion besteht darin, solche Angelegenheiten als nicht relevant für *politische* Theoretiker und *politische* Aktivisten zu qualifizieren. Die Möglichkeit, daß die Stellung der Frau in der Ehe tiefere Probleme über die Stellung der Frau und die Art des Vertrages ausdrücken mag oder daß der Ehevertrag in seiner Struktur anderen Verträgen ähnlich ist, wird durch ein solches Wegschieben nicht weiterbedacht. (...)

Die Privatsphäre wird typischerweise als eine notwendige und natürliche Voraussetzung des bürgerlichen, das heißt öffentlichen Lebens betrachtet, aber sie wird, soweit es politische Theoretiker und Aktivisten angeht, als vernachlässigbar behandelt. Spätestens seit 1792, als Mary Wollstonecrafts „A Vindication of the Rights of Women" erschienen ist, haben Feministinnen dauernd die komplexe Beziehung beider Sphären hervorgehoben. Dennoch wird nahezu zweihundert Jahre später die „bürgerliche" Gesellschaft immer noch als ein Reich für sich behandelt. Der Ursprung der Privatsphäre bleibt in mystischem Dunkel. Dieses Dunkel wird vertieft, weil es eine direkte Kontinuität der sozialen Vertragstheorie vom 18. Jahrhundert bis heute und John Rawls gegenwärtiger Neuformulierung der (sozialen) Vertragstheorie gibt. Doch Sigmund Freud hat mehr als eine Version der ursprünglichen Vertragsgeschichte (um-)geschrieben. Er wird, vielleicht aus guten Gründen, selten erwähnt. Freud macht klar, daß es um Macht über Frauen und nicht nur um Freiheit zu tun ist, bevor der Vertrag geschlossen wird; er hebt gleichfalls hervor, daß durch den Ursprungsvertrag zwei Sphären geschaffen worden sind. In den klassischen Texten (mit Ausnahme von Hobbes) könnte es beim ersten Hinsehen so scheinen, als sei es nicht nötig, eine private Sphäre abzugrenzen, weil die sexuellen Beziehungen zwischen Mann und Frau, weil Ehe und Familie schon im Naturzustand bestanden. Jedoch: Der Ursprungsvertrag gibt der „bürgerlichen Gesellschaft" Existenz; deswegen muß die Geschichte des sexuellen Vertrags berichtet werden, um klarzumachen, wie der private Bereich eingerichtet worden ist und warum seine Trennung vom öffentlichen notwendig wurde. (...)

Die meisten gegenwärtigen Kontroversen zwischen Liberalen und Sozialisten, die die Abgrenzung der öffentlichen von der privaten Sphäre betreffen, kümmern sich nicht um die *patriarchale* Scheidung zwischen natürlich und zivil. Die Privatsphäre wird 'vergessen', so daß die Qualität des 'Privaten' in die zivile Welt und die *Klassen*spaltung zwischen privat und öffentlich wechselt. Die Trennung wird konsequenterweise im 'zivilen' Bereich selbst zwischen der privaten, kapitalistischen Ökonomie oder dem privaten Unternehmen und dem öffentlichen oder politischen Staat vorgenommen. Daraus erwachsen die üblichen Debatten. In der Tat: Die Öffentlichkeit insgesamt nimmt heute den Terminus „Gesellschaftsvertrag" wahr, weil mit demselben im Hinblick auf die Beziehungen zwischen Regierung, Lohnarbeit und Kapital im Rahmen des „zivilen" Bereichs gearbeitet wird. Während der 70er Jahre schloß die Labour-Regierung in Großbritannien eine Reihe von Gesellschaftsverträgen mit den Gewerkschaften. Die Einigung zwischen Staat, Kapital und Arbeit in Österreich, die 1983 zustandegekommen ist, wird oft ein Gesellschaftsvertrag genannt. In den 80er Jahren erschienen Bücher über die Wirtschaftspolitik der Reagan-Regierung, die im Titel den Ausdruck „Gesellschaftsvertrag" trugen. Die liberale Verteidigung und die sozialistische Kritik dieser Variante des Gegensatzes von privat und öffentlich also rechtfertigt oder attackiert die Klassenherrschaft und den Arbeitsvertrag. Die patriarchalische Herrschaft aber bleibt außerhalb dieses Bezugsrahmens, so wie alle Fragen über Zusammenhänge zwischen dem Ehe- und dem Arbeitsvertrag und jeder Hinweis, daß auch der Arbeitsvertrag einen Teil der Struktur des Patriarchats darstellt. (...)

Ein altes anarchistisches Sprichwort stellt fest, daß 'kein Mann gut genug ist, um eines anderen Mannes Meister zu sein'. Diese Überzeugung verdient Bewunderung, sie bleibt indes hinsichtlich eines wichtigen Problems stumm. In den modernen bürgerlichen Gesellschaften werden alle Männer für gut genug gehalten, die Meister der Frauen zu sein; bürgerliche Freiheit ist abhängig vom patriarchalischen Recht. Das Versäumnis, das patriarchale Recht im Zusammenhang politischer Freiheit, Herrschaft und Unterordnung als zentral zu erkennen, sitzt so tief, daß selbst die Anarchisten, die alle Formen männlicher Unterordnung so sensibel wahrnahmen, selten mit ihren sozialistischen Kollegen über die Herrschaft unter den Geschlechtern stritten. Vom Beginn der Moderne an, seitdem Mary Astell fragte, warum, wenn alle Männer frei geboren seien, alle Frauen als Sklavinnen geboren sein sollten, haben Feministinnen dauernd das männliche Recht in Frage gestellt; trotz aller sozialen Wandlungen, aller legalen und politischen Reformen im Verlauf der letzten 300 Jahre aber ist die Frage der Unterordnung der Frau immer noch nicht als ein Sache großer Bedeutung erkannt worden, weder akademisch, noch politisch. Kontroversen über Freiheit drehen sich um die Ansprüche des Staates oder der kapitalistischen Produktion. Über den Anspruch des männlichen Geschlechts-Rechts wird Schweigen bewahrt. (...)

Feministinnen haben nicht immer auf das ganze Ausmaß der Widersprüche hingewiesen, das in der Aufnahme der Frauen in die bürgerliche Gesellschaft gegeben ist. Wenn Frauen nur vom bürgerlichen Leben ausgeschlossen gewesen wären wie Sklaven oder als Frauen versteckt würden, dann hätte das Problem offen gelegen. Frauen wurden jedoch in die bürgerliche Ordnung inkorporiert, in der ihre Freiheit offenkundig garantiert wird. Diese Garantie wird dauernd erneuert, wenn die Geschichte des Gesellschaftsvertrags in der Sprache des Individuums erzählt wird. Freiheit gilt allen 'Individuen', ein Begriff, der potentiell alle umfaßt, Männer und Frauen, Weiße und Schwarze. Im Laufe der Zeit wird jede historisch zufällige Abweichung vom Prinzip der Freiheit beseitigt werden. Die Chance der Frauen, ihren rechtlich gesicherten Platz einzunehmen, wird dadurch demonstriert, daß sie eine Partei im Ehevertrag bilden. Frauen nehmen gleicherweise an dem Akt, dem Vertrag, teil, der Freiheit konstituiert. Feministinnen bezogen sich auf die offensichtlich eindeutige Garantie der Emanzipation, die ihnen durch den Vertrag angeboten wurde; so fügte 1791 Olympe de Gouges ihrer

„Erklärung der Rechte der Frau und des weiblichen Bürgers" ein 'Muster eines Gesellschaftsvertrags zwischen Mann und Frau' hinzu, das die Bedingungen der ehelichen Gemeinschaft enthielt. Diese Garantie erscheint heute um so fester, als die Frauenbewegung erfolgreich die letzten formal rechtlichen Barrieren vor der bürgerlichen Gleichheit der Frau beseitigt hat.

Die Vertragsform als Feind des Patriarchats, mit deren Hilfe sexueller Dominanz der Todesstoß versetzt wird, wird verstärkt durch die Universalisierung des Vertrags und die Idee des Individuums als Eigentümer, ein Individuum, das so sehr allen anderen ähnelt, daß es austauschbar ist. Kritiker haben bemerkt, daß das Individuum auf diese Weise körperlos behandelt wird und keine Eigenart besitzt; ein Ich, das eine Identität besitzt, ist notwendigerweise ein Ich mit einem Körper. Diese Kritik trifft zu; die Kritiker übersehen aber denselben Punkt wie die Feministinnen, die von der Vertragsidee angezogen werden. Das Individuum als Eigentümer wird von seinem Körper getrennt, das heißt von dem einen oder dem anderen Geschlecht. Ein menschlicher Körper ist nicht gleichzeitig männlich und weiblich, wie immer er gekleidet und sozial eingeschätzt werden mag, es sei denn infolge einer unglücklichen Geburt, obwohl er heute seiner männlichen oder weiblichen Eigenarten enteignet werden kann; wenn sie mit ihrer 'geschlechtlichen Orientierung' unzufrieden sind, können Männer 'Transsexuelle' werden und sich selbst zu Abbildern der Frauen wandeln. Das 'Individuum' ist nach dem Vorbild des männlichen Körpers modelliert, so daß seine Identität immer eine männliche ist. Das Individuum ist außerdem eine einheitliche Größe; ein Wesen des anderen Geschlechts kann immer nur eine Modifikation des Individuums darstellen, kein unterschiedliches Wesen, oder seine Einheit und männliche Identität sind gefährdet. Letztlich gibt es nur ein Individuum, wie Rawls Version des Naturzustandes zeigt, das unendlich oft verdoppelt wird. Wie die Verdoppelung stattfindet, bleibt ein Geheimnis.

Kritiker des Individuums als eines Eigentümers lassen seine Entstehung aus; (...) ihr Interesse ist auf das fertige Produkt der klassischen Vertragstheorien gerichtet, das Individuum in der bürgerlichen Welt. Rousseau fragte, wie die neuen Männer einer freien sozialen Ordnung geschaffen werden könnten. Seither haben Männer immer erneut über diese zentrale politische Frage nachgedacht. Die neuen Männer sehen jedoch immer noch recht alt aus, ihre bürgerliche Freiheit stört ihr patriarchales Recht nicht. Die freie Gesellschaft wird immer noch so vorgestellt, als könne sie unabhängig von den Beziehungen der Geschlechter eingerichtet werden und habe keine Verbindung mit der sexuellen Identität von Männlichkeit und Weiblichkeit. Bewegungen, die freie Arbeit propagieren, beispielsweise industrielle Demokratie, Arbeiterkontrolle oder eigenes Management, haben die Männlichkeit der 'Arbeiter' ebenso selbstverständlich vorausgesetzt wie die Existenz einer (Haus-) Frau, die ihnen die häuslichen Dienste abnimmt. Die lange Geschichte der sozialistischen Versuche, Kommunalität wiederherzustellen oder neu zu schaffen, Solidarität oder Brüderlichkeit, die verloren gehen, wenn das Individuum seiner sozialen Beziehungen entkleidet wird, haben seine Männlichkeit klar genug aufgedeckt; dennoch wird das Geschlecht des Individuums nicht beachtet, weil 'Brüderlichkeit' als (universelle) Gemeinschaft verstanden wird. Und selbst die sozialistische Kritik ist heute verstummt; das Individuum als Eigentümer hat in spektakulärer Weise Eingang ins sozialistische Denken gefunden, ausgewiesen durch die Entwicklung von „rationalem Wahlverhalten" oder dem analytischen Marxismus.

Eine Untersuchung von Verträgen über das Eigentum an der Person, in denen Frauen mitwirken – der Heiratsvertrag, der Prostitutionsvertrag und der Ersatzmuttervertrag – zeigt, daß der Körper einer *Frau* genau das ist, um das es im Vertrag geht. Wenn Frauen an männlichen Verträgen teilhaben, wie dem Arbeitsvertrag, werden ihre Körper nie vergessen. Frauen können das formale Recht bürgerlicher Individuen erreichen, aber als Wesen mit einem weiblichen Körper können wir nie in derselben Weise 'Individuen' werden wie die Männer. Wenn die körpergebundene Identität ernstgenommen wird, dann muß die Vorstellung eines männlichen und einheitlichen Individuums aufgegeben werden, um für zwei Muster Platz zu schaffen: ein männliches und ein weibliches. (...)

Die Konzeption des 'Individuums' bleibt so lange unberührt, wie die Zweiteilungen (innerhalb der bürgerlichen Gesellschaft) aufrechterhalten werden: zwischen natürlich und bürgerlich, privat und öffentlich, zwischen Frau und Individuum und zwischen Geschlecht im allgemeinen und Sex im besonderen. Die Einbeziehung der Frauen in die bürgerliche Gesellschaft als Mitglieder eines Geschlechts, als Individuen, bedeutet auch ihren Einbezug als Mitglieder eines Sex, als Frauen. Der neue Ersatzmuttervertrag illustriert die wechselseitige Abhängigkeit von Geschlecht und Individuum in dramatischer Weise. Zwei sexuell indifferente Individuen (Eigentümer, Repräsentanten allgemeiner Geschlechtszuordnungen) müssen am Vertrag mitwirken, oder der Vertrag ist illegitim und nichts anderes als ein Verkauf von Babys. Der Vertrag ist indes nur möglich, wenn eine der Parteien eine Frau ist; nur eine Frau hat die Fähigkeit, den geforderten Dienst zu leisten, eine Fähigkeit, die Teil ihres Geschlechts ist.

Wenn Feministinnen dafür argumentieren, von der Natur abzusehen, von Biologie und Sex zugunsten des 'Individuums', dann spielen sie das moderne patriarchalische Spiel und wirken an dem viel breiteren Angriff auf Natur mit, innerhalb und jenseits der Grenzen bürgerlicher Gesellschaft. Natur wird nicht nur durch Frauen repräsentiert, sondern beispielsweise auch durch Land, durch Eingeborene, durch die Abkömmlinge von Sklaven, die der Geistliche Seabury sich so vorstellte, als hätten sie mit ihren Herren einen Vertrag abgeschlossen, und die Tiere (die zuletzt genannten mögen zu Eigentum in neuer Form werden; das Patentbüro der Vereinigten Staaten wird nun Patentanträge für genetisch veränderte Tiere annehmen, die damit denselben Status erhalten wir irgendeine andere menschliche Erfindung). Anzunehmen, der patriarchale Bezug auf Natur und natürliche, sexuelle Unterschiede habe zum Inhalt, daß die patriarchalen Theorien und Institutionen direkt aus natürlichen Gegebenheiten folgten (aufgrund physiologischer, biologischer und sexueller Gegebenheiten), heißt im Rahmen patriarchaler Argumentation zu bleiben. Die klassischen Vertragstheorien sind in diesem Zusammenhang instruktiv; sie entnahmen ihre Vorstellungen vom Naturzustand und seinen natürlichen Bewohnern nicht schlicht von der Natur. Nichts über die politischen Beziehungen kann direkt von den zwei natürlichen Körpern der Menschen hergeleitet werden, die ein politisches Gemeinwesen bevölkern müssen. Jeder Theoretiker malt die Natur so, daß die erwünschte Lösung dadurch bestätigt wird, eine politische Lösung, die er immer schon formuliert hat. Der sexuelle Unterschied in den klassischen Vertragstheorien ist ein politisches Konstrukt und kann nur ein solches sein. (...)

Vertragstheorie weist alle Grenzen zurück und erfordert Begrenzungen. In einer Gesellschaft, in der alles durch Vertrag geregelt ist, ist Freiheit grenzenlos. Es kann dann keine Begrenzungen der Freiheit des Individuums geben, über seinen eigenen Körper wie ein Eigentum zu verfügen, keine Einschränkung der Freiheit, Verträge zu schließen. All die überkommenen Hindernisse müssen überwunden werden: Natur, Stand, zugeschriebene Eigenschaften, Paternalismus. Das heißt: im Übergang einer Gesellschaft von ständischem Aufbau zu vertraglichen Regelungen besteht die Freiheit des Individuums in der *Emanzipation* von alten Bindungen und Beschränkungen, ob diese durch den Absolutismus gegeben waren, durch die Gewalt des Familienvaters oder den Staat – oder durch sexuelle Unterschiede.

Gesehen von der Perspektive der Opposition zwischen alter Ständewelt und neuer bürgerlicher, zwischen dem Naturzustand und der zivilen Gesellschaft, der Perspektive, die die Vertragstheorie, Rousseau ausgenommen, einnimmt, ist das Problem der Freiheit gelöst; oder es wird gelöst sein, sobald die Vertragsgesellschaft universal geworden ist. Das Individuum hat sich von alten Einschränkungen und der dauernden Unsicherheit natürlicher Bedingungen gelöst. Freiheit wird dargestellt und ausgedrückt durch den Vertrag, ein 'ursprünglicher' Akt, der dauernd erneuert werden kann und der nur begrenzt wird durch den legitimen Selbstbegrenzungsanspruch des Individuums. Freiheit ist eine Handlung (...), die neue Verbindlichkeiten schafft, indem sie alte über Bord wirft. Freiheit ist grenzenlos; jedoch die Handlung, die den alten Bindungen ein Ende setzt, schafft neue zivile Grenzen der Herrschaft und des Gehorsams. In der neuen Welt bewirkt die Emanzipation bürgerliche Unterordnung und patriarchales Recht.

Die Annahme der natürlich gegebenen individuellen Freiheit und Gleichheit ist notwendig, um die bürgerliche Welt in Gang zu bringen. Da es sich um ein abstraktes universales Prinzip handelt, können alle individuelle Freiheit für sich reklamieren. Diejenigen, die die Sklaverei bekämpft haben, wie diejenigen, die den Sklavenvertrag verteidigten, konnten beide von natürlicher Freiheit sprechen; diese Prämisse ließ Hobbes' Leviathan begründen, wie Rousseaus auf Teilnahme gegründete Ordnung, wie die frühe feministische Attacke wider den ehelichen Despotismus. Die Idee der individuellen Freiheit kann wegen der inneren Vieldeutigkeit, die im Konzept der 'zivilen' Gesellschaft steckt, zu diversen Zwecken gebraucht werden. Diese Vieldeutigkeit verdunkelt den Tatbestand, daß die Kritiker der Vertragstheorie eine andere Perspektive benutzen als die Theoretiker, die sie kritisieren und einen anderen Begriff der Freiheit gebrauchen. Die Kritiker argumentieren von einer Stelle im Rahmen der zivilen Gesellschaft aus. Sie blicken nicht auf die Alte Welt zurück, sondern beschäftigen sich mit der Zweiteilung der zivilen Gesellschaft in einen privaten und einen öffentlichen Bereich, obwohl sie sich typischerweise auf die Klassenspaltung zwischen den Sphären konzentrieren. Die Kritiker verstehen unter Freiheit *Autonomie*, eine Struktur freier sozialer Beziehungen unter politisch Gleichen. Dennoch ist ihre Kritik, wie Rousseaus Attacke gegen die anderen Vertragstheoretiker in fataler Weise gefährdet. Ihre Argumentation bleibt in der Zweiteilung verfangen, die sie bekämpfen, sie schwingt hin und her im Rahmen der Grenzen, die durch den ursprünglichen Vertrag vorgezeichnet sind. Sozialistische Kritiker und viele Feministinnen folgen ihnen hierin und konzentrieren sich auf die unzureichende juristische Gleichheit im Rahmen gegebener sozialer Ungleichheit. An dieser sozialen Unangemessenheit und der zwingenden Logik der Kritik besteht kein Zweifel. Doch die Koppelung von öffentlicher Gleichheit mit privater Ungleichheit, das zeigt die Geschichte des sexuellen Vertrags, widerspricht dem modernen Patriarchat nicht. Rechtliche Gleichheit und soziale Ungleichheit, die Trennungen in öffentlich/privat, zivil/natürlich, Männer/Frauen, bilden eine zusamenhängende soziale Struktur. Um das Komplizentum von Feministinnen und Sozialisten mit der Vertragstheorie zu beenden, muß die Aufmerksamkeit der Unterordnung und dem Widerspruch der Sklaverei zugewandt werden. (. . .)

Wenn die politischen Verhältnisse allen Schein der Sklaverei verlieren sollen, müssen freie Frauen und Männer selbstbewußt darin übereinstimmen, daß sie die sozialen Bedingungen ihrer jeweiligen Autonomie aufrechterhalten. Das heißt sie müssen darin übereinstimmen, Grenzen zu wahren. Freiheit erfordert Ordnung, und Ordnung bedarf der Grenzen. In der modernen bürgerlichen Gesellschaft gilt individuelle Freiheit unbegrenzt; ihre Ordnung aber wird aufrechterhalten durch Herrschaft und Gehorsam. Wenn die Herrschaft des Mannes durch wechselseitig geltende Autonomie von Männern und Frauen ersetzt werden soll, dann muß individuelle Freiheit begrenzt werden durch die Struktur sozialer Beziehungen, in der Freiheit steckt. (...)

Neue anti-patriarchale Wege müssen vorgezeichnet werden, um zu Gleichheit, Sozialismus und Freiheit zu führen.

Verfassung und Utopie. Verfassungstexte sind, wie dies für die Sprache der Juristen gilt, meist im Indikativ gehalten. Diese grammatikalische Eigenart ist auch beim Katalog der Menschen- und Bürgerrechte zu erkennen, der den Verfassungen als Eingang oder Anhang beigegeben ist. „Die Würde des Menschen ist unantastbar", lautet der erste Satz des ersten Artikels des Grundgesetzes. Als würde sie nicht dauernd angetastet, verletzt, vernichtet oder schon daran gehindert, vielen Menschen bewußt zu werden. Und dies mitten in der so verfaßten Republik und durch die von ihren Repräsentanten gebilligten Institutionen und Maßnahmen. Die Verfassungsnorm formuliert den utopischen Auftrag in der Form des Schon-Erreicht-Seins. Der Nichtort (= Utopie) ist in der Verfassung und durch dieselbe zum Ort geworden. Dieser utopische „Realismus" soll die Verbindlichkeit der Norm steigern. Sie wird mit einem Ausrufezeichen versehen. Sie hat Wirklichkeit zu sein. Als sei die Norm, im Indikativ aufstampfend, schon wirklich; als bedürfe es keiner besonderen Aufwände mehr; als sei sie vereinbar mit den gegebenen Institutionen; und als müßte nur auf Übertretungen geachtet werden.

Gleichviel. Verfassungsgebung hat damit zu tun, Noch-Nicht-Gegebenes zur Gegebenheit werden zu lassen. Die Verfassung soll die Verortung einer gelungenen liberal-demokratischen Gesellschaft garantieren. Das aber, was eine Verfassung will, ist seinerseits von einem utopischen Elan getragen, einem revolutionären: Was seither nicht war, soll hinfort sein. Dahinter steht, mehr oder minder deutlich ausgemalt, die vorstellende Hoffnung einer neuen Ordnung.

Heutige Verfassungsdiskussionen sind im Vergleich zu denen der frühen Neuzeit (vgl. Seite 378 Blickle) oder gegen Ende des 18. Jahrhunderts ungleich prosaischer. Zuweilen überwiegt das Verfassungstechnisch-Handwerkliche. Dennoch: Keine Verfassungsdiskussion kommt ohne Vorstellungen dessen aus, was besser sein soll(te). Sie stürbe schon im ersten Versuch, würde sie nicht gleichzeitig von der Gefahrensicht und der Hoffnung angemessenerer Lösungen mit Hilfe gesellschaftlicher Verfassung leben.

Darum haben wir einen Textausschnitt aus der ersten Fassung von Friedrich Hölderlins (1777–1843) Fragment gebliebenem Trauerspiel „Der Tod des Empedokles" ausgewählt. Hölderlin war ein ausgesprochen politischer und politisch radikaler Dichter. Politik verstanden als Politikbegriff. Empedokles, auch im Zusammenhang der gescheiterten Pläne zu einer schwäbischen Republik zu verstehen, soll entgegen den „hyperpolitischen (wir würden wohl sagen pseudopolitischen oder politisch bornierten, d. Hrsg.), immer rechtenden und berechnenden Agrigentinern", wie Hölderlin selbst im „Grund zum Empedokles" schreibt, die Versöhnung von Einzelheit und Allgemeinheit, von Individuum und Allgemeinem in Richtung eines „vollständigen Ganzen" repräsentieren, da auch Natur und Kultur einander nicht mehr feindlich gegenüberstehen. Darum seine Unabhängigkeit, seine Widerständigkeit, eine „anarchische Ungebundenheit" (zum „politischen" Hölderlin vgl. teilweise sehr einsichtsreich Peter Weiss' Theaterstück „Hölderlin"). Am Beispiel von Hölderlins ungewöhnlichem und auch in der verfremdend hymnischen Sprache widerborstigen Werk

und seinem von aller Normalität abweichenden Leben hat der Hölderlin-Forscher Pierre Berteaux (s.ders.: Hölderlin, Frankfurt/M. 1981) zusätzlich eine zentrale menschenrechtliche Forderung utopisch orientierender Art formuliert: „In allen bisherigen Erklärungen der Menschen- und Bürgerrechte fehlt mir", so schreibt er, „die Proklamation des einen Rechts: des Rechts des Andersgearteten auf respektierende Anerkennung seiner Eigenart."
(Friedrich Hölderlin: Der Tod des Empedokles. Erste Fassung, in: Stuttgarter Hölderlin-Ausgabe, hg. von Friedrich Beissner, Vierter Band, Stuttgart 1962, S. 66 - 70)

Friedrich Hölderlin

Der Tod des Empedokles

(. . .) *Zweiter Bürger:* Komm und leb in Agrigent; es hats ein Römer gesagt, durch ihren Numa wären sie so groß geworden. Komme, Göttlicher! Sei unser Numa. Lange dachten wirs, du solltest König sein. O sei es! seis! Ich grüße dich zuerst, und alle wollens.

Empedokles: Dies ist die Zeit der Könige nicht mehr.

Die Bürger (erschrocken): Wer bist du, Mann?

Pausanias: So lehnt man Kronen ab, ihr Bürger.

Erster Bürger: Unbegreiflich ist das Wort, so du gesprochen, Empedokles.

Empedokles: Hegt im Neste denn die Jungen immerdar der Adler? Für die Blinden sorgt er wohl, und unter seinen Flügeln schlummern süß die Ungefiederten ihr dämmernd Leben. Doch haben sie das Sonnenlicht erblickt, und sind die Schwingen ihnen reif geworden, so wirft er aus der Wiege sie, damit sie eignen Flug beginnen. Schämet euch, daß ihr noch einen König wollt; ihr seid zu alt; zu eurer Väter Zeiten wärs ein anderes gewesen. Euch ist nicht zu helfen, wenn ihr selber euch nicht helft.

Kritias: Vergib! bei allen Himmlischen! du bist ein großer Mann, Verratener!

Empedokles: Es war ein böser Traum, der uns geschieden, Archon.

Zweiter Bürger: Vergib und komm mit uns! Dir scheinet doch die heimatliche Sonne freundlicher denn anderswo, und willst du schon die Macht, die dir gebührte, nicht, so haben wir der Ehrengaben manche noch für dich, für Kränze grünes Laub und schöne Namen, und für die Säule nimmeralternd Erz. O komm! es sollen unsre Jünglinge, die Reinen, die dich nie beleidiget, dir dienen – wohnst du nahe nur, so ists genug, und dulden müssen wirs, wo du uns meidst, und einsam bleibst in deinen Gärten, bis du vergessen hast, was dir geschehn.

Empedokles: O einmal noch? du heimatliches Licht, das mich erzog, ihr Gärten meiner Jugend und meines Glücks, noch soll ich eurer denken, ihr Tage meiner Ehre, wo ich rein und ungekränkt mit diesem Volke war. Wir sind versöhnt, ihr Guten! – laßt mich nur, viel besser ists, ihr seht das Angesicht, das ihr geschmäht, nicht mehr, so denkt ihr lieber des Manns, den ihr geliebt, und irre wird dann euch der ungetrübte Sinn nicht mehr. In ewger Jugend lebt mit euch mein Bild und schöner tönen, wenn ich ferne bin, die Freudengänge, so ihr mir versprochen. O laßt uns scheiden, ehe Torheit uns und Alter scheidet, sind wir doch gewarnt, und Eines bleiben, die zu rechter Zeit aus eigner Kraft die Trennungsstunde wählten.

Dritter Bürger: So ratlos lässest du uns stehn?

Empedokles: Ihr botet mir eine Kron, ihr Männer! nimmt von mir dafür mein Heiligtum. Ich spart es lang. In heitern Nächten oft, wenn über mir die schöne Welt sich öffnet', und die heilge Luft mit ihren Sternen allen als ein Geist voll freudiger Gedanken mich umfing, da wurd es oft lebendiger in mir; mit Tagesanbruch dacht ich euch das Wort, das ernste langverhaltene, zu sagen. Und freudig ungeduldig rief ich schon vom Orient die goldne Morgenwolke zum neuen Fest, an dem mein einsam Lied mit euch zum Freudenchore würd, herauf. Doch immer schloß mein Herz sich wieder, hofft' auf seine Zeit, und reifen sollte mirs. Heut ist mein Herbsttag und es fällt die Frucht von selbst.

Pausanias: O hätt er früher nur gesprochen, vielleicht, dies alles wär ihm nicht geschehn.

Empedokles: Nicht ratlos stehen laß ich euch, ihr Lieben! aber fürchtet nichts! Es scheun die Erdenkinder meist das Neu und Fremde, daheim in sich zu bleiben strebet nur der Pflanze Leben und das frohe Tier. Beschränkt im Eigentume sorgen sie, wie sie bestehn, und weiter reicht ihr Sinn im Leben nicht. Doch müssen sie zuletzt, die Ängstigen, heraus, und sterbend kehr ins Element ein jedes, daß es da zu neuer Jugend, wie im Bade, sich erfrische. Menschen ist die große Lust gegeben, daß sie selber sich verjüngen. Und aus dem reinigenden Tode, den sie selber sich zu rechter Zeit gewählt, erstehn, wie aus dem Styx Achill, die Völker. O gebt euch der Natur, eh sie euch nimmt? – Ihr dürstet längst nach Ungewöhnlichem, und wie aus krankem Körper sehnt der Geist von Agrigent sich aus dem alten Gleise. So wagts! was ihr geerbt, was ihr erworben, was euch der Väter Mund erzählt, gelehrt, Gesetz und Brauch, der alten Götter Namen, vergeßt es kühn, und hebt, wie Neugeborene, die Augen auf zur göttlichen Natur, wenn dann der Geist sich an des Himmels Licht entzündet, süßer Lebensothem euch den Busen, wie zum erstenmale, tränkt, und goldner Früchte voll die Wälder rauschen und Quellen aus dem Fels, wenn euch das Leben der Welt ergreift, ihr Friedensgeist, und euchs wie heilger Wiegensang die Seele stillet, dann aus der Wonne schöner Dämmerung der Erde Grün von neuem euch erglänzt und Berg und Meer und Wolken und Gestirn, die edlen Kräfte, Heldenbrüdern gleich, vor euer Auge kommen, daß die Brust wie Waffenträgern euch nach Taten klopft, und eigner schöner Welt, dann reicht die Hände euch wieder, gebt das Wort und teilt das Gut, o dann ihr Lieben teilet Tat und Ruhm wie treue Dioskuren. Jeder sei, wie alle, – wie auf schlanken Säulen, ruh auf richtgen Ordnungen das neue Leben und euern Bund befestge das Gesetz. Dann oh ihr Genien der wandelnden Natur! dann ladet euch, ihr heitern, die ihr aus Tiefen und aus Höhn die Freude nimmt und sie wie Müh und Glück und Sonnenschein und Regen den engbeschränkten Sterblichen ans Herz aus ferner fremder Welt herbei bringt, das freie Volk zu seinen Festen ein, gastfreundlich! fromm! denn liebend gibt der Sterbliche vom Besten, schließt und engt den Busen ihm die Knechtschaft nicht.

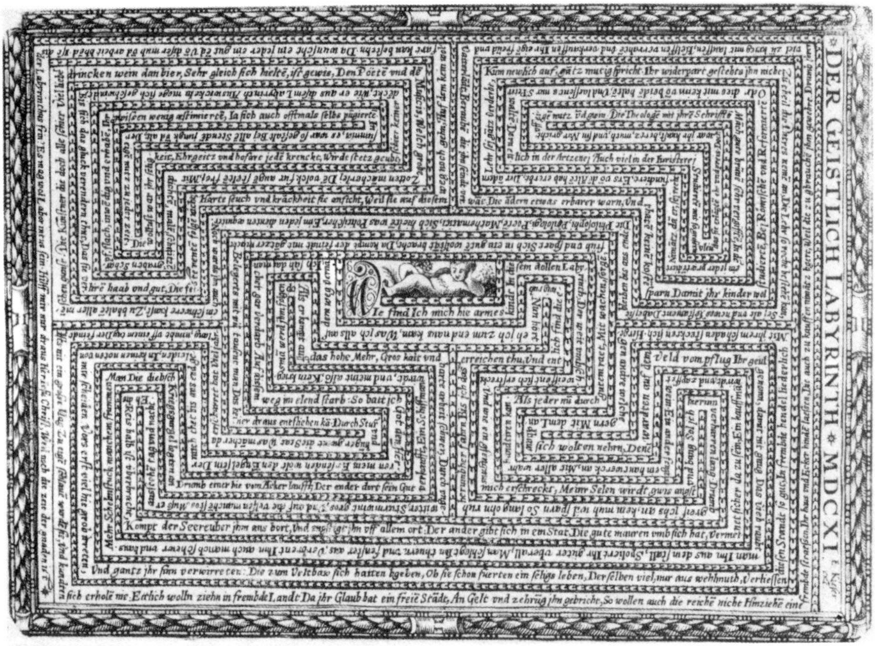

Kupferstich, 17. Jahrhundert

Zweiter Abschnitt

Was, wenn gegenwärtige liberal-demokratische Verfassungen nicht heutigen Problemen gemäß ergänzt werden ...?

Motto:
„Heute dagegen hat die Verantwortung ihren Schwerpunkt nicht im Menschen, sondern in den Sachzusammenhängen."
(Robert Musil)

Innovationen beherrschen die Welt. Sie faszinieren. Sie schrekken. Das „laissez innover", laßt uns alles tun, um nach immer neuen Neuerungen zu suchen, deren neueste Neuigkeiten den Morgen am Abend altersgrau erscheinen lassen und den Abend am nächsten Morgen überholt. Dieses „laissez innover" beherrscht die Weltszene.

Irgendwelche Einwände außer schwerfälligen Verlustängsten? Keine, wenn diese Innovationen und der weltweit atemlose Wettbewerb um sie nicht so einseitig ausfielen; keine, wenn all die hektische Dynamik eine erkenntliche Balance besäße, ein statisches Widerlager; keine, wenn die geplanten Innovationen ihrerseits durch eine innovative Planung human bewußt, gesellschaftlich reflexiv gesteuert würden, wenn das bestünde, was Amitai Etzioni in den planungstrunkenen sechziger Jahren die „aktive Gesellschaft" genannt hat.

Genau in all diesen Hinsichten hapert's aber. Denn den wissenschaftlich-technischen Erfindungen, die eine immer genauere Identifizierung von anorganischen und organischen Kleinstzusammenhängen erlauben, die zu einer Miniaturisierung und annäherungsweisen zeitlosen Globalisierung der Information beitragen, Geschwindigkeit heißt gleichzeitige Omnipräsenz, – diesen wissenschaftlich-technologischen Erfindungen und ihrer nur konkurrenz- und profitäugigen Durchsetzung stehen keine sozial phantasievollen Neuerungen zur Seite. Denn die herkömmlichen Organisationsformen werden ausgehöhlt, und die Menschenrechte gewinnen ebenso an universeller Geltung, wie sie an sozialem Fundament verlieren. Sie drohen entwirklicht im symbolisch wirksamen Allraum zu schweben.

Nur mit Hilfe solcher Neuerungen könnte man hoffen, die sozialen Institutionen so fortzuentwickeln, daß sich die „Logik" der technischen Innovationen nicht verkehrt. An Stelle von Techniken, als Instrumenten mit erheblicher Rückwirkung, sind aber Technologien getreten, die die Gesellschaften nach ihrem nicht neutralen Sinn ummodeln. Marx hat in den „Grundrissen" diese Verkehrung schon beschrieben, die heute, weit über den Betrieb und die industrielle Arbeit hinaus, vormals gesellschaftliche und politische Tätigkeiten insgesamt umgreift.

„In fact in dem Produktionsprozeß des Kapitals, wie sich noch mehr bei weiterer Entwicklung desselben zeigen wird, ist die Arbeit eine Totalität – eine Kombination von Arbeiten –, wovon die einzelnen Bestandteile sich fremd sind, so daß die Gesamtarbeit als Totalität *nicht das Werk* des einzelnen Arbeiters, und der verschiedenen Arbeiter zusammen nur ist, soweit sie kombiniert sind, nicht sich als Kombinierende zueinander verhalten. In ihrer Kombination erscheint die Arbeit ebensosehr einem fremden Willen und einer fremden Intelligenz dienend und von ihr geleitet – ihre *seelenlose Einheit* außer sich habend – wie in ihrer materiellen Einheit untergeordnet unter die *gegenständliche Einheit* der *Maschinerie*, des capital fixe, das als *beseeltes Ungeheuer* den wissenschaftlichen Gedanken objektiviert und faktisch das Zusammenfassende ist, keineswegs als Instrument zum einzelnen Arbeiter sich verhält, vielmehr er als beseelte einzelne Punktualität, lebendiges isoliertes Zubehör an ihm existiert." (Grundrisse der Kritik der politischen Ökonomie, S. 374).

Das ist das Problem. Musil (siehe das Motto) hat es im „Mann ohne Eigenschaften", wie man heute zu sagen pflegt, auf den Punkt gebracht. Technische Ersatzorgane treten an die Stelle sozial organisierter. Letztere werden sozusagen zu Knorpelscheiben eines mehr und mehr technologisch konstruierten, ersatzgesellschaftlichen Rückgrats.

Noch können Knorpelmängel schmerzen, ja lähmen. Wäre es nicht bestens, man könnte den „Störfaktor Mensch" vollends hinweginnovieren, so daß er sich auf sein Konsumentendasein beschränkte? Günther Anders spricht nicht von ungefähr von der

„Antiquiertheit des Menschen", eine Technik-Kritik, die auch dann bedenkenswert ist, wenn man ihr nicht in allen Zügen folgen mag. Wie die dokumentierten Argumentationsausschnitte belegen, sind wissenschaftlich-technische Ersatzorgane Vermittlungen, die nach Marshall McLuhans bekannter Aussage selbst zu den Botschaften werden, nicht für sich allein zu betrachten. Sie sind zusammen zu sehen mit den Eigenarten einer haltlosen Ökonomie, deren Welthymne „Wachstum, Wachstum über alles" im Dauerrefrain von allen Ländern gesungen wird, ja, so wie die ökonomischen Dinge stehen, gesungen werden muß. „Sachzwang Weltmarkt", hat es Elmar Altvater genannt.

Dieser Ökonomie, die die technologische Entwicklung antreibt und ausrichtet, so wie sie von ihr dann ihrerseits geprägt und getrieben wird, ist der zweite kleine Beiträgeblock gewidmet. Technologie und Ökonomie verbinden sich schließlich mit der ältesten aller Ersatzorganisationen, der Bürokratie, die in einigen wenigen Abschnitten vor allem in extremen Ausformungen vorgestellt wird. Wo gäbe es Ansätze, welche Widerlager böten sich an, welche Neuentwicklungen wären möglich, um Technologie als Technik, Ökonomie als besondere soziale Aktivität und Bürokratie als kontrollierte Verwaltung zu eingemeindeten Teilen gesellschaftlich bestimmter Verfassung umzuschaffen?

Verfassungssituation. Verfassung und Eigenart der Politik antworten auf bestimmte gesamtgesellschaftliche Situationen. Ein Verfassungstext ist deswegen immer zusammen mit dem ihm entsprechenden Kontext zu sehen. Darum ist es geboten, jeweils die wesentlichen Merkmale einer (gesellschaftlichen) Zeit zu verstehen, wenn man Verfassungen beurteilen, wenn man gar neue Verfassungen angemessener schaffen will. Dies gilt insbesondere dann, wenn Menschenrechte und Demokratie Inhalt und Form ausmachen sollen. Um die jeweilige Zeit zu verstehen, reicht es nicht aus, sie vom kurzen Blickwinkel aus zu betrachten. Man muß sie im Abstand sehen, um ihre erheblichen Konturen zu erkennen und nicht modisch zerfallsschnellen Etiketten auf den Leim zu gehen.
Dazu kann Hannah Arendt (1906 – 1975,), aus Deutschland vertrieben, zuletzt als Philosophin und Politikwissenschaftlerin an der New School for Social Research in New York tätig, mithelfen. Erreichte Globalität, kapitalistische Enteignungsdynamik und wissenschaftliche Objektivierung von Mensch und Erde flaggen den Beginn der Moderne aus und wehen seither als deren vornehmste Merkmale. Aus der getrennten und sich mehr und mehr überschneidenden und fördernden Dynamik dieser Faktoren, in denen sich menschliches Handeln bündelt, ergeben sich besagte Konturen der Zeit. Sie gewinnen sich schärfendes Profil:
- *die Entgrenzung der einzelnen lokal-regionalen Gesellschaften zur Globalität;*
- *damit hängt zusammen, was Hannah Arendt als Raumgewinn und Raumschrumpfen zugleich beschreibt; die von Menschen insgesamt eroberte Welt wird – oberflächlich gesehen widersprüchlicherweise – frei von sozial eigens besetzten und gestalteten Räumen;*
- *Geschwindigkeit, damit universelle Mobilität und Flexibilität lauten die menschliches Leben in Ausbildung und Beruf, in Freizeit und Arbeit durchdringenden General- und Universaldevisen;*
- *nicht Weltgewinn im Sinne eines von Menschen gesellig angeeigneten Raums, sondern Weltentfremdung ist die Folge des wachsenden Reichtums;*
- *dementsprechend bedrückt die Orientierungslosigkeit und hetzen die Furien aller möglichen Ersatzorientierungen. Hannah Arendt erwähnt den abstrakt-allgemein gewordenen („realen") Sozialismus und den Nationalismus.*

(Hannah Arendt: Vita activa oder Vom tätigen Leben, München 1960, S. 244 – 252)

Hannah Arendt

Die Vita Activa und die Neuzeit

Drei große Ereignisse stehen an der Schwelle der Neuzeit und bestimmen die Physiognomie ihrer Jahrhunderte: die Entdeckung Amerikas und die erstmalige Erforschung und Inbesitznahme der

Erdoberfläche durch die europäische Menschheit; die Reformation und die von ihr veranlaßte Enteignung der Kirche und der Klöster, die den individuellen Enteignungs- und gesellschaftlichen Akkumulationsprozeß der modernen Wirtschaft ankurbelt; schließlich die Erfindung des Teleskops und die Entwicklung einer neuen Wissenschaft, welche die Natur der Erde vom Gesichtspunkt des sie umgebenden Universums aus betrachtet. Diese Ereignisse bezeichnen den Beginn der Neuzeit, aber nicht der modernen Welt, die vielmehr erst mit der Französischen Revolution anhebt; und wiewohl auch sie echte Ereignisse sind und nicht als Glieder einer Kausalitätskette erklärt werden können, stehen sie doch noch in einem mehr oder minder ungebrochenen Kontinuum, in dem es Präzedenzfälle für das Ereignete gibt und Vorläufer der Entdecker und Erfinder namhaft gemacht werden können. Sie ereignen sich, mit anderen Worten, im Licht der Geschichte und besitzen nicht den eigentümlichen Charakter moderner Ereignisse, bei denen es ist, als brächen unterirdische Strömungen aus einem undatierbaren, namenlosen Dunkel mit explosiver Kraft plötzlich ans Tageslicht. Die Namen, die wir mit ihnen verbinden, Galileo Galilei, Martin Luther und die der großen Seefahrer, Weltumsegler und Abenteurer aus dem Zeitalter der Erfinder und Entdecker, haben noch einen durchaus unmodernen Klang. Was ihnen fehlt, ist das seltsame Pathos des Neuen, der absoluten Originalität, dieser manchmal fast hysterisch anmutende Anspruch der großen Autoren, Wissenschaftler und Philosophen seit dem siebzehnten Jahrhundert, Sachen zu sehen, die niemand zuvor gesehen, Gedanken zu denken, die niemand zuvor gedacht hat. Dieser Anspruch findet dann seine natürliche Fortsetzung und Verwirklichung in den Revolutionen des achtzehnten Jahrhunderts; aber die Männer, die an der Schwelle der Neuzeit stehen, sind keine Revolutionäre, und ihre Motive und Absichten wurzeln noch in einer gesicherten Tradition.

Keines dieser Ereignisse dürfte so unmittelbar die Aufmerksamkeit der Zeitgenossen auf sich gezogen haben wie die Entdeckung der Kontinente und Ozeane; keines dürfte so tief den Seelenfrieden der Zeit beunruhigt haben wie die unheilbare Kluft, die die Reformation in der europäischen Christenheit aufriß; sicher aber ist keines von ihnen weniger bemerkt und bestaunt worden als die Tatsache, daß sich das ohnehin bereits beträchtliche Werkzeugarsenal des Menschen um ein neues Gerät vermehrt hatte (das erste, das für rein wissenschaftliche Zwecke ersonnen war), das ohnehin zu nichts anderem gut war, als die Sterne zu betrachten. Könnten wir die

Triebkraft historischer Ereignisse messen wie die Stoßkraft natürlicher Vorkommnisse, so dürfte sich herausstellen, daß das, was sich bei seinem Erscheinen am wenigsten bemerkbar machte, nämlich die ersten tastenden Schritte des Menschen von der Erde weg auf die Entdeckung des Universums hin, an Geschwindigkeit und Wucht ständig gewachsen ist, bis es nicht nur die ungeheure Erweiterung der Erdoberfläche, das Bekanntwerden des gesamten Erdballs, sondern auch die anscheinend unbegrenzte und immer noch fortschreitende Akkumulierung von Reichtümern auf der Erde an Bedeutung in den Schatten stellte.

Das sei, wie es wolle. Tatsache jedenfalls ist, daß die Entdeckung der Erdoberfläche, das Vermessen und Kartographieren der Kontinente und Ozeane, Jahrhunderte gedauert, und erst heute sein Ende erreicht hat. Erst in unserem Jahrhundert hat der Mensch begonnen, seine irdische Wohnstätte ganz in Besitz zu nehmen, und erst heute haben die weit offenen Horizonte, die unerreichbar und lokkend alle vergangenen Generationen der Erde durch ihr Leben begleiteten, sich in den Erdball zusammengeschlossen, dessen majestätischer Umkreis uns in allen seinen Einzelheiten so bekannt ist wie die Linien im Inneren der eigenen Hand. Und im selben Augenblick, da der ungeheure Raumvorrat der Erde entdeckt war, begann der gleiche Erdball zu schrumpfen, bis in der Welt, in der wir leben – die zwar das Resultat der Neuzeit, aber keineswegs die Welt der Neuzeit ist –, jedermann fast im gleichen Maße ein Erdbewohner wie der Einwohner eines bestimmten Landes ist. Die moderne Welt ist ein über die ganze Erde sich erstreckendes Kontinuum, aus dem Ferne und Entfernung vor dem Ansturm der Geschwindigkeit verschwunden sind. Die Geschwindigkeit hat den Raum erobert und würde ihn zu vernichten drohen, wenn ihrer noch immer wachsenden Beschleunigung nicht die für Körper unübersteigbare Grenze gesetzt wäre, an zwei verschiedenen Orten nicht gleichzeitig anwesend sein zu können. Denn die Bedeutung der Ferne ist vernichtend, seitdem es keinen Punkt der Erde mehr gibt, den man nicht von einem anderen Punkt in wenigen Stunden erreichen könnte; die Ferne wird vielleicht noch als ein Metapher der Sprache überleben; ihre konkrete Bedeutung für menschlich irdisches Leben war, daß sie nur mit dem Einsatz von menschlicher Lebens-Zeit, von Jahren, Monaten oder Wochen, überwunden werden konnte.

Was die Entdecker und Weltumsegler zu Beginn der Neuzeit anlangt, so dürfte ihnen nichts ferner gelegen haben als die Veranlasser dieses Erdschrumpfungsprozesses zu werden. Was sie lockte, war die Weite, und wenn sie dem Ruf der Ferne folgten, hatten sie nicht die Absicht, Entfernung zu vernichten. Nur der rückblickenden Betrachtung erschließt sich, was so offensichtlich auf der Hand liegt: daß nämlich nichts unermeßlich bleibt, wenn es vermessen ist, daß alles Vermessen darin besteht, Entferntes zusammenzubringen, daß also die Messung Nähe konstituiert, wo bis dahin Ferne gewaltet hat. In dieser Hinsicht sind die modernen technischen Erfindungen, durch die aller irdische Raum in greifbare Nähe zu liegen kommt, von den Land- und Seekarten aus den Frühstadien der Neuzeit antizipiert. Der Zusammenschrumpfung des Erdraumes und der Aufhebung von Entfernung durch Eisenbahn, Dampfschiff und Flugzeug geht eine andere, unendlich viel wirksamere und radikalere Zusammenschrumpfung voraus, die dadurch zustande kommt, daß das Vermessungsvermögen des menschlichen Verstands durch Zahlen, Symbole und Modelle das physisch Gegebene im Maßstab beliebig verkleinern kann, bis das, was die Sinne als unendlich groß empfinden, auf ein Größenmaß herabgeschraubt ist, das von Menschen nach Maßgabe ihrer eigenen körperlichen und sinnlichen Größenordnung gehandhabt werden kann. Lange bevor wir gelernt hatten, die Erde zu umkreisen und die Stätten menschlichen Wohnens in Tagen und Stunden zu umschreiben, hatten wir den Globus in unsere Wohnung gebracht, um gleichsam symbolisch die Erde wie einen Ball in die Hände zu schließen oder vor den Augen kreisen zu lassen.

In unserem Zusammenhang aber ist eine andere Seite der gleichen Sache von größerer Bedeutung. Es liegt im Wesen des menschlichen Vermessungsvermögens, daß es sich, um überhaupt zu funktionieren, vorerst aus der Nähe selbst gleichsam zurückziehen, daß es eine Entfernung zwischen sich und das zu Messende legen muß. Je größer diese Entfernung ist, desto mehr kann gemessen und abgemessen werden, desto kleiner aber wird auch der vermessene Raum selbst. Die Tatsache, daß die entscheidende Erdschrumpfung schließlich die Folge der Erfindung des Flugzeugs ist, das heißt eines Geräts, mit Hilfe dessen man sich von der Erdoberfläche überhaupt entfernt, weist deutlich auf das Phänomen hin, mit dem wir es hier zu tun haben: jede Verringerung von Entfernung *auf* der Erde kann nur um den Preis einer vergrößerten Entfernung des Menschen *von* der Erde gewonnen werden, also um den Preis einer entscheidenden Entfremdung des Menschen von seiner unmittelbaren irdischen Behausung.

Daß ein so grundsätzlich andersgeartetes Ereignis wie die Reformation uns schließlich mit einem ganz ähnlichen Entfremdungsphänomen konfrontiert, mit der „innerweltlichen Askese", die Max Weber als die stärkste Triebfeder der neuen kapitalistischen Denkart diagnostizierte, ist einer jener Fälle von Koinzidenz, die es einem wirklich schwer machen, nicht an Gespenster, Dämonen und spukende Zeitgeister zu glauben. Gerade die Ähnlichkeit bei äußerster Verschiedenheit ist so auffallend und beunruhigend. Denn diese innerweltliche Weltentfremdung steht in keinerlei Zusammenhang mit der Entfernung und Entfremdung von der Erde, die eine automatische Folge der Entdeckung und Inbesitznahme der Erde war. Zudem gesellt sich dieser innerweltlichen Weltentfremdung, deren historische Faktizität Max Weber in seiner berühmten Arbeit nachgewiesen hat, nochmals ein ähnliches Phänomen zu, das seinerseits nicht das Geringste mit den lutherischen und calvinistischen Versuchen zu tun hat, den christlichen Glauben in seiner ursprünglichen eschatologischen Jenseitigkeit zu restaurieren. Denn eine Art innerweltlicher Weltentfremdung war ja auch, obzwar auf ganz anderer Ebene, die unmittelbare Folge der Enteignung der Bauernschaft zu Beginn der Neuzeit, die ihrerseits wiederum eine durchaus nicht geplante und nicht vorhergesehene Folge der Enteignung des Kirchenguts war, und erst diese weltentfremdenden Enteignungen veranlaßten den Zusammenbruch des feudalen Wirtschaftssystems. Es mag müßig sein, darüber zu spekulieren, wie sich unsere Wirtschaft entwickelt hätte ohne dieses Ereignis, das erst Europa und dann die ganze Welt in einen Prozeß riß, in dessen Ablauf das Eigentum durch Aneignung vernichtet, die Gegenstände durch den Produktionsprozeß verschlungen, und die Stabilität der Welt durch das, was diese Jahrhunderte den Fortschritt nannten, unterminiert wurde. Aber solche Überlegungen haben doch einen gewissen Sinn, weil sie uns immerhin daran erinnern mögen, daß Geschichte aus nichts anderem besteht als aus Geschichten, und daß diese Geschichten von Geschehnissen und Ereignissen berichten und nicht von solchen oder anderen Kräften, deren Ablauf voraussagbar ist, oder von Ideen, die sich logisch entwickeln. Müßig und gefährlich werden sie nur, wenn man glaubt, sie als Einwände gegen die Realität des Geschehenen benutzen zu können, als enthielten sie positive Hinweise darauf, wie die Geschichte „eigentlich" sich hätte vollziehen „müssen"; wenn man vergißt, daß die Zahl der faktisch bestehenden Alternativen prinzipiell beliebig ist, und daß das „Es hätte auch anders kommen können", immer nur den Charakter einer Vorstellung hat, die bestenfalls einleuchtend ist, aber niemals die unerwartete

Durchschlagskraft eines wirklich sich Ereigneten kompensieren kann. Die Erwägung historischer Alternativen ist ein Gedankenspiel, das dem Nachdenken der Ereignisse so lange von Nutzen sein kann, als es sich an die Wirklichkeit gebunden weiß.

Um sich die außerordentliche Triebkraft dieses Prozesses der Weltentfremdung zu vergegenwärtigen, die Wucht, die er nach Jahrhunderten einer nahezu ungestörten Entwicklung in seinem gegenwärtigen Stadium schließlich erreicht hat, mag es gut sein, an das sogenannte deutsche „Wirtschaftswunder" der Nachkriegszeit zu denken, das ein Wunder nur ist, weil das Wirtschaftsdenken sich noch im Rahmen längst überholter Begriffe bewegt. Das deutsche Wirtschaftswunder dürfte ein in seiner Art klassisches Beispiel dafür sein, daß unter modernen Bedingungen die Vernichtung von Privateigentum, die Zerstörung der gegenständlichen Welt und die Zertrümmerung der Städte nicht Armut, sondern Reichtum erzeugt, daß nämlich diese Vernichtungsprozesse sofort umschlagen, nicht in einen Wiederaufbau des Vernichteten, sondern vielmehr in einen unvergleichlich schnelleren und wirksameren Akkumulationsprozeß, wobei die einzige Bedingung ist, daß das betroffene Land modern genug ist, um auf Vernichtung mit erhöhter Produktion zu reagieren. Wirtschaftlich gesehen hat in Deutschland die Verwüstung des Krieges mit einem Schlag das besorgt, was sonst in der gegenwärtigen Verschwendungswirtschaft, in der die gegenständliche Welt ständig aufgezehrt werden muß, um die Produktion am Leben zu erhalten, der langsamere, wenn auch nicht weniger sichere Konsumprozeß bewirkt; und das Resultat eines „Wunders" zeigt in aller nur wünschenswerten Deutlichkeit, daß der moderne Produktionsprozeß bereits eine Triebkraft erreicht hat, für welche die Konsumkapazität nicht mehr ausreicht und der eher noch besser funktionieren würde, wenn wir uns entschließen könnten, die Welt der Gegenstände nicht nur zu verzehren, sondern zu vernichten. Nicht das Vernichten, sondern das Erhalten und Konservieren ruiniert die moderne Wirtschaft, deren Umsatzprozesse durch das Vorhandensein von Bestand jeglicher Art nur verlangsamt werden können, weil die einzige ihr eigene Konstante in der ständigen Geschwindigkeitszunahme des Produktionsprozesses liegt.

Wir sahen bereits, daß Eigentum, im Unterschied zu Besitz, Reichtum und dem Prozeß der Aneignung, ein weltliches Phänomen ist, bzw. den Teil der uns gemeinsamen Welt anzeigt, der uns privat zu eigen ist; Vorhandensein und Schutz von Privateigentum gehören daher zu den elementarsten politischen Bedingungen für die Entfaltung der Weltlichkeit menschlichen Daseins. Aus dem gleichen Grund ist Enteignung einer der Modi, in denen sich Weltentfremdung vollzieht, und das Gesetz, nach dem die Neuzeit, sehr gegen die Absichten aller Beteiligten, angetreten ist, war die Enteignung und damit die Entfremdung bestimmter Bevölkerungsschichten von der Welt. Wir neigen dazu, die zentrale Bedeutung dieser anfänglichen Weltentfremdung zu übersehen, weil wir so daran gewöhnt sind, das Schwinden des religiösen Bereichs mit Säkularisierung und Verweltlichung gleichzusetzen. Aber Säkularisierung als ein greifbares historisches Ereignis ist nichts anderes als die Trennung von Staat und Kirche, von Religion und Politik, und bedeutet gerade vom Standpunkt des Religiösen nicht mehr als die Rückkehr zu dem „Gebet dem Kaiser, was des Kaisers ist, und Gott, was Gottes ist"; mit dem Verlust von Glauben und Transzendenz oder einem neu erwachenden Interesse an den Dingen dieser Welt hat das alles gar nichts zu tun.

Der neuzeitliche Glaubensverlust ist nicht religiösen Ursprungs, er kann nicht zurückgeführt werden auf Reformation und Gegenreformation, die beiden großen religiösen Strömungen der Neuzeit, und er betrifft keineswegs ausschließlich die religiöse Sphäre menschlicher Existenz. Und selbst wenn man zugestehen würde, daß die Neuzeit mit einem plötzlichen und nicht weiter erklärbaren Verschwinden eines Jenseitigen, des Glaubens an eine jenseitige Unsterblichkeit, begonnen hätte, so würde daraus noch keineswegs folgen, daß dieser Verlust der Transzendenz den Menschen diesseitiger und weltlicher gemacht hätte. Die Geschichte dieser Jahrhunderte beweist vielmehr, daß der Glaubensverlust die Menschen nicht auf die Welt und ein Diesseits, sondern vielmehr auf sich selbst zurückgeworfen hat. Was die Philosophie der Neuzeit seit Descartes von aller anderen Philosophie unterscheidet, und worauf auch das spezifisch Neue ihrer Leistungen beruht, ist die Herausstellung und Analyse des Selbst und des Selbstbewußtseins als eines von der Seele oder der Person oder menschlicher Existenz überhaupt durchaus geschiedenen Bereichs, und demgemäß der Versuch, alle Erfahrungen in der Welt wie der Mitwelt auf Bewußtseinserlebnisse zu reduzieren, die in einem Selbst verlaufen. Die Größe von Max Webers Entdeckung der Ursprünge des Kapitalismus ist ja gerade der Nachweis, daß eine durchaus diesseitige ungeheure Aktivität möglich ist, ohne daß die Beteiligten sich am Diesseits zu orientieren brauchen, also ohne Sorge für die Welt, ohne Weltgenuß; daß all dies vielmehr dem Interesse an dem eigenen Selbst und der Sorge um das Seelenheil entspringen kann. Weltentfremdung und nicht Selbstentfremdung, wie Marx meinte, ist das Kennzeichen der Neuzeit.

Enteignung, daß nämlich gewisse Bevölkerungsschichten ihres Platzes in der Welt beraubt und dem Kampf um das nackte Leben ausgesetzt werden, ist historisch sowohl der Ausgangspunkt für die ursprüngliche Akkumulation wie die Grundbedingung dafür, daß Reichtum durch die Ausbeutung der Arbeit in Kapital verwandelt werden kann. Daß von diesem Ausgang, der den modernen Enteignungsprozeß losließ, sich eine Entwicklung anbahnen würde, deren Resultat ein ungeheures Anwachsen menschlicher Produktivität ist, war von Anfang an deutlich, lange vor der industriellen Revolution. Die neue Arbeiterklasse, die buchstäblich von der Hand in den Mund lebte, stand nicht nur unmittelbar unter dem Zwang der Lebensnotwendigkeiten und ihrer absoluten Vordringlichkeit, sie war auch, und zwar gerade durch diesen Zwang, all der Sorgen und Bemühungen enthoben, die sich nicht automatisch aus dem Lebensprozeß ergeben, sie war, mit anderen Worten, die Sorge um die Welt los. Was in den Frühstadien der ersten freien Arbeiterklasse in der Geschichte frei wurde, war in der Tat die „*Arbeitskraft*", nämlich die Kräfte biologischer Prozesse und der von ihnen, wie von allen natürlichen Prozessen erzeugte Überfluß, durch den im Haushalt der Natur immer dafür gesorgt ist, daß mehr als unbedingt notwendig vorhanden ist, um das Alte durch Neues zu regenerieren. Der Unterschied zwischen dieser Entwicklung zu Beginn der Neuzeit und ähnlichen Vorkommnissen in der Vergangenheit besteht darin, daß die Enteignung und die Anhäufung von Besitz nicht einfach auf die Formierung neuen Eigentums hinauslief oder zu einer Neuverteilung von Besitz führte, sondern dazu diente, einen Prozeß anzukurbeln, der nun automatisch weiter enteignete, weiter produzierte, weiter akkumulierte und immer weitere Gesellschaftsschichten an der Aneignung beteiligte.

Anders gewendet, die Befreiung des natürlichen Prozesses der Arbeitskraft blieb nicht auf bestimmte Gesellschaftsschichten beschränkt, und der Prozeß der Aneignung kam nicht durch die Formierung neuen Eigentums, die Befriedigung der Bedürfnisse und die Deckung der Nachfrage aller Beteiligten zum Stillstand. Darum führte die Akkumulation des Kapitals, im Unterschied zu der Anhäufung bloßen Reichtums, auch nicht in die Stagnation, die uns aus der Geschichte nur zu vertraut ist, sondern ergriff alle Klassen der Gesellschaft und verursachte das rapide Ansteigen des gesellschaftlichen Reichtums. Aber dieser Prozeß, der in der Tat eine Art „Lebensprozeß der Gesellschaft" ist, wie Marx ihn zu nennen pflegte, da sein Vermögen, Reichtum zu erzeugen, nur mit der Fruchtbarkeit lebendiger Zeugungsprozesse verglichen werden kann – in denen die Schaffung eines Menschenpaares theoretisch ja hinreichend wäre, um jede beliebige Anzahl von Menschenexemplaren hervorzubringen –, bleibt an das Prinzip der Weltentfremdung, dem er entsprang, gebunden. Ist der Prozeß erst einmal angelaufen, so kann er seinen Fortgang nur nehmen, wenn kein weltlicher Bestand und kein Prinzip weltlicher Stabilität ihn hindert, auch nicht das von ihm selbst Erzeugte, wenn vielmehr alle Weltdinge, die ursprünglich Endprodukte eines Herstellungsprozesses waren, in ihn mit ständig wachsender Geschwindigkeit zurückgeleitet werden. Mit anderen Worten, der Wachstumsprozeß gesellschaftlichen Reichtums, wie wir ihn kennen, der dem Lernprozeß entspringt, um seinerseits den Lebensprozeß weiter anzutreiben, ist möglich nur, wenn die Welt und die Wirklichkeit des Menschen ihm zum Opfer gebracht werden.

Daß das kapitalistische Wirtschaftssystem in seinen Anfangsstadien eine Arbeits- und Elendshölle in die Welt setzte, dergleichen jedenfalls die europäischen Völker nie gekannt hatten, ist bekannt genug. Und dies erste Stadium der absoluten Verelendung und erbarmungslosen Ausbeutung der „labouring poor", der Enteigneten, die den uralt-heiligen Schutz des Lebens durch Familie und Eigentum, die Stätte für das Leben selbst und alle mit ihm verbundenen Tätigkeiten, verloren hatten, hat lange genug gewährt. Bis schließlich das nächste Stadium erreicht war, in dem nun wirklich, und nicht nur theoretisch, die Gesellschaft als Ganzes das Subjekt des neuen Lebensprozesses wurde, so wie in vormodernen Verhältnissen nicht das Individuum, sondern die Familie das eigentliche Subjekt des Lebensprozesses gewesen war. Die Zugehörigkeit zu einer der Klassen der Gesellschaft ersetzte nun die natürliche Mitgliedschaft in der Familie, und das Klasseninteresse und die Klassensolidarität bildeten zumindest einen Schutz, der sich dem natürlichen Geschütztsein durch Interesse und Solidarität einer Familie vergleichen ließ. Zudem erwies sich, daß die Gesellschaft im Ganzen, jenes „kollektive Subjekt" des Lebensprozesses, keineswegs ein hypothetisches Abstraktum war, die „kommunistische Fiktion", deren die klassische politische Ökonomie bedurfte, um die Phänomene erklären zu können. So wie man in früheren Zeiten die Familie mit einem greifbaren Stück Privateigentum identifizieren konnte, so begann diese Gesellschaft sich mehr und mehr mit dem greifbaren Kollektiveigentum, nämlich dem Territorium des Nationalstaats zu identifizieren, der in der Tat allen Klassen bis zu seinem Verfall im zwanzigsten Jahrhundert eine Art Ersatz für das private Eigentum an Haus und Hof bot, dessen die besitzlosen Klassen beraubt worden waren.

Die organischen Geschichtstheorien des Nationalismus, die wesentlich zentraleuropäischen Ursprungs sind, beruhen alle auf der Gleichsetzung der Nation und der zwischen ihren Gliedern obwaltenden Bezüge mit der Familie und den Familienbanden. In dem Maße, in dem die Gesellschaft ein Ersatz für die Familie wird, verlangt sie, daß „Blut und Boden" über die Zugehörigkeit zur Nation entscheide; auch wo diese Ideologien nicht voll ausgebildet sind, werden Gleichartigkeit der Bevölkerung und Bodenständigkeit zu den eigentlichen Kriterien der Nationbildung. Daß diese nationalstaatliche Entwicklung und die in ihr sich bildende nationalgesellschaftliche Solidarität dem Elend gegengesteuert und das Schlimmste oft verhütet hat, daß sie es sogar zu einer relativ sozialen Gesetzgebung brachte, ist keine Frage; aber ebenso fraglos ist auch, daß all dies ohne jeden Einfluß auf den Prozeß der Enteignung und Weltentfremdung selbst blieb, da das „Kollektiveigentum", auf dem es beruhte, ja eine in sich selbst widersprüchliche Vorstellung ist.

Wir befinden uns heute in dem vermutlich letzten Stadium dieser Entwicklung. Seine Merkmale sind der Niedergang der europäischen Nationalstaaten, die Schrumpfung der Erde in geographischer und wirtschaftlicher Hinsicht, schließlich die Entstehung eines Menschengeschlechts, dessen Einheit weder politisch garantiert noch aus dem humanistischen Ideal der Menschheit abgeleitet, sondern zu einer einfachen Tatsache geworden ist, seitdem seine Glieder erheblich weniger Zeit benötigen, um aus den vier Ecken der Welt zusammenzukommen, als die Glieder einer Nation noch vor wenigen Jahren brauchten, um sich in der Hauptstadt zu treffen. Wie Klassenzugehörigkeit und nationales Territorium in den älteren Stadien der Neuzeit die Familienzugehörigkeit und den Grund und Boden, der ihr Eigentum war, ablöste, so hat sich heute das Menschengeschlecht, die Menschengesellschaft im Ganzen, an die Stelle national organisierter Gesellschaften gesetzt, und die gesamte Erdoberfläche ist an die Stelle der national begrenzten Territorien getreten. Aber diese Inbesitznahme der Erde durch das Menschengeschlecht im Ganzen wird den Prozeß der Weltentfremdung so wenig zum Stillstand bringen wie die individuellen Enteignungsprozesse, die ihn losließen, und die gesellschaftlichen Wachstumsprozesse, die sein Resultat sind. Denn die alte humanistische Vorstellung von einem Weltbürgertum ist eine Utopie; niemand wird je Bürger der Welt sein können, wie er Bürger des eigenen, begrenzten Landes war. Und die alte sozialistische Vorstellung von gesellschaftlichem Eigentum und gesellschaftlichem Reichtum ist schlimmer als eine Utopie, sie ist ein Widerspruch in sich selbst, da Eigentum ja eben genau das ist, was mir zu eigen ist. Die Entstehung des Menschengeschlechts, im Unterschied zu der Menschheit als einer regulativen Idee der Menschenwürde, besagt nicht mehr und nicht weniger als die Ausbreitung der modernen gesellschaftlichen Phänomene, der Entwurzeltheit und Verlassenheit des Massenmenschen und der Massenbewegungen, in alle Länder der Welt.

Informationspolitik. Am Beispiel der von den Nationalsozialisten und ihren künstlerischen und technischen Helfern ausgetüftelten Film- als Propagandatechnik diagnostiziert Siegfried Kracauer (1889-1966), von den „arischen" Deutschen zur Emigration in die USA getrieben, Gefahren, die insgesamt im sogenannten Informationszeitalter lauern. Information diverser, möglichst wenigstens in Bild, Ton und Wort kombinierter Medien wird zu einem mehrdimensionalen, bald groben, bald unfaßbar sublimen Herrschaftsmittel schlechthin. Politik als Lüge wird in der Fülle der Informationen möglich. Informationen als immer schon gerichtete, perspektivisch angelegte, notwendig einseitige Auswahl von Daten, lassen Geschehnisse geradezu erschaffen und zeigen sie wenigstens in dunklem oder hellem, blauem oder grünem Licht. Ohne die Einsicht in die Art ihrer Entstehung, ohne das nötige Kontextwissen, um Informationen einordnen zu können, und ohne in Frage stellende Gegeninformationen werden den Sehern, Hörerinnen, Leserinnen, uns allen, Wirklichkeiten konstruiert, die zu einzig realen zu werden drohen. Und wir merken's gar nicht, denn wir leben schon mitten in solchen Konstruktionen. Die nationalsozialistische Propagandatechnik im Film wirkt gegenüber den heutigen immer noch zunehmenden Möglichkeiten fast antiquiert holzschnittartig. Gerade so lassen sich jedoch einige Tricks entwirklichender Wirklichkeitsschaffung besser entdecken. Wenn Kracauer feststellt: „In beiden Fällen (gemeint sind die zwei exemplarisch behandelten Filme, d. Hrsg.) muß das Zurückhalten der vollen Information auf die Hemmungen einer Propaganda zurückgeführt werden, die in ständiger Angst lebt, die intellektuellen Fähigkeiten des einzelnen zu wecken", dann sollte man meinen, diese Angst zeichne nur autoritär-totalitäre Systeme aus. Wir wissen aber: Dies ist nicht der Fall. Gerade die modernen Massendemokratien leben von einer ausufernden Medialisierung der Politik und einer Politik, ausgerichtet auf die Medien, die die im 19. Jahrhundert entstandenen Vermittler à la Parteien, Reden und Versammlungen u.ä.m. längst qualitativ verändert, wenn nicht als vorsintflutlich an den Rand gedrängt haben.
(Siegfried Kracauer: Von Caligari zu Hitler. Eine psychologische Geschichte des deutschen Films, Frankfurt/Main 1984, S.323- 325, 354; auszugsweise)

Siegfried Kracauer

Propaganda und der Nazikriegsfilm

Drei Grundsätze kamen in den deutschen Kriegswochenschauen zum Ausdruck.

Erstens: Sie mußten wirklichkeitsgetreu sein, d.h. anstatt auf gestellte Kriegsszenen zurückzugreifen, mußten sie sich auf Filmmaterial beschränken, das tatsächlich von der Front stammte. Wegen ihres dokumentarischen Charakters waren die beiden Feldzugfilme „Feuertaufe" und „Sieg im Westen", beide fast ausschließlich aus Wochenschaumaterial zusammengestellt, auch Objekte dieser Beschränkung. Sowohl offizielle Darstellungen als auch Kritiken in der Presse vergaßen nie, ihren Realismus zu betonen. Am 6. Februar 1940 behauptete *Licht Bild Bühne,* daß der Film über den Polenfeldzug, so wie die Wochenschauen der ersten Kriegswochen, dem Zuschauer den Eindruck vermittelten, als Augenzeuge bei den Schlachtszenen dabei zu sein. Offizielle Quellen wurden immer dann beredt, wenn sie an die gefährliche Aufgabe der Filmreporter dachten. Kurt Huber, Exportdirektor der Tobis, sagte im Herbst 1940 in einer deutschen Rundfunksendung, daß die regulären Wehrmachtskameramänner „reguläre Soldaten sind, die, immer in den ersten Linien, die volle Pflicht eines Soldaten erfüllen. Das erklärt die realistischen Filme, die wir zeigen". Um diesen Realismus hervorzuheben, wurden die Verluste unter den Kriegsberichterstattern bereitwillig bekanntgegeben – von den Leuten, die normalerweise nur widerwillig die Präsenz des Todes in ihren „realistischen" Filmen zugaben. Am 26. April 1940 war der Berliner Korrespondent der *New York Times* autorisiert zu berichten, daß 23 Kriegsberichterstatter seit Ausbruch des Krieges den Tod gefunden hatten, und der einleitende Zwischentitel des Hauptteils von „Sieg im Westen" verstärkt sorgsam den Nervenkitzel der folgenden Szenen dadurch, daß ähnliche Tatsachen herausgestellt wurden. Daraufhin bezeichnete Herr Huber den Nazikriegsfilm als „perfektes Dokument der historischen Wahrheit und nichts als der Wahrheit, das so dem deutschen Bedürfnis nach guten, gehaltvollen Berichten in jeder Weise entgegenkommt". Aber der Tod der tapferen Kameramänner konnte einen geschickten Cutter nicht daran hindern, ihre Aufnahmen zu Filmen zusammenzufügen, die notfalls die Realität verzerrten und die historische Wahrheit beiseite fegten.

Das zweite Prinzip betraf die Länge der Wochenschauen. Nach den ominösen Septembertagen wurden sie beträchtlich erweitert. Am 23. Mai 1940 kündigte *Licht Bild Bühne* die nächste Wochenschau als ein vierzigminütiges Spitzenereignis an. Diese Inflation von Wochenschauen machte es möglich, auf der Leinwand ähnliche Wirkungen zu erzielen wie durch ständige rhetorische Wiederholungen. Es war eines der vielen Mittel, die dazu dienten, das deutsche Publikum in eine Strafkolonie verketteter Seelen zu verwandeln.

Das dritte Prinzip war Schnelligkeit. Naziwochenschauen mußten nicht nur wirklichkeitsgetreu sein, sondern die Wirklichkeit so schnell wie möglich illustrieren, so daß die Kriegskommuniqués nicht vergessen waren, wenn sie auf der Leinwand auftauchten. Flugzeuge flogen die Negative von der Front ein – ein dynamischer Vorgang, der anscheinend den Frontberichten im Radio gleichkommen und sie so ergänzen sollte.

Der Verleih der Wochenschauen, deren Produktion zu Kriegsbeginn vereinheitlicht wurde, war hervorragend organisiert. Goebbels sagte 1940, daß Filme Menschen aller Schichten erreichen müssen. Nach seinen Anweisungen gelang es den Nazis, ihre Propagandafilme der ganzen deutschen Bevölkerung aufzuzwingen, mit dem Ergebnis, daß in Deutschland niemand ihnen entrinnen konnte. Filmlastwagen wurden über das ganze Land geschickt, Sondervorführungen zu ermäßigten Preisen angesetzt. Da eine exakte Abstimmung der bildlichen Suggestionen erwünscht war, ordnete das Propagandaministerium außerdem an, daß jede offizielle Frontwochenschau überall im Reich am selben Tag in die Kinos kommen müßte. So wurde der heimische Markt völlig unter Kontrolle gehalten.

Was den Export angeht, so wird die Anstrengung der Nazibehörden, das Ausland mit ihren Filmen zu überschwemmen, ausreichend dadurch beschrieben, daß das Propagandaministerium Fassungen in sechzehn verschiedenen Sprachen vorbereitete. Die oben zitierte Ausgabe von *Sight and Sound* vom Sommer 1941 gibt noch weitere Informationen. Sie erklärt: „Das Ufa-Büro in New York berichtete, daß trotz der Blockadeschwierigkeiten ein deutscher Film durchschnittlich einmal alle zwei Wochen ankommt." Von besonderem Interesse ist der Gebrauch, den Hitler-Diplomaten bekanntlich von Propagandafilmen machten, nämlich den Widerstand ausländischer Völker und Regierungen zu brechen. In Bukarest, Oslo, Belgrad, Ankara und Sofia – um nur einige wenige zu nennen – waren offizielle Vorführungen dieser Filme nichts weniger als psychologische Überfälle. So berichtet die *New York Times* am 11. Oktober 1941, daß der Herr von Papen Istanbul mit einem Film über die deutsche Invasion Rußlands verlassen habe, und daß er „eine große Gesellschaft in der deutschen Botschaft geben werde, wobei er den Film türkischen Regierungsmitgliedern vorführen wird". Propagandafilme als Erpressungsmittel – die Gangstermethoden der Nazis könnten nicht deutlicher werden. (. . .)

Aber trotz dieser Mängel, die eher aus der problematischen Struktur der Nazipropaganda als aus technischer Unzulänglichkeit resultierten, gelang es den Nazis, wirksame Darstellungsmittel für ihre Propaganda auf der Leinwand zu entwickeln. Es gibt kaum eine Schneidetechnik, die sie nicht ausprobierten, und bei verschiedenen Darstellungsmitteln dehnten sie deren Bandbreite zu einem bis dahin unbekannten Maß. Sie waren dazu gezwungen, da ihre Propaganda nicht so wie Propaganda der Alliierten an die Einsicht ihres Publikums appellieren konnte; im Gegenteil, sie mußte versuchen, dessen Fähigkeit zur Einsicht zu unterdrücken, da sie die Basis des gesamten Systems unterminiert hätte. Statt durch Information zu suggerieren, hielt die Nazipropaganda Information zurück oder degradierte sie zu einem weiteren Mittel propagandistischer Suggestion. Diese Propaganda zielte auf Regression, um das Volk nach Belieben zu manipulieren. Daher die relative Fülle an Tricks und Techniken. Sie waren nötig, um jene zusätzlichen Effekte zu erzielen, von denen der Erfolg der Nazipropaganda abhing. (. . .)

Hitler selbst beauftragte Leni Riefenstahl, einen künstlerischen Film über den Parteitag zu drehen. In ihrem Buch über diesen Film bemerkte sie nebenbei: „Die Vorbereitungen für den Parteitag wurden in Übereinstimmung mit den Vorbereitungen für die Dreharbeiten getroffen." Diese aufschlußreiche Bemerkung macht klar, daß der Parteitag nicht nur als spektakuläres Massentreffen geplant war, sondern auch als spektakuläre Filmpropaganda. Leni Riefenstahl lobte die Bereitschaft, mit der die Naziführer ihre Aufgabe erleichterten. Hier eröffnen sich Aussichten, die so verwirrend sind wie eine Reihe von Bildern in einem Spiegellabyrinth: aus dem wirklichen Leben der Menschen wurde eine gefälschte Realität aufgebaut, die für die genuine ausgegeben wurde; aber diese Travestie der Realität diente, statt das eigentliche Ziel zu sein, bloß als Ausstattung für einen Film, der dann den Charakter eines authentischen Dokumentarfilms annehmen sollte. „Triumph des Willens" ist zweifelsohne der Film des Reichsparteitags, der Parteitag war jedoch auch inszeniert worden, um mit „Triumph des Willens" die Ekstase der Menschen wieder anzufachen. (. . .)

Kunstpolitik. *Gleich S. Kracauer hat Walter Benjamin, 1940 von den deutschen Nationalsozialisten in den Tod getrieben (geboren 1887), die Veränderung von Kunst und Wissenschaft analysiert, die durch die Möglichkeit bedingt wird, sie technisch schier unendlich zu (re-)produzieren (vgl. Seite 145). Im auf die faschistische Herrschaft bezogenen Nachwort zu seinem „Kunstwerk"-Aufsatz (1937) faßt er deren Wesen als eine „Ästhetisierung des politischen Lebens", die durch den Schein ihrer Unmittelbarkeit „unter die Haut" und „in den Sinn" gehe. So unvermeidlich zeitverhaftet Benjamins Analyse geblieben ist und seine überholten Hoffnungen auf eine Alternative im Sinne der „Politisierung der Kunst", so weiterdenkenswert sind doch seine schlaglichtartigen Einsichten. Zum Beispiel, mit der Ästhetisierung der Politik verbunden, seine Beobachtung über die auf Zerstreuung (nicht auf Sammlung und Eingedenken) gerichtete Funktion heutiger Kunst- und Kulturpolitik allgemein. Erneut stellt sich die drängende, nicht leicht zu beantwortende Frage, wie Kunst und Kultur organisiert werden könnten, um zu einer politisch reflektierenden Geselligkeit beizutragen. Max Frisch hat in seinen Tagebüchern das Problem perspektivisch anders, aber in ähnliche Richtung deutend, bezeichnet. „Was hat, so sagt man, Kunst mit Politik zu tun? Und unter Politik versteht man nicht, was die Polis angeht, das Problem, wie die Menschen, da keiner doch allein bestehen kann, zusammen leben, das Problem der gesellschaftlichen Ordnungen, dessen Lösung immer den Anfang der Kultur darstellte, wenn nicht in wesentlichen Graden sogar ausmachte, oder den Untergang einer Kultur verursachte – unter Politik versteht man schlechterdings das Niedrige, das Ordinäre, das Alltägliche, womit der geistige Mensch, der glorreiche Kulturträger, sich nicht beschmutzen soll." „Ästhetisierung des politischen Lebens" bedeutet in diesem Sinne eine Entpolitisierung von Bürgerin und Bürger, die nur noch als „Menschenmaterial" gebraucht und auf plakative Formeln, Bilder und Symbole, freilich mit perfekter Technik fixiert werden. Benjamin führt den Krieg als Gipfelpunkt solcher pseudopolitischen Politik an.*

(Walter Benjamin: Das Kunstwerk im Zeitalter seiner technischen Reproduzierbarkeit, in: ders.: Illuminationen, Frankfurt/Main 1961, S. 174–176)

Walter Benjamin

Kunst und Krieg

Die zunehmende Proletarisierung der heutigen Menschen und die zunehmende Formierung von Massen sind zwei Seiten eines und desselben Geschehens. Der Faschismus versucht, die neu entstandenen proletarisierten Massen zu organisieren, ohne die Eigentumsverhältnisse, auf deren Beseitigung sie hindringen, anzutasten. Er sieht sein Heil darin, die Massen zu ihrem Ausdruck (beileibe nicht zu ihrem Recht) kommen zu lassen. Die Massen haben ein Recht auf Veränderung der Eigentumsverhältnisse; der Faschismus sucht ihnen einen Ausdruck in deren Konservierung zu geben. Der Faschismus läuft folgerecht auf eine Ästhetisierung des politischen Lebens hinaus. Der Vergewaltigung der Massen, die er im Kult eines Führers zu Boden zwingt, entspricht die Vergewaltigung einer Apparatur, die er der Herstellung von Kulturwerten dienstbar macht.

Alle Bemühungen um die Ästhetisierung der Politik gipfeln in einem Punkt. Dieser eine Punkt ist der Krieg. Der Krieg, und nur der Krieg, macht es möglich, Massenbewegungen größten Maßstabs unter Wahrung der überkommenen Eigentumsverhältnisse ein Ziel zu geben. So formuliert sich der Tatbestand von der Politik her. Von der Technik her formuliert er sich folgendermaßen: Nur der Krieg macht es möglich, die sämtlichen technischen Mittel der Gegenwart unter Wahrung der Eigentumsverhältnisse zu mobilisieren. Es ist selbstverständlich, daß die Apotheose des Krieges durch den Faschismus sich nicht dieser Argumente bedient. Trotzdem ist ein Blick auf sie lehrreich. In Marinettis Manifest zum äthiopischen Kolonialkrieg heißt es: „Seit siebenundzwanzig Jahren erheben wir Futuristen uns dagegen, daß der Krieg als antiästhetisch bezeichnet wird ... Demgemäß stellen wir fest: ... Der Krieg ist schön, weil er dank der Gasmasken, der schreckenerregenden Megaphone, der Flammenwerfer und der kleinen Tanks die Herrschaft des Menschen über die unterjochte Maschine begründet. Der Krieg ist schön, weil er die erträumte Metallisierung des menschlichen Körpers inauguriert. Der Krieg ist schön, weil er eine blühende Wiese um die feurigen Orchideen der Mitrailleusen bereichert. Der Krieg ist schön, weil er das Gewehrfeuer, die Kanonaden, die Feuerpausen, die Parfums und Verwesungsgerüche zu einer Symphonie vereinigt. Der Krieg ist schön, weil er neue Architekturen, wie die der großen Tanks, der geometrischen Fliegergeschwader, der Rauchspiralen aus brennenden Dörfern und vieles andere schafft ... Dichter und Künstler des Futurismus ... erinnert euch dieser Grundsätze einer Ästhetik des Krieges, damit euer Ringen um eine neue Poesie und eine neue Plastik ... von ihnen erleuchtet werde!"

Dieses Manifest hat den Vorzug der Deutlichkeit. Seine Fragestellung verdient, von dem Dialektiker übernommen zu werden. Ihm stellt sich die Ästhetik des heutigen Krieges folgendermaßen dar: Wird die natürliche Verwertung der Produktivkräfte durch die

Eigentumsordnung hintangehalten, so drängt die Steigerung der technischen Behelfe, der Tempi, der Kraftquellen nach einer unnatürlichen. Sie findet sie im Kriege, der mit seinen Zerstörungen den Beweis dafür antritt, daß die Gesellschaft nicht reif genug war, sich die Technik zu ihrem Organ zu machen, daß die Technik nicht ausgebildet genug war, die gesellschaftlichen Elementarkräfte zu bewältigen. Der imperialistische Krieg ist in seinen grauenhaften Zügen bestimmt durch die Diskrepanz zwischen den gewaltigen Produktionsmitteln und ihrer unzulänglichen Verwertung im Produktionsprozeß (mit anderen Worten, durch die Arbeitslosigkeit und den Mangel an Absatzmärkten). Der imperialistische Krieg ist ein Aufstand der Technik, die am „Menschenmaterial" die Ansprüche eintreibt, denen die Gesellschaft ihr natürliches Material entzogen hat. Anstatt Flüsse zu kanalisieren, lenkt sie den Menschenstrom in das Bett ihrer Schützengräben, anstatt Saaten aus ihren Aeroplanen zu streuen, streut sie Brandbomben über die Städte hin, und im Gaskrieg hat sie ein Mittel gefunden, die Aura auf neue Art abzuschaffen.

„Fiat ars – pereat mundus", sagt der Faschismus und erwartet die künstlerische Befriedigung der von der Technik veränderten Sinneswahrnehmung, wie Marinetti bekennt, vom Kriege. Das ist offenbar die Vollendung des l'art pour l'art. Die Menschheit, die einst bei Homer ein Schauobjekt für die Olympischen Götter war, ist es nun für sich selbst geworden. Ihre Selbstentfremdung hat jenen Grad erreicht, der sie ihre eigene Vernichtung als ästhetischen Genuß ersten Ranges erleben läßt. So steht es um die Ästhetisierung der Politik, welche der Faschismus betreibt. Der Kommunismus antwortet ihm mit der Politisierung der Kunst.

Größe, Geschwindigkeit, Masse, Komplexität. Repräsentative Demokratie rechtfertigt sich gegenüber allen plebiszitären Überlegungen mit ihrer „Realitätsnähe". Wie anders sollten Flächenstaaten demokratisch gestaltet werden als durch Repräsentanten, die periodisch vom „Volk" gewählt werden? Die Repräsentanten betreiben dann aktiv Politik, während der „Volkssouverän" nach seinem Kürakt wieder in politischen Schlaf verfällt, der ihm private Wachheiten aller Art erlaubt.

Dennoch ist das Problem der Größe verfassungsrechtlich und verfassungspolitisch kaum begriffen. Größe, das meint u.a. den Umfang der politisch-gesellschaftlich-ökonomisch zu gestaltenden Räume; die Zahl der zu versorgenden Menschen; die fortlaufend zu überbrückenden Entfernungen in einer Gesellschaft und zwischen im Austausch befindlichen Gesellschaften u.ä.m. Statt die qualitative Bedeutung solcher Größen zu erkennen und entsprechende Konsequenzen in der Verfassung zu ziehen, wird nach wie vor mit einem liberalen Modell gespielt, das allenfalls für das europäische 19. Jahrhundert paßte. Nicht umsonst erleiden offizielle Politik und politische Bürgerinnen und Bürger einen beträchtlichen Wirklichkeitsverlust.

Der französische Paläontologe André Leroi-Gourhan vermittelt keine Lösungen, wohl aber ein Problemgefühl, das die Suche nach neuen Lösungen zu stimulieren vermag. Das Beispiel der Großstadt, die zur Un-Stadt wird, ist längst Alltag, der schrecken müßte, nähme man ihn in seinen gewalttätigen Folgen wahr. Gleiches gilt für den Fraß und die Verkürzung der bewohnten, betierten und bepflanzten Erde. Hält man an den herkömmlichen liberalen Formen fest, ohne diese Veränderungen in organisatorische Konsequenzen zu übersetzen – gegenwärtig bestehen die Konsequenzen nur in der Erfindung immer geschwinderer Medien –, dann werden jedenfalls die überkommenen Formen und Inhalte liberaler Demokratie unbrauchbar; sie verrosten und entschwinden.

(André Leroi-Gourhan: Hand und Wort. Die Evolution von Technik, Sprache und Kunst, Frankfurt/Main 1984, S. 424–426, 427–428 und S. 495–498)

André Leroi-Gourhan

Mensch und Stadt

Bis ins 19. Jahrhundert haben die städtischen Einheiten, ob groß oder klein, eine ausgeglichene Gestalt, selbst wenn sie durch das Wachstum zu einem hochkomplexen Gefüge geworden sind. Die Aufrechterhaltung dieser Ausgeglichenheit ist in weitem Maße durch den Wert der Entfernungen bestimmt, dessen Maß seit den Anfängen der Stadt der menschliche Schritt ist. Die Städte des 18. Jahrhunderts bilden noch einen Mikrokosmos, in den das Individuum räumlich wie zeitlich gemäß seinen Größenordnungen gestellt ist. Selbst die Hauptstädte sind Aggregate von Mikrokosmen, die eine Wahrnehmung der städtischen Gesamtheit im Rhythmus des Schrittes von Fußgänger oder Reiter gestatten. Eingeschlossen in ihre Mauern oder ihre Boulevards, bleiben die Städte für ihre Einwohner physisch erlebbar.

Die Agglomeration des 19. Jahrhunderts und die städtischen Ungetüme, die unter dem Einfluß der Bevölkerungsexplosion noch heute bestehen, entsprechen einer Krise, die zweifellos durch eine vollkommene Umwertung der sozialen und ökonomischen Werte ausgelöst wurde, deren unmittelbarer Agent aber im Bereich des Transports zu suchen ist. Während die Masse der Bevölkerung für nahezu ein Jahrhundert weiterhin im Rhythmus des Schrittes verblieb, wurden die traditionellen städtischen Zentren und die neuen industriellen Zentren in rascher Folge durch das Eisenbahnnetz miteinander verbunden. Die wichtigste Erschütterung im Abenteuer des Menschen, der Umsturz, der den Menschen in einen räumlichen Integrationsrahmen von individuell planetarischem Ausmaß versetzte, vollzog sich innerhalb von fünf oder sechs Generationen und in einer Weise, welche die Mehrzahl der Individuen allenfalls oberflächlich berührte.

Seit der Mitte des 19. Jahrhunderts hat das technische Dispositiv der Gesellschaft eine Stufe erreicht, auf der die Entfernungen in keinerlei Verhältnis mehr zu dem Lebenskreis stehen, in dem der Mensch bis dahin stets sein funktionelles Gleichgewicht gefunden hatte. Die Jagdgründe des Magdalénien, die Lage der Felder, die Rundgänge der Bäcker oder der Landbriefträger, die Auslieferung der städtischen Händler, sie alle umreißen jeweils Zonen persönlicher Gravitation im Rhythmus der Zeiten von Fußgänger oder Pferdewagen; von der Mitte des 19. Jahrhunderts bis ins zweite Drittel des 20. Jahrhunderts geraten diese Zonen freilich zunehmend in ein Mißverhältnis zu den Dimensionen eines Universums, das von den Eisenbahnen, von Telegraph und Telefon bestimmt wird. Die Individuen sind mehr und mehr gezwungen, sich in einer übermäßig expandierenden städtischen Umwelt persönliche Lebenskreise auszusondern, und dies auf einer topographischen Grundlage, die zwar im Verhältnis zu den neuen Mitteln kohärent, im Verhältnis zum raum-zeitlichen Verhalten des zoologischen Menschen aber anarchisch ist.

Ein Raum, in dem sich leben läßt, ist ein geordneter Raum, dessen

Grenzen man in einer Zeit, die mit den Zyklen der täglichen Verrichtungen vereinbar ist, erreichen kann. Er ist auch ein Raum, der den fundamentalen ästhetischen Bedürfnissen entspricht und eine Integration der humanisierten Lebensräume in ein hinreichend großes Maß von Himmel und Natur ermöglicht. Seit dem Bau der ersten Behausungen inmitten seines Territoriums hat der Mensch im Gleichgewicht zwischen seinem künstlichen und symbolischen Universum und den materiellen und geistigen Energiequellen der materiellen Welt gelebt. Man kann sich zwar einen Wandlungsprozeß vorstellen, der die Natur ins Konstrukt einführt, etwa einen Stadtgarten, aber die formlose Stadt, die in ihrem Industriegürtel und ihren Verkehrswegen inkohärent ist und unter einer giftigen Dunstglocke dahinvegetiert, läßt sich nur als Ausdruck eines pathologischen Ungleichgewichts begreifen. Als wirksames Instrument zur Effizienzsteigerung des sozialen Organismus zeigt die Stadt des 19. Jahrhunderts, die überall noch fortlebt, einen beunruhigenden Verstoß gegen Gesetze des biologischen Einklangs, auf denen mit größter Wahrscheinlichkeit die menschliche Qualität beruht.

Die heutige Stadt. Die Formel, die eine ideale Integration in den städtischen Mikrokosmos gewährleisten würde, ist einfach, die Stadtplaner haben sie Hunderte Male empirisch aufgezeigt; danach bräuchte jede Familienzelle eine autonome Zufluchtsstätte im Zentrum eines persönlichen Territoriums, das durch ein Stück wilder oder domestizierter Natur gebildet wird, dazu individuelle und schnelle Transportmittel, damit das Jagdrevier, d.h. der Arbeitsplatz, mit einem Zeitaufwand erreicht werden kann, der den Ortsveränderungen vor der Revolution der Transportmittel entspricht. Wenngleich bis zu einem gewissen demographischen Niveau vorstellbar, ist diese Formel inzwischen weltweit unanwendbar geworden – mit Ausnahme einiger privilegierter Familien –, und man mußte auf eine recht summarische Ersatzlösung zurückgreifen, indem man große Wohnblöcke mit agglomerierten Zellen inmitten von Grünflächen und in der Reichweite von Autobuslinien errichtete. (...)

In diesem Stadium werden die Grundgegebenheiten der raumzeitlichen Integration nicht anders als heute beschaffen sein; in ganz ähnlichen Proportionen wird das Nebeneinander von Tieren, Pflanzen und Menschen zweifellos weiterhin die Verbindung des Menschen zum Universum gewährleisten. Die Integration wird um so totaler sein, als Millionen Menschen in ihre Sessel zurückgelehnt und zig Kilometer vom nächsten Fleckchen Natur entfernt zur gleichen Sekunde denselben Ausflug in tropische Urwälder erleben werden, einen Ausflug, der dreidimensional, in echten Farben, Geräuschen und Gerüchen auf einen Schirm projiziert sein wird. Am Ende dürfte der überhumanisierte Raum nur noch jene Musterexemplare enthalten, die absolut notwendig sind, um in der menschlichen Population über audiovisuelle Medien und jenseits aller gelebten Wirklichkeit die Wahrnehmung der Bindungen zu ermöglichen, die der Mensch mit dem Universum seiner Handlungen unterhält – mit eben jenem Universum, aus dem seine Vorfahren vor sehr langer Zeit einmal die Grundlagen ihrer Existenz und ihres Handelns schöpften. (...)

Weiterhin verfügt die Gesellschaft über all ihre Mittel; diese Mittel werden aber in zunehmendem Maße in künstliche Organe transportiert. Die Maschinisierung und die Unterwerfung der Erde haben im Verlaufe von fünfzig Jahren in großen Gebieten das Spektrum verengt, auf dem die einzelnen sich entfalten konnten. Mit der Verminderung individueller schöpferischer Möglichkeiten und der zunehmenden Unmöglichkeit, ins Abenteuer zu flüchten, entstand eine ganze Palette von Kompensationen, die sich immer weiter vom wirklichen Leben entfernen; Sport und Hobby, alljährlich unterbrochen durch das gelenkte Abenteuer auf den Autobahnen und Campingplätzen, haben heute die Aufgabe, ein neues Gleichgewicht herzustellen, das Jahr für Jahr mehr Menschen in seinen Wirkungsbereich bringt. Und auf der Jagd stellt man heute halbdomestizierten Wildschweinen und Rehen nach, wohlgehegten Hasen und Fasanen, die mit dem Flugzeug eingeflogen werden, nachdem man sie synthetisch aufgezogen hat. In den saturierten Ländern stellt sich das Problem des menschlichen Gleichgewichts durchgängig in derselben Weise. Die heutige Situation ist jedoch weit davon entfernt, eine Zukunft abzubilden, von der uns nur noch wenige Generationen trennen; Arbeiter und Bauer sind erst partiell mechanisiert, und noch kommt die Natur an einigen Küsten und in einigen Waldstükken zum Vorschein. Anders als die Jagd bietet noch der Krieg der Minderheit der am wenigsten Angepaßten eine Fluchtmöglichkeit; er behält einen einzigartig archaischen Charakter und ist wie ein Netz winziger Sicherheitsventile über alle Kontinente verteilt. Dort treibt er seine Banden von Unangepaßten gegeneinander, die fern von den lautlosen Bahnen der Atomraketen durch die Sümpfe waten. Aber die Jagd auf den Menschen ist nur noch ein Mythos, der die vormilitärische Ausbildung von Millionen Jugendlicher unterstützt; die Begabtesten unter ihnen werden eines Tages vielleicht matisch an der elektronisch dafür vorausberechneten Stelle auf ihre Bahn entläßt. Auch die Eroberung unentdeckter Gebiete ist nur noch ein Mythos, der sich unterschiedslos auf den Nordaufstieg eines Gipfels und auf einen Dreißig-Meter-Felsen richtet, zu dessen Füßen allsonntäglich die Menschenschlangen auf ihre Ration Abenteuer warten. Das Universum ist gesprengt, und die Erforschung des kosmischen Raumes hat begonnen, aber die Gesellschaft braucht nicht zehn Milliarden Kosmonauten, und für den normalen *homo sapiens* ist diese Erforschung bereits zur mythischen Kompensation geworden, noch bevor sie überhaupt richtig begonnen hat. Wir können uns für die nahe Zukunft also ernstlich eine Zeit vorstellen, in der man nur noch Transpositionen kennen wird; ein Korps von Illusionsexperten wird dann die Aufgabe haben, die psycho-physische Dialektik der menschlichen Massen zu erforschen. Die Elemente dieser Disziplin existieren bereits heute: soundsoviele Grünflächen, Zoologische Gärten und Stadien zum Ausgleich der sitzend verbrachten Produktionsphasen, unterstützt von den Vitamingaben der Fernsehsendungen. Alljährlich wird diese Ration durch einen kurzen Ausflug ins Grüne ergänzt; größere Grünflächen, Naturparks, Freizeitparks, die Möglichkeit, mit Zelt oder Wohnwagen unterwegs zu sein und auf ebener Erde mittels Gaskocher eine Konservendose zu erhitzen. Ein gewisser Freiraum besteht noch, es ist noch vorstellbar, einen selbstgefangenen Fisch über dem Lagerfeuer zu grillen, aber in zehn Jahren wird eine solche Verschwendung kollektiver Güter wohl die Ausnahme sein, und weitere zehn Jahre später wird man darin ein Delikt sehen.

Wir müssen also einen völlig transponierten *homo sapiens* ins Auge fassen, und es scheint, als stünden wir heute vor den letzten freien Beziehungen, die der Mensch mit seiner natürlichen Umwelt unterhält. Befreit von seinen Werkzeugen, seinen Gesten und Muskeln, von der Programmierung seiner Handlungen und seines Gedächtnisses, befreit von der Phantasie, an deren Stelle die Perfektion des Fernsehens getreten ist, befreit auch von der Tier- und Pflanzenwelt, vom Wind, von der Kälte, den Mikroben und dem Unbekannten der Gebirge und Meere, steht *homo sapiens* wahrscheinlich am Ende seiner Laufbahn. In physischer Hinsicht ist der Mensch eine zoologische Spezies, die durchaus eine gewisse Zukunft hat; nach dem Rhythmus, der seine Entwicklung nun seit 30 000 Jahren geprägt hat, scheint er ebenfalls noch eine Perspektive vor sich zu haben, obgleich die Paläontologie uns darüber nur wenig zu sagen vermag: Arten altern nicht, sie transformieren sich oder sie verschwinden. In jedem Falle hat der Mensch eine Zukunft vor sich, die den Rhythmus seiner sozio-technischen Evolution weit übersteigt.

Das große Problem der heute bereits existierenden Welt ist zu lösen: Wie soll dieses veraltete Säugetier mit den archaischen Bedürfnissen, die einst die Triebkraft seines Aufstiegs bildeten, weiterhin seinen Stein den Berg hinauf rollen, wenn ihm eines Tages nur noch das Bild seiner Wirklichkeit bleibt? Noch in keinem Augenblick seiner Evolution mußte er mit sich selbst brechen; seit dem Australanthropus hat er sein endloses Abenteuer konkret gelebt; heute ist er nahe daran, seinen Planeten zu erschöpfen, und schon nimmt der Mythos einer kosmischen Transplantation Gestalt an. Dennoch gibt es auf dem zurückgelegten Weg kein Zurück. Man kann davon träumen, daß er auf fernen Sternen dem Pithecanthropus und dem Südelefanten begegnet, aber darum wird er sich nicht daran machen, Steinwerkzeuge herzustellen.

Es wäre wider die Natur, wenn wir gar kein Vertrauen mehr in ihn setzten, aber die Phantasie tut sich schwer. Man kann sich mehrere Lösungen für die Planetarisierung des Menschen vorstellen. An die erste Lösung denkt so mancher, ohne viel darüber zu sprechen, sie besteht einfach darin, daß dem Abenteuer des Menschen durch die atomare Vernichtung ein Ende gesetzt wird. Diese Hypothese ist schon deshalb zurückzuweisen, weil ein solcher Unfall jede Hypothese unnütz machen müßte. Besser ist es da, auf den Menschen zu setzen. Aus den gleichen Gründen müssen Teilhards Vorstellungen als eine gewaltige mystische Vision gelten, die aber offensichtlich das Zeichen aller Apokalypsen trägt. Die Menschheit kann sich durchaus jahrtausendelang auf den „Punkt Omega" gefaßt machen, dennoch wird sie sich, wie sie es schon im Jahr 1000 tat, in ihrer Erwartung einrichten und ihr Leben fortsetzen müssen. Eine dritte Lösung basiert auf der Vorstellung, die Individuen seien unendlich sozialisierbar, und eine künstliche Welt, in der das Wohlergehen sämtlicher Zellen gesichert wäre, sei für den einzelnen wünschenswerter als die Welt der Höhlen, wo er die Freiheit hatte, sich auf die Suche nach einer Mahlzeit zu machen, deren Erfolg davon abhängig war, ob der Zufall ihm ein Rentier oder einen Löwen über den Weg schickte. In dieser Lösung müssen wir uns freilich, davon bin ich überzeugt, nach einer neuen Artbezeichnung umsehen und ein anderes lateinisches Wort finden, das wir dem Stamm *homo* hinzufügen können. Endlich können wir uns den Menschen der nahen Zukunft auch als ein Wesen vorstellen, das sich bewußt dazu entschließt, *sapiens* zu bleiben. Er wird vor der Aufgabe stehen, das Problem des Verhältnisses zwischen Individuum und Gesellschaft völlig neu zu durchdenken, sich konkret der Frage seiner numerischen Dichte und seines Verhältnisses zur Tier- und Pflanzenwelt zu stellen. Er wird aufhören müssen, das Verhalten einer Mikrobenkultur nachzuahmen und die Beherrschung des Erdballs als ein Spiel des Zufalls anzusehen. Welchen Wert die ersten Lösungen auch haben mögen, und sofern man nicht davon ausgeht, daß die Laufbahn des Menschen beendet ist, wird etwas von der vierten Lösung unvermeidlich im kommenden Jahrhundert angegangen werden, denn die Spezies ist zu eng mit ihren Grundlagen verbunden, als daß sie nicht spontan jenes Gleichgewicht herzustellen suchte, das sie zur Spezies Mensch gemacht hat.

__Wirtschaftsverfassung, politische Verfassung.__ Zur grundlegenden Philosophie des Als-Ob moderner liberal-demokratischer Verfassungen gehört die pauschale und qualitative Trennung von öffentlicher (= politisch-staatlicher) und „privater" Sphäre. Der letzteren wurden völlig verschiedene soziale Bereiche zugeschlagen wie die (private) Wirtschaft und die Intimsphäre des einzelnen. Dieser Spaltung gemäß setzt die politische Verfassung die der Wirtschaft voraus. So wird heute mehr denn je zuvor angenommen, die privat organisierte kapitalistische Konkurrenzökonomie sei der liberalen Demokratie einzig verwandt. Von der ökonomieimmanten Perspektive problematisiert der Wirtschaftswissenschaftler Fred Hirsch, der an der Harvard Universität (USA) lehrt, diese verfassungspolitische Unbedenklichkeitserklärung an die Adresse der Ökonomie. Er arbeitet vorsichtig und klar die sozialen Grenzen des ungebremsten und unbegrenzten Wachstums heraus. Befriedigung tritt nicht ein, da Befriedigung dieser Art a-sozial nie eintreten kann. Demgemäß diagnostiziert Hirsch eine Strukturkrise der Ökonomie, die soziale Größen nur wahrnimmt in der Zusammenzählung individueller Interessen, eine Krise zugleich der Wirtschaftswissenschaft und ihres allgemein benutzten Rationalitätskalküls. Wenn individuelle Interessen, um sie zufriedenstellen zu können, beträchtliche kollektive Voraussetzungen zu schaffen nötig machen; wenn die Befriedigung individueller Interessen massive soziale Konsequenzen, Unzuträglichkeiten, „soziale Knappheiten" aller Art erzeugen, eine Art sozialen Verkehrsstau; dann ist sowohl das Problem der Verteilung unter der Voraussetzung des Privateigentums auf die Tagesordnung zu setzen, wie die Frage der politisch „gesteuerten Marktwirtschaft" akut wird.

(Fred Hirsch: Die sozialen Grenzen des Wachstums, Reinbek 1980, S. 13-19, 22-28, 250-254, 263-268, 270; auszugsweise)

Fred Hirsch

Soziale Grenzen des Wachstums

Es wird der Versuch unternommen, aus der Sicht eines Ökonomen auf drei Fragen eine Antwort zu geben:

1. Warum ist der wirtschaftliche Fortschritt für uns alle als Individuen ein so unabdingbares Ziel geworden und auch geblieben, obwohl er zu höchst unbefriedigenden Ergebnissen führt, sobald die meisten von uns oder sogar alle an ihm teilhaben?

2. Warum ist das Verteilungsproblem – die Aufteilung des Kuchens – für die moderne Gesellschaft so wichtig geworden, während

es auf der Hand liegt, daß die große Mehrzahl der Bevölkerung nur dadurch einen höheren Lebensstandard erreichen kann, daß ein größerer Kuchen gebacken wird?

3. Warum hat das 20. Jahrhundert einen weltweit vorherrschenden Trend zu kollektiver Daseinsvorsorge und staatlicher Steuerung im Wirtschaftsbereich gerade zu einer Zeit erlebt, da die individuelle Handlungsfreiheit auf außerökonomischen Gebieten wie etwa der Kunst oder der Sexualität in besonderem Maße propagiert wird und einen Siegeszug ohnegleichen angetreten hat?

Ich möchte diese drei Problemkreise als das Überflußparadox, den Verteilungszwang und den unfreiwilligen Kollektivismus bezeichnen.

Meine Hauptthese lautet, daß diese drei Probleme einen Zusammenhang und einen gemeinsamen Ursprung aufweisen, der im Wesen des wirtschaftlichen Wachstums in hochentwickelten Gesellschaften aufgesucht werden muß. Der Kern des Problems liegt in der Komplexität und der partiellen Janusköpfigkeit des wirtschaftlichen Wachstums, das entsteht, sobald die Masse der Bevölkerung ihre natürlichen Grundbedürfnisse nach ausreichender Nahrung, Kleidung und Wohnung befriedigt hat. Damit verschwindet die traditionelle ökonomische Unterteilung der Frage: *Was* wird *wie* für *wen* produziert? Die Probleme der Produktion, der individuellen oder kollektiven Versorgung und der Verteilung werden von diesem Zeitpunkt an untrennbar miteinander verwoben.

Diese Entwicklung bezeichnet einen tiefgreifenden Wandel. Es ist ein Wandel, den vor allem Wirtschaftswissenschaftler schwer akzeptieren können, da er als Rückschritt der Wissenschaft erscheint. In der Vergangenheit hatte der Beitrag der Nationalökonomie zur Wegbereitung des wirtschaftlichen Fortschritts weitgehend darin bestanden, die erwähnten Aspekte wirtschaftlicher Tätigkeit zu entschlüsseln – zu unterscheiden zwischen dem Anteil an einem Kuchen und dessen Umfang, zwischen der Motivation individueller Handlungen und ihrem gemeinsamen Erlebnis. Es waren dies Unterscheidungen, mit denen die Wirtschaftswissenschaft vor 200 Jahren durch Adam Smith begründet wurde. Smith hatte dargelegt, daß individuelles Streben ohne eine koordinierende Instanz der Einzelinteressen sehr wohl den Interessen aller zu dienen vermochte und daß der Arme in einer wohlhabenden Gemeinde besser leben konnte als eingeborene Könige.

Die späteren Bemühungen der Nationalökonomen waren zum größten Teil darauf gerichtet, diese Einsichten weiterzuentwickeln und zu verfeinern, was zu enormen Fortschritten auf dem Gebiet der Quantifizierung wirtschaftlicher Erscheinungen geführt hat. Diese Quantifizierung stützt wiederum nicht nur den Anspruch der Volkswirtschaftslehre auf eine Vorrangstellung innerhalb der Sozialwissenschaften, sondern auch deren unangefochtene Führungsrolle in den politischen Tagesgeschäften. In den letzten 30 Jahren sind die Wahlkämpfe überall in den Industrienationen, aber auch in anderen Ländern mehr und mehr von den zentralen Größen der Ökonomie beherrscht worden: Bruttosozialprodukt, persönlich verfügbares Einkommen sowie die Rate, mit der diese Indikatoren eines materiellen Wohlstandes wachsen.

Und dennoch sind die hochentwickelten Gesellschaften, in denen die überwiegende Mehrzahl der Bevölkerung einen Lebensstandard oberhalb des Existenzminimums erreicht hat, inzwischen wahrscheinlich in ein Stadium eingetreten, in dem sich der analytische Rahmen, der für den Ökonomen mit der Zeit selbstverständlich, für den Soziologen allerdings seit langem fragwürdig geworden ist, als Hindernis für das Verständnis einiger Grundprobleme unserer Zeit erweist. Wer diese Probleme im traditionellen Rahmen einer analytischen Trennung angeht, muß deren Lösung verfehlen. Die drei eingangs formulierten grundlegenden Fragen – das Überflußparadox, der Verteilungszwang und der unfreiwillige Kollektivismus – bleiben unerklärlich oder paradox, solange sie isoliert betrachtet werden. Einen Schlüssel zu ihrer Lösung sehe ich darin, sie als zusammenhängende Faktoren eines bisher zu wenig beachteten strukturellen Merkmals des wirtschaftlichen Wachstums zu begreifen. Diese Lösung soll in dem vorliegenden Buch entwickelt werden.

Das betreffende strukturelle Merkmal besteht darin, daß mit steigendem Durchschnittseinkommen ein wachsender Anteil des Konsums neben einem individuellen auch einen sozialen Aspekt annimmt. Das heißt die Befriedigung, die Individuen aus Gütern und Dienstleistungen beziehen, hängt mehr und mehr nicht nur von ihrem eigenen Konsum, sondern auch von dem anderer Menschen ab.

Für den Hungrigen wird die Befriedigung, die er aus einem reichhaltigen Mahl zieht, weder dadurch beeinflußt, was andere Menschen essen, noch dadurch, was sie sonst noch tun, solange er nur hungrig genug ist. Seine Mahlzeit ist eine ganz und gar individuelle

Angelegenheit. Ökonomisch ausgedrückt handelt es sich um ein rein privates Gut. Andererseits hängt die Qualität der Luft, die der moderne Bürger im Zentrum einer Großstadt atmet, fast ausschließlich davon ab, in welcher Weise seine Mitbürger zu Maßnahmen gegen die Luftverschmutzung beitragen, ob unmittelbar durch öffentliche Aufgaben oder mittelbar durch politische Regelungen. Saubere Luft in einer Großstadt ist ein gesellschaftliches Produkt. In ökonomischen Termini ausgedrückt: Saubere Luft ist so etwas wie ein spezifisch öffentliches Gut.

Allerdings gibt es relativ wenig extreme Fälle dieser Art. In letzter Zeit haben Ökonomen, die sich speziell mit diesen Problemen beschäftigen, erkannt, daß der größere Teil des Konsums weder rein privat noch rein öffentlich ist. Was im allgemeinen als persönlicher oder privater Konsum bezeichnet wird, wird dessen ungeachtet in seinem wesentlichen Gehalt – nämlich in der damit zu erzielenden Befriedigung oder seinem Nutzen – vom Konsum derselben Güter oder Dienstleistungen durch andere beeinflußt. Und in diesem besonderen Sinne kann man sagen, daß er ein gesellschaftliches Element enthält. Andererseits weist das, was allgemein als öffentlicher Konsum bezeichnet wird, einige Merkmale privater Güter insofern auf, als seine Kosten und Nutzen auf eine bestimmte soziale Gruppe beschränkt bleiben oder beschränkt werden können.

Der Umfang des privaten Konsums, der ein gesellschaftliches Element in dem beschriebenen Sinne enthält, ist viel größer, als allgemein angenommen wird. In volkswirtschaftlichen Lehrbüchern werden öffentliche Güter im Zusammenhang mit Gütern und Dienstleistungen abgehandelt, die nur – oder am wirtschaftlichsten – auf einer kollektiven Ebene bereitgestellt werden können; sie stehen allen zur Verfügung und werden von allen bezahlt. Städtische Parkanlagen und Straßen sowie militärische Rüstung sind bekannte Beispiele hierfür. Daneben lassen sich auch Elemente öffentlicher Güter in Form von Nebenwirkungen privater Transaktionen feststellen, etwa Umweltverschmutzung und Stauungen, die in ganz bestimmten Situationen auftreten. Aber es gibt ein noch allgemeineres Element öffentlicher Güter, das einem großen Bereich privater Ausgaben zugeordnet werden kann. So wird der Nutzen des Aufwands für ein bestimmtes Ausbildungsniveau als Mittel des Zugangs zu den begehrtesten Berufspositionen sinken, sobald die Zahl derjenigen steigt, die ein solches Bildungsniveau erreichen. Der Wert, den meine Ausbildung für mich hat, hängt nicht allein davon ab, wieviel ich habe, sondern auch davon, wieviel derjenige hat, der in der beruflichen Rangordnung über mir steht. Die aus einem Auto oder einem Wochenendhaus abgeleitete Befriedigung ist eine Funktion der Bedingungen, unter denen von ihnen Gebrauch gemacht werden kann, was wiederum stark davon abhängig ist, wieviele Menschen diese Güter ebenfalls besitzen und nutzen. Dieser genuin gesellschaftliche Faktor kann meine Zufriedenheit stärker beeinflussen als die spezifisch „privaten" Merkmale dieser Güter (die Geschwindigkeit des Autos, die Geräumigkeit des Hauses, usw.). Ab einer bestimmten Grenze, die in den industriellen Massengesellschaften seit langem überschritten ist, verschlechtern sich die Nutzungsbedingungen eines Gutes, je verbreiteter dessen Gebrauch ist.

Am sinnfälligsten machen sich Flaschenhalseffekte bei Verkehrsstauungen bemerkbar. Aber man kann Verkehrsstauungen auch als Beispiel für das umfassendere Problem eines gesellschaftlichen Engpasses auffassen, der seinerseits einen Hauptaspekt gesellschaftlicher Knappheit darstellt. Gesellschaftliche Knappheit ist ein Zentralbegriff meiner Untersuchung. Damit soll ausgedrückt werden, daß die angenehmen Dinge des Lebens nicht nur physikalischen Beschränkungen einer Produktionssteigerung unterliegen, sondern auch bestimmten Absorptionsgrenzen ihrer Nutzung. Wo die soziale Umwelt nur eine beschränkte Kapazität im Hinblick auf die Erweiterung des Gebrauchs eines Gutes ohne gleichzeitige Qualitätseinbuße aufweist, da unterwirft sie den Konsum sozialen Grenzen. Genauer gesagt, die Grenzen der Befriedigung treten da auf, wo Befriedigung nicht von dem isolierten Produkt oder der isolierten Dienstleistung abhängt, sondern von den gegebenen Nutzungsbedingungen.

Was ist das eigentlich *Neue* an dieser Situation? An irgendeinem Punkt hat es bisher immer Einschränkungen gegeben, aber erst in jüngster Zeit machen sie sich empfindlich bemerkbar. Das hängt hauptsächlich damit zusammen, daß in der Vergangenheit ein materielles Wachstum erreicht wurde, das keinen gesellschaftlichen Beschränkungen unterlag. In diesem Sinne gehen die Warnungen des Club of Rome vor den Grenzen des Wachstums am eigentlichen Problem völlig vorbei. Dieser Ansatz rückt weit in der Zukunft liegende und noch gar nicht geklärte physikalische Grenzen in den Mittelpunkt der Analyse und übersieht die zwar weniger apokalyptischen, aber unmittelbar vor uns liegenden sozialen Grenzen des Wachstums.

Solange materieller Mangel vorherrscht, besteht das Hauptproblem in der Bekämpfung materieller Knappheit. In dem Maße, in dem die Nachfrage nach rein privaten Gütern befriedigt wird, steigt die Nachfrage nach Gütern und Dienstleistungen mit öffentlichem (gesellschaftlichem) Charakter. Diese öffentliche Nachfrage macht sich als individuelle Nachfrage an das politische System oder durch den Marktmechanismus in derselben Weise wie die Nachfrage nach rein privaten Gütern bemerkbar. Individuen erwerben beide Arten von Gütern ohne Unterschied, ausgenommen jene öffentlichen Güter, die im Rahmen öffentlicher oder kollektiver Tätigkeit bereitgestellt werden. Aber selbst in diesen Fällen kann es vorkommen, daß Einzelpersonen ihren Anteil durch Privatkäufe zu vergrößern suchen.

Für sich betrachtet scheinen diese Forderungen berechtigt und realisierbar zu sein. Warum sollte der einzelne sein Geld nicht für Fortbildung ausgeben, um so eine bessere Stellung erlangen zu können, oder für ein Wochenendhaus auf dem Land, wenn ihm das mehr Spaß macht, als sich einen Nerzmantel, Whisky oder ein Leben mit mehr Freizeit zu leisten? In der Mitte der 70er Jahre ist diese Frage von den Mittelschichten in den USA und England lautstark und demonstrativ gestellt worden. Eine befriedigende Antwort darauf können wir nur dann finden, wenn auch die öffentlichen Güter oder der gesellschaftliche Gehalt der damit verbundenen Ausgaben berücksichtigt werden.

Bei einer isolierten Betrachtungsweise kann die individuelle Nachfrage nach Fortbildung als Qualifikationsmerkmal, nach einem Auto oder Landhaus als echt individuelles Bedürfnis gesehen werden, das sich aus den jeweiligen Präferenzen des einzelnen in einer bestimmten Situation ableitet. Solange er für sich handelt, strebt jeder danach, aus seiner Lage das beste zu machen. Aber die Befriedigung dieser individuellen Präferenzen selbst ändert wiederum die Situation für alle anderen, die ähnliche Wünsche haben. Eine Kette von Transaktionen, mit denen diese persönlichen Bedürfnisse befriedigt werden sollen, läßt deshalb jeden einzelnen am Ende schlechter dastehen, als er ursprünglich erwartet hatte, da die Summe der Einzelaktionen die Situation der Individuen in ihrer Gesamtheit nicht entsprechend verbessert. Es ergibt sich ein Summierungsproblem. Die Möglichkeiten für einen ökonomischen Vorteil, wie sie sich den Einzelpersonen nacheinander bieten, ergeben nicht gleichwertige Möglichkeiten eines wirtschaftlichen Aufstiegs für alle. Was ein einzelner für sich erreichen kann, bleibt der Allgemeinheit versagt.

Ein Bruch zwischen individuellen und gesellschaftlichen Chancen kann aus unterschiedlichen Gründen auftreten: exzessive Umweltverschmutzung und Engpässe sind die sichtbarsten Resultate. Eine kaum beachtete allgemeine Bedingung, die diesen Bruch herbeiführt, ist die Konkurrenz um eine Position und weniger um Leistung. Vorwärtskommen in unserer Gesellschaft ist nur möglich, wenn man eine höhere Position als seine Mitmenschen erreicht, d.h. wenn man seine eigene Leistung gegenüber der Leistung der anderen verbessert. Wenn alle sich auf die Zehenspitzen stellen, kann keiner besser sehen. Sobald soziale Interaktionen dieser Art auftreten, wird individuelles Handeln als unfehlbares Mittel zur Befriedigung individueller Bedürfnisse unzweckmäßig: Das gewünschte Ziel kann nur durch kollektives Handeln erreicht werden. (Implizit oder explizit sind wir alle damit einverstanden, uns nicht auf die Zehenspitzen zu stellen.) Damit verschwindet die bekannte Dichotomie zwischen individueller Wahl und kollektiver Bereitstellung oder Steuerung. Der Wettbewerb isolierter Individuen auf dem freien Markt bringt verdeckte Kosten für andere mit sich und letztlich auch für sie selbst. Diese Kosten belasten uns alle und bedeuten eine gesellschaftliche Verschwendung, solange wir über kein besseres Allokationsverfahren verfügen. Aber dieselbe Störung kann sich auch aus einer öffentlichen Bereitstellung ergeben, sofern diese auf eine individuelle Nachfrage reagiert, die keine weiteren Interaktionen der genannten Art berücksichtigt hat. (...)

Die unwiderstehliche Anziehungskraft des wirtschaftlichen Wachstums in seiner institutionalisierten modernen Form erklärt sich daher, daß es als ein höherwertiges Substitut für eine Umverteilung gelten konnte. Auch wenn die überwiegende Mehrzahl der Bevölkerung zum gegenwärtigen Zeitpunkt niemals an das heranreichen könnte, was die oberen Zehntausend besitzen, selbst wenn diese alle enteignet würden, so kann sie es doch nach herkömmlicher Auffassung mit Geduld in nicht zu ferner Zukunft ebensoweit bringen, und zwar durch das Wunder des aggregierten Wachstums. Aber, wie schon gesagt: sobald dieses Wachstum dazu führt, daß der Massenkonsum Flaschenhalseffekte im weitesten Sinne erzeugt – kurz, wo der Konsum oder die Besetzung von Arbeitsstellen einige wegen überstarken Andrangs ausschließt–, liegt der Schlüssel zu individuellem Wohlstand wiederum in der Fähigkeit, der Masse voraus zu sein. Ein generalisiertes Wachstum verursacht demnach nur ein größeres Gedränge. (...) Der individuelle Nutzen aus der isolierten Handlung liegt auf der Hand. Der Gesamtnutzen aus der Summe dieser Handlungen ist trotz alledem gleich Null.

Ich möchte betonen, daß diese Überlegung sich immer noch an der eigenen individuellen Bewertung orientiert, derselben Bewertung, die der individuellen Handlung einen positiven Nutzen beimißt. Da individuelle Nutzen dieser Art sich schlichtweg nicht aufsummieren lassen, gibt es keinen Zusammenhang zwischen individuellem und kollektivem Fortschritt. Trotzdem beruhen die modernen Begriffe der wirtschaftlichen Produktion und des Wachstums dieser Produktion auf individuellen Bewertungen und deren Summierung. Es wird unterstellt, daß individuelle Präferenzen sich implizit aus dem Marktverhalten ablesen lassen – aus der Wahl des Verbrauchers zwischen einzelnen Produkten zu Marktpreisen, aus der Wahl des Arbeiters zwischen verschiedenen Arbeitsplätzen und unterschiedlichen Chancen der beruflichen Fortbildung zu den üblichen Tarifen und Bedingungen. Wenn individuelle Bewertungen sich jedoch nicht addieren lassen, dann sind die auf ihnen fußenden aggregierten Bewertungen völlig verzerrte Maßstäbe.

Leider hat man bis jetzt noch kein besseres quantitatives Maß für die volkswirtschaftliche Leistung (Output) gefunden. Die Notwendigkeit einer flankierenden Anzahl sozialer Indikatoren wird mittlerweile allgemein anerkannt, zumindest im Prinzip. Das Endergebnis wäre ein integriertes System von Größen, vergleichbar den Nationaleinkommensberechnungen. Von diesem Ziel sind wir noch weit entfernt. Es gibt noch keinen Indikator für gesellschaftliche Leistung, der systematisch berechnet und leicht verstanden werden könnte. (...)

In dem Maße, in dem das Mißverständnis zwischen gegenwärtigen Erwartungen und verfügbaren Hilfsquellen eher qualitativer als quantitativer Art ist, wäre die notwendige Selbstbeschränkung nicht Geduld, sondern Stoizismus, bereitwillige Hinnahme und gesellschaftliche Zusammenarbeit – Eigenschaften, die mit unserer Wirtschaftsform des individualistischen Fortschritts nicht in Einklang stehen. Ohne diese Eigenschaften kann jedoch die traditionelle Erwartung der Öffentlichkeit, für zusätzliche Leistungen oder eine vorübergehende Konsumbeschränkung später mit Bedürfnisbefriedigung belohnt zu werden, das Problem nur noch verschärfen. Denn eine Vermehrung jener materiellen Güter, bei denen eine Ausweitung für alle möglich ist, wird automatisch die Jagd nach jenen Gütern und Dienstleistungen weitertreiben, deren Produktion nicht im selben Maßstab erweitert werden kann. Die Teilnahme an dieser Jagd ist für jeden einzelnen im Hinblick auf sein eigenes Handeln durchaus sinnvoll, da er bei seiner Tätigkeit nie auf den Unterschied zwischen dem stößt, was man bekommen kann, weil man den anderen voraus ist, und dem, was man dadurch erhält, daß alle an einem allgemeinen Fortschritt teilhaben können. Der einzelne, der besser sehen möchte, muß sich auf die Zehenspitzen stellen. Die einzige Möglichkeit, den Konkurrenzkampf um Frustrationen zu vermeiden, besteht für die beteiligten Personen darin, ihre Ziele sichtbar zu koordinieren und das Prinzip des isolierten, individuellen Strebens auf diesem Gebiet aufzugeben. Will sagen, nur eine kollektive Bewältigung des Problems kann den einzelnen die nötige Richtschnur liefern, eine Lösung zu finden, die sie für sich als die günstigste ansehen. In der vorherrschenden liberalen Theorie wird dieses Prinzip zwar anerkannt, aber auf den Ausnahmefall beschränkt.

In welcher Weise eine befriedigende Theorie des kollektiven Verhaltens entwickelt und in die Praxis umgesetzt werden kann, bleibt ein großes und größtenteils ungelöstes Problem für sich. Kollektives Handeln kann zu bekannten Verzerrungen und Reibungsverlusten führen. Die Mittel, die für eine kollektive Lösung erforderlich sind, mögen unzulänglich sein. Soweit das richtig ist, können aus der hier vorgelegten Untersuchung keine eindeutigen Handlungsanweisungen für eine unmittelbare Politik abgeleitet werden. Die Störungen und Frustrationen, die mit unkoordinierten individuellen Aktionen verbunden sind, können immer noch als das geringere Übel erscheinen. Eine Veränderung in der *Natur* eines Problems ist jedoch völlig unabhängig davon, ob die zu dessen Behebung verfügbaren Werkzeuge zureichend sind oder nicht. Eine zutreffende Diagnose vermag vielleicht die eine oder andere Konsequenz für die Wirtschaftspolitik mit sich zu bringen, wenn es auch nur die ist, daß wir aufhören, mit dem Kopf gegen die Wand zu rennen. (...)

Die allgemeine Strategie zur Heilung der diagnostizierten Übel ist ebenso klar wie deren unmittelbare Verfolgung unmöglich ist. Die Bereiche wirtschaftlichen und gesellschaftlichen Handelns werden immer größer, in denen individuelle Aktionen aufgrund der jeweiligen Präferenzen und Bedürfnisse in einzelnen Situationen eine unwirksame oder ineffiziente Form darstellen, die Ziele zu verwirklichen, auf denen diese Aktionen beruhen. Das gesellschaftliche Prinzip individueller Nutzenmaximierung verliert an Gültigkeit, je mehr die relative Bedeutung öffentlicher Güter zunimmt und gesellschaftliche Knappheit um sich greift. Im Bereich der gesellschaftlichen Knappheit können die einzelnen der Verwirklichung ihrer Ziele näherkommen, wenn sie als Gesamtheit davon ablassen, diese uneingeschränkt zu verfolgen. In diesem Sinne bedarf es einer Verlagerung der „unsichtbaren Hand" aus dem privaten in den öffentlichen oder gemeinschaftlichen Sektor. Statt daß die Verfolgung des Eigeninteresses zum gesellschaftlichen Gut beiträgt, trägt die Verfolgung des gesellschaftlichen Gutes zur Befriedigung des Eigeninteresses bei. Die Schwierigkeit liegt darin, daß die letztgenannte unter den bestehenden Normen und Weisen des persönlichen Verhaltens bewußt organisiert werden muß. So ist die unsichtbare Hand gegenwärtig nicht verfügbar, obwohl sie erneut benötigt würde.

Die Harmonie einer individualistischen Wirtschaft ist in diesem allgemeinen Sinne gestört durch eine Veränderung der ökonomischen Bedingungen, wodurch der Bereich eingeengt wird, innerhalb dessen ein individualistisches Verhalten zu den gewünschten und realisierbaren Ergebnissen führt. Die deutliche politische Implikation dieser Veränderung ist ein damit verbundener Wandel in der Orientierung des individuellen Verhaltens. Die Motive der einzelnen – warum Personen in bestimmter Weise handeln – können eigenbestimmt bleiben, vorausgesetzt, daß ihre Handlungen innerhalb des relevanten Bereichs primär durch ein gesellschaftliches Interesse bedingt sind. Der Zweck ist erreicht, wenn die einzelnen sich verhalten, *als ob* für sie das gesellschaftliche Interesse an erster Stelle stünde, selbst wenn dies nicht der Fall ist und sie lediglich einer Konvention oder sozialen Ethik folgen, die das Verhalten der einzelnen beeinflußt. Die entscheidende Veränderung muß demnach im Hinblick auf diese gesellschaftliche Ethik erfolgen. (...)

Daraus folgt, daß es nicht nur zentralisierter oder koordinierter Maßnahmen bedarf, um im Fall bestehender Externalitäten individuelle Handlungen auf gesellschaftliche Interessen abzustimmen, sondern auch bestimmter Lenkungsmechanismen, um ganz allgemein eine Neuorientierung der individuellen Handlungen zu fördern. (...)

Kurz gesagt, es könnten kollektive Mittel erforderlich werden, um individuelle Ziele zu verwirklichen. Es mag individualistisch erscheinen, die Möglichkeit dieser unangenehmen Bedingung zu ignorieren oder die Verpflichtung zu leugnen, sein Handeln an ihr zu orientieren. Aber in einem tieferen Sinne ist diese besagte Nachhutverteidigung anti-individualistisch. Denn sie leugnet die fundamentale Unterscheidung zwischen dem, was Individuen allgemein und in ihrer Gesamtheit zur Änderung ihrer Situation tun können und der Situation, der sich die einzelnen individuell vor dem Hintergrund der gegenwärtig bestehenden Verhältnisse gegenübersehen. Damit werden die Möglichkeiten einer individuellen Behebung gesellschaftlicher Mißstände in Konfliktfällen den Ritterlichen und Idealisten allein überlassen.

Damit will ich keinewegs sagen, daß die Motive oder das Verhalten der einzelnen Individuen kontrolliert werden können, zumindest nicht ohne Aufgabe grundlegender liberaler Wertvorstellungen. Sein individuelles Urteil in Fragen der Ethik und der Entscheidung über ein bestimmtes Verhalten den Sprüchen eines Vorsitzenden Mao unterzuordnen, hieße den Kern der individualistischen Autonomie zerstören. Eine Kontrolle der Gedanken bleibt die schrecklichste Drohung des Eindringens kollektivistischen Denkens. Wenn jedoch die individuelle Orientierung außerhalb unseres Einflußbereichs verbleibt, befinden wir uns in einer Sackgasse. Wir wissen, was zu tun ist und sind außerstande oder wagen nicht, entsprechend zu handeln. (...)

Diese wechselseitige Abhängigkeit zwischen der bestehenden gesellschaftlichen Moral und den Mitteln zu ihrer Anpassung verhindert jede rasche Lösung der entsprechenden Spannungen. Auch die Möglichkeiten rein technischer Maßnahmen sind damit entscheidend eingeschränkt. Dennoch hat sich das Wirtschaftsmanagement, wie es sich in der vergangenen Generation entwickelt hat, ausschließlich auf diese Form von Maßnahmen verlassen. Der radikale Aspekt der geeigneten Lösungen für die in diesem Buch diagnostizierten Spannungen ist vielleicht exakt deren unpräzise, allgemeine und sich ständig wandelnde Form. Was wir vorrangig brauchen, sind nicht neue Instrumente, sondern ein Wandel des Klimas, in dem sie angewandt werden. Der radikale Wandel, den wir benötigen, besteht darin, diese Tatsache zu akzeptieren. (...)

Das Prinzip, die private Aneignung bestimmter Güter und Dienste einzuschränken, wird seit langem in liberalen Gesellschaften gutgeheißen. In der entwickelten urbanisierten Gesellschaft gilt Privateigentum nicht als Naturrecht, sondern wird nach seinem Beitrag zu gesellschaftlicher Effizienz und Harmonie eingeschätzt. Form und Umfang der Eigentumsrechte haben deswegen einen langen und andauernden Wandel erfahren. So sind die effektiven Rechte an Besitztum und dem Einsatz von Kapital durch Steuergesetze und unmittelbare Beschränkungen dessen, was Eigner von Kapitalanteilen mit diesem Besitz anfangen können, stark beschnitten worden, beispielsweise durch Beschränkungen ihres Rechts, Personal einzustellen oder zu entlassen.

Selbst unter den vorteilhaftesten Bedingungen einer Marktgesellschaft gibt es bestimmte Dinge, die der Marktsphäre entzogen sein sollten. Zu den wesentlichsten unverkäuflichen Dingen zählen die Schlüsselelemente des Verfassungssystems, z.B. richterliche oder politische Entscheidungen. Dazu gehören jedoch auch einige der knappsten Positionsgüter: historische Monumente, besondere landschaftliche Naturschönheiten oder der Ufersaum von Seen und Meeren, um den freien Zugang zu diesen zu sichern. Allgemeiner ausgedrückt befinden sich alle Eigentumsrechte an gesellschaftlich knappen oder in anderer Weise bedeutsamen Objekten in einem ständigen Veränderungsprozeß und werden in letzter Zeit deutlich restriktiv gehandhabt. Das wichtigste Beispiel ist die erforderliche öffentliche Zustimmung zur Errichtung von Neubaugebieten durch Bebauungs- und Planungsvorschriften. Ein anderes wichtiges Beispiel ist die vor einiger Zeit in etlichen Staaten der USA vorgenommene Kodifizierung des Rechts der Öffentlichkeit, über Privatgelände ein Wegerecht zu den Stränden eingeräumt zu bekommen.

Zur selben Gruppe, wenngleich weniger offensichtlich, sind jene teils gesetzgeberischen, teils richterlichen Maßnahmen zu zählen, die im öffentlichen Schulwesen der Vereinigten Staaten zur rassischen und sozialen Integration beitragen sollten, sowie ähnliche Versuche in England, im staatlichen Schulwesen integrierte Gesamtschulen anstelle selektiver Schulen einzurichten. Obgleich diesen Versuchen sehr unterschiedliche Erfolge beschieden waren und die wichtige Hintertür des privaten Schulwesens unangetastet blieb, dieses zum Teil sogar noch verstärkten, so haben sie doch vermutlich das Ausmaß verringert, in dem ein Bildungsvorteil vom Einkommen und Vermögen der Eltern abhängt. In diesem Sinne können sie von Befürwortern wie Kritikern durchaus als Vorläufer einer fortschreitenden Unabhängigkeit des Bildungswettbewerbs von der Zahlungsfähigkeit der Eltern betrachtet werden.

Der Haupteinwand gegen weiterreichende Maßnahmen auf diesem Gebiet richtet sich gegen den damit verbundenen Schaden für eine Vielfalt des Bildungsangebots und der individuellen Wahlmöglichkeit. Diese Vielfalt ermöglicht unterschiedliche Bildungsgänge und damit die Befriedigung unterschiedlicher individueller Bildungsbedürfnisse. Aber es ist allgemein bekannt, daß ein weiterer Effekt des vielfältigen Bildungsangebots darin besteht, all denen einen rascheren Bildungsfortschritt zu ermöglichen, die die Vorteile größerer finanzieller Mittel und besserer gesellschaftlicher Herkunft genießen. Solche Wirkungen mögen bewußt beabsichtigt oder zufällig sein, jedenfalls rühren sie aus der den Eltern und Schülern gewährten Möglichkeit, aus ihrer Situation das Beste zu machen – eine Möglichkeit, deren Verzicht teurer zu stehen kommt, wenn sie anderen, aber nicht einem selbst zur Verfügung steht. (Man vergleiche den relativen Nutzen und Aufwand des ersten und letzten Schülers aus der Mittelschicht, der von einer städtischen Schule abgeht, um eine Vorortschule zu besuchen). So wird Vielfalt des Bildungsangebots und der Bildungswahl unter den gegenwärtigen Umständen um den Preis einer Verstärkung der bestehenden wirtschaftlichen und sozialen Unterschiede aufrechterhalten.

Auch hier könnte der Konflikt gemildert werden, wenn die Prämien am Ende weniger hoch wären. Sobald Bildung ein weniger sicheres Mittel für den Erwerb oder die Sicherung finanzieller Vorteile ist, wird es weniger Gründe für eine Beschränkung des Wettbewerbs und der Vielfalt im Bildungswesen um einer gerechteren Verteilung willen geben. Unter diesen Umständen werden die einzelnen wahrscheinlich eine bestimmte Schule oder einen Kurs deshalb wählen, weil dies ihren persönlichen Neigungen entspricht und nicht, weil es ein rascher Weg zu gutbezahlten Stellen ist.

Auf diese Weise würden Maßnahmen zur Verringerung des finanziellen Anreizes der gesuchtesten Stellen, d.h. zur Auflösung des Zusammenhangs von Bildung und Einkommen, einige der Konflikte vermeiden, die sich aus den gegenwärtigen Versuchen ergeben, diese Abhängigkeit zu vermeiden. Wenn die knappen Positionen weniger verzuckert wären, würde das Interesse an ihnen abnehmen und damit auch das Gedränge beim Wettbewerb um deren Besetzung. Je mehr dies gelingt, um so geringer wird der Nachteil, der sich für die Gesellschaft daraus ergibt, daß individuelles Streben und Konkurrieren sich selbst überlassen bleiben.

Die sich aus diesen Überlegungen ergebenden Schlußfolgerungen für praktische Maßnahmen können wie folgt zusammengefaßt werden. Ein übermäßiger Wettbewerb auf dem Positionsgütersektor bringt – wie sich gezeigt hat – bedeutende externe Kosten mit sich. Wenn kein Einhalt geboten wird, ist irgendwann ein Punkt erreicht, an dem der Schaden für die Gesellschaft zu groß erscheint, um weiterhin jene individuelle Freiheit zu rechtfertigen, aus deren Handeln ein solcher Schaden entsteht. Individuelle Freiheit wird dann als gesellschaftlich und letztlich selbstzerstörerisch gesehen, und das Drängen nach einer Einschränkung dieser Freiheit wird übermächtig.

Die Entwicklung der gesteuerten Marktwirtschaft weist eine lange Reihe von Vorläufern derartiger Maßnahmen auf, worauf ich in diesem Buch hingewiesen habe. Die Freiheit, wirtschaftliche Transaktionen zu unternehmen, kann nur dann ihrem Zweck dienen und ihre gesellschaftliche Grundlage erhalten, wenn das Gesamtresultat individueller Transaktionen mit positiven Ergebnissen verbunden ist oder durch eine gelenkte unsichtbare Hand dazu gebracht wird. Eine Verringerung der Prämien, um die der positionale Wettbewerb geführt wird, ist vermutlich der erfolgversprechendste mögliche Weg zu einer Lenkung in dieser Hinsicht. Vielleicht ist es die einzige Möglichkeit, das Fortbestehen der individuellen Konkurrenz in diesem Bereich zu sichern. Andere Verfahren der Allokation werden bereits angewandt. Ein Beispiel hierfür sind die Beschränkungen hinsichtlich der dem einzelnen zur Verfügung stehenden Bildungsgänge. Ein anderes, drastischeres Verfahren ist der Gebrauch von Quoten, um eine bestimmte Anzahl oder proportionale Menge hochbewerteter Positionen Angehörigen einer bestimmten Rasse oder einer in anderer Weise definierten Gruppe zuzuweisen. Derartige „Quoten" im Hinblick auf Rassen- oder Klassenzugehörigkeit sollten als deutliche Vorwarnung für jene illiberalen Zwänge gesehen werden, die zu erwarten sind, wenn ein individueller Wettbewerb um begrenzte Chancen zu stark verfälschten Ergebnissen führt.

Allgemeiner ausgedrückt liefert der Umstand der gesellschaftlichen Knappheit der individuellen Aneignung auf dem Positionsgütersektor eine unsichere gesellschaftliche Begründung. Die letztliche Rechtfertigung für die Verfolgung individueller wirtschaftlicher Interessen und der Garantie privater Eigentumsrechte liegt darin, daß damit die Menge der allen zur Verfügung stehenden Ressourcen erhöht wird. Dieser Zusammenhang besteht jedoch auf dem Positionsgütersektor nicht. Es ist richtig, daß die gegenwärtigen Alternativen zu einer individuellen Nutzenmaximierung auch ihren gesellschaftlichen Preis kosten. Eine kollektive Bereitstellung unter individualistischem Ethos weist ihre eigenen Widersprüche auf. Strukturelle Verschiebungen innerhalb der Wirtschaft haben zu wachsenden und insgesamt äußerst bedeutsamen wachsenden Steigerungen der öffentlichen Ausgaben geführt; aber das Fortbestehen der individualistischen ökonomischen Orientierung hat die beabsichtigten Resultate untergraben. Dieser Mangel oder diese Unvollkommenheit zufriedenstellender Alternativen beschränkt die möglichen Konsequenzen, die sich aus der an Überzeugungskraft verlierenden Rechtfertigung individueller Nutzenmaximierung auf dem Positionsgütersektor für unmittelbare politische Maßnahmen ergeben. Es ist das materielle Wachstum mit dem Motor eines liberalen Kapitalismus, das in diese Sackgasse geführt hat. Aber der Druck der Umstände schafft sich sein eigenes Ventil, und politische Maßnahmen auf bestimmten Gebieten können zur Überwindung des toten Punktes beitragen.

Innerhalb des legitimen Bereichs individuellen wirtschaftlichen Strebens ist eine wesentliche Anpassung vorzunehmen. Die individuelle ökonomische Freiheit muß noch den Forderungen nach Teilhabe der Mehrheit angepaßt werden. Die traditionell nur einer Minderheit verfügbaren Möglichkeiten bedeuten heute eine zu starke Belastung. In diesem Sinne sind die übertriebenen Erwartungen in modernen Volkswirtschaften die traditionellen Erwartungen der Personen an der Spitze der Gesellschaftspyramide. Denn diese waren es, die einen unerreichbaren allgemeinen Standard gesetzt haben. Es sind die Gutbetuchten, die zuviel erwarten.

Der liberale Staat, der Chancen für jeden bereithält, erscheint heute weit weniger vielversprechend. Seine Anziehungskraft als solche hat er nicht verloren. Was eingeschränkt werden muß, ist die Möglichkeit, diese Chancen auf die Bevölkerung ingesamt auszudehnen. Der Kapitalismus hat in der Tat die Seidenstrümpfe der Königinnen für jedes Fabrikmädchen erschwinglich gemacht; auf diesem Gebiet und in dieser Zeit war er ein großer Gleichmacher, was Schumpeter so überzeugend gezeigt hat. Die erreichte Leistung setzt ihn jedoch unglücklicherweise nicht in den Stand, das Schauspiel mit nicht-materiellen Privilegien – vergangenen oder gegenwärtigen – zu wiederholen.

Tatsächlich führt dies die politische Entscheidung auf ein Problem zurück, dem die Liberalen des 19. Jahrhunderts in der Mehrzahl aus dem Weg gingen: die Wahl zwischen der Bewahrung der vollen Früchte individueller Chancen und unbeschränkter individueller Entscheidungsfreiheit zugunsten einer Minderheit und den notwendigen Anpassungen, um diese Früchte auch der Mehrheit zugänglich zu machen. Liberal-Konservative von Burke bis Hayek haben das liberale Angebot stets begrenzt sehen wollen und haben vor den Gefahren einer Verwässerung gewarnt, die sich aus dessen unnatürlicher Ausweitung ergeben würden. Diese konservative Strömung des Liberalismus hat implizit die gesellschaftlichen Grenzen des Wachstums anerkannt. Was der Mehrheit von dieser Seite angeboten wird, ist nicht die Besiegelung eines Zustandes, sondern die Chance, sich aus ihm zu erheben. In der Bildsprache R.H. Tawneys besteht der Trost der Kaulquappen darin, daß einige wenige unter ihnen sich ebenfalls über die anderen erheben und Frösche werden können. Wenn auch eine Wiederbesinnung auf diesen Ansatz heute moralisch und politisch undenkbar ist, so läßt sich an ihm doch ein ökonomischer Wirklichkeitssinn zeigen, der der optimistischeren Zuversicht sozialdemokratischer Weltverbesserer fehlt, wonach am Ende allen der Aufstieg gelingen müsse.

Wenn das Ziel der universellen Teilhabe nicht aufgegeben wird, werden die von den sozialen Grenzen gesetzten Beschränkungen die Gesellschaft unerbittlich von kollektiver Bereitstellung und Orientierung abhängiger machen. Daraus ergibt sich wiederum die Notwendigkeit einer veränderten Wahrnehmung. Es geht dabei nicht um einen revolutionären Wandel der Einstellungen, eine visionäre „Änderung der menschlichen Natur", sondern um eine graduelle Anpassung. Das individuelle Verhalten war in liberalen Gesellschaften schon immer in bestimmten Bereichen gesellschaftlich orientiert. (...)

Die Gesellschaft befindet sich in Aufruhr, da die einzige Legitimation, über die sie verfügt, die der sozialen Gerechtigkeit ist; und der Übergang zu einer gerechten Gesellschaft ist eine unsichere, mit Ungerechtigkeiten gepflasterte Straße. Das ist das schwierige Stadium, das durch das Fortwirken der neuzeitlichen westlichen Aufklärung erreicht worden ist. Das zentrale Problem der heutigen Situation ist die Notwendigkeit, den bestehenden Zustand zu rechtfertigen. Darin liegt ihr moralischer Triumph und ihr ungelöstes technisches Problem. Die Notwendigkeit einer Rechtfertigung setzt der Summe aller möglichen Lösungen enge Grenzen. Bislang haben funktionale Lösungen über moralische Lösungen triumphiert. Diese Unterscheidung ist heute verwischt: um zu funktionieren, muß eine Lösung moralisch vertretbar sein. Wer waren die Realisten in Vietnam? Für das hier behandelte überragende Problem sind in erster Linie keine technischen Verfahren erforderlich, sondern eine öffentliche Zustimmung, ohne die jene gar nicht in Funktion treten können.

Wissenschafts- und Technologieverfassung. *Daß wir in einem wissenschaftlich-technischen oder technologischen Zeitalter leben, pfeifen seit Jahrzehnten alle Spatzen von den Dächern. Die öffentlichen und formell privaten Forschungsbudgets sind entsprechend hochgeschnellt. „Forschung und Entwicklung" lauten die Schlüsselworte, die den Weltmarktzugang und die dortige Konkurrenzfähigkeit bedingen. Letztere wiederum entscheidet über den Grad des Wohlstands der Nationen. Die hektisch verbohrte Suche nach Innovationen hält ganze Gesellschaften in Atem. Von der Ausbildung bis zur Altersversorgung.*

Doch die wissenschaftlich-technische Lösung fast aller gesellschaftlichen Probleme, auch und gerade solcher Probleme, die durch wissenschaftlich-technische Lösungen gestern und heute verursacht worden sind, führt nicht nur zu nie zuvor gekannten Leistungen und Entlastungen. Sie beschwört neue, gleichfalls zuvor nicht gekannte Belastungen herauf. Die Wortmünze von der „Risikogesellschaft" (Ulrich Beck) läuft geschwind um. Von Mund zu Mund. Tschernobyl spielt seit über fünf Jahren die Rolle des Menetekels. Sind mehr Tschernobyls möglich? Ereignen sie sich nicht längst andersartig? Bemerkt und unbemerkt. Hochgesprochen und umstritten in der „Klimakatastrophe", den „Umwelteffekten", der Zerstörung ganzer Landstriche vor allem in Ländern der Dritten Welt, der Ausrottung ganzer Pflanzen- und Tierarten... Und bleiben die Effekte darauf „beschränkt"?

Entsprechend werden auch die herkömmlichen liberal-demokratischen Verfassungsmuster durch die (über-)mächtigen Faktoren Wissenschaft und Technologie in Frage gestellt. Diese Faktoren haben längst ihre „Wahrheits"- und „Fortschritts"-gewährte Unschuld verloren. Charles Perrow, der nordamerikanische Sozialwissenschaftler, macht dies in seinem kundigen Buch über die „Normalen Unfälle" (so die genauere Übersetzung von Normal Accidents) deutlich. Wissenschaft und Technologie bauen so komplexe, ja überkomplexe Systeme, daß „Systemunfälle" nicht vorhersehbar, dennoch geradezu programmiert sind. Wenn es aber stimmt, und alle genaueren Einsichten sprechen dafür, daß „zur Debatte nicht die Risiken" stehen, „sondern Macht", dann gilt es hier anzusetzen.

(Charles Perrow: Normale Katastrophen. Die unvermeidbaren Risiken der Großtechnik, Frankfurt/Main 1989, S.15–28, 357–359, 360, 363-364, 368)

Charles Perrow

Unvermeidbare Risiken der Großtechnik

Willkommen in der Welt hochriskanter Technologien! Vielleicht haben Sie selbst den Eindruck, daß sich diese Technologien ständig vermehren, und das stimmt auch. Während sich unser gesamter technischer Komplex erweitert, während die von uns geführten Kriege ständig an Zahl zunehmen, und während wir uns immer mehr der Natur bemächtigen, schaffen wir Systeme –Organisationen und Organisationen von Organisationen –, die die Gefahren für die Bedienungsmannschaften, Passagiere, zufällig Betroffene sowie für zukünftige Generationen erhöhen. Ich werde einige dieser Systeme etwas näher untersuchen – Kernkraftwerke, großchemische Produktionsanlagen, Flugüberwachung und die Wartung von Flugzeugen, Schiffen, Staudämmen, Kernwaffen, Raumfahrtprogrammen und die Gentechnologie. Die meisten dieser mit Risiken behafteten Systeme weisen ein Katastrophenpotential auf, die Fähigkeit, mit einem Schlag das Leben Hunderter von Menschen auszulöschen oder das von Tausenden, gar Millionen zu verkürzen oder diese zu Krüppeln zu machen. Jahr für Jahr nimmt die Anzahl dieser Systeme zu. Das ist die schlechte Nachricht.

Die gute Nachricht lautet, daß es mit Hilfe eines vertieften Verständnisses von den Eigenarten risikoreicher Systeme möglich ist, diese Gefahren zu verringern oder sogar gänzlich zu beseitigen. Es sind zwar eine Menge schlechter Nachrichten zu verdauen, bis wir zu den guten vorgedrungen sind, doch wird dieses Unternehmen von der Zuversicht geleitet, daß wir die Möglichkeit haben, hochriskante Technologien besser als bisher in den Griff zu bekommen. Es gibt zahlreiche Verbesserungen, auf die ich hier nicht eingehen werde, da sie auf der Hand liegen – z.B. eine bessere Schulung des Bedienungspersonals, sicherere Konstruktionen, verschärfte Qualitätskontrollen und effektivere Ausführungsbestimmungen. Sowohl in der Industrie als auch in Regierungsbehörden sitzen Fachleute, die an diesen Problemen arbeiten. Was den Erfolg ihrer Bemühungen angeht, bin ich nicht besonders optimistisch, da alles darauf hindeutet, daß die Risiken schneller zunehmen als die Möglichkeiten ihrer Verringerung. (. . .)

Mir geht es vielmehr um jene Eigenschaften von hochriskanten Technologien, die darauf hindeuten, daß es trotz noch so effizienter herkömmlicher Sicherheitsvorkehrungen zu einfach unvermeidlichen Unfällen kommt. Das ist keine gute Nachricht über Systeme, die ein hohes Katastrophenpotential aufweisen, wie z.B. Kernkraftwerke, atomare Waffen, gentechnische Verfahren oder auch Schiffe, die eine hochgiftige oder -explosive Fracht befördern. Diese Eigenschaften lassen beispielsweise vermuten, daß die Wahrscheinlichkeit für das Durchbrennen eines Reaktorkerns und die Entlassung von radioaktiven Partikeln in die Atmosphäre nicht etwa eins zu einer Million, sondern eher eins zu zehn beträgt.

Die meisten Hochrisiko-Systeme weisen einige spezielle Eigenschaften auf, die unabhängig von ihren manifesten Gefahren (Giftigkeit, Explosivität etc.) Systemunfälle zu etwas Unausweichlichem, zu nachgerade „normalen" Unfällen machen. Das hängt mit der Art und Weise zusammen, wie Störungen miteinander interagieren können und wie das System innerlich verknüpft ist. Es ist möglich, diese besonderen Eigenschaften zu analysieren und dadurch ein wesentlich besseres Verständnis dafür zu gewinnen, warum es in diesen Systemen immer wieder zu Unfällen kommt. Wenn wir das erkannt haben, können wir viel besser begründen, warum bestimmte Technologien aufgegeben werden müssen und warum andere, die wir nicht aufgeben können, weil sie zu einem unverzichtbaren Bestandteil unserer Wirtschaft und unserer Alltagswelt geworden sind, modifiziert werden müssen. Es wird uns nie gelingen, jedes Risiko aus risikoreichen Systemen zu eliminieren, und wir werden bestenfalls immer nur einige wenige Systeme komplett abschaffen können. Aber wir können wenigstens damit aufhören, den falschen Leuten und den falschen Faktoren die Schuld an den Unfällen zu geben und zu versuchen, die unfallträchtigen Systeme mit Mitteln zu verbessern, die ihre Gefährlichkeit nur noch erhöhen.

Im Grunde genommen ist das hier vorgetragene Argument recht einfach. Nehmen wir irgendeine Produktionsanlage, ein Flugzeug, ein Schiff, ein biologisches Laboratorium oder ein anderes System, das sich aus einer Vielfalt von Komponenten (Bauteilen, Verfahren, Operateuren) zusammensetzt. Nehmen wir zwei oder mehr Betriebsstörungen bei Komponenten, die auf eine Weise miteinander in Interaktion treten, die niemand vorher erwartet hatte. Keinem wäre es vorher in den Sinn gekommen, daß ausgerechnet dann, wenn X ausfällt, auch Y ausfallen kann und nun beide Defekte so miteinander interagieren, daß sowohl ein Feuer ausbricht als auch der Feueralarm ausfällt. Weil zunächst niemand dieser Interaktion auf die Spur kommt, kann auch niemand wissen, was zu tun ist. Das Problem ist eben so beschaffen, daß kein Konstrukteur vorher daran gedacht hat. Beim nächsten Mal wird die Konstruktionsabteilung ein zusätzliches Alarmsystem und eine zusätzliche Löschvorrichtung vorsehen, die dann jedoch möglicherweise ihrerseits drei zusätzliche unerwartete Interaktionen zwischen zwangsläufig auftretenden Störungen zulassen. Diese Tendenz zu Interaktionen zwischen Betriebsstörungen oder -ausfällen ist eine Eigenschaft des Systems und nicht die eines Bauteils oder eines Operateurs. Wir wollen sie als „Komplexität" des Systems bezeichnen.

Bei manchen Systemen, die eine derartige Komplexität aufweisen, etwa bei Universitäten oder Laboratorien für Forschung und Entwicklung, wird der Unfall keine weiteren und schwerwiegenden Folgen haben, da der vorhandene Handlungsspielraum groß ist und genügend Zeit oder Möglichkeiten zur Behebung des Schadens zur Verfügung stehen. Aber angenommen, ein System ist nicht nur komplex, sondern auch „eng gekoppelt" – d.h. seine Prozesse laufen sehr schnell ab und lassen sich nicht ohne weiteres abschalten, die ausgefallenen Aggregate lassen sich nicht von den übrigen Bauteilen isolieren, oder es besteht keine andere Möglichkeit, einen ungestörten Produktionsablauf zu gewährleisten –, dann ist eine Rückkehr in den ursprünglichen Zustand nicht möglich. In diesem Fall wird sich die Störung rasch und ohne erkennbare Ursache zumindest für eine gewisse Zeit ausbreiten. Eingriffe durch das Bedienungspersonal oder das Anspringen von Sicherheitssystemen machen sogar alles nur noch schlimmer, da eine Zeitlang kein Mensch weiß, worin das Problem wirklich besteht.

Wahrscheinlich haben viele Produktionsprozesse einmal so angefangen – eng gekoppelt und mit zahlreichen komplexen Interaktionsmöglichkeiten. Doch mit zunehmender Erfahrung verbesserten sich Konstruktion, Ausrüstung und Verfahren, die unerwarteten Interaktionen wurden umgangen, die enge Kopplung wurde gelockert. Das gilt offenbar für den Bereich der Flugsicherung und -überwachung, wo es gelungen ist, Komplexität und enge Kopplung durch eine effizientere Organisation und technische Verbesserungen zu reduzieren. Wir werden auch sehen, daß in den letzten Jahrzehnten der Zusammenhang zwischen dem Bau von Staudämmen und dem Auftreten von Erdbeben besser erkannt wurde. Wir wissen heute, daß hierbei ein größeres System beteiligt ist, als wir ursprünglich geglaubt haben, denn es ist nicht damit getan, lediglich ein Flußtal zu verbarrikadieren und mit Wasser vollaufen zu lassen. Bei den meisten Systemen scheinen jedoch weder eine bessere Organisation noch technische Neuerungen ihre Unfallträchtigkeit zu mindern. Tatsächlich erfordern diese Systeme Organisationsstrukturen, die umfangreiche innere Widersprüche aufweisen, sowie technische Nachrüstungen, die ihre Neigung zu komplexen Interaktionen und ihre enge Kopplung nur noch verstärken und sie dadurch noch anfälliger für Unfälle machen.

Wenn Komplexität und enge Kopplung als Systemeigenschaften zwangsläufig Unfälle herbeiführen, dann können wir wohl mit einiger Berechtigung von einem *normalen* oder einem *Systemunfall* sprechen. Mit dem ungewöhnlichen Begriff *normaler Unfall* wollen wir deutlich machen, daß beim Vorliegen der genannten Systemeigenschaften vielfache und unerwartete Interaktionen zwischen Störungen des Systems zwangsläufig auftreten werden. Es ist ein Ausdruck für eine immanente Eigenschaft des Systems und keine Häufigkeitsaussage. Es ist normal, daß wir sterben, aber wir tun es nur einmal. Systemunfälle sind ungewöhnlich, sogar selten; dennoch ist diese Tatsache alles andere als beruhigend, wenn sie eine Katastrophe nach sich ziehen können.

Die beste Möglichkeit, den Leser mit der Vorstellung von normalen oder Systemunfällen vertraut zu machen, ist ein hypothetisches Beispiel aus einer alltäglichen Situation, wie sie uns allen mehr oder weniger vertraut ist. So etwas ereignet sich an einem jener Tage, an denen alles schiefgeht.

Ein Beispiel aus dem Alltagsleben

Stellen Sie sich vor, Sie gehen eines Morgens nicht zur Arbeit, weil es Ihnen nach vielen Mühen gelungen ist, für diesen Vormittag ein wichtiges Vorstellungsgespräch in der Personalabteilung einer anderen Firma zu vereinbaren. Ihre Freundin oder Frau hat das Haus bereits verlassen, wenn Sie das Frühstück machen, aber dummerweise hat sie die fast geleerte gläserne Kaffeekanne auf der Heizplatte der angeschalteten Kaffeemaschine stehenlassen, so daß der Kaffee verkocht und die Kanne gesprungen ist. Ohne Kaffee am Morgen sind Sie zu nichts zu gebrauchen, also stöbern Sie im Schrank, bis Sie Filterpapier und einen alten Kaffeefilter entdecken. Sie müssen nun noch warten, bis das Wasser kocht und durch den Filter gelaufen ist, dann trinken Sie hastig, unter nervösen Seitenblicken auf Ihre Uhr, die Tasse leer und stürmen aus dem Haus. Vor der Autotür stellen Sie fest, daß Sie in der Eile Ihren Schlüsselbund vergessen haben. Das ist nicht weiter tragisch, da Sie eigens für derartige Notfälle einen zweiten Hausschlüssel in einem Blumenkasten versteckt und einen zweiten Autoschlüssel in der Wohnung deponiert haben. (Das ist eine Sicherheitsvorkehrung, eine sogenannte „Redundanz".) Aber dann fällt Ihnen ein, daß Sie am Abend zuvor den Hausschlüssel einem Bekannten gegeben haben, der bei Ihnen, während Sie nicht daheim sind, im Laufe des Tages einige Bücher abholen will. (Damit ist dieser „Redundanzpfad", wie es in der Fachsprache heißt, nicht weiter gangbar.)

Nun drängt allmählich die Zeit, aber immerhin hat ja der Nachbar ein Auto. Er ist ein freundlicher alter Herr, der seinen Wagen nur einmal im Monat fährt und gut in Schuß hält. Sie klingeln bei ihm und wollen Ihre Geschichte loswerden, aber Sie hören von ihm, daß ausgerechnet in der vergangenen Woche die Lichtmaschine ausfiel und erst am Nachmittag repariert werden soll. Ein weiteres „Notfallsystem" hat Sie im Stich gelassen, diesmal ohne jeden Zusammenhang mit Ihrem eigenen Verhalten (ein sogenanntes *entkoppeltes* oder unabhängiges Ereignis, da zwischen dem verliehenen Schlüssel und dem Defekt der Lichtmaschine kein Zusammenhang besteht). Na gut, Sie können ja immer noch den Bus nehmen. Aber eben doch nicht „immer". Der freundliche alte Herr hat die Nachrichten gehört und erzählt Ihnen, daß das Busunternehmen mit der angedrohten Aussperrung der Busfahrer Ernst gemacht hat. Die Fahrer hatten sich geweigert, mit angeblich verkehrsunsicheren Bussen zu fahren, und außerdem verlangten sie höhere Löhne. (Jetzt ist obendrein auch noch ein Sicherheitssystem ausgefallen.) Vom Telefon Ihres Nachbarn aus rufen Sie die Taxizentrale an, aber wegen der Aussperrung der Busfahrer sind alle Taxen besetzt. (Diese beiden Ereignisse, die Aussperrung und die Unmöglichkeit ein freies Taxi zu ergattern, sind abhängige, eng miteinander verknüpfte, sogenannte *eng gekoppelte* Ereignisse, wie ich sie bezeichnen möchte, da das zweite durch das erste ausgelöst wird.)

Sie rufen den Sekretär der Personalleiterin an und sagen ihm: „Es ist wie verhext – bei mir ist heute morgen alles schiefgelaufen, und ich muß leider die Verabredung mit Mrs. Thompson absagen. Können wir einen neuen Termin vereinbaren?" Und Sie nehmen sich vor, beim nächsten Mal zwei Autos zu organisieren, zusätzlich ein Taxi vorzubestellen und sich den Kaffee selbst zu machen. Der Sekretär verhält sich entgegenkommend, aber im stillen denkt er sich: „Dieser Bewerber ist offensichtlich unzuverlässig; erst hat er alle Hebel wegen dieses Termins in Bewegung gesetzt, und dann erscheint er nicht." Er macht darüber eine Aktennotiz und bemüht sich, einen denkbar ungünstigen Termin in der nächsten Woche anzubieten, von dem er annimmt, daß er von Mrs. Thompson geändert werden wird.

Ich möchte Sie jetzt bitten, ein paar kurze Fragen zu diesem hypothetischen Ereignis zu beantworten. Welches war die primäre Ursache dieses „Unfalls" oder dieser Pechsträhne?

1. Menschliches Versagen (z.B. das unterlassene Abschalten der Kaffeemaschine oder das Vergessen der Schlüssel in der Eile)?
   Ja ☐
   Nein ☐
   Weiß nicht ☐
2. Mechanischer Defekt (Ausfall der Lichtmaschine)?
   Ja ☐
   Nein ☐
   Weiß nicht ☐
3. Die Umwelt (Aussperrung der Busfahrer und Überlastung des Taxiverkehrs)?
   Ja ☐
   Nein ☐
   Weiß nicht ☐
4. Anordnung des Systems (das es ermöglicht, daß Sie sich aus Ihrer Wohnung aussperren können, statt daß die Wohnungstür sich nur dann schließt, wenn Sie den Schlüssel von außen ins Schlüsselloch stecken, oder das keine Reservetaxen für bestimmte Notfälle vorsieht)?
   Ja ☐
   Nein ☐
   Weiß nicht ☐
5. Angewandte Verfahren (z.B. das Warmhalten von Kaffee in einer Glaskanne oder das Aufstehen zur gewohnten Zeit)?
   Ja ☐
   Nein ☐
   Weiß nicht ☐

Wenn Sie bei allen fünf Fragen »Weiß nicht« oder »Nein« angekreuzt haben, sind wir einer Meinung. Haben Sie die erste Frage mit »Ja« beantwortet (menschliches Versagen), dann vertreten Sie gegenüber Unfällen mit mehreren Ursachen einen ähnlichen Standpunkt wie die Kommission der Präsidenten zur Untersuchung des Reaktorunfalls von Three Mile Island (TMI). Die Kommission gab allem und jedem die Schuld, in erster Linie jedoch dem Bedienungspersonal (s. Kemeny et al. 1979, S.2, 11, 113-116; Perrow 1981). Die Hersteller der Anlage, Babcock und Wilcox, beschuldigten *ausschließlich* die Operateure. Haben Sie bei der zweiten Frage »Ja« angekreuzt (mechanischer Defekt), dann befinden Sie sich in guter Gesellschaft mit den Repräsentanten von Metropolitan Edison, der Betreiberfirma von TMI. Nach ihrer Meinung wurde der Unfall durch ein schadhaftes Ventil verursacht, und sie strengten einen

Prozeß gegen Babcock und Wilcox an. Haben Sie hinter dem »Ja« der vierten Frage ein Kreuz gemacht (Systemaufbau), dann können Sie sich den Experten von Essex anschließen, die im Auftrag der Nuclear Regulatory Commission (NRC), das ist die US-Atomaufsichtsbehörde, die Steuerwarte einer Analyse unterzogen (s. Essex Corporation 1980).

Die beste Antwort auf die fünf Fragen lautet in allen Fällen uneingeschränkt »Nein«. Die eigentliche Ursache des hypothetischen Zwischenfalls liegt in der Komplexität des Systems begründet. D.h. jeder der aufgeführten Ausfälle – im Hinblick auf Systemauslegung, Apparatur, Operateure, Verfahren oder Umwelt – war für sich allein betrachtet trivial. Man rechnet mit dem Auftreten solcher Störungen, weil eben nichts auf der Welt vollkommen ist, und normalerweise schenken wir ihnen kaum Beachtung. Die Aussperrung der Busfahrer wäre für Sie folgenlos, wenn Sie Ihren Wagenschlüssel nicht vergessen oder den Wagen des Nachbarn hätten benutzen können. Der Lichtmaschinendefekt im Auto Ihres Nachbarn bliebe für Sie ohne Folgen, wenn Sie sich eines Taxis bedienen könnten. Wenn die Einhaltung des Termins für Sie nicht so wichtig wäre, würde es für Sie kaum eine Rolle spielen, daß Ihnen weder Wagen noch ein Bus oder ein Taxi zur Verfügung steht. An jedem anderen Morgen wäre das Zerspringen der gläsernen Kaffeekanne lediglich eine Unannehmlichkeit (wir werden solche Ereignisse als *Zwischenfälle* bezeichnen), die Sie nicht weiter nervös machen und kaum dazu führen würde, daß Sie die Haustür hinter sich zuschlagen und drinnen die Schlüssel vergessen.

Obgleich die Ausfälle für sich betrachtet unbedeutend waren und obwohl jeweils ein Sicherheitssystem oder ein Redundanzpfad zur Verfügung stand, falls der »Lösungsweg« blockiert war, zeitigten sie gravierende Folgen, sobald zwischen ihnen eine Interaktion erfolgte. Es ist die *Interaktion* zwischen mehreren Defekten, die den Unfall erklärt. Wir rechnen damit, daß wir uns aus der eigenen Wohnung aussperren (wozu sonst der Zweitschlüssel im Versteck?), und es kommt schon einmal vor, daß wird den Reserveschlüssel an einen Dritten verleihen. Womit wir jedoch nicht rechnen, ist die Möglichkeit, daß sich alle diese Störungen zur selben Zeit ereignen könnten. Deshalb haben wir dem Sekretär gesagt, alles sei wie verhext, und deshalb haben wir uns innerlich auf Murphys Gesetz berufen (alles, was schiefgehen *kann*, geht auch *tatsächlich* irgendwann einmal schief).

Die Ursache des Vorfalls lag in der interaktiven Natur unserer Welt an jenem Morgen und in ihrer engen Kopplung – nicht in den einzelnen Zwischenfällen, mit denen man rechnen muß und gegen die wir uns mit Notfallsystemen zu schützen suchen. Die meiste Zeit über nehmen wir keine Notiz von den Kopplungen, die unserer Welt innewohnen, weil Pannen selten sind oder weil es zwischen gelegentlich auftretenden Störungen nicht zu Interaktionen kommt. Trotzdem kann es passieren, daß mit einem Mal Dinge, zwischen denen wir nie einen Zusammenhang vermutet hätten (Busse und Lichtmaschinen, Kaffee und ein verliehener Schlüssel), miteinander verknüpft werden. Unvermittelt ist das System enger gekoppelt als jemals vorgestellt. Wenn wir es mit komplexen und außerdem eng gekoppelten Systemen zu tun haben, dann ist das Auftreten derartiger Zwischenfälle sehr wohl »normal«, auch wenn sie sich nur selten ereignen. Sie sind vielmehr normal im Sinne einer immanenten Eigenschaft des Systems, in dem eben von Fall zu Fall Interaktionen dieser Art auftreten. Das Unglück von TMI war ein solcher normaler oder Systemunfall. Zu solchen Unfällen kommt es deshalb, weil wir eine industrielle Gesellschaft aufgebaut haben, innerhalb derer bestimmte Komponenten, wie etwa Industrieanlagen oder Militärprojekte, hochgradig interaktive und eng gekoppelte Bestandteile aufweisen. Leider sind einige mit einem Gefahrenpotential verbunden, das im Ernstfall eine Katastrophe auslösen kann.

Unser Beispiel aus dem Alltagsleben hat uns mit einigen zweckmäßigen Begriffen vertraut gemacht. Unfälle können das Resultat von *Mehrfachstörungen* sein. Unser Beispiel verdeutlicht Ausfälle in fünf verschiedenen Bereichen – Systemauslegung, Ausrüstung, Verfahren, Bedienungspersonal und Umwelt. Um dieses Konzept auf Unfälle generell anwenden zu können, benötigen wir noch einen sechsten Bereich: Zubehör und Material. Wir bezeichnen alle sechs abgekürzt als DEPOSE-Komponenten (*D* esign, *E* quipment, *P* rocedures, *O* perators, *S* upplies and Materials, *E* nvironment). Das Beispiel hat gezeigt, auf welche Weise unterschiedliche Bestandteile des Systems eng voneinander abhängig werden können – so z.B., wenn eine Aussperrung der Busfahrer zu einem Mangel an verfügbaren Taxen führt. Diese Abhängigkeit bezeichnet man als *enge Kopplung*. Andererseits gibt es auch Ereignisse, die unabhängig voneinander in einem System auftreten können – in unserem Beispiel das Vergessen der Autoschlüssel und der Defekt an der Lichtmaschine. Dies sind *lose gekoppelte* Ereignisse, die zwar beide am selben Geschehensablauf beteiligt sind, ohne sich jedoch in einem Ursache-Wirkungs-Verhältnis zueinander zu befinden.

Ein letzter wichtiger Punkt läßt sich mit unserem Beispiel nicht anschaulich machen. Es ist kein Paradefall für einen normalen oder Systemunfall in unserem Sinne, da die wechselseitige Abhängigkeit der Ereignisse für Sie – den Betroffenen bzw. den »Operateur« – durchschaubar war. Sie konnten zwar an den Ereignissen im einzelnen oder in ihrer Wechselwirkung nichts ändern, aber Sie konnten doch die Interaktionen nachvollziehen. In komplexen Systemen der Großindustrie, der Raumfahrt oder der Militärtechnologie bedeutet ein normaler Unfall in der Regel (wenngleich nicht immer), daß die Interaktionen nicht nur unerwartet auftreten, sondern während eines bestimmten kritischen Zeitraums auch *undurchschaubar* sind. Das liegt zum Teil daran, daß die Interaktionen in diesen Mensch-Maschine-Systemen tatsächlich nicht unmittelbar beobachtet werden können, und zum Teil daran, daß man ihnen auch dann, wenn man sie visuell wahrnimmt, keinen Glauben schenkt. Wie wir im Anschluß an Robert Jervis (1976) und Karl Weick (1976) feststellen werden, heißt Sehen nicht zwangsläufig auch Glauben; manchmal sind wir sogar genötigt, zu glauben, noch ehe wir etwas sehen.

Variationen des Themas

So einfach der Grundgedanke dieses Buches auch prinzipiell sein mag, so radikal sind einige der Weiterungen, die er nach sich zieht. So schreibt etwa praktisch jedes der von uns untersuchten Systeme »menschlichem Versagen« den ersten Platz in der Aufzählung möglicher Unfallursachen zu – auf diesen Faktor werden zwischen 60 und 80 Prozent aller Unfälle zurückgeführt. Wenn jedoch, wie wir immer und immer aufs neue feststellen werden, das Bedienungspersonal mit unerwarteten und zumeist mysteriösen Interaktionen zwischen zwei oder mehr Störungen konfrontiert ist, dann läßt sich erst nachträglich mit Bestimmtheit angeben, was in dieser Situation falsch gemacht wurde und was man statt dessen hätte tun sollen. Wir werden uns mit Unfällen beschäftigen, bei deren Auftreten niemand wissen konnte, was vor sich ging und welche Maßnahmen zu ergreifen waren. Manche der begangenen Fehler wirken geradezu grotesk, wenn z.B. zwei Schiffe miteinander kollidieren, die einen »Antikollisions-Kurs« steuern. Eine eingehende Untersuchung derartiger Fälle legt jedoch häufig den Schluß nahe, daß die Männer am Ruder völlig einleuchtende Erklärungen für ihr Verhalten hatten; es war nichts anderes als die Interaktion geringfügiger Fehler, von der sie dazu verleitet wurden, in Gedanken eine völlig falsche

Wirklichkeit zu konstruieren, so daß ihr falsches Bild der Situation den Zusammenstoß herbeiführte.

Als eine zweite Folgerung aus unserem Modell ergibt sich, daß selbst große Ereignisse aus kleinen Anfängen heraus entstehen. Der Leser begegnet auf Schritt und Tritt Unfällen, die wie in unserem Beispiel mit banalen Küchenpannen anfangen; er begegnet ihnen in Flugzeugen, auf Schiffen und in Kernkraftanlagen, und ihre Ursachen sind kaum weniger trivial als eine zersprungene Kaffeekanne. In Großsystemen ereignen sich zahlreiche Bagatellstörungen; nur selten werden schwere Unfälle dadurch verursacht, daß große Rohrleitungen brechen, Flugzeugtragflächen abreißen oder daß Motoren überdrehen. Eine geduldige Rekonstruktion der einzelnen Unfälle enthüllt immer wieder die Banalität hinter der Mehrzahl der Katastrophen.

Kleine Ursachen haben häufig in solchen Systemen eine große Wirkung, in denen ein Produkt einem Umwandlungsprozeß unterzogen wird. Überall dort, wo chemische Reaktionen, hohe Temperatur- und Druckbereiche oder Verwirbelungen von Wasser, Dampf oder Luft beteiligt sind, ist es uns unmöglich, die ablaufenden Prozesse zu beobachten oder – was ebenfalls vorkommt – deren Prinzipien zu verstehen. Bei vielen Umwandlungsprozessen wissen wir zwar allgemein, was vor sich geht, aber in manchen Fällen wissen wir nicht, warum dies so ist. Solche Systeme sind besonders anfällig für geringfügige Störungen, die sich aufgrund der Komplexität der Interaktionen und der engen Kopplung des Systems in unvorhergesehener Weise fortpflanzen. Wir werden auch andere Systeme kennenlernen, in denen weniger die Umwandlung als vielmehr die Fertigung oder die Montage von Produkten eine Rolle spielt, Systeme, die Rohstoffe verarbeiten und nicht verfahrenstechnisch umwandeln. Sie bieten uns die Möglichkeit, aus Unfällen Lehren zu ziehen und das bestehende Maß an Komplexität und enger Kopplung zu reduzieren. In diesen Systemen kann es auch künftig zu Unfällen kommen – das gilt generell für alle Systeme. Doch sind sie zumeist die Folge von schweren Störungen, deren Wirkungsweisen auf der Hand liegen, und weniger von trivialen Ursachen, die unserer Erkenntnis verborgen bleiben.

Ein dritte Folgerung, die sich aus unserem Modell ergibt, ist die Rolle von Organisationen und des Managements bei der Verhinderung – oder Verursachung – von Störungen. Organisationen stehen im Vordergrund unserer Untersuchung, auch wenn wir immer wieder von technischer Ausrüstung, Druck, Temperatur etc. sprechen werden. Risikoreiche Systeme haben einen zweifachen Nachteil: Da normale Unfälle aus der undurchschaubaren Interaktion kleinerer Defekte resultieren, müssen diejenigen, die mit dem System unmittelbar zu tun haben, die Operateure, zu unabhängigen und gelegentlich sogar schöpferischen Maßnahmen in der Lage sein. Wegen der engen Kopplung in diesen Systemen muß jedoch andererseits die Kontrolle der Operateure zentralisiert werden, da im Ernstfall kaum die Zeit bleibt, alles zu überprüfen und im Auge zu behalten, was in den verschiedenen Teilen des Systems vor sich geht. Ein Operateur kann nicht nach eigenem Gutdünken schalten und walten; eine enge Kopplung bedeutet streng vorgeschriebene Arbeitsschritte und unveränderliche Abfolgen, an denen nichts geändert werden darf. Systeme können jedoch nicht gleichzeitig zentralisiert und dezentralisiert sein; häufig sind sie Zwitterorganisationen, die versuchen, gleichzeitig in verschiedene Richtungen zu marschieren. Demnach müssen wir unserer Aufzählung von Problemen auch die immanenten Widersprüche von Organisationen hinzufügen.

Aber auch ohne diese Widersprüche spielen Organisationen für unser Thema eine wichtige Rolle. Immer wieder werden Warnungen in den Wind geschlagen und unnötige Risiken eingegangen, wird die Öffentlichkeit getäuscht und glatt belogen. Als Organisationssoziologe bin ich darüber kaum erstaunt, da dies bei allen Organisationen der Fall ist und zu unserer menschlichen Existenz gehört. Wo es sich jedoch um Systeme handelt, die mit radioaktiven, toxischen oder explosiven Materialien umgehen oder in einer unnachsichtigen, feindseligen Umwelt in der Luft, zur See oder unter Tage operieren, dort haben diese alltäglichen Verfehlungen von Organisationen äußerst unalltägliche Folgen. Unsere Organisationsfähigkeit reicht nicht aus, um den immanenten Risiken wirkungsvoll zu begegnen, die mit etlichen unserer organisatorischen Bemühungen verbunden sind. Jedes Unternehmen wird durch eine bessere Organisation in seinem Erfolg gefördert. Aber es gibt Unternehmungen, zu denen wir uns bislang entschieden haben, bei denen selbst die beste Organisation nicht genug ist. (. . .)

Überhaupt nicht beiläufig, sondern ganz wesentlich geht es indessen um eine *Beurteilung* der Technik und ihrer „Verbesserungen". Wie ein englisches Sprichwort sagt, ging das Streben des Menschen nach Höherem schon immer über seinen Verstand. Das kann wohl auch nicht anders sein. Aber vielleicht setzt bei uns allmählich die Erkenntnis ein, daß unter all den großartigen Möglichkeiten, nach denen wir streben können, einige unseren Verstand mit katastrophalen Folgen übersteigen. Es gibt kein technisches Gebot, das uns sagt, daß wir Kraftwerke oder Waffen haben *müssen*, die mit Kernspaltung oder Kernfusion arbeiten, oder daß wir Organismen erzeugen und auf die Erde loslassen *müssen*, die ausgelaufenes Erdöl einfach auffressen. Was wir hingegen anstreben können und was wir auch im Griff haben, das sind Sonnenenergie oder sichere Kohlekraftwerke und die sicheren Schiffskonstruktionen und Industriekontrollen, die den Öltankerkatastrophen praktisch ein Ende machen würden. Hier hätten wir kein Katastrophenpotential zu befürchten.

Wir müssen die technischen Verbesserungen vor allem bei jenen Systemen einer Bewertung unterziehen, ohne die wir nicht auskommen können oder wollen. Solche Verbesserungen, einschließlich der Sicherheitsvorkehrungen, führen gelegentlich zu neuen Unfällen und bieten allzuoft den Verantwortlichen lediglich die Möglichkeit, die Betriebsgeschwindigkeit des Systems zu erhöhen, es stärkeren Belastungen als bisher auszusetzen als zuvor. Manche technischen Verbesserungen verringern die Störanfälligkeit – das Düsentriebwerk ist einfacher und sicherer als der Kolbenmotor; das Echolot ist besser als eine Lotleine; drei Motoren sind bei einem Flugzeug besser als zwei; Computer sind zuverlässiger als pneumatische Steuerungen. Es gibt aber auch andere technische Verbesserungen, die lediglich eine schlechte Organisation entschuldigen oder Mängel der Systemkonstruktion ausgleichen sollen. Leider ist es bei manchen solcher Systeme äußerst schwierig, die Aufmerksamkeit von Behörden zu wecken, sobald es um Fragen der Sicherheit geht.

Wenn wir zu einer Katastrophe noch Komplexität von Interaktionen und enge Kopplung hinzufügen, ergibt sich etwas, das die Welt in dieser Form bisher kaum kennt. Katastrophen als solche hat es schon immer gegeben. In der fernen Vergangenheit waren die Naturkatastrophen gegenüber denen von Menschenhand an Zahl sicherlich weit überlegen. Vom Menschen ausgelöste Katastrophen werden anscheinend erst mit der Industrialisierung immer häufiger, in deren Verlauf wir Maschinen gebaut haben, die abstürzen, im Meer untergehen, in Brand geraten und explodieren können. In den letzten fünfzig Jahren und vor allem während des letzten Vierteljahrhunderts kam zu der üblichen Unfallursache – eine Störung bei einer Komponente, die für die Zukunft beseitigt werden konnte – eine neuartige hinzu: Eine Komplexität der Interaktionen in Verbindung mit einer engen Kopplung der Systemabläufe führte zu Systemunfällen. Wir haben Konstruktionen ausgedacht, die so kompliziert sind, daß wir nicht mehr alle möglichen Interaktionen der unvermeidbaren Defekte vorhersehen können; wir bauen Sicherheitsvorkehrungen ein, die von verborgenen Pfaden innerhalb des Systems irregeführt, umgangen oder außer Funktion gesetzt werden. Die Systeme wurden komplizierter, weil sie entweder mit für den Menschen immer gefährlicheren Substanzen umgehen, oder weil wir an ihre Funktionstüchtigkeit immer höhere Ansprüche stellen. Und immer neue Systeme entstehen vor unseren Augen, wie z.B. die Genmanipulation, während andere immer komplexer in ihren Interaktionen und immer enger gekoppelt werden. In der Vergangenheit konnten die Baumeister und Konstrukteure aus dem Einsturz einer im Bau befindlichen Kathedrale, der Kesselexplosion auf einem Dampfschiff oder dem Zusammenstoß zweier Eisenbahnzüge noch etwas lernen. Aber was lernen wir aus Explosionen in großchemischen Anlagen oder aus „Störfällen" in Kernkraftwerken? Wir sind möglicherweise an einem Punkt angelangt, wo die Kurve unserer Lernfortschritte fast horizontal verläuft. Zweifellos ist bei einer solchen Unterstellung Vorsicht angebracht. Wenn wir die lästigen Kassandras Revue passieren lassen, die im Verlauf der Menschheitsgeschichte geweissagt haben, wir seien mit der Kolbendampfmaschine oder der Dampflokomotive an unsere Grenzen gestoßen, so mahnt uns dies an die Fragwürdigkeit aller Prophezeiungen über die weitere Entwicklung der Technik. Dennoch sind einige Warnungen angebracht.

Zum Abschluß dieses Kapitels noch eine Bemerkung zu den Schamanen eigener Art, die mit den neuartigen technischen Risiken auf den Plan getreten sind, den Risikoberatern. Wie bei den Schamanen und Heilern von früher kann es sich als gefährlicher erweisen, ihren Rat zu suchen, als auf ihren Beistand zu verzichten. Wir werden die Gefahren dieser neuen Alchemie untersuchen, in der das Abschätzen von Verlustziffern an die Stelle gesellschaftlicher und kultureller Werte getreten ist und die uns daran hindert, an Entscheidungen über Risiken beteiligt zu werden, von denen einige wenige beschlossen haben, daß die vielen anderen ohne diese Risiken nicht mehr leben können. Zur Debatte stehen nicht die Risiken, sondern die Macht. (...)

Risikoanalyse

Es kann kaum wunder nehmen, daß die Existenz so vieler katastrophenträchtiger Systeme auch einige Sozialwissenschaftler inspiriert hat. Ein völlig neues Forschungsfeld ist entstanden – die Risiko-Nutzen-Analyse oder einfach die Risikoanalyse. Sie ist zwar nicht so gefährlich wie die von ihr untersuchten Systeme, aber sie hat wiederum ihre eigenen Risiken, denn schließlich besteht immer die Gefahr, daß die Realität anders ist, als sie von Experten wahrgenommen wird.

Das Abschätzen von Risiken ist nichts Neues. Menschen in Machtpositionen haben schon immer andere beauftragt, bestimmte Risiken zu beurteilen. Es gibt kaum eine wichtige Entscheidung ohne eine zumindest überschlägige Abwägung der von ihr zu erwartenden Vor- und Nachteile. Schamanen, Priester, königliche Ratgeber, Astrologen, Rechtsgelehrte usw. standen die gesamte menschliche Geschichte hindurch den Herrschenden und Besitzenden zur Verfügung. Mit zunehmender Ausweitung und Zentralisierung der Macht sind jedoch auch die Konsequenzen einzelner Entscheidungen gravierender geworden und verstärken auf diese Weise die Bedeutung von Risikoanalysen. Da die Gefahren in wachsendem Maße von technischen Unternehmungen ausgingen, sind an die Stelle von Schamanen Naturwissenschaftler und Ingenieure getreten.

Viele unserer katastrophenträchtigen Systeme sind ebenfalls nicht neu und waren frühzeitig einer primitiven Vorform der Risikoanalyse unterworfen. Unglücke in Bergwerken, chemischen Fabriken und Munitionslagern gibt es seit mindestens zwei Jahrhunderten immer wieder; auch Eisenbahn- und Flugzeugunglücke sind uns seit längerem vertraut. Aber bei den früheren Hochrisiko-Systemen gab es keine Opfer dritten und vierten Grades in katastrophalem Ausmaß. Das Schiff des Odysseus verschmutzte weder eine der Mittelmeerküsten, noch hätte es eine Stadt wie Texas City zu einem großen Teil zerstören können; die Bombenflugzeuge des Zweiten Weltkriegs konnten noch nicht auf ein Gebäude abstürzen, in dem Kernwaffen gelagert wurden, wie dies 1956 auf einem ungenannten Überseestützpunkt geschah (s. Talbot 1981); chemische Fabriken waren ursprünglich noch nicht so groß, lagen nicht so sehr in Siedlungsnähe oder verarbeiteten weniger explosive und toxische Substanzen; die ersten Flugzeuge waren nicht so groß, nicht so zahlreich und hatten ihre Flughäfen nicht in der Nähe größerer Städte; und es ist noch nicht sehr lange her, seit in den USA fast jede dicht besiedelte Region dem Risiko eines Reaktorunfalls unmittelbar ausgesetzt ist. Die früheren Systeme haben heute ein höheres Katastrophenpotential, weil sie größer geworden und uns näher gerückt sind, und wir haben neue Systeme, die von vornherein weit gefährlicher sind. Kernkraftwerke, Atomwaffen und möglicherweise auch die Gentechnologie sind gänzlich neuartige Systeme mit einem Katastrophenpotential auch für Opfer dritten und vierten Grades – unbeteiligte Umstehende und zukünftige Generationen. Die aus diesen Systemen rührenden Katastrophen lassen sich weder räumlich noch zeitlich in irgendeiner Weise begrenzen.

Wenn Gesellschaften einer neuen oder explosionsartig zunehmenden Bedrohung ausgesetzt sind, dann nimmt die Zahl der Risikoanalytiker vermutlich zu – die der Schamanen ebenso wie die der Wissenschaftler. Ich glaube, man darf wohl ohne Übertreibung sagen, daß ihre Funktion nicht nur darin besteht, die Lenker dieser Systeme über deren Risiken und Nutzen zu informieren und zu beraten, sondern auch darin, bei Inkaufnahme der Risiken diese zu rechtfertigen und alle diejenigen zu beschwichtigen, denen die Risiken zugemutet werden. Auf Beschluß des amerikanischen Kongresses sind technische Überwachungsbehörden wie Pilze aus dem Boden geschossen, und eine neue Rolle der Risikoanalytiker besteht jetzt darin, die unbeholfenen Bemühungen dieser Behörden, ihrer äußerst schwierigen Aufgabe gerecht zu werden, nach Möglichkeit zu behindern. Es ist interessant zu beobachten, daß gerade Risikoanalytiker im allgemeinen eine geringere staatliche Aufsicht fordern und die Überwachungsämter besonders hart kritisieren. (...)

Die Risikoanalyse ist eine ziemlich komplizierte Materie. Die Theorie wird beherrscht von mathematischen Modellen, es werden umfangreiche Forschungen angestellt, und so esoterische Dinge wie statistische Wahrscheinlichkeiten, „ALARA"-Prinzipien (*as low as reasonably achievable* - so niedrig, wie sich gerade noch plausibel vertreten läßt), „diskontierte zukünftige Wahrscheinlichkeit" etc. werden ebenso vor Gericht wie auf akademischen Tagungen erörtert. Einige der besten natur- und sozialwissenschaftlichen Köpfe arbeiten an der Antwort auf die Frage „Wie sicher ist sicher genug?"

Zugleich ist es aber auch eine begrenzte Disziplin, die durch die Bewertung sozialer Güter in Geld ihre engen Schranken findet. Alles läßt sich in Geldwert ausdrücken; was nicht gekauft werden kann, wird von den komplizierten Berechnungen nicht erfaßt. Eine Studie gelangte zu dem Schluß, daß ein Menschenleben etwa 300 000 Dollar wert sei (s. dazu Graham/Vaupel 1981) – bei Leuten über 60 weniger und noch weniger, wenn die Körperkraft in anderer Weise geschwächt ist. Unter Berücksichtigung des Alters und der potentiellen Verdienstmöglichkeiten ist ein Leben so gut wie jedes andere (s. Okrent 1980). 50 000 Verkehrstote im Jahr bedeuten gewissen Risikoexperten soviel wie 50 000 Tote, die einer einzigen Katastrophe zum Opfer fallen. Und diese Experten beklagen die Tatsache, daß die Bevölkerung gegen Atomkraftwerke protestiert und die Zahl der jährlichen Verkehrstoten um die Hälfte zu niedrig einschätzt (so z.B. Cohenllee 1979). (...)

Es gibt Leute, die behaupten, wir verlören unser Rückgrat, wenn wir nicht mehr bereit seien, die mit neuen Technologien verbundenen Risiken auf uns zu nehmen. (...) Es ist jedoch auffällig, daß die, von denen dieser Vorwurf erhoben wird, lediglich von technischen Risiken im Zusammenhang mit profitorientierten Privatunternehmen oder einem aggressiven militärischen Gebaren sprechen. Die risikofreudigen Männer in Großunternehmen und im Militär erweisen sich häufig als überraschend ängstlich, wenn es um riskante soziale Experimente geht, mit denen sich möglicherweise Armut, Abhängigkeit und Kriminalität verringern ließen. Die folgenden Vorschläge entstammen dem Forderungskatalog der amerikanischen Linken und Liberalen; sie sind gewiß alle mit nennenswerten Risiken verbunden, aber die Wagehälse in der freien Wirtschaft und im Militär möchten es nicht einmal auf einen Versuch ankommen lassen, da sie Konsequenzen für die Klassenstruktur, ihre Macht und die Werte ihrer Klasse zu fürchten haben. Zu den Vorschlägen gehören Sicherung eines Mindesteinkommens (wie in Europa), echte Progressivbesteuerung, Investitionen in arme und verfallende Gebiete (die amerikanischen Banken unterliegen dem niedrigsten Steuersatz des Landes – zwischen drei und vier Prozent –, weigern sich jedoch, das Risiko von Investitionen in arme innerstädtische Regionen einzugehen), kontrollierte Ausgabe von Heroin zur Eindämmung der Kriminalität, einseitige Abrüstung der Atomwaffen (ein risikoträchtiges Unternehmen, mit dem nicht nur die Gefahr von Atomunfällen verringert, sondern auch langfristig die wirtschaftliche Lage verbessert werden könnte), Rückzug der USA aus Mittelamerika usw. Die Gefahren, die unser Land groß werden ließen, waren keine industriellen Risiken wie unsichere Kohlebergwerke oder schadhafte Giftfässer, sondern gesellschaftliche und politische Risiken im Zusammenhang mit demokratischen Institutionen, dezentralisierten politischen Strukturen, religiöser Freiheit, Pluralismus und allgemeinem Wahlrecht. (...)

Eine verhängnisvolle Konsequenz quantitativer Risikoanalysen besteht darin, daß die Bevölkerung von Diskussionen ausgeschlossen werden soll, die in erster Linie sie selbst angehen. Es gibt nur wenige Risikoanalytiker, die das rundheraus fordern. Ungleich häufiger ist eine mittlere Position: Beteiligung der Bevölkerung ja – allerdings nur zu den von den Risikoanalytikern selbst vorgegebenen Bedingungen. Im Klartext geht es also um Kontrolle. Die Informations-, Wahrnehmungs- und Erörterungslücke zwischen Bevölkerung und Experten soll zwar geschlossen werden, aber sozusagen nur in eine Richtung.

Woher kommt diese Lücke überhaupt? Als Hauptgrund wird die unzureichende Unterrichtung der Bevölkerung angeführt. „Zwischen der Wahrnehmung der meisten Menschen und der Realität besteht ein eklatanter Unterschied", meint Howard Raiffa, ein führender Fachmann an der Harvard University. Wenn Wahrnehmungen dubios anmuten, dann müsse durch Informationen eben Abhilfe geschaffen werden. William Clark behauptet gar: „Die Einstellungen der Gesellschaft zu Risiken wie Krebs oder Reaktorunfällen unterscheiden sich auf den ersten Blick in nichts von ihren früheren Ängsten vor dem bösen Blick." Fachleute sollten *per definitionem* mehr wissen als Laien, und deshalb glaube ich gern, daß es Informationslücken gibt. Aber das besagt nicht viel. Die Frage ist doch, ob es, wenn jeder rundum informiert wäre, keine unterschiedlichen Bewertungen oder gar Konflikte mehr gäbe. Risikoanalytiker gehen davon aus, daß es selbst einer wohlinformierten Bevölkerung immer noch an logischem Denkvermögen fehle. Sie sehen sich von den Forschungsergebnissen der kognitiven Psychologie bestätigt, deren Autoren sie gern zitieren. Aber hinter der Entscheidung komplizierter Sicherheitsprobleme steht die ungeklärte Frage, was denn unter „Rationalität" überhaupt zu verstehen ist.

Marktwirtschaft, Demokratie, Pluralismus. Die „Marktwirtschaft" hat, so scheint es, weltweit gesiegt (vgl. auch Hirsch, Seite 159). Kein anderes Muster ökonomischer Produktion und Verteilung ist am Horizont zu erkennen, da das „realsozialistische" Scheitern rundum offenkundig geworden ist. Marktwirtschaft, das bedeutet, so scheint es, Freiheit, Individualität, gleiche Startchancen auf der unendlichen Piste der Konkurrenz und nicht zuletzt Wohlstand schaffende Effizienz für alle Individuen, die sich daran beteiligen. Können wir also auf jede Kritik verzichten? Entsprechen „Marktwirtschaft" und liberale Demokratie einander?

In der „Großen Transformation" zerrupft Karl Polanyi gekonnt das, was er die „Marktutopie" nennt. In seinem 1944 erstmals erschienenen Werk beschreibt der 1886 geborene Wiener, 1933 emigriert, Professor u.a. an der Columbia Universität in New York, 1964 in Toronto gestorben, den langgestreckten Qualitätssprung der modernen (zunächst europäisch-angelsächsischen) Gesellschaften aufgrund des säkularen Auseinandertretens von sich etablierender kapitalistischer Ökonomie einerseits, Restgesellschaft und Politik andererseits. Aus Gesellschaften, die sich ökonomisch ihrer Eigenart gemäß reproduzieren, wurde eine Ökonomie, die Gesellschaft und Politik zu ihrer abhängigen Größe degradierte. Dieser Wandlungsprozeß geschah nicht geräuschlos. Er wurde mit Herrschaftsgewalt human überaus kostenreich durchgepaukt. Demokratische Verfassungen wurden nicht nur nicht angestrebt; sie wurden um des Eigentums, der damit verbundenen Klassenstruktur und des treibenden Fortschrittsmotivs willen so lange wie möglich verhindert und erst nach und nach in homöopathischen Dosen qua ausgeweitetem, aber kollektiv enteignetem Wahlrecht zugestanden. Die Marktökonomie erzeugt zudem fortlaufende „externe Effekte", von denen heute die ökologischen Kosten in aller Munde sind. Sie ist darüber hinaus anfällig für Krisen, die autoritäre oder faschistische Lösungen im Gepäck führen. Karl Polanyi, ein Enthusiast der Freiheit, schlägt nicht umstandslos die Abschaffung der Marktökonomie vor. Er plädiert dafür, Güter oder Waren (aber auch den Faktor Arbeit und den Faktor Grund und Boden), deren privatinteressierter Handel negative soziale und politische Folgen zeitigt, aus dem Markt herauszunehmen und einer politisch-demokratischen Steuerung zu unterwerfen. Dieser Abschied vom Marktmonismus oder Marktabsolutismus, der endlich pluralistisches Zusammenspiel marktförmiger und nichtmarktförmiger Institutionen und Prozesse erlaubte, geschieht gemäß der grundsätzlichen Forderung, daß die Gesellschaft und der Charakter ihrer Menschen an erster Stelle zu stehen hätten und von dieser Voraussetzung her die Ökonomie ihren Stellenwert erhalte.

Polanyis Hoffnungen haben sich, wie leicht eingesehen werden kann, nicht erfüllt. Ihre wider den modisch-herrschenden Strich bürstende Aktualität ist jedoch mehr denn je gegeben.

(Karl Polanyi: The Great Transformation. Politische und ökonomische Ursprünge von Gesellschaften und Wirtschaftssystemen, Frankfurt/Main 1978, S. 329 - 342)

Karl Polanyi

Freiheit in einer komplexen Gesellschaft

Die Zivilisation des 19. Jahrhunderts wurde nicht durch äußere oder innere Angriffe von Barbaren zerstört; ihre Lebenskraft wurde nicht durch die Verheerungen des Ersten Weltkriegs und auch nicht durch die Revolten eines sozialistischen Proletariats oder eines faschistischen Kleinbürgertums geschwächt. Sie scheiterte nicht am Ergebnis irgendwelcher angeblicher ökonomischer Gesetze, wie fallende Profitrate oder Unterkonsumtion oder Überproduktion. Sie zerfiel als Folge einer ganz anderen Reihe von Ursachen: den Maßnahmen, die die Gesellschaft traf, um nicht ihrerseits durch die Auswirkungen des selbstregulierenden Marktes vernichtet zu werden. Abgesehen von außergewöhnlichen Verhältnissen, wie sie beispielsweise in Nordamerika zur Zeit der offenen Grenze bestanden, verlieh der Konflikt zwischen dem Markt und den elementaren Erfordernissen eines geordneten gesellschaftlichen Lebens diesem Jahrhundert seine Dynamik und erzeugte die typischen Spannungen, die schließlich zur Zerstörung dieser Gesellschaft führten. Die Kriege beschleunigten bloß diesen Prozeß.

Nach einem Jahrhundert blinder „Verbesserung" geht der Mensch daran, seine „Behausung" wiederherzustellen. Soll der Industrialismus nicht zur Auslöschung der Menschheit führen, dann muß er den Erfordernissen der menschlichen Natur untergeordnet werden. Die eigentliche Kritik an der Marktgesellschaft besteht nicht darin, daß sie auf ökonomischen Prinzipien beruhte – in gewissem Sinn muß jegliche Gesellschaft darauf beruhen –, sondern daß ihre Wirtschaft auf dem Eigeninteresse beruhte. Eine solche Organisation des Wirtschaftslebens ist völlig unnatürlich und im rein empirischen Sinn *außergewöhnlich.* Die Denker des 19. Jahrhunderts meinten, daß es dem Menschen bei seiner wirtschaftlichen Tätigkeit um den Profit gehe, daß ihn seine materialistischen Neigungen dazu veranlassen würden, die geringere der größeren Anstrengung vorzuziehen und für seine Arbeit Bezahlung zu erwarten; oder, kurz gesagt, daß er sich in seiner wirtschaftlichen Tätigkeit an das halten würde, was sie als wirtschaftliche Vernunft bezeichneten, und daß jegliches gegenteilige Verhalten die Folge äußerer Eingriffe sei. Daraus folgte, daß Märkte natürliche Institutionen seien, und daß sie von selbst entstehen würden, wenn man die Menschen nicht beteiligte. Somit könnte nichts selbstverständlicher sein, als ein aus Märkten zusammengesetztes und ausschließlich durch Marktpreise gesteuertes Wirtschaftssystem; und eine auf solche Märkte gestützte Gesellschaft erschien somit als das Ziel jeglichen Fortschritts. Ob sie nun ethisch wünschenswert war oder nicht, die Möglichkeit, eine solche Gesellschaft zu errichten – und dies wurde als axiomatisch angesehen –, beruhte auf den unwandelbaren Merkmalen der menschlichen Natur.

Wie wir nun wissen, war in Wirklichkeit das Verhalten des Menschen sowohl in seinem Naturzustand als auch im Verlauf seiner ganzen Geschichte genau das Gegenteil von dem, was in dieser Ansicht zum Ausdruck kommt. Das Wort von Frank H. Knight, wonach „kein spezifisch menschlicher Beweggrund ökonomischer Natur ist", gilt nicht nur für das gesellschaftliche Leben im allgemeinen, sondern für das Wirtschaftsleben selbst. Die Neigung zum Tauschhandel, auf die sich Adam Smith in seinem Bild vom Naturmenschen so vertrauensvoll stützte, ist keineswegs ein allgemeiner Wesenszug des Menschen in seiner wirtschaftlichen Aktivität, sondern ein äußerst seltener. Nicht nur, daß die Erkenntnisse der modernen Anthropologie diese rationalistischen Konstruktionen Lügen strafen, sondern auch die Geschichte des Handels und der Märkte ist völlig anders verlaufen, als die harmonistischen Lehren der Soziologen des 19. Jahrhunderts angenommen hatten. Die Wirtschaftsgeschichte zeigt, daß das Entstehen nationaler Märkte keineswegs die Folge der langsamen und spontanen Emanzipation des ökonomischen Bereichs von staatlichen Kontrollen war. Der Markt war, im Gegenteil, das Resultat einer bewußten und oft gewaltsamen Intervention von seiten der Regierung, die der Gesellschaft die Marktorganisation aus nichtökonomischen Gründen aufzwang. Der selbstregulierende Markt des 19. Jahrhunderts erweist sich bei näherer Betrachtung sogar von seinem direkten Vorläufer insofern als völlig verschieden, als er sich zu seiner Regelung auf das wirtschaftliche Eigeninteresse stützte. *Die angeborene Schwäche der Gesellschaft des 19. Jahrhunderts war nicht, daß sie eine Industriegesellschaft, sondern daß sie eine Marktgesellschaft war.* Die industrielle Zivilisation wird weiter bestehen, wenn das utopische Experiment eines selbstregulierenden Marktes nur mehr eine Erinnerung sein wird.

Allerdings erscheint die Umstellung auf eine nicht auf dem Markt beruhende Industriegesellschaft vielen als hoffnungsloses Unterfangen. Man befürchtet ein institutionelles Vakuum oder – noch schlimmer – den Verlust der Freiheit. Müssen diese Gefahren eintreten?

Ein großer Teil der mit einer Übergangsperiode zwangsläufig verbundenen großen Leiden liegt bereits hinter uns. Das Schlimmste haben wir bereits erlebt, in Form der sozialen und wirtschaftlichen Erschütterungen unserer Zeit, der tragischen Wechselfälle von Depressionen, Währungsschwankungen, Massenarbeitslosigkeit, Veränderungen im sozialen Status, der spektakulären Zerstörung historischer Staaten. Unabsichtlich haben wir den Preis für die Veränderung bezahlt. Auch wenn die Menschheit von der Anpassung an den Gebrauch von Maschinen noch weit entfernt ist, und wie groß die bevorstehenden Veränderungen auch sein mögen, die Vergangenheit wiederherzustellen ist ebenso unmöglich wie eine Übertragung unserer Sorgen auf einen anderen Planeten. Anstatt die dämonischen Kräfte der Aggression und Eroberung zu beseitigen, würde solch ein fruchtloser Versuch vielmehr dazu führen, daß diese Kräfte selbst nach ihrer totalen militärischen Niederlage weiterbestehen würden. Die Ursache des Übels würde mit dem in der Politik entscheidenden Vorteil versehen werden, das Mögliche zu repräsentieren, im Gegensatz zu dem, was keinesfalls erreichbar ist, wie gut die Absichten auch sein mögen.

Der Zusammenbruch der traditionellen Ordnung bedeutet nicht, daß wir uns in einem Vakuum befinden. Es wäre nicht das erstemal in der Geschichte, daß Notlösungen den Keim großer und dauerhafter Einrichtungen in sich tragen.

Innerhalb einiger Staaten zeigt sich eine Entwicklung, in deren Rahmen das Wirtschaftssystem nicht länger der Gesellschaft das Gesetz vorschreibt und in dem der Vorrang der Gesellschaft vor diesem System gesichert ist. Dies mag auf sehr verschiedene Art und Weise geschehen, auf demokratische oder aristokratische, auf konstitutionelle oder autoritäre, oder vielleicht auf eine völlig unvorhersehbare Weise. Die Zukunft mancher Länder mag vielleicht schon in anderen Gegenwart sein, während andere vielleicht immer noch die Vergangenheit der übrigen verkörpern. Das Ergebnis aber wird für alle gleich sein: Das Marktsystem wird nicht mehr selbstregulierend sein, nicht einmal im Prinzip, da es Arbeit, Boden und Geld nicht mehr umfassen wird.

Den Faktor Arbeit aus dem Markt herauszunehmen, bedeutet eine ebenso radikale Transformation, wie es die Errichtung des wettbewerbsbestimmten Arbeitsmarktes gewesen war. Der Lohnvertrag hört auf, ein Privatvertrag zu sein, außer in untergeordneten oder nebensächlichen Punkten. Nicht nur die Arbeitsbedingungen in den Fabriken, die Arbeitszeit und die Vertragsbedingungen, sondern der Grundlohn selbst werden außerhalb des Marktes festgesetzt; welche Rolle dabei den Gewerkschaften, dem Staat und anderen öffentlichen Körperschaften zufällt, hängt nicht nur vom Charakter dieser Institutionen ab, sondern auch von der tatsächlichen Organisation und dem Management der Produktion. Obwohl Lohnunterschiede naturgemäß auch weiterhin eine wesentliche Rolle im Wirtschaftssystem spielen müssen und sollen, so könnten sehr wohl andere Beweggründe als jene, die direkt mit dem Geldeinkommen zu tun haben, die finanziellen Aspekte des Faktors Arbeit bei weitem übertreffen.

Den Faktor Boden aus dem Markt herauszunehmen, ist gleichbedeutend mit der Einverleibung des Bodens in bestimmte Institutionen wie Hauswirtschaft, Kooperative, Fabrik, Gemeinde, Schule, Kirche, Park, Wildschutzgebiet usw. Wie weitverbreitet das persönliche Eigentum an Bauernhöfen auch weiterhin bleiben mag, Verträge über Bodenbesitz würden sich nur mehr mit nebensächlichen Fragen befassen, da die wesentlichen Aspekte aus dem Markt herausgenommen sind. Das gleiche gilt für Grundnahrungsmittel und organische Rohstoffe, da die Festsetzung der diesbezüglichen Preise nicht dem Markt überlassen wird. Wenn in bezug auf eine Vielzahl von Produkten wettbewerbsbestimmte Märkte auch weiterhin funktionieren, dann muß dies den Zustand der Gesellschaft ebensowenig beeinträchtigen, wie die Festsetzung von Preisen für Arbeit, Boden und Kapital außerhalb des Marktes die Kostenfunktion der Preise in bezug auf verschiedene Produkte beeinträchtigt. Das Wesen des Eigentums erfährt natürlich als Folge dieser Maßnahmen eine tiefgreifende Veränderung, da dann keine Notwendigkeit mehr bestehen wird, Einkommen aus Besitzrechten unbegrenzt wachsen zu lassen, nur um Beschäftigung, Produktion und die Nutzung der Ressourcen in der Gesellschaft zu sichern.

Die Herausnahme der Kontrolle über das Geld aus dem Markt wird heute in allen Staaten betrieben. Unabsichtlich hat die Schaffung von Depositen diese Entwicklung weitgehend beeinflußt, aber die Krise des Goldstandards in den zwanziger Jahren bewies, daß die Verbindung zwischen Warengeld und Zeichengeld noch keineswegs unterbrochen war. Seit der Einführung der „funktionellen Finanzierung" in allen wichtigen Staaten sind die Investitionslenkung und die Regulierung der Sparrate zu Aufgaben der Regierungen geworden.

Die Produktionsfaktoren Boden, Arbeit und Geld dem Markt zu entziehen – ist somit ein einheitlicher Akt nur vom Standpunkt des Marktes, der sie behandelte, als wären sie Waren. Vom Standpunkt der menschlichen Realität betrifft das, was durch die Aufhebung der Warenfiktion wiederhergestellt wurde, alle gesellschaftlichen Bereiche. In der Praxis läßt die Auflösung der einheitlichen Marktwirtschaft bereits verschiedenartige, neue Gesellschaftsformen entstehen. Auch bedeutet das Ende der Marktgesellschaft keineswegs, daß es keine Märkte geben wird. Sie bestehen auf verschiedene Weise weiter, um die Freiheit des Konsumenten zu gewährleisten, die Nachfrageveränderungen aufzuzeigen, die Produzenteneinkommen zu beeinflussen, und um als Instrumente der volkswirtschaftlichen Rechnungsführung zu dienen, aber sie sind nicht mehr ein Organ der wirtschaftlichen Selbstregulierung.

Die Gesellschaft des 19. Jahrhunderts wurde in außenpolitischer ebenso wie in innenpolitischer Hinsicht durch volkswirtschaftliche Sachverhalte eingeengt. Der Bereich der festen Wechselkurse deckte sich mit der Zivilisation. Solange der Goldstandard und die fast als dessen Anhängsel anzusehenden verfassungsmäßigen Regime funktionierten, war das Kräftegleichgewicht ein Mittel des Friedens. Das System funktionierte mit Hilfe jener Großmächte, vor allem Großbritanniens, die das Zentrum der Weltfinanzen darstellten und auf die Errichtung parlamentarischer Regierungen in rückständigen Ländern drängten. Diese waren erforderlich als eine Kontrolle über die Finanzen und Währungen von Schuldnerstaaten und der sich daraus ergebenden Notwendigkeit kontrollierbarer Budgets, die nur verantwortliche Körperschaften sichern können. Wenn solche Überlegungen in der Regel von den Staatsmännern nicht angestellt wurden, dann bloß deshalb, weil die Erfordernisse des Goldstandards als axiomatisch galten. Das einheitliche Weltmodell monetärer und parlamentarischer Institutionen war das Ergebnis der starren Wirtschaft jener Periode.

Zwei Prinzipien des internationalen Lebens des 19. Jahrhunderts leiteten ihre Bedeutung aus dieser Situation ab: anarchistische Souveränität und „gerechtfertigte" Einmischung in die Angelegenheiten anderer Länder. Wenn auch scheinbar gegensätzlich, so waren diese beiden Prinzipien doch miteinander verbunden. Souveränität war natürlich ein rein politischer Begriff, denn bei einem ungeregelten Außenhandel und Goldstandard hatten Regierungen keine Macht über das internationale Wirtschaftsgeschehen. Weder konnten noch wollten sie ihre Länder bezüglich monetärer Angelegenheiten binden – das war die rechtliche Position. In Wirklichkeit wurden nur solche Länder, die über ein von Zentralbanken kontrolliertes Geldwesen verfügten, als souveräne Staaten betrachtet. Bei den mächtigen Staaten des Westens war diese unbegrenzte und uneingeschränkte monetäre Souveränität mit ihrem völligen Gegenteil verbunden, einem unablässigen Druck zur Ausweitung der Marktwirtschaft und Marktgesellschaft in andere Gebiete. Die Folge war, daß die Völker der Welt gegen Ende des 19. Jahrhunderts bis zu einem bis dahin unbekannten Ausmaß institutionell gleichgeschaltet waren.

Dieses System behinderte beide Faktoren durch seine Kompliziertheit *und* seine Universalität. Die anarchistische Souveränität erwies sich als Hindernis für sämtliche wirksame Formen der internationalen Zusammenarbeit, wie die Geschichte des Völkerbundes schlagend bewies; die erzwungene Gleichförmigkeit der innerstaatlichen Systeme schwebte als ständige Drohung über der Freiheit der nationalen Entwicklung, besonders in rückständigen Ländern, und manchmal auch in fortgeschrittenen, aber finanziell schwachen Ländern. Die wirtschaftliche Zusammenarbeit war auf private Institutionen beschränkt, die ebenso planlos und unwirksam waren wie der Freihandel, während die eigentliche Zusammenarbeit zwischen den Völkern, das heißt zwischen Regierungen, nie auch nur ins Auge gefaßt werden konnte.

Diese Situation kann sehr wohl zu zwei scheinbar unvereinbaren Anforderungen an die Außenpolitik führen: Sie wird eine engere Zusammenarbeit zwischen befreundeten Staaten erfordern, als dies im Rahmen der Souveränität des 19. Jahrhunderts denkbar war, während gleichzeitig die Existenz geregelter Märkte die nationalen Regierungen mehr denn je mißtrauisch gegenüber Eingriffen von außen machen wird. Sobald aber der Goldstandard verschwindet, wird es den Regierungen möglich werden, die hinderlichste Eigenschaft der absoluten Souveräntität fallenzulassen, nämlich die Verweigerung der internationalen wirtschaftlichen Zusammenarbeit. Gleichzeitig wird es möglich sein, bewußt zu tolerieren, daß andere Nationen ihre heimischen Institutionen nach ihren eigenen Vorstellungen gestalten und damit das verderbliche Dogma des 19. Jahrhunderts durchbrechen, das eine Einheitlichkeit der einzelstaatlichen Regime im Rahmen der Weltwirtschaft postulierte. Aus den Ruinen der alten Welt erheben sich bereits die Ecksteine einer neuen: die wirtschaftliche Zusammenarbeit der Regierungen *und* die Freiheit, das nationale Leben nach Gutdünken zu gestalten. Im Rahmen des beengenden Systems des Freihandels war keine dieser Möglichkeiten vorstellbar gewesen, wodurch eine Vielzahl von Methoden der Zusammenarbeit zwischen den einzelnen Nationen ausgeschlossen waren. Während im Rahmen der Marktwirtschaft und des Goldstandards der föderative Gedanke mit Recht als ein Alptraum von Zentralisierung und Einheitlichkeit angesehen wurde, könnte das Ende der Marktwirtschaft sehr wohl wirksame Zusammenarbeit plus innenpolitische Freiheit bedeuten.

Das Problem der Freiheit stellt sich auf zwei verschiedenen Ebenen: der institutionellen und der ethischen oder religiösen.

Auf der institutionellen Ebene geht es um den Ausgleich zwischen erweiterten und verminderten Freiheiten: hierbei stößt man auf keine grundsätzlich neuen Fragen. Auf einer tieferliegenden Ebene steht die Möglichkeit der Freiheit überhaupt in Zweifel. Es scheint, daß die Mittel zur Aufrechterhaltung der Freiheit diese selber verfälschen und zerstören. Der Schlüssel zum Problem der Freiheit in unserer Zeit muß auf dieser letzteren Ebene gesucht werden. Institutionen sind Verkörperungen menschlicher Sinngebung und Zielsetzung. Wir können die Freiheit, die wir suchen, nicht erringen, wenn wir die wahre Bedeutung der Freiheit in einer komplexen Gesellschaft nicht begreifen.

Im institutionellen Bereich wirkt sich Regelung gleichermaßen als Ausweitung und Einschränkung der Freiheit aus; nur das Gleichgewicht der verlorenen und gewonnenen Freiheiten ist von Bedeutung. Dies gilt gleichermaßen für rechtliche und tatsächliche Freiheiten. Die besser situierten Klassen erfreuen sich der durch Muße in Sicherheit gebotenen Freiheit; ihnen liegt naturgemäß weniger daran, die Freiheit innerhalb der Gesellschaft auszuweiten, als jenen, die mangels entsprechenden Einkommens mit einem Minimum an Freiheit ihr Auskommen finden müssen. Dies wird offenbar, sobald von Zwang die Rede ist, durch den Einkommen, Freiheit und Sicherheit gerechter verteilt werden sollen. Obwohl Einschränkungen für alle gelten, neigen die Privilegierten dazu, sie abzulehnen, als ob sie ausschließlich gegen sie gerichtet wären. Sie sprechen von Versklavung, während bloß eine Ausweitung der Freiheiten, die sie seit jeher genießen, auf die anderen Schichten beabsichtigt ist. Anfangs mag eine Reduzierung ihrer Muße und Sicherheit und somit ihrer Freiheit eintreten, damit das Ausmaß der Freiheit im ganzen Land erweitert werden kann. Jedoch sollte eine solche Verlagerung, Umgestaltung und Erweiterung von Freiheiten keinerlei Anlaß für die Behauptung bieten, daß der neue Zustand notwendigerweise weniger frei sein müsse als der alte.

Allerdings gibt es Freiheiten, die zu bewahren von höchster Wichtigkeit ist. Sie waren, wie der Friede, ein Nebenprodukt der Wirtschaft des 19. Jahrhunderts, und wir schätzen sie heute um ihrer selbst willen. Die institutionelle Trennung von Politik und Wirtschaft, die sich als tödliche Gefahr für die Substanz der Gesellschaft erwies, brachte fast automatisch Freiheit auf Kosten von Gerechtigkeit und Sicherheit hervor. Bürgerrechte, privates Unternehmertum und Lohnsystem verschmolzen zu einer Lebensform, die ethische Freiheit und geistige Unabhängigkeit begünstigte. Auch hier vereinigten sich rechtliche und reale Freiheiten zu einem gemeinsamen Fundus, dessen Elemente nicht deutlich getrennt werden können. Manche waren Begleiterscheinungen solcher Mißstände, wie Arbeitslosigkeit und Spekulationsprofite, manche gehörten zu den kostbarsten Traditionen der Renaissance und der Reformation. Wir müssen uns mit allen uns zur Verfügung stehenden Mitteln bemühen, diese aus einer zusammengebrochenen Marktwirtschaft überkommenen Werte zu erhalten. Dies ist zweifellos eine große Aufgabe. Unter jener Wirtschaftsform konnten weder Freiheit noch Frieden institutionalisiert werden, da ihr Ziel Gewinn und Wohlstand und nicht Friede und Freiheit war. Wir werden in der Zukunft bewußt um diese Werte kämpfen müssen, wenn wir sie überhaupt besitzen wollen; sie müssen die erklärten Ziele der Gesellschaft werden, der wir zustreben. Dies mag wohl der wahre Sinn der heutigen weltweiten Bemühungen sein: die Sicherung von Frieden und Freiheit. Wie weit der Wille zum Frieden sich wird durchsetzen können, sobald das Interesse am Frieden, das der Wirtschaftsform des 19. Jahrhunderts entsprang, zu wirken aufhört, wird von unserem Erfolg bei der Errichtung einer internationalen Ordnung abhängen. Was die persönliche Freiheit betrifft, so wird sie in dem Maße bestehen, in dem wir bewußt neue Sicherungen zu ihrer Erhaltung, ja zu ihrer Ausweitung schaffen. In einer etablierten Gesellschaft muß das Recht auf Nonkonformismus institutionell geschützt sein. Der einzelne muß das Recht besitzen, frei seinem Gewissen zu folgen, frei von Furcht vor den Mächten, denen die administrativen Aufgaben in einigen Bereichen des gesellschaftlichen Lebens anvertraut sind. Wissenschaft und Kunst sollten stets unter der Schirmherrschaft der akademischen und literarischen Welt stehen. Zwang sollte niemals absolut sein; dem „Dissidenten" sollte ein Schlupfwinkel geboten werden, in den er sich zurückziehen kann, eine Wahlmöglichkeit des „Zweitbesten", das ihm Lebensraum läßt. Damit wird das Recht auf Nonkonformismus als das Kennzeichen einer freien Gesellschaft gewährleistet.

Jeder Schritt zur Integration der Gesellschaft sollte somit von einer Zunahme der Freiheit begleitet sein; Schritte in Richtung auf Planung sollten die Stärkung der Rechte des einzelnen innerhalb der Gesellschaft umfassen. Seine unabdingbaren Rechte müßten auch gegen die höchsten Mächte, personaler oder anonymer Art, rechtlich durchsetzbar sein. Die echte Antwort auf die drohende Bürokratie als Quelle des Machtmißbrauchs besteht darin, Bereiche unumschränkter Freiheit zu schaffen, die durch eiserne Regeln geschützt sind. Wie großzügig die Verteilung der Macht auch gehandhabt werden mag, es wird stets zu einer Stärkung der Macht im Zentrum und damit zu einer Gefährdung der individuellen Freiheit kommen. Dies gilt auch für die Organe demokratischer Gemeinschaften selber, ebenso wie für Berufsverbände und Gewerkschaften, deren Aufgabe der Schutz der Rechte jedes einzelnen Mitglieds ist. Schon ihre enorme Größe mag in ihm ein Gefühl der Hilflosigkeit erwecken, auch wenn er keinen Grund hat, ihnen Böswilligkeit zu unterschieben. Dies gilt um so mehr, wenn seine Ansichten oder Taten so geartet sind, daß sie die Machthaber an deren empfindlichen Stellen treffen. Bloße Deklarationen der Rechte sind hier ungenügend; man braucht Institutionen, die diese Rechte in die Praxis umsetzen. Der Habeaskorpusakt muß nicht das letzte verfassungsmäßige Instrument bleiben, durch das die persönliche Freiheit gesetzlich verankert wurde. Bürgerrechte, die bisher nicht anerkannt wurden, müssen dem Staatsgrundgesetz einverleibt werden. Sie müssen so gestaltet sein, daß sie sich gegen jegliche Autorität durchsetzen, sei sie nun staatlicher, kommunaler oder beruflicher Art. An der Spitze dieser Liste sollte das Recht des einzelnen auf Arbeit unter akzeptablen Bedingungen stehen, unabhängig von seinen politischen oder religiösen Ansichten, Hautfarbe oder Rasse. Dies bedeutet unter anderem Schutz vor jeglichen, auch subtilen Formen der Unterdrückung. So ist es Arbeitsgerichten gelungen, sogar einzelne Bürger vor solchen Anhäufungen willkürlicher Macht zu schützen, wie es die frühen Eisenbahngesellschaften waren. Ein weiteres Beispiel für möglichen Machtmißbrauch, dem Gerichte entschlossen entgegentraten, war die Verordnung über lebenswichtige Arbeiten in England oder das „Einfrieren der gewerkschaftlichen Tätigkeit" zur Zeit des Notstandes in den Vereinigten Staaten, das praktisch unbegrenzte Möglichkeiten der Diskriminierung bot.

Dort, wo sich die öffentliche Meinung geschlossen hinter die bürgerlichen Freiheiten stellte, fanden sich auch immer Gerichtshöfe, die imstande waren, die persönliche Freiheit zu verteidigen. Die persönliche Freiheit muß um jeden Preis bewahrt werden, auch um den Preis der Effizienz in der Produktion, der Wirtschaftlichkeit in der Konsumption oder der Zweckmäßigkeit in der Verwaltung. Eine Industriegesellschaft kann es sich leisten, frei zu sein.

Das Ende der Marktwirtschaft könnte den Anfang einer Ära nie dagewesener Freiheit bedeuten. Rechtliche und praktische Freiheiten könnten größer und allgemeiner werden als je zuvor; Regelung und Kontrolle könnten Freiheit nicht nur für die wenigen, sondern für alle verwirklichen; Freiheit nicht nur als ein schon vom Ansatz her pervertiertes Recht der Privilegierten, sondern als ein verbrieftes Recht, das weit über die engen Grenzen des politischen Bereichs in die innere Struktur der Gesellschaft schlechthin reicht. So werden alte Freiheiten und Bürgerrechte dem Fundus der neuen Freiheit hinzugefügt, der durch die Muße und die Sicherheit geschaffen wird, die eine Industriegesellschaft allen zu bieten vermag. Eine solche Gesellschaft kann es sich leisten, gleichermaßen gerecht und frei zu sein.

Indessen sehen wir diesen Weg durch ein ethisches Hindernis versperrt. Planung und Kontrolle werden als Verleugnung der Freiheit angegriffen. Freies Unternehmertum und Privateigentum werden als Wesensmerkmale der Freiheit deklariert, und es heißt, keine auf anderen Grundlagen errichtete Gesellschaft verdiene es, frei genannt zu werden. Die durch Regelung geschaffene Freiheit wird als Unfreiheit denunziert; die Gerechtigkeit, Freiheit und Wohlfahrt, die sie bietet, werden als Tarnung der Versklavung verspottet. Vergeblich versprachen die Sozialisten das Reich der Freiheit, denn die Mittel bestimmen den Zweck: die Sowjetunion, die Planung, Regelung und Kontrolle als ihre Instrumente einsetzte, hat noch immer nicht die in ihrer Verfassung vorgesehenen Freiheiten verwirklicht und wird dies, wie ihre Kritiker meinen, wohl niemals tun ... Sich gegen Regelungen zu wenden, heißt jedoch, sich gegen Reformen wenden. Bei den Liberalen sinkt damit die Freiheit bloß zu einer Befürwortung des freien Unternehmertums herab, das heute durch die harte Wirklichkeit der gigantischen Trusts und fürstlichen Monopole zu einer Fiktion gemacht wird. Dies bedeutet die Fülle der Freiheit für jene, deren Einkommen, Muße und Sicherheit keiner Steigerung bedürfen, und einen kümmerlichen Rest von Freiheit für das Volk, das vergeblich versuchen mag, seine demokratischen Rechte dazu zu benützen, um sich Schutz vor der Macht der Besitzenden zu verschaffen. Das ist noch nicht alles. In Wirklichkeit ist es den Liberalen nirgends gelungen, das freie Unternehmertum, das aus wesentlichen Gründen zum Scheitern verurteilt war, wiederherzustellen. Es war das Ergebnis ihrer Bemühungen, daß sich Großkonzerne in verschiedenen europäischen Ländern festsetzten, und nebenbei auch verschiedene Spielarten des Faschismus, wie in Österreich. Planung, Regelung und Kontrolle, die die Liberalen als Bedrohung der Freiheit verboten sehen wollten, wurden dann von den erklärten Feinden der Freiheit zu deren völliger Beseitigung benützt. Somit wurde der Sieg des Faschismus durch den Widerstand der Liberalen gegen jegliche Reform, die Planung, Regelung und Kontrolle beinhaltete, praktisch unvermeidlich.

Die völlige Vernichtung der Freiheit durch den Faschismus ist in der Tat das unausweichliche Ergebnis der liberalen Philosophie, die besagt, daß Macht und Zwang von Übel seien, daß die Freiheit erfordere, Macht und Zwang aus der menschlichen Gemeinschaft auszuschließen. Das ist ein Ding der Unmöglichkeit; eine komplexe Gesellschaft macht es deutlich. Dies läßt keine andere Alternative übrig, als entweder einer illusionären Vorstellung von Freiheit treu zu bleiben und damit die gesellschaftliche Realität zu leugnen, oder diese Realität anzuerkennen und die Idee der Freiheit abzulehnen. Das erstere ist die Schlußfolgerung der Liberalen, das letztere die der Faschisten. Keine andere scheint möglich.

Wir gelangen zur unausweichlichen Schlußfolgerung, daß die Möglichkeit der Freiheit schlechthin fraglich ist. Wenn Reglementierung das einzige Mittel zur Verbreitung und Stärkung der Freiheit in einer komplexen Gesellschaft ist, aber die Anwendung dieses Mittels im Gegensatz zur Freiheit *per se* steht, dann kann eine solche Gesellschaft nicht frei sein.

An der Wurzel dieses Dilemmas steckt jedoch der Freiheitsbegriff selbst. Die liberale Wirtschaft lenkte unsere Ideale in eine falsche Richtung. Sie schien der Verwirklichung von eigentlich utopischen Erwartungen am nächsten zu kommen. Es kann weder eine Gesellschaft geben, in der Macht und Zwang fehlen, noch eine

Welt, in der die Gewalt keine Funktion hat. Der Glaube an die Möglichkeit einer allein vom Wunsch und Willen des Menschen geformten Gesellschaft war eine Illusion. Dennoch war dies das Ergebnis einer marktmäßigen Vorstellung von der Gesellschaft, die Volkswirtschaft mit Vertragsbeziehungen gleichsetzte, und Vertragsbeziehungen mit Freiheit. Man pflegte die radikale Illusion, daß es in der menschlichen Gesellschaft nichts gebe, das nicht vom Willen der einzelnen abzuleiten wäre, und daher nicht wieder durch ihren Willen abgeschafft werden könnte. Der Ausblick war vom Markt begrenzt, der das Leben „zerteilte" in einen Produzentensektor, der in dem Augenblick endete, in dem sein Produkt auf den Markt kam, und einen Sektor des Konsumenten, für den alle Güter aus dem Markt kamen. Der eine bezog sein Einkommen „frei" aus dem Markt, der andere gab es dort „frei" aus. Die Gesellschaft als Ganzes blieb unsichtbar. Die Macht des Staates war unerheblich, denn je geringer diese Macht, um so reibungsloser würde der Marktmechanismus funktionieren. Weder die Wähler noch die Eigentümer, weder die Produzenten noch die Konsumenten konnten für die brutalen Einschränkungen der Freiheit verantwortlich gemacht werden, die sich aus Arbeitslosigkeit und Elend ergaben. Jedes ehrbare Individuum konnte sich frei von jeglicher Verantwortung für die Zwangsmaßnahmen des Staates fühlen, die er persönlich ablehnte, oder für wirtschaftliche Mißstände in der Gesellschaft, aus denen er persönlich keine Vorteile gezogen hatte. Er „bezahlte für alles", war „niemandem etwas schuldig" und hatte nichts zu tun mit dem Mißbrauch der Macht und des ökonomischen Werts. Seine Unzuständigkeit für diese Dinge war so offensichtlich, daß er ihre Realität im Namen seiner eigenen Freiheit leugnete.

Indessen sind Macht und wirtschaftlicher Wert Musterbeispiele gesellschaftlicher Realität. Sie entspringen nicht dem menschlichen Willen, und man kann sich ihnen nicht entziehen. Die Aufgabe der Macht ist die Sicherung jenes Maßes an Übereinstimmung, das für das Überleben der Gruppe notwendig ist; ihr Ursprung ist Überzeugung – und wer hätte nicht irgendeine Überzeugung? Der wirtschaftliche Wert sichert die Brauchbarkeit der produzierten Güter; er muß vor der Entscheidung, sie zu produzieren, vorhanden sein; er ist das Siegel, das der Arbeitsteilung aufgedrückt wird. Sein Ursprung sind die menschlichen Bedürfnisse und der Mangel – und warum sollten wir nicht eine Sache mehr begehren als eine andere? Jede Überzeugung und jedes Bedürfnis machen uns zu Mitwirkenden an der Schaffung von Macht und der Bildung von wirtschaftlichem Wert. Eine Freiheit zu anderem Tun ist unvorstellbar.

Wir haben nun die letzte Phase unserer Darlegung erreicht.

Nachdem wir die Marktutopie verworfen haben, sehen wir uns nunmehr mit der Realität der Gesellschaft konfrontiert. Es ist die Trennlinie zwischen Liberalismus auf der einen Seite sowie Faschismus und Sozialismus auf der anderen. Der Unterschied zwischen diesen beiden ist nicht in erster Linie ökonomischer Natur, er ist ein ethischer und religiöser Unterschied. Sogar dort, wo sie sich zu identischen wirtschaftlichen Grundsätzen bekennen, sind sie nicht nur verschieden, sie verkörpern gegensätzliche Prinzipien. Der größte sie trennende Unterschied ist wiederum die Freiheit. Faschisten ebenso wie Sozialisten nehmen die gesellschaftiche Realität mit jener Endgültigkeit hin, mit der das Wissen um den Tod das menschliche Bewußtsein geformt hat. Macht und Zwang sind Teil dieser Realität, und ein Ideal, das sie aus der Gesellschaft ausschließen wollte, muß somit hinfällig sein. Die Frage, an der sie sich scheiden, ist, ob die Idee der Freiheit angesichts dieser Erkenntnis aufrechterhalten werden kann oder nicht; ist Freiheit ein leeres Wort, eine Versuchung, die den Menschen und seine Werke zerstören muß, oder kann der Mensch angesichts dieser Erkenntnis seine Freiheit wieder geltend machen und nach ihrer Verwirklichung in der Gesellschaft streben, ohne in einen ethischen Illusionismus zu verfallen? (...)

Jenseits von Tätern und Opfern. *Ziemt es sich, im Zusammenhang mit Verfassungsfragen Erfahrungen aus nationalsozialistisch todgerichteten Konzentrationslagern wiederzugeben? Nur wer die trotz aller Zeugnisse schwer entschlüsselbare und noch schwerer erträgliche Nachricht immer erneut vernimmt, besitzt das Maß an Wirklichkeitsbewußtsein, Neues bedacht zu wagen; nur diejenigen werden hart gedrängt, gesellschaftliche Formen zu finden, die auch nicht die Vorstufe der Vorstufe von Konzentrationslagern sind. Vom Archipel Gulag bis nach Auschwitz und zurück.*

Primo Levi, 1919 geboren, Chemiker, 1943 nach Auschwitz verschleppt, Überlebender, setzte am 7. April 1987 seinem Leben ein Ende. Weil er es wohl mit seinen Erfahrungen, weil er es mit der Nach-Wirklichkeit, der heutigen, der morgen heraufdämmernden nicht mehr aushielt. Primo Levi hat, wenn das so gesagt werden darf, mit am eindringlichsten, am genauesten, am human nüchternsten von seinen Erfahrungen in Auschwitz berichtet, Fast, als wäre er ein anteilnehmender Beobachter gewesen. Aber das ist es, was einen reflektierenden Menschen auch im tiefsten Leiden bis zur Neige des Verlusts seines Menschseins auszeichnet.

Der hier abgedruckte Auszug aus dem II. Kapitel seines letzten Buches zeigt, welche enorme Aufgabe der gesellschaftlichen Gestaltung menschlicher Umstände gestellt ist. Denn Auschwitz war wirklich. Auschwitz ist im Prinzip immer möglich, solange es Menschen gibt, deren offene Möglichkeiten von der äußersten Brutalität von Tätern reichen, die ihre Opfer zu entmenschen suchen und selbst darob zu Unmenschen werden, bis hin zum Umgang in gegenseitiger Hilfe und annähernd herrschaftsfreier Kommunikation. Darum sind Verfassungsfragen von so ausschlaggebender Bedeutung. Wie Unternehmen, wie Schulen, wie Behörden, wie Berufe und Karrierewege organisiert sind, bestimmt in hohem Maße den Charakter und die Verhaltensweisen der Menschen. Gerade weil man bei Primo Levi zu lernen vermag, wozu die „Gattung Mensch" umständegemäß in der Lage ist, zu welchen Formen der Machtausübung und welchen Formen der Überlebensanstrengungen, gerade deshalb gilt es, solche realen und möglichen Extremsituationen im Auge, Normalitäten zu schaffen, die den Menschen zum Menschen werden und Mensch im Wertsinne sein lassen. Gelebte Menschenrechte.

(Primo Levi: Die Untergegangenen und die Geretteten, München 1990, hier Auszüge aus dem II. Kapitel „Die Grauzone", S. 33 – 45)

Primo Levi

Die Grauzone

Sind wir, die wir überlebt haben, imstande gewesen, unsere Erfahrung zu verstehen und verständlich zu machen? Wenn wir „verstehen" sagen, meinen wir damit im allgemeinen „vereinfachen": ohne tiefgreifende Vereinfachung wäre die uns umgebende Welt ein unendliches, undefiniertes Durcheinander, das unserer Orientierungs- und Handlungsfähigkeit hohnsprechen würde. Wir sind daher gezwungen, das Erkennbare auf ein Schema zu reduzieren; diesem Zweck dienen die wunderbaren Instrumente, die wir uns im Verlauf unserer Evolution geschaffen haben und die nur der menschlichen Gattung eigen sind: die Sprache und das begriffliche Denken.

Wir neigen dazu, auch die Geschichte zu vereinfachen; doch ist das Schema, innerhalb dessen die Fakten geordnet werden, nicht in jedem Fall eindeutig erkennbar, und es kann daher vorkommen, daß verschiedene Historiker Geschichte in einer sich gegenseitig widersprechenden Weise verstehen und konstruieren. Jedenfalls ist das Bedürfnis (das möglicherweise auf Ursachen beruht, die auf unseren Ursprung als *animal sociale* zurückverweisen), die Welt in „wir" und „sie" aufzuteilen, in uns dermaßen stark, daß dieses Schema einer Freund-Feind-Einteilung jedes andere überlagert. Die populärwissenschaftliche Geschichtsbetrachtung und auch die Geschichte, wie sie uns herkömmlicherweise in der Schule vermittelt wird, stehen unter dem Einfluß dieser manichäischen Tendenz, die die Zwischentöne scheut und der Komplexität aus dem Weg geht. Sie neigt dazu, den Strom der Ereignisse in der Menschheitsgeschichte auf Konflikte zu reduzieren, Konflikte auf Zweikämpfe, auf „wir" und „sie", hier Athener und dort Spartaner, hier Römer und dort Karthager. (...)

Statt dessen war der Eintritt ins Lager ein Zusammenprall, und zwar wegen des Unerwarteten, das er mit sich brachte. Die Welt, in die man hineinstürzte, war nicht nur grauenvoll, sondern darüber hinaus auch noch unentzifferbar: sie entsprach keinem der bekannten Modelle, der Feind war draußen und zugleich drinnen, das „wir" verlor seine Grenzen, es gab keine zwei gegnerischen Parteien, man erkannte nicht nur eine Grenzlinie, sondern viele und unklare, vielleicht unzählige, jeweils eine zwischen dem einen und einem anderen. Beim Eintritt hoffte man zumindest auf die Solidarität der Schicksalsgenossen, aber die erhofften Verbündeten – ausgenommen ganz besondere Fälle – gab es nicht. Statt dessen gab es tausend versiegelte Monaden und zwischen diesen einen verzweifelten, verborgenen, fortwährenden Kampf. Diese jähe Entdeckung machte man von den ersten Stunden der Gefangenschaft an und oftmals in der unmittelbaren Form einer konzentrischen Aggression von seiten gerade derjenigen, in denen man die zukünftigen Verbündeten zu erkennen hoffte. Diese Entdeckung war so übermächtig, daß jede Widerstandsfähigkeit auf der Stelle zusammenbrach. Für viele war sie mittelbar oder unmittelbar tödlich: es ist schwer, sich vor einem Schlag zu schützen, auf den man nicht vorbereitet ist.

Diese Aggression hat unterschiedliche Aspekte. Dabei muß daran erinnert werden, daß das System der Konzentrationslager (das mit dem Aufstieg des Nationalsozialismus in Deutschland einhergeht) als wichtigstes Ziel das Zerbrechen der Widerstandsfähigkeit des Gegners von allem Anfang an im Auge hatte: für die Lagerleitung war der Neuankömmling ein Gegner *per definitionem*, was immer auch das Etikett gewesen sein mag, das man ihm angeheftet hatte. Dieser Gegner mußte augenblicklich vernichtet werden, damit er nicht zu einem Beispiel oder sogar zu einer Keimzelle für organisierten Widerstand werden konnte. In dieser Hinsicht hatte die SS klare Vorstellungen, und unter diesem Aspekt mußte das gesamte unheimliche Ritual verstanden werden, das den Eintritt begleitete; auch wenn es sich von Lager zu Lager unterschied, in seinem Kern war es immer gleich: als erstes die Fußtritte und Faustschläge, oft direkt ins Gesicht; die Orgie der mit echter oder gespielter Wut gebrüllten Befehle; die völlige Entkleidung; das Kahlscheren der Köpfe; die Einkleidung mit Lumpen. Es ist schwer zu sagen, ob all diese Einzelheiten von einem Experten ausgeklügelt worden waren oder sich erst auf der Grundlage der Erfahrungen methodisch entwickelten, aber sicher ist, daß sie beabsichtigt und nicht zufällig waren: in alldem gab es eine Regie, und die war erkennbar.

Zum Eintrittsritual und zum moralischen Zusammenbruch, den dieses Ritual begünstigte, trugen mehr oder weniger bewußt allerdings auch die übrigen Glieder des Lagers bei: die gewöhnlichen Häftlinge und die Privilegierten. Nur selten kam es vor, daß der Neuankömmling, ich sage nicht wie ein Freund, aber zumindest wie ein Schicksalsgefährte aufgenommen wurde. Meistens zeigten sich die Alten (und alt wurde man innerhalb von drei bis vier Monaten: der Wechsel vollzog sich schnell!) irritiert, wenn nicht sogar feindlich. Der *Zugang* (man beachte, daß dieses Wort im Deutschen ein abstrakter, aus der Verwaltung kommender Begriff ist) wurde beneidet, weil er noch den Geruch seiner ursprünglichen Umgebung an sich zu tragen schien. Das war natürlich ein absurder Neid, denn in Wirklichkeit litt man weitaus mehr in den ersten Tagen der Gefangenschaft als später, denn dann war es einerseits durch die Gewöhnung, andererseits durch die Erfahrung möglich, einen schützenden Bereich um sich herum aufzubauen. Er wurde verlacht, und man trieb grausame Scherze mit ihm, wie es in allen Gemeinschaften bei Rekruten oder Neuimmatrikulierten oder bei den Initiationszeremonien der Naturvölker vorkommt: es steht außer Zweifel, daß das Leben im Lager eine Regression mit sich brachte und entsprechend primitive Verhaltensweisen förderte.

Es ist möglich, daß die Feindseligkeit gegenüber dem *Zugang* im wesentlichen wie jede andere Intoleranz begründet war, nämlich in dem unbewußten Versuch, das „wir" auf Kosten der „anderen" zu festigen, also jene Solidarität unter den Unterdrückten zu schaffen, deren Nichtvorhandensein Ursache zusätzlicher Leiden war, auch wenn sie nicht deutlich wahrgenommen wurde. Ein Teil dieses Mechanismus war auch das Streben nach Ansehen, das in unserem Kulturbereich ein nicht ausrottbares Bedürfnis zu sein scheint: die verachtete Masse der Alten neigte dazu, den Neuankömmling als Sündenbock zu betrachten, an dem man die eigene Demütigung rächen konnte; auf Kosten des Neulings suchte man nach einer Kompensation, auf seine Kosten konstruierte man sich eine niedriger stehende Person, auf die man das ganze Gewicht der von oben empfangenen Entwürdigungen abladen konnte.

Bei den privilegierten Gefangenen wird die Argumentation noch komplexer und auch wichtiger – meiner Ansicht nach ist sie geradezu grundlegend. Die Vermutung, ein abgefeimtes System, wie es der Nationalsozialismus war, spreche seine Opfer heilig, ist naiv, absurd und historisch falsch, im Gegenteil: es degradiert sie und verleibt sie sich ein, und zwar um so mehr, je disponibler die Opfer sind, je ahnungsloser, je weniger politisches oder moralisches Rüstzeug sie besitzen. Viele Anzeichen deuten darauf hin, daß die Zeit gekommen ist, den Raum näher zu erforschen, der die Opfer von den Verfolgern trennt (nicht nur in den nazistischen Lagern!), und zwar mit einer leichteren Hand und einem weniger getrübten Blick, als dies beispielsweise in einigen Filmen geschehen ist. Nur eine schematische Rhetorik kann die Ansicht vertreten, daß dieser Raum leer ist: das ist er in keinem Fall, er ist besetzt von infamen oder bewegenden Gestalten (manchmal besitzen sie diese beiden Eigenschaften gleichzeitig), die wir notwendig kennenlernen müssen, wenn wir die Gattung Mensch kennenlernen wollen, wenn wir unser Gewissen für den Fall verteidigen wollen, daß noch einmal eine ähnliche Prüfung bevorstehen sollte, oder auch, wenn wir uns lediglich darüber klar werden wollen, was sich innerhalb eines großen Industriebetriebs abspielt.

Die privilegierten Gefangenen stellten unter den Lagerinsassen eine Minderheit dar, bilden aber unter den Überlebenden eine starke Mehrheit; auch wenn man die Mühsal, die Schläge, die Kälte, die Krankheiten einmal außer acht läßt, so muß doch daran erinnert werden, daß die Essensration auch für den genügsamsten Gefangenen absolut unzureichend war: nachdem er innerhalb von zwei bis drei Monaten die physiologischen Reserven des Organismus aufgezehrt hatte, waren der Hungertod oder durch Hunger verursachte Krankheiten das normale Schicksal des Gefangenen. Das konnte nur durch eine größere Nahrungsmenge verhindert werden, und um die zu bekommen, brauchte man ein Privileg, egal, ob groß oder klein. Mit anderen Worten: man brauchte irgendetwas, das einen über die Norm stellte, ganz gleichgültig, ob das nun aufoktroyiert war oder ergattert, mit Gerissenheit an sich gebracht oder mit Gewalt, rechtmäßig oder unrechtmäßig.

Nun darf man nicht vergessen, daß die mündlich erzählten oder die aufgeschriebenen Erinnerungen der Rückkehrer größtenteils folgendermaßen beginnen: Der Zusammenprall mit der Wirklichkeit des Konzentrationslagers geht einher mit der unerwarteten und unverstandenen Aggression seitens eines neuen, merkwürdigen Feindes: des Gefangenen als Vollzugsangestellten, der sich, in einer dir fremden Sprache brüllend, auf dich stürzt und dir ins Gesicht schlägt, statt dich an die Hand zu nehmen, dich zu beruhigen, dir den Weg zu weisen. Er will dich zähmen, den Funken von Würde, den du vielleicht noch behalten hast, er aber schon längst verloren hat, in dir zum Erlöschen bringen. Aber wehe dir, wenn dich diese deine Würde dazu verleitet zu reagieren: das *Zurückschlagen*, das Antworten auf Schläge mit Schlägen, ist eine nicht duldbare Überschreitung eines zwar ungeschriebenen, aber eben doch unumstößlichen Gesetzes, die nur einem „Neuen" in den Sinn kommen kann. Wer eine solche Tat begeht, an dem muß ein Exempel statuiert werden: andere Vollzugspersonen eilen zur Verteidigung der bedrohten Ordnung herbei, und der Schuldige wird mit Wut und Methode solange geschlagen, bis er gezähmt ist oder tot. Das Privileg verteidigt und schützt, *per definitionem*, das Privileg. Ich erinnere mich, daß der örtliche jiddische und polnische Begriff für Privileg, „protekcja" hieß, den man „protekzia" ausspricht, und der offenkundig italienisch-lateinischen Ursprungs ist. Mir ist die Geschichte eines italienischen „Neuen" erzählt worden, eines Widerstandskämpfers, der als politischer Gefangener in ein Arbeitslager gesteckt wurde, als er noch im Vollbesitz seiner Kräfte war. Während des Austeilens der

Suppe war er mißhandelt worden, und er hatte es gewagt, dem für die Essensverteilung zuständigen Gefangenen einen Stoß zu versetzen: sofort eilten dessen Kollegen herbei und tauchten den Kopf des Schuldigen in den Suppenkübel, um ein Exempel zu statuieren.

Der Aufstieg der Privilegierten ist nicht nur in den Konzentrationslagern, sondern in allen menschlichen Lebensverbänden ein beängstigendes, aber unabänderliches Phänomen: sie fehlen nur in den Utopien. Es ist die Aufgabe eines jeden rechtsbewußten Menschen, jedem auf keinerlei Verdienst beruhenden Privileg den Kampf anzusagen, aber man darf nicht vergessen, daß es sich hierbei um einen Kampf ohne Ende handelt. Wo es eine von wenigen oder von einem einzelnen ausgeübte Macht über viele gibt, entsteht und vermehrt sich das Privileg, auch gegen den Willen der Macht selbst; aber es ist normal, daß die Macht es toleriert oder fördert. Beschränken wir uns auf die Lagersituation, die freilich (auch in ihrer sowjetischen Ausprägung) gut als „Laboratoriums"-Situation dienen kann: die hybride Klasse der Häftlinge als Vollzugspersonen bildet das Knochengerüst und weist gleichzeitig die am stärksten beunruhigenden Züge auf. Sie ist eine Grauzone mit unscharfen Konturen, die die beiden Bereiche von Herren und Knechten voneinander trennt und zugleich miteinander verbindet. Sie besitzt eine unvorstellbar komplizierte innere Struktur und enthält in sich soviel, wie ausreicht, um unser Bedürfnis nach einem Urteil durcheinanderzubringen.

Die Grauzone der „protekcja" und der Kollaboration entsteht aus vielfältigen Wurzeln. Vor allem der Machtbereich braucht, je enger er ist, um so mehr Helfer von außen; die Nazis konnten in den letzten Jahren nicht ohne sie auskommen, da sie entschlossen waren, ihre Macht im Inneren des unterworfenen Europa aufrechtzuerhalten und gleichzeitig die durch den wachsenden militärischen Widerstand der Gegner ausgebluteten Kriegsfronten zu versorgen. Es wurde unumgänglich, nicht nur Arbeits-, sondern auch Ordnungskräfte in den besetzten Ländern zu rekrutieren, das heißt Bevollmächtigte und Verwalter deutscher Macht, die ihrerseits inzwischen an anderen Orten bis zur Erschöpfung beansprucht war. Innerhalb dieses Bereichs müssen, mit unterschiedlichen Schattierungen im Hinblick auf Eigenart und Bedeutung, Quisling in Norwegen, die Vichy-Regierung in Frankreich, der Judenrat in Warschau, die Republik von Salò aufgelistet werden bis hin zu den ukrainischen und baltischen Söldnern, die überall mit den schmutzigsten Aufgaben (nie jedoch mit militärischen Kampfhandlungen) beauftragt wurden, und den Sonderkommandos, über die noch zu sprechen sein wird. Aber die aus dem gegnerischen Lager stammenden Kollaborateure, die Exfeinde, sind ihrem Wesen nach nicht vertrauenswürdig; sie haben einmal Verrat begangen und können es wieder tun. Es bringt nichts, sie mit zweitrangigen Aufgaben zu betrauen; der beste Weg, sie an sich zu binden, besteht darin, sie mit Schuld zu beladen, sie mit Blut zu beflecken, sie bloßzustellen, wo immer es möglich ist: auf diese Weise werden sie mit den Auftraggebern das Bündnis der Mittäterschaft eingehen, so daß sie nicht mehr zurück können. Diese Vorgehensweise ist den kriminellen Vereinigungen aller Zeiten und Orte bekannt, wird seit eh und je von der Mafia angewandt und ist übrigens die einzige Möglichkeit, die sonst nicht dechiffrierbaren Auswüchse des italienischen Terrorismus der siebziger Jahre zu erklären.

Weiterhin läßt sich sagen – und dies sei im Gegensatz zu einer gewissen rhetorischen und verklärenden Stilisierung festgestellt –, daß, je härter die Unterdrückung, um so verbreiteter unter den Unterdrückten die Bereitschaft ist, mit den Machthabern zu kollaborieren. Auch diese Bereitschaft ist in unendlich vielen Schattierungen und Beweggründen abgestuft: Schrecken; ideologische Verlokkung; sklavische Nachahmung des Siegers; kurzsichtiger Wille zu einer wie auch immer beschaffenen Macht, und sei sie noch so lächerlich auf Raum und Zeit beschränkt; Feigheit, die sogar von einer messerscharfen Berechnung sein konnte und darauf aus war, die Befehle und die aufgezwungene Ordnung zu umgehen. Alle diese einzelnen oder auch untereinander verbundenen Beweggründe haben dazu beigetragen, diese Grauzone entstehen zu lassen, deren Angehörige gegenüber den Nichtprivilegierten durch den Willen, ihre Privilegien zu bewahren und zu sichern, miteinander verbunden waren.

Bevor die Beweggründe, die einige Häftlinge dazu gebracht haben, auf verschiedene Weise mit der Lagerleitung zu kollaborieren, im einzelnen diskutiert werden, muß ich nachdrücklich darauf hinweisen, daß es angesichts derartiger Menschenschicksale unbesonnen wäre, ein vorschnelles moralisches Urteil zu fällen. Es muß uns klar sein, daß die Hauptschuld das System, die eigentliche Struktur des totalitären Staates trifft; die Mitschuld der einzelnen großen oder kleinen Kollaborateure (die niemals sympathisch, niemals durchsichtig waren!) ist immer schwer zu bewerten. Wir wollen das Urteil ausschließlich denjenigen überlassen, die sich selber in ähnlichen Umständen befunden haben und Gelegenheit hatten, an sich selbst festzustellen, was es bedeutet, unter Zwang zu handeln. Manzoni wußte einiges darüber: „Die Hetzer, die Überwältiger, all diejenigen, die einem andern auf irgendeine Art Unrecht zufügen, sind schuldig, und zwar nicht nur wegen der von ihnen begangenen Schandtat, sondern auch wegen der moralischen Verkommenheit, zu der sie Geist und Seele der Leidtragenden treiben." Der Umstand, daß einer ein Leidtragender ist, schließt seine Schuld nicht aus, und oftmals ist sie objektiv schwerwiegend, aber ich kenne kein menschliches Tribunal, dem man die Aufgabe der Bemessung der Schuld zuweisen könnte.

Wäre ich gezwungen, zu Gericht zu sitzen, hinge ein Urteil von mir ab – ich spräche alle leichten Herzens frei, deren Mitschuld gering war, während der Zwang, unter dem sie handelten, sehr groß war. Um uns Häftlinge ohne Rang herum wimmelte es von privilegierten Häftlingen der niederen Ebene. Sie stellten eine bunt zusammengewürfelte Fauna dar: Kehrer, Kesselwäscher, Nachtwächter, Pritschenkontrolleure (die zu ihrem winzig kleinen Vorteil die deutsche Schrulle ausnutzten, daß die Pritschen völlig glatt und rechteckig gemacht werden mußten), Läuse- und Krätzekontrolleure, Befehlsüberbringer, Dolmetscher, Knechte der Knechte. Im allgemeinen waren sie genauso arme Teufel wie wir, die genauso lange arbeiteten wie wir anderen auch, die aber für einen zusätzlichen halben Liter Suppe bereit waren, diese und andere „drittrangige" Aufgaben zu übernehmen: harmlose, manchmal nützliche, oft aus dem Nichts erfundene kleine Tätigkeiten. Diese privilegierten Häftlinge waren selten gewalttätig, aber sie neigten dazu, eine typische Bruderschaftsmentalität zu entwickeln und energisch ihren „Arbeitsplatz" gegen den zu verteidigen, der ihn ihnen – sei es von unten oder von oben – streitig machen wollte. Ihr Privileg, das im übrigen zusätzliche Entbehrungen und Beschwerlichkeiten bedeutete, brachte ihnen kaum etwas ein und befreite sie keineswegs von der Disziplin und dem Leiden der anderen; ihre Hoffnung auf Leben entsprach eigentlich genau der der anderen, der Nichtprivilegierten. Sie waren primitiv und anmaßend, aber man empfand sie nicht als Feinde. (...)

Die hier beschriebenen Funktionäre waren entweder überhaupt keine Kollaborateure oder waren es nur dem Augenschein nach: sie waren getarnte Gegner. Nicht so verhielt es sich mit den meisten anderen Inhabern von „leitenden" Positionen, die sich als menschliche Exemplare zwischen mittelmäßig und miserabel erwiesen haben. Macht verschleißt nicht, sie korrumpiert, und die Macht dieser

Individuen, die einen eigentümlichen Charakter besaß, korrumpierte in noch weitaus stärkerem Maß.

Macht gibt es innerhalb aller Varianten der gesellschaftlichen Ordnung der Menschen. Sie wird mehr oder weniger einer Kontrolle unterstellt, usurpiert, von oben her belehnt, von unten her anerkannt, aufgrund von Verdiensten, gemeinschaftlicher Solidarität, Blutsverwandschaft oder Volksentscheid verliehen: es ist wahrscheinlich, daß ein bestimmtes Maß an Herrschaftsansprüchen vom Menschen gegenüber dem Menschen in unserem genetischen Erbgut, dem Erbgut von Herdentieren, festgelegt ist. Es ist nicht bewiesen, daß Macht an sich der Gemeinschaft schadet. Aber die Macht, über die die hier zur Debatte stehenden privilegierten Häftlinge auch niederer Ränge verfügten, wie etwa die Kapos der Arbeitskolonnen, war im Grunde unbeschränkt, oder besser gesagt: ihrer Gewalttätigkeit war eine Grenze nach unten gesetzt, und zwar in dem Sinn, daß sie bestraft oder ihres Postens enthoben wurden, wenn sie sich nicht als ausreichend hart erwiesen, aber nach oben gab es keine Grenze. Mit anderen Worten: es stand ihnen völlig frei, an ihren Untergebenen zur Strafe für jede wie auch immer geartete Übertretung oder auch völlig grundlos die gemeinsten Bestialitäten zu begehen. Bis zum Ende des Jahres 1943 war es durchaus keine Seltenheit, daß ein Häftling durch Schläge des Kapos starb, ohne daß dieser irgendeine Bestrafung fürchten mußte. Erst später, als sich der Mangel an Arbeitskräften stärker spürbar machte, wurden einige Auflagen eingeführt: die Mißhandlungen, die die Kapos ihren Gefangenen zufügen konnten, durften deren Arbeitsfähigkeit nicht dauerhaft beeinträchtigen; aber mittlerweile war der Mißbrauch längst eingerissen, und so wurde die Norm nicht immer respektiert.

Auf diese Weise wurde innerhalb der Lager die hierarchische Struktur des totalitären Staates, in dem alle Macht von oben her verliehen wird und eine Kontrolle von unten her nahezu ausgeschlossen ist, in kleinerem Maßstab, aber mit vergrößerten Merkmalen reproduziert. Aber dieses „nahezu" ist bedeutsam: es hat niemals einen Staat gegeben, der in dieser Hinsicht tatsächlich „totalitär" war. (...) Nur innerhalb des Lagers war die Kontrolle von unten gleich Null, und die Macht der kleinen Satrapen war absolut. Es ist begreiflich, daß eine Macht von dieser Größenordnung gerade jenen Menschentypus anzog, der machtgierig ist; daß sich sogar Menschen von maßvollem Wesen, angezogen von den vielfältigen materiellen Vorteilen eines solchen Postens, danach drängten und auf fatale Weise von der Macht vergiftet wurden, die sie in Händen hielten. (...)

Heidelberg (1620)

Dritter Abschnitt

Elemente und Aspekte einer liberal-demokratischen Verfassung menschenrechtlichen Inhalts im 21. Jahrhundert

Motto:
„Eine Verfassung ist kein Akt der Regierung,
sondern der Bürgerinnen und der Bürger,
die über eine Regierung entscheiden."
(Hannah Arendt)

Wie einfach läßt sich das Wort Demokratie übersetzen. Herrschaft der Bürgerinnen und der Bürger; Selbstherrschaft. Geherrscht wird in einer Gesellschaft nur, insoweit sich ihre Mitglieder selbst beherrschen. Moses Finley berichtet über die athenische Demokratie im 5. Jahrhundert vor unserer Zeitrechnung, von der der Begriff überkommen ist: „Freiheit meinte hier die Herrschaft des Gesetzes und Teilnahme am Entscheidungsprozeß, nicht aber den Besitz unveräußerlicher Rechte."

Wie schwer aber ist diese anscheinend einfache Selbstregierung zu verwirklichen. Rousseau faßt zusammen: „Wenn es ein Volk von Göttern gäbe, würde es sich demokratisch regieren. Den Menschen entspricht eine so vollkommene Regierung nicht" (Gesellschaftsvertrag, Drittes Buch, IV. Kapitel).

Mit den Menschenrechten verhält es sich nicht anders. Sie scheinen evident. Deswegen wurden sie so lange naturrechtlich begründet. Als verstünden sie sich aufgrund der allgemeinen und allen Menschen gleichen Natur von selbst. Doch viele Menschen, die meisten auf dieser Erde, leben in solchen umherrschten Bedingungen, daß sie kaum ahnen, was ihre Menschenrechte sein könnten. Viele Menschen kennen sie vom Hörensagen. Sie können jedoch nichts damit anfangen. Und selbst unter der Gruppe derjenigen, die sich ihrer um eigener und anderer Interessen willen annimmt, werden sie oftmals nur stumpf verwandt oder zu einseitig interessiertem Zweck mißbraucht. Mit den praktizierten Menschenrechten verhält es sich fast so wie mit dem fruchtbaren Korn, das der Bauer auf steinigem, windschiefem Acker aussät, der von harten Wegen unfruchtbar eng begrenzt ist. Ein neutestamentliches Gleichnis erzählt davon. Nur wenige Körner gehen schließlich auf. Selbst sie aber sind dauernd von Wind und Wetter gefährdet, oder vorbeistreifende Menschen reißen die Ähren vorzeitig ab. So bleibt am Ende fast nur so viel übrig, daß neu gesät werden kann.

Die vorgestellten Ausschnitte aus bunt-verschiedenen, ungleichzeitigen Dokumenten geben eine Vorstellung davon, warum das Einfache, Demokratie und Menschenrechte, so schwer zu machen ist, ja warum das Einfache so einfach nicht ist, so wie die Menschen, um deren Gesellung es geht, nicht einfach sind. Menschen mit ihren Widersprüchen.

● Wie läßt sich die Vielfalt von Menschen zur Einheit einer Gesellschaft verbinden?

● Wie läßt sich gewährleisten, daß die Vielfalt von einzelnen menschlichen Strebungen nicht alle Zusammenhänge auflöst oder umgekehrt die Einheit Besonderheiten der vielen nicht unterdrückt, so daß Herrschaft pur entsteht?

● Wie läßt sich erreichen, daß Menschen von anderen Menschen nicht ausgebeutet, nicht verletzt und nicht beherrscht werden können? Welche sozialen und institutionellen Bedingungen sind im Wechsel der Zeiten verläßlich zu nennen, die es zu schaffen gilt, will man menschenrechtliche Demokratie installieren?

Immerhin, so verschieden die Antworten ausfallen, unterschiedliche Antworten, die meist aus anderen Voraussetzungen und Zielen folgen, und so wenig es einen Königinnen- oder Königsweg zur menschenrechtlichen Demokratie gibt, so deutlich lassen sich doch etliche Richtkriterien und Verfahrenseinsichten als Erfahrungssumme festhalten. Man muß nicht dem Faustschen Schüler gleich nach bedachter Lektüre ächzen: „Mir ist im Kopf so dumm, als ging ein Mühlrad darin herum."

● Alle Ziele sind immer nur soweit wirksam, wie die institutionellen Formen, die ihrer Praktizierung gelten, es zulassen. Die Ziele Freiheit, Gleichheit und Geschwisterlichkeit drücken sich deshalb in Prozeduren, in Spielregeln aus, oder sie bleiben schöne Fahnenwörter. Bedenkt man diesen Übersetzungszwang, der aus den materiellen Erfordernissen des Menschen im weiten Sinne entspringt, seiner Körperlichkeit, seiner Räumlichkeit, seiner Angewiesenheit auf Umwelt usw., dann gewinnen edle, aber schwer faßliche Ziele plötzlich Gestalt. Die Würde des Menschen, was bedeutet dieses Ziel tatsächlich, das so wichtig ist? Betritt man, um beispielhaft zu illustrieren, ein Gefängnis irgendwo in der Welt, dann wird man in fast jeder Regelung, im umbauten Raum, in den Umgangsformen des Personals mit den Inhaftierten, einen dauernden Verstoß gegen die Würde des Menschen erkennen können. Hier im institutionellen Detail gilt es, Farbe zu bekennen.

● Formen sind nie unerheblich, selbst wenn sie leer zu rotieren scheinen. Sie sind jedoch immer erneut an den Normen (Zielen/Inhalten) zu messen, derethalben sie verfassungsgemäß gewählt worden sind. Darum bedarf eine Demokratie regelmäßiger, die Verfassung ihrer Institutionen überprüfender und werthaft neu vermessender Prozeduren. Deswegen ist es mit dem einmaligen verfassungsgebenden Akt nicht getan. Geschieht diese Neuvermessung nicht, besteht die Gefahr eines nicht beabsichtigten Funktionswandels und Funktionsverlusts; damit eines Wirklichkeitsverlusts einer gegebenen Verfassung insgesamt.

● Die Bezugsgröße aller menschenrechtlich-demokratischen Verfassungen schlechthin stellen sämtliche aktuell lebenden Personen dar. In ihren Lebensbedingungen, ihrem Bewußtsein und Verhalten, ihren Freuden und ihrem Leiden kommt eine Gesellschaft und ihre Verfassung zu sich selber. Daraufhin sind alle Institutionen, Prozeduren und Aktionen/Maßnahmen dauernd zu durchforsten.

● Welche Menschenrechte im einzelnen zeitgemäß formuliert werden mögen, eindeutig und klar ergibt sich, daß die prinzipiell unbegrenzte Teilnahme aller Mitglieder einer Gesellschaft *das* Demokratie verlangende Menschenrecht schlechthin darstellt. Daraus ergibt sich erst die Möglichkeit einer nicht abstrakt-verblasenen Würde (s. Max Frisch im Prolog dieses Buches); daher erhalten alle übrigen Menschenrechte ihren Sinn als Aktivrechte: Um meine physische, psychische und intellektuelle Integrität muß ich mich vor allem selbst kümmern können. Sie ist nicht stellvertreterisch, durch welche wohlgefällig helfenden Berufe und Techniken auch immer, wahrzunehmen. Damit das prinzipiell universelle Teilnahmerecht dem Menschen und seiner Fähigkeit zur Vernunft entspreche, bedarf es in jedem Falle prinzipiell der allen gegebenen Möglichkeiten, sich und 'ihre' Welt soweit zu verstehen, wie dies möglich ist.

● Alle Normen und Formen sollten möglichst übersichtlich und klar statuiert und installiert sein. Dennoch ist eine abgewogene Komplexität in jeder Gesellschaft vonnöten: klein oder groß, mit einer selbstgenügsamen Ökonomie versehen oder von der expansiven Wachstumsökonomie auf Trab gehalten. Um Herrschaft, strukturelle Ungleichheit und Ausbeutung soweit irgend möglich zu vermeiden, sind Teilungen verschiedener Vorgänge (Arbeiten/Aufgaben) vonnöten; der einen Einrichtung ist eine zweite balancierend gegenüberzustellen; wird etwa eine Gesellschaft umfangreich und groß, dann müssen lokale und regionale Instanzen gewichtsschwer gemacht werden, damit eine Gesellschaft sich nicht im Raum der Abstraktionen verliert.

● Normative und institutionelle Regelungen aller Art sollten möglichst genau und stabil bestehen. Nur dann ist Sicherheit der Orientierung und Sicherheit des Verhaltens möglich. Zugleich ist aber darauf zu achten, keine Verfassung welcher Institutionen auch immer, „perfekt" zu regeln. Dann hätten jedenfalls Teilnahme, Freiheit und Würde ihr Ende. Vielmehr ist es geboten, so klar und eindeutig, aber auch so sparsam und Gestaltungsräume offen lassend wie irgend verantwortbar zu organisieren. Heute besteht mehr und mehr die Gefahr der Überregelung, einer Verrechtlichung, die kein Handeln mehr zuläßt, die eher verantwortungslos macht und gerade Rechtsunsicherheit schafft. Menschenrechte und Demokratie, verkörpert in den Bürgerinnen und Bürgern, bedürfen des offenen Handlungsraums und der damit verbundenen Risiken, auch des Scheiterns im einzelnen. Institutionen sind so gut, wie sie dies ohne Katastrophen oder vorausgenommene Notstandsregeln möglich machen. Zugleich bedarf diese Offenheit der festgelegten Minderheitenrechte. Willensbildungs- und Entscheidungsformen sind zu wählen, die notfalls Zeit lassen, so daß Entscheidungen nicht kurz und bündig per Mehrheitsbeschluß getroffen werden.

● Demokratie und Menschenrechte sind nicht einfach. Sie werden auch nicht einmal und auf Dauer errungen. Bürgerin und Bürger werden wir immer erneut. Von Generation zu Generation. Von Jahr zu Jahr. So wie auch eine Gesellschaft sich wandelt; von innen her, von außen gedrängt, von den neuen Problemen gezwungen. Jedoch: Durchgehend zu beachten ist das, was Max Weber das Adäquanzprinzip genannt hat, sprich, daß alle wesentlichen Institutionen nach ähnlichen, einander korrespondierenden Verfahrensprinzipien aufgebaut sind. Zum Beispiel: politische Demokratie und an sonsten Bürokratie gehen nicht zusammen. Formell freier Bürger hier und befehlsabhängige Bürgerin dort, das widerspricht sich. So unvermeidlich verschieden gestaltet gesellschaftliche Räume sind, so falsch es wäre, einen politisch-demokratischen Einheitsbrei anzustreben, so sehr ist doch eine prinzipielle Einheitlichkeit der Ziele, der zu ihnen passenden Wertkriterien und der Verfahren herzustellen. Und immer lautet die entscheidende Frage: Wie steht es hier und heute um die Lebensqualität aller Bürgerinnen und Bürger in ihrer einheitlichen Vielfalt und ihrer vielfältigen Einheitlichkeit?

Verfassungswirklichkeit. Welchen Stellenwert besitzt der Text einer Verfassung? Wozu soll er gut sein? Welche Wirkungen kann er als solcher zeitigen? Ferdinand Lassalle, 1825–1864, einer der Gründer der deutschen Sozialdemokratie, er war der erste Präsident des Allgemeinen Deutschen Arbeitervereins, bringt allzu zuckerwattige Vorstellungen eines Verfassungswandels durch textliche Änderungen nüchtern zurück auf ihre gering verbleibende Substanz. Verfassungsfragen, so ruft er allen Wort- und (Gesetzes-)Formel-Enthusiasten zu, sind Machtfragen. Wenn die bestehenden Institutionen und strukturellen Ungleichheiten nicht verändert werden, bleibt ein davon abweichender Text bedeutungslos. Er mag sogar negativ wirken, weil mit dem „schönen" Text propagandistisch hausieren gegangen wird. Hinter einem Verfassungs(text)himmel läßt sich die „schlechte" Wirklichkeit besser verbergen. Lassalle illustriert seine Argumente, indem er eine Feuersbrunst alle Gesetzestexte verbrennen läßt. Was aber bleibt, ist die preußische Armee. Er bezieht sich dann vor allem auf die jüngste Vergangenheit, die vergebliche und seines Erachtens teilweise unpolitische Verfassungssuche von 1848.
Dennoch: Lassalle rät nicht nur zu nüchternem Kalkül. Er leitet auch an zu politischem Verhalten, das mit Hilfe einer Verfassungsdiskussion darauf ausgeht, die öffentliche Meinung zu beeinflussen und die nicht etablierten Kräfte und ihre Interessen zu stärken. Dazu ist es geboten, den Begriff der Verfassung nicht zu eng zu umgrenzen und vorab und allem voran auf textuelle Änderungen zu setzen. Vielmehr ist es erforderlich, die verfaßte Wirklichkeit und die normative Verfassung dauernd wechselseitig kritisch aufeinander zu beziehen.
(Ferdinand Lassalle: Über Verfassungswesen. Ein Vortrag, gehalten in einem Berliner Bürger-Bezirksverein am 16. April 1862, abgedruckt in ders.: Reden und Schriften, hg. von Friedrich Jenaczek, München 1970, S. 62–86; auszugsweise)

Ferdinand Lassalle

Über Verfassungswesen

Jeder Mensch spricht heutzutage von früh bis abends über Verfassung. In allen Zeitungen, in allen Gesellschaften, in allen Wirtshäusern ist unablässig von Verfassung die Rede.

Und doch, wenn ich diese Frage ernstlich stelle: was ist das Wesen, der Begriff einer Verfassung, so fürchte ich, daß von allen diesen so Sprechenden sehr wenige imstande sein dürften, eine befriedigende Antwort zu erteilen.

Viele würden sich offenbar versucht fühlen, bei dieser Frage nach dem Bande der preußischen Gesetzsammlung pro 1850 zu greifen und da die preußische Verfassung herauszulangen.

Aber Sie sehen sofort, das ist keine Antwort auf meine Frage. Denn was darin steht, das ist nur der *besondere Inhalt* einer bestimmten, nämlich der preußischen Verfassung, und ist also keineswegs imstande, die Frage zu beantworten: was ist das Wesen, der Begriff einer Verfassung überhaupt.

Wenn ich diese Frage einem Juristen stelle, so wird er mir hierauf etwa eine Antwort geben, wie folgt: „Eine Verfassung ist ein zwischen König und Volk beschworner Pakt, welcher die Grundprinzipien der Gesetzgebung und Regierung in einem Lande feststellt." Oder er wird vielleicht noch allgemeiner, weil es ja auch republikanische Verfassungen gegeben hat, sagen: „Eine Verfassung ist das in einem Lande proklamierte Grundgesetz, welches die Organisation des öffentlichen Rechts in dieser Nation feststellt."

Aber alle diese und ähnliche formelle juristische Definitionen sind ebensoweit entfernt, wie die vorige Antwort, eine wirkliche Antwort auf meine Frage zu bilden. Denn alle diese Antworten enthalten immer nur eine äußerliche Beschreibung dessen, wie eine Verfassung zustande kommt, und was eine Verfassung *tut*, aber nicht die Angabe: was eine Verfassung *ist*. Sie geben Kriterien, Erkennungszeichen an, an denen man äußerlich und juristisch eine Verfassung *erkennt*. Aber sie sagen uns durchaus nicht, was der *Begriff*, das *Wesen* einer Verfassung sei. Sie lassen uns deshalb auch in völliger Unklarheit darüber, ob und wann eine bestimmte Verfassung gut und schlecht, möglich oder unmöglich, dauerhaft oder nicht dauerhaft sein wird. Denn dies alles könnte nur erst aus dem *Begriff* einer Verfassung hervorgehen. Man muß erst das *Wesen* einer Verfassung überhaupt erkennen, um zu wissen, ob eine *bestimmte* Verfassung ihm *entspricht* und wie es mit ihr steht. Hierüber läßt uns aber eben jene juristische, äußerliche Art des Definierens, die sich gleichmäßig auf jedes beliebige Blatt Papier anwendet, welches von einer Nation, oder von einer Nation und ihrem Könige unterschrieben und als Verfassung ausgerufen wird, gleichviel, wie beschaffen der Inhalt dieses Blattes Papier sei, in vollständiger Unklarheit. Erst der *Begriff* der Verfassung – Sie werden sich davon selbst überzeugen, wenn wir erst zu diesem Begriffe gelangt sein werden – ist der Quell aller Verfassungs*kunst* und Verfassungs*weisheit*, die sich dann aber auch spielend und wie von selbst aus diesem Begriffe entwickeln. (...)

Wenn also die Verfassung das *Grundgesetz* eines Landes bildet, so wäre sie – und hier dämmert uns das erste Licht – ein bald noch näher zu bestimmendes Etwas oder, wie wir vorläufig gefunden haben, eine *tätige Kraft*, welche alle andern Gesetze und rechtlichen Einrichtungen, die in diesem Lande erlassen werden, *mit Notwendigkeit zu dem macht, was sie eben sind*, so daß von nun ab gar keine andern Gesetze als eben *diese* in diesem Lande erlassen werden *können.*

Gibt es denn nun aber etwas in einem Lande, und bei dieser Frage beginnt nun allmählich das volle Licht hereinzubrechen – *gibt* es denn etwas in einem Lande, eine bestimmende tätige Kraft, welche auf alle Gesetze, die in diesem Lande erlassen werden, *derart* einwirkt, daß sie in einem gewissen Umfange *notwendig so und nicht anders werden, wie sie eben sind*? Ei freilich: Die *tatsächlichen Machtverhältnisse*, die in einer jeden Gesellschaft bestehen, sind jene tätig wirkende Kraft, welche alle Gesetze und rechtlichen Einrichtungen dieser Gesellschaft so bestimmt, daß sie im wesentlichen *gar nicht anders sein können, als sie eben sind.*

Ich eile, mich durch ein sinnliches Beispiel ganz verständlich zu machen. Dies Beispiel wird zwar in der Form, in der ich es setze, durchaus nicht möglich sein. Aber abgesehen davon, daß sich später vielleicht zeigen wird, wie dasselbe Beispiel in einer andern Form allerdings ganz möglich ist, so kommt es überhaupt gar nichts darauf an, ob das Beispiel *eintreten* kann, sondern bloß darauf, was wir an ihm *lernen* wollen, auf die Natur der Dinge, die sich enthüllen würden, *wenn* es einträte.

Sie wissen, daß in Preußen nur das Gesetzeskraft hat, was durch die Gesetzsammlung publiziert wird. Die Gesetzsammlung wird gedruckt in der Deckerschen Oberhofbuchdruckerei. Die Originale der Gesetze selbst werden in gewissen Staatsarchiven verwahrt, in andern Archiven, Bibliotheken und Magazinen die gedruckten Gesetzsammlungen.

Setzen Sie nun den Fall, daß eine große Feuersbrunst entstände, etwa wie der Hamburger Brand, und daß nun alle diese Staatsarchive, Bibliotheken, Magazine und die Deckersche Oberhofbuchdrukkerei abbrennen und daß dies durch ein merkwürdiges Zusammentreffen der Umstände auch in den andern Städten der Monarchie stattfände und auch in bezug auf die Bibliotheken der Privatleute, in denen sich Gesetzsammlungen vorfinden, so daß nun in ganz Preußen kein einziges Gesetz in beglaubigter Form mehr existierte.

Das Land wäre dann durch dieses Unglück um *alle* seine Gesetze gekommen, und es bliebe ihm gar nichts übrig, als sich *neue* Gesetze zu machen.

Glauben Sie denn nun, daß man in diesem Fall ganz beliebig zu Werke gehen, ganz beliebige neue Gesetze machen könnte, wie einem das eben konveniert? Wir wollen sehen.

Ich setze also den Fall, Sie sagten: die Gesetze sind *untergegangen*, wir machen jetzt *neue* Gesetze, und wir wollen hierbei dem Königtum nicht mehr diejenige Stellung gönnen, die es bisher einnahm, oder sogar: wir wollen ihm gar keine Stellung mehr gönnen.

Da würde der König einfach sagen: die Gesetze mögen untergegangen sein; aber *tatsächlich* gehorcht mir die Armee, marschiert auf meinen Befehl, *tatsächlich* geben auf meine Ordre die Kommandanten der Zeughäuser und Kasernen die Kanonen heraus, und die Artillerie rückt damit in die Straße, und auf diese tatsächliche Macht gestützt leide ich nicht, daß Ihr mir eine andere Stellung macht, als ich will.

Sie sehen, ein König, dem das Heer gehorcht und die Kanonen, – das ist ein Stück Verfassung!

Oder ich setze den Fall, Sie sagten: Wir sind 18 Millionen Preußen. Unter diesen 18 Millionen gibt es nur eine verschwindend kleine Anzahl großer adliger Grundbesitzer. Wir sehen nicht ein, warum diese verschwindend kleine Anzahl großer Grundbesitzer einen solchen Einfluß üben soll, wie die ganzen 18 Millionen zusammen, indem sie aus sich ein Herrenhaus bilden, welches die Beschlüsse des von der gesamten Nation gewählten Abgeordnetenhauses aufwiegt und verwirft, wenn sie etwas taugen. Ich setze den Fall, Sie sprächen so und sagten: wir sind *alle* „Herren" und wollen *gar kein* besondres Herrenhaus mehr.

Nun, die großen adligen Grundbesitzer könnten dann freilich ihre Bauern nicht gegen Sie marschieren lassen! Ganz im Gegenteil, sie würden wahrscheinlich alle Hände voll zu tun haben, sich vor ihren Bauern *zuerst* zu retten.

Aber die großen adligen Grundbesitzer haben immer einen großen Einfluß bei Hof und König gehabt, und durch diesen Einfluß können sie nun das Heer und die Kanonen ebensogut für sich in Bewegung setzen, als wenn diese Machtmittel zu ihrer *direkten* Verfügung ständen.

Sie sehen also, ein Adel, der Einfluß bei Hof und König hat, – das ist ein Stück Verfassung.

Oder ich setze den umgekehrten Fall, König und Adel einigten sich unter sich, die mittelalterliche Zunftverfassung wieder einführen zu wollen, und zwar nicht nur für das kleine Handwerk, wie man dies vor einigen Jahren wirklich *zum Teil* versucht hat, sondern sie in einer Weise einzuführen, wie sie im Mittelalter bestand, nämlich für die gesamte Produktion in der Gesellschaft, also auch für den Groß- und Fabrikationsbetrieb und für die Produktion mit Maschinen. Es wird Ihnen bekannt sein, daß das *große* Kapital unmöglich unter dem mittelalterlichen Zunftsystem produzieren könnte, daß der eigentliche Groß- und Fabrikationsbetrieb, die Produktion mit Maschinen, unter dem mittelalterlichen Zunftsystem durchaus nicht vor sich gehen könnte. Denn nach diesem Zunftsystem bestanden z.B. überall gesetzliche Abgrenzungen der verschiedenen, auch der am nächsten miteinander verwandten Arbeitszweige, und kein Gewerbetreibender durfte zwei derselben miteinander verbinden. Der Tüncher dürfte kein Loch verstreichen, zwischen den Nagelschmieden und den Schlossern wurden damals endlose Prozesse über die Grenzen ihrer beiderseitigen Gewerbe geführt, der Kattundrucker würde keine Färber beschäftigen können. Ebenso war unter dem Zunftsystem das Quantum gesetzlich genau geregelt, das ein Gewerbetreibender produzieren konnte, indem nämlich an jedem Ort in jedem Gewerbszweige jeder Meister nur eine gleiche, gesetzlich bestimmte Anzahl von Arbeitskräften beschäftigen durfte.

Sie sehen, daß schon aus diesen beiden Gründen die große Produktion, die Produktion mit Maschinen und einem System von Maschinen, unter der Zunftverfassung nicht einen Tag vorwärts gehen könnte. Denn diese große Produktion erfordert 1.) als ihre Lebensluft die Verbindung der verschiedenartigsten Arbeitszweige unter den Händen desselben großen Kapitals; 2.) die *massenhafte* Produktion und die freie Konkurrenz, d.h. also die *unbeschränkte* beliebige Anwendung von Arbeitskräften.

Wenn man also nun dennoch die Zunftverfassung heute einführen wollte – was würde entstehen?

Die Herren Borsig, Egels usw., die großen Kattunfabrikanten, Seidenfabrikanten usw. würden ihre Fabriken schließen und ihre

Arbeiter entlassen, sogar die Eisenbahn-Direktionen würden dasselbe tun müssen, Handel und Gewerbe würden stocken, eine große Anzahl Handwerksmeister würde hierdurch wiederum, teils gezwungen, teils freiwillig, ihre Gesellen entlassen, diese ganze unendliche Volksmasse würde nach Brot und Arbeit rufend durch die Straßen wogen, hinter ihr stände, anfeuernd durch ihren Einfluß, ermutigend durch ihr Ansehen, Vorschub leistend durch ihre Geldmittel, die große Bourgeoisie, und es würde so ein Kampf ausbrechen, in welchem keineswegs der Sieg dem Heere verbleiben könnte.

Sie sehen also, die Herren Borsig und Egels, die großen Industriellen überhaupt, – die sind ein Stück Verfassung.

Oder ich setze den Fall, die Regierung wollte eine jener Maßregeln ergreifen, welche das Interesse der großen Bankiers entschieden kränken. Die Regierung wollte z.B. sagen, die Königliche Bank soll nicht dazu da sein, wie sie es gegenwärtig ist, den großen Bankiers und Kapitalisten, die ohnehin schon über alles Geld und allen Kredit verfügen, und die heutzutage allein auf ihre Unterschriften bei der Bank diskontieren können, das heißt Kredit erhalten, den Kredit *noch billiger* zu machen, sondern sie soll gerade dazu da sein, dem *kleinen und Mittelmann* den Kredit zugänglich zu machen – und man gäbe nun der Königl. Bank eine solche Organisation, die dieses Resultat nach sich zöge – würde *das* gehen?

Nun, einen Aufstand würde das freilich nicht nach sich ziehen. Aber für die *heutige* Regierung ginge das *auch* nicht.

Denn von Zeit zu Zeit kommt die Regierung in die Lage, *solche* Geldmittel, solche *Massen* von Geldmitteln zu gebrauchen, daß sie sie nicht in der Form von Steuern aufzubringen wagt. In diesem Fall greift sie zu dem Ausweg, das Geld der Zukunft aufzuessen, d.h. Anleihen zu machen und Staatspapiere dafür auszugeben. Hierzu braucht sie die Bankiers. Zwar geht auf die Länge der Zeit der größere Teil der Staatspapiere doch wieder in die Hände der gesamten besitzenden Klasse der Nation und der kleinen Rentiers über. Aber hierzu ist Zeit, oft viel Zeit erforderlich. Die Regierung aber braucht das Geld *schnell* und auf *einen* Tisch, oder in wenigen Terminen, dar(um) braucht sie Zwischenpersonen, Vermittler, die ihr einstweilen das gesamte Geld geben und es auf ihre eigne Kappe nehmen, die Staatspapiere, die sie dafür erhalten, im Lauf der Zeit an das große Publikum, noch dazu mit dem Gewinn der Kurssteigerung, welche den Papieren auf der Börse künstlich gegeben wird, abzusetzen.

Diese Zwischenpersonen sind die großen Bankiers, und darum *darf* es die Regierung heutzutage mit ihnen nicht verderben.

Sie sehen also, die Bankiers Mendelssohn, Schickler, die Börse überhaupt, – das ist ein Stück Verfassung.

Oder ich setze den Fall, die Regierung wollte z.B. ein Strafgesetz erlassen, welches, wie es deren in China gibt, wenn einer einen Diebstahl begeht, seinen *Vater* dafür bestraft. Das würde ebensowenig gehen, denn dagegen würde sich die allgemeine Bildung, das allgemeine Bewußtsein, zu mächtig auflehnen. Alle Staatsbeamte und Geheimräte sogar würden die Hände über den Kopf zusammenschlagen, sogar die Mitglieder des Herrenhauses würden dagegen Einsprache tun, und Sie sehen also, in *gewissen Grenzen* ist das allgemeine Bewußtsein, die allgemeine Bildung gleichfalls ein Stück Verfassung.

Oder ich setze den Fall, die Regierung entschlösse sich zwar, den Adel, die Bankiers, die großen Industriellen und großen Kapitalisten überhaupt zufriedenzustellen, dagegen aber dem Kleinbürger und Arbeiter seine *politische* Freiheit zu entziehen. Würde *das* denn gehen? Ei freilich, meine Herren, *das* geht eine Zeitlang; das hat sich ja schon gezeigt, daß *das* geht, und wir werden später noch Gelegenheit haben, einen Blick darauf zu werfen.

Jetzt setze ich aber den Fall so: man wolle dem Kleinbürger und Arbeiter nicht nur seine *politische*, sondern auch seine *persönliche* Freiheit entziehen, d.h. man wolle ihn für persönlich unfrei, für leibeigen oder hörig erklären, wie er dies im fernen, fernen Jahrhundert des Mittelalters in vielen Ländern in der Tat war. Würde *das* gehen? Nein, und wenn sich hierüber auch König, Adel und die ganze (große) Bourgeoisie einten – das ginge *doch* nicht! Denn in diesem Falle würden Sie sagen: wir wollen uns lieber totschlagen lassen, ehe (wir) dies erdulden. Die Arbeiter würden, auch *ohne* daß Borsig und Egels ihre Fabriken schlössen, auf die Straßen eilen, der ganze kleine Bürgerstand ihnen zu Hilfe, und da Ihr vereinter Widerstand sehr schwer zu besiegen sein möchte, so sehen Sie, daß in gewissen *alleräußersten* Fällen Sie alle ein Stück Verfassung sind.

Wir haben jetzt also gesehen, was die Verfassung eines Landes ist, nämlich: die in einem Lande bestehenden tatsächlichen *Machtverhältnisse.*

Wie verhält es sich denn nun aber mit dem, was man gewöhnlich Verfassung nennt, mit der *restlichen* Verfassung? Nun, Sie sehen jetzt sofort von selbst, wie es damit steht!

Diese *tatsächlichen* Machtverhältnisse schreibt man auf ein Blatt Papier nieder, gibt ihnen *schriftlichen* Ausdruck, und wenn sie nun *niedergeschrieben* worden sind, so sind sie nicht nur *tatsächliche* Machtverhältnisse mehr, sondern jetzt sind sie auch zum *Recht* geworden, zu *rechtlichen* Einrichtungen, und wer dagegen angeht, wird bestraft! (...)

Wir haben bisher gesehen, wie es sich mit den beiden Verfassungen eines Landes verhält, mit der *wirklichen* Verfassung, den realen tatsächlichen Machtverhältnissen, die in einer Gesellschaft bestehen, und mit der *geschriebenen* Verfassung, die wir im Unterschied von der ersteren etwa *das Blatt Papier* nennen können.

Eine *wirkliche* Verfassung, eine *wirkliche* Konstitution hat nun, wie Ihnen sofort von selbst klar sein wird, jedes Land und zu jeder Zeit gehabt, und es ist nichts schiefer und zu verkehrteren Folgesätzen führend als die weitverbreitete, herrschende Ansicht, es sei eine Eigentümlichkeit der modernen Zeit, Verfassungen oder Konstitutionen zu haben. Vielmehr hat notwendig, und ebenso notwendig wie jeder Körper irgend eine Konstitution, eine gute oder schlechte, eine so oder so beschaffene hat, auch jedes Land eine reale Verfassung oder Konstitution. Denn in jedem Land müssen ja *irgendwelche* tatsächlichen Machtverhältnisse bestehen. (...)

In der modernen Zeit sehen wir nämlich in den meisten Staaten das Bestreben ausbrechen, sich eine *geschriebene* Verfassung zu geben, die nun in *einer* Urkunde, auf einem Blatt Papier alle Institutionen und Regierungsprinzipien des Landes zusammenfassen und feststellen soll.

Woher kommt dies eigentümliche Bestreben der modernen Zeiten? (...)

Mit einer so riesenhaften Entwicklung des Bürgertums beginnt dasselbe, sich als eine selbständige politische Macht *zu fühlen*. Hand in Hand mit dieser Entwicklung der Bevölkerung geht eine noch großartigere Entwicklung des gesellschaftlichen Reichtums; geht ferner eine ebenso großartige Entwicklung der Wissenschaften und der allgemeinen Bildung, des allgemeinen Bewußtseins vor sich, dieses anderen Stücks Verfassung, von dem wir gleichfalls bereits gesprochen haben. Die Bürger sagen sich jetzt: wir wollen nicht länger eine willenlos beherrschte Menge sein; wir wollen selbst herrschen, und der Fürst selbst soll nur nach unserem Willen uns beherrschen und unsere Angelegenheiten leiten.

Kurz, (...) die realen tatsächlichen Machtverhältnisse, die in diesem Lande bestehen, haben sich wieder *verändert.* (...)

Wann ist nun eine *geschriebene* Verfassung eine *gute und dauerhafte?* Nun offenbar, nur in dem *einen* Falle, (...) wie jetzt aus unserer ganzen Entwicklung von selbst folgt, wenn sie der *wirklichen Verfassung,* den realen, im Lande *bestehenden Machtverhältnissen entspricht.* Wo die *geschriebene* Verfassung nicht der *wirklichen* entspricht, da findet ein Konflikt statt, dem *nicht zu helfen* ist, und bei dem unbedingt auf die Dauer die geschriebene Verfassung, das bloße Blatt Papier, der wirklichen Verfassung, den tatsächlichen im Lande bestehenden Machtverhältnissen, *erliegen* muß.

Was hätte also damals geschehen müssen? (gemeint ist 1848; d.Hrsg.)

Nun, man hätte vor allen Dingen nicht *geschriebene,* sondern *wirkliche* Verfassung machen müssen, d.h. also die im Lande bestehenden realen Machtverhältnisse hätten geändert, *zugunsten der Bürger* geändert werden müssen. (...)

Eine *geschriebene* Verfassung machen, das war das wenigste, das ist, wenn es sein muß, in 3 mal 24 Stunden getan, das war das *letzte* von allem; damit war, wenn sie *vorzeitig* kam, auch nicht das *allergeringste* getan.

Die *wirklichen, tatsächlichen* Machtverhältnisse *im Lande umgestalten, in die Exekutive eingreifen, so sehr* eingreifen und sie tatsächlich *so sehr* umformen, daß sie sich nie wieder selbständig dem Willen der Nation entgegenstellen konnte – *das* war es, worauf es damals ankam, und was vorausgehen mußte, damit eine geschriebene Verfassung von Dauer sein konnte. (...)

Ebenso wie wir gesehen haben mit der *Verfassung.* Was auf das *Blatt Papier* geschrieben wird, ist ganz gleichgültig, wenn es der realen Lage der Dinge, den tatsächlichen Machtverhältnissen widerspricht. (...)

So oft Sie, gleichviel wo und wann, sehen, daß eine Partei auftritt, welche zu ihrem Feldgeschrei den Angstruf macht „sich um die Verfassung scharen" – *was* werden Sie hieraus schließen können? Ich frage Sie hier nicht als *wollende* Menschen; ich richte meine Frage nicht an Ihren *Willen.* Ich frage Sie lediglich als *denkende* Menschen: was werden Sie aus dieser Erscheinung schließen müssen?

Nun, Sie werden sich, ohne Propheten zu sein, in einem solchen Falle immer mit größter Sicherheit sagen können: *diese* Verfassung liegt in ihren letzten Zügen; sie ist schon so gut wie tot, einige *Jahre* noch, und sie existiert nicht mehr.

Die Gründe sind einfach. Wenn eine geschriebene Verfassung den tatsächlichen im Lande bestehenden Machtverhältnissen *entspricht*, da wird dieser Schrei *nie* ausgestoßen werden. Einer *solchen* Verfassung bleibt jeder von selbst drei Schritte vom Leibe und hütet sich, ihr zu nahe zu treten. Mit einer solchen Verfassung fällt es keinem Menschen ein, anzubinden: er würde andernfalls sehr schlecht wegkommen. Wo die geschriebene Verfassung den realen tatsächlichen Machtverhältnissen entspricht, da wird die Erscheinung gar nicht vorkommen können, daß eine Partei ihren besonderen Feldruf aus dem Festhalten an der Verfassung macht. Wo dieser Ruf ausgestoßen wird, ist dies ein sicheres und untrügliches Zeichen, daß er ein *Angstruf* ist; mit anderen Worten: daß in der geschriebenen Verfassung immer noch etwas ist, was der *wirklichen* Verfassung, den tatsächlichen Machtverhältnissen, *widerspricht*. Und wo dieser Widerspruch einmal *da ist*, da ist die *geschriebene* Verfassung – kein Gott und kein Schreien kann (ihr) helfen – immer unrettbar verloren!

Sie kann auf *entgegengesetzte* Weise abgeändert werden, nach rechts oder links hin, aber *bleiben* kann sie nicht. Der *Ruf* grade, sie *festzuhalten*, beweist es für den klarer denkenden Menschen. Sie kann nach *rechts* hin abgeändert werden, indem die Regierung diese Änderung vornimmt, um die geschriebene Verfassung in Übereinstimmung mit den tatsächlichen Machtverhältnissen der *organisierten* Macht der Gesellschaft zu setzen. Oder aber es tritt die *unorganisierte* Macht der Gesellschaft auf und beweist von neuem, daß sie größer ist als die organisierte. In diesem Fall wird die Verfassung wieder eben so weit nach *links* hin abgeändert und aufgehoben wie vorhin nach rechts. Aber *verloren* ist sie in jedem Falle.

Wenn Sie (...) den Vortrag, den ich Ihnen zu halten die Ehre hatte, nicht nur festhalten und sorgfältig durchdenken, sondern ihn zu allen seinen Konsequenzen fortdenkend entwickeln, so werden Sie zum Besitz aller Verfassungskunst und aller Verfassungsweisheit gelangen. Verfassungsfragen sind ursprünglich nicht *Rechtsfragen*, sondern Machtfragen; die *wirkliche* Verfassung eines Landes existiert nur in den reellen, tatsächlichen Machtverhältnissen, die in einem Lande bestehen; geschriebene Verfassungen sind nur dann von Wert und Dauer, wenn sie der genaue *Ausdruck* der wirklichen in der Gesellschaft bestehenden Machtverhältnisse sind – *das* sind die Grundsätze, die Sie festhalten wollen. Ich haben Ihnen diese Grundsätze heut nur mit besondrer Beleuchtung der *Heeresmacht* entwickelt – einmal, weil die Kürze der Zeit nicht mehr erlaubte, zweitens, weil das Heer das entscheidendste und wichtigste aller organisierten Machtmittel ist. Sie begreifen aber von selbst, daß es sich nur ganz ähnlich mit der Organisation der Justizbeamten, der Verwaltungsbeamten usw. verhält; diese sind gleichfalls die organisierten Machtmittel einer Gesellschaft. Halten Sie diesen Vortrag fest, so werden Sie, wenn Sie je wieder in die Lage kommen, sich selbst eine Verfassung zu geben, wissen, wie man da zu verfahren hat und wie nicht mit dem Vollschreiben eines Blattes Papier, sondern nur damit etwas getan ist, wenn man an den tatsächlichen Machtverhältnissen ändert. (...)

Menschenrechte, Frauenrechte. Zusammen mit den ersten modernen Verfassungen wurde die Erklärung der Menschenrechte verbunden. Die Verfassungen als Gefäß der Menschenrechte, deren organisatorisch-verfahrensförmige Übersetzung, die Menschenrechte als Inhalt, als Orientierungsmarge der Verfassung. Diese Feststellung gilt auch für die nordamerikanische Verfassung, der die Menschen- und Bürgerrechte im Sinne nicht gerade sorgfältig formulierter Amendments (Ergänzungen 1791) angehängt worden sind.

Diese Menschenrechte zeichnen sich, wie die Virginia Bill of Rights (1776), wie die französische Erklärung der Menschenrechte (1789) durch ihren universellen Anspruch aus. Obgleich jeweils nur für einzelne Staatsverfassungen formuliert, sollen sie für alle Menschen immer und überall gelten. Das naturrechtlich begründete Pathos: Alle Menschen sind frei und gleich geboren, erfüllte ihre Verkünder.

Und dennoch waren sie von allem elanvollen Anfang an gleich mehrfach halbiert (also von verschiedenen Richtungen aus in Teile geschnitten). Es waren, in sozialen Schichten/Klassen gesprochen: Bürgerrechte, nicht die Rechte aller Klassen; es waren weiße Rechte, nicht die Rechte aller Menschen jedweder Herkunft und Hautfarbe; es waren insbesondere Männerrechte, nicht gleicherweise Rechte der Frauen. Thomas Jefferson, dritter Präsident der Vereinigten Staaten, der die Virginia Bill of Rights im wesentlichen formulierte, ein Mann, eher zugetan dem, was man heute Basisdemokratie zu nennen pflegt, sagte einmal: Schwarze („Neger" seinerzeit diskriminierend) seien ohnehin nicht auf der intellektuellen Höhe der Weißen. Er besaß selbst Sklaven. Indianer müßten ihre Tradition („Ahnenkult") aufgeben, nur dann könne man im Sinne des „Fortschritts" etwas mit ihnen anfangen. Frauen schließlich bedürften keiner längeren Ausbildung, da sie ohnehin für Haus und Kinder zuständig seien. Und Jefferson, einer der aufgeklärtesten Männer seiner Zeit, ist typisch.

Darum geben wir als einzige Menschenrechtserklärung die Erklärung der Rechte der Frau wieder, wie sie von Olympe de Gouges (1748 – 1793), der rasch an den Rand gedrängten und Monsieur Guillotine unterworfenen Aktivistin der Französischen Revolution, formuliert worden sind.

(Olympe de Gouges: Schriften, hg. von Monika Dillier/Vera Mostowlansky/Regula Wyss, Frankfurt/Main 1989, S. 39 – 46)

Olympe de Gouges

Die Rechte der Frau

Mann, bist du fähig, gerecht zu sein? Eine Frau stellt dir diese Frage; du wirst ihr doch nicht das Recht dazu absprechen wollen. Sag an, wer hat dir die selbstherrliche Macht verliehen, mein Geschlecht zu unterdrücken? Deine Kraft? Deine Talente? Sieh den Schöpfer in seiner Weisheit; prüfe die Natur in all ihrer erhabenen Größe, der du gleichzukommen trachtest, und nenne mir ein Beispiel, wenn du dich dessen erdreistest, für eine ähnliche Tyrannei. Wende dich den Tieren zu, befrage die Elemente, studiere die Pflanzenwelt, wirf schließlich einen Blick auf all die Spielarten der belebten Materie und laß dich überzeugen, biete ich dir doch dazu die Mittel. Suche, erforsche und unterscheide, wenn du es vermagst, die Geschlechter in jener von der Natur ausgebildeten Ordnung. Überall wirst du sie vereint finden, überall arbeiten sie in harmonischer Eintracht an diesem unsterblichen Meisterwerk.

Einzig der Mann hat sich aus dieser Ausnahme ein Prinzip zurechtgeschustert. Wunderlich, blind, aufgebläht und entstellt von seiner Wissenschaft, fällt er in diesem Jahrhundert der Aufklärung und Vernunft in gröbste Unwissenheit zurück und glaubt, despotisch über ein Geschlecht verfügen zu können, das alle intellektuellen Fähigkeiten besitzt. Er ist es, der Nutzen aus der Revolution ziehen und seinen Anspruch auf Gleichheit geltend machen will, um nicht noch mehr zu sagen.

Erklärung der Rechte der Frau und Bürgerin

Von der Nationalversammlung in den letzten Sitzungen dieser oder in der nächsten Legislaturperiode zu verabschieden

P r ä a m b e l

Die Mütter, die Töchter, die Schwestern, Vertreterinnen der Nation, verlangen als Nationalversammlung konstituiert zu werden. In Anbetracht dessen, daß Unkenntnis, Vernachlässigung oder Mißachtung der Rechte der Frau die alleinigen Ursachen öffentlichen Unbills und der Verderbtheit der Regierenden sind, haben sie beschlossen, in einer feierlichen Erklärung die natürlichen, unveräußerlichen und heiligen Rechte der Frau darzulegen. Diese Erklärung möge allen Gliedern der Gesellschaft stets erinnerlich sein und sie beständig an ihre Rechte und Pflichten gemahnen; auf daß die Ausübung von Macht bei Frauen wie bei Männern jederzeit am Zweck der politischen Institutionen gemessen und demnach eher geachtet werden kann; auf daß Beschwerden und Forderungen von Bürgerinnen hinfort sich auf einfache und unanfechtbare Grundsätze stützen und jederzeit zum Schutz der Verfassung, der guten Sitten und zum Glück aller beitragen mögen.

In der Folge anerkennt und erklärt das an Schönheit wie an Mut, die Beschwernisse der Mutterschaft betreffend, überlegene Geschlecht in Gegenwart und mit dem Beistand des Höchsten Wesens die folgenden Rechte der Frau und Bürgerin.

Artikel I

Die Frau wird frei geboren und bleibt dem Manne ebenbürtig in allen Rechten. Unterschiede im Bereiche der Gesellschaft können nur im Gemeinwohl begründet sein.

Artikel II

Ziel und Zweck jedes politischen Zusammenschlusses ist die Wahrung der natürlichen und unverjährbaren Rechte von Frau und Mann, als da sind: Freiheit, Eigentum, Sicherheit und insbesondere das Recht auf Widerstand gegen Unterdrückung.

Artikel III

Jede Staatsgewalt wurzelt ihrem Wesen nach in der Nation, welche ihrerseits nichts anderes ist, als eine Verbindung von Frau und Mann. Keine Körperschaft, kein einzelner kann einen Machtanspruch geltend machen, der nicht ausdrücklich daraus hervorginge.

Artikel IV

Freiheit und Gerechtigkeit beruhen darauf, daß dem andern abgegolten wird, was ihm zusteht.
So stößt die Frau bei der Wahrnehmung ihrer natürlichen Rechte nur an die ihr von der Tyrannei des Mannes gesetzten Grenzen; diese müssen durch die von Natur und Vernunft diktierten Gesetze neu gezogen werden.

Artikel V

Die Gesetze der Natur und der Vernunft verbieten alle Handlungen, welche sich auf die Gesellschaft nachteilig auswirken könnten. Was von diesen weisen und göttlichen Geboten nicht untersagt ist, kann auch nicht verhindert werden. Niemand darf zu etwas gezwungen werden, was jene nicht vorschreiben.

Artikel VI

Das Gesetz soll Ausdruck des Willens aller sein; alle Bürgerinnen und Bürger sollen persönlich oder über ihre Vertreter zu seiner Entstehung beitragen, für alle sollen die gleichen Bedingungen Geltung haben.

Artikel VII

Keine Frau wird ausgenommen: sie kann angeklagt, verhaftet und gefangengehalten werden in den vom Gesetz bestimmten Fällen. Frauen wie Männer sind diesem unerbittlichen Gesetz unterworfen.

Artikel VIII

Das Grundgesetz darf nur Strafen verhängen, die absolut und offensichtlich notwendig sind. Niemand darf bestraft werden, es sei denn vermöge eines rechtskräftigen Gesetzes, das bereits vor dem Delikt wirksam war und ordnungsgemäß auch bei Frauen zur Anwendung kam.

Artikel IX

Jede für schuldig befundene Frau unterliegt der uneingeschränkten Strenge des Gesetzes.

Artikel X

Niemand darf wegen seiner Meinung, selbst in Fragen grundsätzlicher Natur, Nachteile erleiden.
Die Frau hat das Recht, das Schafott zu besteigen, gleichermaßen muß ihr das Recht zugestanden werden, eine Rednertribüne zu besteigen, sofern sie nicht in Wort und Tat die vom Gesetz garantierte öffentliche Ordnung stört.

Artikel XI

Die freie Gedanken- und Meinungsäußerung ist eines der kostbarsten Rechte der Frau, gewährleistet diese Freiheit doch auch die gesetzliche Vaterschaft. Jede Bürgerin kann demnach ohne Einschränkung sagen: „Ich bin die Mutter eines Kindes, das von Euch stammt", ohne daß ein barbarisches Vorurteil sie dazu zwänge, die wahren Umstände geheimzuhalten. Stets jedoch mit dem Vorbehalte der Haftung im Falle eines Mißbrauches dieser Freiheit in den vom Gesetz festgelegten Fällen.

Artikel XII

Die Gewährleistung der Rechte der Frau und Bürgerin soll einem umfasssenderen Zwecke dienen und zum Wohle aller gereichen, nicht bloß zum persönlichen Nutzen jener, denen sie obliegt.

Artikel XIII

Zum Unterhalt der öffentlichen Kräfte und Einrichtungen tragen Frau und Mann im gleichen Umfange bei.
Zu Fron und lästigen Pflichten wird die Frau ohne Unterschied beigezogen und muß deshalb bei der Zuteilung von Stellungen und Würden, in niedern wie in höheren Ämtern sowie im Gewerbe, ebenso berücksichtigt werden.

Artikel XIV

Die Bürgerinnen und Bürger haben das Recht, sich persönlich oder durch ihre Vertreter über die Notwendigkeit öffentlicher Abgaben ein Bild zu machen. Die Bürgerinnen können allerdings nur ihre Zustimmung geben, wenn sie in gleichem Maße nicht nur an Vermögenswerten, sondern auch an der öffentlichen Verwaltung beteiligt werden sowie an der Festsetzung von Höhe, Veranlagung, Entrichtung und Dauer der Steuer mitwirken.

Artikel XV

Jene Frauen, die gleich den Männern Steuern entrichten, besitzen das Recht, von jedem Beamten Rechenschaft über seine Tätigkeit zu verlangen.

Artikel XVI

Eine Gesellschaft, die weder Rechtsschutz noch Gewaltentrennung kennt, ist ohne Verfassung. Eine Verfassung aber, an deren Ausarbeitung nicht die Mehrheit der Bevölkerung mitgewirkt hat, die die Nation darstellt, wird null und nichtig.

Artikel XVII

Das Eigentum gehört beiden Geschlechtern, gemeinsam oder einzeln. Jeder Mensch verfügt über ein unverletzliches und heiliges Anrecht darauf.
Als ein von der Natur geschaffenes Erbgut darf es niemandem vorenthalten werden, es sei denn, die Allgemeinheit erbringe einen rechtmäßigen Nachweis über dessen Bedarf, vorausgesetzt, es erfolge vorgängig eine gerechte Entschädigung.

Nachwort

Frau, erwache! Die Stimme der Vernunft erschallt über unsern Erdball; erkenne deine Rechte! Das gewaltige Reich der Natur ist nicht mehr umlagert von Vorurteilen, Fanatismus, Irrglauben und

Lüge. Die Fackel der Wahrheit hat das dunkle Gewölk der Dummheit und Gewalt zerteilt. All seine Kräfte aufbietend vermochte der versklavte Mann nicht ohne deine Hilfe seine Ketten zu sprengen. Kaum in Freiheit, zeigt er sich ungerecht gegen seine Gefährtin. Oh Frauen! Ihr Frauen, wann wird eure Verblendung ein Ende haben? Sagt an, welche Vorteile sind euch aus der Revolution erwachsen? Man bringt euch eine noch tiefere Verachtung, eine noch unverhohlenere Geringschätzung entgegen. In den Zeitaltern der Korruption habt ihr wenigstens über die Schwächen der Männer geherrscht. Dies Imperium liegt nun in Trümmern, was bleibt euch denn noch? Das Wissen um die Ungerechtigkeit des Mannes, die Forderung nach eurem Erbe, die sich auf die weisen Gesetze der Natur beruft. Wovor schreckt ihr angesichts dieses edlen Unterfangens zurück? Vor dem spöttischen Tadel des Herrn bei der Hochzeit von Kanaan? Befürchtet ihr, daß unsere französischen Gesetzgeber, Richter über eine Moral, die lange Zeit sich in den Zweigen der Politik eingenistet, sich nun aber überlebt hat, daß diese Männer in der gleichen Weise zu euch sprächen: „Frauen, was habt ihr mit uns gemein?" „Alles", müßtet ihr da entgegnen.

Wenn sie in ihrer Schwäche darauf bestehen sollten, mit ihren eigenen Grundsätzen in Widerspruch zu geraten, so stellt kühn euch mit der Kraft der Vernunft den eitlen Anmaßungen entgegen. Sammelt euch unter dem Banner der Philosophie, entfaltet all eure Charakterstärke, und bald schon werden diese hochmütigen, in keiner Weise unterwürfigen Verehrer sich euch zu Füßen werfen, nunmehr stolz darauf, mit euch die Schätze des Höchsten Wesens teilen zu dürfen. Welche Einschränkungen man euch auferlegen mag, es liegt in eurer Macht, sie zu bezwingen, ihr müßt es bloß wollen.

Wenden wir uns jenem schreckenerregenden Gemälde zu, das uns vor Augen führen mag, was ihr in der Gesellschaft einst gewesen seid. Da überdies viel von einem nationalen Bildungswesen die Rede ist, laßt uns doch sehen, ob unsere weisen Gesetzgeber auch vernünftig über die Erziehung der Frauen denken. (...)

Menschenrechte. *Der Verfassungsausschuß der Französischen Nationalversammlung hatte vorgeschlagen, daß der Verfassungsreform eine Erklärung der Menschen- und Bürgerrechte als Leitlinie für die Beratungen der Nationalversammlung und zur Information der Öffentlichkeit vorangestellt werden sollte. Der Marquis de Lafayette (1757–1834), der seit 1787 einer der Wortführer der adligen Reformpartei war, legte als erster einen Entwurf der Menschenrechte vor, der trotz zahlreicher Abänderungen die Grundlage für die Erklärung der Menschenrechte am 26. August 1789 wurde. Das Besondere an dieser Erklärung ist, daß hier die Menschenrechte vorstaatlich gesehen werden, also der Staat und die Staatsgewalt ihnen untergeordnet werden. Diese naturrechtliche Position implizierte ausdrücklich ein Widerstandsrecht bzw. das Recht auf kontinuierliche Verfassungsrevision. Damit geht Lafayette, der „Held zweier Kontinente" und dreier Revolutionen (Unabhängigkeitskrieg in den USA, Frankreich 1789 und 1830) qualitativ über die im deutschen Konstitutionalismus übliche Gewährung von Rechten durch den Staat hinaus.*
(Die Erklärung der Menschenrechte in der Französischen Nationalversammlung. Protokoll der Sitzung vom 11. Juni 1789; J. Mavidal / E. Lambert, Archives parlamentaires de 1787 à 1860, 1. Reihe, Bd. 8, Paris 1860, S. 211) B.W.

Marquis de Lafayette

Leitlinie der Menschenrechte

Herr von Lafayette: „Man hat Ihnen, meine Herren, schon einen Verfassungsentwurf vorgelegt. Dieser zu Recht allgemein begrüßte Entwurf spricht die Notwendigkeit aus, als erstes Ihrer Aufmerksamkeit eine Erklärung der Rechte zu unterbreiten. Ob Sie nun der Nation sofort diese Aufzählung der unbestreitbaren Wahrheiten vorlegen wollen oder ob Sie der Meinung sind, das 1. Kapitel Ihres großen Verfassungswerkes davon nicht trennen zu können, offenkundig ist, daß Ihre Ziele sich in einer Erklärung niederschlagen müssen, die die Grundsätze jeder Verfassung und die Grundlagen jeder Gesetzgebung enthält. Wie einfach, wie allgemein diese Grundsätze auch sein mögen, es wird nützlich sein, die Diskussionen der Versammlung immer darauf zurückzuführen."

Herr von Lafayette verweist dann auf den doppelten Nutzen einer Erklärung der Rechte. Der erste besteht darin, sich der Gefühle zu erinnern, die die Natur in das Herz eines jeden gesenkt habe, ihre

Entfaltung zu erleichtern, was um so wichtiger ist, als es für eine Nation genügt, die Freiheit zu kennen, um sie zu lieben und es genügt, zu wollen, um frei zu sein. Der zweite Nutzen besteht darin, diese ewigen Wahrheiten auszusprechen, aus denen alle Institutionen sich ableiten, und sie so in den Beratungen der Vertreter der Nation zu einem getreuen Führer zu machen, der sie immer wieder zur Quelle des Rechtes der Natur und der Gesellschaft zurückführt.

Herr von Lafayette hielt diese Erklärung in einer Zeit für nötig, in der die Regierung wie die Monarchie in Frankreich eine gewisse und beschlossene Veränderung erfährt. Er verschiebt den vorgeschlagenen Plan über die Zusammensetzung der Legislative und das damit zusammenhängende königliche Bestätigungsrecht usw. auf später. Er glaubt, von vornherein den Grundsatz der Gewaltenteilung festlegen zu müssen. Und er fügt hinzu: Das Verdienst einer Erklärung der Rechte besteht in der Wahrheit und in der Genauigkeit. Sie soll ausdrücken, was alle Welt weiß, was alle Welt fühlt. Dieses Ziel, meine Herren, hat allein mich dazu geführt, einen Entwurf abzufassen, den ich die Ehre habe Ihnen vorzulegen (...)

Der Herr Marquis verliest den folgenden Entwurf:

„Die Natur hat die Menschen frei und gleich geschaffen; Unterschiede, die die Ordnung der Gesellschaft erfordert, dürfen nur durch das allgemeine Wohl begründet sein.

Jeder Mensch wird mit unveräußerlichen und unverlierbaren Rechten geboren. Dazu gehören die Freiheit aller seiner Überzeugungen, die Anerkennung seiner Ehre und seines Lebens, das Recht auf Eigentum, die volle Verfügungsgewalt über die eigne Person, die eigene Arbeitskraft und die eigenen Fähigkeiten; die Verbreitung der eigenen Gedanken auf alle denkbare Weise, das Streben nach Wohlergehen und der Widerstand gegen Unterdrückung.

Die Ausübung der natürlichen Rechte findet ihre Grenzen nur in der Nutznießung dieser Rechte durch die anderen Mitglieder der Gesellschaft.

Niemand kann einem Gesetz unterworfen werden, das nicht von ihm oder seinen Vertretern gebilligt und zuvor verkündet worden ist, sowie das gesetzlich ausgeführt wird.

Der Grund jeder Souveränität liegt in der Nation. Keine Korporation, kein Individuum kann eine Gewalt beanspruchen, die nicht ausschließlich von ihr abgeleitet worden ist."

Gegen gesatzte Menschenrechte. Alexander Hamilton (1757 - 1804), einer der „Väter" der amerikanischen Verfassung, Mitautor der „Federalist Papers", einer Art aktuellen Verfassungskommentars, und Mitbegründer der Föderalistischen Partei in den USA, begründet, warum eine eigene Menschen- und Bürgerrechtserklärung nicht notwendig sei. Heute ist weniger diese ablehnende Haltung, die sich bekanntlich dann nicht durchsetzen konnte, von Interesse. Mit den ersten zehn Ergänzungen („Amendments") wurde 1791 der Verfassung eine Bürgerrechtserklärung angehängt. Zur Gegenposition, die sich „von unten" kommend, hier durchsetzte, vgl. The Anti-Federalist Papers.) Bedenkenswert, wenngleich nicht durchschlagend, sind Hamiltons Einwände: Eine von der Bevölkerung sich selbst gegebene Verfassung bedürfe keiner Abwehrrechte, die sich gegen eine feudal-absolutistische Macht richteten; die Bürgerrechte müßten sich in den (organisatorischen) Regelungen der Verfassung ausdrücken; da die Formulierung von Bürgerrechten allemal vage bleiben müsse, bestehe die Gefahr beliebiger Auslegung; diese werde von der öffentlichen Meinung und der politischen Kultur abhängen; darauf also gelte es einzuwirken, es sei nicht angebracht, pauschale Normen zu statuieren. Betrachtet man die heutigen Diskussionen und Vorschläge, so läßt sich nicht selten eine allzu große Lust beobachten, zusätzliche Normen im Hinblick auf wichtige Probleme zu formulieren, aber nicht darüber nachzusinnen, welcher spezifischen Formen diese Menschen-/Bürgerrechts-oder gar Staatszielbestimmungen bedürften. Hamiltons Überlegungen mögen zur angemessenen skeptischen und auf Konsequenzen bedachten Nüchternheit beitragen.

(Föderalist Nr. 84, in: Hamilton/Madison/Jay: Der Föderalist, Wien 1958, S. 474 - 477; auszugsweise)

Alexander Hamilton

Menschenrechtserklärung wofür?

Es wurde vielfach sehr richtig bemerkt, daß es sich bei den „Bills of Rights" ursprünglich um Abmachungen zwischen den Königen und ihren Untertanen gehandelt hat, um Einschränkungen von Hoheitsrechten zugunsten von Bürgerrechten, um Vorbehalte in bezug auf Rechte, die dem Herrscher nicht abgetreten werden sollten. Von solcher Art war die Magna Charta, welche die Barone mit dem Schwert in der Hand von König Johann errangen. Von solcher Art waren die verschiedenen Bestätigungen der Magna Charta durch spätere Könige. Von solcher Art war die „Petition of Rights", der

Karl I. bei seinem Regierungsantritt zustimmte. Von solcher Art war schließlich auch die „Declaration of Rights", die dem Prinzen von Oranien 1688 vorgelegt und später unter dem Namen „Bill of Rights" in die Form einer Parlamentsakte gebracht wurde. Es ist daher klar, daß die Bills of Rights in ihrer ursprünglichen Bedeutung nichts mit Verfassungen zu tun hatten, die sich erklärtermaßen auf die Macht des Volkes gründen und von dessen unmittelbaren Repräsentanten und Dienern in Kraft gesetzt werden. Folglich tritt das Volk genau genommen nichts ab; und da es alles behält, bedarf es keiner besonderen Reservatsrechte. „Wir, das *Volk* der Vereinigten Staaten, von der Absicht geleitet, das Glück der Freiheit uns selbst und unseren Nachkommen zu bewahren, *setzen* diese Verfassung für die Vereinigten Staaten *in Kraft*." Das ist eine bessere Anerkennung der Rechte des Volkes als ganze Bände jener Aphorismen, aus denen die Bills auf Rights in einigen unserer Staaten zum Großteil bestehen, und die sich in einem Moraltraktat besser ausnehmen würden als in der Verfassung eines Staates.

Aber eine genaue Aufzählung besonderer Rechte ist sicherlich in einer Verfassung wie es die vorgeschlagene ist, die nichts anderes bezweckt, als die allgemeinen politischen Interessen der Nation zu regeln, noch weit weniger am Platz als in einer Verfassung, die persönliche und private Belange aller Art regelt. Wenn daher die lauten Vorwürfe, die aus diesem Grunde gegen den Entwurf der Versammlung erhoben wurden, gerechtfertigt wären, so gäbe es gar keinen Ausdruck der Mißbilligung, der für die Verfassung unseres Staates stark genug wäre. Aber die Wahrheit ist, daß beide Verfassungen alles enthalten, was im Hinblick auf ihre Zwecke verlangt werden kann.

Ich gehe noch weiter und behaupte, daß eine Bill of Rights in dem Sinn und in dem Ausmaß, wie sie gefordert wird, für die vorgeschlagene Verfassung nicht nur überflüssig, sondern sogar gefährlich wäre. Sie müßte verschiedene Einschränkungen von Machtbefugnissen enthalten, die gar nicht übertragen wurden, und würde aus eben diesem Grunde einen plausiblen Vorwand liefern, mehr zu verlangen als gewährt wurde. Denn wozu ausdrücklich erklären, daß Dinge nicht getan werden dürfen, die zu tun keine Vollmacht vorhanden ist? Warum muß z.B. gesagt werden, daß die Freiheit der Presse nicht eingeschränkt werden dürfe, wenn keine Vollmacht vorhanden ist, auf die man sich zu ihrer Einschränkung berufen könnte? Ich will nicht behaupten, daß ein derartiger Passus der Übertragung einer Vollmacht zur Erlassung von Vorschriften gleichkäme; aber es ist klar, daß sie Männern, die zu Übergriffen neigen, einen plausiblen Vorwand liefern würde, diese Vollmacht zu beanspruchen. Solche Männer könnten mit einem gewissen Anschein von Berechtigung darauf hinweisen, daß man gegen die Verfassung nicht den Vorwurf erheben dürfe, sie sei so widersinnig, Maßnahmen gegen den Mißbrauch einer gar nicht bestehenden Vollmacht vorzusehen; daher könne mit der Bestimmung gegen die Einschränkung der Pressefreiheit gar nichts anderes gemeint sein, als daß die Zentralregierung die Befugnis zur Regelung von Presseangelegenheiten besitze. Das mag als Beispiel für die zahlreichen Handhaben genügen, die man der Doktrin von den abgeleiteten Machtbefugnissen liefern würde, wenn man dem Drängen der unbesonnenen Befürworter einer Bill of Rights nachgäbe.

Was das Thema der Pressefreiheit anbelangt, so kann ich nicht umhin, dem vielen, was bereits darüber geäußert wurde, noch etwas hinzuzufügen. In erster Linie möchte ich bemerken, daß die Verfassung unseres Staates nicht eine einzige Silbe darüber enthält, und in zweiter Linie, daß das, was darüber in den Verfassungen aller übrigen Staaten gesagt wird, völlig belanglos ist. Was bedeutet die Erklärung, daß „die Freiheit der Presse unverletzlich sein" müsse? Was ist die Freiheit der Presse? Wer vermag eine Definition von ihr zu geben, die nicht den weitesten Spielraum für alle Arten von Auslegungen ließe? Ich halte dies für unmöglich; und daraus folgere ich, daß die Sicherung der Pressefreiheit, ungeachtet aller feierlichen Erklärungen, die irgendwelche Verfassungen über sie enthalten mögen, einzig und allein von der öffentlichen Meinung und von dem allgemeinen Geist abhängt, der Volk und Regierung beherrscht. Hier müssen wir, wie ich schon bei anderer Gelegenheit bemerkt habe, letzten Endes das einzige solide Fundament für alle unsere Rechte suchen.

Es bleibt zum Schluß noch ein Gesichtspunkt, von dem aus die Sache betrachtet werden muß. In Wahrheit stellt – trotz all den pathetischen Reden, die wir gehört haben – die Verfassung an sich in jedem vernünftigen Sinn und für jeden praktischen Zweck eine Bill of Rights dar. Die verschiedenen in Großbritannien bestehenden Bills of Rights bilden die Verfassung jenes Landes, und umgekehrt stellt die Verfassung jedes unserer Staaten dessen Bill of Rights dar. Und die vorgeschlagene Verfassung wird nach ihrer Annahme die Bill of Rights der Union darstellen. Gehört es zu den Zwecken einer Bill of Rights, die politischen Rechte der Staatsbürger im Aufbau und in der Ausübung der Regierung zu verkünden und aufzuzählen? Dies geschieht in dem Verfassungsentwurf auf das Ausführlichste und Genaueste, einschließlich Vorsichtsmaßregeln zugunsten der öffentlichen Sicherheit, die in der Verfassung keines unserer Staaten zu finden sind. Gehört es ferner zu den Zwecken einer Bill of Rights, gewisse Immunitäten und Verfahrensweisen festzulegen, die sich auf persönliche und private Belange beziehen? Auch darauf nimmt die vorgeschlagene Verfassung, wie wir gesehen haben, in einer Reihe von Fällen Rücksicht. Wenn wir daher auf die wesentliche Bedeutung einer Bill of Rights zurückkommen, so ist es widersinnig zu behaupten, daß sie in dem Werk der Versammlung nicht zu finden sei. Man mag sagen, daß es in dieser Hinsicht nicht weit genug gehe, obwohl es nicht leicht sein dürfte, dies zu beweisen; aber es besteht keinerlei Berechtigung zu der Behauptung, daß nichts dergleichen vorhanden sei. Es ist doch sicherlich unwesentlich, welche Art der Einteilung bei der Verkündigung der Rechte der Bürger beobachtet wurde, wenn dieselben in jedem Teil des Dokuments, durch das die Regierung eingesetzt wird, enthalten sind. Und so erweist sich fast alles, was über dieses Thema vorgebracht wurde, als ein Streit um Worte und Namen, der mit dem Wesen der Sache nicht das geringste zu tun hat. (...)

Konsens. Entscheidungen. Die durchstaatete Gesellschaft ist so normal geworden, daß der Fehlschluß naheliegt, es könne keine andere Form politischer Organisation geben. Erst wenn aber andere Gesellschaftsformen zur Kenntnis genommen werden, läßt sich entdecken, wieviel auf nicht mehr zur Wahl gestellten Entscheidungen beruht. In solchen liegen immer bestimmte Interessen „begraben". Der Staat und seine prägende Dominanz, Habitus könnte die Verfassung der einzelnen Menschen genannt werden, verstaatet noch den Himmel der Vorstellungen. So ist es nicht pure „Romantik", wenn sich der Blick den primitiven Gesellschaften zuwendet, die keine Herrschaft und keine Ökonomie im heutigen Sinne gekannt haben.

Manche dieser Erfahrungen wurden von den Neuen Sozialen Bewegungen aufgegriffen oder auch „neu" erfunden, ebenso wie sie in den Emanzipationsbewegungen in Osteuropa spurenweise auftauchten:

- Akzeptieren von Konflikten als gesellschaftlicher Dauererscheinung, aber plurale Umgangsformen mit denselben. Die zeitweilige Einrichtung eines Runden Tisches in der DDR des Übergangs kann als eine solche Form betrachtet werden.
- Die notwendige Schaffung von radikal verstandener Chancengleichheit, sollen Konflikte nicht unvermeidlich zu aggressiven Pseudolösungen führen.
- Die enorme Bedeutung des Faktors Zeit. Allein die Entscheidungshektik gegenwärtiger Politik macht sie nicht selten substantiell irrational und prozedural undemokratisch. Bei den Jäger- und Sammler-Gesellschaften läßt sich lernen, wie wichtig es ist, das wohltemperierte Klavier der „Kunst der Langsamkeit" spielen zu können. Oft gilt: Langsamer wäre schneller gewesen.
- Wenn keine zwangsweisen Sanktionen zu Gebote stehen, wenn also Politik anders begriffen wird als verstaatlichte, durch das Gewaltmonopol instrumentell ausgewiesene, dann werden unvermeidlicherweise andere Verfahren gewählt, Konflikte zu lösen, dann müssen Konflikte gelöst werden und können nicht mit dem Gewaltschwert zerschlagen werden.
- Daß es sehr darauf ankommt, ernsthafte Angelegenheiten auch spielerisch zu betreiben und nicht nur, wie in gegenwärtigen Gesellschaften, aus Spiel professionell-monetären Ernst zu machen.
- Wie fahrlässig oft mit zentralen Begriffen verfahren wird. Von Konsens oder Konsensgewinnung wird geredet – heute meist von „Akzeptanz" –, ohne daß die Vorbedingungen und Folgen solchen Konsenses erörtert und beachtet würden. Wie viel genauer nahmen's in dieser Hinsicht die Gesellschaften, von denen uns berichtet wird.

(Eleanor Leacock/Richard Lee (Hrsg.): Politics and history in band societies, Cambridge, 1982; die ersten beiden Abschnitte entstammen der Einleitung der Herausgeber, S. 1–20, die folgenden dem dort abgedruckten Beitrag von George Silberbauer: Political Process in G/wi bands, S. 23–36)

Eleanor Leacock/Richard Lee:

Herrschaftsfreie Umgangsformen

(...) Die vorhergehenden Bemerkungen besagen nicht, daß die Jäger- und Sammler-Gesellschaften Gesellschaften ohne Probleme oder Widersprüche seien. Alles Leben ist von Widersprüchen durchzogen. Die Jäger- und Sammler-Gesellschaften bilden keine Ausnahme. Die Art ihrer Konflikte muß indes aus ihren besonderen Produktionsbeziehungen entnommen werden. Bei den Sammlern und Jägern hochgeschätzt sind die Eigenschaften des Teilens, der Wechselbeziehung, der Heirat außerhalb der Gruppe, harter Arbeit, politischer Gleichheit, Geselligkeit und ausgeglichenes Temperament. Widersprüche entstehen, wenn einzelne anfangen, eher zu horten als zu teilen, innerhalb der Gruppe zu heiraten, faul sind, wenn sie andere zu übermächtigen suchen, wenn sie sich eigensinnig isolieren oder rasch zu streiten anheben. Die lächerliche Situation, in die eine Person, die sich so verhält, gerät, ihr Unglück oder ihre soziale Isolierung stellen weitverbreitete Themen des Glaubens der Sammler und Jäger, ihrer Mythen, ihrer Rituale, ihrer Kindererziehung und ihres täglichen Lebens dar. Das soziale Leben der Sammler und Jäger besteht zu guten Teilen in Übereinstimmung mit den kulturellen Mustern der jeweiligen Gesellschaften darin, potentiell zerstörerische Konflikte zu vermeiden oder aber Mittel, sie auszutragen, bereitzustellen. Das Ausmaß des Erfolgs dieser Vorkehrungen läßt sich daran ablesen, daß sie für den größeren Teil menschlicher Geschichte gegolten haben. (...)

Briggs und Turnbull behandeln beide die Mehrseitigkeiten und Widersprüche in den Werten der Gruppen, über die sie schreiben. Briggs betont, wie wichtig es ist, diese Widersprüche herauszuarbeiten, statt eine falsche Geradlinigkeit in den Überzeugungen zu konstruieren. Ihre Beobachtung, wie sorgsam Inuit verschiedene Erklärungen von Konflikten und mögliche Konsequenzen daraus beachten, findet Parallelen in Turnbulls Beschreibungen der Mbuti oder den oben erwähnten Ausführungen über die San. Was all diese Fälle zum Ausdruck bringen, ist die kontextbezogene, in diesem Sinne relativierende und in der Tat dialektische Art und Weise, mit deren Hilfe Verhalten überprüft und beurteilt wird. Anstatt in verdinglichter Weise etwas als „gut" oder als „böse" zu bestimmen, werden die

Interessen und Motive jeder Person sorgfältig mit denen anderer abgewogen und auf die verschiedenen Ergebnisse eines spezifischen Konflikts hin bedacht. All dies geschieht nur teilweise nüchtern und ernsthaft. Nicht nur verfügen die Sammler- und Jägergesellschaften über ein weites Spektrum, um ihre Gefühle auszudrücken, sie besitzen außerdem einen wahrhaft theatralischen Sinn für Komik, der immer rasch wirkt, wenn Spannungen abgebaut werden sollen. (...)

George Silberbauer:

Kunst der Langsamkeit

(...) An Entscheidungen, die eine Gruppe als Ganze betreffen, nehmen alle Erwachsenen und Fast-Erwachsenen teil. Die Diskussion nimmt hierbei selten die Form einer einzigen, dafür eigens angesetzten Debatte an. Der Boden der Entscheidungen wird durch Vordiskussionen im Laufe des täglichen Lebens bereitet: in Erörterungen zwischen Freunden, zwischen Nachbarn und zwischen Partnern beim Jagen. An Stelle einer einzigen, klar angezeigten Prozedur, führen in der Regel eher beiläufig-routineförmige Formen des Austauschs zur Entscheidung, die vielleicht eher als Verkündigung einer Übereinstimmung zu bezeichnen sind, denn als Prozesse, mit deren Hilfe Übereinstimmung erreicht wird (das heißt die sich einstellende Übereinstimmung braucht dennoch eine Form der Erklärung, damit sie als Ausgangsbasis eines Handelns dienen kann). Wenn eine Sache stärker umstritten oder verzwickt ist und verschiedene Parteien auftreten, werden die jeweiligen Protagonisten ihre Ansichten vor einem größeren Publikum darstellen. Das Verhalten der Teilnehmer fungiert als mehr oder minder eindeutiger Indikator über Stärke und Neigung der Gefühlslage der Gruppe insgesamt. So wird in einem die „Windrichtung" getestet und Meinungsbildung betrieben. Dafür gibt es viele Wege: eine ruhige, ernsthafte Diskussion mit einer oder zwei Schlüsselpersonen, die von einigen Gruppenangehörigen angehört wird; oder eine lange Kampagne der Überzeugung, in dem der Fall Stück um Stück behandelt wird und jedes Stück entschieden wird, bevor zum nächsten fortgeschritten wird. Oder eine öffentliche, aber sichtlich privat an einen Freund gerichtete Rede wird gehalten, wobei sichergestellt wird, daß das ganze

Lager sie hören kann, das heißt man redet eher über etwas, statt zu jemandem. Diese Figur des erzwungenen Anhörens vermeidet eine direkte Konfrontation mit der Opposition, die sich schlechten Benehmens schuldig machte, wenn sie an der Konversation teilnähme. Jedoch: Opponenten können selbstverständlich dasselbe Mittel benutzen. Die Gruppe erlebt so das zuweilen komische Spektakel, daß zwei Rednergruppen ihre sich widerstreitenden Argumente vortragen, in der jede die andere ignoriert und peinsam darauf achtet, die eigene Logik oder die Etikette nicht zu verletzen, zugleich aber jedes Argument der anderen Partei mit einem Gegenargument beantwortet, ohne sich auf eine direkte Attacke einzulassen.

Das Spektrum der Reaktionen des Publikums ist gleichfalls breit. Manche drücken ihre Gefühle stumm aus, indem sie Zustimmung, Widerspruch oder Gleichgültigkeit im Hinblick auf die Argumente des Redners mit Grimassen, Körperhaltungen oder Gesten begleiten. Andere äußern sich offenkundiger mit Murmeln oder Grunzlauten oder indem sie die letzten Teile der Rede zustimmend wiederholen. Die Zeit, die für die Diskussion zur Verfügung steht, ist selbstverständlich je nach Dringlichkeit der verhandelten Sache begrenzt; die Notwendigkeit, eine schlüssige Übereinstimmung zu erreichen, bevor die verstrichene Zeit und andere Ereignisse alle Optionen verschwinden lassen, wird von der Gruppe klar erkannt. Weniger dringliche Angelegenheiten können länger erörtert werden. Die Diskussion wird deswegen je nach Gegenstand von Zeit zu Zeit unterbrochen, bis eine zufriedenstellende Lösung gefunden worden ist. Die Probleme eines verlassenen Ehemanns benötigten beispielsweise zwei Jahre, bis sie gelöst waren. (...)

Die Frage erhebt sich, ob diese Entscheidungsfindung politisches Handeln konstituiert und ob die Gruppe überhaupt über irgendeine Form politischer Organisation verfügt. Max Webers Ansicht war es, daß eine Organisation erst dann einen politischen Charakter besitzt, 'wenn und insoweit ihre Ordnung in einem gegebenen Territorium durch die Anwendung und die Drohung physischer Gewalt von einem Verwaltungsstab erzwungen wird.' Diese Bestimmung wird von Radcliff-Brown in seiner berühmten Definition einer politischen Organisation leicht abgewandelt: eine politische Organisation 'ist ausgerichtet auf Kontrolle und Regulierung mit Hilfe physischer Gewalt'. Beide Bestimmungen sind meiner Ansicht nach zu eng und einseitig. (...) (Dies gilt auch für eine Reihe anderer Definitionen, d. Hrsg.). Alle neigen dazu, Legitimität, Zwang und Macht als die Attribute politischen Handelns anzunehmen.

Entscheidungen in Gruppen-Gesellschaften werden durch Konsens erreicht – ein oft gebrauchter Terminus ohne einheitliche Bedeutung. Konsens meint nicht Einstimmigkeit in einer Meinung oder einer Entscheidung. Ähnlich wie gleichartig nicht Gleichheit bedeutet, ist Konsens kein anderer Begriff für Demokratie. Wenn man von Demokratie redet, meint man die Chancengleichheit im Zugang zu Positionen legitimer Herrschaft und die Grenzen, die sie der Herrschaftsausübung setzt. Demokratie bedeutet einen organisatorischen Rahmen, um Entscheidungen zu bilden und umzusetzen. Konsens wird nach einer Reihe von Urteilen erreicht, die von Menschen getroffen werden, die alle gleichen Zugang zu einem gemeinsamen Informationsquellgrund besitzen. Wie das Wort nahelegt: Konsens ist erreicht, wenn die Leute dem Urteil und der Entscheidung zustimmen. Sie mögen aktuell nicht alle die nötigen Informationen besitzen; sie mögen auch darauf verzichten, selbst Urteile zu bilden. Die Möglichkeit hierfür muß aber allen gegeben sein. Die Informationen, an denen alle teilhaben, schließen die Urteilskriterien ein, die Werte, die Ziele und deren Rangordnung zusätzlich zu einer allgemein verbreiteten Kenntnis (oder Glauben) über die logische und kausale Beziehung zwischen den diversen Informationen.

Wie Elizabeth Colson beobachtet, teilen die kleinen Gemeinschaften die Eigenarten dichter sozialer Netzwerke und die gemeinsame Erwartung der Kontinuität ihrer Beziehungen. Ein dichtes soziales Netzwerk ist, wie sie zeigt, notwendig, damit die Teilnehmenden miteinander verkehren können, um Informationen hervorzubringen oder die vorhandenen auszutauschen. (...) Konsens kann als eine Form der Entscheidungsbildung nur funktionieren, wenn eine allgemeine Übereinstimmung über die Spielregeln vorhanden ist – über die Art, wie Entscheidungen getroffen werden, die Grundlagen, auf denen sie vorbereitet werden und das vorhersehbare Ausmaß und die Art der Konsequenzen, die die Entscheidungen für die einzelnen Individuen zeitigen. (...)

Rechtsstaat und liberale Demokratie. *John Locke (1632–1704), eine Generation jünger als Thomas Hobbes (vgl. Seite 71), gilt als dessen großer Gegenspieler in der Sache. Jeder absoluten Herrschaft stellt Locke die Herrschaft des Rechts gegenüber. Dem Unterwerfungsvertrag Hobbesscher Qualität widerspricht der keine Zweideutigkeiten aufkommen lassende Satz: „Allein die Zustimmung der Individuen, die ihr angehören, kann eine Gemeinschaft zum Handeln befähigen." Hiermit begründet Locke das alle Demokratietheorie und Demokratiepraxis bis heute durchwirkende „Mehrheitsprinzip". Locke markiert ungleich deutlicher als Hobbes die Grenzen des Staates in Legislative, Exekutive und Judikative am „gemeinsamen Wohl", das nicht zuletzt in der Eigentumsgarantie besteht.*
Locke, der konzeptionelle „Vater" der liberalen Demokratie, dessen Einfluß nicht zuletzt auf die Verfassungstradition der USA kaum zu überschätzen ist, ist trotz dieser Unterschiede Hobbes in Methode und Ziel sehr verwandt. Er arbeitet gleicherweise mit einer Natur- und Gesellschaftsvertragsannahme. Der ungesellige Mensch existiert zuerst. Seine anders, nämlich durch Beteiligung und eine innere Verfassung insgesamt ausgezeichnete Herrschaftsvorstellung dient gleichfalls dem Zweck: Die innere Konkurrenz freizusetzen und das Streben der Menschen nach Besitz und Eigentum zu fördern. Das Eigentum steht im Mittelpunkt aller Lockeschen Überlegungen. Schon seine berühmte Bestimmung des Menschen zeichnet sich dadurch aus: „Wenn die Erde und alle niederen Lebewesen wohl allen Menschen gemeinsam eignen, so hat doch jeder Mensch ein Eigentum an seiner eigenen Person. Über seine Person hat niemand ein Recht als nur er allein. Die Arbeit seines Körpers und das Werk seiner Hände, so können wir sagen, sind im eigentlichen Sinne sein. Was immer ihn also jenem Zustand entrückt, den die Natur vorgesehen und in dem sie ihn belassen hat, hat er mit seiner Arbeit gemischt und ihm etwas hinzugefügt, was sein eigen ist — es folglich zu seinem Eigentum gemacht" (vgl. §27 der Zweiten Untersuchung „Über die Regierung").
(John Locke: Über die Regierung, hg. von Peter Cornelius Mayer-Tasch, Reinbek 1966, S. 72–74, 78–81, 98–99, 103)

John Locke

Herrschaft des Rechts

(...) 90. Hieraus geht deutlich hervor, daß die absolute Monarchie, die manche Menschen für die einzige Regierung der Welt halten, in Wahrheit mit bürgerlicher Gesellschaft unverträglich ist und deshalb keinerlei Art bürgerlicher Regierung sein kann. Denn das Ziel der bürgerlichen Gesellschaft ist es, jene Mängel des Naturzustandes, die die notwendige Folge sind, wenn ein jeder in eigener Sache Richter ist, zu vermeiden und ihnen abzuhelfen, indem eine allen bekannte Autorität eingesetzt wird, die jedes Glied der Gesellschaft anrufen kann, wenn es ein Unrecht erlitten oder sich ein Streit erhebt, und der jeder in der Gesellschaft sich fügen muß. Wo immer Menschen ohne eine solche Autorität leben, die sie zur Entscheidung der zwischen ihnen vorkommenden Streitigkeiten anrufen können, befinden sie sich noch immer im Naturzustand. Und im gleichen Zustand befindet sich auch jeder absolut herrschende Fürst gegenüber denjenigen, die sich unter seiner Herrschaft befinden.

91. Denn da man von ihm annimmt, daß er allein sowohl die legislative als auch die exekutive Gewalt in sich vereinigt, gibt es keinen Richter, den anzurufen einem offenstünde, der gerecht, unparteiisch und autoritär entscheiden könnte und von dessen Entscheid man sich bei jedwedem Unrecht oder Schaden, welche man durch den Fürsten oder auf seinen Befehl hin zu leiden hat, Abhilfe und Wiedergutmachung versprechen könnte. Ein solcher Mensch – man mag ihn Zar oder Grandseigneur oder sonstwie nennen – befindet sich denen gegenüber, die unter seiner Herrschaft leben, ganz so im Naturzustand wie gegenüber der übrigen Menschheit. Denn überall, wo zwei Menschen ohne feste Gesetze miteinander leben und ohne einen gemeinsamen Richter auf Erden, den sie zur Entscheidung ihrer Rechtsstreitigkeiten anrufen könnten, leben sie weiterhin im Naturzustand mit all seinen Unannehmlichkeiten. Es besteht allein folgender schmerzliche Unterschied für den Untertan oder vielmehr den Sklaven des absoluten Fürsten: Während er im gewöhnlichen Naturzustand frei ist, über sein Recht zu urteilen und dieses Recht nach besten Kräften zu behaupten, hat er jetzt, wenn nach dem Willen oder auf des Monarchen Befehl hin sein Eigentum angegriffen wird, nicht nur niemanden, den er anrufen könnte, wie es doch die Menschen in der Gesellschaft haben sollten, sondern er ist auch der Freiheit beraubt, über sein Recht zu urteilen und dieses Recht zu verteidigen – als sei er unter den normalen Zustand vernünftiger Wesen erniedrigt –, und er ist somit allem Elend und allem Ungemach ausgesetzt, das man von einem Menschen zu fürchten hat, der sich im unbeschränkten Naturzustand befindet und noch dazu von Schmeichlern verdorben ist und mit Gewalt gewappnet.

92. Wer nämlich glaubt, absolute Gewalt reinige der Menschen Blut und ändere etwas an der Niedrigkeit der menschlichen Natur, der braucht nur in der Geschichte des jetzigen oder irgendeines anderen Zeitalters nachzulesen, um von dem Gegenteil überzeugt zu werden. Wer sich in den Wäldern Amerikas unverschämt und ungerecht gezeigt hätte, wäre wahrscheinlich auch auf dem Thron nicht besser. Und Gelehrsamkeit und Religion werden sich vielleicht bereit finden lassen, jedwedes Verhalten gegen seine Untertanen zu rechtfertigen, und das Schwert wird auf der Stelle alle zum Schweigen bringen, die es in Zweifel zu stellen wagen. Wie es um den Schutz in einer absoluten Monarchie bestellt ist, wenn diese Art von Regierung in ihrer reinsten Form auftritt, wie die Landesväter aussehen, zu denen sie die Fürsten macht, und zu welchem Maß an Glück und Sicherheit sie die bürgerliche Gesellschaft führt, kann jeder leicht sehen, wenn er sich mit den letzten Berichten von Ceylon beschäftigt. (...)

96. Hat nämlich eine Anzahl von Menschen unter Zustimmung jedes einzelnen eine Gemeinschaft gebildet, dann haben sie diese Gemeinschaft zu einem einzigen Körper gemacht, mit der Macht, wie ein einziger Körper zu handeln, und zwar einzig durch den Willen und den Beschluß der Mehrheit. Allein die Zustimmung der Individuen, die ihr angehören, kann eine Gemeinschaft zum Handeln befähigen. Da sich ein einziger Körper notwendigerweise nur in eine Richtung bewegen kann, muß sich der Körper auch dorthin bewegen, wohin ihn die größere Kraft zieht – nämlich die Übereinkunft der Mehrheit. Anders kann er unmöglich handeln oder als ein einziger Körper oder eine einzige Gemeinschaft fortbestehen – wie es doch mit der Zustimmung jedes Einzelwesens, das darin vereint ist, beschlossen war –, und daher ist ein jeder durch diese Zustimmung verpflichtet, sich der Mehrheit zu unterwerfen. So können wir sehen, daß bei Versammlungen, die durch positive Gesetze zum Handeln ermächtigt sind, und denen jenes positive Gesetz keine bestimmte ermächtigende Zahl vorschreibt, der Beschluß der Mehrheit als der Beschluß aller gilt und somit entscheidet. Denn nach dem Gesetz der Natur und der Vernunft kommt der Mehrheitsentscheidung die Macht aller zu. (...)

98. Denn wollte man nicht vernünftigerweise die Übereinkunft der Mehrheit als den Beschluß aller annehmen und jedes Einzelwesen darin mitverpflichten, so brauchte es die Zustimmung jedes einzelnen, bis etwas zum Beschluß aller würde. Eine solche Zustimmung jemals zu erhalten, ist aber nahezu unmöglich, wenn man an

Krankheiten und geschäftliche Verpflichtungen denkt, die in einer Zahl von Menschen – sei sie selbst um vieles kleiner als die eines Staatswesens – notwendigerweise viele von der öffentlichen Versammlung fernhalten wird. Wenn wir noch die Vielzahl der Meinungen und gegensätzlichen Interessen hinzufügen, die sich unvermeidlich in allen menschlichen Vereinigungen ergeben, so würde man unter solchen Umständen in die Gesellschaft eintreten wie Cato in das Theater – *tantum ut exiret.* Eine solche Verfassung würde dem mächtigen Leviathan kürzere Lebensdauer als den schwächsten Lebewesen gewähren und würde ihn nicht den Tag seiner Geburt überleben lassen. Dies aber kann man schwerlich annehmen wollen, solange man nicht glaubt, vernunftbegabte Wesen wünschten und begründeten Gesellschaften nur, damit sie wieder aufgelöst würden! Wo die Mehrheit aber nicht die übrigen mitzuverpflichten vermag, kann die Gemeinschaft nicht als einziger Körper handeln und wird folglich unverzüglich wieder aufgelöst werden.

99. Von allen Menschen, die sich aus dem Naturzustand zu einer Gemeinschaft vereinigen, muß daher verlangt werden, daß sie die ganze für das Ziel ihrer Vereinigung in die Gesellschaft notwendige Macht an die Mehrheit jener Gemeinschaft abtreten – es sei denn, man hätte sich ausdrücklich auf eine größere Zahl als die Mehrheit geeinigt. Und dies geschieht mit der bloßen Übereinkunft, sich zu einer politischen Gesellschaft zu vereinigen. Mehr als eine solche Übereinstimmung braucht jener Vertrag nicht zu enthalten, der zwischen den Individuen, die in das Staatswesen eintreten oder es begründen, geschlossen wird und notwendig ist. So ist der Anfang und die tatsächliche Begründung einer politischen Gesellschaft nichts als die Übereinkunft einer der Mehrheitsbildung fähigen Anzahl freier Menschen, sich zu vereinigen und sich einer Gesellschaft einzugliedern. Dies und einzig dies gab oder vermochte den Anfang zu geben für jede rechtmäßige Regierung auf der Welt.

100. Ich sehe, wie sich hier zweierlei Einwände erheben:

Zum ersten, daß man in der Geschichte keinerlei Beispiele dafür finden kann, daß sich eine Gruppe unabhängiger und gleicher Menschen zusammentat und auf diese Weise eine Regierung begründete und einsetzte.

Zum zweiten, daß die Menschen dies unmöglich von Rechts wegen tun können: Da alle Menschen unter einer Regierung geboren sind, müssen sie sich jener Regierung unterwerfen und haben nicht die Freiheit, eine neue zu begründen.

101. Auf den ersten Einwand ist dies zu antworten: Es ist wenig verwunderlich, wenn uns die Geschichte nur sehr spärlich von Menschen berichtet, die im Naturzustande zusammenlebten. Die Unannehmlichkeiten jenes Zustandes, die Sehnsucht und das Verlangen nach der Gesellschaft hatten kaum ein paar Menschen zusammengebracht, als sie sich auch schon vereinigten und zu einem Körper verbanden, wenn sie die Absicht hatten, zusammenzuleben. Wenn wir aber nicht glauben, daß die Menschen jemals im Naturzustande gelebt haben, nur weil wir nicht viel von ihnen in diesem Zustand hören, können wir ebensogut annehmen, die Soldaten des Salmanasser oder Xerxes seien niemals Kinder gewesen, weil man wenig von ihnen weiß, bevor sie Männer und dem Heer eingegliedert waren. Die Regierung geht den Urkunden überall voraus, und Aufzeichnungen finden sich selten bei einem Volke, bevor es nicht lange Zeit eine bürgerliche Gesellschaft gegeben, die durch andere, notwendige Künste für Sicherheit, Ruhe und Wohlstand der Menschen gesorgt hat. (...)

121. Da aber die Regierung eine direkte Rechtsprechung nur über den Boden hat und den Besitzer (ehe sich dieser tatsächlich der Gesellschaft einverleibt hat) nur insofern erreicht, als er das Land bewohnt und sich des Besitzes erfreut, beginnt und endigt die Verpflichtung, sich jener Regierung zu unterwerfen, unter die man durch einen solchen Besitz gestellt ist, mit dem Besitz. Sobald der Eigentümer, der der Regierung einzig eine solche schweigende Zustimmung gegeben hatte, den besagten Besitz durch Schenkung, Verkauf oder sonstwie aufgibt, ist er frei und kann sich jedem anderen Staatswesen einverleiben, oder mit anderen übereinkommen, ein neues zu begründen in *vacuis locis*, in irgendeinem Teil der Welt, den sie frei und herrenlos finden. Wer jedoch einmal durch klare Übereinkunft und durch ausdrückliche Erklärungen seine Zustimmung gegeben hat, einem Staatswesen anzugehören, ist auf ewig und unwiderruflich verpflichtet, ihm untertan zu sein, und muß es unabänderlich bleiben. Er kann niemals mehr in die Freiheit des Naturzustandes zurückkehren, es sei denn, die Regierung, unter welcher er stand, würde durch ein unseliges Geschehen aufgelöst, oder es würde ihm durch einen öffentlichen Beschluß verwehrt, weiterhin Mitglied zu sein.

122. Wenn sich jedoch ein Mensch den Gesetzen eines Landes unterwirft, friedlich in ihm lebt und seine Privilegien und seinen Schutz genießt, so macht ihn das noch nicht zu einem Glied dieser Gesellschaft. Es ist dies vielmehr nur ein örtliches Schutz- und Un-

terwerfungsverhältnis, in dem alle stehen, die das einer Regierung angehörende Gebiet betreten, ohne sich im Kriegszustand zu befinden, soweit sich die Kraft ihrer Gesetze erstreckt. Dadurch aber werden die Menschen ebensowenig zu Gliedern jener Gesellschaft und zu ständigen Untertanen dieses Staatswesens, wie man zum Untertan eines anderen Menschen wird, in dessen Familie man eine Zeitlang gelebt hat, weil es einem gerade angenehm war – selbst wenn man verpflichtet war, solange man sich in ihr aufhielt, sich an die Gesetze zu halten und sich dem Regiment zu unterwerfen, welches man in ihr vorfand. Wir sehen also, daß Fremde, indem sie ihr Leben lang unter einer anderen Regierung leben und die Privilegien und den Schutz dieser Regierung genießen, noch nicht zu Untertanen oder Gliedern jenes Staatswesens werden, wenn sie auch verpflichtet sind – selbst vor ihrem Gewissen –, sich seinen Bestimmungen ebenso zu unterwerfen wie jeder andere Bewohner. (...)

131. Zwar begeben sich die Menschen mit ihrem Eintritt in die Gesellschaft der Gleichheit, Freiheit und Exekutivgewalt des Naturzustandes, um sie in die Hände der Gesellschaft zu legen, damit die Legislative so darüber verfügen möge, wie es das Wohl der Gesellschaft verlangt; doch das geschieht nur mit der Absicht jedes einzelnen, sich seine Freiheit und sein Eigentum um so besser zu erhalten (denn kein vernunftbegabtes Lebewesen dürfte einen Zustand verlassen mit der Absicht, in einen schlechteren zu gelangen). Die Macht der Gesellschaft oder der von ihr eingesetzten Legislative kann sich deshalb schlechterdings nicht weiter erstrecken als auf das gemeinsame Wohl. Sie ist verpflichtet, eines jeden Eigentum zu sichern, indem sie Vorsorge trifft gegen jene drei Mängel, von denen oben die Rede war, die den Naturzustand so unsicher und unbequem machten. Wer immer deshalb die legislative oder höchste Gewalt eines Staatswesens in Händen hat, ist verpflichtet, nach festen, stehenden Gesetzen zu regieren, die dem Volk bekannt gemacht wurden – und nicht durch Maßnahmeverordnungen –, durch unparteiische und aufrechte Richter, die Streitfälle nach eben jenen Gesetzen entscheiden müssen, und die Macht der Gemeinschaft im Inland nur zur Vollstreckung dieser Gesetze, nach außen zur Verhütung oder Vergeltung fremden Unrechts und zum Schutz der Gesellschaft vor Einfällen und Angriffen zu verwenden. Und mit all dem darf kein anderes Ziel verfolgt werden als der Friede, die Sicherheit und das öffentliche Wohl des Volkes.

__Rechtsstaat, Gewaltenteilung.__ Gibt es einen umfassenderen, bekannteren und wirksameren Text zu Verfassungsfragen als den des Charles-Louis de Secondat (1689-1755), seit 1716 den Onkelnamen Montesquieu tragend: De L'Esprit des Lois, zu deutsch: Vom Geist der Gesetze? Kaum.

Dieses 1748 erstmals erschienene, ca. 800 Seiten umfassende Werk, voll der Lebenserfahrungen eines politisch aktiven und zugleich kosmopolitischen französischen Adeligen, liegt eher negativ (etwa der Verfassung der Französischen Revolution) oder eher positiv (etwa der Verfassung der Vereinigten Staaten) allen späteren Verfassungsentwürfen und Verfassungsdiskussionen zugrunde.

Allein das Inhaltsverzeichnis der Bücher und Kapitel „erschlägt" in der Fülle seiner Bezüge und Aspekte. Bis hin zu ausführlichen Erörterungen über die Bedeutung des Klimas. Daran kann gelernt werden, so unsystematisch das Werk insgesamt anmutet, so viele Details nur von historischem Interesse sind, daß die Verfassung eines Landes nicht verstanden und schon gar nicht erneuert werden kann, wenn man sie nicht inmitten des Ganzen (der Totalität) einer Gesellschaft betrachtet und diese Gesellschaft ihrerseits inmitten der bewohnten Welt. Sich auf Normen und institutionelle Regelungen zu konzentrieren, reicht nicht aus. Denn diese Normen und Institutionen sind ihrerseits Ausdruck der natürlichen und vor allem der kulturellen Gegebenheiten eines Landes.

Montesquieu ist vor allem als Vertreter rechtlicher Sicherungen und als „Erfinder" der „Gewaltenteilung" im Gedächtnis. In beiderlei Hinsichten steht er in einer langen Tradition, der er einen eigenen Ausdruck gegeben hat. Was Gewaltenteilung jeweils genau bedeute und wie sie umzusetzen sei, ist bis heute unvermeidlich umstritten, gerade weil die sich verändernden Kontexte zu beachten sind; weil die Gewichte der drei klassischen Gewalten: von Legislative, Exekutive und Judikative sich geradezu dramatisch zugunsten der Exekutive verschoben haben (Montesquieu und später die Väter der nordamerikanischen Verfassung sahen eher die Gefahr einer übermächtigen Legislative); weil es schließlich entscheidend auf die soziale Basis der institutionalisierten Gewalten ankommt.

(Montesquieu: Vom Geist der Gesetze, Stuttgart 1976, S. 210-213, 223)

Montesquieu

Vom Geist der Gesetze

Worin die Freiheit besteht

Es stimmt, daß in den Demokratien das Volk scheinbar machen kann, was es will. Jedoch bedeutet politische Freiheit nicht, daß man machen kann, was man will. In einem Staat, das heißt einer mit Gesetzen ausgestatteten Gesellschaft, kann Freiheit lediglich bedeuten, daß man vermag, was man wollen soll, und man nicht zu tun gezwungen wird, was man nicht wollen soll.

Man muß sich vor Augen halten, was Unabhängigkeit ist und was Freiheit ist. Freiheit ist das Recht, all das zu machen, was die Gesetze gestatten. Wenn ein Staatsbürger machen dürfte, was sie untersagen, so gäbe es keine Freiheit mehr, denn die anderen hätten diese Möglichkeit dann ja ebensogut. (...)

Damit die Macht nicht mißbraucht werden kann, ist es nötig, durch die Anordnung der Dinge zu bewirken, daß die Macht die Macht bremse. Ein Staat kann so aufgebaut werden, daß niemand gezwungen ist, etwas zu tun, wozu er nach dem Gesetz nicht verpflichtet ist, und niemand gezwungen ist, etwas zu unterlassen, was das Gesetz gestattet. (...)

Über die Verfassung Englands

Es gibt in jedem Staat drei Arten von Vollmacht: die legislative Befugnis, die exekutive Befugnis in Sachen, die vom Völkerrecht abhängen, und die exekutive Befugnis in Sachen, die vom Zivilrecht abhängen.

Auf Grund der ersteren schafft der Herrscher oder Magistrat Gesetze auf Zeit oder für die Dauer, ändert geltende Gesetze oder schafft sie ab. Auf Grund der zweiten stiftet er Frieden oder Krieg, sendet oder empfängt Botschaften, stellt die Sicherheit her, sorgt gegen Einfälle vor. Auf Grund der dritten bestraft er Verbrechen oder sitzt zu Gericht über die Streitfälle der Einzelpersonen. Diese letztere soll richterliche Befugnis heißen, und die andere schlechtweg exekutive Befugnis des Staates.

Politische Freiheit für jeden Bürger ist jene geistige Beruhigung, die aus der Überzeugung hervorgeht, die jedermann von seiner Sicherheit hat. Damit man diese Freiheit genieße, muß die Regierung so beschaffen sein, daß kein Bürger einen andern zu fürchten braucht.

Sobald in ein und derselben Person oder derselben Beamtenschaft die legislative Befugnis mit der exekutiven verbunden ist, gibt es keine Freiheit. Es wäre nämlich zu befürchten, daß derselbe Monarch oder derselbe Senat tyrannische Gesetze erließe und dann tyrannisch durchführte.

Freiheit gibt es auch nicht, wenn die richterliche Befugnis nicht von der legislativen und von der exekutiven Befugnis geschieden wird. Die Macht über Leben und Freiheit der Bürger würde unumschränkt sein, wenn jene mit der legislativen Befugnis gekoppelt wäre, denn der Richter wäre Gesetzgeber. Der Richter hätte die Zwangsgewalt eines Unterdrückers, wenn jene mit der exekutiven Gewalt gekoppelt wäre.

Alles wäre verloren, wenn ein und derselbe Mann beziehungsweise die gleiche Körperschaft entweder der Mächtigsten oder der Adligen des Volkes folgende drei Machtvollkommenheiten ausübte: Gesetze erlassen, öffentliche Beschlüsse in die Tat umsetzen, Verbrechen und private Streitfälle aburteilen. (...)

Das also ist die Grundverfassung der Regierung, von der wir reden. Die legislative Körperschaft setzt sich aus zwei Teilen zusammen. Durch ihr wechselseitiges Verhinderungsrecht wird der eine den andern an die Kette legen. Beide zusammen werden durch die exekutive Befugnis gefesselt, die ihrerseits von der Legislative gefesselt wird.

Eigentlich müßten diese drei Befugnisse einen Stillstand oder eine Bewegungslosigkeit herbeiführen. Doch durch den notwendigen Fortgang der Dinge müssen sie notgedrungen fortschreiten und sind daher gezwungen, in gleichem Schritt zu marschieren.

Da die exekutive Befugnis an der Legislative nur durch ihr Verhinderungsrecht teilhat, darf sie in die Debatte der laufenden Geschäfte nicht eingreifen. Sie braucht nicht einmal Anträge einzubringen. Da sie jederzeit die Beschlüsse verwerfen kann, so kann sie Beschlußfassungen über Vorschläge zurückweisen, die gegen ihren Willen eingebracht wurden. (...)

Es gibt keine Freiheit mehr, wenn die exekutive Befugnis an der Festsetzung der Erhebung der Staatsgelder anders als durch ihre Zustimmung mitwirkt. Sonst würde sie in dem wichtigsten Punkt der Gesetzgebung zur Legislative.

Die legislative Befugnis würde ihre Freiheit aufs Spiel setzen, wenn sie die Erhebung der Staatsgelder nicht von Jahr zu Jahr, sondern für die Dauer festlegte. Die exekutive Befugnis wäre dann nicht mehr von ihr abhängig. Falls man solch ein Recht auf Dauer eingeräumt bekommt, gilt es ziemlich gleich, woher man es erhalten hat, von sich oder einem andern. Wenn sie diese Festsetzung für die Land- und Seestreitkräfte, die sie der exekutiven Befugnis anvertrauen muß, für die Dauer statt von Jahr zu Jahr vornimmt, gilt das gleiche. (...)

Machtkontrolle. Montesquieus Vorstellung der Gewaltenteilung – hier wird sie Ereignis. Sie wird von Madison und/oder Hamilton (die Zuordnung dieses Artikels ist umstritten) für die amerikanische Verfassung weitergedacht und umgesetzt.
Die Grundidee besteht darin – die checks and balances, die anderwärts in den „Federalist Papers" wiederkehren, sind sprichwörtlich geworden –, Macht gegen Macht und Ehrgeiz gegen Ehrgeiz zu setzen, um Einzelmacht und Einzelehrgeiz, die sonst überborden und überschäumen könnten, in institutionalisierter Konkurrenz zu kontrollieren und in Richtung öffentliches Wohl zu orientieren. Die aus der ökonomischen Theorie vertraute Vorstellung, daß unedle private Motive, als da sind Eifersucht, Ehrgeiz, andere übermächtigen wollen u.ä.m., in einem System der Konkurrenz dazu genutzt werden könnten, die wechselseitigen Leistungen zu steigern und damit mehr und bessere Güter zu erzeugen, wird hier auf den politischen Bereich übertragen. Machtstreben, Ehrgeiz usw. lassen sich dadurch kontrollieren und positiv nützen, daß die Institutionen des politischen Systems so unabhängig voneinander eingerichtet, aber gleichzeitig so aufeinander zu letztlich gemeinsamem Handeln ausgerichtet sind, daß ihre Repräsentanten sich wechselseitig wie in einem Steherrennen kritisch beäugen und miteinander leistungssteigernd konkurrieren.
Diese Idee der Macht- und Interessenkontrolle und der Wohlfahrtssteigerung durch klug arrangierte Konkurrenz voneinander möglichst unabhängiger Institutionen wird erneut verbunden mit dem Refrain der 85 „Federalist Papers", veröffentlicht unter dem immer gleichen Zeichen setzenden Namen „Publius": Die große Föderation der Vereinigten Staaten entgegen denjenigen, die das Interesse der einzelnen Staaten vertreten, ist den Zielen nützlich. Hier dem Ziel der Gewaltenkontrolle durch Gewaltenkonkurrenz, die ihrerseits zur Wohlfahrtssteigerung beiträgt. Wie sehr sich die Zeiten verändert haben, weswegen auch die besten Anregungen neuer Formen der Umsetzung bedürfen, zeigt beispielhaft Madison/Hamiltons Bemerkung, daß die „Schwäche der Exekutive", die seinerzeit zweifelsohne gegeben war, es möglicherweise erfordere, diese Exekutive eigens zu stärken.
(Förderalist Nr. 51 in: Hamilton/Madison/Jay: Der Föderalist, Wien 1958, S. 295–300)

(Hamilton oder Madison)

Funktion der Exekutive und Kontrolle

Zu welchem Auskunftsmittel sollen wir also greifen, um die notwendige Trennung der Gewalten, wie sie in der Verfassung niedergelegt ist, in der Praxis aufrechtzuerhalten? Die einzige Antwort, die auf diese Frage gegeben werden kann, lautet: Da sich alle äußerlichen Maßnahmen als unzweckmäßig erwiesen haben, muß dem Mangel abgeholfen werden, indem man den inneren Aufbau der Regierung so gestaltet, daß die Teile, aus denen sie besteht, sich kraft ihrer gegenseitigen Beziehungen selbst an dem ihnen zukommenden Platz erhalten. Ohne den Anspruch zu erheben, diesen wichtigen Gedanken bis in alle seine Konsequenzen entwickeln zu wollen, möchte ich mir ein paar allgemeine Bemerkungen dazu gestatten, die vielleicht ein klares Licht darauf werfen und uns instand setzen werden, uns ein richtigeres Urteil über die Grundsätze und den Aufbau der von der Versammlung geplanten Regierung zu bilden.

Um die richtige Grundlage für jene getrennte und deutlich unterschiedene Ausübung der verschiedenen Regierungsgewalten zu schaffen, die bis zu einem gewissen Grad von allen Seiten als wesentlich für die Bewahrung der Freiheit anerkannt wird, muß – soviel ist klar – jeder Zweig einen eigenen Willen haben und daher so aufgebaut sein, daß die Mitglieder des einen Zweiges so wenig als möglich Einfluß auf die Ernennung der Mitglieder der anderen Zweige besitzen. Die strenge Durchführung dieses Prinzips würde erfordern, daß alle Ernennungen für die höchsten Ämter des gesetzgebenden, vollziehenden und richterlichen Zweiges sich aus der gleichen Autoritätsquelle – dem Volk – herleiten, und zwar durch Kanäle, die keine wie immer geartete Verbindung miteinander haben. Vielleicht wäre ein solcher Aufbau der verschiedenen Regierungsteile in der Praxis nicht so schwer durchzuführen, als es in der Theorie den Anschein hat. Doch würde die Durchführung sicherlich einige Schwierigkeiten und erhöhte Kosten mit sich bringen. Deshalb müssen gewisse Abweichungen von diesem Prinzip gestattet werden. Besonders beim Aufbau des richterlichen Zweiges dürfte es unzweckmäßig sein, starr am Prinzip festzuhalten, und zwar aus folgenden Gründen: Erstens: Weil für die Ämter in diesem Zweig gewisse Qualifikationen unerläßlich sind, muß in erster Linie berücksichtigt werden, welche Methode der Auswahl die sicherste Gewähr für das Vorhandensein dieser Qualifikationen bietet. Zweitens: Weil die Tatsache, daß die Mitglieder dieses Zweiges ihre Ämter auf Lebenszeit innehaben, bald jedes Gefühl der Abhängigkeit gegenüber der Autorität, von der das Amt übertragen wurde, zum Schwinden bringen muß.

Ebenso klar ist es, daß die Mitglieder der einzelnen Zweige hinsichtlich ihrer Besoldung so wenig wie möglich von den Mitgliedern der andern Zweige abhängig sein sollen. Sobald die Träger der vollziehenden Gewalt oder die Richter in dieser Beziehung von der Legislative abhängen, werden sie auch in jeder andern Beziehung nur mehr dem Namen nach unabhängig sein.

Aber die wichtigste Sicherung gegen die allmähliche Konzentration der verschiedenen Gewalten in einem Zweig besteht darin, dafür zu sorgen, daß die Männer, welche die einzelnen Zweige verwalten, die notwendigen verfassungsmäßigen Mittel besitzen und ein persönliches Interesse daran haben, sich den Übergriffen der anderen Zweige zu widersetzen. In diesem wie in allen andern Fällen müssen die Maßnahmen zur Verteidigung der voraussichtlichen Stärke des Angriffs entsprechen. Ehrgeiz muß durch Ehrgeiz unschädlich gemacht werden. Das persönliche Interesse muß mit den verfassungsmäßigen Rechten des Amtes Hand in Hand gehen. Es mag ein schlechtes Licht auf die menschliche Natur werfen, daß solche Kniffe notwendig sein sollten, um Mißbräuche in der Regierung hintanzuhalten. Aber setzt nicht schon die Tatsache, daß Regierung überhaupt nötig ist, die menschliche Natur in ein schlechtes Licht? Wenn die Menschen Engel wären, so bedürften sie keiner Regierung. Wenn Engel über die Menschen herrschten, dann wäre weder eine innere noch eine äußere Kontrolle der Regierung notwendig. Entwirft man jedoch den Plan einer Regierung, die von Menschen über Menschen ausgeübt werden soll, so liegt die große Schwierigkeit darin, daß man zuerst die Regierung instand setzen muß, die Regierten zu überwachen und im Zaum zu halten, und dann die Regierung zwingen muß, sich selbst zu überwachen und im Zaum zu halten. Die Abhängigkeit vom Volk ist zweifellos das beste Mittel, um die Regierung im Zaum zu halten. Aber die Menschheit hat aus Erfahrung gelernt, daß zusätzliche Vorsichtsmaßregeln notwendig sind.

Die Methode, das Fehlen edlerer Motive durch die Förderung rivalisierender Interessen auszugleichen, kann durch alle menschlichen Angelegenheiten, seien sie privater oder öffentlicher Natur, verfolgt werden. Sie tritt besonders deutlich bei der Verteilung der Machtbefugnisse an untergeordnete Stellen in Erscheinung, wobei stets das Ziel angestrebt wird, die verschiedenen Posten so zu verteilen und einzurichten, daß deren Inhaber einander gegenseitig in Schach halten. Das private Interesse des einzelnen wird so zum Wächter über die Rechte der Öffentlichkeit gemacht. Dieses von der Vernunft eingegebene Vorgehen empfiehlt sich nicht minder bei der Verteilung der höchsten Gewalten im Staat.

Aber es ist nicht möglich, jedem Zweig der Regierung die gleiche Kraft zur Selbstverteidigung zu verleihen. In einer republikanischen Regierung dominiert notwendigerweise die Legislative. Dieser Unzukömmlichkeit begegnet man dadurch, daß man die Legislative in mehrere Körperschaften aufteilt. Mit Hilfe verschiedener Wahlmethoden und verschiedener Grundsätze für ihre Tätigkeit versucht man zu erreichen, daß die Verbindung zwischen diesen Körperschaften so gering wird, als es das Wesen ihrer gemeinsamen Funktionen und ihre gemeinsame Abhängigkeit von der Gesellschaft zulassen. Es könnte sich sogar als nötig erweisen, noch weitere Vorsichtsmaßregeln gegen gefährliche Übergriffe anzuwenden. Ebenso wie das Übergewicht der Legislative deren Teilung erfordert, kann sich aus der relativen Schwäche der Exekutive die Notwendigkeit ergeben, sie zu stärken. Ein absolutes Vetorecht gegenüber der Legislative erscheint auf den ersten Blick als die naturgegebene Verteidigungswaffe, mit der die Exekutive ausgestattet sein müßte. Aber vielleicht wäre diese Waffe weder völlig sicher in der Wirkung, noch für sich allein ausreichend. Bei normalen Anlässen wird sie vielleicht nicht mit der erforderlichen Festigkeit gehandhabt, bei außergewöhnlichen Anlässen könnte sie in verräterischer Absicht mißbraucht werden. Ließe sich die Unzulänglichkeit eines absoluten Vetorechtes nicht dadurch ausgleichen, daß man eine auf besondere Fälle beschränkte Verbindung zwischen dem schwächeren Teil der Regierung und der schwächeren Körperschaft des stärkeren Regierungszweiges herstellt, wobei die letztere die verfassungsmäßigen Rechte des ersteren zu unterstützen hätte, ohne von den Rechten ihres eigenen Zweiges zu stark losgelöst zu werden?

Wenn die Grundsätze, auf denen diese Bemerkungen beruhen, richtig sind – wovon ich überzeugt bin –, und wenn sie auf die Verfassungen unserer Staaten und auf die Bundesverfassung angewendet werden, so wird sich herausstellen, daß die letztere ihnen als Kriterium nicht völlig entspricht, daß die ersteren jedoch einer solchen Probe noch viel weniger standhalten.

Überdies tauchen zwei Erwägungen auf, die insbesondere auf das föderative System Amerikas anwendbar sind und dasselbe in einen sehr interessanten Gesichtswinkel rücken.

Erstens: In einer Einzelrepublik wird die gesamte vom Volk abgetretene Macht von einer einzigen Regierung verwaltet: vor Übergriffen schützt die Teilung der Regierung in streng und deutlich voneinander abgegrenzte Zweige. In der zusammengesetzten amerikanischen Republik wird die vom Volk abgetretene Macht zuerst auf zwei separate Regierungen aufgeteilt, und dann wird der jeder dieser beiden Regierungen zugewiesene Machtanteil nochmals zwischen streng voneinander abgegrenzten Zweigen aufgeteilt. Dadurch erscheinen die Rechte des Volkes doppelt geschützt. Die verschiedenen Regierungen kontrollieren sich nicht nur selbst, sondern überwachen einander auch gegenseitig.

Zweitens: In einer Republik ist es von großer Wichtigkeit, nicht nur die Gemeinschaft gegen Unterdrückung seitens der die Regierung ausübenden Männer zu schützen, sondern auch den einen Teil der Gemeinschaft gegen Ungerechtigkeit von seiten des andern Teiles zu schützen.

Natürlich haben die verschiedenen Klassen der Gemeinschaft verschiedene Interessen. Wenn eine Majorität durch ein gemeinsames Interesse geeint ist, erscheinen die Rechte der Minorität ungesichert. Es gibt nur zwei Methoden um diesem Übel zu begegnen: Entweder in der Gemeinschaft einen Willen zu schaffen, der von der Majorität – das heißt von der Gemeinschaft selbst – unabängig ist, oder in die Gemeinschaft so viele verschiedene Arten von Bürgern aufzunehmen, daß eine ungerechte Vereinigung zu einer Majorität sehr unwahrscheinlich, wenn nicht unmöglich wird.

Die erste Methode herrscht in allen Staaten mit erblicher oder selbst eingesetzter Autorität. Die Sicherheit, die sie gewährt, ist bestenfalls eine sehr gefährdete; denn eine von der Gemeinschaft unabhängige Macht kann sich nach ihrem Belieben sowohl der ungerechten Sache der Majorität anschließen als auch die gerechten Interessen der Minoritäten verteidigen, und sie kann sich ebenso gut gegen beide Parteien wenden.

Die zweite Methode soll an dem Beispiel der föderativen Republik der Vereinigten Staaten veranschaulicht werden. Während alle Autorität von der Gemeinschaft ausgeht und von ihr abhängt, ist die Gemeinschaft selbst in so viele Teile, Interessen und Klassen aufgesplittert, daß den Rechten des einzelnen oder einer Minorität von einer Interessengemeinschaft der Majorität kaum Gefahr droht. In einem freien Staat müssen die Bürgerrechte ebenso gesichert sein wie die religiösen Rechte. Diese Sicherung besteht in dem einen Fall in der Vielzahl der Interessen, in dem andern Fall in der Vielzahl der Sekten.

Der Grad der Sicherheit wird in beiden Fällen von der Anzahl der

Interessen oder der Sekten abhängen, und diese Anzahl wird vermutlich bedingt sein durch die Ausdehnung des Landes und die Zahl der Menschen, die unter der gleichen Regierung leben. Diese Betrachtungen müssen in jedem aufrichtigen und denkenden Freund der republikanischen Regierungsform den Wunsch nach einem richtig aufgebauten föderativen System wachrufen, denn sie beweisen, daß die Gefahr einer Unterdrückung durch eine Majorität im gleichen Verhältnis zu der Zahl der Staatenbünde oder einzelnen Staaten, in die die Union aufgeteilt würde, ansteigen müßte; daß eine solche Aufteilung den wirksamsten Faktor zur Sicherung der Rechte aller Klassen von Bürgern schwächen würde, und daß infolgedessen die Stabilität und Unabhängigkeit irgend eines Gliedes der Regierung – als der einzige andere Sicherheitsfaktor – im selben Verhältnis verstärkt werden müßten. Gerechtigkeit ist das Ziel der Regierung; sie ist das Ziel der zivilisierten Gesellschaft. Dieses Ziel ist solange verfolgt worden und wird solange verfolgt werden, bis es erreicht ist oder bis in dem Streben danach die Freiheit verloren geht. In einer Gesellschaftsform, in der sich die stärkere Gruppe mit Leichtigkeit vereinigen kann, um die schwächere Gruppe zu unterdrücken, herrscht ebensolche Anarchie wie im Naturzustand, wo das schwächere Individuum gegen den Angriff des stärkeren nicht geschützt ist. Und da der Naturzustand damit endet, daß sich die stärkeren Individuen durch die Unsicherheit ihrer eigenen Lage dazu gedrängt fühlen, sich einer Regierung zu unterwerfen, die nicht nur die Schwachen, sondern auch sie selbst zu schützen vermag, so werden sich in der oben erwähnten Gesellschaftsform die mächtigeren Interessengruppen oder Parteien aus den gleichen Gründen mit der Zeit veranlaßt sehen, eine Regierung herbeizuwünschen, die alle Parteien zu schützen vermag, die schwächeren ebenso wie die stärkeren. Falls der Staat Rhode Island von der Union getrennt und sich selbst überlassen wäre, würde sich die Rechtsunsicherheit, die unter einer Volksregierung auf so eng begrenztem Raum eintreten müßte, zweifellos in so häufigen Unterdrückungen durch zu einer Majorität zusammengeschlossene Interessengruppen äußern, daß der Ruf nach einer vom Volk gänzlich unabhängigen Autorität von den gleichen Interessengruppen erhoben werden würde, die durch ihre Übergriffe eine solche Autorität notwendig gemacht haben. In der Republik der Vereinigten Staaten mit ihrer großen Ausdehnung und ihrer Vielfalt von Interessen, Parteien und Sekten wird es kaum zur Bildung einer Mehrheit der Gemeinschaft kommen, es sei denn auf der Grundlage der Gerechtigkeit und des Gemeinwohls. Da also den kleineren Parteien von der Willkür der größeren geringere Gefahr droht, schwindet damit im selben Verhältnis die Grundlage für den Vorwand, daß man die Sicherheit der kleineren Parteien schützen müsse, indem man in die Regierung einen von den größeren Parteien unabhängigen Willen einführt, oder mit anderen Worten, einen Willen, der von der Gemeinschaft selbst unabhängig ist. Trotz der bestehenden gegenteiligen Meinungen bleibt es eine unumstößliche und wichtige Tatsache, daß eine Gemeinschaft um so eher zur Selbstregierung befähigt ist, je größer sie ist, vorausgesetzt, daß sich ihr Umfang noch im Rahmen der Zweckmäßigkeit hält. Und zum Glück für die *republikanische Sache* kann der Rahmen der Zweckmäßigkeit sehr weit gespannt werden, wenn man die förderativen Grundsätze vernünftig abändert und mischt.

Pluralität. *Wenn heute über Pluralismus gesprochen wird, hat man in der Regel eine Mehrzahl von organisierten Gruppen, zum Beispiel von politischen Parteien, im Sinn, die miteinander konkurrieren. Dieser Pluralismus läßt meist nur entfernt andere („alternative") Organisationsformen und Ziele erkennen. Es handelt sich um einen Einheitsbrei in mehreren Näpfen.*
Schon solche Mehrzahl ist wichtig genug. Am Widerspruch in sich selber, an „Einheitsparteien" oder angeblich das ganze „Volk" umfassenden „Bewegungen" läßt sich die Bedeutung der Mehrzahl als solcher eingehend studieren. Was aber Pluralität, kein „-ismus", darüber hinaus sozial und politisch heißen könnte, das kann beim Altkonservativen Justus Möser (1720 - 1794) erfahren werden. Goethe hat viel auf ihn gegeben.
Mösers eigenartig aufklärerisch-vormoderne Vorstellung vor dem Hintergrund ausgedehnter praktischer Erfahrungen eines Osnabrücker Politikers lassen sich aus vielerlei Gründen nicht ins Heute verlängern. Zu groß ist „der Zeiten ungeheurer Bruch" (C. F. Meyer). Nähme man jedoch seine Vorstellungen und Einwände ernst – für die Lokalität des Sozialen, gegen nivellierende Verallgemeinerungen und die herrschaftsdienliche Lust zur Gigantomanie –, dann würde begriffen werden können, daß es bei aller Verfassung auf eine Balance zwischen „Tradition" und „Innovation" ankommt, zwischen gesellschaftlicher Statik und gesellschaftlicher Dynamik; daß die Schnecke je nach Umständen und Problemen schneller ist als ein neuer ICE; daß bigger, also größer, nicht einfach better, also besser ist, wie der Ökonom Wassily Leontief aus Harvard schon vor zwanzig Jahren beobachtet hat. Gemeinde- und Gebietsreformen würden zögerlicher unternommen; neue Verkehrssysteme möglichst ohne Kahlschlag und Tunnel geplant; alles würde unternommen, um das Europa der Regionen so zu gestalten, daß diese Regionen ihre politische Eigenständigkeit bewahrten; selbst die Fixierung auf bestehende Großstaaten würde in seiner demokratisch-menschenrechtlichen Unzuträglichkeit erkannt werden können.
(Justus Möser: Sollte man nicht jedem Städtchen seine besondere politische Verfassung geben?; Der jetzige Hang zu allgemeinen Gesetzen und Verordnungen ist der gemeinen Freiheit gefährlich; beide Stücke aus den „Patriotischen Phantasien" Nr.28 und 29, abgedruckt in ders.: Schriften, Berlin 1948, S. 105 - 107, 111 - 115; auszugsweise)

Justus Möser

„Patriotische Phantasien"

Sollte man nicht jedem Städtchen seine besondere politische Verfassung geben?

Den schädlichen Einfluß unserer einförmigen philosophischen Theorien auf die heutige Gesetzgebung haben wir zu einer anderen Zeit gesehen. Ihnen und der Bequemlichkeit der Herren beim Generaldepartement haben wir es allein zu danken, daß wir so viele allgemeine Verordnungen haben, die entweder gar nicht oder doch nur so in Bausch und Bogen befolgt werden. Daß sie aber auch das ganze menschliche Geschlecht immer einförmiger machen, ihm seine wahre Stärke rauben und in den Werken der Natur wie in den Werken der Kunst manches Genie ersticken, solches ist, so wahr es auch ist, noch von wenigen beherzigt worden. Und doch hätten diejenigen, welche den Menschen in seine erste Wildheit zurückwünschen, um ihn in seiner Originalstärke zu sehen, mehr als eine Gelegenheit gehabt, dies zu bemerken.

Der Mensch ist zur Gesellschaft bestimmt; und es fruchtet wenig, ihn in seinem einzelnen Zustande zu betrachten. Der rohe Einsiedler mag mit der Keule in der Hand und mit einer Löwenhaut bedeckt, noch so stark, glücklich und groß sein, so bleibt er doch immer ein armseliges Geschöpf in Vergleichung der großen Gesellschaften, die sich überall wider ihn verbunden haben und ewig wider ihn verbinden werden. Das Recht, nach seiner eigenen Theorie zu leben, dient ihm also zu nichts. Allein, ob es nicht eine größere Mannigfaltigkeit in den menschlichen Tugenden und eine stärkere Entwicklung der Seelenkräfte bewirken würde, wenn jede große oder kleine bürgerliche Gesellschaft mehr ihre eigene Gesetzgeberin wäre und sich minder nach einem allgemeinen Plane formierte, das ist eine Frage, die noch immer eine Untersuchung verdient.

Wenn wir auf den großen Ruhm der vielen kleinen griechischen Republiken zurückgehen und nach der Ursache forschen, warum so manches kleine Städtchen, was in der heutigen Welt nicht einmal genannt werden würde, ein so großes Aufsehen gemacht, so ist es diese, daß jedes sich seine eigene religiöse und politische Verfassung erschaffen und mit Hilfe derselben seine Kräfte zu einer außerordentlichen Größe gebracht habe. Man sieht, daß sie in ihrem Plan alles, was ihnen die Natur gegeben hat, auf das schärfste genutzt und aus jeder Menschensehne ein Ankerseil gemacht haben. Dieses taten sie, ehe sie philosophische Theorien hatten, und bloß von ihren Bedürfnissen geleitet, nach der Richtung arbeiteten, welche zu ihrem Ziele führte.

Der Eifer, womit jedes Volk in der Neuigkeit seinen eigenen Erfindungen frönet, erhielt die ersten Stifter in ihrer patriotischen Schwärmerei; eine dazu eingerichtete Erziehung pflanzte solche auf die Nachkommenschaft fort; und jede Tugend erhielt ihren Wert nach dem Maße des Nutzens, welchen sie dem gemeinen Wesen schaffte. Die Größe aller anderen so berühmten Nationen scheint die Folge einer ähnlichen Art zu handeln gewesen zu sein, ehe allgemeine Religionen, Sittenlehren und Systeme diese eigenen Falten jeder besonderen Völkerschaft ausgeglichen und die Art der Menschen zu denken und zu handeln einförmiger gemacht haben. So wie die allgemeine Menschenliebe fast alle Bürgerliebe und die große Nationalehre die besondere Ehre jedes Städtchens verschlungen hat, ebenso scheinen die allgemeinen Natur- und Völkerrechte die starken Bande, welche aus jenen besonderen Verfassungen entsprungen, verdrängt zu haben; daher sie auch weniger wirken und einen, wenn man sie anwenden will, nicht selten verlassen. (...)

Der jetzige Hang zu allgemeinen Gesetzen
und Verordnungen
ist der gemeinen Freiheit gefährlich

(...) Ich will es nicht untersuchen, ob die gelehrte Natur einen Hang zur Einförmigkeit genommen, oder das ruhige Vergnügen, allgemeine Wahrheiten zu erfinden und Gesetze für die ganze Natur daraus zu machen, diese unsere neumodische Denkungsart beliebt gemacht, oder auch der Militärstand, worin oft hunderttausend Menschen das Auge auf einen Punkt richten und den Fuß nach dem nämlichen Takte setzen müssen, sein Exempel zur Nachahmung empfohlen habe. Man mag hier annehmen, was man will, die Wahrheit bleibt allemal: je einfacher die Gesetze, und je allgemeiner die Regeln werden, desto despotischer, trockner und armseliger wird ein Staat.

Ich verlange nicht, daß man dieses auf alle Zweige der Staatsverfassung anwenden solle. Es sind einige, und hauptsächlich die äußerlichen Formalitäten des gerichtlichen Prozesses, der Testamente und Vormundschaften, welche sich mit allgemeinen Gesetzen und Regeln zu einer notwendigen und glücklichen Einförmigkeit bringen lassen, so daß man aus dem Standort eines Generaljustizdepartements ihre Richtigkeit und Unrichtigkeit zuverlässig übersehen kann. So weit ist auch der Großkanzler von Cocceji gekommen. Es gibt auch in der Staatsökonomie eine Einförmigkeit der Formen, der Tabellen, der Vorstellungen und anderer äußerlicher Umstände, welche die höchste Einsicht erleichtert; und vielleicht ließen sich auch wesentliche Teile der Polizei, als Maße und Münzen, zu einer Gleichförmigkeit bringen, so groß und mannigfaltig auch die Schwierigkeiten sind, welche hier dem Auge des theoretischen Projektemachers entwischen, und den Mann, der in großen Staaten Hand anlegt, verwirren. Allein allgemeine Polizeiordnungen, allgemeine Forstordnungen, allgemeine Gesetze über Handel und Wandel, über Acker- und Wiesenbau und über andre Teile der Staats- und Landeswirtschaft, wenn sie nicht bloß theoretische Lehrbücher, sondern wahre, in jedem Falle zu befolgende Regeln abgeben, wenn sie brauchbar und zureichend sein, wenn sie dem Generaldepartement zur Richtschnur dienen sollen, um die Vorschläge, Berichte und Ausrichtungen der Lokalbeamten darnach zu prüfen, zu beurteilen und zu verwerfen, sind mehrenteils stolze Eingriffe in die menschliche Vernunft, Zerstörung des Privateigentums und Verletzungen der Freiheit. Die philosophischen Theorien untergraben alle ursprünglichen Kontrakte, alle Privilegien und Freiheiten, alle Bedingungen und Verjährungen, indem sie die Pflichten der Regenten und Untertanen und überhaupt alle gesellschaftlichen Rechte aus einem einzigen Grundsatze ableiten, und, um sich Bahn zu machen, jede hergebrachten verglichenen und verjährten Einschränkungen als so viel Hindernisse betrachten, die sie mit dem Fuße oder mit einem systematischen Schlusse aus ihrem Wege stoßen können.

Die Kontrakte eines Privatmannes gelten bei Entscheidung einer Streitsache mehr als gemeine Rechte, außerordentliche Fälle ausgenommen. Gewohnheiten, Verabredungen und Vergleiche einer Gemeinheit gelten auf gleiche Weise und eben aus demselben Grunde mehr als Provinzialverordnungen, und Provinzialabschiede mehr als allgemeine Landesgesetze. Dieses ist allemal der natürliche Hang der gesellschaftlichen Rechte gewesen, welchen man zwar dann und wann aus höhern Ursachen verändert hat, aber doch nicht völlig verlassen kann, ohne den Willen eines einzigen zum Gesetze für alle zu machen. Voltaire hätte nicht nötig gehabt, die Verschie denheit der Rechte in zwei nahe gelegenen Dörfern lächerlich zu finden; er hätte dieselbe Verschiedenheit in zweien unter einem Dache lebenden Familien finden können, wovon das Haupt der einen mit seiner Frau in Gemeinschaft lebt, das andere aber nicht. Wie viel tausend Rechtsfragen entstehen aus dieser einzigen Verschiedenheit, und müssen gegen den einen so, und gegen den andern anders, entschieden werden, wofern man nicht Gläubiger um ihre Forderungen, Kinder um erworbene Rechte, Mütter um ihre Sicherheit bringen will! Wollte man hier sagen, es wäre besser, daß entweder alle Eheleute in Gemeinschaft, oder alle außer derselben lebten, so würde dieses eine unnötige Einschränkung der Freiheit, und in vielen Fällen, die man hier nicht angeben kann, höchst schädlich sein. Durch ein allgemeines Gesetz läßt sich aber, wenn einmal die eine Haushaltung so, und die andere anders lebt, hier gar keine Veränderung wagen, wofern man nicht eine Menge von Ungerechtigkeiten begehen will. Nicht einmal die Erbfolge läßt sich auf eine plötzliche Art durch ein allgemeines Recht verändern und in eine Gleichförmigkeit bringen, ohne sehr viele Familien in Unglück und Verwirrung zu stürzen. Verträge gelten gegen Gesetze, und Besitz und Verjährung haben gleiche Rechte mit Verträgen, und können, ohne große Ungerechtigkeiten zu begehen, nicht zurückgesetzt werden. (...)

Zwar lobt man an einer jeden Maschine den einfachen Hebel; und die größte Menge der Wirkungen ist nicht bewunderungswürdiger, als wenn sie durch die kleinste Kraft *(minimum)* hervorgebracht wird. Allein kein vernünftiger Mensch wird leugnen, daß da, wo hunderttausend zusammengesetzte Hebel zugleich das Verdienst der kleinsten Kraft erhalten, die Wirkungen unendlich schöner und größer sein müssen. Ein Staat, worin ein jeder der vollkommensten Freiheit genießt, und das allgemeine Beste zugleich im höchsten Grad erhalten wird, ist unstreitig besser, glücklicher und prächtiger als ein andrer, worin das letzte mit einer größern Aufopferung der Freiheit aufs teuerste erkauft werden muß. Jener aber wird gewiß eine größere Mannigfaltigkeit in seinen Gesetzen haben als dieser. (...)

Es ist eine allgemeine Klage des jetzigen Jahrhunderts, daß zu viel Generalverordnungen gemacht, und zu wenige befolgt werden. Die Ursache liegt aber aller Wahrscheinlichkeit nach darin, daß wir zu viel Dinge unter eine Regel bringen, und lieber der Natur ihren Reichtum benehmen, als unser System ändern wollen.

Selbst-Herrschaft. *Das ist es, was Demokratie meint. Die einzig würdige und akzeptable, mit Freiheit vereinbare Form der Herrschaft, nämlich die Herrschaft des sich aus einzelnen vertraglich zusammentuenden Volkes über sich selbst. Niemand hat diesen Kern aller Demokratie so unterstrichen wie Jean-Jacques Rousseau, 1712 in Genf geboren, 1788 bei Paris gestorben, ein Jahr vor der Französischen Revolution, der er Ideen gab und die ihn durch die Überführung seines Leichnams ins Pantheon wie einen Gott ehrte.*

Bei niemandem aber auch wird so einsichtig, wie schwer diese Selbstherrschaft sich kollektiv verwirklichen läßt und wie leicht sich alle Verfassungsgeber und Verwirklicher von Demokratie in kostenreiche Widersprüche verheddern. Rousseau betont den im demokratisch verfassenden Urakt gekürten und dann souveränen Gemeinwillen, der allem Einzelwillen, allem Einzelinteresse überlegen ist. Dieser Gemeinwille kann jeweils nur neu, letztlich in unmittelbarer Teilnahme aller, ermittelt werden. Voraussetzung dafür ist die Tugend (Moral) der Bürger, ihre prinzipielle Gleichheit, soweit es gesellschaftliche Umstände anbelangt, und der eher kleine Umfang der sich herausbildenden politischen Gemeinschaft.

In diesem Sinne kehrt sich Rousseau gegen das repräsentative Prinzip, wenngleich er pragmatische Zugeständnisse macht (etwa in seinem Vorschlag einer polnischen Verfassung). Im Contrat Social (Gesellschaftsvertrag), aus dem wir hier einige symptomatische Ausschnitte vorstellen, formuliert er deshalb: Gelingende Demokratie sei letztlich eine Sache für Götter.

Was aber geschieht, wenn nicht alle dem gemeinsamen Beschluß zustimmen? Und wie wird herausgefunden, daß der Gemeinwille sich unterscheidet von der Summe sich aktuell vereinigender Einzelinteressen? Rousseau weiß um diese Schwierigkeiten. Angesichts seiner Fixierung auf den Gemeinwillen als einer einheitlichen und unteilbaren Größe – man erinnere die Verkündigung der Französischen Nation als „une et indivisible" –, die aber doch je und je neu bestimmt werden muß, gibt er Raum für das, was man eine Mehrheitsdiktatur nennen könnte, die große Furcht der sehr anders verfahrenden nordamerikanischen Verfassungsväter. Im zweiten hier wiedergegebenen Abschnitt geht Rousseau so weit, eine oft zitierte Stelle, daß einzelne, die sich dem Gemeinwillen nicht ergeben, dazu gezwungen werden können, frei zu sein.

So wenig man indes schon im Lichte der Erfahrungen vom Verlauf der Französischen Revolution, um von solchen des 20. Jahrhunderts ganz zu schweigen, Rousseaus Heiligsprechung des Gemeinwillens ohne zureichende Kontrollverfahren und ohne die Berücksichtigung der Rechte von Minderheiten wird gutheißen können, so wenig kann man sich repräsentativ demokratisch und „realistisch" die Hände reiben. Rousseausche Gedanken bleiben ein notwendiger Stachel im Fleisch jeder demokratischen Verfassung. Wie kann man erreichen, daß Demokratie sich nicht zu einem eher abstrakten Verfahren der Mehrheitsbildung veräußerlicht? Wie kann gewährleistet werden, daß die Bürgerinnen und Bürger Demokratie verkörpern und damit die Mehrheitsbildung demokratische Substanz und substantielle Rationalität aus dem politischen Engagement der

Bürger erhält? Welche Voraussetzungen der Gleichheit sind erforderlich, um eben solche demokratischen Bürgerinnen und Bürger zu erlauben und wie muß das Institutionengefüge aussehen, angefangen von dem wichtigen Faktor „Größe", damit jeweils das größtmögliche Maß der Selbstherrschaft zustandekommen könne? Wie so viele Ideenspender bietet Rousseau uns keine heute noch brauchbaren Lösungen an; er rüttelt jedoch aus jedem allzu raschen Schlaf „realpolitischer" Demokratieverdünnung mit notwendigen Mahnrufen wach. (Jean-Jacques Rousseau: Staat und Gesellschaft. 'Contrat Social', übersetzt und kommentiert von Kurt Weigand, München 1959; Auszüge aus 1. Buch, Kap. IV, VII und IX; 2. Buch, Kap. IV, IX, XIV und XV)

Jean-Jacques Rousseau

Staat und Gesellschaft

(...) Auf seine Freiheit verzichten, heißt auf seine Würde als Mensch, auf die Menschenrechte, ja sogar auf seine Pflichten verzichten. Für jemand, der auf alles verzichtet, ist keine Entschädigung möglich. Ein solcher Verzicht ist mit der Natur des Menschen nicht vereinbar. Seinen Handlungen jede Moralität nehmen heißt: seinem Willen jede Freiheit nehmen. Schließlich ist es eine nichtige und widersprüchliche Konvention, wenn man auf der einen Seite absolute Autorität und auf der anderen Seite einen Gehorsam ohne Grenzen festsetzt. Ist es nicht klar, daß man demjenigen gegenüber, von dem man mit Recht alles verlangen kann, zu nichts verpflichtet ist? Und zieht nicht diese bloße Verpflichtung ohne Gegenleistung, ohne Entsprechung die Nichtigkeit des Aktes nach sich? Denn welches Recht hätte mein Sklave gegen mich, wenn alles, was er hat, mir gehört? Wenn sein Recht mein Recht ist, ist dies mein Recht gegen mich ein Wort ohne Sinn.

Grotius und die andern leiten vom Krieg einen anderen Ursprung des vorgeblichen Rechts der Sklaverei ab. Da der Sieger - nach ihnen - das Recht hat, den Besiegten zu töten, kann dieser sein Leben um den Preis seiner Freiheit zurückkaufen – eine Konvention, die um so gesetzlicher ist, als sie beiden zum Vorteil gereicht.

Indessen ist klar, daß sich dies angebliche Recht, den Besiegten zu töten, auf keinerlei Weise aus dem Kriegszustand ergibt. Allein dadurch, daß die in ihrer anfänglichen Unabhängigkeit lebenden Menschen untereinander keine Beziehung haben, die beständig genug ist, um einen Friedenszustand oder einen Kriegszustand zu stiften, sind sie von Natur aus nicht Feinde. Nicht die Beziehung der Menschen, sondern die Sachen stiften den Krieg. Und da der Krieg nicht aus den bloßen persönlichen Verbindungen, sondern allein aus den materiellen Verbindungen entstehen kann, kann kein Privatkrieg bzw. zwischen Mensch und Mensch sein, weder im Naturzustand, in dem es kein festes Eigentum gibt, noch im Gesellschaftszustand, in dem alles unter der Autorität der Gesetze steht. (...)

Der Krieg ist also kein Verhältnis zwischen Mensch und Mensch, sondern ein Verhältnis zwischen Staat und Staat, innerhalb dessen die einzelnen nur gelegentlich, nicht als Menschen, nicht einmal als Staatsbürger, vielmehr als Soldaten, Feinde sind; nicht als Mitglieder des Vaterlands, vielmehr als seine Verteidiger. Letzten Endes kann jeder Staat nur andere Staaten zu Gegnern haben und nicht Menschen, in Anbetracht dessen, daß man zwischen Dingen von unterschiedlicher Natur keinen echten Bezug herstellen kann. (...)

Über das Souverän

Aus dieser Formel erhellt, daß der Akt der Vereinigung eine wechselseitige Verpflichtung des Gemeinwesens mit den einzelnen in sich schließt und daß jedes Individuum, das ja sozusagen mit sich selbst einen Vertrag schließt, sich in doppelter Hinsicht verpflichtet findet, nämlich als Mitglied des Souveräns den einzelnen gegenüber, und als Mitglied des Staates dem Souverän gegenüber. Indessen darf man hier nicht den Grundsatz des bürgerlichen Rechts anwenden, daß niemand an Verpflichtungen gebunden ist, die er mit sich selbst eingegangen ist, denn es ist ein großer Unterschied zwischen einer Verpflichtung gegenüber sich selbst oder gegenüber einem Ganzen, an dem man teilhat.

Außerdem ist zu berücksichtigen, daß die öffentliche Beratung, die alle Untertanen gegenüber dem Souverän zu verpflichten vermag – auf Grund der zwei verschiedenen Beziehungen, unter denen jeder von ihnen betrachtet wird – aus dem entgegengesetzten Grund das Souverän nicht gegenüber sich selbst verpflichten kann. Infolgedessen ist es wider die Natur des Staatskörpers, daß sich das Souverän ein Gesetz auferlegt, das es nicht brechen könnte. Da es sich nur unter ein und derselben Hinsicht betrachten kann, ist es mithin in der Lage eines einzelnen, der einen Vertrag mit sich selbst macht: woraus zu ersehen ist, daß es keinerlei Art eines für den ganzen Volkskörper verbindlichen Grundgesetzes gibt, nicht einmal den Gesellschaftsvertrag. Das bedeutet nicht, daß dieser Körper sich nicht sehr wohl einem anderen gegenüber zu etwas verpflichten könnte, was den Vertrag nicht beeinträchtigt. Denn im Verhältnis zum Ausland wird er ein einfaches Wesen, ein Individuum.

Doch der Staatskörper oder das Souverän kann sich – da es sein Wesen nur aus der Heiligkeit des Vertrags herleitet – niemals, selbst anderen gegenüber, zu etwas verpflichten, was diesen ersten Akt beeinträchtigt, wie etwa einen Teil von sich selbst übereignen oder sich einem anderen Souverän unterwerfen. Die Verletzung des Aktes, durch den es existiert, wäre Selbstvernichtung; und was nichts ist, bringt nichts hervor.

Sobald diese Menschenmenge dergestalt zu einem Körper vereinigt ist, kann man keins der Glieder angreifen, ohne den Körper anzugreifen. Noch weniger kann man den Körper angreifen, ohne daß seine Glieder das zu spüren bekommen. Somit nötigen Pflicht und Interesse gleicherweise die beiden vertragschließenden Teile zu gegenseitiger Hilfe. Die nämlichen Menschen müssen versuchen, innerhalb dieses doppelten Bezugs alle Vorteile miteinander zu vereinigen, die davon abhängen.

Da indessen das Souverän nur aus den einzelnen, aus denen es sich zusammensetzt, gebildet ist, hat es kein dem ihrigen Interesse entgegengesetztes Interesse, und kann es gar nicht haben. Infolgedessen hat die souveräne Macht keinen Schutz vor den Untertanen nötig, denn es ist unmöglich, daß der Körper all seinen Gliedern schaden wolle. Wir werden weiter unten sehen, daß es auch keinem als einzelnem schaden kann. Das Souverän ist schon allein dadurch, daß es ist, immer alles das, was es sein muß.

Doch mit den Untertanen gegenüber dem Souverän verhält es sich nicht so. Trotz des Gemeininteresses würde diesem nichts die Einhaltung ihrer Verpflichtungen verbürgen, wenn es nicht Mittel fände, um sich ihrer Treue zu versichern.

In der Tat kann jedes Individuum als Mensch einen Sonderwillen haben, der dem Gemeinwillen, den es als Staatsbürger hat, entgegengesetzt ist. Sein Einzelinteresse kann ihm etwas ganz anderes einflüstern als das Gemeininteresse. Seine absolute und von Natur aus unabhängige Existenz kann ihm das, was er der gemeinsamen Sache schuldet, als eine willkürliche Steuer vor Augen stellen. Ihr Wegfall wäre für die anderen eine geringere Einbuße als die Mühe, die ihm die Bezahlung machte. Indem er die Moralperson, die den Staat konstituiert, als ein Begriffsgebilde betrachtet, weil sie kein

Mensch ist, würde er die Rechte des Staatsbürgers genießen, ohne die Pflichten des Untertans erfüllen zu wollen. Das Umsichgreifen dieser Ungerechtigkeit würde den Ruin des Staatskörpers verursachen.

Damit also der Gesellschaftspakt keine leere Formalität sei, schließt er stillschweigend folgende Verpflichtungen ein, die den anderen allein Nachdruck verleihen kann: wer immer dem Gemeinwillen den Gehorsam verweigert, wird von der Gemeinschaft dazu gezwungen. Das bedeutet nichts anderes, als daß man ihn zwingen wird, frei zu sein. Denn daß jeder Staatsbürger sich dem Vaterland anheimgibt, ist die Bedingung dafür, daß er vor jeder persönlichen Abhängigkeit bewahrt wird. Diese Bedingung ist es, die den Kunsttrick und das Spiel der politischen Maschinerie zuwege bringt und die allein die gesellschaftlichen Verpflichtungen gesetzlich macht, die ohne sie unsinnig, tyrannisch und enormsten Mißbräuchen ausgesetzt wären. (...)

Über das staatliche Sachgut

Jedes Mitglied übergibt sich der Gemeinschaft in dem Augenblick, in dem sie sich bildet, gerade so, wie es sich gegenwärtig befindet, sich mit all seinen Kräften, wovon die Güter, die es besitzt, ein Teil sind. Nicht als ob durch diesen Akt der Besitz seine Natur wechselte, indem er in andere Hände wechselt und nun in denen des Souveräns zum Eigentum wird. Da aber die Kräfte eines Stadtstaats unvergleichlich größer als die eines einzelnen sind, ist auch der öffentliche Besitz faktisch stärker und unwiderruflicher, ohne daß er rechtmäßiger ist, zumindest nicht für Ausländer. Denn der Staat ist im Verhältnis zu seinen Mitgliedern Herr über alle Güter vermöge des Gesellschaftsvertrags, der innerhalb des Staates allen Rechten als Grundlage dient. Aber im Verhältnis zu den anderen Mächten ist er das lediglich vermöge des Rechts des ersten Besitzenden, das von den einzelnen stammt.

Obwohl das Recht des ersten Besitzenden handgreiflicher als das Recht des Stärkeren ist, wird es nur nach Stiftung des Eigentumsrechts ein wahres Recht. Jeder Mensch hat von Natur aus ein Recht auf alles Lebensnotwendige, aber der Anerkennungsakt, der ihn zum Eigentümer eines gewissen Gutes macht, schließt ihn von dem gesamten Rest aus. Hat er seinen Teil bekommen, so muß er sich darauf beschränken und hat kein Recht mehr auf die Gemeinschaft. Das ist der Grund, warum das Recht des ersten Besitzenden – so schwach es im Naturzustand ist – von jedem Menschen des Gesellschaftszustandes respektiert wird. Man respektiert in diesem Recht nicht so sehr, was einem anderen gehört, als was einem nicht selber gehört.

Im allgemeinen müssen die folgenden Bedingungen erfüllt sein, um das Recht des ersten Besitzenden auf ein beliebiges Landstück zu beglaubigen. Erstens daß dies Landstück noch von niemand bewohnt werde, zweitens daß einer nur den Teil davon besitzt, den er für seine Erhaltung nötig hat, drittens daß man davon auch wirklich Besitz ergreife, nicht etwa durch eine leere Zeremonie, sondern durch Bearbeitung und Bebauung. Das ist das einzige Kennzeichen, das mangels juristischer Besitztitel von anderen respektiert werden muß.

In der Tat, wenn man dem Recht des ersten Besitzenden dieselbe Rechtmäßigkeit zugesteht wie dem Lebensbedarf und der Arbeit – dehnt man es dann nicht so weit aus, wie es irgend geht? Kann man diesem Recht keine Grenzen setzen? Wird es genügen, den Fuß auf ein gemeinschaftliches Landstück zu setzen, um sich alsbald einzubilden, man sei Herr darüber? Wird es genügen, daß man die Kraft hat, einen Augenblick lang die anderen Menschen daraus zu vertreiben, um ihnen das Recht zu benehmen, jemals wieder darauf zurückzukehren? Wie können sich ein Mensch oder ein Volk eines riesigen Landgebiets bemächtigen und es dem ganzen Menschengeschlecht rauben, es sei denn durch eine strafwürdige Usurpation? Denn diese nimmt dem Rest der Menschen Wohnsitz und Nahrung weg, welche die Natur ihnen als Gemeingut gibt. Als Nuñez Balbao im Namen der Krone von Kastilien vom Pazifischen Ozean und von ganz Südamerika vom Ufer aus Besitz ergriff – reicht das aus, um alle Bewohner zu enteignen und alle Fürsten der Welt davon auszuschließen? Nach dieser Manier wäre es völlig überflüssig, diese Zeremonien mehrfach zu wiederholen: seine katholische Majestät brauchte nur von seinem Kabinett aus auf einen Schlag vom ganzen Universum Besitz zu ergreifen, unter dem Vorbehalt, von seinem Reich anschließend auszugrenzen, was schon zuvor von den anderen Fürsten in Besitz genommen worden war.

Man versteht, wie die zusammengeschlossenen und aneinander grenzenden Ländereien der einzelnen zum Staatsgebiet werden und wie das Souveränitätsrecht, indem es sich von den Untertanen auf das von ihnen eingenommene Land ausdehnt, zu einem sachlichen und personalen zugleich wird. Das versetzt die Besitzer in eine größere Abhängigkeit und macht aus ihren Vermögen selber die Garanten ihrer Treue. Diesen Vorteil schienen die antiken Monarchen nicht geahnt zu haben. Da sie sich bloß Könige der Perser, der Skythen, der Mazedonier nannten, schienen sie sich mehr als Führer der Menschen denn als Herren des Landes zu betrachten. Die heutigen sind viel geschickter, sie nennen sich Könige von Frankreich, Spanien, England usw. Auf diese Weise vereinnahmen sie das Land und können sicher sein, daß sie auch die Einwohner vereinnahmt haben.

Das Eigentümliche an dieser Übereignung ist, daß die Gemeinschaft mit der Anerkennung der Güter der einzelnen – statt diese ihrer Güter zu berauben – nichts anderes tut, als ihnen das gesetzliche Eigentum daran zu sichern. Sie verwandelt die Usurpation in ein echtes Recht und den Nießbrauch in Eigentum. Die Eigentümer werden nun als Verwalter des Staatsguts betrachtet, ihre Rechte von allen Mitgliedern des Staates respektiert und mit allen ihren Kräften gegen das Ausland geltend gemacht. Somit haben sie durch eine dem Staat und noch mehr ihnen selbst vorteilhafte Überlassung sozusagen alles das erlangt, was sie dreingegeben haben. Dies Paradoxon läßt sich durch Trennung der Rechte, die das Souverän sowie der Eigentümer auf dasselbe Grundstück haben, leicht auflösen, wie man weiter unten sehen wird.

Es kann auch so kommen, daß die Menschen mit der Vereinigung den Anfang machen, bevor sie etwas besitzen, sich darauf eines für alle ausreichenden Landgebiets bemächtigen und es gemeinsam bewirtschaften oder aber untereinander aufteilen, entweder zu gleichen Teilen oder nach den vom Souverän festgelegten Graden der Anteile. Wie immer auch diese Erwerbung zustande komme: das Recht jedes einzelnen auf seinen eigenen Boden ist stets dem Recht untergeordnet, das die Gemeinschaft über alles hat. Ohne das gäbe es weder Haltbarkeit der gesellschaftlichen Bande noch tatsächliche Stärke in der Ausübung der Souveränität.

Ich beende dieses Kapitel und dieses Buch mit einem Hinweis, der für jedwedes gesellschaftliche System grundlegend ist. Der Grund-Pakt setzt nämlich – statt die natürliche Gleichheit zu zerstören – an die Stelle der von der Natur aus etwa zwischen den Menschen bestehenden physischen Ungleichheit eine moralische und gesetzmäßige Gleichheit. Zwar können sie an Stärke oder Genie ungleich sein, aber sie werden durch Konvention und Recht alle gleich. (...)

Von welcher Seite auch immer man auf das Prinzip zurückgeht, stets gelangt man zur selben Schlußfolgerung, nämlich, daß der Gesellschaftspakt eine derartige Gleichheit zwischen den Staatsbürgern einführt, daß sie alle die gleichen Bedingungen eingehen und alle gleiche Rechte genießen müssen. Somit verpflichtet oder begünstigt infolge des Wesens des Paktes jeder Sourveränitätsakt, das heißt jeder echte Akt des Gemeinwillens, alle Staatsbürger gleicherweise, dergestalt, daß das Souverän einzig und allein das Ganze der Nation kennt und keinen von denen, die es bilden, vorzieht. Was ist also ein Souveränitätsakt eigentlich? Nicht etwa eine Konvention des Höheren mit dem Niederen, sondern eine Konvention des Körpers mit jedem seiner Glieder: eine gesetzliche Konvention, weil sie zur Grundlage den Gesellschaftsvertrag hat; eine gerechte, weil sie für alle gemeinsam ist; eine nützliche, weil sie kein anderes Ziel als das Gemeinwohl hat; und eine festgefügte, weil sie als Garanten die Staatsgewalt und die höchste Macht hat. Soweit die Untertanen nur solchen Konventionen unterworfen sind, gehorchen sie niemandem, sondern allein ihrem eigenen Willen. Wenn man fragt, bis wohin sich die wechselseitigen Rechte des Souveräns und des Staatsbürgers erstrecken, so fragt man, bis zu welchem Punkt diese sich mit sich selbst zu verpflichten vermögen, jeder gegenüber allen und alle gegenüber jedem von ihnen.

Man ersieht daraus, daß die souveräne Macht – so absolut, so geheiligt, so unverletzlich sie auch ist – die Grenzen der allgemeinverbindlichen Konventionen nicht überschreitet noch überschreiten kann; ferner, daß jeder Mensch vollkommen über das verfügen kann, was ihm von seinem Besitz und seiner Freiheit durch diese Konventionen gelassen worden ist. Das Souverän hat dergestalt niemals das Recht, einen Untertan mehr als einen andern zu belasten, weil dann die Angelegenheit eine besondere wird und daher seine Macht nicht mehr zuständig ist. (...)

Wie die Natur dem Wuchs eines gut gebauten Menschen Grenzen gesetzt hat, jenseits derer sie nur noch Riesen und Zwerge schafft, gibt es gleichfalls hinsichtlich der besten Beschaffenheit eines Staates Grenzen der Ausdehnung, die er haben kann, damit er weder zu groß ist, um gut regiert zu werden, noch zu klein ist, um sich von allein behaupten zu können. In jedem Staatskörper gibt es ein *Maximum* an Stärke, das er nicht überschreiten könnte, und von dem er sich oft durch seine Vergrößerung entfernt. Je mehr sich das gesellschaftliche Band ausweitet, desto mehr lockert es sich. Im allgemeinen ist ein kleiner Staat verhältnismäßig stärker als ein großer.

Tausend Gründe beweisen diesen Grundsatz. Erstens wird die Verwaltung über große Entfernungen mühsamer, wie ein Gewicht am Ende des längeren Hebelarmes schwerer wird. Auch wird sie in dem Maße lästiger, wie die Verwaltungsinstanzen sich vermehren, denn jede Stadt hat zunächst die ihre, die das Volk bezahlt, jeder Distrikt hat die seine, die ebenfalls das Volk bezahlt, ferner jede Provinz, dann die großen Regierungen, die Satrapien, die Vizekönigtümer, die man immer teurer bezahlen muß, je höher man aufwärtssteigt, und zwar immer auf Kosten des unglücklichen Volkes; zuletzt kommt die Verwaltungsspitze, die alles erdrückt. Derartige Überlastungen erschöpfen allmählich die Untertanen. Statt durch all diese verschiedenen Stellen besser regiert zu werden, geht dieses nicht so gut, als wenn sie nur eine einzige über sich hätten. Dabei bleiben kaum Hilfsquellen für die außerordentlichen Fälle übrig. Falls man darauf zurückgreifen muß, ist der Staat immer am Rande seines Ruins.

Das ist nicht alles. Nicht allein die Regierung hat weniger Schwung und Schnelligkeit, um den Gesetzen Achtung zu verschaffen, die Schikanen zu verhindern, die Mißbräuche abzustellen, den aufrührerischen Unternehmungen zuvorzukommen, die sich an entfernten Orten ereignen können –, auch das Volk hat weniger Anhänglichkeit an seine Führer, die es nie sieht, an das Vaterland, das in seinen Augen so groß wie die Welt ist, und an seine Mitbürger, deren Mehrzahl für es Fremde sind. Die gleichen Gesetze können nicht zu so viel verschiedenen Provinzen passen, die unterschiedliche Sitten haben, unter gegensätzlichem Klima leben und oft nicht dieselbe Regierungsform ertragen können. Unterschiedliche Gesetze stiften unter Völkern, die unter derselben Obrigkeit und in dauernder Verbindung leben, daher miteinander verkehren und untereinander heiraten, nur Unruhe und Verwirrung. Sind sie verschiedenem Brauchtum unterworfen, so wissen sie nie, ob ihnen ihr Erbteil auch wirklich sicher ist. In jener Masse einander unbekannter Menschen, wie sie der Sitz der obersten Verwaltung am gleichen Ort zusammenführt, bleiben die Talente unentdeckt, die Tugenden unerkannt, die Laster unbestraft. Die Führer werden von Geschäften erdrückt und sehen nichts mit eigenen Augen; kleine Beamte regieren den Staat. Zu guter Letzt konzentrieren sich alle staatlichen Anstrengungen auf die Maßnahmen zur Aufrechterhaltung der Gesamtautorität, der sich so viele entfernt wirkende Beamte entziehen möchten, um sie sich selbst anzumaßen. Für das Glück des Volkes bleiben keine Anstrengungen übrig, ja kaum für seine Verteidigung im Ernstfall. Auf solche Weise wird ein Körper hinfällig, der für sein Gefüge zu groß ist, und kommt, von seiner eigenen Last zermalmt, um.

Auf der anderen Seite muß sich der Staat eine bestimmte Basis schaffen, um Standfestigkeit zu haben und die Stöße, denen er unfehlbar ausgesetzt ist, auszuhalten, sowie um Anstrengungen, zu denen ihn die Selbsterhaltung zwingt, zu ertragen. Denn alle Völker haben eine Art von Zentrifugalkraft, durch die sie unaufhörlich aufeinander einwirken und sich zum Schaden ihrer Nachbarn auszudehnen streben, ganz wie die Wirbelwinde des Descartes. Mithin riskieren die Schwachen, daß sie bald verschlungen werden. Kaum einer kann sich halten, wenn er sich nicht mit allen Mächten in eine Art von Gleichgewicht bringt, das den Druck überall ungefähr gleichmacht.

Man ersieht daraus, daß es Gründe für die Ausdehnung und Gründe für die Einschränkung gibt. Es ist nicht die geringste Gabe des Politikers, zwischen dem einen und dem anderen die für die Erhaltung des Staates vorteilhafteste Abstimmung zu ermitteln. Im allgemeinen kann man sagen, daß die ersteren Gründe – da sie bloß äußere und relativ sind – den anderen, die innere und absolut sind, untergeordnet werden sollen. Das erste, wonach man trachten muß, ist ein gesunder und kräftiger Aufbau. Man muß sich mehr auf die Lebenskraft verlassen, die durch eine gute Regierung entsteht, als auf die Reserven, die ein großes Herrschaftsgebiet liefert.

Im übrigen hat es Staaten gegeben, die so gebaut waren, daß die Notwendigkeit von Eroberungen in ihrem Aufbau selbst verankert war. Sie waren gezwungen, sich unaufhörlich zu vergrößern, um sich zu erhalten. Vielleicht schätzt sie sich über diese willkommene Notwendigkeit sehr glücklich. Dennoch zeigte sie ihnen mit dem Endziel ihrer Größe den unvermeidlichen Augenblick ihres Sturzes an. (...)

Sobald das Volk als souveräner Körper gesetzlich versammelt ist, erlischt jegliche Gerichtsbarkeit der Regierung; die exekutive Gewalt ist ausgesetzt, und die Person des letzten Staatsbürgers ist genauso heilig und unverletzlich wie die des ersten Beamten; denn wo sich das Repräsentierte befindet, bedarf es keines Repräsentierenden mehr. Die Mehrzahl der Tumulte, die sich in Rom bei den Komitien erhoben, entstand wegen der Unkenntnis oder Vernachlässigung dieser Regel. Die Konsuln waren dann nur die Vorsitzenden des Volkes, die Tribune einfache Redner; der Senat galt überhaupt nichts.

Diese Zwischenzeiten der Aussetzung, in denen die Regierungsführung einen anwesenden Oberen anerkennt oder anerkennen muß, hat sie stets gefürchtet. Diese Volksversammlungen waren als Ägide des Staatskörpers und als Zaum für die Regierung zu allen Zeiten der Schrecken der Führer. Deshalb sparen diese weder Mühe noch Einwendungen, noch Schikanen, noch Versprechungen, um die Staatsbürger davon abzuhalten. Wenn diese geizig, feige, kleinmütig sind und die Ruhe mehr als die Freiheit lieben, halten sie den verdoppelten Anstrengungen der Regierung nicht lange stand. Auf diese Weise vermehrt sich die hemmende Kraft unaufhörlich, und die souveräne Autorität verschwindet zu guter Letzt. Die Mehrzahl der Stadtstaaten fällt und vergeht vorzeitig.

Doch schiebt sich manchmal zwischen die souveräne Autorität und die unumschränkte Regierung eine mittlere Macht, von der gesprochen werden muß. (...)

Über die Abgeordneten oder Repräsentanten

Sobald der Staatsdienst nicht mehr die Hauptbeschäftigung der Staatsbürger ist und sie sich lieber mit ihrer Börse als mit ihrer Person einsetzen, ist der Staat schon seinem Ruin nahe. Muß man in die Schlacht ziehen? Sie bezahlen die Truppen und bleiben zu Hause. Muß man zur Ratsversammlung? Sie ernennen Abgeordnete und bleiben zu Hause. Vermöge ihrer Schlaffheit und ihres Geldes bekommen sie schließlich Soldaten, die für das Vaterland dienen, und Abgeordnete, die es verkaufen.

Gerade die Betriebsamkeit im Handel und in den Künsten, gerade das habgierige Gewinnstreben, gerade die Weichlichkeit und die Liebe zur Bequemlichkeit lösen die persönlichen Dienstpflichten durch Geldleistungen ab. Man gibt einen Teil seines Gewinnes hin, um ihn nach Belieben steigern zu können. Dingt alles mit Geld ab, und ihr werdet bald Ketten haben. Das Wort *Finanzen* ist ein Sklavenwort; im Stadtstaat ist es unbekannt. In einem wahrhaft freien Staat tun die Staatsbürger alles mit ihrem Arm und nichts mit Geld. Sie würden, statt zu bezahlen, um ihre Pflichten erlassen zu bekommen, bezahlen, um sie selbst erfüllen zu dürfen. Ich bin von den allgemeinen Ansichten sehr weit entfernt, denn ich glaube, daß die Frondienste der Freiheit nicht so sehr entgegengesetzt sind wie die Steuern.

Je besser der Staat gebaut ist, desto eher haben im Geist der Staatsbürger die öffentlichen Angelegenheiten den Vorrang vor den privaten. Es gibt sogar viel weniger Privatangelegenheiten, weil die Summe des gemeinschaftlichen Glücks zum Glück jedes Individuums einen beträchtlicheren Teil beisteuert; daher braucht es das nicht so sehr in seinen privaten Tätigkeiten zu suchen. In einem gut geleiteten Stadtstaat eilt jeder zu den Versammlungen; unter einer schlechten Regierung tut niemand gern einen Schritt, um sich dahin zu begeben, weil sich niemand dafür interessiert, was dort vorgeht, und man schon vorher weiß, daß der Gemeinwille dort nicht herrschen wird. Schließlich ziehen die häuslichen Sorgen alle Interessen auf sich. Gute Gesetze veranlassen bessere, schlechte führen zu noch schlechteren. Sobald einer über die Staatsangelegenheiten sagt: *Was geht's mich an?* muß man damit rechnen, daß der Staat verloren ist.

Die Abkühlung der Vaterlandsliebe, die Regsamkeit des Privatinteresses, die riesige Staatsgröße, die Eroberungen, der Regierungsmißbrauch haben bewirkt, daß man den Ausweg ersann, Abgeordnete oder Repräsentanten des Volkes in die Nationalversammlung zu schicken. Das wagt man in gewissen Ländern den dritten Stand zu nennen. Somit ist das Sonderinteresse zweier Rangordnungen auf den ersten und zweiten Platz gesetzt worden; das öffentliche Interesse erhält bloß den dritten.

Die Souveränität kann nicht stellvertretend ausgeübt werden, und zwar aus demselben Grund, aus dem sie nicht übereignet werden kann. Sie besteht wesensmäßig in dem Gemeinwillen, und der Wille ist unvertretbar: er ist er selbst oder er ist ein anderer. Ein Mittleres gibt es nicht. Die Abgeordneten des Volkes sind also weder seine Stellvertreter noch können sie es sein. Sie sind nur seine Beauftragten; sie können nichts endgültig beschließen. Jedes Gesetz, das das Volk nicht in Person ratifiziert hat, ist nichtig; es ist kein Gesetz. Das englische Volk glaubt frei zu sein; es täuscht sich gar sehr. Es ist nur während der Wahlen der Parlamentsmitglieder frei; sobald sie gewählt sind, ist es Sklave, ist es nichts. Der Gebrauch, den es in den kurzen Momenten seiner Freiheit von dieser macht, verdient wohl, daß es sie verliert.

Der Begriff des Abgeordneten ist modern. Er ist uns von der Feudalregierung überkommen, von jener unbilligen und widersinnigen Regierung, unter der das Menschengeschlecht erniedrigt wird und der Name Mann eine Unehre bezeichnet. (...)

Petitionsrecht. *Wie reagiert politische Herrschaft auf gesellschaftliche Veränderungen und auf die Interessen des „Volkes"? Dem Festhalten an Bestehendem setzt der Autor die prinzipielle Revidierbarkeit aller menschlichen Einrichtungen als eines Naturgesetzes entgegen. Nichts kann auf Dauer bleiben wie es ist, weil sich ändernde Umstände neue Wege erfordern, um den „Endzweck" einer Einrichtung zu erreichen.*
Der so modern (und banal) anmutende Hinweis auf die Vergänglichkeit gesellschaftlicher Einrichtungen war historisch epochal — als Abschied vom starren Welt- und Gesellschaftsbild des Ancien régime. Baz' Schrift über das Petitionsrecht stellt denn auch eine spezifische Reaktion auf die Französische Revolution dar. Entscheidend wird nämlich die Frage, wie, auf welchen institutionellen Kanälen der erforderliche Wandel eingeleitet und realisiert werden kann. Der Autor entscheidet sich gegen den revolutionären Weg. Er setzt statt dessen am bestehenden Petitionsrecht der württembergischen Landstände an und erweitert es um die Pflicht des Regenten, den Ansprüchen des Volkes zu entsprechen. Durch diese Neufassung des Petitionsrechts soll gesellschaftlicher Wandel ohne offenen Bruch mit den bestehenden politischen Einrichtungen ermöglicht werden.
Der Autor war Sekretär des Engeren Ausschusses der württembergischen Landstände. 1797 sah der regierende Herzog sich zur Einberufung eines Landtages gezwungen, weil er ohne ständische Steuerbewilligung die von Frankreich geforderten Kriegsentschädigungen nicht aufbringen konnte. Vor und während des Landtages entstand eine rege öffentliche Diskussion, die schnell die Frage der Steuern verließ und die Veränderungen der politischen Verfassung des Herzogtums in den Vordergrund stellte.
Aktuell an Baz' Text bleibt weniger sein Appell an die Veränderbarkeit menschlicher Einrichtungen, als die Verknüpfung legitimer Herrschaft mit der Berücksichtigung des „Volkswillens". Seine naive Kopplung des Gehorsams an die Erfüllung der Petitionen überzeugt zwar heute (noch) weniger als damals; daß aber die Petition als ein Weg betrachtet wird, den Einfluß des Volkes auf die Herrschaft — unabhängig von den Formen der personalen Repräsentation — zu stärken und die Legitimität von Entscheidungen (auch) an deren Berücksichtigungen gebunden wird, scheint eine auch nach 200 Jahren nicht veraltete Idee.
(Christian Friedrich Baz: Über das Petitionsrecht der wirtembergischen Landstände: für alle und zu allen Zeiten lesbar, Stuttgart 1797, entnommen: Heinrich Scheel (Hg.): Jakobinische Flugschriften aus dem deutschen Süden Ende des 18. Jahrhunderts, Berlin (O.) 1965, S. 188–204) N.P.

Christian Friedrich Baz

Petition als Rechtsanspruch

Es ist der Natur aller menschlichen Dinge eigen, daß sie sich früher oder später verschlimmern und verschlimmert werden könen. Keine Einrichtung ist auf immer gleich gut und zwekmäßig, keine, die nicht mit der Zeit einer Abänderung und Verbesserung fähig wäre. Die vortrefflichste artet aus und bedarf von Zeit zu Zeit einer Ausbesserung und Zurükführung auf ihren ersten, ursprünglichen Endzwek. So sind Verbesserungen und Einrichtungen gemacht worden, so lange die Welt steht, und Verbesserungen und Einrichtungen werden nötig seyn, so lange Welt und Menschen sind. Alles, was aufs Wohl und Wehe der bürgerlichen Gesellschaft, die Bildung, Erhaltung und Beglükung des Menschen-Geschlechtes Beziehung hat, ist entstanden, kann verändert, muß verbessert und aufgehoben werden, je nachdem dieses selbst in seiner Entwiklung fortschreitet oder zurückweicht.

Auch die weiseste Anstalt ist doch immer nur auf die *gegenwärtigen* Verhältnisse, den Nuzen und Zwek für die *Jetztlebenden* berechnet. Mit der Zeit ändern sich die Begriffe von ihrer Nüzlichkeit, einzelne Theile derselben fangen an, ihre bestimmte Wirkung nicht mehr zu äußern, die Einsichten, Erfahrungen und Beobachtungen über die Mängel derselben erweitern und vervielfältigen sich, und sie muß abgeändert werden, so wie sich diese Gesichtspunkte abändern. Kurz, mit jeder Stufe der Cultur eines Volkes, dem Fort- oder Rükschrit seines Wohlstandes, der Bevölkerung, Aufklärung, Industrie und Sittlichkeit muß auch die gesetzliche Verfassung desselben fortschreiten oder zurükweichen.

Ordentlicher Weise geht der Mensch nicht rükwärts, sondern vorwärts, und dies ist der einzige wesentliche Vorzug, der sein Geschlecht von dem der Thiere unterscheidet... *Wir leben, um tugendhafter, weiser und glüklicher zu werden, oder wir leben vergebens.* Ein Geschlecht kann da fortbauen, wo das andere aufgehört hat. Es kann das als brauchbare Materialien benuzen, was das andere gesammelt, und ihm zurükgelassen hat. (...)

Auch hieraus folgt, daß sich die Anstalten der bürgerlichen Gesellschaft ins Unendliche abändern müssen, alles blos für die gegenwärtigen Verhältnisse zwekmäßig, blos Bildungs- Leitungs- und Beglükungsmittel für die gegenwärtigen Zeitbedürfnisse sey, daß ein Stillstand in den öffentlichen Anstalten under die unerhörten und undenkbaren Erscheinungen der Menschheit gehöre, und daß ein beständiger Fortschrit in allem, was wahr, gut, und vollkommen ist, die große Bestimmung unseres Geschlechts ausmache. (...)

In allen einigermaßen organisirten oder mehr oder weniger gut regirten Staaten, hat man daher von jeher gewisse Wege eingeleitet, vermittelst welcher auf eine gesezmäßige, der öffentlichen Ruhe unschädliche Art, die nöthigen Verbesserungen von Zeit zu Zeit gemacht, drükende Mißbräuche und Mängel entfernt, und die Beschwerden des Volkes behoben werden.

Ein solcher Weg ist *Recht der Petition.* Dieses Recht besteht darin, daß das *Volk* dem Regenten durch gewisse Behörden, Beamten, Stellvertreter etc. von Zeit zu Zeit seine Wünsche und Beschwerden – nach der modernen Sprache, seinen *Willen* vortragen, um deren Anhörung und Gewährung bitten läßt, und der Regent diesen Wünschen und Erwartungen entspricht. Das Recht der Petition ist also ein *Volksrecht.* (...)

Das *Volk* erhält durch die Petition ein Recht, den Fürsten an Verbesserungen zu *erinnern* und die Erhörung seiner Bitten nicht blos als eine Gnade, sondern als eine *Pflicht* von ihm zu erwarten. In seinen Stellvertretern ist Jemand da, den der Regent, Kraft der Geseze, hören *muß.* Die Abstellung der Beschwerden wird dadurch zu einer *Bedingung des Gehorsams,* dieser äußere sich nun in Abgaben, Diensten oder auf eine andere Art. (...)

Ein *Volk* ist es, welches zu dem Fürsten spricht. Die Sache der Glieder wird zur allgemeinen Nationalsache. Wenn der Einzelne nicht gehört, vielleicht schlechtweg abgewiesen würde, so kann ein ganzes Volk erwarten, daß seine Vorstellungen gewiß beherzigt, seine Bitten gewißt der reifsten Untersuchung gewürdigt und womöglich erhört werden. Alles erinnert den Fürsten an die große Wahrheit, daß die Regierung um des Volkes willen vorhanden sey. (...)

Repräsentation. Worin besteht die Aufgabe der Volksvertretung? Wie muß das Organ beschaffen sein, das die Interessen des Volkes gegenüber dem staatlichen Herrschaftsapparat wahrnimmt? Beide Fragen sucht eine anonym erschienene Schrift aus dem Jahr 1815 zu beantworten. Mit der Herstellung eines verfassungsmäßigen politischen Lebens suchten die Regenten der nachnapoleonischen Zeit ihre Herrschaftsgebiete zu konsolidieren. Anders als in den Nachbarländern gelang die Verfassungsgebung mittels Oktroy in Württemberg nicht. König Friedrich hatte 1805 mit der alten Verfassung auch die „Landschaft" des Herzogtums abgeschafft. Die Landschaft, bestehend aus den Vertretern der Städte und Ämter des Landes und Prälaten, hatte sich bis zuletzt ihre Unabhängigkeit von den regierenden Herzögen erhalten, z.B. durch das Recht der Steuerbewilligung, durch eine eigene Steuerverwaltung, durch eigene Angestellte etc. Die starke Stellung der Ausschüsse der Landschaft und deren Selbstrekrutierung führten gleichzeitig zu einer Oligarchisierung der Stände. Die Stände behaupteten zwar eine eigenständige Machtposition gegenüber dem Staatsapparat, waren aber gleichwohl kaum als Vertreter des „Volkes" zu bezeichnen. Als König Friedrich 1815 seinem Land eine neue Verfassung geben wollte, stieß er auf heftigen Widerstand – die Formel vom „guten alten Recht" vereinte die ehemaligen Untertanen des Herzogtums mit jenen, die durch die Gebietsgewinne seit 1803 zu „Neuwürttembergern" geworden waren.
Der Autor der nachfolgenden Schrift stellt dem auf eine Repräsentativverfassung zielenden Verfassungsentwurf des Königs die Alternative einer zeitgemäßen Modernisierung der alten Verfassung entgegen: Er will die Landschaft als eine vom Staatsapparat eigenständige Institution erhalten, sie aber zum „Volk" hin öffnen und demokratisieren. Trotz ihrer historischen Begrenzung bleiben die Vorschläge von Interesse: über die Verbindung von Wählern und Gewählten, über die Selbständigkeit von Ständeversammlung und Gemeinden, über die Aufgabe des Parlaments als Interessenvertretung der Regierten statt als Legitimationsbeschaffung für die Regierenden.
(Die Ansprüche der im Jahr 1803 von Würtemberg mediatisierten Reichsstädte und der Würtemberger überhaupt betrachtet in Beziehung auf das Königliche Rescript vom 13. Nov. 1815, o.O. 1815) N.P.

Unser Lob der alten Verfassung ist nicht blind noch faktiös. Gut und beglückend kann man sie, auch bey aller Anerkennung des Mangelhaften, gar wohl heissen. Aller Tadel der alten Verfassung trifft nicht ihr Wesen, und die Grundsätze, auf denen sie steht, sondern die Art, wie sie von den Repräsentanten und vom Volk seit 100-150 Jahren gehandhabt und behandelt wurde. (...)

Man mache nur die würtembergischen Landstände schon durch die Art ihrer Wahl und durch die Zusammensetzung zu wahren Vertretern des ganzen Volks, zu wahren Stimmführern aller Stände, und zu ächten Vermittlern zwischen der Regierung und den Regierten,

- man mache deshalb alle, welche die Präsumtion guter Wähler und guter Volksvertreter für sich haben, zu Wahlmännern und wählbar,
- man lasse die Wahlversammlungen von Jahr zu Jahr aufs neue sich erklären, ob ihr Deputirter noch ihr Zutrauen habe oder nicht,
- man halte alle drey Jahre einen Landtag,
- man veranstalte freye und regelmäßige Communicationen der Vertreter und Vertretenen,
- und man gebe den ständischen Verhandlungen und allen, was damit zusammen hängt, alle Publicität und Preßfreiheit, und mache den Staatsbürger von Jugend an, wie mit dem, was er als Mensch und Christ zu wissen und zu thun hat, so auch mit seinen bürgerlichen Pflichten und Rechten, ja mit der Verfassung selbst durch geschriebene und mündliche Belehrung bekannt,
- man verbessere die Communal-Administration, gebe den Commundienern hinreichende Gehalte, daß sie bestehen können, und verhüte allen Unterschleif durch Staats-Oberbehörden und Verrechnung der Einnahmen und Ausgaben vor frey gewählten Gemeinde-Deputirten,
- man wecke und belebe unter dem Volk, auch unter dem niedrigsten, den Geist, der Rechtschaffenheit, Freiheit und Gemeinwohl höher als Leben und Besitzthum achtet,
- d. h. man sorge für eine *gute* Handhabung der alten Verfassung, und für Erziehung des Volks für und durch sie: und man wird sich nicht mehr für mangelhaft, sondern seegensvoll und preiswürdig finden. Sie leistet dann gewiß, was nur immer die beste Verfassung leisten kann.

Denn sie giebt den Ständen wirksame Theilnahme an der Gesetzgebung, mit der Bewilligung, Verweigerung und Verwaltung aller Steuern (. . .) Sie giebt den Ständen und Gemeinden das Recht der Steuern-Zurückhaltung, im Fall der Regent verfassungsmäsiges Regiment verweigert. Sie verpflichtet die Stände und Ausschüsse, die Beschwerden des Volks und jedes Einzelnen zur Erledigung zu bringen (. . .) Sie stellt das Leben und das Eigenthum, die Ehre und Freyheit jedes Staatsbürgers unter den Schutz der Gesetze, und der vom Regenten unabhängigen Richter-Behörden, und unterwirft diesen selbst die Privatrechtssachen des Regenten. Sie sorgt auf jede und auf die zweckmässigste Art für den Credit des Staats. Sie verpflichtet und beeidigt den Regenten, alle Staatsdiener und Beamten, selbst die Minister für verfassungsmässige Amtsführung. Sie gibt jedem Staatsbürger das Recht, zu wandern, und ohne Abzug auszuwandern.

So behandelt sie den W(ür)t(em)b(er)ger als vernünftiges Wesen und Selbstzweck, und gewährleistet ihm mit den Menschenrechten auch die, welche aus der freywilligen Unterordnung eines Volks unter eine Regentenfamilie, und aus einem durch freye Verträge bestimmten Verhältniß und Rechtsstand fliessen. Denn hier ists nicht blosse Idee, sondern Thatsache und Wirklichkeit, daß Regent und Regierte zufolge ihres beyderseitigen Willens und freyen Vertrages verbunden und einander verpflichtet sind. Darum ist hier kein Theil dem anderen aufgeopfert: darum ist hier Volk und Staat nicht Besitzthum und Nutzungsgut des Regenten, nicht Mittel, sondern Zweck, und der Staat nicht blosse Sicherheitsanstalt für Leben und Gut der Bürger, sondern zugleich Anstalt für das Wohlseyn und die allseitige Bildung derselben, wozu Freyheit Aller unentbehrlich ist.

Beyde, die Regierten und den Regenten, berechtet und begünstigt diese Verfassung, so wie es die Natur des Verbands und das Wohl beyder in Eins verbundenen Partien will ... Ihnen wohl zu thun, hat der (der Regent, Anm. d. Hg.) Macht genug. Nur daß er ihnen nicht wehe thue, nicht durch zu grobe und zu viele Mißgriffe den Staat zu sehr oder gar unheilbar verwunde, daß er dadurch nicht sich selbst, seinem Hause und seinen Nachfolgern Wehe und Unglück bereite, (denn er ist ja auch Mensch, und so wenig untrüglich als die von ihm eingesetzten Staatsdiener und Beamten), stehen diesen und der Regierung bald zur Seite, bald gegenüber noch andere Rathgeber und Staatsmänner, welche, aufgestellt von den Regierten, derselben Interessen und Bedürfnisse nicht von oben herab, sondern von unten herauf betrachten, und die Wahrheit zu sagen und auszumitteln, nicht durch ihre Abhängigkeit von der Vollziehungsgewalt, nicht durch ihr Theilnehmen an den Mißgriffen derselben, oder durch eigene Vernachlässigungen und Vergehen verhindert werden. (. . .)

* * *

1770 fanden die langjährigen Auseinandersetzungen zwischen dem württembergischen Herzog Karl Eugen und den Ständen des Landes durch einen Erbvergleich ein Ende. Der Widerstand der Landschaft gegen die vom Herzog betriebene landespolitische Entmachtung der Stände führte zum Erfolg. Der Erbvergleich bestätigte die traditionellen Rechte und erhielt sie dem Verfassungsleben in Württemberg bis ins erste Jahrzehnt des 19. Jahrhunderts.
Der nachfolgende Paragraph sicherte die ständischen Rechte hinsichtlich der Landesvertretung: Verhandlungen des Herzogs mit einzelnen Ständen wurden

untersagt, die vorherige Bekanntmachung der herzoglichen Ansinnen, deren Beratung in den Städten und Ämtern wurden vorgeschrieben, um die Erteilung von Instruktionen für die Mitglieder der Landschaft zu ermöglichen, Interessant bleibt an dieser Bestimmung die enge Verbindung zwischen Repräsentanten und den diese entsendenden Korporationen, die hier festgeschrieben wurde. Die Landschaft als ganze sollte dem Herrschaftssystem entgegentreten, und die „Basis" des Landes sollte in die Lage versetzt werden, über die Beratungsgegenstände des nächsten Landtages mit ihren Deputierten zu beraten und diesen ggf. verbindliche Handlungsanweisungen zu geben.
(Abdruck des zwischen Seiner des Regierenden Herrn Herzogs zu Würtemberg herzoglichen Durchlaucht und gesamten Prälaten und Landschafft des Herzogthums sub dato 27. Februarii und 2. Martii 1770 abgeschlossenen Erbvergleichs, Tübingen 1771) N.P.

Ihro Herzogliche Durchlaucht werden in Steuer-Sachen, oder andern allgemeinen Landes-Angelegenheiten, es bey dem gnädigst und unterthänigst verabschiedeten altüblichen *modo tractandi* durchgängig gnädigst belassen, und diesem nach weder das Landschaftliche Corpus überhaupt, noch auch die Prälaten als den geistlichen Land-Stand in Corpore & Membris darbey übergehen, sondern *Höchst-Dero* Postulata, und gnädigste Ansinnen an das Land, entweder einer allgemeinen Landes-Versammlung vorlegen, oder durch die gewöhnlichen Ausschreiben an die Prälaten, wie auch an die Städt und Ämter, zu Ertheilung der Gewalt und Vollmachten an den Landschaftlichen Ausschuß gnädigst bekannt machen lassen; Worbey *Höchst Dieselbe* noch insbesondere gnädigst versichern, künftighin niemalen, es geschehe auch durch was für Unterhandlungen es wolle, in dergleichen Fällen mit den einzelnen Städt und Ämtern, oder *Communitaeten,* solche unmittelbare Handlung vornehmen zu laßen, wodurch derselben Freyheit in Ertheilung der Instruction und Vollmachten, auf einige Weise beschraenket, noch deren Clösterlichen Unterthanen Einwilligung und Vollmacht wider die Landes-Verfaßung und das Herkommen erfordert, und denen Vorrechte des dieselbe vertretenden Prälaten-Standes etwas derogirt werden könnte.

***Politik.** Privat und öffentlich, unpolitisch und politisch, Besonderes und Allgemeines werden vielfach als Gegensätze, als quasi-natürliche Ausprägungen der menschlichen Existenz wahrgenommen; als sei das besondere Private unpolitisch, das Allgemeine hingegen öffentlich und politisch. Der nachfolgende Ausschnitt zeigt exemplarisch das Selbstverständnis des politisch erwachenden Bürgertums: Nicht die Trennung verschiedener Wirklichkeitsbereiche, sondern das Bewußtsein des gesellschaftlichen Zusammenhangs bestimmt die Anfänge bürgerlicher Politisierung.*

Die Julirevolution des Jahres 1830 im Nachbarland Frankreich führte in Deutschland zu ersten Erschütterungen des seit den Karlsbader Beschlüssen installierten Repressionssystems. In Württemberg stand die Tageszeitung „Der Hochwächter" im Zentrum des bürgerlichen Aufbegehrens gegen den Obrigkeitsstaat. Nachdem die frühliberale „Bewegungspartei" große Erfolge bei den Landtagswahlen 1831 errungen hatte, reagierte die zunächst verunsicherte Regierung mit verschärfter Repression. Die entstandenen Wahlgesellschaften wurden verboten, andere bürgerliche Zusammenschlüsse überwacht. Als Reaktion auf diese Maßnahmen entstand der nachfolgende Artikel. Die Beschäftigung mit den Fragen der Politik wird durch den zunehmenden Grad realer Vergesellschaftung gerechtfertigt. Selbstverständigung erscheint als einzig angemessene Reaktion der Subjekte auf die geänderten Lebensbedingungen.

(Soll Politik kein Gegenstand der Besprechung in Bürger-Gesellschaften seyn? in: Der Hochwächter Nr. 37, 13.2.1832) N.P.

(...) Es wird vielleicht gegenwärtig bei allen größeren und kleineren Zusammenkünften von Menschen, deren Antheil höher steht, als der nächste gemeine Lebenskreis, in dem sich freilich noch manche wie jener Färbersgaul bewegen, kein Gegenstand häufiger, leichter und ungezwungener auf's Tapet gebracht als Politik. Sie ist beim gegenwärtigen Stand der Dinge dasjenige Thema, das wie von selber sich darstellt, das jeder gerne ergreift, weil ihn Bedürfniß und Neigung dazu treiben. Beide beruhen denn auch nur auf dem dunklen Gefühle, daß mehr und mehr das Schicksal des Einzelnen im Zusammenhang mit dem Ganzen der Staaten- und Weltgeschichte steht und von diesem bestimmt wird. (...)

Wo aber kann sich nun Raum, Zeit und Gelegenheit überhaupt zu einer solchen ächten Belehrung besser finden, als in den Bürgergesellschaften, die der Patriot mit Freuden seit einiger Zeit an verschiedenen Orten Würtembergs entstehen sah? Welcher Stoff wird von den Unternehmern und Vorständen solcher Gesellschaften lieber ergriffen werden, als der höchste und zugleich der nächste, als der natürlichste und zugleich bedeutendste?

Wenn sich aber auch bei der Schöpfung solcher Gesellschaften, nicht ohne Begründung, die Theorie geltend machte, daß von unten herauf gewirkt werden, von den materiellen Beziehungen des Lebens, von dem, was zwischen mir und dir und dem Nachbarn geschieht, vorerst die Rede seyn soll, so fragt sich eben wieder, ob bei dem Zusammenhang, in den wir in unsern Tagen das Kleinste mit dem Größten immer heller treten sehen, nicht von selber der Stoff des Gesprächs auf der schnellen Leiter der Gedanken vielfach politische Natur annehmen wird? Es fragt sich, ob ohne Zwang und trokkenes, schulmäßiges Schema, das der *Männererziehung* nimmer eigen seyn soll, verhindert werden kann, daß, wenn einer vom Wohl der Stadt, in der er lebt, spricht, er nicht auf die Lage des Oberamts, nicht auf das Schicksal Würtembergs, nicht auf das Wohl Teutschlands zu reden kommen wird, und daß er von hieraus den Stand der politischen Dinge im weitesten Umfang berührt? Oder daß er nicht, wenn vom Seidenbau die Rede ist, von der Scorzoneren-Wurzel bis auf die teutschen Handelsvereinigungen und von diesen weiter auf die europäische Politik kommt?

Wer möchte, wenn ein tüchtiges Gemüthe also, wie jener alte Prophet, von einem Engel, ergriffen und hinausgeführt wird in die Weite, auftreten und sagen: Politik ist von unsern Unterredungen ausgeschlossen? In den edelsten und schönsten Zeiten der Geschichte war Politik, d.h. das öffentliche Leben der gebildeten Welt, so weit und so hoch es reicht, der Hauptgegenstand der Besprechung denkender Bürger und das wahre Bürgerthum kann dieser Nahrung nie entbehren. (. . .)

Verfassung. „Der Beobachter", als Nachfolger des „Hochwächter" das Sprachrohr zunächst der Liberalen, später dann der Demokraten, setzte unter den Bedingungen der Zensur im gesamten Vormärz seinen Kampf für die Realisierung von Verfassungspositionen fort. Der folgende Beitrag ist ein Beispiel für die doppelte Frontstellung: Hier der Staatsapparat, der die verfassungsmäßig versprochenen Rechte verweigert, sie als „lästige Fessel" betrachtet, dort das „Volk", das aufgerufen werden soll, die wenigen Rechte, die ihm blieben, aktiv zu nutzen.
Aufgerufen wird dazu, die geringen bestehenden Möglichkeiten zu nutzen, insbesondere die gewählten Repräsentanten zu Vertretern der eigenen Interessen zu machen.
(Über Verfassungs-Wahrheit, in: Der Beobachter Nro. 321, 28.1. 1834) N.P.

Es ist sonderbar, daß Schriftsteller, welche den Staat als den glücklichsten preisen, dessen Regierungs-*Maschine* die beste sey, Constitutionen dadurch herabsetzen wollen, daß sie behaupten, auf die Regierungsform komme es wenig an, das Gedeihen des Staates hänge allein von dem *Geiste* ab, der Regierende und nebenher Regierte beseele. Ohne das erstere, etwas zweifelhafte Lob rechtfertigen oder verwerfen zu wollen, müssen wir Dem ganz beistimmen, daß es keine größere Last für ein Volk geben kann, als eine Repräsentativ-Verfassung, die bloße Form ist. Wann ist sie dieß?

1) Wenn sie (Zensurlücke, Anm. d. Hg.) nur bestimmt, in welcher *Form* die Staatsregierung thun solle, *was* sie mag, ohne die Rechte der Regierten zu sichern und überhaupt das Verhältnis zwischen ihnen und den Regierenden auf eine mit der Vernunft übereinstimmende und dem Staatswohl angemessene Weise zu regeln. Dieß leuchtet von selbst ein: wenn sie keinen Gehalt hat ist sie bloße Form.

Sie ist Dies 2) wenn sie auf dem Papier steht, aber von den Regierenden oder Regierten bloß pro forma beobachtet wird.

Umgehen Jene, was die Verfassung eigentlich will, wenn sie nur dem Buchstaben Genüge leisten, glauben Diese, wenn sie sich durch Nichts abhalten ließen, nach bester Überzeugung zu *wählen,* damit alle ihre Pflichten gegen die Verfassung erfüllt zu haben, so daß sie sich nun nicht weiter um die Vollmachtsführer bekümmern, ihm weder nützliche Aufschlüsse geben und Rath ertheilen, wo sie es könnten (machten sie sich mit den Bestimmungen der Verfassung und den landständischen Verhandlungen bekannt), noch ihn an seine Pflicht erinnern, wenn er sie seinem Privatinteresse opfert, noch ihn, handelt er nach ihrer Überzeugung als rechter Volksfreund, bei Widerwärtigkeiten, Verleumdungen etc. durch ihre Beistimmung aufrichten.

Mit Einem Wort: betrachtet und behandelt eine Regierung die Verfassung als lästige Fessel, ein Volk sie mit Gleichgültigkeit, so ist sie allerdings eine Last, denn es ist kein Geist in ihr, der Buchstabe aber tödtet; sie ist, wie jede leere, gehaltlose Form, eine wahre Plage, die nur in allen Zweigen der Verwaltung den Geschäftsgang verwikkelt, die Vielschreiberei vermehrt und schädliche Anordnungen noch lästiger, dauernder und schmählicher macht, weil sie vom Volk sanktioniert scheinen durch seine Vertreter. Wo es so in einem konstitutionellen Staat steht, da ist der Ruhm, unter einer „freien" Verfassung zu leben, mit jedem Kreuzer, den dieselbe kostet, zu theuer bezahlt; da müßte man wünschen, sie möchte, damit der Bürger wenigstens (Zensurlücke, Anm. d. Hg.) wisse, woran er ist, lieber geradezu aufgehoben werden – wären nicht bessere Zeiten zu hoffen, da in die Form wieder Geist und Leben kommt, da das Volk seine Repräsentanten selbst wählt und nicht nur wählt, sondern auch unterstützt, öffentlich an den Tag legt, daß es (wovon Augendiener zuweilen das Gegentheil glauben machen wollen), mit dem Wirken patriotischer Stände (die, von der öffentlichen Meinung nicht unterstützt, Nichts vermögen) zufrieden, mit ihren Ansichten einverstanden ist, daß sie nicht als einzelne Personen, sondern wahrhaft im Namen ihrer Committenten – daß diese selbst aus ihnen und durch sie sprechen.

Wer da glaubt, daß die Regierenden die Verfassung seines Vaterlandes zur leeren Form zu machen suchen, der ist um so mehr verpflichtet und die Klugheit, der eigene Vortheil gebieten ihm um so dringender, thätiges Interesse für die Constitution zu haben, damit nicht gar von allen Seiten darauf hingearbeitet wird, sie zu entbeinen. (. . .).

Aktive Repräsentation. *Wie kann der Einfluß der Bürger auf den Staat gesichert werden? Welche Minimalanforderungen sind an die politische Verfassung eines Landes zu stellen? Diese Fragen sind für das politisch aktive Bürgertum in den ersten Wochen nach der Revolution zentral. Die württembergischen Liberalen antworten auf diese Fragen mit der Gründung von vaterländischen Vereinen, die die Verfassung mit Leben füllen und die „unveräußerlichen Rechte" sichern sollen.*
Der Aufruf steht am Beginn der bürgerlichen Selbstorganisation während der Revolution. Weder die Staatsform noch die soziale Frage spielen hier eine Rolle. Geprägt von der vormärzlichen Repression durch den Staatsapparat ist die Frontstellung gegen diesen (noch) zentral.
Neben der Aufzählung einiger klassischer Bürgerrechte fällt der Versuch auf, die Abgeordneten durch die Vereinsorganisationen an den Willen des Volkes zu binden.
(Göppinger Aufruf, in: Der Beobachter Nro. 24, 26.3.1848) N.P.

AUFRUF

Da der Geist ohne Körper nicht handeln kann, nicht That und Leben werden kann, da auch der so mächtig erwachte Nationalgeist der Deutschen ohne die erforderlichen Werkzeuge sich nicht entfalten und entwickeln kann und nun auch unsere Regierung durch das Gesetz über politische Versammlungen die alte untrügliche Wahrheit anerkannt hat, daß der Staat nur durch die lebendige Theilnahme Aller und durch das klare Bewußtseyn des Einzelnen, daß er ein unzertrennlicher Antheil des Ganzen sey, vor Gefahr geschützt werden kann, so schlagen die heute in Göppingen zusammengetretenen württembergischen Staatsbürger vor, daß, um den vaterländischen Sinn fortwährend wach zu halten und ihn mit Nachdruck auf den Ausbau unserer Nationalität und die Unterstützung einer volksthümlichen Regierung hinzuleiten, durch das ganze Land vaterländische Vereine sich bilden, und sowohl unter sich als auch so viel möglich mit den Vereinen anderer deutscher Länder in ununterbrochener brüderlicher Verbindung bleiben sollen. (. . .)

Wir sind unserentheils der Meinung:

I. Jeder zu wählende Abgeordnete soll zu versprechen verpflichtet seyn, daß er während der Dauer seines Mandates ebensowenig um die Übertragung eines Staatsamtes, als wenn er sein solches schon besitzt, um die Beförderung in einem solchen nachsuche, oder aber daß er, wenn ihm Eines von beiden *angeboten* wird, vor der Annahme sein Mandat als Abgeordneter niederlege. (. . .)

Wir sind der Meinung:

III. Jeder, der als Abgeordneter gewählt werden soll, wird sein achtsamstes Augenmerk auf eine Revision unserer Verfassung nach folgenden Hauptgrundzügen zu richten haben:

1) Die unveräußerlichen Rechte des württembergischen Volkes und der württembergischen Staatsbürger werden umfassender und sicherstellender als bisher bestimmt, und darunter insbesondere aufgenommen: unbedingte Preßfreiheit mit ewiger Aufhebung der Censur, vollkommene Glaubens-, Gewissens- und Cultusfreiheit, Freiheit des Unterrichts, freies Versammlungs- und Verbindungsrecht, unbeschränktes Petitionsrecht, Schutz der persönlichen Freiheit, Öffentlichkeit für die Rechtspflege und die gesammte Verwaltung, Schwurgerichte, freies Aufenthaltsrecht, Recht der Bewaffnung, allgemeine Volkswehr.

2) Die bisherigen politischen Vorrechte des Adels, der Geistlichkeit und der Universität hören auf, die Kammer sey eine reine Wahlkammer, zusammengesetzt aus freigewählten Abgeordneten des Volks.

3) Es werden alljährliche kurze Landtage abgehalten.

4) Der Kammer werde vollkommen freigegeben, sich mit dem Volk und den Beamten in unmittelbaren Verkehr zu setzen. (...)

*„Kleine" **Politik.** Die bürgerliche Revolution ist gescheitert; die Hoffnungen sind enttäuscht; zwischen der erstarkenden Reaktion einerseits, den lauter werdenden unterbürgerlichen Schichten andererseits wird die Lage für das liberale Bürgertum schwieriger. Der Aufruf des „Beobachter", im Stil eher an allgemeine Kulturkritik erinnernd, appelliert zunächst an Selbstkritik und Selbstbesinnung des Bürgertums. Das Auf-sich-selbst-Blicken endet jedoch bezeichnenderweise in der Aufforderung zu einer anderen Politik, zu veränderten, offeneren Bedingungen für Kommunikation und zur Schaffung für Freiräume, um gesellschaftliche Zusammenschlüsse zu ermöglichen. Die Leere des öffentlichen Lebens, so sehr ihr Zusammenhang mit den spezifischen Tugenden kapitalistischer Rationalität gesehen wird, erscheint als spezifisches Produkt des politisch gesetzten Rahmens.*
(Wo fehlt's uns? in: Der Beobachter, 8.7.1849) N.P.

Ein unermeßliches Thema – zu sagen, wo es uns fehlt? – Daß es uns gewaltig fehlt, das weiß Jedermann: man spürt es, wie man sich auszudrücken pflegt, in allen Gliedern. Aber das Wo? Bei dieser Frage nach dem *Wo* denkt man zuerst an *äußere* Verhältnisse: aber die Hauptaufgabe dürfte seyn, strenge auch auf uns *selbst zu blicken.* Zwar können wir nicht jeden einzelnen selbst fragen, was er für Theil an der allgemeinen Schuld der Zeit trägt, aber das gilt's zu untersuchen, wo fehlt's in unserem gemeinsamen, öffentlich-bürgerlichen Leben? Fassen wir dieß in's Auge, so begegnen uns einige auffallende, wohl unwidersprechliche Erscheinungen der Zeit. Vor allem tritt uns entgegen ein oft ohne klare Erkenntniß sich abringendes Streben nach Neugestaltung unserer bürgerlichen Verhältnisse, vielfach verbunden mit einer weit verbreiteten Unzufriedenheit und Mißstimmung, einem auffallend gereizten und aufgeregten Wesen, das von irgend einer Krankheit in unserem gesellschaftlichen Wesen zeugt. (...) Und gegenüber von ihr fühlen wir uns schrecklich *machtlos.* Wir fragen entsetzt: Wer wird die Oberhand gewinnen? Ja wir sind nicht bloß machtlos, sondern sogar mehrfach *rathlos,* und es zeigte sich eine wahre Unerfahrenheit in Anwendung der Mittel, um dem drohenden Sturme zu begegnen. Woher das Alles? Wie kommt es? (...)

So dürfte nun das der Zustand der Dinge seyn, daß in unserem bürgerlichen Gemeinwesen die lebendige Thätigkeit sich auf einzelne wenige Glieder zurückgezogen hat, daß viele, ja die meisten Glieder todt, starr am Ganzen da hängen und schlottern, eben darum auch wohl faulen, oder daß, wo noch etwas Leben ihnen auf künstliche Weise mitgetheilt wird, dieß sich auch nur in unnatürlichen Aufregungen, herben Klagen und leerem Widerspruchsgeiste äußert. Daher eine unglaubliche Unselbständigkeit und Schlaffheit des Bürgerthumes, das da glaubt alle Pflichten erfüllt zu haben, wenn es für sich arbeite, aber ohne Interesse im Allgmeinen nur sich leiten und regieren lasse; (...) daher die Bildung von unthätigen, regungslosen Klassen, die sich zwar leiten und regieren und vom ganzen Staats- und Kirchenkörper nach sich schleppen lassen, so bald man sie auf öffentliche Kosten ernährt und erhält, die aber, so bald man diese Forderungen nicht mehr befriedigt, selbst regieren und *ihre* Gelüste befriedigt sehen wollen. (...)

Hier haben wir die Wurzel unserer Zeitübel. Wir mögen manche Privattugenden haben, aber wir haben keinen *Gemeingeist,* darum auch kein gemeinsames, lebendiges Zusammenwirken gegen die leiblichen und sittlichen Schäden unserer Gegenwart; (...) wir haben nur ein Wort, das überall hervortritt: Was geht es mich an! Wir hauen auf's Gemeine, auf den allgemeinen Beutel hinein, und in unseren bürgerlichen Gemeindebehörden ist vielfach ein Geist, der bei jedem Schritte, welcher im Interesse der Gemeinde, im Dienst selbst der öffentlichen Armuth geschehen soll, vorher fragt: was wird uns dafür, und es herrscht vielfach eine Selbstsucht des Treibens, die auf fremden Ruin hin operirt, ohne auch nur von Ferne mehr in ihrer Verblendung zu ahnen, wie sie damit sich selbst schadet. (...)

Wir haben keinen Sinn für gemeinschaftliches Wirken; sonst würde nicht so manches gemeinnützige Streben und Werk, so wie es an die Öffentlichkeit hervortritt, durch alsbaldiges Naserümpfen und Bekritteln in seiner ersten Entwicklung gestört oder lediglich dem Zufalle Preis gegeben; es würden nicht die Männer, die es wagen, für wohlthätige Gemeinzwecke sich voranzustellen, nur mit kärglicher Gunst empfangen, bald mit Ungunst behandelt und endlich im Stiche gelassen, während man sich selbst hinter seine vier Wände und das Bierglas zurückzieht. Wir haben lediglich kein inneres Band, das uns verkettet und verbindet, darum stehen wir in den Tagen der Noth und Gefahr so zerissen und getrennt von einander da.

Es fehlt uns mit einem Worte an *einer Organisation* und in Folge davon an *einer freien lebendigen organischen Thätigkeit des Bürgerstandes.* Darin ist der Beruf eines jeden Mannes zu finden, der die Zeit kennt und das Herz am rechten Flecke hat. (...)

Vereins- und Vertragsfreiheit. Karl Theodor Welcker (1790 - 1869) verficht im Artikel „Association" des Staats-Lexikons ein zentrales Ziel des Frühliberalismus, das Bürgerrecht auf Zusammenschluß und Beratung gemeinsamer Anliegen. Bezeichnend für Welcker ist die Ineinssetzung privater und öffentlicher Interessen. Da er den Staat als Gemeinsamkeit tätiger Bürger versteht, bedeutet Association auch die Wahrnehmung staatlicher Aufgaben durch gewählte Bürger auf allen Verwaltungsebenen und für alle Gemeinschaftsaufgaben. Damit stellt er sich in Gegensatz zum konstitutionellen Staat, der die Mitwirkung des Bürgers auf den Wahlakt und die — begrenzten — Kompetenzen der Deputiertenkammern und Gemeinderäte beschränken wollte.
(Staats-Lexikon, 1. Aufl., Bd. 2, S. 21 - 22, 35 - 37, 41 - 42; auszugsweise; vgl. S. 313) B. W.

Karl Theodor Welcker

Bürgerrecht auf Zusammenschluß

Zu den Gegenständen, welche in den letzten Jahren in Deutschland große Meinungsverschiedenheiten und lebhafte Erörterungen veranlaßten, gehört besonders auch das *Associationsrecht*, oder die Frage über Erlaubtheit und Heilsamkeit von Vereinen und Volksversammlungen. Kaum bei irgend einem andern Gegenstand zeigte sich so sehr der Kampf der Grundsätze der Repräsentativverfassung und des Absolutismus. Selbst aber auch da, wo man glaubte oder behauptete, auf dem constitutionellen Standpunkte zu stehen, entbrannte doch ein lebhafter, verworrener Streit über diesen Gegenstand. Ursachen dieses Streites waren einerseits rohe und verkehrte Vorstellungen und Anwendungen politischer Freiheitsgrundsätze, andererseits eine deutsche Spießbürgerlichkeit, welche sich durch einzelne Versehrtheiten bis zur völligen Verblendung und zur Lossagung von aller Freiheit und Gerechtigkeit einschüchtern läßt. Besonders nachtheilig wirkte, außer den allerdings bedenklichen Erscheinungen unserer bewegten Zeit, auch der krankhafte Gegensatz mancher Staatsbeamten und ihres Kastengeistes gegen das Volk und seine freie Entwicklung und Bewegung. (Diese Aengste und Leidenschaften des Tages vermehrten und befestigten natürlich die schon durch die Neuheit, weniger der Sache selbst als der Erörterung über sie, veranlaßten großen Mißverständnisse.) (...)

Association heißt wörtlich Vergesellschaftung oder gesellschaftliches Aneinanderschließen aus irgend einem Trieb oder Bedürfnis oder für irgend einen Zweck. (...) Sie kann in fünffacher Hinsicht, in Beziehung auf das nicht geheime Auftreten, in Beziehung auf die Personen und die Gegenstände, für welche gewirkt werden soll, wie in Beziehung auf die Theilnehmer der Gesellschaft und in Beziehung auf ihre Autorisation und Direction ein *Privatverein* oder auch ein *politischer* Verein sein. Keine dieser Eigenschaften aber enthält an sich etwas Rechtswidriges oder Verwerfliches. (...)

Auf dem Mißverstehen des Wesens des Staates und der freien Verfassung beruhen insbesondere die Gründe, nach welchen man wenigstens die politischen oder – während die Briten nur die nicht öffentlichen verwerfen – wenigstens die sogenannten öffentlichen Vereine auf die erwähnte Weise für rechtsverletzend und strafbar erklären will. Schon die Begriffe und Grenzen solcher politischen oder öffentlichen Vereine sind so durchaus unbestimmt und schwankend, es gehen vollends in der Wirklichkeit die nicht politischen und nicht öffentlichen in politische und öffentliche über, oder sie fließen mit ihnen so sehr zusammen, daß eine juristische Unterscheidung derselben praktisch gar nicht durchführbar ist. Eine Vereinigung von zwei, von zehn, ja von dreihundert Gästen in einem Gast- oder Landhaus zu einem geselligen Mahl oder Vergnügen hält wohl jeder an sich für unsträflich, auch wenn dabei einzelne Gäste etwa in Trinksprüchen das Wort an die Anwesenden richten. Warum soll denn nun aber diese Vereinigung dadurch rechtswidrig und strafbar werden, wenn, statt für bestimmt bezeichnete Personen geschlossen zu sein, jedem anständigen Manne die Theilnahme gestattet ist, wenn der Verein einen allgemeinen vaterländischen Zweck hat, oder wenn gar *gemeinschaftliche* Überzeugungen und Wünsche ausgesprochen werden, was ja schon bei der Einstimmung in einen Trinkspruch geschieht; z.B. wenn es der allgemeine patriotische Zweck war, den Ehrentag des Fürsten oder auch eines verdienten Bürgers, oder den Jahrestag der Verfassung zu feiern, und wenn nun etwa *collective* Überzeugung über die Güte des Fürsten, *Wünsche* für ein Heil ausgesprochen werden, oder wenn vielleicht gar eine Adresse zum Ausdruck solcher Gesinnungen votirt wird? Oder wird die Sache dadurch strafbar, daß die Gesellschaft organisiert, d.h. daß Vorsteher gewählt, eine gewisse Ordnung, gewisse Gesetze anerkannt, vielleicht gar wie bei tausend Tisch- und Clubbgesellschaften kleine Geldstrafen festgesetzt und vielleicht auch mit andern Beiträgen in einer Casse gesammelt, und dieselben zur Erhöhung des Vergnügens oder auch zu einem andern guten Zwekke verwendet wurden? Oder dadurch, daß man sich vereint, dieses

Fest alljährlich zu erneuern? Werden z.B. Vereine, in einer Gegend die Blumen-, die Bienen- oder die Obstbaum-Zucht, die Musik, die Volksbildung, die Mäßigkeit zu fördern, arme Kinder zu kleiden und ihnen passende Erziehung und Lehre zu verschaffen, die Armuth zu unterstützen oder sie zweckmäßig zu beschäftigen, oder Vereine zur Förderung des Handels durch Seeassecuranzen oder Vereine zur Verbesserung der Gesetze durch Veranlassung von Preisschriften, oder zur Unterstützung einer Abschaffung der Tortur, der Leibeigenschaft, der Negersklaverei, der Zurücksetzung der Juden vermittelst einer Berichtigung der öffentlichen Meinung oder vermittelst der Sammlung und Beurtheilung der Thatsachen, Vereine zur Austheilung von Bibeln oder andern guten Büchern, schon wegen ihres Zwecks *fürs Gemeinwohl*, als öffentliche und politische Vereine strafbar? Mag wirklich ein würdiger Staat und eine würdige Rechts- und Staatslehre nur Vereine zu *rein eigennützigen, genußsüchtigen oder gemeinen* Zwecken, streng abgeschlossen, ohne gemeinsame Ordnung, ohne allen höheren und edleren Gedanken und Zweck für erlaubt, die entgegengesetzten aber für unerlaubt und strafbar erklären? Fasse man einmal die ganze Natur und alle Folgen einer solchen Jurisprudenz in das Auge! Ist es nicht klar, daß kein Ehrenmann je in einen Staatsverein eintreten könnte, mit der Absicht, sich aller würdigen Männerfreiheit und seiner edelsten Menschenrechte zu begeben, sich für jeden seiner Schritte und Tritte durch das Gängelband der Polizeiwillkür leiten zu lassen?

Sind wohl ohne eine absolutistische oder materialistische Verleugnung der wahren Freiheit wie der höheren Idee des Staats genügende Argumente für solche Theorien denkbar? Huldigen sie nicht der Vorstellung, daß überall ein Staat im Staate und eine Anmaßung der Regierungs- und ständischen Rechte stattfinde, wo die Bürger mit Freiheit für den großen Gesammtzweck thätig sind und dazu ihre Kräfte vereinigen und stärken? Aber die Völker sind, das gibt ja doch jeder gerne zu, mehr als willenlose Heerden zum Scheeren, als Futter und Werkzeuge für die Kanonen, und der Staat ist mehr als eine Maschine, um sie zu dieser Bestimmung abzurichten und zu verwenden. Der wahre freie Staat soll vielmehr ein lebendiges Ganzes sein, in welchem alle Bürger allein und in Vereinen aller Art mit dem Fürsten und den Ständen des Landes zu dem gemeinschaftlichen Gesammtzweck, zur höchsten patriotischen Entwicklung und Vervöllkommnung ihrer materiellen und geistigen Kräfte und zur gemeinschaftlichen Erhaltung der Freiheit und Ordnung frei und wetteifernd zusammenwirken. Alle sollen sich untereinander unterstützen, und besonders auch, soweit es die Erhaltung der gegenseitigen Rechte und Freiheiten betrifft, sich in wechselseitiger vollkommener Achtung, im rechtlichen Gleichgewicht und in den gesetzlichen Schranken erhalten. Die höchste Blüthe und Kraft wie die gesetzliche Freiheit des Staates besteht nur in dieser freien patriotischen Vereinigung und Wechselwirkung aller Kräfte.

Nicht dadurch also maßen sich die Bürger die Rechte der Regierung und der Stände an, oder verletzen dieselben, daß sie auf solche Weise überall für *denselben großen Gesammtzweck* zu wirken suchen. Nur alsdann würden sie dieses thun, wenn sie die nur der Regierung und den Ständen ausschließlich anvertrauten *höchsten Gewaltsrechte*, die wahre Staatsgesetzgebung und die öffentliche Vollziehungsgewalt *als solche* und mit den Zwangsmitteln der höchsten Gewalten ihnen entziehen und rechtswidrig ausüben wollten, nur dann würden sie dieselben verletzen, wenn sie die verfassungsmäßige Ausübung dieser Regierungsrechte durch rechtsverletzende Gewalt hemmen, ihr den verfassungsmäßigen Gehorsam verweigern wollten. Gerade für die Repräsentativverfassung ist es der wesentlichste Grund und die höchste Bestimmung, daß sie alle Bürger und ihre Bestrebungen und Kräfte in angemessenen freien organischen Verbindungen und Gliederungen mit der Regierung möglichst für den Gesammtzweck vereinige und zugleich in eine allseitig freie und die Freiheit bewachende Wechselwirkung untereinander und mit der Regierung setze. Je mehr so die Bürger, statt in blindem passiven Gehorsam zum todten Material zu ersterben, oder zur thierischen Heerde herabzusinken, je mehr ihre Ansichten, Gesinnungen, Bestrebungen aus thierischer Isolierung und Dumpfheit, aus Selbstsucht und Materialismus herausgezogen und auf das große Gemeinwesen gerichtet werden, je mehr hierzu und zur Ausbildung all ihrer Kräfte die freien Vereine wirken, je mehr die Freiheit im ganzen Staat und dessen sämmtliche Zwecke in allen Bürgern und ihren Vereinen eifrige und starke lebendige Organe findet, um so tüchtiger und mächtiger ist der Staat und die gute Regierung. *Für den wahren Staatszweck* aber, nämlich *für die allseitige höhere und edlere Entwicklung der Bürger ist eben solche freie patriotische Bestrebung und Wirksamkeit selbst das Wesentliche. Sie ist an sich wichtiger als alle anderen besonderen Resultate dieser und der Regierungsbestrebungen.*

Wie ist es denn nun möglich, wenn diese natürlichen Grundsätze aller freien gebildeten Nationen und aller großen Staatslehrer richtig sind, wie ist es möglich, den Satz: „Alles für das Volk, nichts durch dasselbe" in dem Sinne aufzustellen, daß nicht etwa blos *revo-*

lutionaire gewaltsame Wirksamkeit des Volks, sondern auch die möglichste freie patriotische Gesinnung und Mitwirkung aller Bürger, das freie patriotische Entgegenkommen, Veranlassen und Unterstützen von Seiten der Bürger in Beziehung auf ständische und Regierungsbeschlüsse ausgeschlossen sein soll? Wie ist es möglich, von einer verbrecherischen Anmaßung der Majestäts- und der ständischen Rechte zu sprechen, wenn die Bürger auf solche freie nicht rechtsverletzende Weise, insbesondere auch vermittelst des eigenen Ausspruchs ihrer Bedürfnisse, Erfahrungen und Wünsche und ihrer Ueberzeugungen von ihren Rechten, namentlich durch *Petitionen*, mitwirken für den Gesammtzweck? Wie kann man über einen Staat im Staate klagen, und von Ausübung unerlaubter Selbsthilfe reden, wenn sie sich in diesen wohlthätigen patriotischen Gesinnungen und Bestrebungen vereinigen und in diesen Vereinen auf nicht rechtsverletzende Weise ihre allgemeinen natürlichen und staatsbürgerlichen Freiheitsrechte ausüben, Meinungen, Wünsche und Bitten aussprechen? (...)

Die bisherige Ausführung enthielt unvermeidlich auch schon die wichtigsten Beweise für die Heilsamkeit freier Vereine, insbesondere auch der politischen Vereine. Sie sind *fürs erste* wesentlich für Blüthe und Kraft der Staaten, der kräftigste Quell für patriotischen Gemeingeist und der stärkste Hebel der Bestrebung für die ganze höhere und niedere Cultur. Sie sind das fruchtbarste Mittel der Befriedigung aller Bedürfnisse der Bürger, der stärkste Antrieb für sie, überall dem Staat in die Hände zu arbeiten. Drei Dinge sind es vorzüglich, durch welche die Kräfte und Triebe der Menschen für Tüchtiges und Großes gewonnen werden, die *Freiheit*, die *freie Vereinigung* und die *Freude am Eigenen*, am eigenen Werk und Besitz. Der hat als Erzieher und Lenker der Jugend und des Volks den rechten Weg eingeschlagen, welcher ihnen *vor allem* soviel nur möglich *das erhebende Gefühl der Freiheit läßt*, ihre Aufgabe und ihre Bestrebung zum Werk ihrer eigenen Freiheit, zur Grundlage eines edlen Selbstbewußtseins macht; welcher sie *ferner* zur innigsten wechselseitigen Mittheilung und Vereinigung mit Gleichgesinnten bestimmt, und welcher ihnen *endlich* das Gefühl erweckt und bestärkt, daß das, was sie pflegen und schützen, wofür sie energisch arbeiten, kämpfen, opfern sollen, mit *ihr Eigenthum und ihr eigenes Werk seien.* Diese drei Dinge nun wirken bei freiem politischen Associations- und namentlich auch Petitionsrecht der Bürger zusammen, um ihr energisches Streben für die Aufgaben des politischen Gemeinwesens zu vereinigen und in frischer und fröhlicher Lebenskraft zu erhalten.

Freie Associationen aber sind *fürs zweite* auch unendlich wichtig für die Erhaltung der Verfassung des Staats, der allgemeinen allumfassendsten Association. Sie bilden für die Erhaltung der Freiheit und der bürgerlichen Ordnung, welche Niemanden näher interessiren als die Bürger, die lebendigsten Wächter, die kräftigsten Stützen.

Sowohl für die Cultur aber wie für Verfassung sind *drittens* diese besonderen localen, nach Orts- und Zeitbedürfnis stets neu sich bildenden und gestaltenden freien Organe des Gemeinwesens darum doppelt wichtig, weil sie treuer, vollständiger und schneller als für sich allein die Behörden die wahren zeitlichen und örtlichen Ansichten, Gefühle, Bedürfnisse, Bestrebungen des Volks zur Offenkundigkeit und zur Erkenntniß der Regierung und Gesetzgebung bringen und denselben auf gesetzliche Weise diejenige Wirkung und Befriedigung verschaffen, die mit dem Gesammtwohl vereinbarlich ist.

Die politischen Vereine sind nach allem Bisherigen an sich die wichtigsten Vereine. Sie sind überdies, wie gezeigt wurde, *durch gar keine erkennbare* Grenzlinie von den nicht politischen zu sondern. Die ganze Freiheit zu nicht rechtsverletzenden Vereinen steht also als ein so wichtiger und wohlthätiger Haupttheil der menschlichen Freiheit eben so unter dem Schutze der politischen Weisheit, wie unter dem der Gerechtigkeit und der freien Verfassung. (...)

Staatsverwaltung. Der Gegensatz von Bürger und Staat bzw. Regierung erfuhr in der Bürokratiekritik der vorrevolutionären vierziger Jahre des 19. Jahrhunderts einen Höhepunkt. Dem modernen Zentralstaat mit seinem Berufsbeamtentum wird der sich selbst verwaltende und selbst regierende, dezentrale Bund der Gemeinden und Provinzen gegenübergestellt. Diese Konzeption eines Gemeinwesens, das durch Selbstbestimmung des mündigen Bürgers staatliche Gewaltentfaltung und ihren Mißbrauch unmöglich machen sollte, sahen die Altliberalen in der französischen Revolutionsverfassung von 1791 verwirklicht. Während der Märzrevolution 1848 wurde dieses Ziel zur Kernforderung des liberalen Bürgertums, das jedoch bald den Kompromissen mit den alten Gewalten geopfert wurde. Friedrich Murhard (1779 - 1853), Beamter im Königreich Westphalen, dann von der Polizei verfolgter Publizist und Privatier in Kassel, war Mitarbeiter am „Staats-Lexikon".
(2. Aufl., Bd. 12, S. 387 - 389; 1. Aufl., Bd. 13, S. 168 - 169, 1843) B.W.

Friedrich Murhard

Bürokratiekritik

Es giebt zwei Staatsverwaltungssysteme, die in der Vergleichung mit einander wie Antipoden sich gegenüberstehen, weil sie auf entgegengesetzten Grundsätzen beruhen. Das eine hat zum leitenden Princip die politische Maxime, daß alles Oeffentliche im Staate, *so viel und so weit als möglich,* von Oben herab durch die mit der Staatsgewalt bekleidete regierende Auctorität und *so wenig als möglich* von Unten herauf durch die Regierten geschehn solle. Das andere verlangt dagegen umgekehrt, daß *so wenig als möglich* durch die Staatsregierung, vielmehr *so viel als möglich* durch die Staatsbürger geschehe. Auch das erstere dieser beiden entgegengesetzten Systeme bekennt sich, zumal in unseren Tagen, gern zu dem Dogma, daß Alles *für* das Volk geschehen solle und müsse, aber es möchte, daß, wo möglich, Nichts *durch* das Volk geschehe. Zugleich will es, daß den regierenden Personen stets immer und immerdar die Beurteilung alles Dessen überlassen sei und bleibe, was *für das Volk* zu thun oder nicht zu thun sein möge. Ein solches Staatsregiment von Oben nach Unten, mit Ausschließung jeglicher Mitwirkung der Bürger, ist nothwendig eine beständige Volksbevormundung mit möglichster Beseitigung oder Unterdrückung der Selbstthätigkeit im Volke. Die Regierer stehen da zu den von ihnen Regierten in dem Verhältnisse von Vormündern zu Mündeln, von Vätern zu unmündigen Kindern; jene sind die Befehlenden, die allein Willen haben, diese willenlose Gehorchende, die als immerwährend einer äußeren Leitung und höheren Führung bedürftig betrachtet werden. Ein wesentlicher Unterschied zwischen solchen obersten Volksvormündern im Staatsleben und den Vormündern im bürgerlichen Leben liegt jedoch darin, daß diese eine höhere Macht über sich stehen haben, von der sie erforderlichen Falls zur Rechenschaft gezogen werden können für ihr Thun und Lassen, jene aber nicht, und daß die Vormundschaft der Einen nur auf die Dauer der Unmündigkeit der Bevormundeten beschränkt ist, während sie bei den Anderen von ewiger Dauer sein soll. Dieses Regierungssystem führt, der Herrschsucht der Machthaber so sehr schmeichelnd, durch Eröffnung eines unendlichen Felds für ihre Wirksamkeit, seiner Natur nach nur zur *Vielregiererei,* die, je mehr sie in unangemessenes *Zuvielregieren* ausartet, desto mehr das Grab aller Volksfreiheit wird. Zur Ausführung läßt es sich nicht anders bringen als mittelst eines *Centralisationssystems* in der öffentlichen Verwaltung, welches dann wiederum zu seiner Verwirklichung eines zahlreichen, hierarchisch organisirten, vom Staatsregenten abhängigen *Beamtencorps* bedarf. Je mehr dieses System zur Entwicklung und Ausbildung gelangt, desto mehr gleicht der oberste Staatsregierer einem Maschinisten, der von einem Mittelpunkte aus das ganze Räderwerk der großen Maschine, Staat genannt, in Bewegung setzt.

Die unvermeidliche Folge der Aufstellung einer selbstständigen, vom Volke gesonderten und abgeschlossenen höchsten Autorität zur alleinigen Regierung und Verwaltung des Staates war nun, daß die *staatsgesellschaftliche Einheit* verloren ging und an deren Stelle ein *Dualismus* trat. Regierende und Regierte, Verwaltende und Verwaltete standen sich hier nehmlich als Gegensätze gegenüber, oft mit entgegengesetzten Interessen; und je mehr die Herrscher mit ihren Agenten sich abschieden und abtrennten vom Volke, um eine von demselben durchaus unabhängige, für sich bestehende Macht zu bilden, desto mehr mußte sich dadurch der Zwiespalt in der Staatsgesellschaft vergrößern. Indem das Institut der Fürstenherrschaft in diesem Geiste sich entwickelte und vervollkommnete, alle Kräfte und Hilfsquellen des Staatsvereins sich aneignend und dienstbar machend, konnte es nicht fehlen, daß das entgegenstehende Element immer mehr und mehr zu einer ohnmächtigen, hilflosen Masse herabsank, mit der dann gemacht werden konnte, was man von Oben herab wollte. Außerdem entstanden dynastische Interessen den Volksinteressen gegenüber, und es vermochten diese in der Collision mit jenen um so weniger hierfüro sich Geltung zu verschaffen, als durch die innige Vermählung des monarchischen Princips mit dem weltlichen die fürstliche Gewalt sich dergestalt verstärkte und consolidirte, daß sie fortan als eine Alles und in Allem überwiegende, unwiderstehliche Macht dastand. Die Völker wurden nunmehr in den Ländern, die sie bewohnten, als Erbeigenthum gewisser Familien angesehen und auch behandelt, daher, gleich anderen Erbstücken, eben so wohl vererbt als verhandelt, verkauft, vertauscht, verschenkt, von dem Eigenthümer, gleich einer Waare oder einem Besitzthum, an den Anderen abgetreten.

So lange die Regierungs- und Verwaltungskünste noch in der Kindheit sich befanden, während die öffentlichen Bedürfnisse und in gleichem Verhältniß auch die von dem Volke verlangten Opfer nur gering waren, erschien das Joch der Willenlosigkeit und des passiven Gehorsams, welches durch ein solches Alles bevormundendes Regiment den Bürgern des Staates auferlegt ward, für diese wenig belästigend, eben weil in der Zeit noch wenig regiert und verwaltet wurde. Dazu kam, daß man sich die Beamtenherrschaft schon darum gern gefallen ließ, weil man, bei der damaligen Unwissenheit im Politischen, glaubte, es müsse so sein, und auch nicht wußte, wie es anders einzurichten.

Es war indessen vorauszusehen, daß, eben so wie die Priesterschaft und der Clerus des Mittelalters nicht im Stande gewesen waren, die monopolistische Herrschaft im Geistigen zu behaupten, nachdem die Cultur der Wissenschaften ein Gemeingut der Gesellschaft geworden, das Ansehen der auf All- und Alleinweisheit in der öffentlichen Geschäftsführung pochenden Beamtenzunft gefährdet werden mußte, sobald politische Aufklärung sich unter den übrigen Classen der bürgerlichen Gesellschaft ausbreitete.

Auf der anderen Seite aber konnte es der Aufmerksamkeit der monarchischen Machthaber und ihrer Räthe nicht entgehen, daß die moralischen Bande, wodurch früherhin die Völker auf eine organische Weise sich an die angestammten Fürstenhäuser gekettet befunden hatten, die Folge verschiedener zusammengetroffener Ursachen in der Neuzeit merklich lockerer und loser geworden waren, ja noch schwächer in der Zukunft zu werden besorgen ließen. Sie hielten es daher ihrer Politik gemäß, sie durch mechanische Mittel zu ersetzen, und sie waren deshalb darauf bedacht, nicht nur den Mechanismus des Centralisationssystems in der Staatsverwaltung mit dem Volksbevormundungsprincip und einem ihnen zu Gebote stehenden zahlreichen Staatsdienerheere festzuhalten, sondern auch noch möglichst zu vervollkommnen. Sie verschmäheten es nicht, hierbei *Napoleon* zum Muster zu nehmen und dessen Schöpfungen als Meisterstücke in ihrer Art zu bewundern. Und da das Erbmonarchenthum jederzeit zu seiner Erhaltung einer Aristokratie bedarf, die Geburtsaristokratie aber aufgehört hatte, eine hinlängliche Stütze der Erbthrone vorzustellen, so war es natürlich, daß die Fürsten stets mehr eine Stütze in der Beamtenaristokratie suchten. Man darf sich nicht wundern, wenn sich – außer den Kreisen der Höfe und der Beamtenwelt – von allen Seiten Stimmen gegen die Fortdauer dieses Regierungs- und Verwaltungssystems erheben, in dessen Aufrechthaltung man ein Haupthinderniß allen staatsgesellschaftlichen Fortschritts erblickt.

So kommen wir denn zu dem anderen der oben berührten beiden Staatsverwaltungssysteme, worin das Volk dazu berufen ist, *Alles selbst zu thun, was durch dasselbe geschehen kann,* d.h. ihm überlassen ist, Alles zu verrichten und zu besorgen, wozu es geschickt ist, geschickter als von der obersten Staatsgewalt bestellte Beamte, Agenten oder Behörden, und zwar nicht mehr als Dieses, aber auch nicht weniger. Wenn die Mitglieder des staatsgesellschaftlichen Vereins in den verschiedenen Kreisen und Abtheilungen desselben die auf diese sich beziehenden Angelegenheiten und Interessen selber verwalten und die an des Staates Spitze stehende oberste Auctorität blos bestimmt ist, sich mit dessen *allgemeinen* Angelegenheiten und Interessen zu befassen: dann hat man eine politische Ordnung der Dinge, die das Gegentheil von einer solchen ist, worin eine Alles in sich concentrirende, Alles in ihren Bereich ziehende und centralisirende höchste Staatsmacht als Staatsregierung waltet. Der Staat gleicht dann einer aus vielen besonderen Associationen zusammgesetzten großen Association, so daß jene in diese mehr auf eine *organische* als *mechanische* Weise, mehr durch *Gemeinsamkeit der Interessen* als durch *Zwang* zu einem untrennbaren Ganzen verknüpft sind, zu welchem sich die Theile wie die Glieder zum organischen Gesammtkörper verhalten. Es ist da Einheit mit Mannigfaltigkeit in Regierung und Verwaltung; denn während die einzelnen Theile der Nation, insofern sie Gemeinheiten bilden, ihre eigenen Regierungen und Verwaltungen haben, finden sich alle wiederum durch Repräsentanten aus ihrer Mitte zu einer allgemeinen Regierung und Verwaltung für ihre gemeinschaftlichen Angelegenheiten und Interessen vereinigt. Solchergestalt besteht eine Regierung von Unten nach Oben, die auf der breitesten Basis, nehmlich auf der Gesammtheit der Staatsgenossen, ruht und, die ganze und gesammte Nation in allen ihren Theilen repräsentirend, eine wahrhafte *Nationalregierung* constituirt. Das Princip des Selbstregierens und Selbstverwaltens macht sich da in allen Sphären des öffentlichen Lebens geltend, und so entwickelt sich das freieste Staatsleben ohne Gefährdung der staatsgesellschaftlichen Einheit. Es fehlt keineswegs an einem Generalgouvernement und einer Generaladministration für den ganzen Staatsverein, oder, wenn man will, an einer Centralregierung und Verwaltung; aber es wird nicht von einer Höhe herab, die weit über die Gesellschaft in unerreichbare Ferne emporragt, und von einem Mittelpunkt aus, der, statt innerhalb des Gesellschaftskreises zu liegen, außerhalb desselben sich befindet, bis zu den untersten Tiefen und äußersten Enden der Peripherie des politischen Socialkörpers gouvernirt und administrirt; es empfangen nicht sämmtliche Bestandtheile dieses Letzteren aus einem einzigen Centralpunkte allein den Impuls für ihre Bewegung; es herrscht vielmehr freie Selbstthätigkeit überall, blos beschränkt durch die Gesetze der Totalität; mit einem Worte, man erblickt einen ein reiches und mannigfaltiges Leben entfaltenden Organismus, keinen alles Einzel-und Particularleben erstickenden und ertödtenden uniformen Mechanismus. So wird ein System des Selbstregiments der Staatsgesellschaft – selfgovernment in der Sprache der Engländer – im Gegensatz eines lediglich Zuständen der Volksunmündigkeit angemessenen vormundschaftlichen Regiments verwirklicht. Die Generalregierung mit ihrer Generalverwaltung ist hier weiter Nichts als eine zum Zweck der Wahrung der allgemeinen Interessen der Staatsgesellschaft eingesetzte öffentliche oberste Behörde, die zugleich eine Repräsentation aller Theile derselben in sich begreift und stets im Namen der Nation handelt, von dieser bei ihrem Thun und Lassen influenzirt und fortwährend in der öffentlichen Meinung ihre Stütze suchend und findend. Es ist Das, was man in England als ein government by, for and in concurrence with the people zu bezeichnen pflegt. Unleugbar hat dieses System den großen Vortheil vor dem entgegengesetzten voraus, daß durch dasselbe nicht, wie durch das Letztere, ein *Dualismus* im Staate hervorgerufen wird, der unvermeidlich entsteht, sobald eine vom Volke gesonderte und von diesem unabhängige oberstregierende Gewalt vorhanden ist, die den Regierten gegenübergestellt sich befindet, so daß beide Gegensätze bilden und mit verschiedenen Interessen einander entgegentreten, sondern die zwei Elemente hier in Eins zusammenfallen und sich niemals entzweien können. (. . .)

Möchten doch Alle, welche von einer nothwendigen *absoluten* und *unwiderstehlichen* Gewalt und Entscheidung eines einzelnen Inhabers der Staatsgewalt oder auch des volkssouverainen Stimmenmehrheitsbeschlusses theoretisiren, es sich klar machen, daß sie sich in der Geschichte aller wirklich freien und constitutionellen Staaten, und sofern auch sie eine wahre rechtliche Freiheit wünschen und über die Willkür setzen, mit sich selbst im offenbaren Widerspruch befinden. Sie begründen und organisiren ja eine *absolute,* eine *despotische* Gewalt. *Entweder* man begründet absolute höchste Entscheidung und Gewalt eines einzelnen Organs, und alsdann auch unvermeidliche Empörung gegen sie; *oder* man muß eine *nicht absolute,* und *wirksam* begrenzte, also nicht unwiderstehliche und mehr oder minder getheilte Gewalt begründen.

Entweder man räumt einer einzelnen höchsten unwiderstehlichen Gewalt, sobald sie will, auch die despotische Ausübung derselben ein, und läßt, sofern man nicht völlig blinden sklavischen Gehorsam gegen sie, gegen den tyrannischen Umsturz aller rechtlichen Verfassung zu Recht erheben kann oder will, als einzige Schutzwehr gegen sie nur die rohe Revolution. Alsdann aber ist doch wiederum das Absolute, Unwiderstehliche aufgehoben, ja gewissermaßen die roheste aller Volkssouverainitäten unvermeidlich hervorgerufen. Und freilich mußten die *liberalen* Anhänger dieser falschen mechanischen Staatstheorie eines physischen und mechanischen Absolutismus – und gegen sie müssen wir hier fast noch mehr, als gegen die *servilen* kämpfen – in einer mißverstandenen Volkssouverainität, in einer fast regelmäßigen Revolutionirung den Erlaß einer weißen, allen Absolutismus wirksam ausschließenden Staatsorganisation suchen. Schon aber die neueste Geschichte von Frankreich und von Südamerika könnte die Wirkung einer *solchen* Volkssouverainität für die wahre Freiheit belehren.

Oder man will keinem einzelnen Organ eine Gewalt zum Umsturz der Freiheit und Verfassung, zum Despotismus einräumen. Alsdann muß man die Gewalt weder blos durch leere Worte und fromme Wünsche, noch durch die rohe Revolutionirung, sondern durch wirksame Begrenzung, durch eine *organisirte* gesetzliche Gegenwirkung gegen Grenzüberschreitung beschränken. Man muß eine gewisse Vertheilung, ein gewisses Gleichgewicht der Organe und Systeme und ihrer Wirksamkeit im politischen Körper begründen, wie ein solches im physischen Organismus besteht, also freilich nimmermehr ein blos *mechanisches*, sondern ebenfalls ein auf organische Weise wirkendes. *Und dieses und nichts Anderes ist eben der letzte Grundgedanke aller freien, aller constitutionellen Verfassungen. Denn wahre*, wirksame *Beschränkung, Theilung* oder *Mischung* der politischen Gewalten sind *wesentlich eins und dasselbe.* Eins ohne das Andere ist gar nicht denkbar. Nie aber – soweit die Menschengeschichte geht – bestanden oder dauerten weder Freiheit und Recht, noch Kraft und Cultur bei den Völkern, da, wo alle Gewalt grenzenlos und höchstens nur durch leere Wünsche und Worte beschränkt in einer *einzigen Hand* lagen, wo Alles von jeder augenblicklichen wechselnden Laune und Leidenschaft oder irrigen Richtung eines einzigen Willens, ja auch selbst von einer *einzigen demokratischen oder aristokratischen Versammlung* abhing. Die Aufgabe, stets dem Rechte zu huldigen, auch da, wo es nicht wirksam verteidigt werden kann, die Versuchung, durch eigene Irrthümer und Neigungen, vollends aber durch verderbliche geheime Einwirkung Anderer über die Verfassung hinausgeführt zu werden, da, wo derselben keine selbstständige, organisirte Vertheidigungskraft zur Seite steht; sie sind zu groß für schwache Menschen. Von wahrhaft constitutionellen Einrichtungen, von einer wirksamen Verantwortlichkeit der Minister z.B., und von der nur dadurch möglichen Heiligkeit oder völligen Unverletzbarkeit des Fürsten, kann vollends ohne Absonderung und Selbstständigkeit jener drei Functionen gar nicht die Rede sein. (...)

Pressefreiheit. Die Pressefreiheit, die in der Verfassung des Deutschen Bundes 1815 verheißen worden war, wurde in den Karlsbader Beschlüssen 1819 so restriktiv interpretiert, daß der Deutsche Bund zum Garant einer allgemeinen Zensur wurde. Karl Theodor Welcker sieht ganz im Sinne der Aufklärung im schriftlichen Diskurs die optimale Form rationaler Problemlösung und zugleich eine Form menschlicher Selbstverwirklichung, die er neben die Rede- und Bewegungs-(Auswanderungs-)freiheit stellt. Zensur ist daher für ihn eine Verletzung privater wie staatsbürgerlicher Freiheitsrechte.
Der 1832 zwangsemeritierte Freiburger Rechtsprofessor und langjährige oppositionelle Abgeordnete der badischen Kammer, publizierte dieses Loblied auf die Pressefreiheit 1836 unter dem Stichwort „Censur" der Druckschriften im 3. Band des „Staats-Lexikons" (S. 329ff.). Das von ihm und seinem Kollegen Karl von Rotteck (1775–1840) herausgegebene „Staats-Lexikon. Encyklopädie der sämmtlichen Staatswissenschaften für alle Stände" (1. Aufl., 15 Bände, Altona 1834–43; 2. Aufl., 12 Bände, Altona 1845–48) war das erfolgreichste publizistische Organ gegen den Metternichschen Polizeistaat und die Bibel der Liberalen von 1848. Trotz der Bejahung der konstitutionellen Monarchie mußte das Werk im dänischen Altona erscheinen. B.W.

Karl Theodor Welcker

Begriff und Wesen der Censur

Censur ist bekanntlich der Gegensatz der Preßfreiheit. Preßfreiheit im rechtlichen Sinne oder als Recht besteht nämlich darin, daß ich die Druckerpresse zur Mitteilung und zur Vernehmung von Wahrheiten, Thatsachen und Meinungen eben so rechtlich ungehindert nach meiner Ueberzeugung gebrauchen kann, als Mund und Ohr für die mündliche Rede, als für meine Zwecke und freien Bewegungen Arm und Fuß und jedes beliebige Werkzeug. Es muß also 1) im Allgemeinen das Mittheilen und Vernehmen durch den Druck allen freien mündigen Staatsbürgern freigelassen bleiben. Es muß 2) auch hier nur gegen den *juristisch erweisbaren* (also bereits zu Tage gebrachten) *rechtswidrigen* Freiheitsgebrauch Zwang oder Beschränkung erlaubt sein. Es muß also derjenige, der zwangvoll in dem Gebrauche seiner Freiheit beschränkt wird über die rechtliche Begründung, wie über die rechtlichen Grenzen der Beschränkung und über seine Beschwerden wegen willkürlicher verletzender

Ueberschreitung derselben die Prüfung und Entscheidung der Gerichte, der Landstände und die öffentliche Meinung der Nation zu seinem Schutze anrufen können. Kurz es muß alles ganz ebenso sein, wie bei anderen Rechts- oder Freiheitsbeschränkungen. (...)

Die Censur oder die Aufhebung der Preßfreiheit ist nun aber *insbesondere eine Verletzung der privatrechtlichen Freiheit,* 1) weil sie mir das wichtigste Recht der Mittheilung und Vernehmung der Wahrheit, der freien geistigen und moralischen Verbindung mit meinen Mitmenschen und der Förderung meiner Zwecke durch dieselbe zerstört und mich durch Unwahrheit täuscht. Sie zerstört mir 2) das wichtigste Vertheidigungsmittel meiner Ehre und meiner übrigen Rechte, selbst oft gegen die in der censirten Presse vorgebrachten furchtbarsten Angriffe und Verleumdungen. Sie nimmt mir 3) vorzüglich vermittelst der Unterdrückung freier Tagblätter, wie jene englische Adresse ausführte, die wichtigsten Mittel zur Beförderung des Wohlstandes auf dem Wege der Industrie und des Handels, und ist vielfach auch unmittelbar ökonomisch verletzend für einen so wichtigen Verkehrszweig, wie der literarische ist, für seine Theilnehmer, Schriftsteller, Buchhändler, Buchdrucker. (...)

Die Zensur und die Zerstörung der Preßfreiheit, insbesondere die der Zeit- und Flugschriften über die täglichen Ereignisse, aber ist nach dem Bisherigen zugleich die *größte Verletzung der staatsbürgerlichen oder politischen Freiheit*; denn als freier Bürger eines freien Volks und seines politischen Gemeinwesens habe ich 1) das heilige Recht, durch wechselseitige freie Mittheilungen auf allen rechtlichen Wegen *die vaterländischen Verhältnisse* kennen zu lernen, die Wahrheit und die Meinungen meiner Mitbürger darüber anzuhören und ihnen und der Regierung meine Erfahrungen, Ansichten und Wünsche mitzutheilen, so eine möglichst wahre, nicht eine verfälschte öffentliche Meinung zu vernehmen und bilden zu helfen. Sie verletzt aber nach dem Obigen auch 2) das Recht der Bürger auf Verwirklichung und Erhaltung einer freien Verfassung, weil dieselbe ohne Freiheit der öffentlichen Meinung nicht besteht. Sie zerstört ferner dem Volk 3) das durchgreifendste Control-, Verhinderungs- und Genugthuungsmittel gegen Verletzungen und schlechte Maßregeln der Beamten und der Verwaltung, und bürdet viel größere Lasten auf für eine nicht gute Verwaltung, als die gute kosten würde. (...)

Nach wie vor gibt es kein Buch, das Probleme moderner Demokratie so aspektereich vorstellt wie Alexis de Tocquevilles (1805 - 1859): „Über die Demokratie in Amerika". Zwei Besuche des liberalen französischen Adeligen in der „Neuen Welt" (1831 und 1840) resultierten in diesem ungewöhnlichen Reisebericht: Einzelne Beobachtungen, bis zu Klima und Geographie reichende Beschreibungen der Verfassung der USA und systematisch verdichtete Überlegungen zu Problemen der heraufkommenden kapitalistisch fundierten Massendemokratie, werden in souveräner Subjektivität und darum bestgelungener Objektivität miteinander verbunden. Ein Roman, Beschreibung, Analyse und Theorie. Nichts dergleichen und alles in einem. Außer dem ersten Auszug stammen alle weiteren Abschnitte aus dem 1840 verfaßten zweiten Teil. Benutzt wurde die Ausgabe des Deutschen Taschenbuchverlags.
(dtv 2135, München 1984, 2. Auflage)

Gerichtsverfassung. *de Tocqueville macht hier am Beispiel der Geschworenengerichte deutlich, wie sehr es darauf ankommt, daß die Gerichtsverfassung, die Organisation der Judikative insgesamt, mit der politischen Gesamtverfassung übereinstimmt. Eine Demokratie bedarf eines entsprechend demokratisch organisierten Gerichtswesens.*
(S. 314 - 319; auszugsweise)

Alexis de Tocqueville

Justiz und Verfassung

Aber verlassen wir diesen Gegenstand. Es hieße sein Denken bedeutend einschränken, wollte man das Geschworenensystem nur als gerichtliche Einrichtung betrachten; denn hat es auch einen großen Einfluß auf den Ausgang von Streitfällen, so ist sein Einfluß auf die Geschicke der Gesellschaft noch sehr viel größer. Das Geschworenengericht ist daher vor allem eine politische Einrichtung. Man muß es stets von diesem Gesichtspunkt aus beurteilen.

Ich verstehe unter einem Geschworenengericht eine bestimmte Anzahl von zufällig ausgewählten und vorübergehend mit richterlicher Befugnis ausgestatteten Bürgern.

Verwendet man das Geschworenengericht zur Unterdrückung von Verbrechen, so führt man, wie mir scheint, in die Regierung eine im höchsten Grade republikanische Einrichtung ein. Ich will das erklären: Das Geschworenengericht kann aristokratisch oder demokratisch sein, je nach der Klasse, aus der man die Geschworenen nimmt; aber es bewahrt stets einen republikanischen Wesenszug, indem es die tatsächliche Lenkung der Gesellschaft in die Hände der Regierten oder eines Teiles von ihnen und nicht in die der Regierenden legt.(...)

Die Gewalt führt immer nur vorübergehend zum Erfolg, ihr folgt alsbald der Gedanke des Rechts. Eine Regierung, die ihre Feinde nur auf dem Schlachtfeld zu treffen vermöchte, wäre bald vernichtet. Die wirkliche Verankerung der politischen Gesetze liegt also in den Strafgesetzen, und fehlt diese Bestätigung, so büßt das Gesetz früher oder später seine Kraft ein. Der Mann, der über *Straftaten* urteilt, ist also der wirkliche Herr in der Gesellschaft. Nun bringt das Geschworenengericht das Volks selbst oder zumindest eine Klasse von Bürgern auf den Richterstuhl. Also legt die Einrichtung des Geschworenengerichts die Leitung der Gesellschaft in die Hände des Volkes oder dieser Klasse.

In England stammen die Geschworenen aus dem aristokratischen Teil des Volkes. Die Aristokratie macht die Gesetze, sie wendet die Gesetze an und urteilt über Gesetzesverletzungen. Alles steht im Einklang: England bildet denn auch in Wahrheit ein aristokratisches Staatswesen. In den Vereinigten Staaten wird die gleiche Ordnung auf das ganze Volk angewendet. Jeder amerikanische Bürger ist gleichzeitig Wähler, wählbar und Geschworener. Das Geschworenengericht, wie man es in Amerika auffaßt, scheint mir eine ebenso unmittelbare wie äußerste Folge des Dogmas der Volkssouveränität zu sein wie das allgemeine Wahlrecht. Es sind zwei gleich mächtige Mittel der Mehrheitsherrschaft.

Alle Herrscher, die die Quellen ihrer Macht aus sich selbst schöpfen und die Gesellschaft lenken wollten, statt sich von ihr lenken zu lassen, haben das Geschworenengericht aufgehoben oder geschwächt. Die Tudors warfen die Geschworenen, die nicht verurteilen wollten, ins Gefängnis, und Napoleon ließ sie durch seine Beauftragten auswählen.(...)

So einleuchtend die meisten der vorangehenden Erkenntnisse sein mögen, sie beeindrucken nicht alle Geister, und oft scheint man sich bei uns bloß eine verworrene Vorstellung vom Geschworenengericht zu machen. Will man wissen, wie die Liste der Geschworenen zusammengesetzt sein soll, so begnügt man sich damit, die Bildung und Fähigkeit der zu Berufenden zu erörtern, als handle es sich nur um eine richterliche Behörde. Mir scheint, das ist in

Wahrheit die geringste Sorge in dieser Sache; das Geschworenengericht ist in erster Linie eine politische Einrichtung; es ist eine Form der Volkssouveränität, man muß es völlig ablehnen, wenn man die Volkssouveränität ablehnt, oder es in Einklang bringen mit den anderen Gesetzen, die die Souveränität begründen. Das Geschworenengericht bildet den Teil des Volkes, dem die Ausführung der Gesetze obliegt, wie die Kammern den Teil der Nation darstellen, der mit dem Schaffen der Gesetze betraut ist; und damit die Gesellschaft bestimmt und gleichmäßig regiert werde, muß die Liste der Geschworenen sich mit der der Wähler erweitern oder einschränken. Dieser Gesichtspunkt ist es, auf den meines Erachtens die Hauptaufmerksamkeit des Gesetzgebers stets gerichtet sein muß. Das Übrige ist sozusagen nebensächlich.

Ich bin so überzeugt, daß das Geschworenengericht vor allem eine politische Einrichtung ist, daß ich es als solche auch da noch ansehe, wo man es für bürgerliche Rechtsfälle einsetzt.

Die Gesetze sind immer unbeständig, soweit sie nicht auf den Sitten ruhen; die Sitten bilden die einzige widerstandsfähige und dauerhafte Macht in einem Volke.

Wird das Geschworenengericht auf Strafrechtsfälle beschränkt, so sieht das Volk es nur ab und zu und in besonderen Fällen in Tätigkeit: es gewöhnt sich daran, im Alltag darauf zu verzichten, und es sieht es als eines der Mittel, nicht aber als das einzige Mittel an, sein Recht zu erlangen.

Erstreckt das Geschworenengericht seine Arbeit dagegen auch auf Fälle des bürgerlichen Rechts, so wird seine Verwendung fortwährend sichtbar; es berührt dann alle Belange; jeder nimmt an der Arbeit Anteil; es dringt bis in die Lebensgewohnheiten ein; es prägt dem menschlichen Geist seine Formen auf und verschmilzt gewissermaßen mit dem Gedanken der Gerechtigkeit selbst.

Die auf Straffälle begrenzte Einrichtung des Geschworenengerichts ist daher immer gefährdet; ist sie einmal auf das bürgerliche Recht ausgedehnt, trotzt sie der Zeit und den menschlichen Bemühungen. Hätte man das Geschworenensystem den Sitten der Engländer so leicht wie ihren Gesetzen entreißen können, so wäre es unter den Tudors völlig untergegangen. Somit hat in Wirklichkeit das Geschworenensystem in England die Freiheit gerettet.

Wie immer man das Geschworenengericht einsetzt, stets wird es einen großen Einfluß auf die nationale Wesensart ausüben; dieser

Einfluß aber wächst ungemein in dem Maße, wie man es in Sachen des bürgerlichen Rechts verwendet.

Das Geschworenengericht, und hauptsächlich das für Sachen des bürgerlichen Rechts, dient dazu, allen Bürgern etwas von den Geistesgewohnheiten des Richters zu übermitteln; und diese Gewohnheiten sind es gerade, die das Volk am besten zur Freiheit erziehen.

Es verbreitet in allen Klassen die Achtung vor dem Urteilsspruch und vor dem Rechtsgedanken. Entfernt diese beiden Dinge, und die Unabhängigkeitsliebe wird nurmehr eine zerstörende Leidenschaft sein.

Es lehrt die Menschen, sich in Rechtlichkeit üben. Jeder denkt beim Richten über seinen Nachbarn daran, daß er selbst einmal abgeurteilt werden könnte. Das trifft vor allem für das Geschworenengericht in bürgerlichen Rechtsfällen zu: es gibt fast niemanden, der fürchtet, eines Tages wegen Verbrechen gerichtlich verfolgt zu werden; jedermann aber kann in einen bürgerlichen Rechtsstreit verwickelt werden. Das Geschworenengericht lehrt jeden, die Verantwortung für sein eigenes Tun nicht zu scheuen; eine männliche Haltung, ohne die es keine politische Tugend gibt.

Es bekleidet jeden Bürger mit einer Art Richterwürde; es läßt alle spüren, daß sie Pflichten gegenüber der Gesellschaft zu erfüllen haben und daß sie an ihrer Regierung mitwirken. Indem es die Menschen dazu zwingt, sich mit anderen als nur den eigenen Angelegenheiten zu befassen, bekämpft es die Selbstsucht des einzelnen, die die Gesellschaft wie mit Rost befällt.

Das Geschworenensystem trägt unglaublich dazu bei, das Urteil des Volkes zu bilden und seine natürliche Einsicht zu fördern. Das ist meiner Meinung nach sein größter Vorzug. Man muß es als eine unentgeltliche und immer offene Schule ansehen, wo jeder Geschworene sich über seine Rechte unterrichtet, wo er täglich mit den gelehrtesten und gebildetsten Mitgliedern der höheren Klassen verkehrt, wo er über Gesetze auf Grund ihrer unmittelbaren Anwendung unterrichtet wird, und wo sie ihm durch die Bemühungen der Anwälte, die Ansichten der Richter und selbst die Leidenschaft der Streitparteien verständlich gemacht werden. Ich denke, die praktische Klugheit und der gesunde politische Sinn der Amerikaner ist hauptsächlich ihrem langen Gebrauch des Geschworenensystems in bürgerlichen Rechtsfällen zuzuschreiben.

Ich weiß nicht, ob das Geschworenengericht denen nützt, die

rechtliche Streitfälle haben, aber ich bin sicher, daß es denen, die sie beurteilen, sehr nützlich ist. Ich betrachte es als eines der wirksamsten Hilfsmittel der Gesellschaft zur Erziehung des Volkes. Das bisher Gesagte gilt für alle Völker; nun aber gibt es noch etwas, das den Amerikanern und allgemein den demokratischen Völkern eigentümlich ist.

Ich sagte oben, daß in den Demokratien die Rechtskundigen und unter diesen die Gerichtsbeamten die einzige aristokratische Körperschaft bilden, die die Handlungen des Volkes mäßigen kann. Diese Aristokratie ist mit keinerlei materieller Macht versehen, sie übt ihren erhaltenden Einfluß nur geistig aus. Da ist es nun die Einrichtung des Geschworenengerichts für bürgerliche Rechtsfälle, die zu einer Hauptquelle ihrer Macht wird. (...)

Das Geschworenenkollegium, das die Rechte der Richterschaft zu vermindern scheint, begründet also in Wirklichkeit deren Herrschaft, und in keinem Lande sind die Richter so mächtig wie da, wo das Volk an deren Vorrechten teilhat.

Das amerikanische Gerichtswesen läßt vor allem dank des Geschworenengerichts für bürgerliche Rechtsfälle den Geist, den ich den rechtskundlichen nannte, bis in die untersten Schichten der Gesellschaft dringen.

So ist das Geschworenengericht als kraftvollstes Mittel, das Volk regieren zu lassen, zugleich das wirksamste Mittel, um dieses das Regieren zu lehren.

Politische/unpolitische Vereinigungen, auch neudeutsch formuliert: Soziale Bewegungen. *Je mächtiger die staatlich (oder auch formell privat) etablierten Institutionen werden, desto mehr zählt in demokratischem Bewußtsein und Verhalten das Unterfutter aller möglichen, plural organisierten Vereinigungen. Freiheit läßt sich nur assoziativ erreichen und bewahren. Die historische Stärke der USA, die bis in die heutige Zeit reicht, bestand in der „hemdsärmeligen" Leichtigkeit, sich zu diversen lokalen, regionalen und auch überregionalen Zwecken zusammentun, eine Assoziation zu bilden. Das ist es vor allem, was man unter grassroots democracy, zu deutsch: Basisdemokratie versteht. (S. 595 - 599; auszugsweise)*

Alexis de Tocqueville

Basisdemokratie

Nicht von jenen politischen Vereinigungen will ich hier sprechen, mit deren Hilfe sich die Menschen gegen das despotische Handeln einer Mehrheit oder gegen die Übergriffe der Königsgewalt wehren. Das habe ich bereits anderswo erörtert. Wenn jeder Bürger, je schwächer er als einzelner wird und je weniger er infolgedessen imstande ist, seine Freiheit allein zu wahren, nicht die Kunst lernte, sich zu seiner Verteidigung mit seinesgleichen zu verbinden, so ist klar, daß die Gewaltherrschaft mit der Gleichheit zwangsläufig zunähme. Hier handelt es sich nur um die Zusammenschlüsse, die im bürgerlichen Leben entstehen und die nichts Politisches bezwekken.

Die politischen Vereine in den Vereinigten Staaten bilden nur eine Einzelheit inmitten des gewaltigen Gemäldes, das durch die Gesamtheit der Vereinigungen dargestellt wird.

Die Amerikaner jeden Alters, jeden Standes, jeder Geistesrichtung schließen sich fortwährend zusammen. Sie haben nicht nur kaufmännische und gewerbliche Vereine, denen alle angehören, sie haben auch noch unzählige andere Arten: religiöse, sittliche, ernste, oberflächliche, sehr allgemeine und sehr besondere, gewaltige und ganz kleine; die Amerikaner tun sich zusammen, um Feste zu geben, Seminarien zu begründen, Gasthöfe zu bauen, Kirchen zu errichten, Bücher zu verbreiten, Missionare zu den Antipoden zu entsenden; sie errichten auf diese Weise Spitäler, Gefängnisse, Schulen. Handelt es sich schließlich darum, eine Wahrheit zu verkünden oder ein Gefühl mit Hilfe eines großen Beispiels zu fördern, so gründen sie Vereinigungen. Überall, wo man in Frankreich die Regierung und in England einen großen Herrn an der Spitze eines neuen Unternehmens sieht, wird man in den Vereinigten Staaten mit Bestimmtheit eine Vereinigung finden.

Ich traf in Amerika Vereinsarten, von denen ich, wie ich gestehe, nicht einmal eine Vorstellung hatte, und ich habe oft die außerordentliche Kunst bewundert, mit der die Bewohner der Vereinigten Staaten es fertigbrachten, den Anstrengungen einer großen Menschenzahl ein gemeinsames Ziel zu setzen und sie freiwillig danach streben zu lassen. (...)

So erweist sich das demokratischste Land der Erde als dasjenige, in dem die Menschen die Kunst, gemeinsam das Ziel ihres gemeinschaftlichen Begehrens zu erstreben, in unserer Zeit am vollkommensten entwickelt und diese neue Wissenschaft auf die größte Anzahl von Zwecken angewandt haben. Ist dies Zufall, oder gibt es tatsächlich eine zwangsläufige Beziehung zwischen den Vereinigungen und der Gleichheit?

In den aristokratischen Gesellschaften findet sich, inmitten einer Menge von Menschen, die aus eigener Kraft nichts vermögen, stets eine kleine Zahl sehr mächtiger und sehr reicher Bürger; von diesen kann jeder für sich allein große Unternehmungen durchführen.

Die Menschen brauchen in den aristokratischen Gesellschaften keine Vereinigung zu bilden, um zu handeln, weil ihr Zusammenhalt stark ist. Jeder Bürger, der reich und mächtig ist, stellt darin gleichsam das Haupt eines beständigen und zwangsmäßigen Vereins dar, der aus allen denen besteht, die von ihm abhängig sind und die er an der Ausführung seiner Absichten teilnehmen läßt.

In den demokratischen Völkern sind im Gegensatz dazu alle Bürger unabhängig und schwach; sie vermögen aus eigener Kraft fast nichts, und keiner kann seinesgleichen zwingen, ihm Hilfe zu leisten. Sie verfallen mithin alle der Ohnmacht, wenn sie nicht lernen, sich freiwillig beizustehen.

Hätten die Menschen, die in demokratischen Ländern leben, weder das Recht noch die Neigung, sich zu politischen Zwecken zu verbinden, so wäre ihre Unabhängigkeit stark gefährdet, ihren Reichtum und ihre Bildung aber könnten sie lange bewahren; wogegen die Kultur selbst bedroht wäre, wenn sie sich im gewöhnlichen Leben nicht der Vereinigung bedienten. Ein Volk, in dem die Privatleute die Möglichkeit verlören, als einzelne große Dinge zu tun, ohne daß sie die Fähigkeit erwürben, sie gemeinsam auszuführen, fiele bald in die Barbarei zurück. Dieselbe Gesellschaftsordnung, die den demokratischen Völkern die Zusammenschlüsse so nötig macht, erschwert sie ihnen unglücklicherweise mehr als allen andern.

Wenn mehrere Angehörige einer Aristokratie sich vereinigen wollen, so gelingt es ihnen leicht. Da jeder eine bedeutende Kraft in die Gesellschaft mitbringt, kann die Zahl der Mitglieder sehr klein sein, und sind nur wenig Mitglieder da, so bereitet es ihnen keine Mühe, sich zu kennen, zu verstehen und feste Regeln aufzustellen.

In den demokratischen Völkern geht es nicht so leicht, da dort die Mitglieder immer sehr zahlreich sein müssen, damit der Verein einige Macht besitzt.

Ich weiß, daß dies vielen meiner Zeitgenossen keinerlei Verlegenheit bereitet. Sie behaupten, je schwächer und unfähiger die Bürger werden, desto geschickter und tätiger müsse die Regierung sein, damit die Gesellschaft ausführen könne, was die einzelnen nicht mehr fertigbringen. Sie meinen, mit dieser Feststellung alles beantwortet zu haben. Ich aber glaube, sie täuschen sich.

Eine Regierung könnte einige der größten amerikanischen Vereine ersetzen, und in der Union haben es bereits mehrere Staaten versucht. Welche politische Macht wäre aber je imstande, der unendlichen Menge kleiner Vorhaben zu genügen, die die amerikanischen Bürger alle Tage mit Hilfe einer Vereinigung ausführen?

Wie sich leicht voraussehen läßt, naht der Zeitpunkt, da der Mensch immer weniger fähig sein wird, die für sein Dasein gewöhnlichsten und nötigsten Dinge aus eigener Kraft allein zu beschaffen. Die Aufgabe der Staatsgewalt wird also ständig zunehmen, und gerade ihre Anstengungen werden sie täglich größer werden lassen. Je mehr sie an die Stelle der Vereine tritt, um so mehr werden die einzelnen Menschen dem Gedanken der Vereinigung entfremdet und auf ihre Hilfe angewiesen sein: diese Ursachen und Wirkungen bedingen sich unablässig. Wird die öffentliche Verwaltung schließlich alle Erwerbszweige lenken, für die ein einzelner Bürger allein nicht mehr ausreicht? Und wenn endlich der Zeitpunkt naht, da infolge der zum Äußersten getriebenen Aufteilung des Grundbesitzes der Boden ins Unendliche zerstückelt ist, so daß er nur noch durch Bauernverbände bewirtschaftet werden kann, wird dann das Oberhaupt der Regierung das Staatssteuer verlassen müssen, um den Pflug zu führen?

Träte die Regierung überall an die Stelle der Vereinigungen, so wäre die sittliche und die geistige Kraft eines demokratischen Volkes nicht weniger gefährdet als sein Handel und sein Gewerbe.

Nur durch die gegenseitige Wirkung der Menschen aufeinander erneuern sich die Gefühle und die Gedanken, weitet sich das Herz und entfaltet sich der Geist des Menschen.

Wie ich gezeigt habe, besteht diese Wechselwirkung in demokratischen Ländern so gut wie gar nicht. Man muß sie also dort künstlich hervorrufen. Und das können allein die Vereinigungen tun.

Wenn die Angehörigen einer Aristokratie einen neuen Gedanken aufgreifen oder ein neues Gefühl empfinden, so stellen sie diese gleichsam neben sich auf die große Bühne hin, auf der sie selbst stehen, und indem sie sie derart den Blicken der Menge darbieten, flößen sie sie leicht dem Geiste oder dem Herzen aller derer ein, die sie umgeben.

In den demokratischen Ländern kann naturgemäß nur die gesellschaftliche Macht so handeln, aber man bemerkt unschwer, daß ihr Wirken stets ungenügend und oft gefährlich ist.

Eine Regierung allein vermag den Kreislauf von Gefühlen und Gedanken in einem großen Volke ebensowenig in Bewegung zu halten und zu erneuern, wie sie alle industriellen Unternehmungen leiten kann. Sobald sie aus dem politischen Bereich hinauszutreten versucht, um sich auf diese neue Bahn zu begeben, wird sie, sogar ohne es zu wollen, eine unerträgliche Gewaltherrschaft ausüben; denn eine Regierung kann nur genaue Regeln vorschreiben; sie nötigt die von ihr begünstigten Gefühle und Gedanken auf, und es ist immer schwierig, ihre Ratschläge von ihren Befehlen zu unterscheiden.

Noch weit schlimmer ist es, wenn sie ihren Vorteil wirklich darin erblickt, daß nichts sich rege. Sie wird dann bewegungslos bleiben und sich träge in einen gewollten Schlaf sinken lassen. Deshalb ist es nötig, daß sie nicht allein handle.

Die Zusammenschlüsse sind es, die in den demokratischen Völkern die mächtigen einzelnen ersetzen müssen, die die gesellschaftliche Einebnung zum Verschwinden gebracht hat.

Sobald mehrere Bewohner der Vereinigten Staaten ein Gefühl oder einen Gedanken in die Welt tragen wollen, suchen sie einander auf, und wenn sie sich gefunden haben, schließen sie sich zusammen. Fortan sind sie nicht mehr vereinzelte Menschen, sondern eine weithin sichtbare Macht, deren Taten als Beispiel dienen, die spricht und auf die man hört.

Als ich in den Vereinigten Staaten zum ersten Male vernahm, daß hunderttausend Menschen sich öffentlich verpflichtet hätten, auf starke geistige Getränke fortan zu verzichten, kam mir die Sache eher spaßig als ernsthaft vor, und ich begriff zuerst nicht ganz, wehalb diese so mäßigkeitsfreudigen Bürger sich nicht damit zufrieden geben, im Kreise ihrer Familie Wasser zu trinken.

Ich habe schließlich verstanden, daß diese hunderttausend Amerikaner, die durch die Ausbreitung der Trunksucht in ihrer Umwelt erschreckt waren, der Mäßigkeit ihren Schutz gewähren wollten. Sie handelten genauso wie ein großer Herr, der sich sehr schlicht kleidet, um damit dem einfachen Bürger die Geringschätzigkeit des Luxus beizubringen. Wären diese hunderttausend Menschen in Frankreich zu Hause, so ist anzunehmen, daß sich jeder einzeln an die Regierung gewandt hätte, um sie zu bitten, die Wirtshäuser im ganzen Gebiet des Königreiches zu überwachen.

Meines Erachtens verdient nichts eine größere Aufmerksamkeit als die zu geistigen und sittlichen Zwecken gegründeten Vereine Amerikas. Die politischen und gewerblichen Verbände der Amerikaner fallen uns leicht auf; die andern aber entgehen uns; und wenn wir sie entdecken, so verstehen wir sie schlecht, weil wir etwas Derartiges fast nie gesehen haben. Sie sind indessen, wie man zugeben muß, dem amerikanischen Volke ebenso unentbehrlich wie die erstgenannten, und vielleicht sogar notwendiger.

In den demokratischen Ländern ist die Lehre von den Vereinigungen die Grundwissenschaft; von deren Fortschritten hängt der Fortschritt aller anderen ab.

Unter den Gesetzen, denen die menschlichen Gesellschaften unterstehen, gibt es eines, das genauer und klarer erscheint als alle andern. Damit die Menschen gesittet bleiben oder es werden, muß sich unter ihnen die Kunst der Vereinigung in dem Grade entwickeln und vervollkommnen, wie die gesellschaftlichen Bedingungen sich ausgleichen.

***Zentralisierung, Individualisierung und die Notwendigkeit neuer Zwischengewalten.** Obwohl sich, verglichen mit heutigen Zuständen, erst lächerlich kleine Ansätze zeigten, hat de Tocqueville die korrespondierende Entwicklung von Zentralisierung und Individualisierung als die größte Gefahr freiheitlicher Selbstverwirklichung vorhergesehen. Die befreiende Beseitigung aller feudalen Zwischengewalten droht in die Ohnmacht des vereinzelten Individuums angesichts des übermächtigen Staatsapparats und andere Großorganisationen umzuschlagen. Das Individuum, seinerseits an der eigenen sicheren Wohlfahrt interessiert, überträgt zentralen Einrichtungen mehr und mehr Befugnisse. Es droht hierbei nicht nur entlastet zu werden, sondern die Fähigkeit zu verlieren, selbst mit anderen zu handeln, also mitzubestimmen. Seine eigene (private) Integrität steht schließlich auf dem Spiel. de Tocqueville plädiert deswegen dafür, „künstlich" als Balance neue lokale und regionale Zwischengewalten zu schaffen, die Bürokratie zu demokratisieren, strikt auf angemessenere Formen der Freiheitsrechte zu achten u. ä. m. Wer heute auf **das** Verfassungsproblem unserer Zeit achtet, die Weltmarktdynamik einerseits, die die Definitionsmächte unseres Schicksals in ungreifbare Ferne rückt, und die immer feinere Auflösung sozialer Zusammenhänge andererseits, die vor allem durch technische Ersatzformen übernommen werden, wird in den Gedankenstapfen de Tocquevilles praktisch weiterphantasieren müssen.*
(S. 93-95, 800-803, 808-809, 814-817; auszugsweise)

Alexis de Tocqueville

Gewaltenteilung / Zwischengewalten

Obwohl alle demokratischen Völker aus innerem Antrieb die Zentralisierung der Gewalten betreiben, geschieht dies doch auf ungleiche Weise. Dies hängt von den besonderen Umständen ab, die die Gesellschaftsordnung in ihren natürlichen Wirkungen fördern oder hemmen können. Solche Umstände gibt es sehr viele; ich werde nur einige erwähnen.

Bei den Menschen, die lange frei gelebt haben, ehe sie gleich wurden, widerstreiten die Instinkte, die die Freiheit geweckt hat, bis zu einem gewissen Punkt den Neigungen, die die Gleichheit erzeugt; und obwohl die Zentralgewalt ihre Vorrechte bei ihnen vermehrt, verlieren die einzelnen ihre Unabhängigkeit nie ganz.

Entwickelt sich aber die Gleichheit in einem Volke, das die Freiheit nie gekannt hat oder sie seit langem nicht mehr kennt, wie wir das auf dem europäischen Erdteil sehen, so scheinen alle Gewalten von selbst dem Mittelpunkte zuzustreben; denn die früheren Gewohnheiten des Volkes verbinden sich plötzlich durch eine Art natürlicher Anziehung mit den neuen Gewohnheiten und Lehren, die die Gesellschaftsordnung erzeugt; sie häufen sich da mit einer überraschenden Schnelligkeit, und der Staat gelangt auf einen Schlag bis an die äußersten Grenzen seiner Kraft, wogegen sich die einzelnen augenblicklich auf die tiefste Stufe der Schwäche hinabfallen lassen.

Die Engländer, die vor drei Jahrhunderten in den Einöden der Neuen Welt eine demokratische Gesellschaft begründeten, hatten sich im Mutterland alle daran gewöhnt, an den öffentlichen Angelegenheiten teilzunehmen; sie kannten das Geschworenenkollegium; sie hatten die Rede- und Pressefreiheit, die Freiheit der Person, den Begriff des Rechts und den Brauch seiner Anrufung. Sie übertrugen diese freiheitlichen Einrichtungen und kraftvollen Sitten nach Amerika und verteidigten sie gegen die Übergriffe des Staates.

Bei den Amerikanern ist also die Freiheit die ältere Sache; die Gleichheit ist verhältnismäßig neu. Das Gegenteil geschieht in Europa, wo die Gleichheit, durch die unumschränkte Gewalt und unter dem Blick der Könige eingeführt, in die Gewohnheit der Völker schon lange eingedrungen war, bevor die Vorstellung der Freiheit bei ihnen Eingang fand.

Ich sagte, daß in den demokratischen Völkern die Regierung dem menschlichen Geist naturgemäß nur in Gestalt einer einzigen und zentralen Gewalt entgegentritt und daß die Zwischengewalten ihm nicht vertraut sind. Das trifft namentlich für die demokratischen Nationen zu, die gesehen haben, wie der Grundsatz der Gleichheit mit Hilfe einer gewaltsamen Revolution siegte. Die Klassen, die die örtlichen Geschäfte in Händen hatten, gingen plötzlich in diesem Sturm unter, und da die übriggebliebene wirre Masse weder bereits die geordneten Verhältnisse noch die Gewohnheiten besitzt, die ihr erlauben, die Verwaltung eben dieser Geschäfte zu übernehmen, sieht man nur noch den Staat selbst, der sich mit der Regierung in allen Einzelheiten befassen kann. Die Zentralisierung drängt sich gewissermaßen auf. (...)

So entwickelt sich in einem demokratischen Volk die Zentralregierung nicht bloß aus dem Fortschritt der Gleichheit, sondern auch gemäß der Art, wie diese Gleichheit begründet wird.

Wenn eine große demokratische Revolution sich anbahnt und wenn der Kampf zwischen den verschiedenen Klassen eben erst ausgebrochen ist, bemüht sich das Volk, die öffentliche Verwaltung in den Händen der Regierung zu zentralisieren, um der Aristokratie die Führung der örtlichen Geschäfte zu entreißen. Gegen Ende dieser selben Revolution ist es jedoch die besiegte Aristokratie, die die Leitung aller Geschäfte dem Staat zu übertragen sucht, weil sie die Tyrannei des Volkes fürchtet, das ihr gleichgestellt und oft ihr Herrscher geworden ist.

So ist es nicht immer die gleiche Klasse von Bürgern, die darauf aus ist, die Vorrechte der Staatsgewalt zu mehren; solange jedoch die demokratische Revolution fortdauert, findet sich in der Nation immer eine durch Zahl oder Reichtum mächtige Klasse, die aus besonderer Leidenschaft und aus privatem Antrieb einer Zentralisierung der öffentlichen Verwaltung zustrebt, unabhängig vom Haß gegen die Regierung des Nachbarn, der allgemein und dauernd in den demokratischen Völkern lebt. (...)

Das Vorangegangene macht es leicht verständlich, weshalb in einem demokratischen Volk, das durch eine lange und mühsame soziale Arbeit zur Gleichheit gelangte, die staatliche Gewalt immer stärker und der einzelne schwächer sein muß als in einer demokratischen Gesellschaft, in der von Anfang an eine Gleichheit der Bürger bestand. Das wird vollends durch das Beispiel der Amerikaner bewiesen.

Die Menschen, die in den Vereinigten Staaten wohnen, waren nie durch irgendein Vorrecht getrennt; sie haben die Wechselbeziehung zwischen Untergebenen und Herren nie gekannt, und da sie einander weder hassen noch fürchten, fühlten sie nie das Bedürfnis, das Staatsoberhaupt zur Lenkung der Einzelheiten ihrer Geschäfte zu berufen. Das Schicksal der Amerikaner ist eigenartig: von der Aristokratie Englands übernahmen sie die Vorstellung vom Recht des einzelnen und den Sinn für die lokalen Freiheiten; und beides vermochten sie zu bewahren, weil sie keine Aristokratie zu bekämpfen hatten.

Wenn zu allen Zeiten die Bildung den Menschen eine Hilfe ist, um ihre Unabhängigkeit zu verteidigen, so trifft dies für die demokratischen Zeiten vor allem zu. Wenn alle Menschen sich ähnlich sind, so ist es leicht, eine einzige und allmächtige Regierung zu errichten; die natürlichen Antriebe genügen. Die Menschen brauchen aber viel Verstand, Wissen und Können, um unter den gleichen Umständen mittelbare Gewalten zu schaffen und zu erhalten und angesichts der Unabhängigkeit und Schwäche der einzelnen Bürger freie Vereinigungen zu bilden, die imstande sind, ohne Zerstörung der Ordnung gegen die Tyrannei zu kämpfen.

Die Ballung der Gewalten und die Knechtschaft der einzelnen werden also in den demokratischen Völkern nicht nur im gleichen Verhältnis wie die Gleichheit, sondern infolge der Unwissenheit zunehmen. (...)

Seit einem halben Jahrhundert hat Europa viele Revolutionen und Gegenrevolutionen durchgemacht, die es in entgegengesetzter Richtung bewegten. Alle diese Bewegungen gleichen sich aber in einem Punkte: alle haben die Gewalten zweiter Ordnung entwurzelt oder vernichtet. Lokale Vorrechte, die die französische Nation in den von ihr eroberten Ländern nicht abgeschafft hatte, sind schließlich den Anstrengungen der Fürsten erlegen, die Frankreich besiegt haben. Diese Fürsten haben alle Neuerungen, die die Revolution bei ihnen eingeführt hatte, aufgehoben, die Zentralisierung ausgenommen: sie ist das einzige, was sie von ihr beizubehalten gewillt waren.

Was ich bemerken will ist, daß alle diese unterschiedlichen Rechte, die in unserer Zeit nacheinander den Klassen, den Körperschaften, den Menschen entrissen worden sind, nicht dazu dienten, neue Gewalten zweiter Ordnung auf demokratischer Grundlage zu errichten; vielmehr wurden sie von überall her in den Händen des Herrschers vereinigt. Allenthalben beginnt der Staat von sich aus mehr und mehr auch die letzten Bürger zu lenken und jeden von ihnen in den geringfügigsten Angelegenheiten allein zu führen.

Fast alle Wohlfahrtseinrichtungen des alten Europa befanden sich in den Händen von Privatleuten oder von Genossenschaften; sie sind alle mehr oder weniger von der obersten Staatsgewalt abhängig geworden, und in mehreren Ländern werden sie von ihr verwaltet. Der Staat ist es, der es fast allein unternommen hat, den Hungernden Brot, Hilfe, den Kranken Unterkunft, den Müßigen Arbeit zu verschaffen; er hat sich zum beinahe alleinigen Helfer in allen Nöten ernannt. (...)

Nicht allein hat sich die Gewalt des Herrschers, wie wir eben gesehen haben, im gesamten Umkreis der einstigen Gewalten ausgebreitet; dieser ist zu eng, um sie alle zu umspannen; die Gewalt des Herrschers überschreitet ihn nach allen Seiten und dehnt sich auf das Gebiet aus, das bis dahin der Unabhängigkeit des einzelnen vorbehalten blieb. Eine Menge Handlungen, die früher der Überwachung durch die Gesellschaft völlig entzogen waren, sind dieser heutzutage unterworfen worden, und ihre Zahl wächst fortwährend.

Bei den aristokratischen Völkern gab sich die staatliche Gewalt gewöhnlich damit zufrieden, die Bürger in all den Dingen zu lenken und zu überwachen, die sich unmittelbar und offensichtlich auf das Wohl der Nation bezogen; sie überließ sie in allem übrigen ohne weiteres ihrem freien Willen. In diesen Völkern schien die Regierung oft zu vergessen, daß es einen Punkt gibt, wo die Fehler und die Nöte der einzelnen das Allgemeinwohl in Mitleidenschaft ziehen, und daß es oft zur öffentlichen Aufgabe wird, den Zusammenbruch eines einzelnen zu verhindern.

Die demokratischen Nationen unserer Zeit neigen zur entgegengesetzten Übertreibung.

Die meisten unserer Fürsten wollen augenscheinlich nicht nur das ganze Volk beherrschen; sie scheinen sich verantwortlich zu halten für das Tun und das Einzelschicksal ihrer Untergebenen, als gingen sie darauf aus, jeden von ihnen in den verschiedenen Handlungen seines Lebens zu lenken und zu belehren und ihn nötigenfalls wider seinen Willen glücklich zu machen.

Ihrerseits betrachten die einzelnen mehr und mehr die Staatsgewalt im selben Lichte; in all ihren Nöten rufen sie ihre Hilfe an, und immerzu heften sie ihre Blicke auf sie wie auf einen Lehrer oder einen Führer.

Es gibt, behaupte ich, in Europa kein Land, in dem die öffentliche Verwaltung nicht nur zentralisierter, sondern zudringlicher und umständlicher geworden wäre; überall dringt sie tiefer als früher in die privaten Angelegenheiten ein; sie entscheidet nach ihrer Weise über zahlreiche größere über kleinere Handlungen, und sie nistet sich täglich mehr neben, um und über jeden einzelnen ein, um ihm beizustehen, ihn zu beraten und ihn zu zwingen. (...)

Je mehr die Menschen sich vermischen und die gesellschaftlichen Bedingungen sich ausgleichen, um so mehr Geldmittel, Bildung und Begehren hat der Arme. Er nimmt sich vor, sein Los zu verbessern, und er sucht dies durch Sparen zu erreichen. Das Sparen schafft also täglich eine unabsehbare Zahl kleiner Kapitalien, langsam und fortschreitend gewonnene Früchte der Arbeit; sie nehmen beständig zu. Die allermeisten trügen nichts ein, wenn sie zerstreut blieben. Das hat Anlaß gegeben zum Entstehen einer philanthropischen Einrichtung, die, wenn ich mich nicht täusche, bald eine unserer größten politischen Einrichtungen werden wird. Wohltäter sind auf den Gedanken verfallen, die Ersparnisse des Armen zu sammeln und deren Ertrag zu nutzen. In einigen Ländern sind diese Wohlfahrtsvereine völlig vom Staat getrennt geblieben; aber in fast allen zeigen sie offensichtlich die Neigung, in ihm aufzugehen, und es gibt sogar einige, in denen die Regierung an deren Stelle getreten ist und die Riesenaufgabe übernommen hat, an einer einzigen Stelle das tägliche Spargut mehrerer Millionen von Arbeitenden zu vereinigen und es allein durch ihre Hände nutzbringend anzulegen.

So zieht der Staat durch die Anleihen das Geld der Reichen an sich, und durch die Sparkassen verfügt er nach seinem Belieben über den Groschen des Armen. Unaufhörlich fließen seinen Händen die Reichtümer des Landes zu; sie häufen sich hier um so mehr, je mehr die gesellschaftliche Einebnung zunimmt, denn in einem demokratischen Volke flößt nur der Staat dem einzelnen Vertrauen ein, weil er allein eine gewisse Stärke und Dauer zu besitzen scheint. (...)

Sollte der Leser finden, die zur Bestätigung meiner Worte angeführten Beispiele seien unzureichend oder schlecht gewählt (einige Beispiele wurden aus Platzgründen gestrichen, d.Hrsg.); denkt er, ich hätte an irgendeiner Stelle das Anwachsen der Sozialgewalt übertrieben und den Bereich der Unabhängigkeit des einzelnen im Gegensatz dazu allzusehr eingeengt, dann bitte ich ihn, das Buch einen Augenblick wegzulegen und die Dinge selber zu bedenken, die ich ihm darzulegen suchte. Er möge das tägliche Geschehen bei uns auch außerhalb aufmerksam prüfen; er befrage seine Nachbarn; er betrachte endlich sich selbst; ich müßte mich sehr täuschen, wenn er ohne Führer und auf andern Wegen nicht dahin gelangte, wohin ich ihn führen wollte.

Er wird bemerken, daß die Zentralisierung im eben verflossenen halben Jahrhundert auf tausenderlei verschiedene Arten zugenommen hat. Die Kriege, die Revolutionen, die Eroberungen haben ihre Entwicklung gefördert; alle Menschen haben für ihr Wachstum gearbeitet. In der gleichen Zeitspanne, in der sie einander an der Spitze der Geschäfte mit unglaublicher Schnelligkeit ablösten, haben sich ihre Anschauungen, ihre Interessen, ihre Leidenschaften unabsehbar gewandelt; alle aber wollten sie auf irgendeine Art zentralisieren. Der Drang zur Zentralisierung war gleichsam der einzige feste Punkt in der eigentümlichen Bewegtheit ihres Daseins und ihres Denkens.

Und wenn der Leser, nachdem er diese Einzelheit der menschlichen Angelegenheit geprüft hat, deren großes Gemälde als Ganzes übersehen will, wird er überrascht innehalten.

Einerseits sind die gefestigtsten Dynastien erschüttert oder vernichtet; überall entziehen sich die Völker gewaltsam der Herrschaft ihrer Gesetze; sie zerstören oder beschränken das Ansehen ihrer Herren oder ihrer Fürsten; alle Nationen, die sich nicht in einer Revolution befinden, erscheinen zumindest von Unruhe und Ungeduld erfaßt; ein gleicher Geist des Aufruhrs bewegt sie. Und andererseits vermehrt die Sozialgewalt in dieser selben Zeit der Anarchie und bei denselben so unlenksamen Völkern fortwährend ihre Vorrechte; sie zentralisiert sich immer mehr, wird unternehmender, unumschränkter, ausgedehnter. Die Bürger geraten immerzu unter die Kontrolle der öffentlichen Verwaltung; sie werden unmerklich und gleichsam unwissentlich gedrängt, ihr täglich einige weitere Teile ihrer persönlichen Unabhängigkeit zu opfern, und diese selben Leute, die ab und zu einen Thron stürzen und Könige mit Füßen treten, fügen sich widerstandslos den geringsten Launen eines Schreiberlings.

So scheinen demnach zwei entgegengesetzte Umwälzungen heutzutage vor sich zu gehen: die eine schwächt die Gewalt fortwährend; die andere verstärkt sie unaufhörlich; zu keiner Zeit unserer Geschichte erschien sie so schwach und so stark. (...)

Unsere Zeitgenossen werden immerfort durch zwei feindliche Leidenschaften bedrängt: sie haben das Bedürfnis, geführt zu werden, und das Verlangen, freizubleiben. Da sie weder den einen noch den andern dieser entgegengesetzten Triebe ausrotten können, trachten sie, beide zu gleicher Zeit zu befriedigen. Sie denken sich eine einzige, schützende, allmächtige Macht aus, die jedoch von den Bürgern gewählt wird. Sie verquicken die Zentralisierung und die Volkssouveränität. Das verschafft ihnen eine gewisse Erleichterung. Sie nehmen die Bevormundung hin, indem sie sich sagen, daß sie ihre Vormünder selber ausgewählt haben. Jeder duldet, daß man ihn fessle, weil er sieht, daß weder ein Mann noch eine Klasse, sondern das Volk selbst das Ende der Kette in Händen hält.

Bei dieser Ordnung der Dinge treten die Bürger einen Augenblick aus ihrer Abhängigkeit heraus, um ihren Herrn zu bezeichnen, und kehren wieder in sie zurück.

Es gibt heutzutage viele Leute, die sich mit dieser vermittelnden Form zwischen Verwaltungsdespotie und Volkssouveränität sehr leicht abfinden und die wähnen, die Freiheit der einzelnen gesichert zu haben, wenn sie sie der Nationalgewalt ausliefern. Mir genügt das nicht. Es kommt mir auf die Art des Herrn weit weniger an als auf den Gehorsam.

Ich will indessen nicht bestreiten, daß eine solche Verfassung bei weitem den Vorzug verdient vor einer, die nach der Konzentration aller Gewalten diese in die Hände eines nicht verantwortlichen Mannes oder einer ebensolchen Körperschaft legte. Unter all den verschiedenen Formen, die der demokratische Despotismus annehmen könnte, wäre dies gewiß die ärgste.

Ist der Souverän wählbar oder wird er durch eine tatsächlich wählbare und unabhängige gesetzgebende Gewalt genau überwacht, so ist die Unterdrückung, die er die einzelnen erdulden läßt, manchmal größer; sie ist aber stets weniger entwürdigend, weil sich jeder Bürger, während man ihn bedrückt und zur Ohnmacht verurteilt, noch einbilden kann, daß er sich nur sich selber unterwirft, wenn er gehorcht, und daß er der einen seiner Willensäußerungen sämtliche andern opfert.

Ebenso verstehe ich, daß da, wo der Souverän das Volk vertritt und von ihm abhängig ist, die Kräfte und Rechte, die man jedem Bürger wegnimmt, nicht allein dem Staatsoberhaupt, sondern dem Staate selbst zugute kommen, und daß die einzelnen aus dem Opfer ihrer Selbstständigkeit, das sie der Öffentlichkeit gebracht haben, einen gewissen Nutzen ziehen.

In einem stark zentralisierten Lande eine Volksvertretung einzuführen, heißt also das Übel vermindern, das die übertriebene Zentralisierung verursachen kann, nicht aber es beseitigen.

Ich sehe wohl, daß man auf diese Weise die Einmischung des einzelnen in die wichtigsten Angelegenheiten beibehält; aber in den kleinen und in den privaten Anliegen hebt man sie nicht minder auf. Man vergißt, daß vor allem in den Einzeldingen die Knechtschaft der Menschen gefährlich ist. Ich wäre persönlich geneigt zu glauben, daß die Freiheit in den großen Dingen weniger nötig ist als in den kleinen, wenn ich dächte, man könne je der einen gewiß sein, ohne die andere zu besitzen.

Die Abhängigkeit in den kleinen Angelegenheiten des Lebens zeigt sich jeden Tag und wird allen Bürgern unterschiedslos fühlbar.

Sie bringt sie nicht zur Verzweiflung; aber sie ärgert sie fortwährend und verleidet ihnen die Betätigung ihres Willens. Sie löscht sie geistig allmählich aus und zermürbt sie seelisch, wogegen der Gehorsam, der nur für eine kleine Zahl sehr ernster, jedoch äußerst seltener Anlässe geschuldet wird, die Knechtschaft nur ab und zu sichtbar macht und bloß auf bestimmten Menschen lastet. Vergeblich gibt man diesen gleichen Bürgern, die man derart von der Zentralgewalt abhängig werden ließ, den Auftrag, von Zeit zu Zeit die Vertreter dieser Gewalt zu wählen; diese so notwendige, aber so kurze und so seltene Betätigung ihres freien Willens verhindert nicht, daß sie die Fähigkeit selbständigen Denkens, Fühlens und Handelns nach und nach einbüßen und daß sie dergestalt Schritt für Schritt unter die Stufe des Menschentums hinabsinken.

Ich füge hinzu, daß sie bald außerstande sein werden, das große und einzige Vorrecht auszuüben, das ihnen verbleibt. Die demokratischen Völker, die die Freiheit in den politischen Bereich einführten, während sie gleichzeitig den Despotismus im Verwaltungsbezirk steigerten, sind auf recht seltsame Absonderlichkeiten verfallen. Geht es um die Erledigung kleinerer Angelegenheiten, wo der einfache, gesunde Menschenverstand ausreicht, so halten sie die Bürger dazu für unfähig; handelt es sich um die Regierung des ganzen Staates, so übertragen sie diesen Bürgern gewaltige Vorrechte; sie machen aus ihnen abwechselnd Spielzeuge des Souveräns und seiner Herren, mehr als Könige und weniger als Menschen. Nachdem sie die sämtlichen verschiedenen Wahlverfahren erschöpft haben, ohne ein geeignetes zu finden, verwundern sie sich und suchen weiter; als ob das Übel, das sie bemerken, nicht weit mehr von der Verfassung des Landes als von der des Wahlkörpers abhinge. In der Tat ist es schwer, sich auszudenken, wie es Menschen, die auf die Gewohnheit eigener Lenkung völlig verzichtet haben, gelingen könnte, diejenigen richtig auszuwählen, die sie führen sollen; und man wird uns nicht glauben machen, daß eine freiheitliche, tatkräftige und weise Regierung jemals aus den Wahlen eines Volkes von Knechten hervorgehen kann.

Eine Verfassung, deren Spitze republikanisch und deren sämtliche übrige Teile ultra-monarchisch wären, ist mir immer als ein kurzlebiges Ungeheuer erschienen. Die Laster der Regierenden und die Dummheit der Regierten hätten sehr bald ihren Untergang zur Folge; und das Volk, seiner Vertreter und seiner selbst überdrüssig, schüfe freiheitlichere Einrichtungen oder würfe sich bald erneut einem einzigen Herrn vor die Füße.

Hannah Arendts Buch „Über die Revolution" (s.S.134) handelt am Beispiel eines Vergleichs der nordamerikanischen mit der französischen Revolution durchgehend von Verfassungsfragen. So sehr ihre Interpretation im einzelnen ob ihrer fraglichen historischen Genauigkeit umstritten ist, so aufrüttelnd und denkanstoßend ist sie doch, denkt man an die Schwierigkeiten und Widersprüche gegenwärtiger liberal-demokratischer Verfassungen und erkennt das Erfordernis, sie neu zu formulieren und zu installieren.
In dem ersten Auszug unterstreicht Hannah Arendt, daß beide Revolutionen die Orientierung an einem ***öffentlichen*** *Freiheitsbegriff verbindet. Zugleich wird am ansonsten unterschiedlichen Schicksal beider Verfassungen einsichtig, wie rasch der revolutionäre politische Elan versandete, sich privatisierte, sich einseitig konzentrierte und die Verfassungswirklichkeit Ferdinand Lassalles späterer Diagnose Recht zu geben scheint: „Verfassungsfragen sind Machtfragen".*
Darum, so führt Hannah Arendt im zweiten ausgewählten Stück aus, kam Thomas Jefferson, der wohl am meisten demokratisch engagierte der amerikanischen Verfassungsväter, auf den freilich nicht praktikablen Gedanken, die Verfassung periodisch zu erneuern. Denn er erkannte früh das geradezu radikale, nämlich die Wurzel berührende ***Dilemma repräsentativer Demokratie.*** *Wie kann diese Regierungsform ihrem Substantiv, also ihrer demokratischen Grundlage genügen? Worin besteht der Stellenwert des viel berufenen „Volkes" und seiner angeblich grundlegenden, nämlich durchweg legitimierenden Souveränität, wenn die Bevölkerung auf punktuell-isolierte periodische Wahlakte beschränkt bleibt? Volkssouveränität bezeichnet dann nichts anderes als einen Legitimationsakt.*
In der an dritter Stelle abgedruckten Passage bricht Hannah Arendt deswegen eine Lanze für den historisch dem Anscheine nach endgültig ausgewrungenen Gedanken der ***Räteverfassung*** *als eines politischen Prinzips. Wäre es nicht an der Zeit, der konservativ-liberalen und liberal-radikalen Hannah Arendt vorurteilslos und ohne verlängerte antikommunistische Angst – als hätten die Parteikommunisten je etwas mit dem Räteprinzip im Sinn gehabt – zu folgen und darüber nachzusinnen, ob nicht manche Aspekte des Räteprinzips vorwärts gerettet werden müßten angesichts der strukturellen Krise des Parteienstaats?*
Im letzten kurzen Absatz berührt Hannah Arendt das ***Problem Freiheit und umgrenzter Raum,*** *das angesichts der heutigen Globalität, der dauernden Entgrenzung, der sich fast täglich selbst überholenden Mobilität geradezu politisch existentiell geworden ist: Was geschieht mit demokratisch-freiheitlicher Politik, wenn sie keinen begrenzten, Teilnahme und Orientierung erlaubenden Raum mehr besitzt? Wieweit sind, anders gefragt, gegenwärtig begrenzte Verfassungen noch bedeutsam, wieweit bestimmen sie noch das öffentliche (und private) Verhalten der Repräsentierenden und der Repräsentierten, wenn es fast keine „Außenflanken" mehr gibt?*
(Hannah Arendt: Über die Revolution, München 1974, S. 159-162, 170-171, 226-227, 301-306, 341-344, 346, 347; auszugsweise)

Hannah Arendt

Öffentliche Freiheit

(...) Um so größer ist ihre Bedeutung (die der französischen Literatur des 18. Jahrhunderts, d.Hrsg.) für die Vorbereitung der Revolutionen; und sie liegt nahezu ausschließlich darin, daß sie nicht von „Freiheit" im allgemeinen, sondern ausdrücklich von *»öffentlicher Freiheit«* sprachen. Das zeigt an, daß sich in ihrem Denken der Begriff von Freiheit überhaupt gewandelt hatte, und daß es sich hier nicht um den freien Willen oder das in Freiheit vollzogene Denken handeln kann, wie wir es aus der Geschichte der Philosophie seit Augustin kennen. Die öffentliche Freiheit war eben nicht jene Innerlichkeit, in die man sich vor dem Druck der Welt beliebig zurückziehen kann, und sie war auch nicht das *liberum arbitrium,* die Freiheit der Wahl unter vorgegebenen Möglichkeiten. Die Freiheit, für die diese Männer eintraten, konnte es nur im Bereich des Öffentlichen geben; sie war eine weltliche, greifbare, von Menschen erstellte Wirklichkeit, und nicht ein Geschenk oder eine der Realisierung harrende Fähigkeit. Sie war in anderen Worten der öffentliche Raum oder die ἀγορά, wie wir sie aus der Antike kennen, der hergestellte, weithin sichtbare Versammlungsplatz freier Männer und somit der Erscheinungsraum der Freiheit überhaupt.

Aber auch wenn wir von dem philosophischen Freiheitsbegriff, von dem hier nicht die Rede sein kann, absehen und nur an die bürgerlichen Rechte und Freiheiten denken, die persönlicher Natur sind und politisch garantiert werden müssen, so ist klar, daß öffentliche Freiheit noch etwas anderes meinen mußte. (...)

Unter modernen Bedingungen ist der Akt der Gründung identisch mit dem Erlassen einer Verfassung, und die Einberufung von verfassunggebenden Versammlungen ist zu Recht zum Wahrzeichen von Revolution überhaupt geworden, seit die Unabhängigkeitserklärung in allen amerikanischen Kolonien das Erlassen geschriebener Verfassungen zur Folge hatte, um dann schließlich in der Verfassung des Staatenbundes zur Gründung der Vereinigten Staaten zu führen. Diese amerikanische Entwicklung dürfte dann auch für den berühmten Ballhaus-Schwur mitverantwortlich gewesen sein, in dem der Dritte Stand erklärte, nicht wieder auseinanderzugehen, bevor nicht die Verfassung schwarz auf weiß vorlag und vom König ordnungsgemäß akzeptiert war. Das unselige Schicksal dieser ersten französischen Verfassung ist aber nicht weniger zum Wahrzeichen von Revolution geworden wie die Verfassung selbst; der König akzeptierte sie nicht und brauchte sie nicht anzunehmen, denn sie war von der Nation im ganzen weder in Auftrag gegeben noch ratifiziert – es sei denn, man sähe in dem Pfeifen und Klatschen der Galerie, welche die Beratungen der Nationalversammlung begleiteten, den gültigen Ausdruck des Volkswillens und die Bestätigung der Verfassung. Und das klingt wie Hohn, wenn man an die ausführlichen Debatten in den Volksversammlungen denkt, die in Amerika der Ratifizierung der Verfassung vorangingen. Die erste europäische Verfassung war die von 1791, und sie war bereits jener *„Fetzen Papier"*, der eine größere Rolle in der Verfassungsgeschichte als in den politischen Ereignissen des Landes spielte. Bevor sie auch nur in Kraft getreten war, hatte sie ihr Ansehen im Volk bereits eingebüßt, und der Gang der Dinge gab dem Volk recht; denn im Zeitraum von wenigen Jahren und Jahrzehnten brach jetzt eine wahre Lawine von Verfassungen über das Land herein, die bis ins zwanzigste Jahrhundert anhielt, und das Ergebnis ist, daß von dem ursprünglichen konstituierenden Sinn dieses „Instruments" so gut wie nichts im Bewußtsein der Völker übriggeblieben ist. Die Vertreter der französischen Nationalversammlung hatten sich aus eigener Machtvollkommenheit zu einer in Permanenz tagenden Körperschaft erklärt, und als sie fertig waren, dachten sie gar nicht daran, das Resultat ihrer Entschlüsse und Beratungen vor das Volk zu bringen und im Lande zur Diskussion zu stellen; das wäre auch sehr schwer gewesen, da es in Frankreich gar keine Institutionen gab, in denen das Volk sich zu solchen Zwecken hätte versammeln können. So lag es für die Delegierten in der Tat nahe, sich von allen konstitutionierenden Mächten, die ihre Position hätten legitimieren und ihre Beschlüsse ratifizieren können, unabhängig zu machen. Aber das Ergebnis war, daß sie, statt Gründer oder gründende Väter zu werden, die Ahnherren von Generationen von Politikern und Fachleuten wurden, die sich mit um so größerer Vorliebe mit dem Ausdenken aller möglichen Konstitutionen beschäftigten, je weiter sie von der Macht und dem Einfluß auf den wirklichen Gang der Dinge entfernt waren. In dieser Entwicklung verlor der Akt der Verfassungsgebung an Gewicht und Bedeutung, bis schließlich jedermann bei der bloßen Erwähnung einer Verfassung an mangelnden Realitätssinn dachte, an eine Überbetonung des formal Juristischen im Bereich der Politik.

Wir stehen immer noch im Bann dieser Entwicklung, und es fällt uns daher schwer zu verstehen, daß Revolution, Verfassung und Gründung Teilaspekte des gleichen Phänomens sind. Den Männern des achtzehnten Jahrhunderts aber war es noch selbstverständlich, daß nur eine Verfassung die Grenzen des neuen politischen Bereichs und die in ihm geltenden Regeln festlegen kann, daß sie vor der Aufgabe standen, einen neuen politischen Raum zu gründen und auszubauen, in welchem dann die „Leidenschaft für politische Freiheit" oder der „Verfolg des öffentlichen Glücks" sich in Zukunft entfalten konnte, in der Hoffnung, daß der in der Revolution geborene „revolutionäre Geist", der sie beseelte, das Ende der Revolution überdauern möge. Doch selbst in Amerika, wo ja die Revolution ihr unmittelbares Ziel, die Gründung eines neuen politischen Gemeinwesens, erreichte, ist es nicht gelungen, diese gleichsam zweite Aufgabe der Revolution zu erfüllen und den Geist und die Prinzipien des Gründungsakts in dauernden Institutionen festzuhalten. Und dies war die Aufgabe, der vor allem Jefferson so entscheidende Bedeutung beimaß, daß er meinte, das neue Gemeinwesen würde ein Scheitern in dieser Hinsicht nicht überleben können. (...)

Wie immer es um diese Dinge bestellt sein mag, sicher ist, daß die Unabhängigkeitserklärung zwar den Unterschied zwischen privatem und öffentlichem Glück verwischt, aber dabei den Begriff von einem öffentlichen Glück nicht einfach aufgegeben hat. Die Formel *pursuit of happiness* hat dort zumindest noch eine doppelte Bedeutung und meint sowohl das Recht, ungehindert von staatlichen Eingriffen die eigene private Wohlfahrt zu verfolgen, wie das Recht des Bürgers, in den öffentlich-politischen Raum zugelassen zu werden als „Teilnehmer an öffentlichen Angelegenheiten". Dabei darf man aber nicht übersehen, wie außerordentlich schnell diese zweite Bedeutung in Vergessenheit geriet und die Glücksformel gebraucht wurde, als hätte es nie ein Adjektiv gegeben, das ihr überhaupt erst Sinn verlieh. Was sich in dieser Umformung des ursprünglichen Sinns anzeigt, ist, daß die Amerikanische Revolution in einer Beziehung nicht besser gefahren ist als die Französische, daß es ihr nämlich trotz aller äußeren, wahrhaftig nicht gering zu veranschlagenden Erfolge nicht gelungen ist, den eigentlich revolutionären Geist dieser Jahrzehnte und die Prinzipien, die damals manifest wurden, zu bewahren und vor dem Vergessen zu sichern.

Diese Niederlage des revolutionären Geistes vollzog sich, wie wir wissen, in Frankreich in der Form großer Tragödien. Die notleidenden, unterdrückten und ausgebeuteten Massen, die glaubten, die Stunde der Befreiung habe endlich geschlagen, eilten den Männern zuhilfe, die im Begriff standen, der Freiheit einen Raum zu schaffen, und das Ergebnis war, daß jedermann einsah und einsehen mußte, daß Befreiung von Elend und Not den Vorrang hat vor politischer Freiheit, und im Drang dieser verzweifelten Notwendigkeit vergaß und vielleicht vergessen mußte, was sie alle ursprünglich für ihre Hauptaufgabe gehalten hatten, die Gestaltung einer Verfassung. Wieder spricht Tocqueville das Wesentliche am klarsten aus, wenn er anmerkt, daß „keine der Ideen und Gefühle, welche die Revolution vorbereiteten, auch so schnell wieder von der Bildfläche verschwunden ist wie der Begriff der öffentlichen Freiheit und der Geschmack an ihr". Erklärt sich nicht aber auch Robespierres tiefer Widerwille dagegen, „den Kampf der Freiheit gegen die Tyrannei zu beenden", seine offenbare Furcht vor dem Augenblick, wenn „die Unwetter der Revolution glücklich überstanden sein werden", aus der Überzeugung, es sei „das Ziel der revolutionären Regierung, die Republik zu gründen", „das Ziel des Verfassungsstaates aber, die Republik zu erhalten"? Denn hieraus folgte, daß „der Verfassungsstaat es wesentlich mit bürgerlicher Freiheit, die revolutionäre Regierung aber mit öffentlicher Freiheit" zu tun hat. Mußte er nicht fürchten, das Ende der Revolution und der Beginn einer konstitutionellen Regierung würden der „öffentlichen Freiheit" ein Ende bereiten? War die Sorge nicht berechtigt, daß nach Abschluß der Revolution dieser neue öffentliche Raum, der so plötzlich in Erscheinung getreten war und sie alle mit dem, was in ihm möglich war – dem Glück des Handelns und der Freiheit –, überwältigt hatte, in der Normalität gesicherter bürgerlicher Rechte und täglicher Regierungsgeschäfte sehr schnell wieder absterben und zugrunde gehen werde?

Robespierre hatte recht und unrecht. Er hatte recht, daß die Gründung einer Republik das Ziel und Ende der Revolution ist und daß im Mittelpunkt jeder republikanischen Regierung die Sorge um die Erhaltung der Republik steht. Aber diese Sorge gerade schließt die Sorge um die Erhaltung der öffentlichen Freiheit ein, während der Schutz der bürgerlichen Rechte für die Republik nicht spezifisch ist, sondern in jeder legitimen Staatsform garantiert sein muß. Über diese Dinge wußte man in Amerika, wo die Revolution es mit der „begrenzten", nämlich konstitutionellen Monarchie Englands und nicht mit dem französischen Absolutismus zu tun hatte, erheblich besser Bescheid. Trotzdem ist auffallend, wie verwandt das Vokabular diesseits und jenseits des Ozeans noch ist. (...)

Für unsere Absicht im allgemeinen und vor allem für unseren

späteren Versuch, die wesentlichen Charaktere des revolutionären Geistes mit einiger Klarheit zu bestimmen, mag es zweckmäßig sein, uns hier bereits an eine wenn auch noch so vorläufige Übersetzung des Wesentlichen aus dieser vorrevolutionären und selbst vorkolonialen Erfahrung in die weniger direkte, dafür aber artikuliertere Sprache des politischen Denkens zu wagen. Dafür dürfte vorerst von Bedeutung sein, daß die spezifisch amerikanische Erfahrung die Männer der Revolution gelehrt hatte, daß das Handeln zwar in Vereinzelung begonnen und von wenigen Entschlußkräftigen, die sich über ihre Motive einig sind, beschlossen wird, daß es aber nur durchgeführt werden kann in einer gemeinsamen Anstrengung, welche die Vielen miteinbezieht, auf deren Motivation – ob sie z.B. ein „unerwünschtes Gesindel" sind – nichts mehr ankommen darf, daß also bei der Durchführung nur die gemeinsame Anstrengung zählt und nicht die Einheitlichkeit von Motiven, Vergangenheit und Abstammung, den entscheidenden Prärequisiten des Nationalstaats. Die gemeinsame Anstrengung gleicht die Verschiedenheit der Abstammung wie der persönlichen Qualität auf eine höchst effektive Weise aus; in ihr werden wirklich alle gleich.

In diesem Vertrauen auf die ausgleichende Wirkung des Handelns selbst dürfte auch die Wurzel des so oft und zu Recht bewunderten Realismus der gründenden Väter mit Bezug auf die menschliche Natur zu finden sein. Sie konnten es sich leisten, die französische revolutionäre Hoffnung, den „guten Menschen" außerhalb der Gesellschaft in einem eingebildeten Urzustand anzutreffen – und dies war ja immerhin die Hoffnung der Aufklärung, der auch sie angehörten –, einfach zu ignorieren. Sie konnten es sich, mit anderen Worten, leisten, illusionslos und selbst pessimistisch in ihrer Veranschlagung der Menschen als Einzelindividuen zu sein, weil sie sich darauf verließen, daß eine Gemeinschaft von „Sündern", wenn sie sich nur nach richtigen Prinzipien konstituiert hat, keineswegs notwendigerweise die sündige Seite der Menschennatur zu reflektieren braucht. (. . .)

Sie waren, was kaum je bemerkt worden ist, genau der entgegengesetzten Meinung ihrer französischen Kollegen, für welche der gesellschaftliche Zustand die Wurzel aller menschlichen Laster bildet; gerade in der menschlichen Fähigkeit, eine Gesellschaft zu bilden, sahen sie eine begründete Hoffnung auf eine Erlösung von allen durch die menschliche Schlechtigkeit verursachten Übeln, und dies war eine Erlösung im Diesseits, für welche es göttlicher Hilfe nicht bedurfte. In dieser Überzeugung von der Heilkraft menschlicher Institutionen liegt schließlich auch der Grund für den oft mißverstandenen amerikanischen Optimismus, was die Verbesserungsmöglichkeit der menschlichen Natur betrifft. Solange dieser in der Tat typische amerikanische Glaube noch frei war von Rousseauschen Einflüssen, die sich erst verhältnismäßig spät im neunzehnten Jahrhundert geltend machten, handelte es sich in ihm keineswegs um ein pseudoreligiöses Vertrauen in die Menschennatur als solche, sondern im Gegenteil um die sehr realistische, auf Erfahrung gestützte Überzeugung, daß das wechselseitige Band von Versprechungen, Verträgen und Bündnissen stark genug ist, um das naturhaft Böse in den einzelnen Individuen unter Kontrolle zu halten. Die Hoffnung auch für den Menschen in seiner Vereinzelung entspringt hier der Tatsache, daß nicht *der* Mensch, sondern *die* Menschen die Erde bewohnen und eine Welt zwischen sich errichten. So war für John Adams das überzeugendste Argument gegen das Einkammersystem die Parallele, die es mit dem Einzelmenschen aufweist: jede Singularität ist „den Lastern, Torheit und Schwächen des Individuums ausgesetzt". Der Mensch ist schlecht, das war eigentlich ihre Meinung, und nur wenn er sich mit seinesgleichen zusammenschließt, kann aus ihm noch etwas Ordentliches werden.

Eng verbunden hiermit sind gewisse Einsichten in das Wesen menschlicher Macht. Im Unterschied zur Stärke, einer Mitgift der Natur, die in verschiedenem Ausmaß jedem einzelnen in Besitz gegeben ist, entsteht Macht nur, wo viele sich zusammentun, um zu handeln; sie ist nie ein fester Besitz, sondern verschwindet, sobald die vielen, gleich aus welchen Gründen, wieder auseinandergehen oder einander im Stich lassen. Macht wird stabilisiert und in der Existenz gehalten durch die mannigfaltigen Formen des Sich-aneinander-Bindens, durch die Versprechen und Bünde und Verfassungen. Wo immer es Menschen gelingt, die Macht, die sich zwischen ihnen im Verlauf einer bestimmten Unternehmung gebildet hat, intakt zu halten, sind sie bereits im Prozeß des Gründens begriffen; die Verfassungen, Gesetze und Institutionen, die sie dann errichten, sind genau so lange lebensfähig, als die einmal erzeugte Macht lebendigen Handelns in ihnen überdauert. Gerade in der Fähigkeit, Versprechen zu geben und zu halten, offenbart sich die weltbildende Fähigkeit des Menschen. Denn so wie jedes Versprechen und jede Vereinbarung auf die Zukunft zielt, die unabsehbar und unvoraussagbar alles verschlingen würde, wenn der Mensch in sie nicht Absehbares und Voraussagbares werfen könnte, so betrifft ja auch das Gründen und Stiften wie alle anderen weltbildenden Fähigkeiten des Menschen niemals so sehr ihn selbst und seine Gegenwart als seine „Nachfolger" und „Nachkommen". Und so, wie es zur Grammatik des Handelns gehört, daß sie die einzige Fähigkeit ist, die menschliche Pluralität voraussetzt, so gehört es zu der Syntax der Macht, daß sie das einzige menschliche Attribut ist, das nicht dem Menschen selbst anhaftet, sondern dem weltlichen Zwischenraum eignet, durch den Menschen miteinander verbunden sind und den sie ausdrücklich im Gründungsakt stiften, indem sie von ihrer Versprechenskapazität Gebrauch machen, die im politischen Bereich vielleicht die höchste und bedeutendste aller menschlichen Fähigkeiten ist. (...)

Repräsentatives Prinzip und Bürgerbeteiligung

(...) Nur größte Ratlosigkeit angesichts eines wirklichen Unheils kann erklären, daß ein Mann wie Jefferson, der einen ganz ungewöhnlichen gesunden Menschenverstand in praktischen Fragen so oft unter Beweis gestellt hat, auf den unsinnigen Ausweg verfallen konnte, die Revolution in periodischen Abständen sich wiederholen zu lassen. Selbst in seinen vorsichtigsten Formulierungen, in denen er dies als Allheilmittel gegen „den endlosen Kreislauf von Unterdrückung, Aufstand und Reform" anpreist, würde eine solche periodische Wiederholung entweder den ganzen Staatsapparat immer wieder bis auf den Grund zerrüttet oder aber den Gründungsakt zur Routine degradiert haben, in der selbst die Erinnerung an das, was er vor allem zu retten suchte – „bis zum Ende der Zeiten, wenn etwas Menschliches so lange währen kann" – , zerrieben worden wäre.

Aber, daß er in seinem langen Leben immer wieder auf solche undurchführbaren Pläne verfiel, hatte seinen guten Grund; er war der einzige unter den amerikanischen Revolutionären, der den entscheidenden Fehler der neuen Republik zumindest ahnte: Sie gab zwar dem Volke die Freiheit, aber sie enthielt keinen Raum, in dem diese Freiheit nun auch wirklich ausgeübt werden konnte. Nicht das Volk, sondern nur seine gewählten Repräsentanten hatten Gelegenheit, sich wirklich politisch zu betätigen, was heißt, daß nur sie in einem positiven Sinne frei waren. Und da die Bundes- und die Länderregierungen, diese großartigsten Produkte der Revolution, notwendigerweise alle wirklich entscheidenden politischen Angelegenheiten an sich ziehen und so die alten *townhall meetings,* von denen noch Emerson gesagt hat, sie seien „der einigende Kern der Republik" und die politische „Schule des Volkes", in den Schatten stellen mußten, könnte man sogar auf den Gedanken kommen, daß in der Republik der Vereinigten Staaten weniger Gelegenheit war, sich öffentlicher Freiheit zu erfreuen als in den Zeiten englischer Kolonialherrschaft. Lewis Mumford hat neuerdings darauf hingewiesen, daß die Gründer sich über das politische Gewicht der Dorf- und Stadtgemeinden nie im klaren gewesen sind und daß die Tatsache, daß diese alten Gemeinden weder in die Bundes- noch in die Länderverfassungen inkorporiert wurden, zu den „tragischen Versehen der nachrevolutionären politischen Entwicklung gehört". Nur Jefferson hat von dem Unheil dieses Versehens zumindest etwas geahnt, er wußte, daß „dem abstrakten politischen System der Demokratie die konkreten Organe fehlten".

Dieses Versäumnis, der Stadtgemeinde und der Stadtversammlung einen angemessenen Platz in der Bundes- und den Länderverfassungen zu sichern bzw. Mittel und Wege zu finden, sie unter radikal veränderten Verhältnissen entsprechend zu transformieren, ist verständlich genug. Das unmittelbare Problem der Gründer war die Frage der Repräsentation; die *Volksvertretung* war die Errungenschaft der Republik gegenüber der Demokratie, alles kam auf die neuen republikanischen Institutionen an, zumal klar war, daß von „direkter Demokratie", der unmittelbaren Beteiligung des Volkes an den Regierungsgeschäften, ohnehin nicht die Rede sein konnte, schon weil, wie John Selden mehr als hundert Jahre früher bemerkt hatte, um das Entstehen der Parlamente zu erklären, „nicht alle mehr in einen Raum gehen". In diesem Sinne diskutierte man noch in Philadelphia das Repräsentationsprinzip; es war der beste Ersatz für direktes politisches Handeln durch das Volk selbst. Hieraus folgte, daß die Abgeordneten, an die Wünsche und Instruktionen der Wähler gebunden, keineswegs berechtigt waren, sich ihre Meinung im Verlauf der Diskussion erst zu bilden, wie es doch natürlich in einer Volksversammlung allgemein üblich ist. Dies war die, man möchte sagen, demokratische Repräsentationstheorie der Kolonialzeit. Die Gründer wichen hiervon entscheidend ab, indem sie den Repräsentanten eigenständige Vollmachten zugestanden. Sie machten geltend, daß es in der Praxis unmöglich sei, die Abgeordneten an die Wünsche der Wähler zu binden, und zwar einfach, weil man diese Wünsche nicht in Erfahrung bringen könne. Für eine vernünftige Meinungsbildung bedarf es des Meinungsaustauschs, um sich eine Meinung zu bilden, muß man dabei sein; und wer nicht dabei ist, hat entweder – im günstigen Fälle – gar keine Meinung, oder er macht sich in den Massengesellschaften des neunzehnten und zwanzigsten Jahrhunderts aus allen möglichen, konkret nicht mehr gebundenen Ideologien einen Meinungsersatz zurecht. Jedenfalls wies zur Zeit der verfassunggebenden Versammlung James Wilson bereits darauf hin, wie „schwierig es sei, mit auch nur einiger Genauigkeit die Gefühle des Volkes zu kennen", und Madison erklärte mit größerer Bestimmheit, daß „kein Mitglied der Versammlung hätte sagen können, was wohl die Meinung seiner Wähler im Augenblick der Wahl gewesen sei, und daß er noch weniger hätte wissen können, was sie wohl gemeint hätten, wenn ihnen die Informationen und Argumente der Abgeordneten zugänglich gewesen wären". Was lag unter solchen Umständen näher, als der neuen und gefährlichen Theorie von Benjamin Rush zuzustimmen, derzufolge „zwar alle Macht vom Volke stammt, das Volk aber diese Macht nur am Wahltag besitzt, wonach sie Eigentum der Regierenden wird".

Diese wenigen Zitate mögen zeigen, in welchem Ausmaße die ganze Frage der Volksvertretung, die ja zweifellos seit dem Ausgang des achtzehnten Jahrhunderts zu den kritischsten und beunruhigendsten Problemen moderner Art gehört, eine Entscheidung über die Würde des Politischen überhaupt impliziert. Die Diskussion pflegt zu unterscheiden zwischen einer Repräsentation als bloßem Ersatz für die direkte Anteilnahme des Volkes und einer Volksvertretung, in der die Abgeordneten die zwar vom Volke kontrollierte, aber keineswegs bloß stellvertretende, reale Regierungsmacht darstellen. In dieser Fragestellung entsteht ein Dilemma, das unlösbar bleibt. Denn wenn im ersten Fall die gewählten Vertreter so fest durch Instruktionen gebunden sind, daß sie überhaupt nur noch zusammenkommen, um den Willen der Wählerschaft in die Tat umzusetzen, so sind sie allenfalls die bezahlten Agenten der Wählerschaft, deren Spezialität die Interessenvertretung ist. Vorausgesetzt ist, daß die Geschäfte der Wähler dringender und wichtiger sind als die der Agenten, die man sich hält, weil man es sich aus gleich welchen Gründen nicht leisten kann, sich um öffentliche Angelegenheiten selbst zu kümmern. Die landläufige Verachtung der Politik als Beruf in Demokratien hat hier ihre Wurzel. Wenn dagegen, wie im zweiten Fall, die Vertreter für eine begrenzte Zeit – und ohne Amtswechsel kann man ja nicht mehr von einem Repräsentationssystem sprechen – die legitimen Herrscher des Volkes werden, so heißt das, daß die Wähler eben periodisch zusammentreten, um sich ihrer eigenen Macht zu entledigen, und wir bei der Vorstellung angelangt sind, die Benjamin Rush formulierte. Im ersten Fall sind Staat und Regierung in eine bürokratische Administration entartet, in welcher es einen eigentlich öffentlichen Raum nicht mehr gibt; selbst das Zusammenkommen der Abgeordneten wird ihn nicht mehr konstituieren, da es sich dabei ja lediglich darum handelt, bestimmten, von vitalen Notwendigkeiten diktierten Interessen gerecht zu werden, und dies wird in der Tat am besten von Experten entschieden. Von einem eigentlichen Handlungsraum, in dem das *spectemur agendo* („wir nehmen am Handlungsvorgang teil", d. Hrsg.) von John Adams die freie Diskussion und Beschlußfassung durchherrscht, in dem es freie Meinungsbildung und freie Wahl gibt, kann nicht mehr die Rede sein. In einer solchen Regierungsform braucht man in der Tat nicht James Madisons „Medium einer gewählten Körperschaft von Bürgern", durch welches die Privatmeinungen hindurchgehen und gereinigt werden müssen, um schließlich als öffentliche Ansichten zu gelten. Im zweiten Fall, der natürlich den realen Verhältnissen erheblich näher kommt, hat sich die uralte Unterscheidung von Herrschern und Beherrschten, welche durch die Revolution ja gerade auf immer abgeschafft werden sollte, in neuer Form wieder durchgesetzt; wieder sind die öffentlichen Angelegenheiten zum Privileg der wenigen geworden, denen allein es vergönnt ist, „sich in Tugend zu üben" (*to exercise [their] virtuous disposition),* worin nach Jefferson die politische Tätigkeit eigentlich besteht. Die Folge dieses unlöslichen Dilemmas ist, daß das Volk dazu verdammt ist, entweder „in Lethargie zu versinken, welcher der Tod öffentlicher Freiheit auf dem Fuß folgt", oder „den Geist des Widerstands" gegen jede von ihnen gewählte Staatsmacht zu bewahren, da die einzig ihnen verbleibende wirkliche Macht »die in Reserve gehaltene Macht der Revolution ist".

Gegen dieses Unheil war kein Kraut gewachsen, da auch der Amtswechsel, auf den die Gründer alle ihre Hoffnungen setzten und dessen Regeln sie so sorgsam ausarbeiteten, kaum mehr tun konnte, als die regierende Oligarchie daran zu hindern, sich als eine separate Gruppe zu konstituierem, die ihre eigenen Interessen verfolgte. Kein Amtswechsel konnte so weit gehen, daß jeder Bürger oder auch nur ein erheblicher Prozentsatz der Bevölkerung die Chance gehabt hätte, zeitweilig wie in Athen die Regierungsgeschäfte in die Hand zu bekommen und das zu werden, was Jefferson einen *participator in government* (einen Teilnehmer an den Regierungsgeschäften, d. Hrsg.) nannte. Dies war schlimm genug, da es sich ja bei der ganzen Frage einer republikanischen im Gegensatz zu einer monarchischen oder aristokratischen Staatsform um das allen gleichermaßen zustehende Recht, zu den öffentlichen Angelegenheiten zugelassen zu sein, gedreht hatte. Dabei kann man sich nicht des Verdachts erwehren, daß die Gründer, sofern ihnen das Dilemma in dieser Schärfe überhaupt zu Bewußtsein gekommen ist, sich mit dem Gedanken getröstet haben mögen, daß die Revolution den politischen Raum zumindest denen geöffnet hatte, deren Neigung, „sich in Tugend zu üben", und deren Leidenschaft, sich auszuzeichnen, stark genug waren, um die ungewöhnlichen Risiken einer politischen Karriere auf sich zu nehmen. Wenn Jefferson sich bei diesem Gedanken nicht beruhigte, so vor allem darum, weil er der Meinung war, daß ein „auf Wahl beruhender Despotismus" sich als ein ebenso großes und vielleicht als ein größeres Übel erweisen werde als die Monarchie: „Wenn das Volk je aufhören sollte, sich um öffentliche Angelegenheiten zu kümmern, werden wir alle, Ihr und ich, und der Kongreß und die Parlamentsversammlungen, die Richter und die Statthalter, wie wir da gehen und stehen, zu reißenden Wölfen werden." Und wenn auch zuzugeben ist, daß die geschichtliche Entwicklung der Vereinigten Staaten bisher keine große Veranlassung für solche Befürchtungen gegeben hat, so muß man doch andererseits sagen, daß dies nicht zum wenigsten der „politischen Wissenschaft" der Gründer zu verdanken ist, der Teilung der Gewalten und den Hemmungen und Kontrollen, die in den Staatsapparat eingebaut sind. Wie sehr sich nun aber auch dieser Staatsapparat bewährt hat, die Lethargie und das wachsende Desinteresse des Volkes an öffentlichen Angelegenheiten konnte er schon darum nicht verhindern, weil die Verfassung selbst den öffentlichen Raum auf die vom Volke gewählten Abgeordneten eingeschränkt hatte.

Es berührt zweifellos seltsam, daß nur Jefferson unter den Gründern sich die doch auf der Hand liegende Frage stellte, wie man denn nun, da die Revolution glücklich beendet war, den revolutionären Geist bewahren wollte, aber die Erklärung hierfür ist nicht etwa, daß sie eben keine Revolutionäre waren. Ihre Unbekümmertheit erklärt sich im Gegenteil gerade daraus, daß sie diesen Geist, der sich in der vorrevolutionären Kolonialzeit formiert und ausgestaltet hatte, so gut kannten und für selbstverständlich hielten. Da ferner die alten Institutionen, welche den eigentlichen Nährboden dafür abgegeben hatten, durch die Revolution nicht tangiert wurden, kam es ihnen nicht in den Sinn, daß sie in die Verfassung hätten miteinbezogen werden müssen, um ihr altes Leben zu behalten. Denn jetzt erstickten die lokal gebundenen Stadt- und Dorfgemeinden mit ihren *townhall meetings* unter dem ungeheuren Gewicht der Verfassung sowie der eigentlichen Gründungserfahrungen, obwohl sie ursprünglich die Quelle für die gesamte politische Aktivität des Landes gebildet hatten. So kam es zu der nur scheinbar paradoxen Entwicklung, daß das Absterben des revolutionären Geistes in Amerika ein Ergebnis der Revolution war und daß die Verfassung, die größte Leistung des amerikanischen Volkes, das Land um sein stolzestes Erbe bringen sollte. (. . .)

Rätesystem und Parteiensystem

(. . .) Was von den furchtbaren Katastrophen der Revolutionen des zwanzigsten Jahrhunderts verdeckt worden ist, ist nicht mehr und nicht weniger als diese erste, nun wahrhaft revolutionäre Hoffnung der europäischen und schließlich vielleicht aller Völker der Erde auf eine neue Staatsform, die es jedem inmitten der Massengesellschaften doch erlauben könnte, an den öffentlichen Angelegenheiten der Zeit teilzunehmen. Für das Scheitern dieser Hoffnung kann man mancherlei Gründe anführen, aber die sogenannte Reaktion und Konterrevolution werden als Faktoren darunter kaum erscheinen. Vergegenwärtigt man sich vor allem die Geschichte der Revolutionen in unserem Jahrhundert, so wird man immer wieder vor der inneren Schwäche der Reaktion in Erstaunen geraten, vor den sich häufenden Niederlagen, vor dem leichten Sieg der Revolution im Kampf gegen sie; und auch in den Zeiten scheinbarer Ruhe wie in den Jahrzehnten nach dem Zweiten Weltkrieg braucht man sich die mühsam restaurierten europäischen Staaten nur etwas genauer anzusehen, um zu wissen, wie es um ihre Stabilität und Autorität im eigenen Lande bestellt ist. Jedenfalls ist die Schuld der Berufsrevolutionäre und revolutionären Parteien an den Katastrophen der Revolution in unserem Jahrhundert allenthalben groß genug, und in unserem Zusammenhang ist sie die entscheidende. Daß es ohne Lenins Versprechen „Alle Macht den Räten" nie eine Oktoberrevolution gegeben hätte, ist bekannt genug, und ganz abgesehen davon, ob Lenin in dem Moment wirklich die Sowjetrepublik proklamieren oder nur die Macht ergreifen wollte, stand bereits damals fest, daß dieses Schlagwort sich in offenem Widerspruch befand zu allen programmatisch festgelegten revolutionären Zielen durch die bolschewistische Partei, die ja nie einen Hehl daraus gemacht hat, daß es ihr im wesentlichen um die Machtergreifung ging, also darum, den Staatsapparat durch den Parteiapparat zu ersetzen. Hätte Lenin wirklich alle Macht den Sowjets zugestanden, so hätte er die bolschewistische Partei unausweichlich zu eben der Ohnmacht verdammt, die heute das hervorstechende Merkmal des Sowjetparlaments ist, wo bekanntlich alle Delegierten, ob sie nun zur Partei gehören oder nicht, von der Partei nominiert werden, um dann, da es die Gegenliste einer rivalisierenden Partei nicht gibt, noch nicht einmal gewählt, sondern nur akklamiert zu werden. (...)

Die Räte bildeten von Anfang an eine tödliche Gefahr für das Parteiensystem überhaupt, und die Feindschaft verschärfte sich, je mehr die aus der Revolution geborenen Räte dazu übergingen, diejenigen Parteien herauszufordern, deren Ziel immer die Revolution gewesen war. Im Sinne einer wirklichen Sowjetrepublik war natürlich die bolschewistische Partei nicht weniger „reaktionär" als alle anderen Parteien, welche die Revolution vorfand, sie war nur erheblich gefährlicher. Was die rein politische Frage der Staatsform angeht, an der die Räte, in schärfstem Gegensatz zu allen revolutionären Parteigruppierungen, erheblich mehr interessiert waren als an der sozialen Frage, so bildet die Ein-Partei-Diktatur nicht nur das vorläufig letzte Stadium des Nationalstaates, sondern ist vor allem auch die gleichsam logische Konsequenz des Vielparteiensystems. Dies dürfte heute, da in den europäischen Demokratien mit Vielparteiensystemen, jedenfalls in Frankreich und Italien, die Dinge sich so verschärft haben, daß „die Grundlage des Staates und die Regierungsform faktisch in jeder Wahl auf dem Spiel stehen", wie eine Binsenweisheit klingen. Es ist daher aufschlußreich, daß schon während der Pariser Kommune von 1871 im Prinzip der gleiche Konflikt bestand, als nämlich Odysse Barrot mit einer bei solchen Schriftstücken seltenen Genauigkeit den Hauptunterschied zwischen der neuen und der alten Staatsform im Sinne französicher Geschichte festlegte: „Als soziale Revolution knüpft das Jahr 1871 direkt an das Jahr 1793 an, das es fortführen und vollenden will ... Als politische Revolution aber ist das Jahr 1871 im Gegenteil die Reaktion gegen 1793 und die Rückkehr zu 1789 ... Wir haben die Worte *une et indivisible* von unserem Programm gestrichen und die Autoritätsidee, die wesentlich eine monarchische Idee ist, verworfen ... um uns der föderativen Idee anzuschließen, welche die freiheitliche und republikanische Idee par excellence ist."

Daß diese Worte von Leuten geschrieben wurden, die die Amerikanische Revolution kaum kannten und dennoch, wie ja bereits in einigen Gesellschaften der ersten Pariser Kommune, die enge Beziehung zwischen dem Geist der Revolution und dem Prinzip der Föderation rein gedanklich vorwegzunehmen imstande waren, ist sehr verblüffend. Sie antizipieren die Ereignisse der Russischen Revolution im Februar 1917 und der Ungarischen Revolution von 1956, die in Monaten oder auch nur Wochen uns kaum mehr als die Umrisse einer Staatsform und Republik gezeigt haben, die auf dem Prinzip des Rätesystems gegründet sein könnte. In beiden Fällen hatten sich Sowjets und Räte spontan und unabhängig voneinander überall im Lande organisiert, Arbeiter-, Soldaten- und Bauernräte in Rußland, die verschiedensten Arten von Räten in Ungarn: Nachbarschaftsräte, die sich in den Wohnbezirken bildeten, revolutionäre Räte, die aus den Staßenkämpfen entstanden, Schriftsteller- und Künstlerräte in den Kaffeehäusern von Budapest, Studenten- und Jugendlichenräte an den Universitäten und Schulen, Arbeiterräte in den Fabriken, Räte in der Armee, in der Beamtenschaft, kurz, überall, wo Menschen in irgendeiner Weise miteinander in Kontakt standen. Durch die Bildung eines Rats in jeder dieser verschiedenen und ganz verschieden gearteten Gruppen wurde ein mehr oder minder zufälliges Beisammen zu einer politischen Institution. Das vielleicht erstaunlichste an diesen spontanen Entwicklungen ist, daß die voneinander ganz unabhängigen und ungleichartigen Organe nicht mehr als wenige Wochen in Rußland und nur wenige Tage in Ungarn brauchten, um miteinander in Verbindung zu treten, ihre Tätigkeiten zu koordinieren, sich in höhere Organe zusammenzuschließen, um schließlich sehr schnell durch die Weiterbildung von Regional- und Provinzräten ein System zu errichten, aus dem die Abgeordneten zu einer Nationalversammlung, die das ganze Land repräsentierte, gewählt werden konnten. All dies vollzog sich blitzschnell und als sei es das natürlichste von der Welt. Wieder wie im Falle der zahllosen Bünde, „Consotiationen" und Konföderationen, die wir aus der Frühgeschichte Nordamerikas kennen, setzte sich das föderative Prinzip des Zusammenschlusses und Bündnisses getrennter Einheiten aus den Elementarbedingungen des Handelns durch, und zwar ganz unbeeinflußt von allen theoretischen Erwägungen über die Möglichkeit der republikanischen Staatsform in großen Gebieten und auch ohne allen Druck von außen durch einen gemeinsamen Feind. Gemeinsam war hier vielmehr der Wille, einen neuen politischen Körper zu gründen, einen neuen Typ der republikanischen Staatsform, die auf „Elementarrepubliken" beruhte, ins Leben zu rufen, und zwar so, daß die Zentralgewalt die sie konstituierenden Teile nicht der eigenen, ursprünglichen und konstitutiven Macht berauben würde. Je eifersüchtiger die Räte auf ihrer Fähigkeit zu handeln bestanden, je sicherer sie dessen waren, daß sie auf Grund ihrer Organisation durchaus imstande sind, sich maßgebliche Meinungen zu bilden, desto unvermeidlicher war es, daß sie das Prinzip der Teilbarkeit der Macht und damit die Institutionen der Gewaltenteilung und der Föderation ganz von selbst entdecken würden. (...)

Freiheit und Raum

(...) Wo immer Freiheit je als eine greifbare weltliche Realität existiert hat, war sie räumlich begrenzt. Dies tritt nirgends deutlicher hervor als bei der Bewegungsfreiheit, der elementarsten und wichtigsten der negativen Freiheiten, denn Stadtmauern und nationale Grenzen dienen immer nur dem Zweck, einen Raum ein- und auszugrenzen, innerhalb dessen Menschen sich frei bewegen können. Natürlich kann dieser Raum durch Verträge und internationale Übereinkommen, die immer auf Gegenseitigkeit beruhen, beliebig erweitert werden; aber auch unter diesen modernen Bedingungen bleibt Freiheit räumlich begrenzt, und dies gilt für Freiheit jeglicher Art. Denn positive Freiheit, wie die Freiheit des Handelns und Meinens, ist nur unter gleichen möglich, und Gleichheit selbst ist keineswegs ein universell gültiges Prinzip, sondern ist gleichfalls nur unter Einschränkungen und vor allem nur in räumlichen Grenzen anwendbar. Setzen wir diese Freiheitsräume – die wir, dem Grundgedanken John Adams' folgend, auch Erscheinungsräume nennen könnten – mit dem politischen Bereich überhaupt gleich, so stellen sie sich uns leicht unter dem Bild von Inseln in einem Meer der Notwendigkeit oder von Oasen in der Wüste zufälliger Willkür dar. Dies natürlich ist nicht mehr als eine Metapher und als solche unverbindlich, aber ich meine, man könnte, was hier im Bild nur angedeutet werden kann, geschichtlich vielfach erhärten. (...)

Das **Form-Norm(Inhalts)-Thema** *hat viele Facetten. Immer erneut müssen wir darauf zurückkommen (s. auch Max Weber S. 371 und Rosa Luxemburg S. 357 in diesem Buch). Am Beispiel der französischen Menschenrechtserklärung von 1793 arbeitet der junge Karl Marx (1818 - 1883) 1843 heraus, daß die behauptete Allgemeinheit der Menschenrechte in der Luft hängen bliebe, wenn die entsprechenden materiellen gesellschaftlichen Bedingungen nicht geschaffen würden. Vereinfacht gesprochen: Was nützt das allgemeine Recht der politischen Gleichheit, wenn die Gesellschaft durch Strukturen der fortdauernd erneuerten Ungleichheit ausgezeichnet ist? Freiheit und Gleichheit werden außerdem a-sozial bestimmt. Sie gelten nur den kurzfristigen, in der Regel materiellen Interessen der Menschen. Sie nehmen den Menschen als gesellschaftliches Wesen, das nur in freier Gesellschaft seinerseits frei zu werden vermag, nicht ernst. (Karl Marx: Zur Judenfrage, in ders.: Die Frühschriften, hg. von Siegfried Landshut, Stuttgart 1953, S. 192 - 199; auszugsweise)*

Karl Marx

Demokratie und Klassenfrage

(...) Die *droits de l'homme,* die Menschenrechte werden als *solche* unterschieden von den *droits du citoyen,* von den Staatsbürgerrechten. Wer ist der vom *citoyen* unterschiedene *homme?* Niemand anders als das *Mitglied der bürgerlichen Gesellschaft.* Warum wird das Mitglied der bürgerlichen Gesellschaft „Mensch", Mensch schlechthin, warum werden seine Rechte *Menschenrechte* genannt? Woraus erklären wir dies Faktum? Aus dem Verhältnis des politischen Staats zur bürgerlichen Gesellschaft, aus dem Wesen der politischen Emanzipation.

Vor allem konstatieren wir die Tatsache, daß die sogenannten *Menschenrechte,* die *droits de l'homme* im Unterschied von den *droits du citoyen,* nichts anderes sind als die Rechte des *Mitglieds der bürgerlichen Gesellschaft,* d.h. des egoistischen Menschen, des vom Menschen und vom Gemeinwesen getrennten Menschen. Die radikalste Konstitution, die Konstitution von 1793, mag sprechen:

Déclar. des droits de l'homme et du citoyen. Art.2. Ces droits etc. (les droits naturels et imprescriptibles) sont: *l'égalité, la liberté, la sûreté, la propriété.* Worin besteht die liberté?

Art.6. „La liberté est le pouvoir qui appartient à l'homme de faire tout ce qui ne nuit pas aux droits d'autrui", oder nach der Deklaration der Menschenrechte von 1791: „La liberté consiste à pouvoir faire tout ce qui ne nuit pas à autrui."

Die Freiheit ist also das Recht, alles zu tun und zu treiben, was keinem anderen schadet. Die Grenze, in welcher sich jeder dem anderen *unschädlich* bewegen kann, ist durch das Gesetz bestimmt, wie die Grenze zweier Felder durch den Zaunpfahl bestimmt ist. Es handelt sich um die Freiheit des Menschen als isolierter auf sich zurückgezogener Monade. Warum ist der Jude nach Bauer unfähig, die Menschenrechte zu empfangen? „Solange er Jude ist, muß über das menschliche Wesen, welches ihn als Menschen mit Menschen verbinden sollte, das beschränkte Wesen, das ihn zum Juden macht, den Sieg davontragen und ihn von den Nichtjuden absondern." Aber das Menschenrecht der Freiheit basiert nicht auf der Verbindung des Menschen mit dem Menschen, sondern vielmehr auf der Absonderung des Menschen von dem Menschen. Es ist das *Recht* dieser Absonderung, das Recht des *beschränkten,* auf sich beschränkten Individuums.

Die praktische Nutzanwendung des Menschenrechts der Freiheit ist das Menschenrecht des *Privateigentums.*

Worin besteht das Menschenrecht des Privateigentums?

Art.16. (Const. de 1793): „Le droit de *propriété est celui* qui appartient à tout citoyen de jouir et de disposer *á son gré* de ses biens, de ses revenus, du fruit de son travail et de son industrie."

Das Menschenrecht des Privateigentums ist also das Recht, willkürlich (à son gré), ohne Beziehung auf andere Menschen, unabhängig von der Gesellschaft, sein Vermögen zu genießen und über dasselbe zu disponieren, das Recht des Eigennutzes. Jene individuelle Freiheit, wie diese Nutzanwendung derselben, bilden die Grundlage der bürgerlichen Gesellschaft. Sie läßt jeden Menschen im anderen Menschen nicht die *Verwirklichung,* sondern vielmehr die *Schranke* seiner Freiheit finden. Sie proklamiert vor allem aber das Menschenrecht, „de jouir et de disposer *à son gré* de ses biens, deses revenus, du fruit de son travail et de son industrie."

Es bleiben noch die anderen Menschenrechte, die égalité und die sûreté.

Die égalité, hier in ihrer nichtpolitischen Bedeutung, ist nichts als die Gleichheit der oben beschriebenen *liberté,* nämlich: daß jeder

Mensch gleichmäßig als solche auf sich ruhende Monade betrachtet wird. Die Const. von 1795 bestimmt den Begriff dieser Gleichheit, ihrer Bedeutung angemessen, dahin:

Art.6. (Const. de 1795): „L'égalité consiste en ce que la loi est la même pour tous, soit qu'elle protège, soit qu'elle punisse."
Und die sûreté?

Art.8. (Const. de 1793): „La sûreté consiste dans la protection accordée par la société à chacun de ses membres pour la conservation de sa personne, de ses droits et de ses propriétés."

Die *Sicherheit* ist der höchste soziale Begriff der bürgerlichen Gesellschaft, der Begriff der *Polizei*, daß die ganze Gesellschaft nur da ist, um jedem ihrer Glieder die Erhaltung seiner Person, seiner Rechte und seines Eigentums zu garantieren. Hegel nennt in diesem Sinn die bürgerliche Gesellschaft „den Not- und Verstandesstaat".

Durch den Begriff der Sicherheit erhebt sich die bürgerliche Gesellschaft nicht über ihren Egoismus. Die Sicherheit ist vielmehr die *Versicherung* des Egoismus.

Keines der sogenannten Menschenrechte geht also über den egoistischen Menschen hinaus, über den Menschen, wie er Mitglied der bürgerlichen Gesellschaft, nämlich auf sich, auf sein Privatinteresse und seine Privatwillkür zurückgezogenes und vom Gemeinwesen abgesondertes Individuum ist. Weit entfernt, daß der Mensch in ihnen als Gattungswesen aufgefaßt wurde, erscheint vielmehr das Gattungsleben selbst, die Gesellschaft, als ein den Individuen äußerlicher Rahmen, als Beschränkung ihrer ursprünglichen Selbständigkeit. Das einzige Band, das sie zusammenhält, ist die Naturnotwendigkeit, das Bedürfnis und das Privatinteresse, die Konversation ihres Eigentums und ihrer egoistischen Person.

Es ist schon rätselhaft, daß ein Volk, welches eben beginnt, sich zu befreien, alle Barrieren zwischen den verschiedenen Volksgliedern niederzureißen, ein politisches Gemeinwesen zu gründen, daß ein solches Volk die Berechtigung des egoistischen, vom Mitmenschen und vom Gemeinwesen abgesonderten Menschen feierlich proklamiert (Décl. de 1791), ja diese Proklamation in einem Augenblick wiederholt, wo die heroischeste Hingebung allein die Nation retten kann und daher gebieterisch verlangt wird, in einem Augenblicke, wo die Aufopferung aller Interessen der bürgerlichen Gesellschaft zur Tagesordnung erhoben und der Egoismus als ein Verbrechen bestraft werden muß. (Décl. des droits de l'homme etc. de 1793.) Noch rätselhafter wird diese Tatsache, wenn wir sehen, daß das Staatsbürgertum, das *politische Gemeinwesen* von den politischen Emanzipatoren sogar zum bloßen *Mittel* für die Erhaltung dieser sogenannten Menschenrechte herabgesetzt, daß also der citoyen zum Diener des egoistischen homme erklärt, die Sphäre, in welcher der Mensch sich als Gemeinwesen verhält, unter die Sphäre, in welcher er sich als Teilwesen verhält, degradiert, endlich nicht der Mensch als citoyen, sondern der Mensch als bourgeois für den *eigentlichen* und *wahren* Menschen genommen wird.

„Le *but* de toute *association politique* est la *conservation* des droits naturels et imprescriptibles de l'homme." (Décl. des droits etc. de 1791 art. 2) „Le *gouvernement* est institué pour garantir à l'homme la jouissance de ses droits naturels et imprescriptibles." (Décl. etc. de 1793 art. 1). Also selbst in den Momenten seines noch jugendfrischen und durch den Drang der Umstände auf die Spitze getriebenen Enthusiasmus, erklärt sich das politische Leben für ein bloßes *Mittel,* dessen Zweck das Leben der bürgerlichen Gesellschaft ist. Zwar steht seine revolutionäre Praxis in flagrantem Widerspruch mit seiner Theorie. Während z.B. die Sicherheit als ein Menschenrecht erklärt wird, wird die Verletzung des Briefgeheimnisses öffentlich auf die Tagesordnung gesetzt. Während die „liberté *indéfinie* de la presse" (Const. de 1793, art. 122) als Konsequenz des Menschenrechts, der individuellen Freiheit, garantiert wird, wird die Preßfreiheit vollständig vernichtet, denn „la liberté de la presse ne doit pas être permise lorsqu'elle comproment la liberté publique" (Robespierre jeune, hist. parlem. de la rev. franç. par Buchez et Roux, T. 28 p. 159), d.h. also: das Menschenrecht der Freiheit hört auf, ein Recht zu sein, sobald es mit dem *politischen* Leben in Konflikt tritt, während der Theorie nach das politische Leben nur die Garantie der Menschenrechte, der Rechte des individuellen Menschen ist, also aufgegeben werden muß, sobald es seinem *Zwecke,* diesen Menschenrechten widerspricht. Aber die Praxis ist nur die Ausnahme, und die Theorie ist die Regel. Will man aber selbst die revolutionäre Praxis als die richtige Stellung des Verhältnisses betrachten, so bleibt immer noch das Rätsel zu lösen, warum im Bewußtsein der politischen Emanzipatoren das Verhältnis auf den Kopf gestellt ist und der Zweck als Mittel, das Mittel als Zweck erscheint. Diese optische Täuschung ihres Bewußtseins wäre immer noch dasselbe Rätsel, obgleich dann ein psychologisches, ein theoretisches Rätsel.

Das Rätsel löst sich einfach.

Die politische Emanzipation ist zugleich die *Auflösung* der alten Gesellschaft, auf welcher das dem Volk entfremdete Staatswesen, die Herrschermacht, ruht. Die politische Revolution ist die Revolution der bürgerlichen Gesellschaft. Welches war der Charakter der alten Gesellschaft? Ein Wort charakterisiert sie. Die *Feudalität.* Die alte bürgerliche Gesellschaft hatte *unmittelbar* einen *politischen* Charakter, d.h. die Elemente des bürgerlichen Lebens, wie z.B. der Besitz oder die Familie oder die Art und Weise der Arbeit, waren in der Form der Grundherrlichkeit, des Standes und der Kooperation zu Elementen des Staatslebens erhoben. Sie bestimmten in dieser Form das Verhältnis des einzelnen Individuums zum *Staatsganzen,* d.h. sein *politisches* Verhältnis, d.h. sein Verhältnis der Trennung und Ausschließung von den anderen Bestandteilen der Gesellschaft. Denn jene Organisation des Volkslebens erhob den Besitz oder die Arbeit nicht zu sozialen Elementen, sondern vollendete vielmehr ihre *Trennung* von dem Staatsganzen und konstituierte sie zu *besonderen* Gesellschaften in der Gesellschaft. So waren indes immer noch die Lebensfunktionen und Lebensbedingungen der bürgerlichen Gesellschaft politisch, wenn auch politisch im Sinne der Feudalität, d.h. sie schlossen das Individuum vom Staatsganzen ab, sie verwandelten das *besondere* Verhältnis seiner Kooperation zum Staatsganzen in sein eigenes allgemeines Verhältnis zum Volksleben, wie seine bestimmte bürgerliche Tätigkeit und Situation in seine allgemeine Tätigkeit und Situation. Als Konsequenz dieser Organisation erscheint notwendig die Staatseinheit, wie das Bewußtsein, der Wille und die Tätigkeit der Staatseinheit, die allgemeine Staatsmacht, ebenfalls als *besondere* Angelegenheit eines von dem Volke abgeschiedenen Herrschers und seiner Diener.

Die politische Revolution, welche diese Herrschermacht stürzte und die Staatsangelegenheiten zu Volksangelegenheiten erhob, welche den politischen Staat als *allgemeine* Angelegenheiten, d.h. als wirklichen Staat konstituierte, zerschlug notwendig alle Stände, Korporationen, Innungen, Privilegien, die ebenso viele Ausdrücke der Trennung des Volkes von seinem Gemeinwesen waren. Die politische Revolution *hob* damit den *politischen Charakter der bürgerlichen Gesellschaft auf.* Sie zerschlug die bürgerliche Gesellschaft in ihre einfachen Bestandteile, einerseits in die *Individuen,* andererseits in die *materiellen* und *geistigen Elemente,* welche den Lebensinhalt, die bürgerliche Situation dieser Individuen bilden. Sie entfesselte den politischen Geist, der gleichsam in die verschiedenen Sackgassen der feudalen Gesellschaft zerteilt, zerlegt, zerlaufen war; sie sammelte ihn aus dieser Zerstreuung, sie befreite ihn von seiner Vermischung mit dem bürgerlichen Leben und konstituierte ihn als die Sphäre des Gemeinwesens, der *allgemeinen* Volksangelegenheit in idealer Unabhängigkeit von jenen *besonderen* Elementen des bürgerlichen Lebens. Die *bestimmte* Lebenstätigkeit und die bestimmte Lebenssituation sanken zu einer nur individuellen Bedeutung herab. Sie bildeten nicht mehr das allgemeine Verhältnis des Individuums zum Staatsganzen. Die öffentliche Angelegenheit als solche ward vielmehr zur allgemeinen Angelegenheit jedes Individuums und die politische Funktion zu seiner allgemeinen Funktion.

Allein die Vollendung des Idealismus des Staats war zugleich die Vollendung des Materialismus der bürgerlichen Gesellschaft. Die Abschüttlung des politischen Jochs war zugleich die Abschüttlung der Bande, welche den egoistischen Geist der bürgerlichen Gesellschaft gefesselt hielten. Die politische Emanzipation war zugleich die Emanzipation der bürgerlichen Gesellschaft von der Politik, von dem *Schein* selbst eines allgemeinen Inhalts.

Die feudale Gesellschaft war aufgelöst in ihren Grund, in den *Menschen.* Aber in den Menschen, wie er wirklich ihr Grund war, in den *egoistischen* Menschen.

Dieser *Mensch,* das Mitglied der bürgerlichen Gesellschaft, ist nun die Basis, die Voraussetzung des *politischen* Staats. Er ist von ihm als solche anerkannt in den Menschenrechten.

Die Freiheit des egoistischen Menschen und die Anerkennung dieser Freiheit ist aber vielmehr die Anerkennung der *zügellosen* Bewegung der geistigen und materiellen Elemente, welche seinen Lebensinhalt bilden.

Der Mensch wurde daher nicht von der Religion befreit, er erhielt die Religionsfreiheit. Er wurde nicht vom Eigentum befreit. Er erhiel die Freiheit des Eigentums. Er wurde nicht von dem Egoismus des Gewerbes befreit, er erhielt die Gewerbefreiheit.

Die *Konstitution des politischen Staats* und die Auflösung der bürgerlichen Gesellschaft in die unabhängigen *Individuen* – deren Verhältnis das *Recht* ist, wie das Verhältnis der Standes- und Innungsmenschen das *Privilegium* war – vollzieht sich in *einem und demselben Akte.* Der Mensch wie er Mitglied der bürgerlichen Gesellschaft ist, der *unpolitische* Mensch, erscheint aber notwendig als der *natürliche* Mensch. Die *droits de l'homme* erscheinen als *droits naturels,* denn die *selbstbewußte Tätigkeit* konzentriert sich auf den *politischen*

Akt. Der *egoistische* Mensch ist das *passive,* nur *vorgefundene* Resultat der aufgelösten Gesellschaft, Gegenstand der *unmittelbaren Gewißheit,* also *natürlicher* Gegenstand. Die *politische Revolution* löst das bürgerliche Leben in seine Bestandteile auf, ohne diese Bestandteile selbst zu revolutionieren und der Kritik zu unterwerfen. Sie verhält sich zur bürgerlichen Gesellschaft, zur Welt der Bedürfnisse, der Arbeit, der Privatinteressen, des Privatrechts, zur *Grundlage ihres Bestehens,* als zu einer nicht weiter begründeten *Voraussetzung,* daher als zu ihrer *Naturbasis.* Endlich gilt der Mensch, wie er Mitglied der bürgerlichen Gesellschaft ist, für den *eigentlichen* Menschen, für den *homme* im Unterschied von dem *citoyen,* weil er der Mensch in seiner sinnlichen individuellen *nächsten* Existenz ist, während der *politische* Mensch nur der abstrahierte, künstliche Mensch ist, der Mensch als eine *allegorische, moralische* Person. Der wirkliche Mensch ist erst in der Gestalt des *egoistischen* Individuums, der *wahre* Mensch erst in der Gestalt des *abstrakten citoyen* anerkannt. Die Abstraktion des politischen Menschen schildert Rousseau richtig also:

„Celui qui ose entreprendre d'instituer un peuple doit se sentir en état de changer pour ainsi dire la nature humaine, de transformer chaque individu, qui par lui-même est un tout parfait et solitaire, en partie d'un plus grand tout dont cet individu reçoive en quelque sorte sa vie et son être, de substituer une existence partielle et morale à l'existence physique et indépendante. Il faut qu'il ôte à l'homme ses forces propres pour lui en donner qui lui soient étrangères et dont il ne puisse faire usage sans le secours d'autrui." (Cont. Soc. liv. II, Londr. 1782, p. 67.)

Alle Emanzipation ist *Zurückführung* der menschlichen Welt, der Verhältnisse, auf den *Menschen selbst.*

Die politische Emanzipation ist die Reduktion des Menschen, einerseits auf das Mitglied der bürgerlichen Gesellschaft, auf das *egoistische unabhängige* Individuum, andererseits auf den *Staatsbürger,* auf die moralische Person. Erst wenn der wirkliche individuelle Mensch den abstrakten Staatsbürger in sich zurücknimmt und als individueller Mensch in seinem empirischen Leben, in seiner individuellen Arbeit, in seinen individuellen Verhältnissen, *Gattungswesen* geworden ist, erst wenn der Mensch seine „forces propres" als *gesellschaftliche* Kräfte erkannt und organisiert hat und daher die gesellschaftliche Kraft nicht mehr in der Gestalt der politischen Kraft von sich trennt, erst dann ist die menschliche Emanzipation vollbracht.

Formen. *Rosa Luxemburg, geboren 1871, am 15. Januar 1919 in Berlin aus politischen Gründen ermordet, verkörperte die radikale sozialistische Demokratie wie kaum eine andere Person. Sie hat ihren Vorstellungen eines nur sozialistisch rett- und beförderbaren Humanismus entsprechend gelebt. Große Theoretikerin und große politische Agitatorin in einem mit einem risikobewußten Vertrauen in die demokratische Potenz der Menschen.*
Wer von Normen redet, von Werten, zum Beispiel den Menschenrechten, darf von den angemessenen Formen nicht schweigen. Wie die meisten russischen Revolutionäre war Rosa Luxemburg davon überzeugt, daß die Oktoberrevolution von 1917 nur erfolgreich werden und bleiben könne, wenn ihr sozialistisch-kommunistische Revolutionen in Westeuropa bald folgten. Mit diesen Vorbehalten hat sie diese Revolution prinzipiell gutgeheißen. Gerade deswegen kritisierte Rosa Luxemburg Lenin und Trotzki dafür, daß beide angeblich nur bürgerliche Freiheitsrechte und demokratische Formen abtaten nach dem so oft mißbrauchten Motto: Wo (revolutionär) gehobelt wird, da fallen Späne. Rosa Luxemburg, die zuzeiten Massenstreiks befürwortet hatte, die allgemein die Spontaneität der Massen und die Eigenart vorab nicht kleinlich steuerbarer Politik hervorgehoben hatte, war gerade hier überaus pingelig. Denn sie wußte, daß Experimente nur gelingen können, wenn die Lebensluft der Kritik frei weht. Vor allem aber war, unbeschadet aller ihr jedenfalls verbal eigenen revolutionären Disziplin und Härte, ihre Achtung vor der Integrität und Eigenart der anderen eindeutig, in jeder Fiber, wie sie war, die Grundlage allen politischen Hoffens und Tuns. Erneut wird einsichtig, daß auch die „größten" Ereignisse des feinkörnigen Maßstabs der Menschenrechte bedürfen, die nicht zur Disposition zu stellen sind. Menschenrechte und Demokratie kann man nicht kostenlos haben. Sie bedürfen immer auch der formalen, der prozeduralen Versicherungen.
(Rosa Luxemburg: Zur russischen Revolution (1918), in: Rosa Luxemburg Gesammelte Werke, Bd.4, Berlin (Ost) 1979, S. 353 – 363; auszugsweise)

Rosa Luxemburg

Zur russischen Revolution

(. . .) Wir wollen dies an einigen Beispielen näher prüfen.

Eine hervorragende Rolle in der Politik der Bolschewiki spielte die bekannte Auflösung der Konstituierenden Versammlung im November 1917. Diese Maßnahme war bestimmend für ihre weitere Position, sie war gewissermaßen der Wendepunkt ihrer Taktik. Es ist eine Tatsache, daß Lenin und Genossen bis zu ihrem Oktobersiege die Einberufung der Konstituierenden Versammlung stürmisch forderten, daß gerade die Verschleppungspolitik der Kerenski-Regierung in dieser Sache einen der Anklagepunkte der Bolschewiki gegen jene Regierung bildete und ihnen zu heftigsten Ausfällen Anlaß gab. Ja, Trotzki sagt in seinem interessanten Schriftchen „Von der Oktober-Revolution bis zum Brester Friedens-Vertrag", der Oktoberumschwung sei geradezu „eine Rettung für die Konstituante" gewesen wie für die Revolution überhaupt. „Und als wir sagten", fährt er fort, „daß der Eingang zur Konstituierenden Versammlung nicht über das Vorparlament Zeretelis, sondern über die Machtergreifung der Sowjets führe, waren wir vollkommen aufrichtig."

Und nun war nach diesen Ankündigungen der erste Schritt Lenins nach der Oktoberrevolution – die Auseinandertreibung derselben Konstituierenden Versammlung, zu der sie den Eingang bilden sollte. Welche Gründe konnten für eine so verblüffende Wendung maßgebend sein? Trotzki äußert sich darüber in der erwähnten Schrift ausführlich, und wir wollen seine Argumente hierher setzen:

Das alles ist ausgezeichnet und sehr überzeugend. Nur muß man sich wundern, daß so kluge Leute wie Lenin und Trotzki nicht auf die nächstliegende Schlußfolgerung geraten sind, die sich aus den obigen Tatsachen ergab. Da die Konstituierende Versammlung lange vor dem entscheidenden Wendepunkt, dem Oktoberumschwung, gewählt und in ihrer Zusammensetzung das Bild der überholten Vergangenheit, nicht der neuen Sachlage spiegelte, so ergab sich von selbst der Schluß, daß sie eben die verjährte, also totgeborene Konstituierende Versammlung kassierten und ungesäumt Nachwahlen zu einer neuen Konstituante ausschrieben! Sie sollten und durften die Geschicke der Revolution nicht einer Versammlung anvertrauen, die das gestrige, Kerenskische Rußland, die Periode der Schwankungen und der Koalition mit der Bourgeoisie spiegelte. Wohlan, es blieb nur übrig, sofort an ihrer Stelle eine aus dem erneuerten, weitergegangenen Rußland hervorgegangene Versammlung einzuberufen.

Statt dessen schließt Trotzki aus der speziellen Unzulänglichkeit der im Oktober zusammengetretenen Konstituierenden Versammlung auf die Überflüssigkeit jeder Konstituierenden Versammlung, ja, er verallgemeinert sie zu der Untauglichkeit jeder aus den allgemeinen Volkswahlen hervorgegangenen Volksvertretung während der Revolution überhaupt: „Dank dem offenen und unmittelbaren Kampf um die Regierungsgewalt häufen die arbeitenden Massen in kürzester Zeit eine Menge politischer Erfahrung an und steigen in ihrer Entwicklung schnell von einer Stufe auf die andere. Der schwerfällige Mechanismus der demokratischen Institutionen kommt dieser Entwicklung um so weniger nach, je größer das Land und je unvollkommener sein technischer Apparat ist."

Hier haben wir schon den „Mechanismus der demokratischen Institution überhaupt". Demgegenüber ist zunächst hervorzuheben, daß in dieser Einschätzung der Vertretungsinstitutionen eine etwas schematische, steife Auffassung zum Ausdruck kommt, der die historische Erfahrung gerade aller revolutionären Epochen nachdrücklich widerspricht. Nach Trotzkis Theorie widerspiegelt jede gewählte Versammlung ein für allemal nur die geistige Verfassung, politische Reife und Stimmung ihrer Wählerschaft just in dem Moment, wo sie zur Wahlurne schritt. Die demokratische Körperschaft ist demnach stets das Spiegelbild der Masse vom Wahltermin, gleichsam wie der Herschelsche Sternhimmel uns stets die Weltkörper nicht zeigt, wie sie sind, da wir auf sie blicken, sondern wie sie im Moment der Versendung ihrer Lichtboten aus unermeßlichen Weiten zur Erde waren. Jeder lebendige geistige Zusammenhang zwischen den einmal Gewählten und der Wählerschaft, jede dauernde Wechselwirkung zwischen beiden wird hier geleugnet.

Wie sehr widerspricht dem alle geschichtliche Erfahrung! Diese zeigt uns umgekehrt, daß das lebendige Fluidum der Volksstimmung beständig die Vertretungskörperschaften umspült, in sie eindringt, sie lenkt. Wie wäre es sonst möglich, daß wir in jedem bürgerlichen Parlament zuzeiten die ergötzlichsten Kapriolen der „Volksvertreter" erleben, die, plötzlich von einem „neuen Geist" belebt, ganz unerwartete Töne hervorbringen, daß die vertrocknetsten Mumien sich zuzeiten jugendlich gebärden und verschiedene Scheidemännchen auf einmal in ihrer Brust revolutionäre Töne finden – wenn es in den Fabriken, Werkstätten und auf den Straßen rumort?

Und diese ständige lebendige Einwirkung der Stimmung und der politischen Reife der Massen auf die gewählten Körperschaften sollte gerade in einer Revolution vor dem starren Schema der Parteischilder und der Wahllisten versagen? Gerade umgekehrt! Gerade die Revolution schafft durch ihre Gluthitze jene dünne, vibrierende, empfängliche politische Luft, in der die Wellen der Volksstimmung, der Pulsschlag des Volkslebens augenblicklich in wunderbarster Weise auf die Vertretungskörperschaften einwirken. Gerade darauf beruhen ja immer die bekannten effektvollen Szenen aus dem Anfangsstadium aller Revolutionen, wo alte reaktionäre und höchst gemäßigte, unter altem Regime aus beschränktem Wahlrecht gewählte Parlamente plötzlich zu heroischen Wortführern des Umsturzes, zu Stürmern und Drängern werden. Das klassische Beispiel bietet ja das berühmte Lange Parlament in England, das, 1642 gewählt und zusammengetreten, sieben Jahre lang auf dem Posten blieb und in seinem Innern alle Wechselverschiebungen der Volksstimmung, der politischen Reife, der Klassenspaltung, des Fortgangs der Revolution bis zu ihrem Höhepunkt, von der anfänglichen devoten Plänkelei mit der Krone unter einem auf den Knien stehenden „Sprecher" bis zur Abschaffung des Hauses der Lords, Hinrich tung Karls und Proklamierung der Republik [widerspiegelt]. (...)

Das alles zeigt, daß der „schwerfällige Mechanismus der demokratischen ..." ein kräftiges Korrektiv hat – eben in der lebendigen Bewegung der Masse, in ihrem unausgesetzten Druck. Und je demokratischer die Institution, je lebendiger und kräftiger der Pulsschlag des politischen Lebens der Masse, um so unmittelbarer und genauer die Wirkung – trotz starrer Parteischilder, veralteter Wahllisten etc. Gewiß, jede demokratische Institution hat ihre Schranken und Mängel, was sie wohl mit sämtlichen menschlichen Institutionen teilt. Nur ist das Heilmittel, das Trotzki und Lenin gefunden: die Beseitigung der Demokratie überhaupt, noch schlimmer als das Übel, dem es steuern soll: Es verschüttet nämlich den lebendigen Quell selbst, aus dem heraus alle angeborenen Unzulänglichkeiten der sozialen Institutionen allein korrigiert werden können: das aktive, ungehemmte, energische politische Leben der breitesten Volksmassen.

Nehmen wir ein anderes frappantes Beispiel: das von der Sowjetregierung ausgearbeitete Wahlrecht. Es ist nicht ganz klar, welche praktische Bedeutung diesem Wahlrecht beigemessen ist. Aus der Kritik Trotzkis und Lenins an den demokratischen Institutionen geht hervor, daß sie Volksvertretungen aus allgemeinen Wahlen grundsätzlich ablehnen und sich nur auf die Sowjets stützen wollen. Weshalb dann überhaupt ein allgemeines Wahlrecht ausgearbeitet wurde, ist eigentlich nicht ersichtlich. Es ist uns auch nicht bekannt, daß dieses Wahlrecht irgendwie ins Leben eingeführt worden wäre; von Wahlen zu einer Art Volksvertretung auf seiner Grundlage hat man nichts gehört. Wahrscheinlicher ist die Annahme, daß es nur ein theoretisches Produkt sozusagen vom grünen Tisch aus geblieben ist; aber so, wie es ist, bildet es ein sehr merkwürdiges Produkt der bolschewistischen Diktaturtheorie. Jedes Wahlrecht wie überhaupt jedes politische Recht ist nicht nach irgendwelchen abstrakten Schemen der „Gerechtigkeit" und ähnlicher bürgerlicher demokratischer Phraseologie zu messen, sondern an den sozialen und wirtschaftlichen Verhältnissen, auf die es zugeschnitten ist. Das von der Sowjetregierung ausgearbeitete Wahlrecht ist eben auf die Übergangsperiode von der bürgerlich-kapitalistischen zur sozialistischen Gesellschaftsform berechnet, auf die Periode der proletarischen Diktatur. Im Sinne der Auslegung, die Lenin-Trotzki von dieser Diktatur vertreten, wird das Wahlrecht nur denjenigen verliehen, die von eigener Arbeit leben, und allen anderen verweigert.

Nun ist es klar, daß ein solches Wahlrecht nur in einer Gesellschaft Sinn hat, die auch wirtschaftlich in der Lage ist, allen, die arbeiten wollen, ein auskömmliches, kulturwürdiges Leben von eigener Arbeit zu ermöglichen. Trifft das auf das jetzige Rußland zu? Bei den ungeheuren Schwierigkeiten, mit denen das vom Weltmarkt abgesperrte, von seinen wichtigsten Rohstoffquellen abgeschnürte Sowjetrußland zu ringen hat, bei der allgemeinen furchtbaren Zerrüttung des Wirtschaftslebens, bei dem schroffen Umsturz der Produktionsverhältnisse infolge der Umwälzungen der Eigentumsverhältnisse in der Landwirtschaft wie in der Industrie und im Handel liegt es auf der Hand, daß ungezählte Existenzen ganz plötzlich entwurzelt, aus ihrer Bahn herausgeschleudert werden, ohne jede objektive Möglichkeit, in dem wirtschaftlichen Mechanismus irgendeine Anwendung für ihre Arbeitskraft zu finden. Das bezieht sich nicht bloß auf die Kapitalisten- und Grundbesitzerklasse, sondern auch auf die breite Schicht des kleinen Mittelstandes und auf die Arbeiterklasse selbst. Ist es doch Tatsache, daß das Zusammenschrumpfen der Industrie ein massenhaftes Abfluten des städtischen Proletariats aufs platte Land hervorgerufen hat, das in der Landwirtschaft Unterkunft sucht. Unter solchen Umständen ist ein politisches Wahlrecht, das den allgemeinen Arbeitszwang zur wirtschaftlichen Voraussetzung hat, eine ganz unbegreifliche Maßregel. Der Tendenz nach soll es die Ausbeuter allein politisch rechtlos machen. Und während produktive Arbeitskräfte massenhaft entwurzelt werden, sieht sich die Sowjetregierung umgekehrt vielfach gezwungen, die nationale Industrie den früheren kapitalistischen Eigentümern sozusagen in Pacht zu überlassen. Desgleichen sah sich [im] April 1918 die Sowjetregierung gezwungen, auch mit den bürgerlichen Konsumgenossenschaften einen Kompromiß zu schließen. Ferner [hat sich die] Benutzung von bürgerlichen Fachleuten als unumgänglich [erwiesen]. Eine andere Folge derselben Erscheinung ist, daß wachsende Schichten des Proletariats als Rotgardisten etc. vom Staate aus öffentlichen Mitteln erhalten werden. In Wirklichkeit macht es rechtlos breite und wachsende Schichten des Kleinbürgertums und des Proletariats, für die der wirtschaftliche Organismus keinerlei Mittel zur Ausübung des Arbeitszwangs vorsieht.

Das ist eine Ungereimtheit, die das Wahlrecht als ein utopisches, von der sozialen Wirklichkeit losgelöstes Phantasieprodukt qualifiziert. Und gerade deshalb ist es kein ernsthaftes Werkzeug der proletarischen Diktatur.

Als der ganze Mittelstand, die bürgerliche und kleinbürgerliche Intelligenz nach der Oktoberrevolution die Sowjetregierung monatelang boykottierten, den Eisenbahn-, Post- und Telegraphenverkehr, den Schulbetrieb, den Verwaltungsapparat lahmlegten und sich auf diese Weise gegen die Arbeiterregierung auflehnten, da waren selbstverständlich alle Maßregeln des Druckes gegen sie: durch Entziehung politischer Rechte, wirtschaftlicher Existenzmittel etc., geboten, um den Widerstand mit eiserner Faust zu brechen. Da kam eben die sozialistische Diktatur zum Ausdruck, die vor keinem Machtaufgebot zurückschrecken darf, um bestimmte Maßnahmen im Interesse des Ganzen zu erzwingen oder zu verhindern. Hingegen ein Wahlrecht, das eine allgemeine Entrechtung ganzer breiter Schichten der Gesellschaft ausspricht, das sie politisch außerhalb des Rahmens der Gesellschaft stellt, während es für sie wirtschaftlich innerhalb ihres Rahmens selbst keinen Platz zu schaffen imstande ist, eine Entrechtung nicht als konkrete Maßnahme zu einem konkreten Zweck, sondern als allgemeine Regel von dauernder Wirkung, das ist nicht eine Notwendigkeit der Diktatur, sondern eine lebensunfähige Improvisation.

Doch mit der Konstituierenden Versammlung und dem Wahlrecht ist die Frage nicht erschöpft, es kommt noch die Abschaffung der wichtigsten demokratischen Garantien eines gesunden öffentlichen Lebens und der politischen Aktivität der arbeitenden Massen in Betracht: der Pressefreiheit, des Vereins- und Versammlungsrechts, die für alle Gegner der Sowjetregierung vogelfrei geworden sind. Für diese Eingriffe reicht die obige Argumentation Trotzkis über die Schwerfälligkeit der demokratischen Wahlkörper nicht entfernt aus. Hingegen ist es eine offenkundige, unbestreitbare Tatsache, daß ohne eine freie, ungehemmte Presse, ohne ungehindertes Vereins- und Versammlungsleben gerade die Herrschaft breiter Volksmassen völlig undenkbar ist.

Lenin sagt: Der bürgerliche Staat sei ein Werkzeug zur Unterdrükkung der Arbeiterklasse, der sozialistische – zur Unterdrückung der Bourgeoisie. Es sei bloß gewissermaßen der auf den Kopf gestellte kapitalistische Staat. Diese vereinfachte Auffassung sieht von dem Wesentlichsten ab: Die bürgerliche Klassenherrschaft braucht keine politische Schulung und Erziehung der ganzen Volksmasse, wenigstens nicht über gewisse eng gezogene Grenzen hinaus. Für die proletarische Diktatur ist sie das Lebenselement, die Luft, ohne die sie nicht zu existieren vermag.

„Dank dem offenen und unmittelbaren Kampf um die Regierungsgewalt. . ." Hier widerlegt Trotzki sich selbst und seine eigenen Parteifreunde aufs treffendste. Eben weil dies zutrifft, haben sie durch Erdrückung des öffentlichen Lebens die Quelle der politischen Erfahrung und das Steigen der Entwicklung verstopft. Oder aber müßte man annehmen, daß Erfahrung und Entwicklung bis zur Machtergreifung der Bolschewiki nötig war, den höchsten Grad erreicht hatte und von nun an überflüssig wurde. (Rede Lenins: Rußland ist überzeugt für den Sozialismus!!!)

In Wirklichkeit umgekehrt! Gerade die riesigen Aufgaben, an die die Bolschewiki mit Mut und Entschlossenheit herantraten, erforderten die intensivste politische Schulung der Massen und Sammlung der Erfahrung.

Die stillschweigende Voraussetzung der Diktaturtheorie im Lenin-Trotzkischen Sinn ist, daß die sozialistische Umwälzung eine Sache sei, für die ein fertiges Rezept in der Tasche der Revolutionspartei liege, das dann nur mit Energie verwirklicht zu werden brauche. Dem ist leider – oder je nachdem: zum Glück – nicht so. Weit entfernt, eine Summe fertiger Vorschriften zu sein, die man nur anzuwenden hätte, ist die praktische Verwirklichung des Sozialismus als eines wirtschaftlichen, sozialen und rechtlichen Systems eine Sache, die völlig im Nebel der Zukunft liegt. Was wir in unserem Programm besitzen, sind nur wenige große Wegweiser, die die Richtungen anzeigen, in der die Maßnahmen gesucht werden müssen, dazu vorwiegend negativen Charakters. Wir wissen so ungefähr, was wir zu allererst zu beseitigen haben, um der sozialen Wirtschaft die Bahn frei zu machen, welcher Art hingegen die tausend konkreten, praktischen großen und kleinen Maßnahmen sind, die auf jedem Schritt zu ergreifen sind, um die sozialistischen Grundsätze in die Wirtschaft, in das Recht, in alle gesellschaftlichen Beziehungen einzuführen, darüber gibt kein sozialistisches Parteiprogramm und kein sozialistisches Lehrbuch Aufschluß. Das ist kein Mangel, sondern gerade der Vorzug des wissenschaftlichen Sozialismus vor dem utopischen: Das sozialistische Gesellschaftssystem soll und kann nur ein geschichtliches Produkt sein, geboren aus der eigenen Schule der Erfahrung, in der Stunde der Erfüllung, aus dem Werden der lebendigen Geschichte, die genau wie die organische Natur, deren Teil sie letzten Endes ist, die schöne Gepflogenheit hat, zusammen mit einem wirklichen gesellschaftlichen Bedürfnis stets auch die Mittel zu seiner Befriedigung, mit der Aufgabe zugleich die Lösung hervorzubringen. Ist dem aber so, dann ist es klar, daß der Sozialismus sich seiner *Natur* nach nicht oktroyieren läßt, durch Ukase einführen. Er hat zur Voraussetzung eine Reihe Gewaltmaßnahmen – gegen Eigentum etc. Das Negative, den Abbau, kann man dekretieren, den Aufbau, das Positive, *nicht.* Neuland. Tausend Probleme. Nur Erfahrung [ist] imstande, zu korrigieren und neue Wege zu eröffnen. Nur ungehemmtes, schäumendes Leben verfällt auf tausend neue Formen, Improvisationen, erhält *schöpferische Kraft,* korrigiert selbst alle Fehlgriffe. Das öffentliche Leben der Staaten mit beschränkter Freiheit ist eben deshalb so dürftig, so armselig, so schematisch, so unfruchtbar, weil es sich durch Ausschließung der Demokratie die lebendigen Quellen allen geistigen Reichtums und Fortschritts absperrt. (Beweis: die Jahre 1905 und die [Monate] Februar bis Oktober 1917.) Wie dort politisch, so auch ökonomisch und sozial. Die ganze Volksmasse muß daran teilnehmen. Sonst wird der Sozialismus vom grünen Tisch eines Dutzends Intellektueller dekretiert, oktroyiert. (. . .)

Der Grundfehler der Lenin-Trotzkischen Theorie ist eben der, daß sie die Diktatur, genau wie Kautsky, der Demokratie entgegenstellen. „Diktatur *oder* Demokratie", heißt die Fragestellung sowohl bei den Bolschewiki wie bei Kautsky. Dieser entscheidet sich natürlich für die Demokratie, und zwar für die *bürgerliche* Demokratie, da er sie eben als die Alternative zur sozialistischen Umwälzung hinstellt. Lenin-Trotzki entscheiden sich umgekehrt für die Diktatur im Gegensatz zur Demokratie und damit für die Diktatur einer Handvoll Personen, d.h. für *bürgerliche* Diktatur. Es sind zwei Gegenpole, beide gleich weit entfernt von der wirklichen sozialistischen Politik. Das Proletariat kann, wenn es die Macht ergreift, nimmermehr nach dem guten Rat Kautskys unter dem Vorwand der „Unreife des Landes" auf die sozialistische Umwälzung verzichten und sich nur der Demokratie widmen, ohne an sich selbst, an der Internationale, an der Revolution Verrat zu üben. Es soll und muß eben sofort sozialistische Maßnahmen in energischster, unnachgiebigster, rücksichtslosester Weise in Angriff nehmen, also Diktatur ausüben, aber Diktatur der Klasse, nicht einer Partei oder einer Clique, Diktatur der Klasse, d.h. in breitester Öffentlichkeit, unter tätigster ungehemmter Teilnahme der Volksmassen, in unbeschränkter Demokratie. „Als Marxisten sind wir nie Götzendiener der formalen Demokratie gewesen", schreibt Trotzki. Gewiß, wir sind nie Götzendiener der formalen Demokratie gewesen. Wir sind auch nie Götzendiener des Sozialismus oder des Marxismus gewesen. Folgt etwa daraus, daß wir auch den Sozialismus, den Marxismus à la Cunow-Lensch-Parvus, wenn er uns unbequem wird, in die Rumpelkammer werfen dürfen? Trotzki und Lenin sind die lebendige Verneinung dieser Frage. Wir sind nie Götzendiener der formalen Demokratie gewesen, das heißt nur: Wir unterschieden stets den sozialen Kern von der politischen Form der *bürgerlichen* Demokratie, wir enthüllten stets den herben Kern der sozialen Ungleichheit und Unfreiheit unter der süßen Schale der formalen Gleichheit und Freiheit – nicht um diese zu verwerfen, sondern um die Arbeiterklasse dazu anzustacheln, sich nicht mit der Schale zu begnügen, vielmehr die politische Macht zu erobern, um sie mit neuem sozialen Inhalt zu füllen. Es ist die historische Aufgabe des Proletariats, wenn es zur Macht gelangt, anstelle der bürgerlichen Demokratie sozialistische Demokratie zu schaffen, nicht jegliche Demokratie abzuschaffen. Sozialistische Demokratie beginnt aber nicht erst im gelobten Lande, wenn der Unterbau der sozialistischen Wirtschaft geschaffen ist, als fertiges Weihnachtsgeschenk für das brave Volk, das inzwischen treu die Handvoll sozialistischer Diktatoren unterstützt hat. Sozialistische Demokratie beginnt zugleich mit dem Abbau der Klassenherrschaft und dem Aufbau des Sozialismus. Sie beginnt mit dem Moment der Machteroberung durch die sozialistische Partei. Sie ist nichts anderes als Diktatur des Proletariats. (...)

Antike und moderne Demokratie. *Der Althistoriker Moses Finley (1912-1988) arbeitet die Eigenarten athenischer Demokratie heraus (s. auch Aristoteles S. 55). Er markiert qualitative Unterschiede zur heutigen Situation. Er macht darauf aufmerksam, daß dieser enorme Abstand heutiger Zeit zu früheren Zeiten gerade im Fall antiker und moderner Demokratie um der Demokratie heute willen nicht dazu (ver-)führen darf, die „Alten" die Alten sein zu lassen, weil sie doch nicht mehr für unsere Zeit paßten. Einsichten in die athenische Demokratie und die u.a. in der Apathie der Bürgerinnen und Bürger heute sichtbaren Probleme sollten statt dessen darüber intensiv nachsinnen lassen, neue zeitgemäße Formen der Beteiligung zu erfinden. Auf die problembewußte politische „Innovation" kommt es an. Wer sich mit der gegenwärtigen Situation sachzwangartig abfindet, zahlt den Preis substantieller Demokratie. Demokratie würde dann zu einer ihrer sozialen Bedingungen beraubten und insoweit leeren Prozedur.*
(Moses Finley: Antike und moderne Demokratie, Stuttgart 1980, S. 33–42; auszugsweise)

Moses Finley

Die Bürger und die Berufspolitiker

Die πολιτικὴ ἀρετή (die Fähigkeit zu politischem Urteil) bestimmt die Befindlichkeit des Menschen jedoch nicht allein. Anders als die Welt der Tiere, deren Leben von Aggression und Durchsetzungsvermögen geprägt ist, sind die Menschen von Natur aus auf Zusammenarbeit angelegt und besitzen die Eigenschaften der φιλία (was herkömmlicherweise, aber recht blaß, als „Freundschaft" übersetzt wird) und der δίκη, des Rechtssinnes, der Gerechtigkeit. Nach Protagoras aber reichen „Freundschaft" und „Gerechtigkeit" zur Konstituierung der wirklich politischen Gemeinschaft, des Staates, nicht aus, wenn nicht der besondere Sinn für das Politische hinzukommt. Bezeichnenderweise hat auch Aristoteles, der nicht Demokrat war, auf Freundschaft und Gerechtigkeit als die beiden Bausteine der κοινωνία, der Gemeinschaft, denselben Nachdruck gelegt. Κοινωνία läßt sich kaum mit einem einzigen englischen [oder deutschen] Wort umschreiben: es hat ein ganzes Bündel von Bedeutungen, darunter zum Beispiel auch den von „Geschäftspartnerschaft", jedoch müssen wir in diesem Zusammenhang an eine betonte „Gemeinschaft" denken, die der frühchristlichen „Gemeinde" in manchem nicht unähnlich sein dürfte und in der die Bindungen nicht bloß durch eine örtliche und verwandschaftliche Nahbeziehung und eine gemeinsame Lebensart hergestellt werden, sondern auch durch das Bewußtsein einer gemeinsamen Aufgabe, eines gemeinsamen Schicksals und eines gemeinsamen Glaubens. Für Aristoteles war der Mensch von Natur aus nicht nur dazu bestimmt, in einer Polis zu leben, sondern auch im Rahmen eines Hauswesens (οἶκος) und in der „Gemeinschaft" (κοινωνία).

Dieser von der Staatsreligion, ihren Mythen und ihren überlieferten Riten gefestigte Gemeinschaftssinn hat, wie ich meine, an dem pragmatischen Erfolg der athenischen Demokratie einen wesentlichen Anteil (dies mag auch meine recht lange Abschweifung erklären). Weder die mit unbeschränkter Entscheidungsmacht ausgestattete Volksversammlung mit ihrem unbegrenzten Recht der Teilhabe an allen politischen Vorgängen, noch die aus dieser gebildeten Geschworenengerichtshöfe, noch die Bestimmung der Beamten durch das Los, noch schließlich der Ostrakismos hätten einerseits das Chaos, andererseits die Tyrannis verhindern können, wären da nicht in der Bürgerschaft genügend Männer mit soviel Selbstbeherrschung gewesen, daß sie das Verhalten der Masse in disziplinierten Grenzen bewahren konnten. (...)

Es ist darauf zu achten, daß sowohl Protagoras wie Platon, so sehr sie auch im übrigen als unvereinbare Gegenpole einander gegenüberstehen, jeder auf seine Weise die Bedeutung der Erziehung herausstellten. Dabei gebrauche ich das Wort hier nicht in dem heute geläufigen, banalen Sinne von regelmäßigem Schulbesuch, sondern in dem altmodischen, dem bei den Griechen in Geltung stehenden Sinn: Sie verstanden unter παιδεία eine Erziehung als geistige Prägung (im Deutschen spricht man von *Bildung),* die Entwicklung der sittlichen Kräfte, des Sinnes für die einen Bürger verpflichtende Verantwortlichkeit, der vollkommenen Identifikation mit der Gemeinschaft, mit ihren Traditionen und Werten. In einer kleinen, einheitlichen, relativ geschlossenen, vom täglichen Umgang geprägten Gesellschaft war es eben durchaus möglich, die grundlegenden Institutionen der Gemeinschaft – die Familie, den sich zum abendlichen und nächtlichen Gastmahl treffenden (Kult-) Verein (θίασος), das Gymnasion und die Volksversammlung – als Erziehungsträger zu bezeichnen. Für einen jungen Mann bedeutete die Teilnahme an der Ekklesia das große Bildungserlebnis: dort lernte er zwar nicht unbedingt die Größe der Insel Sizilien kennen, wohl aber die Athen wirklich betreffenden politischen Belange, die Wahlmöglichkeiten und die verschiedenen Argumente, und nicht zuletzt lernte er, die Männer einzuschätzen, die sich selbst als die „Macher" der Politik, als die Führungstypen, vorstellten. (...)

Athen bietet somit eine wertvolle Fallstudie, wie die Aktivität von politischen Führern und die Teilnahme des Volkes an der Regierungstätigkeit über einen langen Zeitraum hinweg erfolgreich neben- und miteinander bestehen konnten – und zwar ohne die politische Gleichgültigkeit und Unbedarftheit, wie sie heute von den Meinungsforschungsexperten aufgedeckt werden, und ebenso ohne die extremistischen Gespenster, die manchen Elitetheoretiker so sehr verfolgen. Die Athener haben einiges falsch gemacht. Welches Regierungssystem aber hat das nicht? Das beliebte Spiel, Athen zu verurteilen, weil es nicht im Einklang mit einem gewissen Vollkommenheitsideal lebte, ist ein lächerliches Unterfangen. Sie haben keine tödlichen Fehler begangen, und das ist immerhin recht ansprechend. (...)

Tiefgreifende institutionelle Veränderungen sind inzwischen eingetreten. Da ist zunächst die radikale Umwandlung der Wirtschaft, die heute in einem Maße von übernationalen Firmenverflechtungen beherrscht wird, das unseren Vorfahren ganz unvorstellbar war. Die neuen technologischen Verfahren, deren sich die Wirtschaft bedienen kann, haben in die Hände dessen, der sie besitzt, eine bisher nie gekannte Macht gelegt, die sowohl in ihrer Reichweite wie auch in ihrer fortgeschrittenen Komplexität ohne Vorbild ist. In diesen Bereich sind nach meiner Auffassung auch die Massenmedien einzuschließen, einerseits aufgrund ihrer Macht, Werte zu schaffen und zu verstärken, andererseits auch wegen der von ihnen erzeugten Passivität, die mir geradezu eine Absage an jenes „Erziehungs"-Ziel der klassischen Theorie der Demokratie zu sein scheint.

Sodann sind auch auf dem Feld der Politik selbst bemerkenswerte neue Faktoren wirksam geworden, vor allem die Tatsache, daß die politische Betätigung zu einem Beruf geworden ist, und zwar im engen Sinne des Wortes und in sehr weitem Ausmaß. (...)

Eine der Folgen dieser neuen Situation in der Gegenwart ist die enge Verbindung zwischen politischem Beruf und Gelderwerb, sei es mit oder ohne Korruption. Dies halte ich freilich, verglichen mit der Entstehung einer neuen, mächtigen Interessengruppe in der

Gesellschaft, „den Politikern", für eine weniger bedeutende Konsequenz.

„Das Ansehen, ja sogar das Überleben, der meisten führenden Politiker", schrieb Henry Kissinger, „hängt von ihrer Fähigkeit ab, ihre Ziele zu verwirklichen, wie immer sie zu diesen gelangt sind. Ob diese Ziele wünschenswert sind, ist dann vergleichsweise weniger entscheidend." Politische Führer lassen „ein nahezu zwanghaftes Bedürfnis" erkennen, „selbst einen vorübergehenden Rückschlag zu vermeiden". Langfristige Interessen werden zwangsläufig vernachlässigt, „da die Zukunft keine regierungserhebliche Wählerschaft hat". Diese neue Interessengruppe rekrutiert sich darüber hinaus aus einem schmalen Sektor der Bevölkerung, in den Vereinigten Staaten zum Beispiel fast ausschließlich aus der Gruppe der Rechtsanwälte und Geschäftsleute, daß es uns schwerfällt zu begreifen, daß noch gegen Ende des 19. Jahrhunderts ein gewisser Anteil nicht nur von Büroangestellten, sondern auch von Fabrikarbeitern aktiv in der Parteiführung und in den öffentlichen Behörden mitarbeitete, zumindest auf der städtischen Ebene. (...)

Schließlich spielt noch das enorme Anwachsen der Bürokratie (in den privaten Unternehmen und Institutionen ebenso wie in der Regierung) eine wichtige Rolle. Sie stellt die Experten, ohne die eine moderne Gesellschaft möglicherweise gar nicht funktionieren kann, jedoch ist jetzt – in der Größe und hierarchischen Verzweigung des Verwaltungsapparats – der Punkt erreicht, „an dem der Stabilität des inneren *'politischen'* Systems gegenüber der Verwirklichung der eigentlich sinnvollen Ziele dieser Organisation der Vorzug gegeben wird". Um es mit Kissingers Worten zu sagen: „Was ursprünglich als eine Hilfseinrichtung für die Entscheidungsträger begonnen hatte, verwandelt sich oft in eine praktische autonome Organisation, deren innere Probleme den Streitfragen, die sie ursprünglich lösen sollte, überhaupt erst Gestalt und mitunter zusätzliche Masse verleiht. [...] So kann zunehmende Verfeinerung und Komplizierung auch die Lähmung der Arbeitsfähigkeit oder aber eine grobe Popularisierung fördern, die ihre eigene Absicht widerlegt." Unter solchen Bedingungen wäre es absurd, unmittelbare Vergleiche zu einer kleinen, homogenen Gesellschaft wie Athen zu ziehen, wo der tägliche Umgang die privaten und „öffentlichen" Beziehungen bestimmt, und absurd wäre es auch, vorzuschlagen oder auch nur zu träumen, wir könnten in einer modernen Stadt oder Nation eine Vollversammlung der Bürger als höchstes Entscheidungsorgan wiederaufleben lassen. Nicht dies war die Alternative, die ich im

Voranstehenden betrachtet habe; was mich beschäftigte, war vielmehr eine ganz andere Wahlmöglichkeit, die sich aus der politischen Teilnahmslosigkeit und ihrer Bewertung ergibt. Daß Indifferenz gegenüber den öffentlichen Angelegenheiten und politische Unkenntnis heute eine grundlegende Tatsache sind, steht völlig außer Zweifel: Die Entscheidungen werden von den führenden Politikern getroffen und nicht durch eine Volksabstimmung, die bestenfalls die Macht hat, gelegentlich ein Veto einzulegen, wenn die Entscheidung schon gefallen ist. Das Problem ist, ob unter den gegenwärtigen, modernen Erfordernissen der Stand der Dinge notwendig und wünschenswert ist oder ob – in, wenn ich es einmal so umschreiben darf, athenischem Geist, wenngleich nicht mit den konkreten [und heute nur noch historischen] Inhalten Athens – neue Formen einer Teilnahme des Volkes an den politischen Geschäften erfunden werden müssen. (...)

Die Elitetheorie mit ihrer „Sicht des 'Berufspolitikers' als eines „Helden", mit ihrem Ruf nach „dem Ende der Ideologie" und ihrer Umwandlung einer Gebrauchsdefinition in ein Werturteil beantwortet diese Frage mit einem entschlossenen Nein. „Die Demokratie ist nicht nur und nicht einmal in erster Linie ein Mittel, das den verschiedenen Gruppen gestattet, ihre Ziele zu erreichen oder nach 'der guten Gesellschaft' zu suchen: sie ist *in ihrer funktionierenden Arbeitsweise* die gute Gesellschaft selbst" (Hervorhebung von mir). Ein solches Urteil ist, wie neulich ein Kritiker treffend gesagt hat, „eine Festschreibung des in der Vergangenheit Erreichten [...] Es stützt und erhärtet die wesentlichen Merkmale des Status quo und liefert ein Modell, mit offenen Fragen fertigzuwerden. Die Demokratie wird damit zu einem System, das erhalten werden muß, nicht zu einem Ziel, das man anzustreben hat. Wer nach dem Wegweiser für die Zukunft sucht, muß sich anderswo umschauen." Dies scheint mir *historisch* ein zutreffendes Urteil zu sein. Ob es auch *politisch* richtig ist, wird jeder für sich entscheiden.

Max Weber, 1864 - 1920, ein Sozialwissenschaftler, wenn's denn einen gab. Man hört nicht auf, bei ihm in die Schule zu gehen, so sehr seine Widersprüche und manche Kurzsichtigkeiten reizen.

Bürokratisierung. *Diese hat Weber als größte Gefahr angesehen. Er fürchtete, sie werde unvermeidlich zum Schicksal moderner Gesellschaft, in der viele Menschen versorgt werden müssen. Dazu bedarf es der entsprechenden Einrichtungen der Produktion, der Verteilung, der Regulierung u.ä.m., die ihrerseits entsprechend fachlich geschulte Personen benötigen. Fachleute, Bürokratien, Technologien treten an die Stelle der Individuen oder eigenständiger demokratischer Organisation. Jede neue Aufgabe, die deswegen beschlossen wird, verlangt sogleich danach, verbindlich die Frage zu beantworten, wie ihr nachgegangen werden solle. Sonst geben neue bürgerliche Rechte mit der einen Hand nötige Güter, während sie mit der anderen Selbständigkeit und Mitbestimmung wegnehmen. Auch hier ist der Norm-Form-Zusammenhang dauernd zu erinnern.*
(Debattenrede Webers anläßlich einer Tagung 1909 in Wien, abgedruckt in ders.: Gesammelte Aufsätze zur Soziologie und Sozialpolitik, Tübingen 1924, S. 413 und 414; auszugsweise)

Der Charakter von Menschen. *Das ist das Urteilskriterium aller Verfassungen (aller Organisationen) im weitesten Sinne: In welcher Weise beeinflußen, bedingen und bestimmen sie Verhalten und Bewußtsein der in ihnen lebenden, von ihnen abhängigen Menschen? Webers Fragestellung (W. Hennis) gipfelte hier zu Recht. Er hat sie immer erneut wiederholt.*
(hier zitiert aus: Rede auf dem ersten Deutschen Soziologentag in Frankfurt 1910; s. im selben Buch S. 441)

Kapitalismus, Menschenrechte, Demokratie. *Nicht zuletzt die Ereignisse in Osteuropa seit Mitte der achtziger Jahre haben die Ansicht weiter verbreitet, als stimme die kapitalistische Organisation der Wirtschaft geradezu automatisch mit den Erfordernissen der Menschenrechte überein und entspräche der Demokratie. Max Weber, der die kapitalistische Ökonomie prinzipiell für unausweichlich hielt, hat diese falsche Meinung früh kritisiert.*
(Zur Lage der bürgerlichen Demokratie in Rußland, in: Max Weber, Gesamtausgabe I/10, Tübingen 1989, S. 269 – 273; auszugsweise)

Max Weber

Bürokratisierung

(...) In der Tat: Es gibt nichts in der Welt, keine Maschinerie der Welt, die so präzis arbeitet, wie diese Menschenmaschine es tut – und dazu noch: so billig! Es ist z.B. notorisch ein Unsinn, zu sagen: die Selbstverwaltung müsse doch billiger sein, weil sie im Ehrenamt erledigt werde. Wenn man in einer rein technisch tadellosen Verwaltung, in einer präzisen und genauen Erledigung sachlicher Aufgaben das höchste und einzige Ideal sieht – ja, von diesem Gesichtspunkt aus kann man sagen: Zum Teufel mit allem anderen, und nichts als eine Beamtenhierarchie hingesetzt, die diese Dinge sachlich, präzis, „seelenlos" erledigt, wie jede Maschine. Die technische Ueberlegenheit des bureaukratischen Mechanismus steht felsenfest, so gut wie die technische Ueberlegenheit der Arbeitsmaschinen gegenüber der Handarbeit. (...)

Mir scheint, Sie sind heute in Gefahr, sich selbst in eine ebensolche Beifallssalve für das Maschinenwesen auf dem Gebiet der Verwaltung und Politik zu verwandeln. Denn was ist es letztlich anders, was wir von Ihnen gehört haben? Stellen Sie sich die Konsequenz jener umfassenden Bureaukratisierung und Nationalisierung vor, die wir bereits heute im Anzuge sehen. In den Privatbetrieben der Großindustrie sowohl, wie in allen modern organisierten Wirtschaftsbetrieben überhaupt reicht die „Rechenhaftigkeit", der rationale Kalkül, heute schon bis auf den Boden herunter. Es wird von ihm jeder einzelne Arbeiter zu einem Rädchen in dieser Maschine und innerlich zunehmend darauf abgestimmt, sich als ein solches zu fühlen und sich nur zu fragen, ob er nicht von diesem kleinen Rädchen zu einem größeren werden kann. Nehmen Sie als Spitze die autoritäre Gewalt des Staats oder der Gemeinde in einem *monarchischen* Staatswesen, dann erinnert das lebhaft an das Aegyptertum der Antike, das von diesem Geist des „Pöstchens" durchtränkt war von oben bis unten. Es hat nie eine Bureaukratie gegeben, bis heute nicht, die an die ägyptische Bureaukratie herangereicht hätte. Das steht für jeden fest, der ägyptische Verwaltungsgeschichte kennt und es steht ebenfalls felsenfest, daß wir heute unaufhaltsam einer Entwicklung entgegeneilen, die recht genau diesem Vorbilde, nur auf anderer Grundlage, auf technisch verbesserter, rationalisierter, also noch weit stärker mechanisierter Grundlage folgt. Die Frage, die uns beschäftigt, ist nun nicht: Wie kann man an dieser Entwicklung etwas ändern? – Denn das kann man nicht. Sondern: Was folgt aus ihr? (...)

Diese Leidenschaft für die Bureaukratisierung, wie wir sie sich hier äußern hörten, ist zum Verzweifeln. Es ist, als wenn in der Politik der Scheuerteufel, mit dessen Horizont der Deutsche ohnehin schon am besten auszukommen versteht, ganz allein das Ruder führen dürfte, als ob wir mit Wissen und Willen Menschen werden *sollten,* die „Ordnung" brauchen und nichts als Ordnung, die nervös und feige werden, wenn diese Ordnung einen Augenblick wankt, und hilflos, wenn sie aus ihrer ausschließlichen Angepaßtheit an diese Ordnung herausgerissen werden. Daß die Welt nichts weiter als solche Ordnungsmenschen kennt – in dieser Entwicklung sind wir ohnedies begriffen und die zentrale Frage ist also nicht, wie wir das noch weiter fördern und beschleunigen, sondern was wir dieser Maschinerie *entgegenzusetzen* haben, um einen Rest des Menschentums freizuhalten von dieser Parzellierung der Seele, von dieser Alleinherrschaft bureaukratischer Lebensideale. Die Antwort auf diese Frage gehört freilich heute nicht hierher. (...)

* * *

(...) Wir haben die Presse letztlich zu untersuchen einmal dahin: Was trägt sie zur Prägung des modernen Menschen bei? Zweitens: Wie werden die objektiven überindividuellen Kulturgüter beeinflußt, was wird an ihnen verschoben, was wird an Massenglauben, an Massenhoffnungen vernichtet und neu geschaffen, an „Lebensgefühlen" – wie man heute sagt –, an möglicher Stellungnahme für immer vernichtet und neu geschaffen? Das sind die letzten Fragen, die wir zu stellen haben, und Sie sehen sofort, verehrte Anwesende, daß der Weg bis zu den Antworten auf solche Fragen außerordentlich weit ist. (...)

* * *

(...) Im Gegenteil: so sehr der Kampf für solche „individualistischen" Lebenswerte auf Schritt und Tritt mit den „materiellen" Bedingungen der Umwelt zu rechnen hat – , so wenig könnte ihre „Verwirklichung" der „ökonomischen Entwicklung" überlassen werden. Es stünde heute äußerst übel um die Chancen der „Demokratie" und des „Individualismus", wenn wir uns für ihre „Entwicklung" auf die „gesetzmäßige" Wirkung *materieller* Interessen verlassen sollten. Denn diese weisen so deutlich wie möglich den entgegengesetzten Weg: im amerikanischen „benevolent feudalism", in den deutschen sogenannten „Wohlfahrteinrichtungen", in der russischen Fabrikverfassung – , überall ist das Gehäuse für die neue Hörigkeit fertig, es wartet nur darauf, daß die Verlangsamung im Tempo des technisch-ökonomischen „Fortschritts" und der Sieg der „Rente" über den „Gewinn" in Verbindung mit der Erschöpfung des noch „freien" Bodens und der noch „freien" Märkte die Massen „gefügig" macht, es endgültig zu beziehen. Und zugleich schafft die zunehmende Kompliziertheit der Wirtschaft, die partielle Verstaatlichung oder „Verstadtlichung", die territoriale Größe der Volkskörper stets neues Schreibwerk, weitere arbeitsteilige Spezialisation und Berufsschulung in der Verwaltung, d.h. aber: – Kaste. Jene amerikanischen Arbeiter, welche *gegen* die „Civil Service Reform" waren, wußten, was sie taten: sie wollten lieber von Emporkömmlingen zweifelhafter Moral als von einem patentierten Mandarinentum regiert werden – aber ihr Protest ist vergebens.

Möchten doch angesichts dessen diejenigen, welche in steter Angst davor leben, es könnte in Zukunft in der Welt *zu viel* „Demokratie" und „Individualismus" geben und zu wenig „Autorität", „Aristokratie" und „Schätzung des Amts" oder dergleichen, sich endlich beruhigen: es ist, nur allzusehr, dafür gesorgt, daß die Bäume des demokratischen Individualismus nicht bis in den Himmel wachsen. „Die Geschichte" gebiert, nach aller Erfahrung, unerbittlich „Aristokratien" und „Autoritäten" neu, an welche sich klammern kann, wer es für sich oder – für das „Volk" – für nötig findet. Käme es *nur* auf die „materiellen" Bedingungen und die durch sie direkt oder indirekt „geschaffenen" Interessenkonstellationen an, so würde jede nüchterne Betrachtung sagen müssen: alle *ökonomischen* Wetterzeichen weisen nach der Richtung zunehmender „Unfreiheit". Es ist höchst lächerlich, dem heutigen Hochkapitalismus, wie er jetzt nach Rußland importiert wird, und in Amerika besteht – dieser „Unvermeidlichkeit" unserer wirtschaftlichen Entwicklung – , Wahlverwandtschaft mit der „Demokratie" oder gar mit „Freiheit" (in *irgend* einem Wortsinn) zuzuschreiben, während doch die Frage nur lauten kann: Wie sind, unter seiner Herrschaft, alle diese Dinge überhaupt auf die Dauer „möglich"? Sie sind es tatsächlich nur da, wo dauernd der entschlossene *Wille* einer Nation, sich nicht wie eine Schafherde regieren zu lassen, dahinter steht. „Wider den Strom" der materiellen Konstellationen sind wir „Individualisten" und Parteigänger „demokratischer" Institutionen. Wer Wetterfahne einer „Entwicklungstendenz" sein will, der möge, so schnell wie nur möglich, diese altmodischen Ideale verlassen. Die historische Entstehung der modernen „Freiheit" hatte einzigartige, niemals sich wiederholende Konstellationen zur Voraussetzung. Zählen wir die wichtigsten davon auf: Zunächst die überseeische Expansion: in den Heeren Cromwells, in der französischen Konstituante, in unserem gesamten Wirtschaftsleben, noch heute, weht dieser Wind von jenseits des Meeres – aber ein neuer Erdteil ist nicht mehr zur Verfügung; große Binnengebiete, des nordamerikanischen Kontinents einerseits, Rußlands andererseits, sind es, auf deren monotone, den Schematismus begünstigende Flächen der Schwerpunkt der Bevölkerung der westlichen Kultur unaufhaltsam vorrückt, wie einst in der Spätantike. Zweitens die Eigenart der ökonomischen und sozialen Struktur der „frühkapitalistischen" Epoche in Westeuropa und drittens die Eroberung des Lebens durch die Wissenschaft, das „Zusichselbstkommen des Geistes": aber die rationale Gestaltung des äußeren Lebens hat, zweifellos nach Vernichtung unzähliger „Werte", heute wenigstens „im Prinzip" ihr Werk getan: die Uniformierung des äußeren Lebensstils an der Hand der „standardization" der Produktion ist, unter den heutigen Bedingungen des „geschäftlichen" Lebens, ihre universelle Wirkung – und „die Wissenschaft", rein als solche, schafft heute keine „Universalität der Persönlichkeit" mehr. Endlich: gewisse, aus der konkreten historischen Eigenart einer bestimmten religiösen Gedankenwelt herausgewachsene ideale Wertvorstellungen, welche, mit zahlreichen ebenfalls durchaus eigenartigen politischen Konstellationen und mit jenen materiellen Voraussetzungen zusammenwirken, die „ethische" Eigenart und die „Kulturwerte" des modernen Menschen prägten. Die Frage, ob irgend eine materielle und gar die heutige hochkapitalistische Entwicklung als solche diese einzigartigen historischen Bedingungen zu erhalten oder gar neu zu schaffen vermöchte, braucht nur gestellt zu werden, um die Antwort zu wissen. Und kein Schatten von Wahrscheinlichkeit spricht dafür, daß die ökonomische „Vergesellschaftung" als solche entweder die Entwicklung innerlich „freier" Persönlichkeiten oder aber „altruistischer" Ideale in ihrem Schoße bergen müsse. Finden wir etwa irgendwelche Keime von irgend etwas Derartigem bei Denen, welche, nach ihrer Ansicht, von der „materiellen Entwicklung" zum unvermeidlichen Siege getragen werden? In den Massen drillt die „korrekte" Sozialdemokratie den geistigen Parademarsch und verweist sie, statt auf das jenseitige Paradies (welches, im Puritanismus, doch *auch* recht respektable Leistungen im Dienste der diesseitigen „Freiheit" aufzuweisen hatte), auf das diesseitige – und macht dabei aus ihm eine Art von Pockenschutzimpfung für die Interessenten der bestehenden Ordnung. Sie gewöhnt ihre Zöglinge an Gefügigkeit gegen Dogmen und Parteiautoritäten, an erfolglosen Massenstreikspektakel und an den tatenlosen Genuß jenes entnervenden, in den Augen der Gegner ebenso harmlosen wie schließlich lächerlichen, Wutgebrülls ihrer Preßpfründner, an einen „hysterischen Affektgenuß" also, welcher ökonomisches und politisches Denken und Handeln ersetzt und verdrängt. Auf diesem sterilen Boden kann, wenn das „eschatologische" Zeitalter der Bewegung vergangen ist und Generation auf Generation vergebens die Faust in der Tasche geballt oder die Zähne gen Himmel gefletscht hat, nur geistige Stumpfheit wachsen.

Und dabei drängt die Zeit, „zu wirken solange es Tag ist". Was jetzt, im Laufe der nächsten Generationen, solange die ökonomische und geistige „Revolution", die vielgeschmähte „Anarchie" der Produktion und der ebenso geschmähte „Subjektivismus" noch ungebrochen bestehen, dem durch sie, und *nur durch sie,* auf sich selbst gestellten Individuum der breiten Massen nicht als „unveräußerliche" Persönlichkeits- und Freiheitsspähre gewonnen wird, das wird ihm – wenn die Welt erst einmal ökonomisch „voll" und intellektuell „satt" ist – *vielleicht* niemals erobert werden, soweit unsere schwachen Augen in den undurchdringlichen Nebel der Zukunft der Menschengeschichte zu dringen vermögen.

Rußland tritt, so schwer die Rückschläge in nächster Zeit auch sein mögen, dennoch endgültig in die Bahn spezifisch europäischer Entwicklung: die mächtige Einwanderung der Ideen des Westens zersetzt den patriarchalen und den kommunistischen Konservatismus hier, wie umgekehrt die gewaltige Einwanderung europäischer, gerade auch osteuropäischer, Menschen in die Vereinigten Staaten dort am Werke ist, die alten demokratischen Traditionen zu durchlöchern – in beiden Fällen im Bunde mit den Mächten des Kapitalismus. In gewissen Beziehungen ist – wie später einmal ausgeführt werden mag-, trotz der ungeheuren Unterschiede, die ökonomische Eigenart der kapitalistischen Entwicklung der beiden „kommunizierenden" Bevölkerungsreservoirs doch vergleichbar: das Losgelöstsein vom „Historischen" zumal ist bei beiden gleich unvermeidlich und wirkt mit dem „kontinentalen" Charakter des fast schrankenlosen geographischen Schauplatzes zusammen. An beiden Entwicklungen aber – und das ist das Wichtigere – hängt gleichviel: es sind, in gewissem Sinn, in der Tat vielleicht „letzte" Gelegenheiten für den Aufbau „freier" Kulturen „von Gund aus". – „Jahrtausende mußten vergehen, ehe du ins Leben tratest, und weitere Jahrtausende warten schweigend, was du mit diesem deinem Leben beginnen wirst" – dieser Satz, den Carlyles leidenschaftlicher Persönlichkeitsglaube jedem neuen Menschen zurufen wollte, kann ohne Übertreibung, wie auf die jetzige Lage der Vereinigten Staaten, so auf diejenige Rußlands, wie sie teils jetzt ist, teils nach einer weiteren Generation voraussichtlich sein wird, angewendet werden. Und deshalb vermögen wir, über alle Unterschiede der nationalen Eigenart und – verschweigen wir es uns nicht – wahrscheinlich auch vieler nationaler Interessen hinweg, unmöglich anders als mit tiefer innerer Bewegung und Anteilnahme auf den russischen Befreiungskampf und seine Träger – gleichviel welcher „Richtung" und „Klasse" – zu blicken. (...)

Gemeinde. *Von der gemeindlichen Selbstverwaltung als der Zelle der Demokratie wird festrednerisch des öfteren gesprochen. Auf die Demokratie an den „Graswurzeln" (grassroots democracy) sind die Nordamerikaner stolz. „Basisdemokratie" wurde zum Losungswort der siebziger Jahre gegen abgehobene Politik im zentralistischen Abseits und gegen die apparativ erstarrten Parteien.*

Falsch wäre es gerade heute, das nicht ernstzunehmen, was sich lokal an allen Ecken und Enden tut. Die Neuen sozialen Bewegungen, die sich außerhalb der etablierten Einrichtungen vielfältig gebildet haben, wären ohne dieses politische Leben „unten" und „von unten" nicht aufgekommen. Sie haben, alles zusammengenommen, die Politik stärker verändert als beispielsweise die großen Parteien, die aus dem herrschenden Futternapf fressen. Die Wahrnehmung politischer Probleme hat sich geweitet. Ökologie lautet das wichtigste Stichwort neben dem Frieden. Die Formen politischer Überzeugung wurden angereichert.

Dennoch ist der politische Zug des modernen Staates (und der kapitalistischen Ökonomie), der sich über die Jahrhunderte und vor allem die letzten Jahrzehnte hinweg z. T. sprunghaft beschleunigt – und rast und rast – dadurch gekennzeichnet, daß er Lokalitäten enteignet und politische Entscheidungen entfernt. Lokalitäten werden zu den „Endmoränen" andernorts stattfindender „Eiszeiten". Ein säkularer Abstraktionsprozeß greift. Abstraktion aber heißt: Absehen von Besonderheiten, darum allgemeiner werden, Befreien, Freisetzen eben von lokalen Bindungen, zugleich aber auch Berauben. Unablässige Gemeinde- und Gebietsreformen, zentralisierende Verlagerung, Bürokratisierung und eine nur auf Individuen fixierte Willensbildung sind dafür Ausdruck. Höchste Zeit ist es, diesen Abstraktionsprozeß, der die Moderne ausmacht, perspektivisch zu qualifizieren und nicht einfach unbesehen zu unterschreiben.

In diesem Zusammenhang ist es von Bedeutung, daß die meisten der sozialen Bewegungen und der Proteste aus der Bevölkerung (meist aus den Unterschichten), die die Entstehung der Neuzeit und die Entwicklung der Moderne begleitet haben, gemeindlich-gemeinschaftlicher Basis sich versicherten und mit ihrem Freiheitsruf den Ruf nach kollektiven Formen verbanden. E. P. Thompson, der Historiker der englischen Arbeiterbewegung, hat dafür den Begriff der „moralischen Ökonomie" geprägt.

Die Bewegung der Bauern am Ende des 15. und im ersten Viertel des 16. Jahrhunderts, bis sie blutig unterdrückt worden ist (ohne daß deswegen entgegen einer lang gehegten Annahme alle Protestbewegungen zu Ende gekommen wären), gibt von solchem Protest wider die soziale und politische Enteignung und für ein politisch nutzbares Gemeineigentum Auskunft. Kein Zurück zu nicht vorhandenen seligen Anfängen wird verlangt, sozial und politisch im Zusammenhang begründete Menschenrechte werden angemahnt. Peter Blickle, der Berner Historiker, bietet einen zusammenfassenden Einblick.

(Frankfurter Allgemeine Zeitung, 31. 10. 1987)

Peter Blickle

Die Gemeinde, das Maß aller Dinge

Daß die politischen Verhältnisse des 16. Jahrhunderts – oder wie man heute gerne sagt: die politische Kultur – die Reformation in erheblichem Umfang geprägt und bestimmt haben, ist unstreitig. Wenn der König und die Reichsfürsten sich auf dem Augsburger Reichstag 1555 auf das Prinzip „Cuius regio eius et religio" festlegten, die Konfession in einem Territorium also vom Willen des Fürsten abhängig machten, so kommt damit unzweideutig zum Ausdruck, daß der Fürstenstaat sich die Reformation nutzbar gemacht und angepaßt hat. Wenn Ernst Troeltsch von der „religiös begründeten und geweihten Verselbständigung der nationalen Kulturen" durch die Reformation sprach, so hat er damit auch zum Ausdruck gebracht, daß sie den Souveränitätsbestrebungen der nationalen Monarchien dienstbar gemacht wurde. Und wenn schließlich Friedrich Engels feststellte, „der große Kampf des europäischen Bürgertums gegen den Feudalismus kulminierte in drei großen Entscheidungsschlachten. Die erste war das, was wir die Reformation in Deutschland nennen", so meint er damit, das Bürgertum habe die Reformation für sich in die Pflicht genommen.

Es herrscht eine gewisse Übereinkunft darüber, daß um 1525 der Prozeß der Reformation eine Veränderung erfährt. Das Datum gewinnt sein Gewicht durch den Bauernkrieg, die Revolution des gemeinen Mannes, den hinsichtlich seiner sozialen Breite und programmatischen Tiefe zweifellos bedeutendsten bäuerlichen Aufstand in Europa vor der Französischen Revolution. Die in die Millionen gehenden aufständischen Bauern (und Bürger) haben aus der Theologie und Ethik der Reformatoren ihre revolutionäre Ideologie bezogen. Weil jedoch die Aufständischen militärisch niedergeschlagen wurden, ging damit auch eine Phase der Reformationsbewegung – die „frühe Reformation" – zu Ende.

Während die nach 1525 liegende Epoche der Reformation vergleichsweise klar und unumstritten als landesherrliche, obrigkeitliche oder fürstliche Reformation definiert wird, fehlt der Phase der frühen Reformation eine derart klare begriffliche Abkürzung. Nichts belegt das schlagender als die metaphorischen Umschreibungen dieser Epoche in Handbüchern und Gesamtdarstellungen als „Sturmjahre” oder „Wildwuchs” der Reformation. Diese Begriffsbildung drückt eher Hilflosigkeit als Erkenntnis aus. Sie fußt auf der Beobachtung, daß sich mit der Reformation zahlreiche „Theologien” entwickeln und es in den Städten und auf dem Land zu erheblichen Unruhen kommt; sie gründet in der Überzeugung, daß es eine „geordnete” und „richtige” Reformation gebe, eben die im Zusammenwirken Luthers mit den Landesfürsten vollzogene.

Die Ergebnisse der jüngeren Sozialgeschichte, besonders die Erforschung der Lebensbedingungen und Wertvorstellungen der einfachen Leute, sind für eine Interpretation der Reformation und damit einer Zeitenwende in der europäischen Geschichte kaum nutzbar gemacht worden. Die frühe Reformation ist eine von Bürgern und Bauern getragene Bewegung. Fragt man nach den Konsequenzen, die die Gesellschaft aus ihrer Aneignung des Reformatorischen zog, erhält man als Antwort eine neue Sicht auf die Reformation als ganze. Fragt man nach den interpretatorischen Weiterungen dieser neuen Sicht der Reformation, erhält man als Antwort eine veränderte Einschätzung des Beginns der Moderne.

Die Bauern der fränkischen Gemeinde Wendelstein äußerten 1524 gegenüber ihrem neubestellten Pfarrer, „wir werden dich für kain Herren, sunder allain für ein Knecht und Diener der Gemaind erkennen, das du nit uns, sunder wir dir zu gebieten haben, und bevelhen dir demnach, das du uns das Evangelion und Wort Gottes lauter und klar nach der Wahrheit (mit Menschenlere unverhenkt und unbefleckt) treulich vorsagest”. Reines Evangelium, Pfarrerwahl durch die Gemeinde und Entscheidungskompetenz über die richtige Lehre, ausgedrückt in der Gebotsgewalt der Gemeinde über den Pfarrer, kennzeichnen dieses Reformationsverständnis.

Das Beispiel steht stellverstretend für eine Vielzahl von lokalen, regionalen und territorialen Forderungskatalogen und Beschwerdeschriften der Bauern und verweist auf deren gemeinsames Reformationsverständnis. Reformation heißt für die Bauern: Verkündigung des reinen Evangeliums, Sicherung dieser Verkündigung durch die Lehrentscheidungsbefugnis und das Pfarrwahlrecht der Gemeinde.

In den Artikeln der Stadt Erfurt heißt es, „daß ein Gemein derselbigen Pfarr iren Pfarrer zu setzen und zu entsetzen habe, und das durch dieselbigen verordnete Pfarrer das lauter Wort Gottes klerlich furgetragen werde ohn alle Zusatz, allerlei menschlichen Gebott, Satzunge und Lehren”. Im entfernten Basel fordern die Zünfte vom Rat die „Verkündigung des puren und waren Evangeliumbs” und eine Disputation über die Rechtmäßigkeit der Messe. Durch Mehrheitsbeschluß wollen die Basler Bürger über dogmatische Fragen der christlichen Lehre entscheiden. Die Belege aus Erfurt und Basel können als repräsentativ für das Reformationsverständnis der unteren und mittleren Schichten in den Städten gelten. In diesen beiden wie in allen anderen ähnlichen Fällen in den Städten handelt es sich um Forderungen, die von den Bürgern an den städtischen Rat gerichtet sind, also „von unten" kommen.

Was die Bauern und Bürger mit Verkündigung des reinen Evangeliums, Pfarrerwahl und der Lehrentscheidung durch die Gemeinde verlangten, widersprach den bisherigen Gewohnheiten. Das „Evangelium" wurde vor der Reformation kaum (und wenn, dann lateinisch) verkündet, vielmehr stand die Moralpredigt im Vordergrund; als „rein" galt es deswegen nicht, weil es durch die Interpretation der Kirchenväter vermittelt war. Die Pfarrer wurden von weltlichen und geistlichen Herren eingesetzt. Die Lehrentscheidung lag damals wie heute beim Papst und bei den Konzilien. In den Jahren um 1520 übersetzt die Gesellschaft ecclesia nicht mehr mit Kirche, sondern mit Gemeinde. Das Christentum organisierte sich nicht hierarchisch wie die römische Papstkirche, sondern egalitär wie das Gemeindechristentum der Apostelzeit.

Die entscheidenden sozialen und politischen Strukturveränderungen im Spätmittelalter lassen sich mit dem Begriff Gemeindebildung umfassend und sachgemäß umschreiben. Die Zahl der Städte wächst zwischen 1200 und 1500 von 50 auf 3000; die ländliche Gesellschaft organisiert sich seit dem ausgehenden Hochmittelalter in Zehntausenden von Dörfern, während bislang die Einöd- und Weilersiedlung vorherrschte. Die Gemeinsamkeiten von Stadt und Dorf sind unübersehbar: Dem mit dem Haus angesehenen Bürger in der Stadt entspricht der mit dem Hof ausgestattete Bauer im Dorf, dem städtischen Gericht das dörfliche Gericht, dem Stadtrecht das Dorfrecht, dem städtischen Rat die dörflichen Vierer, Sechser oder Zwölfer, dem städtischen Bürgermeister der dörfliche Amtmann oder Schultheiß.

Der Kern der Gemeinsamkeiten von Stadt und Dorf ist die Verfaßtheit beider als Gemeinde. Gemeinde heißt, daß im Prinzip jedes Gemeindemitglied für die politische Ordnung verantwortlich ist, was in der Institution der Gemeindeversammlung zum Ausdruck kommt, die über weitreichende Entscheidungen wie Stadtrechtserneuerungen oder Dorfsatzungen bestimmt und durch Wahl die gemeindlichen Ämter vergibt. Die Kommunalisierung der Kirche in der zweifachen Ausformung der weitreichenden Entscheidung über das Bekenntnis und die Wahl des Pfarrers durch die Gemeindeversammlung bringt diese spätmittelalterliche Entwicklung zu ihrem logischen Abschluß.

Auf dem Innsbrucker Landtag von 1525 verlangen die Städte und Landgemeinden Tirols eine neue Landesordnung, damit „brüederliche Lieb gehalten und gemainer Nutz gefürdert werd", was in einen Begründungszusammenhang mit dem Wort Gottes gerückt wird. Brüderliche Liebe und gemeiner Nutzen sind Normen, die der Arbeitsverfassung und dem Wertesystem von Dorf und Stadt weitgehend entsprechen, wenn nicht kongenial sind: Der brüderlichen Liebe, der Nächstenliebe des Neuen Testaments, entspricht in der Realität des Alltags das Nachbarschaftsprinzip, das im Dorf etwa in der Flurverfassung und in der Stadt in der Wehrverfassung angelegt war; ohne nachbarschaftliche Hilfe funktionierte weder das dörfliche noch das städtische Leben. Gemeinsamer Nutzen ist die auf einen Begriff verkürzte Sozialtheorie der Bauern und Bürger, die von der Vorstellung der Auskömmlichkeit bestimmt war: Norm landwirtschaftlicher und gewerblicher Produktion war das Auskommen, nicht der Gewinn. Soziale und politische Ordnungen müssen den Gemeinnutz verwirklichen, weil die äußerst knappen Ressourcen, über die die vorindustrielle Gesellschaft verfügt, den Eigennutz nicht dulden. Das Evangelium wird somit von den einfachen Leuten in ethische Leitlinien übersetzt.

Die Apostelgeschichte lehre, sagt Martin Luther schon 1520, „das einn jeglicher Stat auß der Gemein einen gelereten frumen Burger erwellet, [und] dem selben das Pfarampt befilhe". Aus dem Priestertum aller Gläubigen begründet er den Anspruch, „zu schmecken und urteilen, was do recht odder unrecht im Glauben were". Den Kommentar zu diesem noch skizzenhaften Kirchenverständnis liefert seine Schrift von 1523: „Daß ein christliche Versammlung oder Gemeine Recht und Macht habe, alle Lehre zu urtheilen und Lehrer zu berufen, ein und abzusetzen, Grund und Ursach aus der Schrift". Der Titel selbst umschreibt seinen Kirchenbegriff prägnant: Die Gemeinde urteilt über die richtige Lehre und bestellt den Pfarrer.

Der Straßburger Reformator Martin Bucer räumt der Gemeinde das Recht ein, „das bey eüch das urteil stot, welche [Verkündigung des Evangeliums] wor oder falsch seyen, auch die macht, die falschen [Prediger] ab und die woren einzusetzen", und der Reformator Zürichs, Huldrich Zwingli, sagt bündig, „den Predger sol die Kilchhöre [Pfarrgemeinde] erwellen, denn dieselb wirt über sin Ler urteilen, sust nieman". Die Vorstellung von der Kommunalisierung der Kirche ist gemeinreformatorisch. Anders verhält es sich mit dem Evangeliumsverständnis. Unbestritten ist das „reine Evangelium" Ausgangspunkt aller reformatorischen Theologie. Sein Geltungsanspruch jedoch wird zwischen Wittenberg einerseits und Straßburg und Zürich andererseits unterschiedlich weit gezogen. Luther bestreitet den normativen Charakter des Evangeliums für den innerweltlichen Bereich, auf dem hingegen Bucer und Zwingli beharren: Gemeinnutz und Nächstenliebe sind für beide evangeliumsgemäße Kategorien, deren Verwirklichung im sozialen und politischen Bereich nicht allein etwas Wünschbares ist wie bei Luther, sondern etwas Unabdingbares. Die Welt ist nach Zwingli und Bucer am Parameter des Evangeliums zu bessern.

Insofern die Bürger und Bauern in Oberdeutschland durchgängig das Evangelium auch als Maßstab der sozialen und politischen Ordnungen verstehen, orientieren sie sich nicht an Wittenberg, sondern an Zürich und Straßburg, nicht an Luther, sondern an Zwingli und Bucer.

Die Reformatoren lieferten der Gemeinde eine Ideologie, die ihrer Verfassung in ganz besonderem Maße entsprach. Jetzt kann die Gemeinde im buchstäblichen Sinn zum Maß aller Dinge werden – der kirchlichen, der gesellschaftlichen, der politischen Ordnungen. Der gemeine Mann, wie man in Anlehnung an die Begriffswelt des 16. Jahrhunderts Bauern und Bürger zusammenfassen kann, leistet seinen Beitrag zum Reformationsgeschehen damit, daß er seinem Verständnis von Reformation imperativen Charakter verleiht. Damit läßt er selbst Bucer und Zwingli hinter sich, die beide das theologische Problem nicht lösen, wie die Forderung nach Unabdingbarkeit einer weltimmanenten Verankerung des Evangeliums einerseits mit dem Friedensgebot des Evangeliums andererseits vereinbar sein soll. Nirgendwo nämlich fanden vor 1525 die Obrigkeiten sich freiwillig bereit, sich auf solche Forderungen einzulassen. Die Bürger üben mit Aufläufen, Tumulten, Gemeindeausschüssen so lange Druck auf die Räte aus, bis sie den Durchbruch der Reformation in der Stadt erzielt haben. Die Bauern rotten sich zusammen, besetzen die Klöster und stürmen die Burgen, wo die Herren sich dem Appell, die Reformation ins Recht zu setzen, entziehen. Hinter den städtischen wie den ländlichen Unruhen steht der nicht mehr diskutierbare Anspruch, die Verchristlichung der sozialen und politischen Ordnung zu erzwingen, und zwar notfalls mit Gewalt, auf revolutionärem Weg. Was heißt das? Die Alternative zum bestehenden gesellschaftlich-politischen System heißt: der Staat muß sich durch eine evangeliumsgemäße Verfassung legitimieren, er muß sich von den Gemeinden her aufbauen, und alle politischen Ämter sind durch Wahl zu vergeben.

Politische Ordnungen müssen evangeliumsgemäß sein, politische Ämter werden nach dem Wahlprinzip vergeben, und zur Sicherung der mit Evangelium und Wahlprinzip verbundenen Intentionen steht dem Volk ein Widerstandsrecht zu, sagt ein Verfassungsentwurf vom Oberrhein. In anderen Entwürfen, etwa für Tirol, Salzburg, Württemberg, Würzburg und Bamberg, kommt die Gemeinde stärker in den Blick. Die Land- und Stadtgemeinden wählen ihre Vertreter in die Landtage, die Landtage die Regimente, die allein oder mit dem Landesfürsten die Regierungsgeschäfte führen. Die traditionellen Herrschaftsstände, Geistlichkeit und Adel, hatten jedenfalls ihre politisch bevorzugte Rolle ausgespielt.

Was der gemeine Mann wollte, war – in die Sprache der Staatsreformenlehre gekleidet – eine Republik. Die der Gemeinde kongeniale staatliche Ordnung ist zweifellos die Republik. Diese Erfahrung hatte Oberitalien schon eineinhalb Jahrhunderte früher gemacht. Im Kampf der oberitalienischen Kommunen gegen die Fürsten hatte res publica einen Bedeutungswandel von Gemeinwesen auf Freistaat erfahren. Theoretisch-ideeller Kontrapunkt dieser Entwicklung wurde die Bewegung des Humanismus. Die Humanisten Italiens glaubten und hofften, durch den Rückgriff auf die antike Staatsphilosophie ein friedliches und harmonisches Gemeinwesen stiften zu können. Die christlichen Humanisten nördlich der Alpen – Bucer in Straßburg, Oekolampad in Basel, Zwingli in Zürich – glaubten und hofften, den Frieden und die Eintracht mittels eines ursprünglichen Christentums, des „reinen Evangeliums", herstellen zu können. Indem sich die Gesellschaft diese Auffassung zu eigen machte, ja sie mit revolutionärem Pathos zu konkretisieren suchte, bedeutete das die schwerste Bedrohung, die das Heilige Römische Reich Deutscher Nation mit seiner aristokratischen Grundstruktur in seiner Geschichte zu bestehen hatte. Der schiere Selbsterhaltungstrieb zwang die Fürsten, die reformatorische Bewegung in die Hand zu bekommen. Ihre Hinwendung zu Luther war politisch gewiß das Klügste, was sie tun konnten. Denn eine Rückkehr zum Katholizismus war zu gefährlich, die Hinwendung zu Luther hingegen war ein Ja zur Reformation, bedeutete aber gleichzeitig eine eindeutige Absage an alle gesellschaftsverändernden Impulse der neuen Theologie. Luther nämlich hatte Aufruhr immer verurteilt, den sakrosankten Charakter bestehender politischer Ordnungen immer betont. Die theologische Verengung der Reformation auf Luther und ihre kirchenorganisatorische Anbindung an den fürstlichen Territorialstaat waren jedenfalls weder der Ausgangspunkt noch das Ziel der Reformation in Mitteleuropa.

„Die Moderne" beginnt in Deutschland damit, daß sie das Moderne in der sozialen und politischen Entwicklung des Reiches zerstört: Das Selbstbewußtsein der Menschen und ihre autonome Lebensgestaltung in ihren dörflichen und städtischen Gemeinden, Kennzeichen des Spätmittelalters, können sich angesichts des (berechtigten) Argwohns der Obrigkeit nicht weiter entfalten. Die kommunale Komponente des Reiches wird empfindlich geschwächt, die fürstliche erheblich gestärkt. Die Fürsten und die Wittenberger Theologen sorgen dafür, daß das Proprium der „Theologie des gemeinen Mannes" umgedeutet und von der Obrigkeit appropriiert wird: Das Evangelium verlangt keine Veränderung der Welt, sondern gebietet Anerkennung der bestehenden Welt; der gemeine Nutzen wird zur legitimierenden Eingangsfigur der fürstlichen Landes- und Polizeiordnungen; die aus der evangelischen Gesinnung erwachsenden Werke heißen nicht brüderliche Liebe, sondern, wie ein deutscher Fürst schon 1525 prophetisch sagt, „der Oberkait gehorsam sein".

Politische Verfassung – Wirtschaftsverfassung. *Heute ist es üblich geworden, die geradezu optimale Übereinstimmung von „Marktwirtschaft", das heißt formell privat organisierter kapitalistischer Ökonomie und liberaler Demokratie zu behaupten; mehr noch, diese harmonisch-ergänzende Entsprechung wird vorausgesetzt. Sie wird nicht mehr zur Disposition gestellt. Es handelt sich um eine Entscheidung, die immer schon entschieden ist. Otto Kirchheimer (1905-1966), Politikwissenschaftler an der Columbia University (USA), von den Nationalsozialisten zur Emigration gezwungen, stellt diese liebenswert fördernde Verschlingung am Beispiel der Weimarer Reichsverfassung in Frage. Er weist auf einige Folgen hin, die aus der Fixierung auf das Privateigentum und der privat organisierten Ökonomie erwachsen. Seine zeitgebundenen Beobachtungen lassen sich, sinnvoll erweitert und verändert, auf das Grundgesetz der Bundesrepublik Deutschland und seine Verfassungswirklichkeit übertragen.*

Prozeduralismus. *Im zweiten hier wiedergegebenen kurzen Abschnitt macht Kirchheimer schlaglichtartig auf die Schwächen einer Beschränkung aufmerksam, die neuerdings unter Juristen besonders verbreitet ist. Man beschränkt sich bescheiden auf prozedurale Fragen. Hiermit gerät man nicht nur in Gefahr zu verschweigen, daß jede Prozedur insgeheim substantielle Entscheidungen voraussetzt und die „Wirklichkeit" fortdauernd in spezifischer Weise gestaltet. Die Gefahr ist größer noch, daß die Drückebergerei vor inhaltlichen Aussagen und Entscheidungen die besten Prozeduren leer klappern läßt. Ihnen gebricht es an dem notwendigen sozialen Kontext.*
(Otto Kirchheimer: Weimar – und was dann?, Frankfurt/M. 1964, S. 9-56, hier S. 35-39 und S. 54)

Otto Kirchheimer

Zur Weimarer Verfassung

(...) Außerordentlich problematisch und doch für das Schicksal des Weimarer Verfassungswerks von ausschlaggebender Bedeutung ist der Versuch der Regelung des Wirtschaftslebens und sein Erfolg. Was die Hauptfrage: Privateigentum oder Gemeinwirtschaft? betrifft, so bleibt die Weimarer Verfassung ihrer oben gekennzeichneten Methode treu. Neben Gemeinplätze, die niemand verpflichten und auf die sich niemand berufen kann, stellt sie die beiden möglichen Wirtschaftssysteme, privateigentumserhaltenden Kapitalismus und Gemeineigentum voraussetzenden Sozialismus, gleichberechtigt nebeneinander. Sie gewährleistet zwar das

Privateigentum, sieht aber seine Überführung in Gemeineigentum ausdrücklich vor. Auf Grund der Tatsache, daß die Nebeneinandersetzung der Wirtschaftssysteme sich hier in der technischen Möglichkeit der Überführung des einen ins andere äußert, ist die Meinung entstanden, daß der Artikel 153 der Reichsverfassung nicht mehr starr am Eigentumsbegriff festhalte. Dies gehe aus seiner Formulierung hervor, die ja schon die Möglichkeit der Enteignung vorsehe. Eine solche Ansicht kann nur auf Unkenntnis der Bestimmungen über das Privateigentum, wie sie sich seit 1789 in allen bürgerlichen Verfassungen finden, beruhen; denn die Weimarer Verfassung hat sich gerade in dieser Hinsicht eng an die überlieferten Vorbilder der bürgerlichen Verfassungen angeschlossen. Sie alle gewährleisten in mehr oder weniger pathetischer Form das Privateigentum und sehen trotzdem eine Enteignung als im öffentlichen Interesse liegenden Ausnahmefall zur Befriedigung eines konkreten Einzelbedürfnisses gegen angemessene Entschädigung vor. Diese herkömmliche Enteignung nach Artikel 153 hebt das Privateigentum nicht auf. Gewiß kann man einwenden, daß der Absatz 1 Artikel 153, auch wenn er das Privateigentum aufrechterhält, doch durch die Worte, „sein Inhalt und seine Schranken ergeben sich aus den Gesetzen" in viel stärkerem Maße, als es die andern modernen europäischen Verfassungen tun, dem Gesetzgeber freie Hand läßt, den Rahmen des Eigentums ungleich enger zu ziehen als frühere Jahrhunderte. Die bürgerliche Rechtswissenschaft hat aber diese durchaus mögliche und von einem Teil der Verfassungsgesetzgeber sicherlich begünstigte Ansicht nicht geteilt, sondern hat sich im Gegenteil mit Erfolg darum bemüht, den Rahmen entschädigungsloser staatlicher Eingriffe gegenüber dem Rechtszustand des 19. Jahrhunderts noch bedeutend einzuschränken. Wie sehr der Artikel 153 in der Verfassungs- und Verwaltungspraxis ausschließlich privateigentumsschützende Funktion bekommen hat, zeigt die Rechtsprechung des Reichsgerichts. Sie hat dem Enteignungsbegriff eine grenzenlose Ausdehnung gegeben und so den Staat für jeden im öffentlichen Wohlfahrtsinteresse notwendigen Eingriff entschädigungspflichtig gemacht. (. . .)

Artikel 155 und 156 enthalten die Möglichkeiten der Sozialisierung und des Zwangszusammenschlusses. Jede Sozialisierungsmaßnahme aber wird von der Reichsverfassung von dem anderen möglichen Wirtschaftssystem, dem auf dem Privateigentum an den Produktionsmitteln beruhenden Kapitalismus, dadurch abhängig gemacht, daß die Bestimmungen über die Enteignung auch auf die

Sozialisierung Anwendung finden; jede Sozialisierungsmaßnahme wird also so behandelt, als ob es dabei um eine Enteignung ginge, und bedarf daher angemessener Entschädigung. Das immer vorhandene Schwergewicht des Bestehenden, in diesem Fall des Privateigentums, wird dadurch, daß die Verfassung über die Frage, welches Wirtschaftssystem herrschen soll, keine Entscheidung trifft, sondern nur die Möglichkeit einer Sozialisierung vorsieht, deren Durchführung aber den später zu erlassenden Einzelgesetzen überläßt, noch mehr verstärkt. Diese Regelung, in Verbindung mit der rein privatwirtschaftlich gedachten Entschädigungsklausel, hat die Entwicklung, die dahin führte, daß es zu Sozialisierungen von Unternehmungen überhaupt nicht kam, zum mindesten begünstigt. Auf dem Gebiet des Grund- und Bodeneigentums sind zur Ausführung der Sozialisierungsbestimmung des Artikels 155 der Reichsverfassung Siedlungs- und Heimstättengesetze erlassen worden. Auch wenn diesen Gesetzen eine intensivere Durchführung zuteil geworden wäre, als es in Wirklichkeit der Fall war, so würde das doch nichts an der Tatsache ändern, daß hier schon die Bestimmungen der Verfassung in den entscheidenden Punkten versagen, den wahren Gegner jedes demokratischen Staatswesens nicht erkannt haben. Von den Tagen des Tiberius Gracchus über das Agrargesetz in der Französischen Revolution bis zum heutigen Tage ist die Frage der Bodenverteilung immer in erster Linie eine Frage der Begrenzung des größeren Grundbesitzes auf einen Höchstumfang gewesen. Die Weimarer Verfassung läßt diese Frage ganz außer acht und sieht auch hier an Stelle der sofortigen Bodenaufteilung durch die Verfassung selbst nur die Möglichkeit individueller Enteignungsakte für Siedler und Wohnstätten vor. Dadurch erschwert sie nicht nur ökonomisch die Lösung der wichtigen Agrarprobleme, sie beläßt auch dem gefährlichsten Feind jeder demokratischen Verfassung, dem Großgrundbesitzer, die ökonomischen Grundlagen seiner Machtstellung, die er, solange er sie besitzt, dazu verwenden wird, die Landarbeiter in politischer und ökonomischer Hörigkeit zu halten. Die Entwicklung der letzten zehn Jahre hat klar und eindeutig zugunsten des Privateigentums an den Produktionsmitteln entschieden; sie hat bestimmt, welche der nach der Weimarer Verfassung *möglichen* Wirtschaftsformen die *wirkliche* Wirtschaftsform der gegenwärtigen Zeit sein soll.

Durch die Tatsache der vollen Aufrechterhaltung des kapitalistischen Wirtschaftssystems ist auch die Rolle des sogenannten Räteartikels der Weimarer Verfassung bestimmt. Er ist der verfassungsmäßige Niederschlag der Stinnes-Legien-Vereinbarung vom November 1918 und verkündet, daß „die Arbeiter und Angestellten dazu berufen sind, gleichberechtigt in Gemeinschaft mit den Unternehmern an der Regelung der Lohn- und Arbeitsbedingungen, sowie an der gesamten wirtschaftlichen Entwicklung der produktiven Kräfte mitzuwirken". Während einige Verfassungsartikel zuvor Sozialisierung und Privateigentum prinzipiell zur Auswahl gestellt werden, wird hier eine Zusammenfassung der widersprechendsten Prinzipien versucht. Dabei wird die vorübergehende Arbeitsgemeinschaft, die hier zum Vorbild diente und die auf der Grundlage des Bestehenden zur gemeinsamen Überwindung äußerer Schwierigkeiten (Liquidierung des verlorenen Krieges) gebildet war, verwechselt mit einer dauernden Arbeitsgemeinschaft. Diese kann freilich nur auf der Konformität sozialer Prinzipien beruhen. Der Gang der Entwicklung hat denn auch aus diesem Räteartikel und seinem wichtigsten Durchführungsgesetz, dem Betriebsrätegesetz, das gemacht, was nach der Lage der Dinge aus ihnen nur werden konnte: ein System von Schutzmaßnahmen für Arbeiter und Angestellte, das in Wirklichkeit nur einen Ausgleich gegenüber der durch Konzentration und Rationalisierung gewaltig gesteigerten Macht der Arbeitgeber bietet. (...)

* * *

(...) Die Weimarer Verfassung hat wie Max Weber, der in dieser Hinsicht das Wesen einer Verfassung vollständig verkannte, es für richtig angesehen, nur für alle denkbaren, an die Verwaltung herantretenden Aufgaben freie Bahn zu schaffen. Hier aber liegt der prinzipielle und nie wiedergutzumachende Fehler dieser Verfassung: sie hat sich selbst nicht entschieden. Sie unterlag dem Irrtum, daß die Prinzipien der Demokratie allein bereits die Prinzipien einer bestimmten sozialen oder weltanschaulichen Ordnung seien. Sie vergaß, daß die Demokratie nicht mehr ausdrücken kann als das, was vorher schon vorhanden ist. Einer vorhandenen Sozialordnung nach außen den Ausdruck verleihen, sie sinnfällig repräsentieren, kann eine Demokratie. Indem man die Formen der Demokratie mit ihrem Inhalt verwechselte, unterließ man, dieser Verfassung ein politisches Programm zu geben. Diese, eines eigenen politischen Pro gramms bare, reine Form auf einzelne bürgerliche Bestandteile zurückzuführen, hat das deutsche Bürgertum seit 1919 mit Glück und Geschick unternommen. (...)

Wir sind das Volk. Dieser Ruf der Teilnehmerinnen und Teilnehmer der Leipziger Demonstration vom 10. Oktober 1989 wird von Ulrich K. Preuß, dem Verfassungsrechtler aus Bremen, aufgegriffen und interpretiert. Dieser Ausruf kündigt nicht allein die Legimitationsgrundlage des „alten" SED-Regimes auf und stellt dagegen die urdemokratische: das „Volk". Vielmehr verliert der in Leipzig praktizierte Volksbegriff seine problematische und leicht mißbräuchliche Einheitlichkeit (vgl. S. 273 zu Rousseau), die er nicht zuletzt während nationalsozialistischer Herrschaft gewonnen hatte. Er gewinnt vielmehr seine innere, „dem" Volk = der Bevölkerung als einer Vielheit entsprechende Pluralität. Dadurch wird ein falscher Anspruch vermieden. Als Vielheit verlieren „die Leute", „das" Volk die leichte Manipulierbarkeit als hin und her schiebbare Masse. Gerade indem der geschlossene Souveränitätsanspruch aufgegeben wird, kommen die Bürgerinnen und Bürger als Mitglieder eines Volkes zu ihrem eigenen Recht und werden ernst genommen. Alle anderen Verständnisse führen rasch auf Abwege: Als sei „das" Volk ein unteilbares, fest betoniertes, immer mit sich übereinstimmendes Ganzes: Ein Volk (ein Reich, ein Führer, wie es in schlimmer Folge geheißen hat). Als verfüge es über einen ganzheitlichen Willen. Als könne man sich politisch auf „das Volk" wie auf eine feststehende Größe berufen, gar mit ihm, weil man einen guten Zugang zu ihm besitzt, zusammensetzen. Gerade weil „das" Volk immer eine in sich vielfältig unterschiedene künstliche Größe darstellt, kommt auf die Verfahren der Einheitsbildung und des jeweiligen Minderheitenschutzes so entscheidend viel an.
(Ulrich K. Preuß: Revolution, Fortschritt und Verfassung. Zu einem neuen Verfassungsverständnis, Berlin 1990, S. 46 - 48; auszugsweise)

Ulrich K. Preuß

„Wir sind das Volk"

(. . .) Vor diesem Hintergrund war der Ruf der Leipziger Demonstranten vom Oktober 1989: „Wir sind das Volk" mehr als nur ein Protest gegen eine unliebsame Regierung und mehr auch als ein kollektives Nein gegen die unerträglich gewordene Durchdringung der gesamten Gesellschaft durch den Staatssicherheitsapparat und die ununterscheidbare Vermischung von Staat und Partei. Es war kein Aufstand gegen den Mißbrauch von Herrschaft, sondern gegen die Grundlagen dieser Herrschaft selbst. Man kann es kaum klarer als in den Worten von Karl Marx selbst ausdrücken: es war die Auflehnung „einer Sphäre, welche einen universellen Charakter durch ihr universelles Leiden besitzt und kein besondres Recht in Anspruch nimmt, weil kein besondres Unrecht, sondern das Unrecht schlechthin an ihr verübt wird, welche nicht mehr auf einen historischen, sondern nur noch auf den menschlichen Titel provozieren kann, welche in keinem einseitigen Gegensatz zu den Konsequenzen, sondern in einem allseitigen Gegensatz zu den Voraussetzungen des deutschen Staatswesen steht, einer Sphäre endlich, welche sich nicht emanzipieren kann, ohne ... alle übrigen Sphären der Gesellschaft zu emanzipieren ...". „Wir sind das *Volk"* – das war zuallererst die Rückforderung des demokratischen Rechtstitels von der herrschenden Partei, die Wiedereinsetzung in den ursprünglichen demokratischen Stand und die Zurückweisung eines nicht an den Volkswillen rückgebundenen Herrschaftsanspruchs, möge er auch seine „Übereinstimmung mit den Prozessen der geschichtlichen Entwicklung" reklamieren.

Aber dieser so einprägsame Ruf läßt auch eine weitergehende Deutung zu. „*Wir* sind das Volk" – das ist eine Erinnerung an den ersten Satz der US-amerikanischen Verfassung: „We the people of the United States ...", in welchem das verfassunggebende Subjekt ein Plural ist. „We the people" hat in der amerikanischen Tradition die Bedeutung von Vielheit, Verschiedenheit, Heterogenität, und wenn diese Vielheit sich eine Verfassung gibt, um „uns und unseren Nachkommen das Glück der Freiheit zu bewahren", so sind es die Formen des verträglichen Austauschs zwischen verschiedenen, aber gleichen und freien Individuen, die das Gemeinwesen konstituieren. Der Ruf „*Wir* sind das Volk" wäre dann nicht nur als trotzig-entschlossenes Echo auf den demokratischen Grund-Satz zu verstehen, nach dem alle Staatsgewalt vom Volke ausgeht; er wäre dann auch zugleich die Zurückweisung der darin mitschwingenden Suggestion, „das Volk" sei als souveränes Subjekt politischer Herrschaft der unhintergehbare Träger eines einheitlichen kollektiven Willens, der als solcher allein deswegen richtig ist, weil er existiert, so wie Carl Schmitt mit der Behauptung eines „homogenen Seins des Volkes" (und unter fälschlicher Berufung auf Rousseau) erklärt hatte: was das Volk will, ist immer gut. (...)

„*Wir* sind das Volk" – dieser Ruf der tatsächlich versammelten und körperlich anwesenden Menge war daher auch der Aufstand „der Leute" gegen „das Volk", der Widerstand einer Vielzahl von einzelnen und verschiedenen Menschen gegen ihre Zwangsvereinigung im Namen einer kollektiven Vernunft, in dem ihr empirischer Wille vollständig einem von der Partei verbindlich interpretierten geschichtlichen Walten unterworfen wurde. Das ungläubige Staunen der Weltöffentlichkeit über die „friedliche Revolution" des Herbstes 1989 in der Tschechoslowakei und in der DDR rührt sicherlich daher, daß „das Volk" nicht, wie man das aus der Beschreibung von Revolutionen gewohnt ist, „zu den Waffen gegriffen" hat, sondern die hochgerüstete Macht in den Formen des zivilen Ungehorsams überwunden hat. Dieser friedliche Charakter der Revolution findet seine innere Logik darin, daß sich nicht so sehr „das Volk", sondern „die Leute" empört haben, nicht ein die Individuen einschmelzendes und zur Einheit eines Subjekts schmiedendes „Ich", sondern ein vielheitliches „Wir" – eine Versammlung von Bürgern, in der jeder einzelne für seine Handlungen verantwortlich ist. Nicht zufällig sind es denn auch die grundlegenden Menschenrechte, die eingefordert werden, nicht die politische Macht, die in der DDR mehrere Wochen lang buchstäblich auf der Straße lag, ohne daß irgendeine der den revolutionären Prozeß vorantreibenden Gruppen darauf vorbereitet gewesen wäre, sie entweder „im Namen des Volkes" oder im Namen einer kollektiven Idee an sich zu reißen. (...)

Weltfrieden; Weltstaat. *Immanuel Kants (1724 - 1804) „philosophischer Entwurf" „Zum ewigen Frieden" (1795 zuerst aufgelegt) hat es unvermindert in sich, gerade weil er, wie Kant im Vorspruch ironisch bemerkt, mit „praktischer Politik" wenig zu tun habe. Kant kommt zu seinem Friedensentwurf, nicht weil er eine ursprüngliche Harmonie unter den Menschen annimmt. Er weiß vielmehr, eher von Hobbes Kampf aller gegen alle informiert, von der „Lust" der Menschen „zum Haben und auch zum Herrschen". Deshalb muß der „Friedenszustand unter den Menschen" „gestiftet werden".*

Für das Verhältnis der Staaten untereinander fordert Kant: „Das Völkerrecht soll auf einen Föderalismus freier Staaten gegründet sein". Er wendet sich hiermit gegen die „tolle Freiheit" einer falsch verstandenen Staatssouveränität. Ein Friedensbund (foedus pacificum) sei zu schließen, „der vom Friedensvertrag (pactum pacis) darin unterschieden sein würde, daß dieser bloß einen Krieg, jener aber alle Kriege auf immer zu endigen suchte." Und Kant fügt skeptisch hinzu, das Problem eines Völkerrechts ohne eine Oberinstanz bezeichnend, die ein überlegenes Gewaltmonopol, dem Einzelstaate vergleichbar, einzusetzen vermöchte: „Daß ein Volk sagt: 'es soll unter uns kein Krieg sein; denn wir wollen uns in einen Staat formieren, d. i. uns selbst eine oberste gesetzgebende, regierende und richtende Gewalt setzen, die unsere Streitigkeiten friedlich ausgleicht', das läßt sich verstehen. Wenn aber dieser Staat sagt: 'es soll kein Krieg zwischen mir und anderen sein, obgleich ich keine oberste gesetzgebende Gewalt anerkenne, die mir mein, und der ich ihr Recht sichere', so ist es gar nicht zu verstehen, worauf ich dann mein Vertrauen zu meinem Rechte gründen wolle, wenn es nicht das Surrogat des bürgerlichen Gesetzesbundes, nämlich der freie Föderalismus ist, den die Vernunft mit dem Begriffe des Völkerrechts notwendig verbinden muß, wenn überall etwas dabei zu denken übrig bleiben soll."

Schließlich formuliert Kant als „Dritten Definitivartikel zum ewigen Frieden": „Das Weltbürgerrecht soll auf Bedingungen der allgemeinen Hospitalität eingeschränkt sein." Kant stellt der Wirklichkeit seiner Zeit im Sinne der anhebenden „Verwestlichung" entsprechend (= „Modernisierung", sprich kapitalistisch etatistisch expandierende Entwicklung) und ihr zugleich weit vorausgreifend, was heute eine freilich immer noch nicht in ihren gesellschaftsorganisatorischen Konsequenzen begriffene Banalität darstellt: den weltweiten Zusammenhang; daß alle einzelnen gesellschaftlichen Vorgänge global bedingt sind und weltweite Auswirkungen besitzen. Daraus entwickelt Kant die „Idee eines Weltbürgerrechts", die heute mit den allgemein geltenden Menschenrechten der UN-Charta mitnichten erfüllt ist.

Kant entwickelt dann, in welcher Weise er sich einen republikanischen Staat als einzig der Konfliktnatur des Menschen angemessen verfaßt vorstellt. Denn nur die Annahme einer Konfliktgesellschaft scheint ihm realistisch. Sie allein erlaube Fortschritt in Richtung der besseren Verwirklichung menschlicher Möglichkeiten. Diese einzelgesellschaftliche und einzelstaatliche Konzeption, die

selbst für ein „Volk von Teufeln" klappen muß, überträgt Kant nun auf die Weltgesellschaft. Aus seiner Einsicht in die Unvermeidlichkeit, ja in die Notwendigkeit von Konkurrenz und Konflikt kehrt sich Kant gegen Weltstaatsideen. Als ob eine welteinheitliche Macht Frieden garantieren könne. Sie wirke nur despotisch. Kant hofft statt dessen auf die rationalisierende und pazifizierende Kraft friedlichen, nicht zuletzt ökonomischen Wettbewerbs, eine Annahme, die seinerzeit sehr beliebt war und heute noch viele Anhänger besitzt (s. Albert O. Hirschmann: Leidenschaft und Interessen, Frankfurt/M. 1986).
(Immanuel Kant: Zum ewigen Frieden, Werke in sechs Bänden, hg. von Wilhelm Weischedel, hier Bd. VI Schriften zur Anthropologie Geschichtsphilosophie Politik und Pädagogik, Darmstadt 1964, S. 203, 216-217, 222-227; auszugsweise)

Immanuel Kant

Zum ewigen Frieden

(. . .) Alle Menschen, die auf einander wechselseitig einfließen können, müssen zu irgend einer bürgerlichen Verfassung gehören.

Alle rechtliche Verfassung aber ist, was die Personen betrifft, die darin stehen,
die nach dem *Staatsbürgerrecht* der Menschen, in einem Volke (ius civitatis),
nach dem *Völkerrecht* der Staaten in Verhältnis gegen einander (ius gentium),
die nach dem *Weltbürgerrecht,* so fern Menschen und Staaten, in äußerem auf einander einfließendem Verhältnis stehend, als Bürger eines allgemeinen Menschenstaats anzusehen sind (ius cosmopoliticum). Diese Einteilung ist nicht willkürlich, sondern notwendig in Beziehung auf die Idee vom ewigen Frieden. Denn wenn nur einer von diesen im Verhältnis des physischen Einflusses auf den andern, und doch im Naturzustande wäre, so würde damit der Zustand des Krieges verbunden sein, von dem befreit zu werden hier eben die Absicht ist. (. . .)

Da es nun mit der unter den Völkern der Erde einmal durchgängig überhand genommenen (engeren oder weiteren) Gemeinschaft so weit gekommen ist, daß die Rechtsverletzung an *einem* Platz der Erde an *allen* gefühlt wird: so ist die Idee eines Weltbürgerrechts keine phantastische und überspannte Vorstellungsart des Rechts, sondern eine notwendige Ergänzung des ungeschriebenen Kodex, sowohl des Staats- als Völkerrechts zum öffentlichen Menschenrechte überhaupt, und so zum ewigen Frieden, zu dem man sich in der kontinuierlichen Annäherung zu befinden nur unter dieser Bedingung schmeicheln darf. (. . .)

Jetzt ist die Frage, die das Wesentliche der Absicht auf den ewigen Frieden betrifft: »Was die Natur in dieser Absicht, beziehungsweise auf den Zweck, den dem Menschen seine eigene Vernunft zur Pflicht macht, mithin zu Begünstigung seiner *moralischen Absicht* tue, und wie sie die Gewähr leiste, daß dasjenige, was der Mensch nach Freiheitsgesetzen tun *sollte,* aber nicht tut, dieser Freiheit unbeschadet auch durch einen Zwang der Natur, daß er es tun *werde,* gesichert sei, und zwar nach allen drei Verhältnissen des öffentlichen Rechts, des *Staats-, Völker-* und *weltbürgerlichen Rechts*". – Wenn ich von der Natur sage: *sie will,* daß dieses oder jenes geschehe, so heißt das nicht soviel, als: sie legt uns eine Pflicht auf, es zu tun (denn das kann nur die zwangsfreie praktische Vernunft), sondern sie *tut* es selbst, wir mögen wollen oder nicht (fata volentem ducunt, nolentem trahunt).

1. Wenn ein Volk auch nicht durch innere Mißhelligkeit genötigt würde, sich unter den Zwang öffentlicher Gesetze zu begeben, so würde es doch der Krieg von außen tun, indem, nach der vorher erwähnten Naturanstalt, ein jedes Volk ein anderes es drängendes Volk zum Nachbar vor sich findet, gegen das es sich innerlich zu einem *Staat* bilden muß, um, als *Macht,* gegen diesen gerüstet zu sein. Nun ist die *republikanische* Verfassung die einzige, welche dem Recht der Menschen vollkommen angemessen, aber auch die schwerste zu stiften, vielmehr noch zu erhalten ist, dermaßen, daß viele behaupten, es müsse ein Staat von *Engeln* sein, weil Menschen mit ihren selbstsüchtigen Neigungen einer Verfassung von so sublimer Form nicht fähig wären. Aber nun kommt die Natur dem verehrten, aber zur Praxis ohnmächtigen allgemeinen, in der Vernunft gegründeten Willen, und zwar gerade durch jene selbstsüchtige Neigungen, zu Hülfe, so, daß es nur auf eine gute Organisation des Staates ankommt (die allerdings im Vermögen der Menschen ist), jene ihre Kräfte so gegen einander zu richten, daß eine die anderen in ihrer zerstörenden Wirkung aufhält, oder diese aufhebt: so daß der Erfolg für die Vernunft so ausfällt, als wenn beide gar nicht da wären, und so der Mensch, wenn gleich nicht ein moralisch-guter Mensch, dennoch ein guter Bürger zu sein gezwungen wird. Das

Problem der Staatserrichtung ist, so hart wie es auch klingt, selbst für ein Volk von Teufeln (wenn sie nur Verstand haben), auflösbar und lautet so: „Eine Menge von vernünftigen Wesen, die insgesamt allgemeine Gesetze für ihre Erhaltung verlangen, deren jedes aber im Geheim sich davon auszunehmen geneigt ist, so zu ordnen und ihre Verfassung einzurichten, daß, obgleich sie in ihren Privatgesinnungen einander entgegen streben, diese einander doch so aufhalten, daß in ihrem öffentlichen Verhalten der Erfolg eben derselbe ist, als ob sie keine solche böse Gesinnungen hätten." Ein solches Problem muß *auflöslich* sein. Denn es ist nicht die moralische Besserung der Menschen, sondern nur der Mechanism der Natur, von dem die Aufgabe zu wissen verlangt, wie man ihn an Menschen benutzen könne, um den Widerstreit ihrer unfriedlichen Gesinnungen in einem Volke so zu richten, daß sie sich unter Zwangsgesetze zu begeben einander selbst nötigen, und so den Friedenszustand, in welchem Gesetze Kraft haben, herbeiführen müssen. Man kann dieses auch an den wirklich vorhandenen, noch sehr unvollkommen organisierten Staaten sehen, daß sie sich doch im äußeren Verhalten dem, was die Rechtsidee vorschreibt, schon sehr nähern, ob gleich das Innere der Moralität davon sicherlich nicht die Ursache ist (wie denn auch nicht von dieser die Staatsverfassung, sondern vielmehr, umgekehrt, von der letzeren allererst die gute moralische Bildung eines Volkes zu erwarten ist), mithin der Mechanism der Natur durch selbstsüchtige Neigungen, die natürlicherweise einander auch äußerlich entgegen wirken, von der Vernunft zu einem Mittel gebraucht werden kann, dieser ihrem eigenen Zweck, der rechtlichen Vorschrift, Raum zu machen, und hiemit auch, soviel an dem Staat selbst liegt, den inneren sowohl als den äußeren Frieden zu befördern und zu sichern. – Hier heißt es also: Die Natur *will* unwiderstehlich, daß das Recht zuletzt die Obergewalt erhalte. Was man nun nicht verabsäumt zu tun, das macht sich zuletzt selbst, obzwar mit viel Ungemächlichkeit. – „Biegt man das Rohr zu stark, so bricht's; und wer zu viel will, der will nichts." *Bouterwek.*

2. Die Idee des Völkerrechts setzt die *Absonderung* vieler von einander unabhängiger benachbarter Staaten voraus, und, obgleich ein solcher Zustand an sich schon ein Zustand des Krieges ist (wenn nicht eine föderative Vereinigung derselben dem Ausbruch der Feindseligkeiten vorbeugt): so ist doch selbst dieser, nach der Vernunftidee, besser als die Zusammenschmelzung derselben, durch eine die andere überwachsende, und in eine Universalmonarchie übergehende Macht; weil die Gesetze mit dem vergrößerten Um-

fange der Regierung immer mehr an ihrem Nachdruck einbüßen, und ein seelenloser Despotism, nachdem er die Keime des Guten ausgerottet hat, zuletzt doch in Anarchie verfällt. Indessen ist dieses das Verlangen jedes Staats (oder eines Oberhaupts), auf diese Art sich in den dauernden Friedenszustand zu versetzen, daß er, wo möglich, die ganze Welt beherrscht. Aber die Natur *will* es anders. – Sie bedient sich zweier Mittel, um Völker von der Vermischung abzuhalten und sie abzusondern, der Verschiedenheit der *Sprachen* und der *Religionen,* die zwar den Hang zum wechselseitigen Hasse, und Vorwand zum Kriege bei sich führt, aber doch, bei anwachsender Kultur und der allmählichen Annäherung der Menschen zu größerer Einstimmung in Prinzipien, zum Einverständnisse in einen Frieden leitet, der nicht, wie jener Despotism (auf dem Kirchhofe der Freiheit), durch Schwächung aller Kräfte, sondern durch ihr Gleichgewicht, im lebhaftesten Wetteifer derselben, hervorgebracht und gesichert wird.

3. So wie die Natur weislich die Völker trennt, welche der Wille jedes Staats, und zwar selbst nach Gründen des Völkerrecht, gern unter sich durch List oder Gewalt vereinigen möchte: so vereinigt sie auch andererseits Völker, die der Begriff des Weltbürgerrechts gegen Gewalttätigkeit und Krieg nicht würde gesichert haben, durch den wechselseitigen Eigennutz. Es ist der *Handelsgeist,* der mit dem Kriege nicht zusammen bestehen kann, und der früher oder später sich jedes Volks bemächtigt. Weil nämlich unter allen, der Staatsmacht untergeordneten, Mächten (Mitteln) die *Geldmacht* wohl die zuverlässigste sein möchte, so sehen sich Staaten (freilich wohl nicht eben durch Triebfedern der Moralität) gedrungen, den edlen Frieden zu befördern, und, wo auch immer in der Welt Krieg auszubrechen droht, ihn durch Vermittlungen abzuwehren, gleich als ob sie deshalb im beständigen Bündnisse ständen; denn große Vereinigungen zum Kriege können, der Natur der Sache nach, sich nur höchst selten zutragen, und noch seltener glücken. – Auf die Art garantiert die Natur, durch den Mechanism in den menschlichen Neigungen selbst, den ewigen Frieden; freilich mit einer Sicherheit, die nicht hinreichend ist, die Zukunft desselben (theoretisch) zu *weissagen,* aber doch in praktischer Absicht zulangt, und es zur Pflicht macht, zu diesem (nicht bloß schimärischen) Zwecke hinzuarbeiten. (...)

Grenzen des Staates. „Selbsttätigkeit" lautet Wilhelm von Humboldts (1767–1835) Losungswort. Es macht ihn zum Vertreter des „Geists der Goethezeit". Nicht Staatsfixierung, sondern Staatsrelativierung war die Folge; statt die Hoffnung auf das sich zentralisierende Gebilde Staat setzte man eher auf weltläufige Vielfalt, auf grenzenoffene Provinzialität.
Humboldts Argumente, denen er im Kern später auch als Universitätsgründer treu zu bleiben versuchte, anders ist seine Betonung der Autonomie der Hochschule nicht zu verstehen, kehren sich vor allem gegen den alles dirigieren wollenden spätabsolutistischen Staat. Liberale Demokratie dämmerte erst fern. Statistische Erfassung, Umordnung der Bewohner eines Landes, wohlfahrtspolizeiliche Regulierungen kennzeichnen diesen Staat. Verglichen mit heute ist seine herrschaftliche Durchdringung freilich nur als dünner Schleier zu bezeichnen. Gerade deswegen aber gewinnen Humboldts Argumente von den gebotenen Grenzen des Staates um so größere Relevanz. Heutiges „Staatsversagen" (Martin Jännicke) läßt sich nicht zuletzt dort feststellen, wo der Staat sich übernimmt, indem ‚er' alle Probleme gesetzlich einzufangen und bürokratisch zu (zer-)ordnen sucht. Damit wird den Problemen oft durchaus nicht angemessen Rechnung getragen. Insbesondere aber wird Selbsttätigkeit, der Freiheit eng verbunden, nicht befördert. Sie wird selbst noch in ihren Voraussetzungen zunichte gemacht. Staatliche (Un-)Lösungen treten an die Stelle bürgerlicher Tätigkeit. (Wilhelm von Humboldt: Ideen zu einem Versuch, die Gränzen der Wirksamkeit des Staates zu bestimmen (1792), abgedruckt in: WvH.: Werke in fünf Bänden, hg. von Andreas Flitner und Klaus Giel, hier Bd. 1, Schriften zur Anthropologie und Geschichte, Stuttgart 1980, S. 56–57, 64, 71, 75, 80–82, 211–212, 218; auszugsweise)

Wilhelm von Humboldt

Zu notwendigen Grenzen des Staates

(...) Dennoch müsste man, dünkt mich, bei jeder neuen Staatseinrichtung zwei Gegenstände vor Augen haben, von welchen beiden keiner ohne grossen Nachtheil übersehen werden dürfte: einmal die Bestimmung des herrschenden, und dienenden Theils der Nation, und alles dessen, was zur wirklichen Einrichtung der Regierung gehört, dann die Bestimmung der Gegenstände, auf welche die einmal eingerichtete Regierung ihre Thätigkeit zugleich ausbreiten, und einschränken muss. Diess Leztere, welches eigentlich in das Privatleben der Bürger eingreift, und das Maass ihrer freien ungehemmten Wirksamkeit bestimmte, ist in der That das wahre, lezte Ziel, das erstere nur ein nothwendiges Mittel, diess zu erreichen. (...)

Der wahre Zwek des Menschen – nicht der, welchen die wechselnde Neigung, sondern welchen die ewig unveränderliche Vernunft ihm vorschreibt – ist die höchste und proportionirlichste Bildung seiner Kräfte zu einem Ganzen. Zu dieser Bildung ist Freiheit die erste, und unerlassliche Bedingung. Allein ausser der Freiheit erfordert die Entwicklung der menschlichen Kräfte noch etwas andres, obgleich mit der Freiheit eng verbundenes, Mannigfaltigkeit der Situationen. Auch der freieste und unabhängigste Mensch, in einförmige Lagen versetzt, bildet sich minder aus. (...)

Alle diese Einrichtungen nun, behaupte ich, haben nachtheilige Folgen, und sind einer wahren, von den höchsten, aber immer menschlichen Gesichtspunkten ausgehenden Politik unangemessen.

1. Der Geist der Regierung herrscht in einer jeden solchen Einrichtung, und wie weise und heilsam auch dieser Geist sei, so bringt er Einförmigkeit und eine fremde Handlungsweise in der Nation hervor. Statt dass die Menschen in Gesellschaft treten, um ihre Kräfte zu schärfen, sollten sie auch dadurch an ausschliessendem Besiz und Genuss verlieren; so erlangen sie *Güter* auf Kosten ihrer *Kräfte.* Gerade die aus der Vereinigung Mehrerer entstehende Mannigfaltigkeit ist das höchste Gut, welches die Gesellschaft giebt, und diese Mannigfaltigkeit geht gewiss immer in dem Grade der Einmischung des Staats verloren. Es sind nicht mehr eigentlich die Mitglieder einer Nation, die mit sich in Gemeinschaft leben, sondern einzelne Unterthanen, welche mit dem Staat, d.h. dem Geiste, welcher in seiner Regierung herrscht, in Verhältniss kommen, und zwar in ein Verhältnis, in welchem schon die überlegene Macht des Staats das freie Spiel der Kräfte hemmt. Gleichförmige Ursachen haben gleichförmige Wirkungen. Je mehr also der Staat mitwirkt, desto ähnlicher ist nicht bloss alles Wirkende, sondern auch alles Gewirkte. Auch ist diess gerade die Absicht der Staaten. Sie wollen Wohlstand und Ruhe. Beide aber erhält man immer in eben dem Grade leicht, in welchem das Einzelne weniger miteinander streitet. Allein was der Mensch beabsichtet und beabsichten muss, ist ganz etwas andres, es ist Mannigfaltigkeit und Thätigkeit. Nur diess giebt viel-

seitige und kraftvolle Charaktere, und gewiss ist noch kein Mensch tief genug gesunken, um für sich selbst Wohlstand und Glük der Grösse vorzuziehen. Wer aber für andre so raisonnirt, den hat man, und nicht mit Unrecht, in Verdacht, dass er die Menschheit miskennt, und aus Menschen Maschinen machen will. (...)

Noch mehr aber leidet durch eine zu ausgedehnte Sorgfalt des Staats die Energie des Handlens überhaupt, und der moralische Charakter. Diess bedarf kaum einer weiteren Ausführung. Wer oft und viel geleitet wird, kommt leicht dahin, den Ueberrest seiner Selbstthätigkeit gleichsam freiwillig zu opfern. Er glaubt sich der Sorge überhoben, die er in fremden Händen sieht, und genug zu thun, wenn er ihre Leitung erwartet und ihr folgt. Damit verrükken sich seine Vorstellungen von Verdienst und Schuld. Die Idee des erstern feuert ihn nicht an, das quälende Gefühl der lezteren ergreift ihn seltner und minder wirksam, da er dieselbe bei weitem leichter auf seine Lage, und auf den schiebt, der dieser die Form gab. Kommt nun noch dazu, dass er die Absichten des Staats nicht für völlig rein hält, dass er nicht seinen Vortheil allein, sondern wenigstens zugleich einen fremdartigen Nebenzwek beabsichtigt glaubt, so leidet nicht allein die Kraft, sondern auch die Güte des moralischen Willens. Er glaubt sich nun nicht bloss von jeder Pflicht frei, welche der Staat nicht ausdrüklich auflegt, sondern sogar jeder Verbesserung seines eignen Zustands überhoben, die er manchmal sogar, als eine neue Gelegenheit, welche der Staat benuzen möchte, fürchten kann. Und den Gesezen des Staats selbst sucht er, soviel er vermag, zu entgehen, und hält jedes Entwischen für Gewinn. Wenn man bedenkt, dass bei einem nicht kleinen Theil der Nation die Geseze und Einrichtungen des Staats gleichsam den Umfang der Moralität abzeichnen; so ist es ein niederschlagender Anblik, oft die heiligsten Pflichten und die willkührlichsten Anordnungen von demselben Munde ausgesprochen, ihre Verlezung nicht selten mit gleicher Strafe belegt zu sehen. Nicht minder sichtbar ist jener nachtheilige Einfluss in dem Betragen der Bürger gegen einander. Wie jeder sich selbst auf die sorgende Hülfe des Staats verlässt, so und noch weit mehr übergiebt er ihr das Schiksal seines Mitbürgers. Diess aber schwächt die Theilnahme, und macht zu gegenseitiger Hülfsleistung träger. Wenigstens muss die gemeinschaftliche Hülfe da am thätigsten sein, wo das Gefühl am lebendigsten ist, dass auf ihm allein alles beruhe, und die Erfahrung zeigt auch, dass gedrükte, gleichsam von der Regierung verlassene Theile eines Volkes immer doppelt fest unter einander verbunden sind. Wo aber der Bürger kälter ist gegen den Bürger, da ist es auch der Gatte gegen den Gatten, der Hausvater gegen die Familie.

Sich selbst in allem Thun und Treiben überlassen, von jeder fremden Hülfe entblösst, die sie nicht sich selbst verschaften, würden die Menschen auch oft, mit und ohne ihre Schuld, in Verlegenheit und Unglük gerathen. Aber das Glük, zu welchem der Mensch bestimmt ist, ist auch kein andres, als welches seine Kraft ihm verschaft; und diese Lagen gerade sind es, welche den Verstand schärfen, und den Charakter bilden. Wo der Staat die Selbstthätigkeit durch zu specielles Einwirken verhindert, da – entstehen etwa solche Uebel nicht? Sie entstehen auch da, und überlassen den einmal auf fremde Kraft sich zu lehnen gewohnten Menschen nun einem weit trostloseren Schiksal. Denn so wie Ringen und thätige Arbeit das Unglük erleichtern, so und in zehnfach höherem Grade erschwert es hofnungslose, vielleicht getäuschte Erwartung. Selbst den besten Fall angenommen, gleichen die Staaten, von denen ich hier rede, nur zu oft den Aerzten, welche die Krankheit nähren, und den Tod entfernen. Ehe es Aerzte gab, kannte man nur Gesundheit, oder Tod. (...)

Sollte es noch nothwendig scheinen, so würde auch die Geschichte diesem Raisonnement Bestätigung leihen, und die Sittlichkeit der Nationen mit der Achtung des weiblichen Geschlechts überall in enger Verbindung zeigen. Es erhellt demnach aus dem Vorigen, dass die Wirkungen der Ehe ebenso mannigfaltig sind, als der Charakter der Individuen; und dass es also die nachtheiligsten Folgen haben muss, wenn der Staat eine, mit der jedesmaligen Beschaffenheit der Individuen so eng verschwisterte Verbindung durch Geseze zu bestimmen, oder durch seine Einrichtungen von andren Dingen, als von der blossen Neigung abhängig zu machen versucht. Diess muss um so mehr der Fall sein, als er bei diesen Bestimmungen beinah nur auf die Folgen, auf Bevölkerung, Erziehung der Kinder u.s.f. sehen kann. (...)

Daher, dünkt mich, sollte der Staat nicht nur die Bande freier und weiter machen, sondern – wenn es mir erlaubt ist, hier, wo ich nicht von der Ehe überhaupt, sondern einem einzelnen, bei ihr sehr in die Augen fallenden Nachtheil einschränkender Staatseinrichtungen rede, *allein* nach den im Vorigen gewagten Behauptungen zu entscheiden – überhaupt von der Ehe seine ganze Wirksamkeit entfernen, und dieselbe vielmehr der freien Willkühr der Individuen und der von ihnen errichteten mannigfaltigen Verträge, sowohl überhaupt, als in ihren Modifikationen, gänzlich überlassen. Die Besorgniss, dadurch alle Familienverhältnisse zu stören, oder vielleicht gar ihre Entstehung überhaupt zu verhindern – so gegründet dieselbe auch, bei diesen oder jenen Lokalumständen, sein möchte – würde mich, insofern ich allein auf die Natur der Menschen und Staaten im Allgemeinen achte, nicht abschrekken. Denn nicht selten zeigt die Erfahrung, dass gerade, was das Gesez löst, die Sitte bindet; die Idee des äussren Zwangs ist einem, allein auf Neigung und innrer Pflicht beruhenden Verhältniss, wie die Ehe, völlig fremdartig; und die Folgen zwingender Einrichtungen entsprechen der Absicht schlechterdings nicht. (...)

Ueberhaupt habe ich versucht, die vortheilhafteste Lage für den Menschen im Staat aufzusuchen. Diese schien mir nun darin zu bestehen, dass die mannigfaltigste Individualität, die orginellste Selbstständigkeit mit der gleichfalls mannigfaltigsten und innigsten Vereinigung mehrerer Menschen neben einander aufgestellt würde – ein Problem, welches nur die höchste Freiheit zu lösen vermag. Die Möglichkeit einer Staatseinrichtung, welche diesem Endzwek so wenig, als möglich, Schranken sezte, darzuthun, war eigentlich die Absicht dieser Bogen, und ist schon seit längerer Zeit der Gegenstand alles meines Nachdenkens gewesen. Ich bin zufrieden, wenn ich bewiesen habe, dass dieser Grundsaz wenigsten bei allen Staatseinrichtungen dem Gesezgeber, als Ideal, vorschweben sollte.

Eine grosse Erläuterung könnten diese Ideen durch die Geschichte und Statistik – beide auf diesen Endzwek gerichtet – erhalten. Ueberhaupt hat mir oft die Statistik einer Reform zu bedürfen geschienen. Statt blosse Data die Grösse, der Zahl der Einwohner, des Reichthums, der Industrie eines Staats, aus welchen sein eigentlicher Zustand nie ganz und mit Sicherheit zu beurtheilen ist, an die Hand zu geben, sollte sie, von der natürlichen Beschaffenheit des Landes und seiner Bewohner ausgehend, das Maass und die Art ihrer thätigen, leidenden, und geniessenden Kräfte, und nun schrittweise die Modifikationen zu schildern suchen, welche diese Kräfte theils durch die Verbindung der Nation unter sich, theils durch die Einrichtung des Staats erhalten. Denn die Staatsverfassung und der Nationalverein sollten, wie eng sie auch in einander verwebt sein mögen, nie mit einander verwechselt werden. Wenn die Staatsverfassung den Bürgern, seis durch Uebermacht und Gewalt, oder Gewohnheit und Gesez, ein bestimmtes Verhältniss anweist; so giebt es ausserdem noch ein andres, freiwillig von ihnen gewähltes, unendlich mannigfaltiges, und oft wechselndes. Und dies leztere, das freie Wirken der Nation unter einander, ist es eigentlich, welches alle Güter bewahrt, deren Sehnsucht die Menschen in eine Gesellschaft führt. Die eigentliche Staatsverfassung ist diesem, als ihrem Zwekke, untergeordnet, und wird immer nur, als ein nothwendiges Mittel, und, da sie allemal mit Einschränkungen der Freiheit verbunden ist, als ein nothwendiges Uebel gewählt. Die nachtheiligen Folgen zu zeigen, welche die Verwechslung der freien Wirksamkeit der Nation mit der erzwungenen der Staatsverfassung dem Genuss, den Kräften, und dem Charakter der Menschen bringt, ist daher auch eine Nebenabsicht dieser Blätter gewesen. (...)

Endlich die Reife zur Freiheit durch jegliches Mittel befördern. Diess Leztere ist unstreitig das Wichtigste, und zugleich in diesem System das Einfachste. Denn durch nichts wird diese Reife zur Freiheit in gleichem Grade befördert, als durch Freiheit selbst. Diese Behauptung dürften zwar diejenigen nicht anerkennen, welche sich so oft gerade dieses Mangels der Reife, als eines Vorwandes bedient haben, die Unterdrükung fortdauern zu lassen. Allein sie folgt, dünkt mich, unwidersprechlich aus der Natur des Menschen selbst. Mangel an Reife zur Freiheit kann nur aus Mangel intellektueller und moralischer Kräfte entspringen; diesem Mangel wird allein durch Erhöhung derselben entgegengearbeitet; diese Erhöhung aber fordert Uebung, und die Uebung Selbstthätigkeit erwekkende Freiheit. Nur freilich heisst es nicht Freiheit geben, wenn man Fesseln löst, welche der noch nicht, als solche, fühlt, welcher sie trägt. Von keinem Menschen der Welt aber, wie verwahrlost er auch durch die Natur, wie herabgewürdigt durch seine Lage er sei, ist dies mit allen Fesseln der Fall, die ihn drükken. Man löse also nach und nach gerade in eben der Folge, wie das Gefühl der Freiheit erwacht, und mit jedem neuen Schritt wird man den Fortschritt beschleunigen. (...)

Eigentumsverfassung. *Artikel 27 de la Constitución política de los Estados Unidos Mexicanos, México 1938:*

„Das Eigentum an allem sich innerhalb der Grenzen des nationalen Territoriums befindenden Grund und Boden und Gewässern kommt seinem Wesen nach der Nation zu, welche das Recht hatte und hat, die Verfügungsgewalt darüber an Private zu übertragen, um Privateigentum zu begründen.

Die Enteignungen können allein zum Wohl der Allgemeinheit und gegen Entschädigung erfolgen.

Die Nation hat jederzeit das Recht, dem Privateigentum die Maßnahmen aufzuerlegen, welche das öffentliche Interesse gebietet, wie das, die Nutzung der hierfür geeigneten natürlichen Grundlagen zum Wohl der Allgemeinheit gesetzlich zu regeln, mit dem Ziel, eine gerechte Verteilung des öffentlichen Reichtums zu gewährleisten, den Erhalt der natürlichen Grundlagen zu schützen, eine ausgewogene Entwicklung des Landes und eine Verbesserung der Lebensbedingungen der Land- und Stadtbevölkerung zu erreichen. Daraus leiten sich die notwendigen Instrumente ab, um die menschlichen Ansiedlungen zu gestalten und die adäquate Verfügung, Nutzung, Schutz und Verwendung der Böden, Gewässer und Wälder zu gewährleisten, zum Zweck, öffentliche Arbeiten durchzuführen und Gründung, Erhaltung, Verbesserung und Wachstum der Bevölkerungszentren zu planen und zu regulieren; um den Großgrundbesitz aufzuteilen; um gemäß des Ley Reglamentaria die kollektive Organisation und Nutzung durch die Ejidos und Gemeinden zu verfügen; um der Entwicklung der kleinbäuerlichen Landwirtschaft zu nutzen; um die Schaffung neuer landwirtschaftlicher Bevölkerungszentren mit Land und Wasser, sofern diese unabdingbar sein sollten, zu unterstützen; um die Landwirtschaft zu fördern und um die Zerstörung der natürlichen Grundlagen und die Schäden zu vermeiden, die das Eigentum zum Nachteil der Gesellschaft erleiden kann. Den Siedlungen, denen es an Land und Wasser fehlen sollte oder die dieses nicht in ausreichender Menge für die Bedürfnisbefriedigung ihrer Bevölkerung zur Verfügung haben, wird das Recht eingeräumt, diese ihnen aus dem unmittelbaren Eigentum der Nation zu übertragen, wobei immer die Nutzung durch das kleinbäuerliche Eigentum respektiert wird.

Der Nation kommt die direkte Eigentumsgewalt zu an allen natürlicher Ressourcen des Kontinentalsockels und des unterseeischen Sockels der Inseln; an allen Erzen und Substanzen, die in Stollen, Adern, Erdmassen, Lagerstätten Vorkommen bilden, deren Natureigenschaften sich von denen des Bodens unterscheiden, wie die Erze, aus denen Metalle gewonnen werden und die Halbmetalle, die in der verarbeitenden Industrie verwandt werden; die Vorkommen von Edelsteinen, Steinsalz und Salinen, die direkt vom Meereswasser gebildet werden; die Produkte, die aus der Zerlegung von Steinen herrühren, deren Gewinnung unterirdische Arbeiten voraussetzt, die mineralischen und organischen Vorkommen von Stoffen, deren Nutzung als Düngemittel möglich ist, die festen

mineralischen Brennstoffe, das Erdöl und alle festen, flüssigen und gasförmigen Wasserstoffkarbide; und der Raum über dem nationalen Territorium in der Ausdehnung und im Sinne wie durch das internationale Recht festgeschrieben.
(...)
Die Siedlungen der Bevölkerung, die kein Ejido besitzen oder dessen Rückgabe nicht beantragen können, weil ihnen die Rechtstitel fehlen oder diese nicht mehr eindeutig feststellbar sind oder wo selbst das Ejido auf legale Weise den Besitzer wechselte, werden Boden und Wasser in einem den Bedürfnissen und Notwendigkeiten der Siedlung entsprechenden und ausreichenden Maß erhalten, um ein Ejido zu konstituieren. In jedem Fall erhalten sie Land in dem Umfang, den sie benötigen, und die Bundesregierung wird zu diesem Zweck Ländereien enteignen, die sich in der unmittelbaren Umgebung der antragstellenden Dörfer befinden."

Barbara Beck/Marianne Braig

Revolution und Verfassung - Der Artikel 27 der Mexikanischen Verfassung

In den Ländern Lateinamerikas, die im 19. Jahrhundert für ihre nationale Unabhängigkeit einen verfassungsrechtlichen Ausdruck suchten, dienten die französische und die amerikanische Verfassung als Vorbilder. Beide galten als Resultate revolutionärer Auseinandersetzungen mit tradierten Gesellschaftssystemen bzw. – wie im Fall der USA – als Ergebnis des Bruchs mit kolonialen Abhängigkeiten. Vor diesem Hintergrund konnten sich die nach Souveränität und Fortschritt strebenden „jungen" Nationen Lateinamerikas darauf beziehen.

Zugleich jedoch belastete deren koloniales Erbe eine einfache Übernahme der amerikanischen bzw. der europäischen Vorlagen. Das neunzehnte und das beginnende zwanzigste Jahrhundert waren sowohl durch ständige Agrarkonflikte zwischen den kollektiven, traditionellen Eigentumsvorstellungen der Dörfer und den privaten und zunehmend auch ausländischen Ansprüchen individueller Landeigentümer als auch dem Kampf um die nationale Selbstbestimmung über die natürlichen Ressourcen gegenüber internationalen Privatinteressen bestimmt. Die rechtliche Gestaltung der Agrarverhältnisse und der Kontrolle über die Nutzung der eigenen natürlichen Ressourcen bildete daher wesentliche Konfliktgegenstände der verfassunggebenden Versammlungen in den nach Unabhängigkeit strebenden Staaten.

Die liberalen Reformen unter Benito Juarez in Mexiko (Präsident von 1858 - 1862 und von 1867 - 1871) basierten auf der Verfassung von 1857, die sich mit ihrem Antiklerikalismus und Liberalismus eng an das französische Vorbild hielt. Indem sie im Artikel 27 jede Form kollektiven Eigentums verbot, sagte sie jedoch nicht allein der Kirche den Kampf an, deren Liegenschaften zu diesem Zeitpunkt etwa die Hälfte des gesamten landwirtschaftlich nutzbaren Grund und Bodens in Mexiko ausmachten, sondern auch allen anderen, nicht auf dem individuellen Privateigentum beruhenden Eigentumsformen, wie denen der indianischen Gemeinden oder auch der Nation selbst.

In einer gesellschaftlichen Situation, in der es gerade darum ging, soziale und politische Interessen gesellschaftlicher Gruppen, die nicht auf die Entfaltung von Individualität setzten, gegen die sozialen Folgen der formalen Freiheit und Gleichheit zu schützen, erwies sich die Kopie der amerikanischen oder europäischen Verfassungen mit ihrem liberalen Grundcharakter als verfehlt.

Die 1917 im Zusammenhang mit der Mexikanischen Revolution (1910 - 1917) erfolgte grundlegende Reform der liberalen Verfassung von 1857, die mit einigen kleineren Korrekturen bis heute in Kraft ist, ist gekennzeichnet durch den Gegensatz zwischen formeller Freiheit und Gleichheit einerseits und der Sicherung von Sonderinteressen bzw. dem Schutz besonderer Bevölkerungsgruppen andererseits. Sie ist ein Spiegel der gesellschaftlichen Widersprüche und markiert zugleich als erste Verfassung der Moderne eine sozialstaatliche Brechung des liberalen Rechtsstaates. In ihren liberal-individualistischen Rechtsvorstellungen bleibt sie der liberalen Verfassung von 1857 treu, aus ihr heraus ragen – quasi als Fremdkörper – Verfassungsartikel, die an die kollektiven Interessen spezifischer Bevölkerungsgruppen erinnern, wie der Artikel 123 „Über die Arbeit und Sozialfürsorge", oder wie der Artikel 27 „Über das Eigentum an Grund und Boden und Gewässern", der neben dem individuellen Eigentum auch Gemeindeeigentum schützt oder der die nationalen Interessen gegen private verteidigt, indem der die direkte Verfügungsgewalt der Nation über ihre Bodenschätze, z.B. über das Erdöl, begründet.

Das Ejido - eine Lösung für den traditionellen Agrarkonflikt?

Alljährlich im August nehmen der mexikanische Präsident und mit ihm der Gouverneur des Bundesstaats Morelos ebenso wie Funktionäre des nationalen Bauernverbandes und Veteranen der Revolution an einer Gedenkfeier in dem kleinen Dorf Anenecuilco teil, die zu Ehren des Geburtstages von Emiliano Zapata in seinem Geburtshaus zelebriert wird. Emiliano Zapata war der Anführer der agrarrevolutionären Bewegung, die in der mexikanischen Revolution im Zentrum und Süden des Landes unter dem Motto „Land und Freiheit" mit Waffengewalt gegen die Großgrundbesitzer und für die Verteidigung des gemeinschaftlichen Landbesitzes der Dorfgemeinschaften gekämpft hat. In ihrem Programm, dem Plan von Ayala, forderte sie die Rückgabe von Ländereien, die ihr im Zuge der Ausdehnung der Haciendawirtschaft von den Hacendados durch juristische Tricks abgekauft oder auf der Basis der Verfassung von 1857 geraubt worden waren. Ihrem eigenen traditionellen Rechtsverständnis entsprechend sollte das Land wieder denen gehören, die es bearbeiten und der kollektive Landbesitz der Dörfer unantastbar und unveräußerlich sein. Der Plan von Ayala stand Pate bei der Entstehung des Artikel 27 der Verfassung von 1917, und selbst wenn heute diesem Artikel offiziell nur noch im Zusammenhang mit politischen Ritualen Bedeutung beigemessen wird, bleibt festzuhalten, daß er 1917 ein juristisches Novum war. Das den Dörfern in Artikel 27 konzedierte Recht auf kollektiven Landbesitz, den die Dorfbewohner individuell wie gemeinschaftlich nutzen können, war ihnen bisher in den Gesetzen und Verfassungen des unabhängigen Mexiko immer verweigert worden. Erstmals seit der Gründung des mexikanischen Nationalstaates (Mexiko erklärte 1821 nach einem zehnjährigen Krieg seine Unabhängigkeit von Spanien) wird über die Verfassung von 1917 einer historischen Realität Anerkennung gezollt, die ein gesellschaftliches Erbe sowohl der indianischen wie spanischen Tradition ist.

Der Konflikt zwischen Privat- und Gemeineigentum und den ihnen entsprechenden sozialen Organisationsformen, wie sie durch den Gegensatz der Hacienda und der mexikanischen Dorfgemeinschaft repräsentiert wurden, hat seit der Eroberung Mexikos durch Spanien und die Einführung römischen Rechts in der Kolonie immer wieder zu gewaltsamen Auseinandersetzungen geführt, die schließlich in der Mexikanischen Revolution kulminierten. Die Ungleichzeitigkeit gesellschaftlich unterschiedlicher Reproduktionsverhältnisse wurden in Neuspanien, wie Mexiko als Kolonie hieß, durch die Leyes de India, die die Indios als Minderjährige unter den besonderen Schutz der Krone stellten, festgeschrieben. Weder die liberalen Rechtsideale der Gründerväter der mexikanischen Nation, wie sie in den Verfassungen von 1823 bzw. 1857 formuliert wurden, noch der Entwicklungsdiktatur Porfirio Diaz' (1871 - 1910) mit ihrer von Gewalt und Repression geprägten Politik gegenüber den Dörfern gelang es, das historische Erbe zu verdrängen. Die Modernisierung der mexikanischen Gesellschaft über eine gesamtgesellschaftliche Durchsetzung privater Eigentumsverhältnisse scheiterte am erbitterten Widerstand der Dorfgemeinschaften, die in der Revolution für die Wiederherstellung traditioneller Agrarverhältnisse, d.h. für die Autonomie und Selbstorganisation der Dörfer kämpften.

Die Anerkennung und der Schutz kollektiver Eigentumsverhältnisse durch die Verfassung trägt dieser Realität Rechnung. In Artikel 27 werden zugleich auch die Forderungen der Agrarrevolutionäre nach Rückgabe von Gemeindeländereien aufgenommen, indem alle Landkonzessionen, -transaktionen und -enteignungen, die auf der Grundlage des Ley Lerdo und der Verfassung von 1857 zum Verlust des kollektiven Landbesitzes der Dörfer geführt hatten, annulliert werden. Die Gesetze und Ausführungsbestimmungen, die nach der Revolution auf der Grundlage des Artikel 27 erlassen und 1934 im Agrargesetzbuch vereinheitlicht wurden, legen fest, daß die Dörfer Ländereien in Form des ejidos (zurück-)erhalten sollen. Der Begriff ejido leitet sich aus dem lateinischen exire her und ist ursprünglich eine spanische Institution. Dort bezeichnet er Gemeindeländereien, die sich am Ausgang des Dorfes (exitus) befanden und von allen Dorfbewohnern, z.B. als Wald- oder Weideflächen gemeinschaftlich genutzt wurden. In Neuspanien wurde der Begriff ejido zu einem Synonym des indianischen altepetlalli, dem unveräußerlichen kollektiven Landbesitz des Dorfes, der nicht nur das Gemeindeland, sondern auch das individuell genutzte Ackerland einschloß.

Nach der Revolution konnten Dörfer, die unter Landmangel litten, ejidos beantragen, wobei es drei verschiedene Formen der Landvergabe gab: a: als Rückgabe von Gemeindeland, das den Dörfern auf illegale Weise genommen worden war und auf das sie berechtigte Ansprüche geltend machen konnten, b: als Vergabe von Land an Dörfer, die einen solchen Rechtsanspruch nicht mehr nachweisen konnten, oder an neugegründete Dörfer und c: als Erweiterung des Landbesitzes von Dörfern, die nachwiesen, daß ihre Ländereien quantitativ und qualitativ ungenügend waren. Den für die Verteilung von ejidos an die Dörfer notwendigen Grund und Boden im Umkreis von sieben Kilometern des Dorfes nahm die Regierung, falls vorhanden, von staatlichen Ländereien. Waren diese nicht vorhanden, so konnten nach dem Agrargesetzbuch Großgrundbesitzer enteignet werden. Ob das Ejidoland kollektiv oder individuell bearbeitet werden sollte, konnten die Dörfer selbst bestimmen. Das Ejido wurden den ejidatarios genannten Bauern nur zur Nutznießung überstellt, womit bestimmte Auflagen verbunden waren: der ejidatario mußte das Land bearbeiten, wurde es zwei Jahre hintereinander nicht bearbeitet, verlor er seinen Anspruch auf das Land, ebenso, wenn er keine Steuern bezahlte. Auch Alkoholismus oder asoziales Verhalten sollten zum Verlust des Nutznießungsrechtes führen. Zudem war es verboten, auf das Land Hypotheken aufzunehmen oder es zu verpachten. In allen diesen Punkten ähnelt das postrevolutionäre Ejidosystem indianischen und kolonialen Formen des kollektiven Landbesitzes der Dörfer.

Und doch gibt es einen entscheidenden Unterschied: das als ejido zur Verteilung gelangende Land ist Eigentum des Staates und seine Administration untersteht dem Agrarreformministerium. Durch diesen Unterschied zum traditonellen Ejido hatte der Staat die Möglichkeit, das Ejidosystem als Instrument der Integration der Dorfgemeinschaft in die sich modernisierende nationale Gesellschaft zu nutzen.

Zu Verteilung von ejidos an die Dörfer in breitangelegtem Maßstab kam es nur während der Amtsperiode des Präsidenten Lazaro Cárdenas (1934 - 1940) Dabei stand allerdings weniger der soziale Zweck als vielmehr das politische Mittel im Vordergrund, die Bauern als ejidatarios in das nationale Projekt der Staatspartei PRI (Partei der institutionalisierten Revolution) zu integrieren. Wie schon vor der Revolution, so wurde auch von den nachrevolutionären Regierungen Mexikos die in Artikel 27 festgelegte Agrarreform als ein Hindernis auf dem Weg in eine moderne Gesellschaft angesehen.

Da die Chance für eine integrative Transformation im wesentlichen politisch-ideologisch und nicht materiell genutzt wurde, bewirkte diese Nuance in der inhaltlichen Bedeutung des ejidos soziale, aber auch ökologische Folgen, die das Ejidosystem diskreditierten und heute als gescheitert erscheinen lassen.

In den traditionellen Dörfern hat es zur Schwächung des sozialen

Zusammenhalts und der Autonomie geführt, weil es unter anderem auch zu einer Spaltung der Dorfbewohner in Ejidatarios (und als Ejidatarios werden sie automatisch Mitglieder der staatstragenden PRI) und Comuneros (Bauern, die auf den Gemeindeländereien des Dorfes arbeiten) kam. Zugleich erhielt der Staat ein Kontrollorgan in den Dörfern, und das bedeutete auch, daß der Korruption und Erpressung von Staats- und Parteifunktionären bis in die Dörfer hinein Tor und Tür geöffnet wurden.

Die Auswirkungen des Ejidosystem auf die mexikanische Dorfgemeinschaft hat diese grundlegend verändert, man könnte auch sagen modernisiert. Das Programm der Agrarrevolutionäre, der Plan von Ayala, der dem Artikel 27 vorausging, hatte die Wiederherstellung und legale Absicherung der traditionellen mexikanischen Dorfgemeinschaft, einer originären Synthese aus indianischen und kolonialen Kulturelementen, zum Inhalt. Was durch die Ausdehnung privater Eigentumsverhältnisse in drei Jahrhunderten Kolonialzeit und hundert Jahren Unabhängigkeit jedoch nicht gelang, das gelang dem postrevolutionären staatlichen Ejidosystem, welches den Artikel 27 konkret ausgestaltet: die Widerstandskraft des mexikanischen Dorfes zu brechen.

Im Zusammenhang mit dem raschen Anwachsen der Bevölkerung in den letzten Jahrzehnten haben zudem Parzellierung und rücksichtslose Ausbeutung des Bodens zu Erosion und Verkarstung geführt, zu Problemen also, die über eine Bodenreform allein gar nicht mehr in den Griff zu bekommen sind. Und die massenhafte Landflucht, die durch diese Entwicklungen in Gang gesetzt wurde, hat das Landproblem inzwischen zu einem wachsenden Problem der Städte gemacht. Die Hauptstadt Mexikos verwandelt sich zunehmend in ein von Umweltkatastrophen heimgesuchtes und unregierbares Monstrum.

„Das Erdöl, das Bollwerk unserer Souveränität"

Neben dem Geburtstag von Emiliano Zapata stehen noch andere nationale Ereignisse, die sich auf den Artikel 27 berufen können, in der Agenda jedes mexikanischen Präsidenten. Alljährlich wird der Nationalisierung des Erdöls vom offiziellen Mexiko, neben dem Präsident gehören hierzu der Direktor der staatlichen Erdölgesellschaft PEMEX, die Gewerkschaftsvertreter der staatstreuen Gewerkschaften insbesondere des Erdölsektors STPRM, die Regierungsmitglieder u. a., in einem großen Festakt gedacht. Die wichtigste nationale Ressource wird in allen Festreden als das Bollwerk nationaler Souveränität und als der Garant der Unabhängigkeit bejubelt.

Als Cárdenas am 18. März 1938 die Enteignung des produktiven Eigentums (Maschinen, Installationen, Gebäude, Ölleitungen, Raffinerien, Tanker, Tankstellen u.a.) der ausländischen Erdölgesellschaften im Interesse der Nation verkündete, stützte er sich auf den Artikel 27 der Verfassung, nach welchem alle Naturressourcen Eigentum der Nation zu sein haben.

Diese Rechtsauffassung konnte sich außerdem auf Jahrhunderte alte Traditionen beziehen. Schon in den Leyes de India der Kolonialzeit waren die „Steine und Säfte der Erde" Eigentum der spanischen Krone. In den königlichen Anordnungen zum Bergbau in Neuspanien des Jahres 1783 waren die Bergwerke eindeutig als Eigentum der königlichen Krone ausgewiesen, die ihren Vasallen gegen entsprechende Abgaben weitgehende Verfügungsrechte zugestand (Silva Herzog 1973:15). Als nach der Erlangung der Unabhängigkeit im Jahre 1836 in Madrid der Friedens- und Freundschaftsvertrag zwischen Mexiko und Spanien unterzeichnet wurde, gingen die Rechte der Krone Spaniens im ehemaligen Neuspanien an die mexikanische Nation über.

Die liberale Gesetzgebung des Jahres 1884, die sich auf die Verfassung von 1857 stützen konnte, brach mit dieser Tradition und räumte dem Eigentümer des Landes auch das Eigentum an den darunterliegenden Bodenschätzen ein. Als zu Beginn des Jahrhunderts, im Jahre 1901, das erste Erdöl gefunden und von englischen und US-amerikanischen Unternehmen mit der Förderung begonnen wurde, herrschte in Mexiko die liberale Entwicklungsdiktatur von Porfirio Díaz, dessen Politik der Öffnung des Landes darauf zielte, möglichst rasch und mit ausländischen Beratern, Investoren und Kapital die mexikanische Wirtschaft und Gesellschaft zu modernisieren.

Selbst wenn die gewaltsamen Auseinandersetzungen der mexikanischen Revolution weder auf den noch um die Erdölfelder stattfanden, spielten sie doch im Hintergrund eine nicht unbedeutende Rolle. Jeder Versuch der revolutionären Regierungen, im Zusammenhang mit dem Erdöl irgendwelche Abgaben (sei es auf die Produktion, den Export oder den Umsatz im eigenen Land) zu erheben, wurden von den Unternehmern als Enteignung angeprangert. Zugleich jedoch griffen sie in die Machtkämpfe zwischen den revolutionären Caudillos ein, indem sie Schutztruppen bezahlten, die ihre

Ölfelder mit Erfolg gegen Übergriffe abschirmten und die lokalen Caudillos finanziell unterstützten, sie dadurch im Machtkampf gegen andere stärkten und so versuchten, ihre Interessen zu wahren.

Die verschiedenen revolutionären Führer waren sich untereinander uneins, was die rechtliche Behandlung ausländischen Eigentums an Grund und Boden betraf. Einige profitierten von ihren Sonderabmachungen mit den ausländischen Eigentümern, und alle zusammen waren auf die Duldung bzw. Anerkennung durch die US-amerikanische Regierung angewiesen, die gewillt war, den Schutz des Eigentums ihrer Staatsbürger insbesondere an den Erdölquellen unter allen Umständen zu gewährleisten. (vgl. Womack 1986)

Daher nimmt es nicht wunder, daß in der Verfassung von 1917 die natürlichen Ressourcen zwar wiederum, wie schon vor der liberalen Phase des späten 19. Jahrhunderts, als Eigentum der Nation galten, zugleich jedoch die ausländischen Eigentümer der Erdölquellen, welche zu dieser Zeit zu den bedeutendsten der Welt zu zählen waren, davon unberührt blieben. Keine der revolutionären und nachrevolutionären Regierungen griff die Jahr für Jahr mehr Erdöl fördernden ausländischen Gesellschaften an.

Der Konflikt, welcher sich 1937 an den Erdölfeldern entzündete, entbrannte daher zunächst auch nicht an der nationalen, sondern an der sozialen Frage.

Im Jahre 1935 förderten etwas mehr als zwanzig Unternehmen Erdöl. Mit Ausnahme eines kleinen Produzenten, Petromex, waren es alles ausländische Gesellschaften, die zu den Großen ihrer Branche gehörten. Nach langwierigen Auseinandersetzungen zwischen Arbeitern und Eigentümern wurde im Jahre 1936 die Gewerkschaft der Erdölarbeiter (STPRM) gegründet. Mit ihren Forderungen nach einem „Kollektiven Arbeitsvertrag", d.h. gleichen Löhnen, Sozialleistungen, demselben Unfallschutz u.a. für den gesamten Erdölsektor stützte sie sich auf den Artikel 123 der Verfassung. In ihm wurden, erstmalig in einer modernen Verfassung, die Interessen der Arbeiter/innen besonders geschützt. (Schulenburg 1970:501)

Als im Jahre 1937 die Verhandlungen zwischen der Gewerkschaft und den Erdölproduzenten scheiterten, brach der erste Generalstreik im Erdölsektor aus. Die Erdölarbeiter wandten sich an den Schlichtungs- und Schiedsausschuß der Regierung, der laut Arbeitsgesetz zur Beilegung ökonomischer Konflikte zwischen Gewerkschaften und Unternehmen vorgesehen war. Innerhalb von dreißig Tagen legte der Ausschuß – auf Basis der Analyse der wirtschaftlichen Lage der Unternehmen – einen Kompromißvorschlag vor. Obgleich die Schlichtungskommission eine Reihe von Unregelmäßigkeiten und Betrügereien der Erdölproduzenten feststellte (vgl. Silva Herzog 1973) kam der Schiedsspruch den Vorstellungen der Unternehmer bedeutend näher als den Forderungen der Gewerkschaften. Trotzdem waren die ausländischen Ölmagnate nicht bereit, darauf einzugehen und inszenierten die „Rebellion" gegen die mexikanische Regierung. Die Auseinandersetzungen zwischen Erdölgewerkschaft und Erdölunternehmen weitete sich zu einem Konflikt zwischen mexikanischer und US-amerikanischer Regierung aus, der schließlich mit der Verstaatlichung des Erdölsektors seinen Höhepunkt erreichte.

Die Verstaatlichung des Erdölsektors entsprach also keineswegs einem von der Regierung Cárdenas wohl vorbereiteten Plan zur Stärkung der nationalen Souveränität. Sie entwickelte sich vielmehr aus der Verteidigung mexikanischer Gesetze, insbesondere des Arbeitsgesetzes. Doch der Funke, der sich an der sozialen Frage im Erdölsektor entzündete, sprang über und entfachte die nationale Frage, als die ausländischen Unternehmen gegen soziale Regelungen opponierten, die Glaubwürdigkeit des Präsidenten Cárdenas belächelten und die Souveränität Mexikos in Frage stellten. Erst in der Zuspitzung dieses Konfliktes gewann der Artikel 27 als Grundlage des Verstaatlichungsgesetzes von 1938 an Bedeutung und erlaubt seither, ausländisches Kapital vom Erdölsektor fern bzw. unter Kontrolle zu halten. Dadurch konnte das Erdöl, insbesondere seit es Ende der siebziger Jahre wieder verstärkt zu fließen begann, zu einem nationalen „Schmiermittel" des Korporativismus und der Korruption werden. Der Garant der nationalen Unabhängigkeit, symbolisiert im größten Staatsunternehmen PEMEX, verkam mit steigenden Öleinnahmen Ende der siebziger Jahre und wachsender Verschuldung zu Beginn der achtziger Jahre zu einem Hort der Korruption, der durch die Monopolstellungen der staatlichen Erdölgesellschaft (PEMEX) und der staatstreuen Erdölgewerkschaft (STPRM) abgeschottet schien.

Nicht zuletzt das Aufdecken diverser Skandale in den Chefetagen von PEMEX oder der STPRM dienten seit den achtziger Jahren neoliberalen Erneuerern als Folie für die Angriffe auf das alte soziale System korporativistischer Gewerkschaftspolitik und staatsparteilichen Interessenausgleichs. Sowohl der Präsident de la Madrid (1982 - 1988) als auch Salinas de Gortari stärkten ihre politische Position zu Beginn ihrer jeweiligen Regierungszeit mit Angriffen auf den Erdölsektor. Salinas de Gortari verhalf seine Attacke auf den wohl berüchtigsten Gewerkschaftsboss des Landes, „La Quina", Chef der STPRM-Gewerkschaft, nicht nur zu Glaubwürdigkeit, die er nach seiner Wahl 1988 kaum hatte, in welcher er trotz Wahlbetrugs nur mit knapp 50 % gewann, sondern stärkte ihm auch den Rücken für die Durchsetzung seiner neoliberalen Wirtschaftspolitik.

Indem jedoch Salinas Mexiko aus dem Schatten der Revolution heraus und an den Norden heranführen will, treten alte Konfliktlinien wieder deutlich hervor. Erneut ist im Zuge der Freihandelsdiskussion ein zentraler Streit auf einem historisch extrem vorbelasteten Schlachtfeld, den mexikanischen Erdölquellen, entbrannt. Seit der Golfkrise wird von seiten der USA immer drängender der Wunsch vorgebracht, die Erdölfelder des Nachbarn in die Privatisierung und die Öffnung nach außen einzubeziehen. Während US-amerikanische, neoliberale Fundamentalisten Zugang zu allen Wirtschaftsbereichen zugestanden haben wollen, weigert sich die mexikanische Regierung jedoch, sich die damit verbundene Verfassungsänderung von außen aufzwingen zu lassen.

Verfassung als Erinnerungshilfe

Damals wie heute werden das kollektive Eigentum der Dörfer und das alleinige Recht der mexikanischen Nation an den Bodenschätzen entweder als unter dem Druck der revolutionären Bewegungen zustandegekommene traditionelle Einsprengsel in eine moderne Verfassung oder als „Fastsozialismus", also als Ausdruck von über das Privateigentum hinausweisenden Eigentumsvorstellungen, interpretiert. Unabhängig von ihrer jeweiligen Perspektive aber sind sich die Betrachter einig über den antiliberalen Charakter des großen Reformwerkes, durch welches die Revolution in die liberale Verfassung hineinwirkt. Wenn heute im Zuge der Öffnung zum Weltmarkt und dem Freihandelsabkommen mit den Vereinigten Staaten die Neoliberalen in Mexiko mit ihrem US-amerikanisch geschulten technokratischen Pragmatismus gerne aus dem „Schatten der mexikanischen Revolution" heraustreten und wieder an die liberalen Reformen von 1857 anknüpfen möchten, so ist mit diesen „Schatten" insbesondere der Artikel 27 gemeint. Wie die liberalen Reformer des 19. Jahrhunderts scheinen die Neoliberalen davon auszugehen, daß sich gesellschaftliche Widersprüche und Ungleichzeitigkeiten durch eine Verfassungsänderung aus der Welt schaffen ließen.

Richtig ist, daß sich die soziale und materielle Basis des Artikel 27 durch die Modernisierung und ihre Folgen veränderte und er heute von offizieller Seite im wesentlichen zur politisch-ideologischen Stabilisierung des politischen Systems funktionalisiert wird. Widersprüchlich und ambivalent bleibt zugleich, daß das antiliberale Anknüpfen an konkreten historischen Verhältnissen über ihre verfassungsrechtliche Absicherung wie im Fall des ejidos zu einer partiellen Zerstörung dessen führte, was die Verfassung explizit schützen sollte. Die Entstehungsgeschichte des Artikel 27 aber kann in den aktuellen Auseinandersetzungen über neoliberale Strategien daran erinnern, daß Imitationen unter ungleichen Voraussetzungen zum Scheitern verurteilt sind. Die Ungleichheit nach innen wie nach außen, die der Verfassung von 1917 ihre antiliberalen Züge verlieh, hat sich verschoben, aufgehoben wurde sie nicht. Damals wie heute findet sie ihren Ausdruck in der Agrarproblematik auf der nationalen Ebene und in dem Konflikt um die Verfügungsgewalt über die natürlichen Ressourcen in den internationalen Beziehungen. In diesem Kontext erscheint der als deus ex machina beschworene freie Markt des Neoliberalismus als eine Neuauflage des Liberalismus des 19. Jahrhunderts, wenn auch unter veränderten Vorzeichen. Ob ihn, wie schon seinen Vorgänger, die Geschichte wieder einholt, ist offen.

Gemeindepolitik, Selbstpolitik. *In den siebziger und achtziger Jahren haben die Beiwörter „eigen", „autonom" und „kooperativ" eine bemerkenswerte Wiederbelebung erfahren, bevor sie neuerdings im Elan des „Marktes" und „Privateigentums", der vom Zusammenbruch des „realen Sozialismus" kräftig befördert wurde, schier untergegangen scheinen.*

Freilich: All die Versuche der Eigenarbeit, autonomer Organisation, der Politik auf gemeinschaftlicher Basis, meist im Zusammenhang und Ausdruck der „Neuen sozialen Bewegungen", haben sich schon zuvor an inneren Schwierigkeiten und äußeren Hindernissen wund gerieben. Denn alle diejenigen, die solche anderen Lebens-, Arbeits- und damit im weiteren Sinne Politikformen unternahmen, sind ausschließlich Kinder dieser nicht grundlos herrschenden und alle prägenden Gesellschaft. Deswegen sind alle anders angelegten Anfänge besonders schwer. Die Normalgesellschaft und ihre Vollzüge gestatten im Prinzip keine Experimente. Dafür gibt es keine Mittel, auch nicht das „Mittel" ausreichender Toleranz.

Sind deswegen Anregungen einer Politik der „kleinen Formen" als nichtig, als illusionär abzutun? So sich zu verhalten, wäre nur dann erlaubt, wenn die herrschenden „großen Formen" nicht human überaus kostenreich funktionierten. So abfällig und überlegen zu urteilen, wäre nur dann nicht hybride, wenn gezeigt werden könnte, daß zum einen die „kleinen Formen" notwendig scheitern, und daß sie zum anderen keinen andauernden menschlichen Bedürfnissen entsprechen.

Darum lohnt es sich, etliche Nachhilfestunden bei Gustav Landauer zu nehmen und sie mit hartem Lehrgeld zu bezahlen. (1870-1919, als Mitglied der Münchner Räteregierung ermordet). Gewiß: Sein gemeindlicher, auf kooperative Eigenarbeit erpichter Enthusiasmus macht einen mitunter lächeln. Liest man vorbehaltloser, bedenkt man die andere Zeit und die andere Sprache, dann wird man vorsichtiger und nachdenklicher urteilen. Wie soll denn, um mitten in unsere Zeit zu springen, die Europäische Gemeinschaft einigermaßen demokratisch gestaltet werden und zwar so, daß die einzelne Person grundgesetzgemäß ernst genommen wird? („Die Würde des Menschen ist unantastbar", heißt es in Art. 1 GG). Haben nicht Räte-Gedanken, hat nicht Landauers Vorschlag einer von unten nach oben gestuften Gesellschaft, einem hohen Ausmaß an Dezentralität also, mit einem politisch praktizierten Subsidiaritätsprinzip, das immer zuerst für die lokal nähere Instanz spricht, vieles für sich?

(Gustav Landauer: Was will der sozialistische Bund?, abgedruckt in ders.:Beginnen. Aufsätze über Sozialismus, Hilversum 1977, S.91-95; ders.: Aufruf zum Sozialismus, hg. von Heinz-Joachim Heydorn, Frankfurt/Main 1967, S. 166-167; ders.: Beginnen . . . , S. 60-61)

Gustav Landauer

Über Sozialismus

(...) Man hat euch gesagt, die sozialistische Gesellschaft könne erst in einem unbestimmten, fernliegenden Zeitpunkt an die Stelle der Ausbeutung, der Proletarisierung, des Kapitalismus treten. Man hat euch auf die Entwicklung verwiesen.

Wir sagen: der Sozialismus kommt gar nicht, wenn ihr ihn nicht schaffet.

Es leben welche unter euch, die sagen: erst muß die Revolution kommen, dann kann der Sozialismus beginnen.

Aber wie? Von oben her eingeführt? Staatssozialismus? Wo sind die Organisationen, die Anfänge, die Keime zu sozialistischer Arbeit und gerechtem Austausch unter sozialistischen Arbeitsgemeinden? Nirgends sind auch nur Spuren, auch nur Gedanken daran, auch nur Erwägungen der Notwendigkeit zu sehen.

Sollen wir in jenem Zeitpunkt auf die Advokaten, die Politikanten, die Vormünder des Volkes angewiesen sein?

Die Völker haben von jeher üble Erfahrungen mit ihnen gemacht.

Wir sagen: umgekehrt wird ein Schuh daraus! Wir warten nicht auf die Revolution, damit dann Sozialismus beginne; sondern wir fangen an, den Sozialismus zur Wirklichkeit zu machen, *damit dadurch der große Umschwung komme!*

Alle Organisationen, die sich das arbeitende Volk bisher geschaffen hat, sind Organisationen zum Kampf ums Leben *innerhalb* der kapitalistischen Gesellschaft. Sie sind notwendig, damit die einzelnen Individuen und Branchen weiterexistieren können und kleine Vorteile erringen; aber aus dem Kreis des Kapitalismus führen sie nicht heraus; in den Sozialismus führen sie nicht hinein.

Der Marxismus, der eine so große und verhängnisvolle Rolle in der Arbeiterbewegung spielt, hat vorausgesagt: die Proletarisierung wird immer mehr um sich greifen, die wirtschaftlichen Krisen werden immer stärker werden, der Konkurrenzkampf der Unternehmer wird immer strenger, die Zahl der Unternehmungen immer kleiner: der Zusammenbruch des Kapitalismus müsse so kommen.

Wie ist es in Wahrheit gekommen? Wie kommt es immer mehr?

Was tut der *Staat?*

Er schleift dem Elend, wenn es gar zu groß wird, die Ecken ab; er sorgt durch Versicherungs-, Schutz- und Gewerbegesetze aller Art, daß der Kapitalismus nicht an seinen schlimmsten Konsequenzen zugrunde gehe; daß es mit unserm System der Ungerechtigkeit und der sinnlosen Produktion und Verteilung der Güter *weitergehen kann.*

Es geht weiter mit dem Kapitalismus, das ist der Erfolg dieser gesetzgeberischen Arbeit. Es geht weiter mit dem Kapitalismus – das ist der Erfolg auch der gesetzgeberischen Arbeit der Arbeiterklasse und ihrer Vertreter.

Was tun die *Unternehmer?*

Sie sorgen durch Truste, Syndikate, gegenseitige Versicherungen und Verträge aller Art dafür, daß die Prophezeiung der marxistischen Stubengelehrten zuschanden wird; sie machen sich *keine* unnötige Konkurrenz, sie helfen einander, sie machen sich nicht durchweg einander tot, sie halten sich vielfach einander am Leben und sie schränken die Krisen ein, wie sie die Produktion einschränken. Das alles vielfach auf Kosten der Arbeiter; ganz gewiß aber auf Kosten des Sozialismus. *Es geht weiter mit dem Kapitalismus.*

Was tun die *Arbeiter* in ihren wirtschaftlichen Organisationen und Kämpfen? In ihren Gewerkschaften?

In ihren Gewerkschaften sind sie *innerhalb des Kapitalismus* organisiert; je nach den Branchen und Proletariergruppen, die der Kapitalismus braucht. Durch ihre Versicherungen und Kassen, durch die Verbesserung ihrer Verhältnisse, ihrer Lebenslage sorgt bald da, bald dort eine Branche, daß die schlimmsten Schrecken gemildert werden, *daß es weitergeht* – womit? *Mit dem Kapitalismus!*

Denn was die einzelnen in ihrer Rolle als Produzenten gewinnen, das verliert die Gesamtheit des Volkes und vor allem des arbeitenden Volkes *als Konsumenten.* Wer zahlt alles, was der Unternehmer *seinen* Arbeitern zahlt? Der, der die Waren braucht: der Arbeiter als Konsument. Das alles ist nötig, solange wir im Kapitalismus tief darin sind. Aber es führt uns nicht heraus; es hält uns nur immer fester und fester darin.

Was führt uns zum Sozialismus? Der Generalstreik!

Aber ein Generalstreik ganz andrer Art, als er gewöhnlich im Mund der Agitatoren und im Herzen der schnell hingerissenen Masse wohnt – die abends Beifall klatscht und morgens wieder zur Fabrik trottet.

Der Generalstreik, der gewöhnlich gepredigt wird, heißt: mit verschränkten Armen abwarten, wer stärker ist und es länger aushalten kann: die Arbeiter oder die Kapitalisten.

Wir aber sagen offen: mehr und mehr kommt es durch die Organisationen der Unternehmer dahin, daß die Kapitalisten es aushalten können, die Arbeiter aber nicht. In den kleinen Streiks geht es so, in den großen geht es erst recht so und im passiven Generalstreik würde es nicht anders gehen. Überlege sich's jeder mit offenen Augen! Es tut weh, die Augen weit aufzumachen und die Wahrheit zu sehen, wenn man sich an die Dämmerung und die schlechte Beleuchtung gewöhnt hat, – *aber es tut verdammt not!*

Wir künden euch, ihr Arbeiter, den *aktiven Generalstreik!*

Nicht von der Aktion ist hier die Rede, die wohl viele als notwendige Konsequenz des Generalstreiks gleich hinter oder neben ihm sehen. Wir *fangen nicht mit dem Ende an, sondern mit dem Anfang.* Es ist ja noch gar nichts für den Sozialismus geschehen, es ist noch gar nicht das Geringste von ihm getan worden: *wofür* wollt ihr denn kämpfen und euch umbringen lassen? Für die Herrschaft irgendwelcher Führer, die dann wohl wissen werden, was sie wollen? was sie tun? wie sie eure Arbeit und die Verteilung der Güter, die ihr braucht, anordnen?

Wäre es nicht besser, das alles wüßtet und tätet ihr selber?

Die Aktion der arbeitenden Menschen heißt Arbeit!

Im aktiven Generalstreik sind die Arbeiter so weit, daß sie die Kapitalisten aushungern, weil sie *nicht mehr für den Kapitalisten arbeiten, sondern für die eigenen Bedürfnisse.*

Ihr Kapitalisten, ihr habt Geld? ihr habt Papiere? ihr habt Maschinen, die leer stehen?

Eßt sie auf, tauscht sie untereinander, verkauft sie euch gegenseitig, – macht, was ihr wollt! Oder – arbeitet! arbeitet wie wir. Denn Arbeit könnt ihr von uns nicht mehr bekommen. Die brauchen wir für uns selbst. Wir haben sie nicht mehr im Rahmen eurer unsinnigen Wirtschaft, wir verwenden sie für die Organisationen und Gemeinden des Sozialismus.

So wird es einmal heißen. Dies und nichts andres *kann* der Anfang des Sozialismus sein.

„O weh! das ist ein weiter Weg. Jetzt sollen wir erst anfangen? Und wir dachten, wir seien schon nahe am Ziel!"

Wie könnt ihr nahe am Ziel sein, da ihr noch keinen einzigen Schritt getan habt?

Begebt euch nur auf den Weg: und gleich sehet ihr das Ziel leibhaft vor euch.

Der allererste Schritt ist: daß ihr die Wahrheit hört. Sie schmeckt bitter, wie manche Wurzel, aber wenn sie wächst, wird sie süße Früchte tragen. (...)

Keine Weltstatistik und keine Weltpolitik kann uns helfen. *Rettung kann nur bringen die Wiedergeburt der Völker aus dem Geist der Gemeinde!*

* * *

Die Grundform der sozialistischen Kultur ist der Bund der selbständig wirtschaftenden und untereinander tauschenden Gemeinden.

Unser Menschengedeihen, unsre Existenz hängt jetzt davon ab, daß die Einheit des einzelnen und die Einheit der Familie, die uns allein noch an natürlichen Verbänden geblieben sind, sich wieder steigert zur Einheit der Gemeinde, der Grundform jeder Gesellschaft.

Wollen wir die Gesellschaft, so gilt es, sie zu erbauen, gilt es, sie zu üben.

Gesellschaft ist eine Gesellschaft von Gesellschaften von Gesellschaften; ein Bund von Bünden von Bünden; ein Gemeinwesen von Gemeinschaften von Gemeinden; eine Republik von Republiken von Republiken. Da nur ist Freiheit und Ordnung, da nur ist Geist; ein Geist, welcher Selbständigkeit und Gemeinschaft, Verbindung und Unabhängigkeit ist.

Der selbständige einzelne, dem keiner in das hineinspricht, was seine Sache allein ist; die Hausgemeinschaft der Familie, der Heim und Hof ihre Welt sind; die Ortsgemeinde, die autonom ist; das Amt oder der Gemeindeverband und so immer mehr ins Breite, mit einer immer kleineren Zahl Aufgaben die umfassenderen Verbände – so sieht eine Gesellschaft aus, das allein ist der Sozialismus, für den zu wirken sich lohnt, der uns aus unsrer Not erretten kann. Vergebens und verfehlt sind die Versuche, in Staaten und Staatenverbänden das Zwangsregiment unsrer Zeiten, das heute ein Surrogat für die fehlende freigeistige Verbindung ist, noch auszubauen und ihren Bereich noch weiter auf das Gebiet der Wirtschaft zu erstrecken, als bisher schon geschehen ist. Dieser Polizeisozialismus, der jede Eigenheit und ursprüngliche Regsamkeit erstickt, wäre nur das Siegel auf den völligen Verfall unsrer Völker, wäre nur ein Zusammenhalten der völlig auseinandergetretenen Atome durch einen mechanisch eisernen Reifen. Ein Zusammenschluß natürlicher Art ergibt sich uns Menschen nur da, wo wir in örtlicher Nähe, in wirklicher Berührung beisammen sind. Der verbindende Geist, der Bund mehrerer zu gemeinsamem Werk, aus gemeinsamem Grunde, hat in der Familie eine zu schmale und dürftige Form für das Mitleben. In der Familie geht es nur um private Interessen. Wir brauchen einen natürlichen Kern des Gemeingeistes für das öffentliche Leben, damit das öffentliche Leben nicht mehr, wie bisher ausschließlich, von Staat und Kälte, sondern von einer Wärme erfüllt und geleitet werde, die der Familienliebe verwandt ist. Dieser Kern alles echten Gemeinschaftslebens ist die Gemeinde, die Wirtschaftsgemeinde, von deren Wesen niemand ein Bild hat, der sie etwa nach dem beurteilen will, was sich heute Gemeinde nennt. (...)

* * *

Auch diese Betrachtung zeigt nur wieder, was wir immer wieder sagen müssen, was der Eckstein unsrer sozialistischen Lehre ist: die Bedürfnisse, die der Kapitalismus schafft, führen nicht zum Sozialismus; es gibt das Wunder nicht, daß aus dem Dreck die Blume erwächst, so wenig wie aus Sägemehl Flöhe entstehen; der Sozialismus entwickelt sich nicht aus dem Kapitalismus. Flöhe werden von Flöhen geboren; die Blume wächst aus dem Samen; und der Sozialismus als äußere Wirklichkeit der Zustände kommt nur, wenn er als innerer Keim in den Menschen lebt. Diese Menschen – es werden zum Beginn die wenigsten sein – müssen im Kapitalismus drin gesteckt sein, wie der Same im Kot; sie müssen daraus hervordrängen und ihre eigenen Philister- und Feiglingshülsen zum Platzen bringen, indem ihr inneres Licht zur Sonne der Freiheit und Schönheit empor will. Nur die werden den Sozialismus schaffen, die aus ganzer Seele Ruhe brauchen und Erlösung; die sie aber nicht finden im

Nichtstun, sondern die sich flüchten aus der verruchten Arbeitsplage des Kapitalismus in die gesunde freudebringende sozialistische Arbeit! Menschen mit Kraftüberschuß braucht der beginnende Sozialismus, die nicht wehleidig nach der Zahl der Arbeitsstunden fragen und die es unterm Sozialismus nicht äußerlich und rechnerisch besser haben wollen, sondern die lüstern sind nach Arbeit, nach vieler, langer, schwerer Arbeit, nach Arbeit der Freien, der Frohen, die leben, um ihr Werk zu tun, sei ihr Werk auch nur bescheiden-tätige Mithilfe im Schoß der Gemeinde.

Europäisierung und einzelstaatliche Verfassung. *Darüber, ob einmal gebildete Staaten das demokratisch Gelbe vom Verfassungsei darstellen, läßt sich füglich streiten. Alle Staaten sind Kunstgebilde, meist unter vielen Schmerzen und blutigen Kosten geboren. Also kann man sie je nach Umständen in größere Gemeinschaften einbringen oder in kleinere Gebilde unterteilen. Obgleich die Geschichte liberal-demokratischer Verfassungen eng mit dem Aufkommen des Nationalstaats gekoppelt ist, sprechen viele guten Argumente dafür, diesen Nationalstaat nicht als die Spitze des „Prozesses der Zivilisation" anzusehen. Angesichts der Kriegs- und Vorurteilsgeschichte des Nationalstaates, der seine Feinde innen und außen verfolgte und sich darüber stabilisierte, liegen Grenzöffnungen und die Bildung von Einheiten nahe, die über die herkömmlichen Nationalstaaten hinausgehen. So weit, so gut. Problematisch wird die Herausbildung übernationaler Blöcke, wie ihn die Europäische Gemeinschaft zu werden verspricht, vor allem aus drei Gründen:*
Zum ersten kommt es darauf an, wie sich ein solcher größerer Staatenverbund bildet, aus dem eventuell ein späterer Bundesstaat erwächst. Nimmt man die EG als Beispiel, so fehlen ihr nahezu alle demokratischen Prozeßelemente.
Zum zweiten spielt es eine entscheidende Rolle, ob bei dem neu entstehenden Gebilde dafür gesorgt ist, daß die Teilnahme- und Kontrollchancen von Anfang an den Bedeutungsverlust herkömmlicher Regelungen ausgleichen. Erneut läßt die EG in dieser Hinsicht nahezu alles zu wünschen übrig. Die (bürokratische) Exekutive definiert. Die nationalstaatlichen Willensbildungs- und Entscheidungsprozesse werden ausgehöhlt, ohne daß dieser Erosionsprozeß zureichend deutlich gemacht und ausgeglichen würde.
Zum dritten wäre es vonnöten, räumlich größere und in der Eigenart ihrer Aufgaben noch komplexere Gebilde so zu organisieren, daß das politische Subsidiaritätsprinzip in qualitativ neuem Sinne praktiziert würde; sprich: der überstaatlichen Verlagerung von Entscheidungen ist eine Hinunterverlagerung in die Lokalitäten und Regionen entgegenzusetzen. Diese kollektiven politischen Einheiten sind ihrerseits an der Willens- und Entscheidungsbildung der raumweiteren Ebenen zu beteiligen. Betrachtet man die EG-Entwicklung, kann von einem solchen Prozeß der Balancierung nicht die Rede sein. Das aber bedeutet, daß nicht einmal die Minima liberal-demokratischer Vorkehrungen gewährleistet sind.
Darum ist es so bedeutsam, die verdichtete Beschreibung dessen, was europäisch ist und was in nächster Zeit passieren wird, zur Kenntnis zu nehmen. Der Berliner Jurist Martin Kutscha bietet dieselbe mit dem Stand 1990.
(Martin Kutscha: Demokratischer Zentralismus?, in: Kritische Justiz, Heft 4/1990, S. 425–435. Dieser Artikel wurde ohne die Anmerkungen ungekürzt übernommen)

Martin Kutscha

Vom zweifelhaften Schicksal bundesdeutscher Verfassungsprinzipien bei der EG-Integration

Es mutet schon erstaunlich an, wie zwanglos sich die gegenwärtige Hochkonjunktur des Nationalen mit dem Bekenntnis zu einem vereinigten (West-)Europa vereinbaren läßt. Die derzeit machtvoll betriebene deutsche Wiedervereinigung, so wird uns mannigfach versichert, würde den Prozeß der EG-Integration in keiner Weise behindern. Daß die politischen Strukturen der EG das historische Erbe demokratischer europäischer Verfassungstraditionen aufnehmen und verwirklichen und damit eine überzeugende Alternative zum gescheiterten Sozialismusmodell des Ostens bieten, gilt dabei zumeist als selbstverständlich. Die EG sei in hervorragender Weise geeignet, schrieb Eckart Klein schon am 9. Juni 1989 in der FAZ, „den Gedanken der Freiheit, die Idee und Überlegenheit des westlichen Verfassungsstaates zu sichern und zu verdeutlichen". – Ganz anders beurteilt Harald Schumann das Verhältnis der EG-Institutionen zu den klassischen rechtsstaatlichen Essentials: „Gewaltenteilung? Trennung von Legislative und Exekutive? Politische Kontrolle der staatlichen Verwaltung durch gewählte Parlamente? Was jeder Schüler heute als die einst von Montesquieu beschriebenen Fundamente demokratisch verfaßter Gesellschaften kennen muß, von all dem könnte das EG-System kaum weiter entfernt sein."

Kritik mit diesem Tenor ist freilich nicht neu, sie hat die EG seit ihrer Gründung begleitet. Immerhin war das häufig beklagte Demokratiedefizit und die mangelnde Akzeptanz der politischen Strukturen in der EG der Auslöser für die Einführung der Direktwahl zum Europäischen Parlament, die zum ersten Mal 1979 stattfand. Auch erhielt das Europäische Parlament mehr Kompetenzen durch die Einheitliche Europäische Akte, die 1987 in Kraft trat. Inzwischen sind kritische Fragen nach der demokratischen Verfaßtheit und Praxis der EG denn auch selten geworden, die aktuelle Literaturproduktion beschränkt sich durchweg auf Fragen der Wirtschaftsregulierung oder die Darstellung der Funktionsmodi der EG-Organe.

1. Das Europäische Parlament:
Auf der Suche nach Sitz und Bestimmung

Nach der Neuregelung reichen die Einflußmöglichkeiten des Europäischen Parlaments im Entscheidungsprozeß nunmehr je nach dem Gegenstand von der bloßen Anhörung und dem Recht, Stellungnahmen mit empfehlendem Charakter abzugeben, bis zum echten Zustimmungserfordernis. Notwendig ist eine Zustimmung des Europäischen Parlaments insbesondere bei der Entscheidung über den Beitritt eines neuen Mitgliedstaates zur EG. Zum ersten Mal genutzt wurde diese Kompetenz des Parlaments bei der Behandlung von zwei Abkommensentwürfen mit der Türkei im Dezember 1987; als Ergebnis einer Diskussion um die unbefriedigende Lage der Menschenrechte konnte das Parlament immerhin seine Zustimmung verzögern und in der Zwischenzeit bestimmte Konzessionen erreichen.

Für die gesetzgebende Tätigkeit der EG hat das „Verfahren der Zusammenarbeit" (auch Kooperationsverfahren genannt) besondere Bedeutung. Der neugefaßte Artikel 149 EWGV weist dem Europäischen Parlament im Rahmen dieses Verfahrens vor allem Beratungs- und Änderungsrechte zu, während das Initiativrecht bei der Kommission, das Letztentscheidungsrecht beim Rat verbleibt. In der ersten Phase des Zusammenarbeitsverfahrens unterbreitet die Kommission einen Vorschlag, zu dem das Parlament eine Stellungnahme abgibt. Der Rat beendet diesen Abschnitt durch die Formulierung eines „gemeinsamen Standpunktes". Zu diesem wiederum kann das Europäische Parlament im zweiten Verfahrensabschnitt Position beziehen, entweder durch Zustimmung oder Schweigen (was nach Ablauf von drei Monaten ebenfalls als Zustimmung gewertet wird), durch die Unterbreitung von Änderungsvorschlägen oder eine Gesamtablehnung. Wenn sich die Kommission den Änderungsvorschlägen des Parlaments anschließt, genügt für die Beschlußfassung des Rates eine qualifizierte Mehrheit, anderenfalls benötigt der Rat zur Annahme der Änderungsvorschläge Einstimmigkeit. Auch über eine Gesamtablehnung durch das Parlament kann sich der Rat nur durch Einstimmigkeit hinwegsetzen.

Das erste Jahr der Anwendung des neuen Zusammenarbeitsverfahrens (Juli 1987 bis Juni 1988) ist inzwischen nach dem Entscheidungsverhalten der Beteiligten ausgewertet worden: 18 der ihm in der zweiten Phase vorgelegten 32 „gemeinsamen Standpunkte" hat das Parlament ohne Abänderungen gebilligt, in den übrigen 14 Fällen hat es sich für Veränderungen ausgesprochen, gänzlich abgelehnt wurde keine der Vorlagen. Zwar hat die Kommission daraufhin in 56 % der Fälle die Änderungsvorschläge des Parlaments übernommen, der Rat akzeptierte jedoch nur 23 %. Durch einstimmige Entscheidung des Rates wurden über die Hälfte der von der Kommission gebilligten Abänderungen wieder annulliert. Insgesamt gesehen konnte das Parlament nur in 7 von 14 Verfahren eine oder mehrere Veränderungen durchsetzen.

Einzelnen Erfolgen des Parlaments (wie z.B. eine Prioritätenverlagerung beim medizinischen Forschungsprogramm auf Krebs und Aids) oder der politischen Einflußnahme durch die Entscheidungskompetenz über „nicht obligatorische Ausgaben" stehen so Niederlagen infolge des Letztentscheidungsrechts des Rates gegenüber. Welche Möglichkeiten darüber hinaus bestehen, durch eine entsprechende Auslegung des EG-Primärrechts Mitentscheidungsrechte des Parlaments zu umgehen, machte der Konflikt um die Festlegung EG-einheitlicher Grenzwerte für Radioaktivität in Nahrungsmitteln deutlich. Das Parlament verlangte seine Beteiligung nach den Regeln über das Zusammenarbeitsverfahren, weil es sich hierbei um eine Materie nach Art. 100 a EWGV (Rechtsangleichung zur Herstellung des Binnenmarktes) handele. Demgegenüber berief sich die Kommission auf Art. 31 des Euratom-Vertrags (Grundnormen für den Gesundheitsschutz der Bevölkerung), wonach nur eine einfache Anhörung des Parlaments geboten ist. Auf dieser Grundlage konnte sich dann der Rat mit qualifizierter Mehrheit über das ablehnende Votum des Parlaments hinwegsetzen.

In den Entscheidungsverfahren der EG-Gesetzgebung spielt das Parlament jedenfalls keine zentrale Rolle, sondern ist in einen komplizierten Prozeß der gegenseitigen Abstimmung und des Aushandelns von Kompromissen eingeflochten. Initiator und treibende Kraft dieses Prozesses sind die Expertenstäbe der Kommission, die sich fernab jeder Öffentlichkeit mit Industrieverbänden und anderen einflußreichen Interessenten abgestimmt haben und über einen enormen Informationsvorsprung verfügen, dem engagierte EG-Parlamentarier kaum etwas entgegenzusetzen haben. Und was nützt dem parlamentarischen David, der nie eine wirksame Schleuder besessen hat, sein rhetorischer Eifer und sein verzweifeltes Mühen, wo es an einer „gesamteuropäischen" Öffentlichkeit als politischem Machtfaktor fehlt? Angesichts der vorrangigen Orientierung der Massenmedien in den westeuropäischen Staaten auf Gegenstände von nationalem Interesse und angesichts der mangelnden

Transparenz und Nachvollziehbarkeit des EG-Entscheidungsverfahrens, brauchen die letztlich in der EG-Politik erfolgreichen Interessengruppen kaum das Korrektiv einer sich machtvoll artikulierenden öffentlichen Meinung zu fürchten. Und so können Entscheidungen von großer Bedeutung meist ohne öffentliche Diskussion getroffen werden, anscheinend gedeckt durch die „Blankovollmacht" einer diffusen Zustimmung der Bevölkerungsmehrheit in den Mitgliedstaaten für die EG-Institutionen. Die Enttäuschung über mangelnde Kontroll- und Entscheidungskompetenzen und die häufige Erfahrung, daß parlamentarische Vorschläge im Institutionendickicht steckenbleiben oder kleingearbeitet werden, machen denn auch die Charakterisierung des EG-Parlaments als „Wanderzirkus auf der Suche nach Sitz und Bestimmung" verständlich – einem Wanderzirkus freilich, so wäre hinzuzufügen, dem es an Zuschauern mangelt und der deshalb längst bankrott wäre, wären ihm nicht bestimmte Clearing- und Legitimationsfunktionen zugewiesen.

2. Die Umkehrung des klassischen Gewaltenteilungsschemas

Bereits 1968 hat Werner Hofmann auf die Umkehrung des klassischen Verhältnisses von legislativer und exekutiver Gewalt, wonach die vom Parlament verabschiedeten Gesetze den Rahmen für das Handeln der Exekutive abstecken, hingewiesen: „Der Ministerrat der EWG, ein von keinem Parlament wirksam kontrolliertes Organ der Exekutive der Teilnehmerstaaten, erläßt Verordnungen, zu deren Durchführung die nationalen Parlamente ihrerseits Gesetze verabschieden."

80 % der wichtigen wirtschaftlichen, monetären und sozialpolitischen Entscheidungen werden ab 1992 nach der Schätzung des Präsidenten Delors auf europäischer Ebene getroffen. Den nationalen Rechtsordnungen wird dabei nur noch die Funktion zugeschrieben, Lücken des Gemeinschaftsrechts zu füllen. Dies gilt nicht nur für die Verordnungen der EG, sondern auch für die Richtlinien: Auch diese dürften neben allgemeinen Zielbestimmungen bis ins Detail ausgeformte Normierungen hervorbringen, insoweit „schrumpft die Wahlfreiheit des Mitgliedstaates zum Gebot perfekter Umsetzung zusammen", konstatiert der Nestor bundesdeutscher EG-Rechtslehre, Hans Peter Ipsen. Inzwischen hat der Europäische Gerichtshof den Richtlinien denn auch ähnliche normative Geltungskraft zugesprochen wie den Verordnungen; das Bundesverfas-

sungsgericht hat sich 1987 dieser Position angeschlossen und festgestellt, daß bei der Kollision einer Richtlinie mit nationalem Recht die Richtlinie dann die einzelstaatliche Regelung verdränge, wenn sich der Betroffene auf die Richtlinie „beruft". In dieser Möglichkeit des „Marktbürgers", die für ihn günstigste Rechtsquelle auszuwählen, sieht das Bundesverfassungsgericht eine neue Sanktionskategorie für die Nichterfüllung von Richtlinien durch Mitgliedstaaten.

Häufig wird versucht, die Brisanz der Souveränitätspreisgabe an EG-Organe mit dem Hinweis auf die im EWGV enthaltene inhaltliche Begrenzung auf bestimmte Gegenstände zu relativieren. Aber bereits die alte Fassung des EWGV enthält in Gestalt des Art. 235 eine kompetenzielle Generalermächtigung, die in der Praxis häufig angewendet wurde: „Erscheint ein Tätigwerden der Gemeinschaft erforderlich, um im Rahmen des Gemeinsamen Marktes eines ihrer Ziele zu verwirklichen, und sind in diesem Vertrag die hierfür erforderlichen Befugnisse nicht vorgesehen, so erläßt der Rat einstimmig auf Vorschlag der Kommission und nach Anhörung des Europäischen Parlaments die geeigneten Vorschriften." – Im nationalen Staatsrecht würde das Institut einer solch grenzenlosen Selbstermächtigung sicherlich Befremden hervorrufen; im EG-Recht hingegen ist es Ausdruck einer gegenständlich nicht beschränkten Herrschaft der vereinigten Exekutive.

Der neue Art. 100 a EWGV macht den Rückgriff auf Art. 235 nunmehr weitgehend entbehrlich: Für die Verwirklichung der Ziele des Binnenmarktes werden im Zusammenarbeitsverfahren „die Maßnahmen zur Angleichung der Rechts- und Verwaltungsvorschriften der Mitgliedstaaten" getroffen, „die die Errichtung und das Funktionieren des Binnenmarktes zum Gegenstand haben". An die Stelle einer inhaltlichen Eingrenzung tritt der schlichte Rückverweis auf Errichtung und Funktion des Binnenmarktes, Rechtsbegriffe, die unbestimmter kaum sein können. Dies heißt im Ergebnis, „daß praktisch jede Materie des nationalen Rechts in Zukunft durch den Ministerrat der EG geregelt werden kann".

Dies liegt durchaus in der ratio der Errichtung des Gemeinsamen Binnenmarktes. Es gibt weder de facto noch de jure einen Sachbereich, so Kewenig, „an dessen Grenzen die auf Freiheit und Freizügigkeit angelegten Verfahrensnormen der EG gleichsam per definitionem haltmachen: Ware bleibt Ware, Dienstleistung bleibt Dienstleistung, Person bleibt Person, und zwar völlig unabhängig davon, in welchem Bereich Ware, Dienstleistung oder Person ihren

Platz haben. Mit anderen Worten: Für die Anwendbarkeit der einzelnen Normen des EWGV kommt es darauf an, daß bestimmte Lebenssachverhalte sich als Waren, Personen oder Dienstleistungen darstellen und innerhalb des Geltungsbereichs des Vertrages grenzüberschreitende Bewegungen machen. Es kommt dagegen nicht darauf an, welches Etikett, welche sachlichen Zugehörigkeitsstempel diese Lebenssachverhalte tragen. Ob sich die Dienstleistung als eine wirtschaftliche, wissenschaftliche, künstlerische, soziale oder technische Dienstleistung darstellt, ist für den Geltungsanspruch des EWGV schlicht gleichgültig."

Die staatliche Souveränität zur unterschiedlichen Regelung der verschiedenen Sachbereiche weicht der unitarisierenden Herrschaft des Marktes, der Staatsbürger wird zum Marktbürger, der citoyen zum Euro-bourgeois, wie denn auch die „fünf Freiheiten" des EG-Vertrages keine politischen, sondern ökonomische sind: die Freizügigkeit der Arbeitskräfte, die Niederlassungsfreiheit, die Freiheit des Dienstleistungs-, des Kapital- und des Zahlungsverkehrs.

3. Das Bundesverfassungsgericht: Widerstand und geordneter Rückzug

Da auch die Freiheit der Wirtschaftssubjekte in der EG nicht grenzenlos sein kann, sondern der regulierenden Intervention auf nationaler wie auf europäischer Ebene unterliegt, stellt sich häufig die Frage nach der konkreten Reichweite grundrechtlichen Schutzes für die wirtschaftliche Betätigung. Während die umfangreiche Judikatur des Europäischen Gerichtshofs zu diesem Komplex kaum grundsätzliche Kontroversen auslöste, stieß der berühmte „Solange I-Beschluß" des Bundesverfassungsgerichts auf massive Kritik: Das Bundesverfassungsgericht hatte eine Prüfungskompetenz für die Anwendung von Gemeinschaftsrecht am Maßstab des bundesdeutschen Grundrechtskataloges beansprucht.

Verfassungsrechtlich konsequent waren die Bundesverfassungsrichter von der Frage ausgegangen, auf welcher Grundlage EG-Organe überhaupt Hoheitsgewalt über bundesdeutsche Rechtssubjekte ausüben können. Da der insoweit einschlägige Art. 24 GG selbst keine näheren Bestimmungen über die Voraussetzungen und Grenzen der Übertragung von Souveränitätsrechten enthält, versuchten die Richter im Wege systematischer Auslegung solche Grenzen zu ermitteln: „Art. 24 GG spricht von der Übertragung von

Hoheitsrechten auf zwischenstaatliche Einrichtungen. Das kann nicht wörtlich genommen werden. Art. 24 GG muß wie jede Verfassungsbestimmung ähnlich grundsätzlicher Art im Kontext der Gesamtverfassung verstanden und ausgelegt werden. Das heißt er eröffnet nicht den Weg, die Grundstruktur der Verfassung, auf der ihre Identität beruht, ohne Verfassungsänderung, nämlich durch die Gesetzgebung der zwischenstaatlichen Einrichtung zu ändern." Als ein solches unaufgebbares Essential der geltenden Verfassung betrachtete das Bundesverfassungsgericht den Grundrechtsteil. Demgegenüber fehle es bei der EG noch an einem kodifizierten Grundrechtskatalog mit zuverlässig und unzweideutig feststehendem Inhalt, der dem Grundrechtsstandard des Grundgesetzes adäquat sei. Solange aber das Gemeinschaftsrecht einen solchen vom Parlament beschlossenen Grundrechtskatalog noch nicht enthalte, könne das Bundesverfassungsgericht darüber entscheiden, ob eine Vorschrift des Gemeinschaftsrechts mit einem der Grundrechte des Grundgesetzes kollidiert.

Von dieser Position, die von vielen EG-Protagonisten gleichsam als Störung des Gemeinschaftsfriedens empfunden wurde, nahm das Bundesverfassungsgericht dann in seiner „Solange II-Entscheidung" 1986 Abschied. „Mittlerweile", so argumentiert das Gericht jetzt, sei „im Hoheitsbereich der Europäischen Gemeinschaften ein Maß an Grundrechtsschutz erwachsen, das nach Konzeption, Inhalt und Wirkungsweise dem Grundrechtsstandard des Grundgesetzes im wesentlichen gleichzuachten ist ... Dieser Grundrechtsstandard ist mittlerweile insbesondere durch die Rechtsprechung des Gerichtshofs der Europäischen Gemeinschaft inhaltlich ausgestaltet worden, gefestigt und zureichend gewährleistet". Zwar weise der „fallweise" entwickelte Grundrechtsschutz durch den Europäischen Gerichtshof noch Lücken auf. „Ausschlaggebend ist indes die prinzipielle Haltung, die der Gerichtshof mittlerweile gegenüber der Grundrechtsgebundenheit der Gemeinschaft, der normativen Verankerung der Grundrechte im Gemeinschaftsrecht und dessen normativer Verbindung (insoweit) mit den mitgliedstaatlichen Verfassungen und mit der Europäischen Menschenrechtskonvention einnimmt sowie die tatsächliche Bedeutung, die der Grundrechtsschutz inzwischen in der Handhabung des Gerichtshofs gewonnen hat." – Angesichts des wirksamen Grundrechtsschutzes durch den Europäischen Gerichtshof werde das Bundesverfassungsgericht Gemeinschaftsrecht jedenfalls nicht mehr am Maßstab der Grundrechte des Grundgesetzes überprüfen.

Gegenüber dieser selbst vollzogenen Reintegration des Bundesverfassungsgerichts wurde denn auch kaum Kritik laut. Daß es auf EG-Ebene an einem kodifizierten Grundrechtskatalog fehlt, wurde kaum als Manko wahrgenommen. Lediglich Rupp verweist auf damit verbundene Gefahren beim Fehlen einer überlieferten Tradition wie in Großbritannien: Beruhen die Grundrechte „nur und ausschließlich auf dem guten Willen der Richter des Europäischen Gerichtshofs, so schweben sie, jederzeit widerrufbar und dem Wechsel der Rechtsprechung unterworfen, in recht zugiger und unsicherer Höhe". Sozialmächtige EG-Interessenten haben ohnehin mit dieser Unsicherheit zu leben gelernt, schafft sie doch ein gewisses Maß ökonomischer und politischer Flexibilität. Auf der anderen Seite bietet bekanntlich auch ein kodifizierter Text Interpretationsspielräume, die häufig bis über den Wortlaut hinaus beansprucht werden.

4. Die Bundesländer: Abschied von föderativer Eigenstaatlichkeit?

Mehr als der Kontrollverzicht der nationalen Verfassungsgerichtsbarkeit werden die Kompetenzverluste, von denen die Bundesländer infolge der EG-Gesetzgebung betroffen sind, als schmerzhaft empfunden. Wichtige Kompetenzbereiche, deren gesetzliche Regelung vom Grundgesetz den Bundesländern übertragen ist, werden mehr und mehr „europäisiert", so z.B. der Bereich der Medien- und Kulturpolitik, des Umweltschutzes und der regionalen Wirtschaftsförderung. Die im geänderten EWGV anvisierte „Technologiegemeinschaft" bezieht sich nicht nur auf die Ökonomie, sondern umfaßt auch Strukturmaßnahmen, die vom Gesundheitswesen bis zur Hochschulpolitik reichen.

Politische und juristische Auseinandersetzungen gab es vor allem um die sogenannte „Rundfunkrichtlinie" der EG, die inzwischen zur Fernsehrichtlinie wurde. Diese vom Rat am 3. Oktober 1989 verabschiedete Richtlinie zielt auf die Schaffung einer „marktwirtschaftlichen" europäischen Fernsehrahmenordnung und auf die Beseitigung aller Beschränkungen für grenzüberschreitende Programmausstrahlung. Die Mitgliedstaaten werden verpflichtet, den Empfang über Satellit und die Weiterverbreitung grenzüberschreitender Sendungen über Kabel zuzulassen; desweiteren wird festgelegt, daß der größte Teil der Programme aus der Produktion von EG-Ländern stammen soll. – Der Bundesrat hatte 1987 gegen das Vorhaben unter Hinweis auf die Kulturhoheit der Bundesländer protestiert, die Landesregierung Bayerns stellte 1989 beim Bundesverfassungsgericht einen Antrag auf Erlaß einer einstweiligen Anordnung mit dem Ziel, der Bundesregierung die Mitwirkung bei der Verabschiedung der Richtlinie zu verwehren. Diesen Antrag lehnte das Bundesverfassungsgericht mit der Begründung ab, daß beim Erlaß der einstweiligen Anordnung die Nachteile schwerer wiegen würden als bei der Ablehnung und dem Abwarten der Hauptsacheentscheidung. Überzeugend schien dem Gericht dabei die Argumentation der Bundesregierung, wenn sie innerhalb der EG-Organe freie Hand behielte, könne sie die Interessen der Bundesländer besser wahren: Inhalt und Ausmaß der Bindung durch die Richtlinien würden „in einer die Zuständigkeit der Länder schonenderen Weise gestaltet werden können, wenn die Bundesregierung ihren integrationspolitischen Handlungsspielraum ohne die einstweilige Anordnung situationsgerecht in den Beratungen nutzen kann".

Was von der (medienpolitischen) Souveränität der Bundesländer bleibt, ist damit vollauf in das politische Ermessen der Bundesregierung gestellt. Und angesichts der „Solange II"-Linie des Bundesverfassungsgerichts dürften die Chancen nachträglichen Rechtsschutzes der Bundesländer gegen die faits accomplis der Richtlinie gering sein.

Die Grundsatzfrage, ob denn die dem Bund in Art. 24 GG gestattete Übertragung von Hoheitsrechten sich auch auf die originären Hoheitsrechte der Bundesländer erstrecken darf oder ob es sich hierbei bereits um einen Akt „ultra vires" handelt, wird kaum noch gestellt. Diskutiert wird meist nur, wo im einzelnen die Grenzen dieser Kompetenzübertragung liegen. Nach der „Solange"-Rechtsprechung des Bundesverfassungsgerichts darf jedenfalls nicht die „Grundstruktur der Verfassung, auf der ihre Identität beruht", angetastet werden. Aber worin besteht nun diese identitätsstiftende Grundstruktur? Immerhin errichtet Art. 79 Abs. 3 GG eine strikte Grenze: Was schon dem verfassungsändernden Gesetzgeber verwehrt ist, kann nicht dem einfachen Gesetzgeber und schon gar nicht den Ministern der Bundesregierung, die die Bundesrepublik im Rat vertreten, zugestanden werden – darüber ist sich die Staatslehre weitgehend einig. Aber nennt nicht Art. 79 Abs. 3 GG gerade die „grundsätzliche Mitwirkung der Länder bei der Gesetzgebung" und verweist auf Art. 20 GG, in dem das Prinzip föderativer Eigenständigkeit verankert ist?

Am ehesten dürfte dem verfassungsrechtlichen Befund wohl die

Position entsprechen, daß EG-Kompetenzen nur subsidiär geschaffen werden dürfen. Demnach darf die EG neue Aufgaben nur übernehmen, „wenn ihre Erfüllung auf europäischer Ebene im Interesse der Bürger unabweisbar notwendig ist und ihre volle Wirksamkeit nur auf Gemeinschaftsebene erreicht werden kann". – In der Tat könnte ein strikt angewandtes Subsidiaritätsprinzip verhindern, daß die Bundesländer „de facto zu bloßen Selbstverwaltungsbezirken" werden. Damit stellt sich jedoch die Frage, wem jeweils die Definitionsmacht zukommt und auf welche Instanzen sich die Bundesländer bei der politischen Verteidigung ihrer Kompetenzbereiche stützen können.

Immerhin sind durch das 1986 vom Bundestag verabschiedete Zustimmungsgesetz zur Einheitlichen Europäischen Akte bestimmte Informations- und Konsultationsrechte über die Länder tangierende EG-Vorhaben geschaffen worden. Diese Rechte stehen nun allerdings nicht etwa den Landtagen zu, sondern dem Bundesrat (bzw. einer von diesem 1988 für besonders eilbedürftige oder vertrauliche Vorhaben gebildeten „EG-Kammer"). Bekanntlich ist der Bundesrat kein Länderorgan, sondern ein Organ des Bundes, das sich aus Vertretern der jeweiligen Landesexekutiven zusammensetzt (Art. 51 GG) und jeweils mit Mehrheit entscheidet, während die Bundesländer in der Ausübung ihrer Hoheitsrechte nach der Verfassung gleichberechtigt nebeneinanderstehen.

Die gesamte Gesetzgebungstätigkeit der EG, auch soweit sie direkt in Kompetenzen der Bundesländer bzw. deren Legislative eingreift, verbleibt also unter dem bestimmenden Einfluß der Exekutivorgane, von der Landesregierung bis hinauf zum Rat der EG, der von den jeweiligen Ministern und deren Vertretern gebildet wird. Bundes- und Landesparlamente können häufig nur noch das nachvollziehen und konkretisieren, was von den EG-Organen beschlossen wurde. Im Ergebnis wird damit den Parlamenten „ersatzlos Stück um Stück ihrer demokratischen Rechtsetzungsprärogative" entzogen. Statt Verfassungskonformität wird nunmehr „Richtlinienkonformität" zum ranghöchsten Auslegungsprinzip für die nationale Rechtsprechung.

5. Die Staatsrechtslehrer: Ritt auf der Kieler Welle

Zu den (inzwischen erfolgreich exportierten) Geßlerhüten dieser Republik gehört seit langem die fdGO-Formel. Ob ihr Inhalt nun verfassungsrechtlich schlüssig aus der Mindestgarantieklausel des

Art. 79 Abs. 3 GG abgeleitet oder dem Definitionskatalog des SRP-Urteils des Bundesverfassungsgerichts entnommen wird, in beiden Fällen gehören das demokratische Prinzip und die Rechtsstaatlichkeit dazu, konkretisiert u.a. in der Gewaltenteilung und der Gesetzesbindung der exekutiven Gewalt. Zu erwarten wäre nun, daß gerade jene konservative Grundströmung der bundesdeutschen Staatsrechtslehre, die das Demokratiegebot der Verfassung ausschließlich mit dem repräsentativ-parlamentarischen Funktionsmodus identifiziert, die meisten Schwierigkeiten mit der EG-Integration und der durch sie geschaffenen „Verfassungswirklichkeit" hat. Dem ist nicht so – im Gegenteil: Schon früh nahm die bundesdeutsche Verfassungslehre Anlauf, die mit der „verselbständigten Herrschaft von Vertragsorganen" verbundenen konstitutionellen Probleme „behend zu überspringen". Mit den Diskussionen und den beiden Referaten von Kaiser und Badura auf der Kieler Staatsrechtslehrertagung 1964, die als „Kieler Welle" in die verfassungsrechtlichen Annalen eingegangen sind, scheinen die meisten der Skrupel jedenfalls fortgespült worden zu sein. Das Prinzip der Gewaltenteilung z.B. sah Badura als durch die Balance zwischen Rat und Kommission (immerhin zwei exekutivischen Organen!) und zwischen Rat und Europäischem Gerichtshof als gewährleistet an. Auch sei die europäische öffentliche Gewalt demokratischer Kontrolle unterworfen, weil an ihrer Ausübung die Versammlung (d.h. die Vorgängerin des Europäischen Parlaments) beratend mitwirke und weil die Angehörigen des zur Rechtsetzung berufenen Ministerrats durch das nationalstaatliche parlamentarische System von den Parlamenten abhängig seien.

Wie gering allerdings die realen Möglichkeiten der von den Entscheidungen der EG-Organe letztlich Betroffenen sind, auf eine „dem Bürger total entrückte Obrigkeit" Einfluß zu nehmen, geriet kaum in den Blick. Die Regierungen der Mitgliedsländer hingegen können sich, wenn sie unter den Druck von Protestbewegungen geraten, mit dem Hinweis auf die Abstimmungsverhältnisse im Rat exkulpieren. Insoweit bietet der Integrationsprozeß, wie mit Genugtuung bemerkt wird, nicht nur die Chance für den „Abbau nationaler bürokratischer Hemmungen und Resistenz", sondern auch die „Chance einer Entlastung nationaler Regierungen von der Alleinverantwortung für unpopuläre Maßnahmen". Angesichts der gegenständlichen Komplexität und der strukturellen Kompliziertheit der EG, so Kaiser, nehme ohnehin die Urteilsfähigkeit des Individuums und darum auch die des demokratischen Souveräns ab. Da erscheint es dann nur konsequent, die Entscheidungskompetenz einer „intellektuellen Aristokratie" statt einer von den jeweiligen Mehrheitsverhältnissen abhängigen politischen Instanz zu überantworten. Maßgeblich für die zu treffenden Entscheidungen sind schließlich allein „Elemente der Zweckrationalität und der sachbedingten Planhaftigkeit, die *als solche konsens-neutral sind,* weil sie sich politischer Wertung entziehen". – Die Entscheidungsfindung innerhalb der EG-Organe erscheint als neutraler, nur den Sachzwängen folgender Vorgang, der mit Politik eigentlich gar nichts zu tun hat und deshalb auch keiner strikten demokratischen Rückbindung und Kontrolle bedarf. Plausibilität gewinnt diese Vorstellung durch das Bild, das seit Jahren in der Öffentlichkeit von den Gegenständen der EG-Aktivitäten gezeichnet wird: Ist nicht die Regelung der Sicherheit von Traktorensitzen und des Fettgehalts von Mayonnaise in den Händen der zuständigen Experten am besten aufgehoben?

Wo die Technizität der Details die Wahrnehmung folgenschwerer technologischer und sozialer Weichenstellung vernebelt, hat es auch das Europäische Parlament schwer, sich von einem Instrument der Konsensbeschaffung zum Ort der Offenlegung und Austragung von divergierenden politischen und sozialen Positionen zu entwikkeln. Immer noch wird die Vorenthaltung von Entscheidungskompetenzen für das Parlament damit gerechtfertigt, daß andernfalls die demokratische Legitimation der nationalen Regierungen gemindert und der Schritt zu einem die Nationalstaaten aufhebenden Bundesstaat vollzogen würde. Dabei ist das Funktionsprinzip des Konsenses autonomer Staaten längst aufgegeben: Bei den Entscheidungen der im Rat versammelten 12 Minister, die die Grundlagen für eine Vielzahl von Eingriffen in die Souveränität der Mitgliedsländer bilden, gilt zumeist das Mehrheitsprinzip.

Angesichts des Standes der ökonomischen Verflechtung und der Internationalisierung von Problemen wie etwa der Umweltzerstörung wäre ein Zurück zur Idylle nationalstaatlicher Beschränktheit sicher illusorisch und unzeitgemäß. Aber ließe sich nicht auch eine andere Alternative als den Zentralismus einer an der „Effizienz des Marktes" orientierten westeuropäischen Exekutivmacht vorstellen, und sei es in Gestalt eines mit wirksamen Entscheidungs- und Kontrollkompetenzen ausgestatteten Parlaments, das Öffentlichkeit herstellt und zugleich Öffentlichkeit reflektiert, indem es den verschiedenen politischen und sozialen Optionen der europäischen Bevölkerung ein Forum bietet? Den Verlust des „bürgernahen Föderalismus" könnte allerdings, wie richtig bemerkt wird, auch ein Europäisches Parlament nicht kompensieren. Dezentrale Entscheidungsstrukturen, sei es auf der Ebene der Bundesländer oder auf der kommunalen Ebene, bilden ein wichtiges Element von Demokratie und Gewaltenhemmung. Auch wenn viele bisher noch nicht bemerkt haben, daß die demokratische Substanz des Föderalismus auf dem Spiel steht – der Eurocity des Zentralismus befindet sich in voller Fahrt.

***Ziviler Ungehorsam.** Sobald Menschen über das nachdachten, was man heute „Verfassung" nennt, stellte sich eine doppelte Frage: Was geschieht, wenn die etablierte Gewalt ihr legitimes Konto herrschaftlich überzieht? Das Widerstandsrecht gegen Tyrannei hat alte Tradition. Wie ist aber dieser Widerstand zu rechtfertigen? Was gibt dem Widerstand Grade und Grenzen?*
Hannah Arendt (1906–1975; vgl. auch S. 134) hat aus der US-amerikanischen Verfassungstradition heraus begründet, in welcher Weise ziviler Ungehorsam zu einer menschenrechtlich-demokratischen Verfassung gehört und was ihn im Unterschied zu allen (Privat-) Terrorismen kennzeichnet. Ziviler Ungehorsam, als prinzipiell gemeinschaftliche Handlung, durch Gewaltlosigkeit ausgezeichnet, verletzt das Recht um des Rechts willen. Denn alles Recht ist eher statisch. Und die herrschende Rechtsauslegung mag das Recht allein zum Herrschaftsmittel umgestalten.
Also ist ziviler Ungehorsam, so wie dies während der Bürgerrechtsbewegung in den Vereinigten Staaten seit Mitte der fünfziger Jahre geschah, Martin Luther King (1929–1968) als ihr vornehmster Repräsentant, der Menschenrechte und ihres Anspruchs eingedenk, immer erneut vonnöten. Damit eine menschenrechtlich begründete Verfassung nicht systematisch wider ihre eigene, dann nur noch symbolisch verführende, Verfassungsgrundlage verstoße. Hannah Arendt macht am Beispiel der USA einsichtig, daß der Ursprung der nordamerikanischen Verfassung in solchem zivilen Ungehorsam mitbegründet ist.
Der aus durchsichtigen Interessen des bestehenden (Unrechts-)Zustands heraus erfolgenden raschen Kriminalisierung von Akten zivilen Ungehorsams ist deswegen, tief begründet in der Verfassung, entgegenzutreten. Notfalls mit neuen Akten zivilen Ungehorsams.
(Hannah Arendt: Zur Zeit. Politische Essays, München 1989, S. 136–159; auszugsweise)

Hannah Arendt

Ziviler Ungehorsam

(...) Ziviler Ungehorsam entsteht, wenn eine bedeutende Anzahl von Staatsbürgern zu der Überzeugung gelangt ist, daß entweder die herkömmlichen Wege der Veränderung nicht mehr offenstehen bzw. auf Beschwerden nicht gehört und eingegangen wird oder daß im Gegenteil die Regierung dabei ist, ihrerseits Änderungen anzustreben, und dann beharrlich auf einem Kurs bleibt, dessen Gesetz- und Verfassungsmäßigkeit schwerwiegende Zweifel aufwirft. Dafür gibt es zahlreiche Beispiele: den nicht-erklärten Krieg in Vietnam, der nun schon ins siebte Jahr geht; den wachsenden Einfluß der Geheimdienste auf öffentliche Vorgänge; die offenen beziehungsweise kaum verhüllten Angriffe auf die Freiheiten, die im Ersten Verfassungszusatz garantiert sind; die Versuche, den Senat seiner verfassungsmäßigen Machtstellung zu berauben, welchen die in offener Mißachtung der Verfassung vom Präsidenten befohlene Invasion Kambodschas folgte (denn die Verfassung schreibt ausdrücklich vor, daß ein Krieg nicht ohne Zustimmung des Kongresses geführt werden darf); ganz zu schweigen von der noch verhängnisvolleren Bemerkung des Vizepräsidenten, Verweigerer und Andersdenkende seien „Geier und Parasiten, von denen sich unsere Gesellschaft unbeschadet trennen kann, wobei wir genausowenig Bedauern verspüren wie beim Aussortieren fauler Äpfel" – eine Bemerkung, die nicht nur die Gesetze der Vereinigten Staaten, sondern jede Rechtsordnung in Frage stellt. Mit anderen Worten, ziviler Ungehorsam kann auf eine notwendige und wünschenswerte Veränderung oder auf die notwendige und wünschenswerte Erhaltung oder Wiederherstellung des Status quo ausgerichtet sein – auf die Erhaltung verfassungsmäßiger Rechte oder auf die Wiederherstellung des richtigen Machtgleichgewichts innerhalb des Regierungssystems, einer Balance, die sowohl durch die Exekutive als auch durch das enorme Anwachsen der Bundesgewalt auf Kosten der Einzelstaatsrechte gefährdet ist. In keinem der beiden Fälle kann ziviler mit kriminellem Ungehorsam gleichgesetzt werden.

Es gibt einen ungeheuren Unterschied zwischen dem Kriminellen, der das Licht der Öffentlichkeit scheut, und dem zivilen Gehorsamsverweigerer, der in offener Herausforderung das Gesetz in seine eigenen Hände nimmt. Dieser Unterschied zwischen offener Übertretung des Gesetzes, die vor aller Augen geschieht, und dem geheimen Rechtsbruch, liegt so klar auf der Hand, daß er nur aufgrund vorgefaßter Meinung oder bösen Willens übersehen werden kann. Dieser Unterschied wird inzwischen von allen seriösen Autoren, die sich mit dem Thema befassen, anerkannt und ist eindeutig die Hauptbedingung für alle Ansätze, bei denen argumentiert wird, daß ziviler Ungehorsam mit der Verfassung und mit den Institutionen des amerikanischen Regierungssystems vereinbar ist. Wohlgemerkt, der gewöhnliche Rechtsbrecher handelt, selbst wenn er einer kriminellen Organisation angehört, ausschließlich im eigenen Interesse; er lehnt es ab, sich dem Konsens aller anderen zu unterwerfen und beugt sich nur der physischen Gewalt der Vollstreckungsorgane. Der zivile Gehorsamsverweigerer handelt jedoch, auch wenn er zumeist gegen eine Mehrheit opponiert, im Namen und um einer Gruppe willen. Er stellt sich mit einer grundsätzlichen Haltung gegen das Gesetz und gegen die feststehenden Autoritäten, und nicht etwa, weil er für sich als einzelner eine Ausnahme machen und dabei nicht ertappt werden möchte. (...)

Wer unfolgsame Minderheiten für Rebellen und Verräter hält, verstößt gegen Buchstaben und Geist der amerikanischen Verfassung, deren Schöpfer sich der Gefahren einer zügellosen Mehrheitsherrschaft besonders bewußt waren.

Von allen Mitteln, derer sich die Akteure des zivilen Ungehorsams bei der Überzeugung anderer und bei der Darstellung ihrer Sache bedienen mögen, rechtfertigt nur eines ihre Bezeichnung als „Rebellen": das Mittel der Gewalt. Also gilt Gewaltlosigkeit gemeinhin als das zweite notwendige Wesensmerkmal des zivilen Ungehorsams, woraus folgt, daß „ziviler Ungehorsam nicht Revolution heißt ... Im Gegensatz zum Revolutionär akzeptiert der ziviler Gehorsamsverweigerer den Rahmen der bestehenden Autorität und die generelle Rechtsordnung". Jedoch bereitet diese letztere Unterscheidung zwischen Revolutionär und Gehorsamsverweigerer, wenn man sie aufrechterhalten will, größere Schwierigkeiten als die Unterscheidung zwischen zivilem Ungehorsam und Kriminalität. Der Gehorsamsverweigerer teilt mit dem Revolutionär den Wunsch, „die Welt zu verändern", und auch die von ihm angestrebten Veränderungen können wirklich drastischer Art sein – wie beispielsweise im Falle Gandhis, der in diesem Zusammenhang immer als das große Beispiel für Gewaltlosigkeit herangezogen wird. (Erkannte Gandhi den „Rahmen der bestehende Autorität", also die britische Herrschaft in Indien an? Respektierte er die „generelle Rechtmäßigkeit der Rechtsordnung" in der Kolonie?) (...)

Keine Zivilisation – jenes von Menschen geschaffene künstliche Gehäuse für die aufeinanderfolgenden Generationen – wäre jemals ohne einen fest umrissenen Rahmen möglich gewesen, innerhalb dessen der Veränderungsprozeß erst statthaben kann. An vorderster Stelle unter den stabilisierenden Faktoren stehen die Rechtsordnungen, von denen unser Leben auf dieser Welt und unser täglicher Umgang miteinander geregelt wird, und diese Rechtsordnungen sind von längerer Dauer als Bräuche, Sitten und Traditionen. Von daher erscheint das Gesetz in einer Zeit rapiden Wandels unvermeidlich als „hemmende Kraft, also als eine negative Beeinträchtigung der Welt, die positive Taten bewundert". (...)

Aufgrund des beispiellosen Tempos, mit dem sich in unseren Tagen alles ändert, und wegen der Herausforderung für die Rechtsordnung, die dieser Wandel mit sich bringt – auf seiten der Regierung wie auch auf seiten derjenigen, die die Gesetze nicht befolgen–, ist heutzutage die Auffassung weit verbreitet, daß Veränderungen durch die Gesetze herbeigeführt werden können, im Gegensatz zur älteren Auffassung, daß der „Gang zum Gericht (d.h. zum Obersten Gerichtshof) Auswirkungen auf die Lebensweise der Bürger haben könne". Beide Auffassungen scheinen mir von einer irrigen Vorstellung von der Leistungsfähigkeit des Rechts auszugehen. Natürlich kann das Recht Veränderungen, wenn sie einmal vollzogen sind, stabilisieren und legalisieren, doch die Veränderungen an sich sind immer das Ergebnis von Handlungen außerrechtlicher Natur. Zwar bietet die Verfassung eine quasi-legale Möglichkeit, Gesetze durch deren Übertretung in Frage zu stellen, doch abgesehen von der Frage, ob derartige Verstöße als Ungehorsam gelten, hat der Oberste Gerichtshof das Recht, unter den ihm vorgelegten Fällen eine Auswahl zu treffen, und diese Auswahl geschieht unvermeidlich unter dem Einfluß der öffentlichen Meinung. Ein einschlägiges Beispiel dafür bietet die Weigerung des Obersten Gerichtshofs, über die neulich im Bundesstaat Massachusetts verabschiedete Gesetzesvorlage zu verhandeln, welche eine Prüfung der Rechtmäßigkeit des Vietnamkriegs erzwingen sollte. Ist es nicht offenkundig, daß dieses in der Tat sehr bedeutsame Verfahren das Ergebnis des zivilen Ungehorsams derer war, die Widerstand gegen die Wehrpflicht leisteten, und daß es mit dem Ziel eingeleitet wurde, die Kriegsdienstverweigerung der Militärangehörigen zu legalisieren? Der ganzen Arbeitsgesetzgebung – dem Recht auf Tarifverhandlungen, dem Organisations- und Streikrecht – ging jahrzehntelang der oft gewalttätige Ungehorsam gegen Gesetze voraus, die sich am Ende als völlig überholt erwiesen.

Die Geschichte des Vierzehnten Verfassungszusatzes bietet vielleicht ein besonders lehrreiches Beispiel des Verhältnisses von Gesetz und Veränderung. Mit diesem Zusatz war beabsichtigt worden, den aus dem Bürgerkrieg resultierenden Veränderungen einen verfassungsmäßigen Ausdruck zu verleihen. Diese Veränderungen wurden von den Südstaaten nicht akzeptiert, was dazu führte, daß den Bestimmungen über die Rassengleichheit ungefähr hundert Jahre lang keine Geltung verschafft wurde. Ein noch augenfälligeres Beispiel für die Unfähigkeit des Gesetzes, Veränderungen durchzusetzen, ist der Achtzehnte Verfassungszusatz über die Prohibition, der wieder aufgehoben werden mußte, weil er sich als undurchsetzbar erwies. Der Vierzehnte Zusatz wurde schließlich durch eine Entscheidung des Obersten Gerichtshofs durchgesetzt; es steht jedoch trotz der Argumentation, daß „das Vorgehen gegen die Rassendiskriminierungsgesetze von Einzelstaaten schon immer die eindeutige Pflicht des Obersten Gerichtshofs" gewesen sei, fraglos fest, daß sich die Richter erst nach drastischen Einstellungsänderungen schwarzer und weißer Staatsbürger dazu bewegen ließen. Dieser Gesinnungswandel wurde durch Bürgerrechtsbewegungen herbeigeführt, bei denen es sich eindeutig um Bewegungen des zivilen Ungehorsams gegen Gesetze der Südstaaten handelte. Nicht das Gesetz, sondern ziviler Ungehorsam brachte das „amerikanische Dilemma" ans Licht und zwang die Nation vielleicht zum ersten Mal dazu, das enorme Ausmaß des Verbrechens zur Kenntnis zu nehmen, das nicht einfach Sklaverei heißt, sondern bei dem es sich um eine Form der Leibeigenschaft handelt, „die einzigartig unter allen der Zivilisation bekannten Systemen dieser Art dasteht". Mit den vielen Segnungen hat das Volk von seinen Vorvätern auch die Verantwortung für dieses Verbrechen geerbt. (...)

Wenn man die Verhältnisse unter der Perspektive ihres rapiden Wandels betrachtet, drängt sich die Vermutung auf, daß „dem zivilen Ungehorsam in modernen Demokratien eine ständig wachsende Bedeutung zukommt". Wenn ziviler Ungehorsam sich tatsächlich als „nicht mehr wegzudenken" erweisen sollte, wie inzwischen viele annehmen, ist die Frage, ob er sich mit dem Recht vereinbaren läßt, von grundsätzlicher Bedeutung; die Antwort darauf könnte sehr wohl darüber entscheiden, ob die Institutionen der Freiheit den Ansturm der Veränderung überstehen werden, ohne daß es zu Revolution und Bürgerkrieg kommt. Die Literatur über dieses Thema neigt dazu, auf der schmalen Grundlage, die sich aus dem Ersten Zusatz zur Verfassung ergibt, für den zivilen Ungehorsam zu plädieren. Dabei räumt man die „Erweiterungsbedürftigkeit" dieses Zusatzes ein und äußert die Hoffnung, „daß künftige Entscheidungen des Obersten Gerichtshofs den Stellenwert dieses Verfassungszusatzes theoretisch neu bestimmen". Der Erste Zusatz stellt jedoch nur „Rede- und Pressefreiheit" unter eindeutigen Schutz; inwieweit „das Recht des Volkes, sich friedlich zu versammeln und die Regierung bei Beschwerden um Abhilfe zu ersuchen", auch die Freiheit zu handeln schützt – dies ist hingegen eine kontroverse Frage, die verschieden interpretiert wird. Entscheidungen des Obersten Gerichtshofs zufolge genießt nach dem Ersten Verfassungszusatz „das Verhalten nicht den gleichen Freiraum wie die Rede" und ist „im Gegensatz zur Rede [natürlich notorisch]" beim zivilen Ungehorsam.

Hier jedoch geht es in erster Linie nicht darum, ob und in welchem Umfang ziviler Ungehorsam mit dem Ersten Verfassungszusatz gerechtfertigt werden kann, sondern mit welchem Rechts*begriff* er vereinbar ist. Ich werde im folgenden darlegen, daß ziviler Ungehorsam, obwohl er sich weltweit ausgebreitet und erst in jüngster Zeit die Aufmerksamkeit der Rechts- und Politikwissenschaft in den Vereinigten Staaten auf sich gezogen hat, dem Ursprung und dem Gehalt nach in erster Linie immer noch ein amerikanisches Phänomen ist. Kein anderes Land und keine andere Sprache hat ein eigenes Wort dafür, und die amerikanische Republik ist der einzige Staat, der zumindest eine Chance besitzt, mit diesem Phänomen zurechtzukommen – vielleicht nicht in Übereinstimmung mit dem Wortlaut, wohl aber im Einklang mit dem *Geist* seiner Gesetze. Die Vereinigten Staaten verdanken ihre Entstehung der amerikanischen Revolution, und diese Revolution barg einen neuen, niemals voll ausformulierten Rechtsbegriff in sich, der nicht das Ergebnis einer Theorie war, sondern sich anhand der außergewöhnlichen Erfahrungen der frühen Siedler herausgebildet hatte. Es wäre ein Ereignis ersten Ranges, wenn man in der Verfassung für den zivilen Ungehorsam einen Ort ausmachen könnte – ein Ereignis, das vielleicht nicht weniger bedeutend wäre als die Gründung der „constitutio libertatis" vor fast zweihundert Jahren.

Die moralische Pflicht des Staatsbürgers zum Gehorsam gegen die Gesetze wird traditionell aus der Annahme abgeleitet, daß er ihnen zugestimmt habe oder sein eigener Gesetzgeber gewesen sei; daß unter der Herrschaft des Gesetzes die Menschen keinem fremden Willen untertan seien, sondern nur sich selbst gehorchten – was zum Ergebnis hat, daß jedermann zugleich sein eigener Herr und sein eigener Knecht ist und daß der als charakteristischer Konflikt angesehene Widerstreit zwischen dem Bürger, der sich um das öffentliche Wohl kümmert, und dem Selbst, das sein privates Glück verfolgt, verinnerlicht wird. Darin liegt das Wesen für die Lösung des Pflichtproblems durch Rousseau und Kant, und der Mangel dieser Lösung liegt meines Erachtens darin, daß es hierbei wieder auf das Gewissen ankommt – also auf das Verhältnis von Ich und Selbst. Vom Standpunkt der modernen Politikwissenschaft aus betrachtet, liegt das Problem in der fiktiven Herkunft des Konsenses: „Viele …

schreiben so, als ob es einen Gesellschaftsvertrag oder irgendeine ähnliche Basis für die politische Verpflichtung gäbe, dem Willen der Mehrheit zu gehorchen", weshalb heute das vorzugsweise gebrauchte Argument lautet: Man muß, wenn man in einer Demokratie lebt, dem Gesetz gehorchen, denn man besitzt ja das Recht zu wählen. Aber gerade diese Behauptung, nämlich daß allgemeines Wahlrecht und freie Wahlen eine ausreichende Grundlage für eine Demokratie und für die Inanspruchnahme öffentlicher Freiheit bieten, ist heute ins Kreuzfeuer der Kritik geraten.

Trotz allem scheint mir der Vorschlag von Eugene Rostow, daß es notwendig sei, über „die moralische Beziehung des Bürgers zur Rechtsordnung *in einer auf Konsens gegründeten Gesellschaft"* nachzudenken, den entscheidenden Punkt zu treffen. Wenn Montesquieu recht hatte – und ich glaube, daß er damit recht hatte–, daß es so etwas wie „den Geist der Gesetze" gibt, der von Land zu Land variiert und je nach Regierungsform verschieden ist, dann können wir sagen, daß der Geist der amerikanischen Gesetze auf dem Konsens beruht – Konsens nicht in dem sehr alten Sinne der stillschweigenden Einwilligung, die zwischen Herrschaft über willige und Herrschaft über unwillige Untertanen unterschied, sondern im Sinne aktiver Unterstützung und dauerhafter Teilnahme an allen Angelegenheiten von öffentlichem Belang. Theoretisch gesehen galt dieser Konsens als Ergebnis eines Gesellschaftsvertrags, dessen geläufigere Form – der Vertrag zwischen dem Volk und seiner Regierung – sich in der Tat leicht als bloße Fiktion denunzieren ließe. Von einer bloßen Fiktion kann jedoch im vorrevolutionären Lebensabschnitt Amerikas nicht die Rede sein, denn dieser wurde von zahlreichen feierlichen Abkommen und Übereinkünften geprägt, die vom Mayflower-Compact bis zum Zusammenschluß der dreizehn Kolonien zu einer Einheit reichen. Als Locke seine Theorie vom Gesellschaftsvertrag formulierte, welche die Ursprünge der zivilisierten Gesellschaft aus dem Naturzustand der Menschen erklären wollte, deutete er in einer Nebenbemerkung an, welches Modell ihm in Wirklichkeit vorschwebte: „Am Anfang war die ganze Welt Amerika." (...)

Alle Verträge, alle Pakte und Übereinkünft beruhen auf Gegenseitigkeit, und der große Vorteil der horizontalen Version des Gesellschaftsvertrags besteht darin, daß diese Gegenseitigkeit jedes Mitglied der Gesellschaft an seinen Mitbürger bindet. Diese horizontale Version ist die einzige Regierungsform, in der die Menschen nicht durch historische Erinnerungen oder durch ethnische

Bande miteinander verknüpft sind, wie etwa im Nationalstaat, und auch nicht durch Hobbes' Leviathan, der „alle einschüchtert" und auf diese Weise vereint, sondern durch die Kraft gegenseitiger Versprechen. Nach Lockes Ansicht bedeutete dies, daß die Gesellschaft selbst dann intakt bleibt, wenn „die Regierung aufgelöst wird" oder sie ihren Vertrag mit der Gesellschaft bricht und sich die Herrschaft zur Tyrannei entwickelt. Wenn sich die Gesellschaft einmal etabliert hat, dann kann sie, solange sie überhaupt noch existiert, niemals mehr in die Gesetzlosigkeit und Anarchie des ursprünglichen Naturzustands zurückgeworfen werden. Lockes Worten zufolge „kann die Macht, die jeder einzelne der Gesellschaft bei seinem Eintritt übertrug, niemals an die einzelnen zurückfallen, solange die Gesellschaft besteht, sondern sie wird stets bei der Gemeinschaft verbleiben". Dies war in der Tat eine neue Version der alten „potestas in populo", denn im Gegensatz zu älteren Theorien des Widerstandsrechts, denen zufolge das Volk nur handeln durfte, „wenn es in Ketten liegt", besaßen die Menschen jetzt das Recht, das Anketten „zu verhindern", wie Locke sagt. Als die Unterzeichner der Unabhängigkeitserklärung sich zum Einsatz ihres Lebens, ihres Gutes und der ihnen heiligen Ehre „gegenseitig verpflichteten", war dies sowohl ein Zug, der die spezifischen amerikanischen Erfahrungen zum Ausdruck brachte, als auch eine Denkweise, die von der Verallgemeinerung und begrifflichen Erfassung dieser Erfahrungen durch Locke geprägt war.

Wenn Konsens bedeutet, daß jeder Bürger des Gemeinwesens dessen freiwilliges Mitglied ist, dann ist (außer im Fall der Naturalisierung) selbstverständlich der Einwand möglich, daß es sich dabei wie im Fall des ursprünglichen Vertrags um eine Fiktion handelt. Dieser Einwand ist zwar rechtlich und historisch korrekt, stimmt aber existentiell und theoretisch nicht. Jeder Mensch wird als Mitglied einer bestimmten Gemeinschaft geboren und kann in ihr nur überleben, wenn er von ihr angenommen wird und sich in ihr heimisch fühlen kann. Die reale Situation eines jeden Neugeborenen enthält implizit eine gewisse Form der Zustimmung, nämlich eine Art Anpassung an die Spielregeln, nach denen in der besonderen Gruppe, der es aufgrund seiner Geburt angehört, das große Welttheater aufgeführt wird. Wir alle leben und überleben durch eine Art *stillschweigenden Konsens,* den man jedoch kaum als freiwilliges Einverständnis bezeichnen kann. Wie können wir das wollen, was sowieso da ist? Doch man könnte in dem Fall von Freiwilligkeit reden, in dem ein Kind in ein Gemeinwesen hineingeboren wird, wo Dissens rechtlich und de facto möglich ist, sobald es erwachsen ist. Dissens schließt Konsens ein und ist das Kennzeichen eines freien Staates; jemand, der weiß, daß er widersprechen kann, weiß auch, daß er gewissermaßen zustimmt, wenn er nicht widerspricht.

Der im Recht auf Dissens eingeschlossene Konsens – Geist des amerikanischen Rechts und Quintessenz des amerikanischen Regierungssystems – ist nichts anderes als die klar zum Ausdruck gebrachte stillschweigende Zustimmung, die dem Gemeinwesen als Gegenleistung für dessen stillschweigende Aufnahme von Neuankömmlingen – jener inneren Einwanderung, durch welche es sich beständig erneuert – entgegengebracht wird. Aus diesem Blickwinkel betrachtet, ist stiller Konsens keine Fiktion, sondern er eignet der condition humaine. Jedoch erstreckt sich der allgemeine stille Konsens – die „schweigende Übereinkunft, eine Art 'consensus universalis'", wie Tocqueville es nannte – nicht auf spezifische Gesetze oder gar eine spezifische Politik, selbst wenn diese sich aus Mehrheitsentscheidungen ergeben. Es wird oft behauptet, daß die Zustimmung zur Verfassung, der „consensus universalis", auch Zustimmung zu den verabschiedeten Gesetzen mit einschließe, weil das Volk durch seine Vertreter an ihrem Zustandekommen beteiligt gewesen sei. Dieser Konsens ist, wie ich glaube, allerdings völlig fiktiv; jedenfalls hat er unter den gegenwärtigen Umständen jede Glaubwürdigkeit verloren. Das repräsentative Regierungssystem selbst befindet sich gegenwärtig in einer Krise, teilweise, weil es im Lauf der Zeit alle Institutionen, die eine wirkliche Beteiligung der Bürger ermöglichten, eingebüßt hat, und teilweise, weil es inzwischen mit derselben Krankheit geschlagen ist, unter der das Parteiensystem leidet: gemeint ist die Bürokratisierung und die in beiden Parteien vorhandene Tendenz, niemand außer den eigenen Parteiapparat zu repräsentieren. (...)

Im amerikanischen Verständnis des Begriffs gründet Konsens auf der horizontalen Version des Gesellschaftsvertrags und nicht auf Mehrheitsentscheidungen. (Im Gegenteil, die Überlegungen der Verfassungsväter galten zu einem erheblichen Teil den Schutzeinrichtungen für andersdenkende Minderheiten.) Der moralische Gehalt dieses Einverständnisses ähnelt dem moralischen Gehalt aller Übereinkünfte und Verträge und besteht aus der Verpflichtung, den Konsens einzuhalten. Die Verpflichtung liegt jedem Versprechen zugrunde. Jeder Zusammenschluß von Menschen, sei er sozialer oder politischer Art, verläßt sich letzten Endes auf die menschliche Fähigkeit, Versprechen abzugeben und Versprechen einzuhalten.

Die einzige, im strengen Sinne moralisch zu nennende Pflicht des Staatsbürgers besteht in dieser zwiefältigen Bereitschaft, mit der er im Hinblick auf sein künftiges Verhalten eine feste Zusicherung abgibt und diese einhält. Diese Bereitschaft ist gewissermaßen die vorpolitische Voraussetzung für alle anderen, spezifisch politischen Tugenden. Der oft zitierte Ausspruch Thoreaus: „Die einzige Verpflichtung, die ich einzugehen berechtigt bin, besteht darin, zu jeder Zeit das zu tun, was ich für richtig halte", könnte wohl folgendermaßen abgeändert werden: Die einzige Verpflichtung, die ich *als Bürger* einzugehen berechtigt bin, besteht darin, Versprechen zu geben und zu halten.

Versprechen sind die dem Menschen eigentümliche Art, die Zukunft in den Griff zu bekommen, sie in einem menschenmöglichen Ausmaß berechenbar und verläßlich zu machen. Weil aber die Zukunft nie absolut berechenbar ist, werden Versprechen von zwei wesentlichen Beschränkungen relativiert. Wir sind an unsere Versprechen gebunden, vorausgesetzt, daß keine unerwarteten Umstände eintreten, und vorausgesetzt, daß die Gegenseitigkeit, die allen Versprechen zugrunde liegt, aufrechterhalten bleibt. Es gibt eine ganze Reihe von Umständen, die zum Bruch eines Versprechens führen können, wobei in diesem Zusammenhang der allgemeine Umstand, daß sich die Dinge ändern, am wichtigsten ist. Eine Verletzung der jedem Versprechen innewohnenden Gegenseitigkeit kann ebenfalls durch viele Faktoren verursacht werden, wobei der einzig relevante Faktor in unserem Kontext der Umstand ist, daß die bestehenden Machtinstitutionen bei der Aufrechterhaltung der ursprünglichen Bedingungen versagen. Beispiele solchen Versagens gibt es mittlerweile zur Genüge; es gibt den Fall eines „illegalen und unmoralischen Krieges", das Beispiel des immer ungeduldigeren Machtanspruchs der Exekutive, den Fall chronischer Irreführung in Tateinheit mit vorsätzlichen Angriffen auf die im Ersten Zusatz garantierten Freiheiten, deren hauptsächliche politische Funktion es immer gewesen ist, zu verhindern, daß Irreführung zu einem chronischen Übel wird, und nicht zuletzt gab es die Fälle, in denen die spezifische Vertrauensstellung der Universitäten, die sie vor politischer Einmischung und gesellschaftlichem Druck schützt (in Form von kriegsorientierter und sonstiger regierungsabhängiger Forschung), verletzt wurde. (...)

Der „Geist der Gesetze" ist nach dem Verständnis von Montesquieu das Prinzip, nach welchem in einer bestimmten Rechtsordnung lebende Menschen handeln und handeln wollen. Konsens, der Geist der amerikanischen Gesetze, beruht auf der Vorstellung eines gegenseitig verbindlichen Vertrags von der Art, die zuerst die einzelnen Kolonien und dann die Union hervorbrachte. Ein Vertrag setzt eine Mannigfaltigkeit mit der Mindestzahl zwei voraus, und jede Vereinigung, die nach dem Prinzip des Einverständnisses auf der Basis gegenseitiger Versprechen geschlossen wird und dementsprechend handelt, setzt eine Mannigfaltigkeit voraus, die, ohne sich aufzulösen, die Gestalt einer Union annimmt – „de pluribus unum". Wenn die einzelnen Mitglieder eines auf dieser Basis gegründeten Gemeinwesens sich entschließen sollten, ihre begrenzte Autonomie aufzugeben und in einer – der „union sacrée" der französischen Nation vergleichbaren – vollständigen Einheit zu verschwinden, dann wäre alles Reden über das *moralische* Verhältnis des Staatsbürgers zum Gesetz bloße Rhetorik. (...)

Ich behaupte, daß der zivile Ungehorsam lediglich die neueste Form der freiwilligen Vereinigung darstellt und von daher ganz im Einklang mit den ältesten Traditionen des Landes steht. Was könnte die Gehorsamsverweigerer besser beschreiben als die Worte Tocquevilles: „Die Bürger, die die Minderheit bilden, verbinden sich in Amerika zuerst, um ihre Zahl festzustellen und dadurch die moralische Herrschaft der Mehrheit zu schwächen"? Allerdings ist es lange her, daß die „zu geistigen und sittlichen Zwecken gegründeten Vereine" unter den freiwilligen Vereinigungen zu finden waren – die, im Gegenteil, nur zum Schutz besonderer Interessen gebildet wurden, zum Schutz von Pressure-Groups und der sie in Washington vertretenden Lobbyisten. Ich zweifle nicht daran, daß die Lobbyisten den zweifelhaften Ruf, in dem sie stehen, genauso verdient haben wie die Politiker dieses Landes, die genug dafür getan haben, daß es sich so verhält. Es gilt jedoch festzuhalten, daß auch die Pressure-Groups freiwillige Vereinigungen sind und daß sie in Washington anerkannt werden, wo ihr Einfluß so weit reicht, daß man sie eine „Hilfsregierung" nennt. In der Tat wird die Zahl der Kongreßabgeordneten von der Anzahl der registrierten Lobbyisten weit übertroffen. Daß sie öffentlich anerkannt werden, ist keine Bagatellsache, denn eine derartige „Hilfsregierung" war in der Verfassung und deren Erstem Zusatz genausowenig vorgesehen wie die Vereinigungsfreiheit als eine Form der politischen Betätigung.

Zweifellos „geht eine elementare Gefahr vom zivilen Ungehorsam aus", aber sie ist nicht anders und auch nicht größer als die der Vereinigungsfreiheit innewohnenden Gefahren, welche Tocqueville, ungeachtet der Bewunderung, die er für sie hegte, durchaus bewußt waren. (In seiner Besprechung des ersten Bandes von 'Über die Demokratie in Amerika' formulierte John Stuart Mill den Kern von Tocquevilles Befürchtungen: „Die Fähigkeit zur kooperativen Verfolgung eines gemeinsamen Ziels, bislang ein monopolisiertes Machtinstrument in den Händen der oberen Klassen, ist jetzt ein äußerst gefährliches Mittel der niedrigen Klassen geworden.") Tocqueville wußte, daß „in solchen Vereinigungen oft eine unerträglichere Tyrannei (herrscht) als die, welche in der Gesellschaft im Namen der angegriffenen Regierung ausgeübt wird". Aber er wußte auch, daß „die Vereinigungsfreiheit (in unserer Zeit) eine notwendige Sicherung gegen die Tyrannei (darstellt)", daß „man also eine Gefahr einer noch mehr zu fürchtenden Gefahr (entgegenstellt)", und schließlich, daß „die Amerikaner durch den Gebrauch einer gefährlichen Freiheit die Gefahren der Freiheit verringern (lernen)". Jedenfalls muß, „damit die Menschen gesittet bleiben oder es werden, ... sich unter ihnen die Kunst der Vereinigung in dem Grade entwikkeln und vervollkommnen, *wie die gesellschaftlichen Bedingungen sich ausgleichen"* (meine Hervorhebung).

Man braucht sich nicht auf den alten Streit über die Herrlichkeit und die Gefahren der Gleichheit oder über das Gute und das Schlechte an der Demokratie einzulassen, um zu begreifen, daß alle bösen Dämonen losgelassen würden, wenn das ursprüngliche Vertragsmodell der Vereinigungen – das gegenseitige Versprechen unter dem moralischen Imperativ „pacta sunt servanda" – verlorengehen sollte. Unter den heute herrschenden Umständen könnte dies dann eintreten, wenn die betreffenden Gruppierungen (und die ihnen entsprechenden Vereinigungen in anderen Ländern) ideologische Verpflichtungen politischer oder anderer Art an die Stelle der wirklichen Ziele setzen sollten. Wenn eine Vereinigung es nicht mehr vermag oder nicht mehr dazu bereit ist, „die Anstrengungen auseinanderstrebender Geister (zusammenzufassen) und ... sie einem klar umschriebenen Ziel (entgegenzutreiben)" (Tocqueville), hat sie ihre Handlungsfähigkeit verloren. Was die Studentenbewegung, im Augenblick der Hauptexponent des zivilen Ungehorsams, bedroht, sind nicht nur Vandalismus, Gewalttätigkeiten, schlechte Launen und noch schlechtere Manieren, sondern der Sachverhalt, daß die Bewegung zunehmend von Ideologien (Maoismus, Castroismus, Stalinismus, Marxismus-Leninismus und dergleichen) infiziert wird, welche sie als Vereinigung spalten und auflösen. (...)

Meines Erachtens liegt der größte Fehler der gegenwärtigen Diskussion in der Annahme, wir hätten es mit Einzelpersonen zu tun, die sich subjektiv und aufgrund ihres Gewissens gegen die Gesetze und Bräuche des Gemeinwesens stellen – eine Annahme, die von Verteidigern wie Kritikern des zivilen Ungehorsams geteilt wird. In Wirklichkeit haben wir es mit organisierten Minderheiten zu tun, die sich, wie sie annehmen, sprachlosen, wenngleich keineswegs „schweigenden" Mehrheiten widersetzen, und es ist, meine ich, unbestreitbar, daß diese Mehrheiten sich unter dem Druck der Minderheiten stimmungs- und meinungsmäßig in einem erstaunlichen Grad gewandelt haben. In dieser Hinsicht ist es vielleicht ungünstig gewesen, daß die Debatten in letzter Zeit bei uns größtenteils von Juristen beherrscht werden – von Rechtsanwälten, Richtern und anderen Männern des Gesetzes–, denn diesen muß es besonders schwerfallen, den Gehorsamsverweigerer als Mitglied einer Gruppe anzuerkennen, anstatt in ihm einen einzelnen Rechtsbrecher, also einen potentiellen Angeklagten im Gerichtssaal zu sehen. Es macht in der Tat die Erhabenheit der Gerichtsverhandlungen aus, daß es dabei ausschließlich darum geht, dem einzelnen Gerechtigkeit widerfahren zu lassen und daß alles andere unberücksichtigt bleibt – zum Beispiel der Zeitgeist oder Meinungen, die der Angeklagte eventuell mit anderen teilt und die er versuchen könnte, vor Gericht vorzubringen. Der einzige vom Gericht anerkannte nichtkriminelle Rechtsbrecher ist der Kriegsdienstverweigerer, und die einzige Gruppenzugehörigkeit, die das Gericht kennt, ist die der „Konspiration" – was im Falle des zivilen Ungehorsams ein völlig unpassender Vorwurf ist, denn Konspiration erfordert nicht nur, daß man „zusammen atmet", sondern auch Verschwiegenheit, während ziviler Ungehorsam in aller Öffentlichkeit stattfindet.

Obwohl ziviler Ungehorsam sich mit dem Geist der amerikanischen Gesetze verträgt, scheint der Versuch, ihn in das amerikanische Rechtssystem einzugliedern und ihn auf rein gesetzlicher Grundlage zu rechtfertigen, auf unüberwindliche Schwierigkeiten zu stoßen. Diese Schwierigkeiten ergeben sich jedoch aus der Natur des Rechts im allgemeinen, nicht aus dem besonderen Geist des amerikanischen Rechtssystems. Offensichtlich „kann der Rechtsbruch nicht gesetzlich gerechtfertigt werden", selbst wenn dieser Verstoß in der Absicht begangen wird, der Verletzung eines anderen Gesetzes vorzubeugen. Doch es ist eine völlig andere Frage, ob es nicht möglich wäre, für zivilen Ungehorsam in den Institutionen unseres Regierungssystems einen anerkannten Ort ausfindig zu machen. Dieser politische Ansatz zur Lösung drängt sich nachgerade durch die neuerliche Entscheidung des Obersten Gerichtshof auf, in Fällen, in denen die „illegalen und verfassungswidrigen" Taten der Regierung im Hinblick auf den Vietnamkrieg angegriffen wurden, keine Berufung zuzulassen. Das Gericht befand, daß diese Fälle unter die sogenannte „political question doctrine" fielen, der zufolge bestimmte Handlungen der beiden anderen Zweige des Regierungssystems, der Legislative und der Exekutive, „nicht von den Gerichten überprüft werden können. Der exakte Status und die genaue Beschaffenheit dieser Doktrin sind sehr umstritten", und die ganze Doktrin ist als „ein schwelender Vulkan" bezeichnet worden, „der möglicherweise kurz davor steht, seine alte Drohung wahrzumachen, in flammende Kontroverse auszubrechen". Dagegen gibt es wenig Zweifel an der Beschaffenheit jener Vorgänge, die das Gericht aus seinem Kompetenzbereich ausgrenzt und die daher gesetzlicher Kontrolle entzogen sind. Diese Vorgänge sind durch ihre „Tragweite" gekennzeichnet und durch „eine außergewöhnliche Notwendigkeit, an bereits getroffenen politischen Entscheidungen bedingungslos festzuhalten". Graham Hughes, dessen ausgezeichneter Untersuchung der „political question doctrine" ich sehr viel verdanke, schließt direkt an, daß „diese Überlegungen ... offensichtlich auf 'inter arma silent leges' hinauslaufen und dadurch den Aphorismus, daß es hier um die Auslegung der Verfassung gehe, in Zweifel ziehen". Mit anderen Worten, die Doktrin von der politischen Natur eines Vorgangs ist in Wirklichkeit das Schlupfloch, durch welches man das Souveränitätsprinzip und die Doktrin der Staatsräson wieder in ein Regierungssystem hineinläßt, das beides prinzipiell ablehnt. Ganz gleich, welche Theorie herangezogen wird, die Tatsachen lassen erkennen, daß der Oberste Gerichtshof gerade in wichtigen Streitfragen über genauso wenig Macht verfügt wie ein internationaler Gerichtshof: Beide sind zur Durchsetzung von Entscheidungen nicht imstande, welche die Interessen souveräner Staaten auf entscheidende Weise beeinträchtigen würden, und beide wissen, daß ihre Autorität von der Umsicht abhängt, mit der sie strittige Fragen nicht aufgreifen und Entscheidungen vermeiden, die nicht durchgesetzt werden können.

Die politische Institutionalisierung des zivilen Ungehorsams könnte das bestmögliche Heilmittel gegen dieses letztendliche Scheitern juristischer Überprüfung sein. Der erste Schritt wäre, den Minderheiten, die den zivilen Ungehorsam praktizieren, die gleiche Anerkennung zu gewähren, die den zahlreichen Interessengruppen (die per definitionem auch Gruppen von Minderheiten sind) im Lande zugestanden wird, und mit den Gruppen des zivilen Ungehorsams auf die gleiche Art wie mit den Pressure-Groups zu verhandeln, welchen es gestattet ist, über ihre Vertreter – das heißt über registrierte Lobbyisten – den Kongreß mittels Überzeugungsarbeit, „Gutachten und Anhängerzahl zu beeinflussen und zu unterstützen". Diese Meinungsminderheiten könnten sich auf diese Weise als Macht etablieren, die nicht nur anläßlich von Demonstrationen und anderer Darstellungen ihres Standpunktes „aus der Ferne zu sehen", sondern ständig präsent wäre, und mit der man in den täglichen Regierungsgeschäften rechnen müßte. Der nächste Schritt wäre, öffentlich einzugestehen, daß der Erste Verfassungszusatz weder dem Wortlaut noch dem Geist nach das Recht auf freie Vereinigung, wie es tatsächlich in diesem Land ausgeübt wird, vorsieht – ein kostbares Recht, dessen Ausübung faktisch seit Jahrhunderten „in den Bräuchen und Sitten des Volkes verwurzelt" ist (wie Tocqueville bemerkte). Wenn es irgend etwas gibt, das einen neuen Zusatz zur Verfassung und die ganze dazugehörige Mühe rechtfertigt, dann sicherlich dies.

Vielleicht bedurfte es eines Notstandes, um für den zivilen Ungehorsam ein Zuhause nicht nur in unserem politischen Wortschatz, sondern auch in unserem politischen System zu finden. Ein Notstand ist sicherlich gegeben, wenn die traditionellen Institutionen eines Landes nicht mehr richtig funktionieren und unter Autoritätsverlust leiden, und ein derartiger Notstand hat heute in den Vereinigten Staaten die freiwilligen Vereinigungen in zivilen Widerstand verwandelt und den Dissens in Widerstand übergehen lassen. Es ist allgemein bekannt, daß diese Situation eines latenten oder offenen Notstands gegenwärtig – und wohl schon seit einiger Zeit – in weiten Teilen der Welt herrscht; neu daran ist nur, daß dieses Land keine Ausnahme mehr bildet. Ob unsere Regierungsform dieses Jahrhundert überstehen wird, ist so ungewiß wie das Gegenteil. Von Wilson Carey McWilliams stammen die weisen Worte: „Wenn Institutionen versagen, müssen Menschen in die Bresche der politischen Gesellschaft springen, und Menschen sind wie ein Rohr im Winde; sie neigen dazu, in Schlechtigkeiten einzuwilligen, wenn nicht gar, sie zu begehen." Seitdem der Mayflower-Compact unter einer anderen Art von Notstand entworfen und unterzeichnet wurde, waren freiwillige Vereinigungen das spezifisch amerikanische Heilmittel gegen das Versagen der Institutionen, die Unzuverlässigkeit der Menschen und die ungewisse Beschaffenheit der Zukunft.

Olymp inmitten eines Labyrinths (um 1510)

Wolf-Dieter Narr / Klaus Vack

Menschenrechte und Demokratie – Probleme, Fragen statt einer Zusammenfassung

Motto:
„Marx sagt,
die Revolutionen sind die Lokomotive
der Weltgeschichte.
Aber vielleicht ist dem gänzlich anders.
Vielleicht sind die Revolutionen
der Griff des in diesem Zug
reisenden Menschengeschlechts
nach der Notbremse."
(Walter Benjamin)

Herkules, Tantalus und Sisyphus Arm in Arm

Man könnte auch andere Sagengestalten hinzufügen. Aus der griechischen Mythologie vor allem Kassandra, die weise Schwarzseherin, die immer erneut bewies, wie wenig Aufklärung als solche schon taugt. Es bedarf jeweils der Kraft, unangenehme Botschaften zu vernehmen und ihnen entgegen zu handeln, so daß vielleicht doch Kassandra widerlegt würde...

Herkules, soweit er Kraft repräsentiert, müßte beliehen werden, wenn man die Riesenaufgabe im Blick hat, die eine gegenwärtigen Problemen gerecht werdende Verfassung stellt. Aber, was nützte es, wenn nur ein Herkules, ein Ersatzkräftiger vorhanden wäre? Soll liberale Demokratie gelingen, bedarf es der Kräfte aller. Auch Herkules war übrigens allein nicht genug. Um den Lindwurm mit den dauernd doppelt nachwachsenden Köpfen zu besiegen, bedurfte er seines gewitzten Helfers.

Tantalus sah die schönsten Früchte vor sich. Langersehnte Ziele in Reichweite. Sobald er aber danach greifen wollte, wichen sie zurück. Nur die Qualen des jeweils Nichterreichten blieben ihm.

Dem Tantalus in seinem Schicksal dauernder Vergeblichkeit eng verwandt ist der von Albert Camus so trefflich dargestellte Sisyphus.

Mühsam keuchend, kaum eine Pause ist ihm vergönnt, rollt er den ungefügen Stein den Berg hinauf. Kaum daß dessen Spitze samt Hochfläche in Sichtweite kommt, und Sisyphus aufatmend mit letzter verzweifelter Kraft das Ziel vollends erreichen will, damit es der Mühe lohne, entwischt ihm der Stein. „Und holla, mit Holtergepolter entfleucht ihm der tückische Marmor", so hat Johann Heinrich Voß im Ausgang des 18. Jahrhunderts Homers Odyssee übersetzt.

So begegnen uns diese drei Gestalten, wenn wir über Verfassungsaufgaben heute nachdenken (und wie das Lesebuch samt Kommentar hoffentlich einsichtig gemacht hat, nachdenken müssen). Allein nicht aufbringbare Kraft ist anzuwenden. Ob der Schwierigkeiten, ja, der Vergeblichkeiten darf man nicht irre werden. Immer erneut muß man sich anstrengen. Wenn's nur einige Zentimeter bergan höher geht. Niemand soll annehmen, irgendein noch so winzig-wichtiges Verfassungsziel könne auf einmal und ein für allemal erreicht werden.

Nüchterne Leidenschaft, wenn es so etwas gibt, bedarf es, weil der Leidensdruck zum Denken und Handeln treiben sollte, aber nicht dazu verführen darf, einer anderen griechischen Sagengestalt gleich, Herrn Prokrustes, mit Hilfe eines fixen Schemas komplizierte Probleme lösen zu wollen. „Die Tugend" kann nie, wie Robespierre, der französische Revolutionär, es wollte, „durch den Schrecken herrschen" (vgl. dazu Georg Büchners Theaterstück „Dantons Tod"). Sonst ist die Tugend dahin, und der Schrecken bleibt. In diesem Sinne sind wir gehalten, durch „die Halle der Resignation" (Albert Schweitzer) zu schreiten. Max Webers Hinweis auf Politik als langsames Bohren harter Bretter fällt ein. Es hilft nichts: Um unserer selbst willen müssen wir uns um die kleine, alltägliche und die große, den Alltag mittelfristig strukturierende Verfassung kümmern.

Die Liste der Probleme kann kaum vollständig sein. Ihre einzelnen Posten sind den Texten zusammenfassend und kombinierend entnommen. Sie werden von unserem gegenwärtigen Interesse aus formuliert.

1. Herr und Knecht-, Herr (selten Herrin) und Magd-Verhältnisse tauchen früh aus dem Morgennebel der Geschichte. Die oft von grausamen Kämpfen berichtenden Mythen lassen es uns ahnen. Soziale und politische Ungleichheit wird dauernd zum Grund von Konflikten und wird dauernd, mal vertikal, mal horizontal, wiederhergestellt. Ein herrschaftslose Gesellschaft bleibt regulatives Prin-

zip und regt immer erneut auf und an. „Der Mensch ist frei geboren und überall liegt er in Ketten." „Als Adam grub und Eva spann, wo war denn da der Edelmann." Jedoch: So prekär Herrschaft allemal ist, sonst müßte sie sich nicht armieren und legitimieren, wenigstens so prekär sind Zustände umfassenderer Freiheit und Gleichheit. Es gibt keinen Stillstand. Unablässig sind demokratiegemäße Verhältnisse wider den herrschenden Strich zu erkämpfen.

2. Worin bestehen die angemessenen sozialen Bedingungen von Freiheit und Gleichheit? Eine gültige Antwort gibt es nicht, vor allem keine simple. Weder Privateigentum noch Gemeineigentum bieten irgendeine Gewähr. Erst wäre genauer zu bestimmen, was Eigentum in seinen diversen individuellen oder kollektiven Formen heißt und wie es mit welchen Nutzungsmöglichkeiten verteilt ist. Auf die Art der Organisation kommt es jeweils an und das Ausmaß der Teilhabe. Rosa Luxemburgs berühmte Aussage über Freiheit, „Freiheit ist immer Freiheit der Andersdenkenden", wird in der Regel verkürzt zitiert. Nach diesem kurzen Satz fährt Rosa Luxemburg fort: „Nicht wegen des Fanatismus der 'Gerechtigkeit', sondern weil all das Belebende, Heilende und Reinigende der politischen Freiheit an diesem Wesen hängt und seine Wirkung versagt, wenn die 'Freiheit' zum Privilegium wird." In diesem Sinne ist Gleichheit die unabdingbare Voraussetzung von Freiheit. Außerdem wird Eigentum in aller Gestalt in seiner isolierten Bedeutung gerade in einer hochgradig organisierten Gesellschaft wie der heutigen überschätzt. Freiheit und Gleichheit sind vor allem Qualitäten gesellschaftlicher Organisation und der von ihr bedingten Umgangsformen.

3. Individuelle und kollektive Motive, sich zu verhalten, werden nicht selten wie „Urgrößen" gehandelt. Das prinzipiell quantifizierbare Eigeninteresse des Individuums, das die kapitalistische Ökonomie in Theorie und Praxis voraussetzt, steht dem entgegen, was Kropotkin das Motiv der „gegenseitigen Hilfe" genannt hat, oder Aristoteles schon ins Wesen des Menschen legte: auf Gemeinschaft hin angelegt zu sein, in der (politischen) Gemeinschaft erst zu den eigenen menschlichen Möglichkeiten zu kommen. Viele Leiden von Menschen sind heute als Leiden an mangelndem gesellschaftlichen Umgang zu diagnostizieren. Die Erfahrung der negativen Wirkung ökonomisch-politisch beförderter A-Sozialität weist darauf hin, daß die vorherrschende Form der besitzindividualistischen Rechtfertigung erhebliche Mängel aufweist. Wie aber sollen Verhaltensmotive sich verändern, wenn Erfolg und Anerkennung

primär im isolierenden Wettbewerb der Einzelinteressen erworben werden?

4. Die modernen Trennungen zwischen „öffentlich" und „privat", zwischen „Politik (=Staat)" und „Ökonomie" haben, wie die Auflösung feudal-ständischer Verbindlichkeiten befreiend gewirkt. Das moderne Individuum setzt solche Trennungen und Auflösungen und die durch sie bewirkte mehrdimensionale Mobilität voraus. So gesehen auch die ihm geltenden Menschenrechte. Beträchtliche Gestaltungslücken haben jedoch dazu geführt, daß die gewonnenen Freiheiten vielfach nur negativ blieben und rasch neue Abhängigkeiten auf vergrößerter Stufenleiter zur Folge hatten. Es fehlt die demokratisch-menschenrechtliche Durchdringung der Ökonomie, die keine verwaltende Gleichschaltung bedeutet, also Marktformen in großem Umfange zulassen könnte. Andere formell private Regelungsmuster, so das Verhältnis der Geschlechter, haben ihrerseits die behauptete menschenrechtlich demokratische Qualität der Politik von vornherein einseitig akzentuiert. Nur ein neu begründeter Primat der Politik kann hier Abhilfe schaffen. Freilich eine Neubestimmung dessen, was „privat" bedeutet, steht gleichfalls an.

5. Die Größenordnung stellt ein zentrales Problem heutiger Verfassung dar, auf das wir wiederholt aufmerksam gemacht haben: Staatliche Expansion. Kapitalistische Expansion. Zunahme der Bevölkerung. Sie haben im Wechselspiel das entstehen lassen, was man Ökonomie und Politik auf großer Stufenleiter genannt hat. Entsprechend sind Massenproduktion, Massenkonsum, Massenpolitik die an der immer noch wachsenden Quantität ausgerichteten Wirkfaktoren der Gegenwart. Quantität ist Qualität, auch wenn dem „fordistischen" Produktionstyp (Fordismus meint Massenproduktion qua Fließband und tayloristischer Arbeitsteilung) ein „postfordistischer" neuer maschinenzentrierter und maschinenintegrierter Gruppenarbeit gefolgt sein sollte. Dadurch allein schon entsteht das Problem weitgehender Bürokratisierung. Durch die quantitative Expansion entsteht gleicherweise das Problem nicht nur produktiver, sondern konsumptiver Zerstörung. Die Umweltzerstörung durch Massenurlaub kann hierfür als Symptom gelten. Politik gerade in liberalen Demokratien wird fast unvermeidlich zum Akzeptanzmanagement anderwärts getroffener Entscheidungen und benutzt hierfür alle modernen Medien, in deren Abhängigkeit sie gerät.

6. Das Problem der Größenordnung nimmt um weitere Größen-

ordnungen zu. Ökonomie, Wissenschaft und Technologie finden auf dem globalen Plateau statt. Noch kleine naturwissenschaftliche Forschungsinstitute konkurrieren auf dem Weltwissenschaftsmarkt, der ihre Methoden und Ziele bestimmt. Der Zusammenhang wird durch die weltweite Konkurrenz und ihre Resultate hergestellt. Die Politik wirkt dabei kräftig mit und hinkt doch hinterher. Obwohl es gegenwärtig fast unmöglich ist, allgemeiner zu sagen, welche Rolle selbst die mächtigen Staaten in der Bestimmung weltweiter Wachstums- und Ungleichheitswirklichkeit spielen, kann immerhin so viel als Problem festgehalten werden: Die nationalen Bildungs- und Arbeitsmärkte, sowie der nationale Wohlstand mitsamt seiner grundsätzlichen Verteilung werden in erheblichem Umfang durch regionale Märkte wie die Europäische Gemeinschaft und durch den Weltmarkt beeinflußt. Im Kürzel: Globalität bestimmt individuelle Lebensqualität im Durchgriff über den Staat auf die einzelnen Bürgerinnen und Bürger. Der Politik entschwindet der Raum. Sie wird in nie gekannter Bedeutung zur realen Utopie, genauer zur utopischen Realität, zur ortlosen Wirklichkeit. Wie aber könnten dann noch Willensbildungs- und Entscheidungsprozesse ablaufen, gekennzeichnet durch ein hohes Maß an bürgerlicher Teilnahme?

7. Größe kann auch befreiend wirken. Abhauen zu können, bildet, neben der Teilnahmemöglichkeit, den Anfang von Freiheit. Und Abhauenkönnen, wenn es nicht zur individuellen oder kollektiven Katastrophe werden soll (zur Fremde, die früher allemal Elend bedeutete, wie dies auch heute für die meisten Flüchtlinge noch gilt), setzt vergrößerte Räume und Beweglichkeit voraus. Reisenkönnen, die Welt im wörtlichen Sinne erfahren, soziale Mobilität, Flexibilität der Berufe u.ä.m., all das bezeichnet Handlungs- und Veränderungsmöglichkeiten, die Ausdrucksformen zeitgemäß verstandener Menschenrechte darstellen. Was Wunder, daß das Auto für viele Menschen geradezu zum Elixier der eigenen Freiheit wird. Und doch stellen die meisten der heutigen Mobilitäten und Flexibilitäten keine wählbaren Chancen der Bürgerinnen und Bürger von sich aus dar; diese Mobilitäten und Flexibilitäten, vom Weltmarkt und seinen Technologien ebenso geboten wie ermöglicht, werden den Menschen in mehr oder minder sublimer Weise aufgeherrscht. Wer arbeitend, verdienend, Anerkennung einheimsend mit dabei sein will, muß sich dem Gesetz beschleunigter Mobilität(en) unterwerfen.

8. Die liberale Demokratie befindet sich in einer strukturellen

Krise, unbeschadet ihres äußerlichen Siegeszugs in Osteuropa und ihrer katholischen, nämlich erdübergreifenden irdischen Botschaft. Im 19. Jahrhundert aus einer schon zuvor gefaßten Idee annäherungsweise in einigen europäisch-angelsächsischen Ländern zur ersten Wirklichkeit gelangt, im Unterschied zur kleinräumigen direkten Demokratie eher für Flächenstaaten geeignet, ist sie Ende des 20. Jahrhunderts gleich mehrmals gefährdet.

– Die Konzeption der liberalen Demokratie und ihre organisatorische Verfassung haben auf das Problem der Massendemokratie nur abwehrend reagiert. Das Repräsentationsprinzip wurde perfektioniert. Parteien heute das Fernsehen und andere Medien wurden zu massenkanalisierenden, mobilisierenden und depolitisierenden Instrumenten in einem.

– Die Kluft zwischen „Volk" und repräsentativen Einrichtungen wird durch die Kluft zwischen einer übermächtigen Exekutive (der politischen im engeren Sinne zusammen mit den diversen Bürokratien) und der heute weitgehend ohnmächtigen Legislative verstärkt. Was hätten nur die großen Verfassungsgeber am Ende des 18. Jahrhunderts gesagt, hätten sie diese Entwicklung vorausgesehen?!

– Die Exekutive, von der privat strukturierten Ökonomie getrennt, die sie z.T. reguliert, um dennoch von ihr dirigiert zu werden, ist ihrerseits nur ein Mitspieler in der von transnationalen Unternehmen und Staaten in vielfacher Verschlingung betriebenen weltmärktlichen Konkurrenz ums unsichtbare goldene Kalb des Wachstums, der technologisch und arbeitsorganisatorisch bedingten Markt- und Systemführerschaft und der daraus erwachsenden Macht. Bevölkerung und Legislative bleiben hierbei fast vollständig „draußen vor der Tür".

– Der liberaldemokratische Staat ist auch durch seine Grenzen bestimmt. Im Idealfall bedeutet diese politische „Schließung" keine negativ diskriminierende Ausgrenzung von Fremden – wenngleich Fremde keine Bürgerrechte genießen und deswegen einen menschenrechtlich verkürzten und verwässerten Status einnehmen –, sondern die Wahl eines entsprechend gehegten Gestaltungsraums. Den Garten des Politischen. Ein solcher verfaßter Gestaltungsraum ermöglicht bürgerliche Orientierung und Teilnahme, er erlaubt Berechnung und Kontrolle. Was aber, wenn die Grenzen dauernd unterspült und nach außen verschoben werden? Bedeutet dies nur, wie manche heute die EG lobsprechen, die Überwindung nationalstaatlicher Borniertheiten zugunsten einer „Nation Europa"? Je größer das Gebiet einer liberalen Demokratie wird, desto vermittelter wird ihre Repräsentation selbst im besten Falle, desto bürgerferner geraten ihre zentralen Verfahren, desto abstrakter, Besonderheiten mißachtend, drohen ihre Entscheidungen zu werden.

9. Nimmt man all diese Probleme zusammen und qualifiziert von der Warte liberaler, menschenrechtlich begründeter Demokratie aus, dann gilt die zentrale Frage den möglichen Balance schaffenden Vorkehrungen. Dezentralisierung, Förderung kommunaler und Stärkung regionaler Einrichtungen, Schaffung von teilautonomen Bereichen in der Sozialpolitik, der Gesundheitspolitik, der Bildungs- und der Wohnungspolitik, um nur mögliche Kandidaten zu nennen, – alle solche Gegenkehrungen wider die Enträumlichung und Entzeitigung sind nicht genug. Sie lohnten aber, mit aller Kraft von unten versucht zu werden. Vielleicht bildeten sie die Notbremse, von der Walter Benjamin im Motto gesprochen hat.

Probiersteine einer zeitgemäßen demokratischen Verfassung

Immanuel Kant spricht von „Probiersteinen der Wahrheit". Soweit soll und kann hier nicht gegangen werden. Jede neue Verfassung (und jede Verfassungsreform, ja jede Verfassungsinterpretation) muß sich jedoch an Kriterien ausrichten und messen lassen, an Probiersteinen wetzen, die Ziel und Zielverwirklichung der im Verfassungstext steckenden Wirklichkeit und Wirksamkeit erkennen lassen.

Diesem Sinn dient die Skizze der meist in Frageform gehaltenen Kriterien, wie sie im folgenden vorgestellt werden. Die Liste ist ergänzungsbedürftig. Gleichfalls sind diese Kriterien ihrerseits interpretationsoffen. Der Arbeit, ihre Urteilsbasis und deren Prämissen immer erneut auszulegen, entgehen Menschen nie, solange es offene Verhältnisse und Geschichte gibt. Nur für im Prinzip offene Situationen bedarf es der Verfassungen. Aber erst ein Konsens über die Urteilsbasis, die der Verfassung zugrundeliegt und in ihr konkretisiert wird, hätte eine Übereinstimmung zum Inhalt, die qualitativ über Formelkompromisse hinausginge. Die Fragen siedeln logisch und verfassungssystematisch z.T. auf verschiedenen Ebenen.

Hauptaufgabe der Verfassung. Aus ihr ergeben sich prinzipiell alle weiteren Kriterien. Sie bildet den Stoff, der die verschiedenen Teile einer Verfassung zu einer Einheit werden läßt. Die Teile müssen sich immer an diesem Ganzen der Verfassung ausrichten, das Ganze muß in den Teilen eigenartig wiederkehren. Die Hauptaufgabe der Verfassung lautet: Bürgerinnen und Bürger sollen im Rahmen dieser Verfassung zu sich selber kommen können (das heißt: in größtmöglichem Maß ihre Möglichkeiten ausschöpfen). Hierzu ist es erforderlich, daß sie sich aktiv an allem beteiligen können, was, von Menschen gemacht, ihr Leben bestimmt. Hierzu ist es außerdem geboten, daß alle Voraussetzungen mitbestimmend geschaffen werden, die die Rechte der Menschen praktizieren lassen. In der Praktizierung der Menschenrechte besteht die lebendige Verfassung. Sie erhält durch dieselben Substanz und Grenze in einem. Die Menschenrechte bilden den selbst nicht überschreitbaren Bezug aller Handlungen.

Prinzipielle Fragen an eine Verfassung insgesamt. Welche Probleme sind in welcher Form in der Verfassung geregelt, welche Hierarchie der Inhalte und der Formen ist zu erkennen? Umgekehrt: Welche Probleme werden im Regelungsnetz der Verfassung nicht berücksichtigt? Stimmen Regelungshierarchie, Regelungsmittel und Regelungslücken mit der Hauptfunktion überein?

Welchen zusätzlichen Aufgaben dient eine Verfassung? Ihre erste Funktion ergibt sich aus ihr als einer Institution an sich selber. Welche Art der Dauer ist derselben gesichert; welche Möglichkeiten gibt es, sie zu ändern; wie wird der reflexiven Forderung dauernden Verfassungswandels Rechnung getragen? Die zweite Funktion ergibt sich aus ihrer Notwendigkeit als ein System, Konflikte zwischen den Bürgerinnen und Bürgern in ihrer Verfassung und über ihre Verfassung menschenrechtlich und demokratisch angemessen zu lösen. Wieweit entsprechen die normierten Verfahrensmuster des Konfliktumgangs den menschenrechtlichen und demokratischen Normen? Welche Voraussetzungen sind vorgesehen, damit alle Bürgerinnen und Bürger sich beteiligen können und sich ihrer Rechte bewußt werden? Welche Vorkehrungen sind getroffen, daß Mehrheitsentscheidungen Minderheiten nicht ihrer Rechte entkleiden? Wie wird gewährleistet, daß die Art, mit Konflikten zu verfahren, nicht zur Blockade von nötigen gesellschaftlichen Aufgaben führt?

Ob eine Verfassung als in Normen geronnener Geist wirkt, der Bürgerinnen und Bürger ergreift und ihre Institutionen erfüllt, hängt wesentlich von den zentralen Problemen ab, denen sie sich konfrontiert sieht. Um nur ein Beispiel anzudeuten: Die Verfassung der liberalen Demokratie, wie sie sich im Grundgesetz der Bundesrepublik Deutschland im wesentlichen wiederfindet, entspricht den gesellschaftlichen (herrschaftlichen) Problemen, wie sie im Verlaufe des 19. Jahrhunderts gestellt worden sind. Darum reichen diese Verfassungsregeln nicht aus? Diese Feststellung gilt gerade, wenn man darauf ausgeht, die liberale Demokratie unter veränderten Umständen zu „retten". Das Ungenügen mit ihrer gegenwärtigen Verfassung äußert sich u.a. darin, daß Staatsziele ausgeweitet und Verfahren in demokratisierender Absicht ergänzt werden. Reichen diese Ergänzungen aus? Werden sie der „Durchstaatung" (Max Weber) der Gesellschaft heute gerecht? Wie steht es mit der Aufnahme neuer starker Definitionsmächte in den Regelungshof der Verfassung: als da sind transnationale Unternehmen, Medienkonzerne (die etwa längst die mediatisierenden Parteien ihrerseits mediatisiert haben), Forschung und Technologie im öffentlichen, aber auch im formell privaten Sektor u.ä.m.? Lassen sich die liberal konstitutiven Unterscheidungen zwischen „Öffentlichkeit" weitgehend = Staatlichkeit und „Privatheit", die einen Sack heterogener und heteronomer „Wirklichkeiten" umfaßt, aufrechterhalten?

Welche potentiellen Gefahren stecken in einer Verfassung? Solche Gefahren können durch von verfassungsaußen gegebene Faktoren heraufbeschworen werden oder durch in der Verfassung selbst enthaltene Ungleichgewichte oder Widersprüche: z.B. durch die demokratische Verortung (oder auch das Fehlen) des außen- oder innengerichteten Gewaltmonopols oder durch die Regelung bzw. die Nichtregelung gesellschaftsbestimmender wirtschaftlicher Investitionen u.ä.m. Zusammen mit den Gefahren ist nach den Grenzen einer Verfassung zu fragen. Selbst die bestdenkbare Verfassung wäre notwendig lückenhaft und unzureichend. Gerade wenn man menschenrechtlich-demokratisch annimmt, daß eine Verfassung in weitem Umfange als Regelung des inhaltlich nicht eindeutig und endgültig zu Regelnden anzusehen ist, dann drängt sich dauernd die Frage nach oben: Sollte nicht just dieses oder jenes Problem doch auch inhaltlich in bestimmter Weise geregelt werden? Welche Voraussetzungen stecken noch in den am meisten formalen Regeln bzw. umgekehrt, wie ist zu garantieren, daß alle Bürgerinnen und Bürger sich prinzipiell gleichrangig der formal gegebenen Regeln bedienen können?

Eine Schwierigkeit besteht in der doppelten Anforderung an eine Verfassung, daß sie gegenwärtigen zentralen Problemen angemessen ausfallen soll, und der demokratischen Forderung: der Verfassungstext müsse lesbar, müsse leicht zugänglich, müsse eingängig sein. Denn wie sollte eine Verfassung ihrer Hauptfunktion einer Bürgerinnen- und Bürger-Verfassung entsprechen, wenn sie so kompliziert gerät, daß sie zum Fuchsbau für Expertinnen und Experten wird? In diese Verlegenheit ist eine zweite hineinverwoben. Eine Verfassung sollte das Regelungsmuster für die immer erneute Lösung wichtiger, gesellschaftsübergreifender Konflikte enthalten (gemäß einem weiten Politikbegriff). Dadurch entsteht aber angesichts der vielen gesellschaftsübergreifenden Probleme (Intensivierung und Extensivierung der Politik etwa verglichen mit staatlichen Aufgaben noch um die letzte Jahrhundertwende) die Gefahr, daß die Verfassung einem komplizierten Regulierungskomplex ähnele. Hierdurch würde sie nicht nur schwerer zugänglich und stärkte das juristische Auslegungsmonopol, sie drohte auch die durch bürgerliche Eigenpolitik ausfüllbaren Räume zu verengen, wenn nicht ganz zum Verschwinden zu bringen. Darum ist Regelungssparsamkeit geboten.

Verfassungen sind in aller Regel das Ergebnis von gesellschaftlichen Umwälzungsprozessen, und sie stellen idealerweise einen neuen, mehrheitlich geschlossenen, liberaldemokratisch Minderheiten berücksichtigenden Gesellschaftsvertrag dar. Andererseits wirken Verfassungen selbst wirklichkeitsverändernd. Sie beeinflussen die Wirklichkeitssicht der Bürgerinnen und Bürger. Sie fungieren als ein Sozialisations-oder auch Politisierungsagent. Sie können zur bloß symbolischen Integration, ja Repression mißbraucht werden. Wieweit kann und darf ein Verfassungstext, der zunächst allemal von Minderheiten formuliert wird, einen (antizipierten) mehrheitlichen Konsens in einer Gesellschaft überragen? Welche Prozeduren sind vorgesehen, um Aneignungsprozesse der Verfassung zu ermöglichen? Welches Ausmaß an Dissens findet in einem revidierten Verfassungstext seinen Ausdruck und wie?

Menschenrechte als Aktivrechte der Bürgerinnen und Bürger

Wie steht es mit dem Verhältnis der allgemeinen Menschenrechten zu den allein in einem spezifisch konstituierten, also begrenzten politischen Gemeinweisen geltenden Rechten der Bürgerinnen und Bürger? Welche Voraussetzungen sind gegeben, um das Bürgerrecht zu erwerben?

Wie verhalten sich die herkömmlichen (die „klassischen") Menschen- und Bürgerrechte, die primär als Abwehrrechte gegenüber staatlichen Eingriffen formuliert worden sind, zu sozialen Gewährleistungsrechten? Ist es noch sinnvoll, beide Rechtsarten zu unterscheiden, da die sozialen Grundrechte die Voraussetzung dafür darstellen, die abstrakt personalen Rechte wahrzunehmen, ja letztere ihrerseits nur sozial konzipiert sinnvoll sind?

Wie steht es mit dem demokratischen, dem auf Handeln und Teilnahme ausgerichteten Gehalt der Menschen- und Bürgerrechte? Manche Menschen- und Bürgerrechte sind ausdrücklich als Handlungsrechte formuliert; etwa das Recht auf Meinungsfreiheit, das Recht, Organisationen zu gründen, oder zu demonstrieren; andere sind eher passiv normiert. Kommt aber nicht den passiv formulierten gleicherweise ein aktiver Gehalt zu?

Welche organisatorischen Konsequenzen werden aus dem Menschen- und Bürgerrechtskatalog der Verfassung gezogen? Noch allgemeiner ausgedrückt: Wie steht es mit dem Zusammhang von Inhalten (Menschen- und Bürgerrechten) und Formen (organisatorisch-prozeduralen Mustern)? Die Frage zielt auf das Entsprechungsverhältnis von grundrechtlichem und organisatorischem Teil der Verfassung.

Inwieweit werden die Menschen- und Bürgerrechte prinzipiell vorstaatlich verstanden? Welche Rolle spielen sogenannte Staatszielbestimmungen im Rahmen eines Katalogs von Menschen- und Bürgerrechten? Welche Konsequenzen ergeben sich aus „Staatszielbestimmungen", sowohl für die menschen- und bürgerrechtlichen Normen als auch für die organisatorischen Formen? Anders gefragt: Wieweit wird gewährleistet, daß Staatszielbestimmungen nicht entweder bloßem symbolischem Gebrauch dienen oder aber zur Einlaßpforte von Staatseingriffen werden, eine Gefahr, die schon bei den Menschen- und Bürgerrechten gegeben ist?

Welchen Geltungsradius besitzen die Menschen- und Bürgerrechte? Werden sie durch den Horizont staatlicher Kompetenzen und Aktivitäten begrenzt? Wie steht es um ihre Drittwirkung, also ihre Geltung in formell privaten Bereichen? Wie werden letztere gegebenenfalls in sich unterschieden?

Organisatorische Konsequenzen

Wo wird in welcher Weise der grundlegenden Beteiligungsnorm in den einzelnen organisatorischen Regelungen Rechnung getragen?

Wie wird die demokratische Qualität der unvermeidlich repräsentativen Einrichtungen gewährleistet oder anders ausgedrückt: Wie ereignet sich Re-Präsentanz, sprich die verdichtete Vergegenwärtigung der Bevölkerung?

In welchen Formen können Bürgerinnen und Bürger auf das repräsentativ abgehobene Geschehen Einfluß nehmen?

Wie verhält sich das Gewicht der repräsentativ-demokratischen Einrichtung schlechthin, des Parlaments, im Vergleich zur Definitionsmacht der Exekutive?

Welchen eigenständigen Spielraum besitzt die Exekutive, deren Entscheidungen die Handlungs- und Mitbestimmungsräume der Legislative und der Bevölkerung einengen, vielleicht z.T. aufheben?

In welcher Weise wird die menschenrechtlich-demokratische Qualität der Verfassungswirklichkeit von der Dritten Gewalt, der Judikative aufrechtzuerhalten gesucht? Wie ist die Judikative ihrerseits eingerichtet, wie werden die Richter bestellt? In welcher Weise wird die menschenrechtlich-demokratische Adäquanz des Gerichtssystems und der Einzelgerichte hergestellt?

Wie ist es um das Verhältnis bundesstaatliche Ebene und überbundesstaatlich-internationale oder transnationale Ebene bestellt? Wie wird sichergestellt, daß internationale Vereinbarungen nicht primär die Exekutive privilegieren und aus der Reichweite demokratischer Mitbestimmung und Kontrolle geraten? Wie wird insgesamt die Aushöhlung der Verfassung durch großräumliche Entgrenzung verhindert?

Wie ist es um die föderale Qualität bestellt? Welche Definitionsmacht kommt der zentralen, welche der Länder-, welche der kommunalen Ebene zu? Welche Art der Kooperation wird vorgesehen? Wie ist der demokratischen Vermutung, daß jeweils die „tiefere" Ebene zuerst und primär zu bestimmen habe, Folge geleistet worden?

Wie wird die demokratiegemäße Struktur innerhalb der administrativen Exekutive einschließlich der Institutionen des nach innen gerichteten Gewaltmonopols gesichert? Welche Vorsorge gibt es, um die primäre Bürgerqualität aller Staatsbediensteten zu sichern?

Inwiefern entspricht das Steuersystem (das dritte staatliche Monopol neben dem der Gewalt und dem des allerdings demokratisch relativierten Rechts), sprich das System staatlicher Zwangsabgaben in der Eigenart der Abgaben, der Eigenart der Abgabenerhebung und der Ausgabengestaltung den menschenrechtlichen und demokratischen Postulaten der Verfassung?

Den Kontext der Verfassung betreffend

Wie steht es um die verfassungskonforme Revision der Einrichtungen, Gesetzbücher u.ä.m., die vor der Verfassung entstanden und in ihren Geltungsbereich übernommen worden sind? Hierzu zählen in Deutschland alle wesentlichen großen gesetzlichen Kodifizierungen: Strafgesetzbuch, Bürgerliches Gesetzbuch u.a.; hierher gehört die Eigenart der öffentlichen Verwaltung insgesamt, des Aufbaus der Judikative u.ä.m. Reicht es aus, wenn die spätere, menschenrechtlich gegründete Verfassung gleichsam nur als interpretatorische Prämisse vor die geschlossenen, aus vordemokratischer Tradition überkommenen Rechts- und Organisationsgestalten gezogen wird (so im wesentlichen das in der Bundesrepublik Deutschland geübte Verfahren)?

Ist die strukturelle und funktionelle Adäquanz der großen und einflußreichen Bereiche gesellschaftlichen Handelns mit den Verfassungsprinzipien (und der Hauptaufgabe der Verfassung) gegeben? Als da sind: Organisation der Ökonomie; Organisation der wissenschaftlich-technologischen Entwicklung; Organisation der Informationsherstellung und -verbreitung; Organisation der kulturellen Produktion und Rezeption.

* * *

All diese ergänzungsbedürftigen Fragen lassen sich nicht allein an die politische Verfassung stellen. Wenn die jeweiligen Besonderheiten der Organisationen beachtet werden, sind sie in gleicher Weise allen einflußstarken Institutionen zu stellen. Engerer und weiterer Verfassungsbegriff kommen wieder zusammen.

Am Rande eines Friedhofes bei Vrangö, Schweden

Anstelle eines Epilogs

Simone Weil

Cahiers. Aufzeichnungen.

Er trat in mein Zimmer und sagte: „Elende, die du nichts verstehst, nichts weißt. Komme mit mir und ich werde dich Dinge lehren, von denen du dir keinen Begriff machst." Ich folgte ihm.

Er geleitete mich in eine Kirche. Sie war neu und häßlich. Er geleitete mich vor den Altar und sagte zu mir: „Knie nieder." Ich sagte zu ihm: „Ich bin nicht getauft." Er sagte zu mir: „Sinke in Liebe vor diesem Ort auf die Knie, als vor dem Orte, an dem die Wahrheit lebt." Ich gehorchte.

Er brachte mich hinaus und führte mich hinauf zu einer Mansarde, von der aus man durch das geöffnete Fenster die ganze Stadt sah, einige Holzgerüste, den Fluß, auf dem Schiffe entladen wurden. In der Mansarde standen nur ein Tisch und zwei Stühle. Er hieß mich Platz nehmen.

Wir waren allein. Er sprach. Zuweilen kam jemand herein, mischte sich ins Gespräch, ging wieder.

Es war nicht mehr Winter. Es war noch nicht Frühling. Die Äste der Bäume waren kahl, ohne Knospen, in kalter und sonniger Luft.

Das Licht wurde stärker, erstrahlte, wurde schwächer, dann schienen der Mond und die Sterne durchs Fenster. Dann brach von neuem der Morgen an.

Manchmal schwieg er, nahm ein Brot aus einem Schrank, und wir teilten es. Dieses Brot schmeckte wirklich wie Brot. Ich habe diesen Geschmack nie wieder gefunden.

Er gab mir und gab sich selber Wein, der den Geschmack der Sonne hatte und der Erde, auf der diese Stadt errichtet war.

Manchmal legten wir uns auf den Boden der Mansarde, und die Süße des Schlafes senkte sich auf mich. Dann erwachte ich, und ich trank das Licht der Sonne.

Er hatte mir eine Lehre versprochen, aber er lehrte mich nichts. Wir sprachen über alles mögliche, kamen vom Hundertsten ins Tausendste, wie alte Freunde.

Eines Tages sagte er zu mir: „Jetzt geh." Ich fiel auf die Knie, ich umfaßte seine Beine, ich flehte ihn an, mich nicht wegzujagen. Doch er stieß mich auf die Treppe. Ich stieg sie hinab und wußte von nichts mehr, das Herz war in Stücke gerissen. Ich ging durch die Straßen. Dann fiel mir ein, daß ich gar nicht wußte, wo dieses Haus war.

Ich habe nie versucht, es wiederzufinden. Ich begriff, es war nur ein Irrtum, daß er mich geholt hatte. Mein Platz ist nicht in dieser Mansarde. Er ist irgendwo, in einem Kerkerloch, in einem dieser bürgerlichen Wohnzimmer voller Nippes und rotem Plüsch, im Wartesaal eines Bahnhofs, irgendwo, aber nicht in dieser Mansarde.

Manchmal kann ich nicht anders, als mir, mit Furcht und Schuldgefühlen, etwas von dem zu wiederholen, was er mir gesagt hat. Wie kann ich wissen, ob ich mich genau erinnere? Er ist nicht da, es mir zu sagen.

Ich weiß wohl, daß er mich nicht liebt. Wie könnte er mich auch lieben? Und doch, in meinem Innersten ist etwas, ein Punkt meines Ichs, das, zitternd vor Angst, nicht aufhören kann zu denken, daß er mich vielleicht, trotz allem, liebt.

Kretisches Labyrinth, 12./13. Jahrhundert
Adobe-Ruine von Casa Grande bei Phoenix, Süd-Arizona

Alphabetisches Verzeichnis der Stichworte

(Die Autorinnen und Autoren sind in Kursivschrift gesetzt)

Namensverzeichnis der Autorinnen und Autoren

(Die Stichworte/Dokumente sind in Kursivschrift gesetzt)

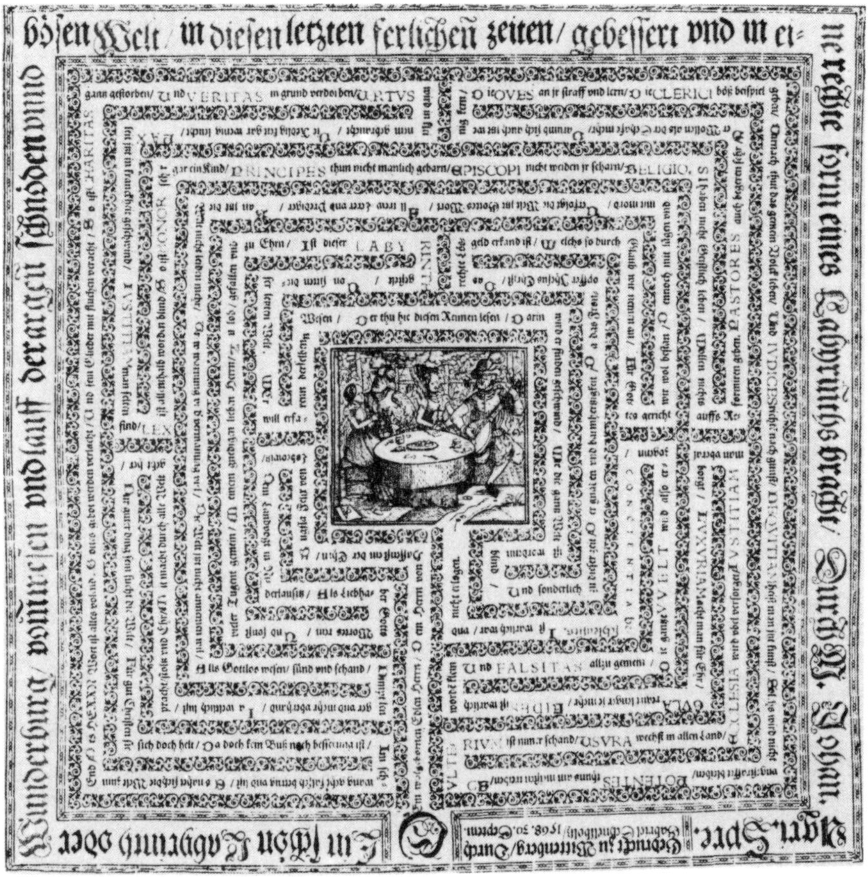

„Ein schön Labyrinth oder Wunderburg/
vom wesen und lauff der argen schnöden unnd bösen Welt/
in diesen letzten ferlichen zeiten/
gebessert und in eine rechte form eines Labyrinths bracht . . . "

Holzschnitt von Johann Agricola (ca. 1530-1590)

Kleine Literaturliste

Nur wenige zusätzliche Titel zur anregenden Lektüre über die präsentierten Texte und Bücher hinaus, aus denen sie stammen, seien angeführt. Vereinzelt handelt es sich auch um Bücher, aus denen wir schon Texte für dieses Buch ausgewählt haben. Mit wenigen Ausnahmen werden nur Titel aufgelistet, die in deutscher Sprache vorliegen. Außerdem beschränken wir uns im Unterschied zur Buchauswahl auf zeitgenössische Autorinnen und Autoren.

Abendroth, Wolfgang: Antagonistische Gesellschaft und soziale Demokratie, Neuwied und Berlin 1964

Anders, Günther: Die Antiquiertheit des Menschen, 2 Bände, München 1961 und 1980

Altvater, Elmar: Die Zukunft des Marktes, Münster 1991

Arbeitsgruppe „Neue Verfassung der DDR" des Runden Tisches: Entwurf einer Verfassung der Deutschen Demokratischen Republik, Berlin 1990

Bloch, Ernst: Naturrecht und menschliche Würde, Frankfurt/M. 1961

Böckenförde, Ernst Wolfgang: Recht, Staat, Geschichte, Frankfurt/M. 1991

Busch, Heiner und andere: Die Polizei in der Bundesrepublik Deutschland, Frankfurt/M. 1987

Camus, Albert: Der Mensch in der Revolte, Reinbek 1953

Constitución Politica de los Estados Unidos Mexicanos, Mexico 1917

Constitución Politica de los Estados Unidos Mexicanos, Mexico 1939

Evardson, Cordelia: Gebranntes Kind sucht das Feuer, München 1986

Edvardson, Cordelia: Die Welt zusammenfügen, München 1989

Falk, Richard: Human Rights And State Sovereignty, New York 1981

Frisch, Max: Tagebücher 1946-1949 und 1966-1971, Frankfurt/M. 1985 und 1979

Gauchet, Marcel: Die Erklärung der Menschenrechte, Reinbek 1991

Gerhard, Ute und andere: Differenz und Gleichheit. Menschenrechte haben (k)ein Geschlecht, Frankfurt/M. 1990

Gollwitzer, Helmut: Krummes Holz – aufrechter Gang, München 1970

Grauhan, Rolf Richard: Kommune als Strukturtyp politischer Produktion, in: ders. zusammen mit Hickel, Rudolf (Hrsg.): Krise des Steuerstaats, Opladen 1978

Grimm, Dieter: Die Zukunft der Verfassung, Frankfurt/M. 1991

Guggenberger, Bernd und Offe, Claus (Hrsg.): An den Grenzen der Mehrheitsdemokratie, Opladen 1984

Guggenberger, Bernd und andere: Eine Verfassung für Deutschland. Manifest, Text, Plädoyers, München 1991

Heinemann, Gustav: Unser Grundgesetz ist ein großes Angebot. Rechtspolitische Schriften, München 1989

Heller, Hermann: Staatslehre, Leiden 1961

Hesse, Konrad: Grundzüge des Verfassungsrechts der Bundesrepublik Deutschland (17. Aufl.), Karlsruhe 1990

Horn, Hans-Rudolf: Mexiko: Revolution und Verfassung, Hamburg 1969

Libreria delle donne di Milano: Wie weibliche Freiheit entsteht. Eine neue politische Praxis, Berlin 1991

Lohfink, Gerhard: Wie hat Jesus Gemeinde gewollt? Freiburg 1982

Musil, Robert: Der Mann ohne Eigenschaften, Reinbek 1987

Narr, Wolf-Dieter: Die (drohende) Ortlosigkeit von Menschenrecht und Demokratie, in: Blätter für deutsche und internationale Politik 4/1991

Narr, Wolf-Dieter: Flüchtlinge, Asylsuchende, die Bundesrepublik Deutschland und wir, Sensbachtal 1991

Narr, Wolf-Dieter und Schubert, Alex: Politik ertrinkt im Weltmarkt. Zu den schwindenden Chancen von Demokratie, Frankfurt/M. 1992

Narr, Wolf-Dieter und Vack, Klaus: Streitbarer Pazifismus, Sensbachtal 1991

Newiger, Nikolaus: Beitrag zur Frage der mexikanischen Agrarreform, in: Zeitschrift für ausländische Landwirtschaft, Jg. 2, Heft 2, Frankfurt/M. 1963, S. 38-53

Pagels, Elaine: Adam, Eva und die Schlange, Reinbek 1991

Patterson, Orlando: Freedom In The Making of Western Culture, Bd. 1, New York 1991

Patterson, Orlando: Slavery and Social Death, New York 1982

Ridder, Helmut: Die soziale Ordnung des Grundgesetzes, Opladen 1975

Roth, Roland: Das politische Handlungsrepertoire der neuen sozialen Bewegung, in: Jahrbuch '87 des Komitees für Grundrechte und Demokratie, Sensbachtal 1988

Schulenburg, Peter: Die Sozialgarantien in der „Permanenten Mexikanischen Revolution", in: Verfassung und Recht in Übersee, Hamburg 1970, S. 501-514

Seifert, Jürgen: Kampf um Verfassungspositionen, Köln, Frankfurt/M. 1974

Silva Herzog, Jesus: Historia de la Expropriación de las empresas petroleras, Mexico 1973

Silva Herzog, Jesus: El agrarismo mexicano y la reforma agraria, Mexico 1959

Sternberger, Dolf: Herrschaft und Vereinbarung, Frankfurt/M. 1986

Vack, Hanne und Vack, Klaus: Bundesrepublik ohne Armee (BoA). Die Verfassungsfrage am Ausgang des 20. Jahrhunderts, in: Jahrbuch '90 des Komitees für Grundrechte und Demokratie, Sensbachtal 1991

Vack, Klaus: Ungehorsam als Bürgerpflicht. 30 Thesen zum Zivilen Ungehorsam, in: Jahrbuch '87 des Komitees für Grundrechte und Demokratie, Sensbachtal 1988

Etruskische Kanne mit Labyrinth-Tanz

Mit den redaktionellen Arbeiten zu diesem Buch wurde am 14. August 1990 begonnen. Am 1. September 1991 haben wir es redaktionell abgeschlossen. Nach ca. sechsmonatigen Satz-, Layout-, Druck- und Bindearbeiten wurde das Buch am 9. März 1992 ausgeliefert. Mit Ausnahme der unverzichtbaren Tätigkeit einer Druckerei haben wir jegliche mit diesem Buch verbundenen Gestaltungs- und Korrekturarbeiten selbst verrichtet.

Wolf-Dieter Narr, Hanne + Klaus Vack